**WERELD
REISGIDS**

# Zuid-Afrika

## Inhoud

**Afrika's opwindendste land** ..........................................10
**Zuid-Afrika als reisbestemming** ...................................12
**Hulp bij het plannen van uw reis** ................................14
**Suggesties voor rondreizen** ........................................18

# Land, volk en cultuur

Zuid-Afrika in het kort ....................................................22
Natuur en milieu..............................................................24
Economie, maatschappij en politiek ..................................42
Geschiedenis ..................................................................46
Jaartallen........................................................................66
Maatschappij en dagelijks leven ......................................68
Kunst en cultuur..............................................................70

# Reisinformatie

Reis en vervoer ..............................................................82
Accommodatie................................................................87
Eten en drinken...............................................................89
Outdoor .........................................................................93
Feesten en evenementen.................................................97
Praktische informatie van A tot Z......................................99

# Onderweg in Zuid-Afrika

### Hoofdstuk 1 – Kaapstad en omgeving

**In een oogopslag: Kaapstad en omgeving** .....................120
**Kaapstad** ....................................................................122
De City ..........................................................................122
**Actief:** Op de fiets door Kaapstad...................................124
Bo-Kaap ........................................................................128
Victoria & Alfred Waterfront ............................................129

**Uitstapjes rond Kaapstad**............................................148
Tafelberg .......................................................................148

**Actief:** Wandeling over de Hoerikwaggo Trail ........................152
Lion's Head en Signal Hill ................................................155
Robben Island .............................................................155
Townships ..................................................................157
**Actief:** Township Tour ................................................158

## Hoofdstuk 2 – Kaapschiereiland en Wijnland

**In een oogopslag: Kaapschiereiland en Wijnland** .............164
**Kaapschiereiland** ......................................................166
Kirstenbosch Botanical Gardens ......................................166
Constantia en omgeving ................................................168
**Actief:** Naar haaien duiken en kijken in de False Bay ...................172
Rondevlei Nature Reserve ..............................................173
Langs de False Bay .......................................................173
Simon's Town .............................................................175
Boulders Beach ...........................................................177
Cape of Good Hope Nature Reserve .................................178
**Actief:** Wandelen bij Kaap de Goede Hoop ..........................180
Langs de Atlantische Oceaan ..........................................183
Chapman's Peak Drive ..................................................184
**Actief:** Wandeling naar Chapman's Peak ............................185
Hout Bay ...................................................................186
De 'Zuid-Afrikaanse Rivièra' ...........................................191

**Wijnland** .................................................................194
Stellenbosch Wine Route ...............................................194
**Actief:** Paardrijden in het Wijnland ...................................200
Somerset-West ............................................................201
Van Somerset-West naar Franschhoek ..............................203
Boschendal .................................................................207
Paarl .........................................................................208

## Hoofdstuk 3 – Atlantische kust en Kalahari

**In een oogopslag: Atlantische kust en Kalahari** ..............212
**Westkust en Cederberge** ...........................................214
Table View en Bloubergstrand ........................................214
West Coast National Park ..............................................214
Paternoster ................................................................215
Van Paternoster naar de Cederberge ...............................216
Cederberge ................................................................218

Clanwilliam ................................................... 220
Pakhuis Pass en Wupperthal ..................................... 221

**Namaqualand** ................................................. 222
Calvinia ....................................................... 222
Garies ......................................................... 223
**Actief:** De bloemenpracht van de West Coast en Namaqualand
 ontdekken .................................................... 224
Namaqua National Park en Kamieskroon ........................... 226
Springbok en Goegap Nature Reserve ............................. 226
Diamantkust .................................................... 228
|Ai-|Ais/Richtersveld Transfrontier National Park ............... 229
**Actief:** Rafting- en kanotochten op de Orange River .......... 230
Van Sendelingsdrift naar Namibië ............................... 232
**Actief:** Zuid-Afrika op vier wielen ......................... 233

**Kalahari** .................................................... 235
Van Springbok naar Upington .................................... 235
Upington ....................................................... 239
Van Upington naar het noorden .................................. 241
**Actief:** Met de terreinwagen over de Nossob 4x4 Eco Trail .... 242
Kgalagadi Transfrontier Park ................................... 243
Tswalu Private Desert Reserve .................................. 248
Kuruman ........................................................ 249

**Kimberley** ................................................... 250

# Hoofdstuk 4 – Karoo

**In een oogopslag: Karoo** ..................................... 256
**Bloemfontein (Mangaung)** ..................................... 258
Het centrum .................................................... 258

**Van Bloemfontein naar het hart van de Karoo** ................. 262
Uitstapje: Tiffindell Ski Resort ............................... 262
Mountain Zebra National Park ................................... 264
Nieu-Bethesda en Owl House ..................................... 265
Graaff-Reinet en omgeving ...................................... 267
Karoo National Park ............................................ 269
Mountain View .................................................. 273
Stuurmansfontein ............................................... 273

**Door de Kleine Karoo** ........................................ 274
Prince Albert .................................................. 274
Gamkaskloof/Die Hel ............................................ 276
Swartberg Pass ................................................. 277

Schoemanspoort en omgeving ....................................... 279
**Actief:** Op de mountainbike over de Swartberg Pass en
    de Die Hel Pass ................................................. 280
Rond de Swartberg Pass ............................................. 281
Oudtshoorn ......................................................... 281
**Actief:** Grotwandeling door de Cango Caves ........................ 284
Calitzdorp en Amalienstein ......................................... 287
Matjiesfontein en omgeving ......................................... 287
Sutherland en de SALT-sterrenwacht ................................. 288
Aquila Private Game Reserve ........................................ 289
Route 62 ........................................................... 290
Montagu ............................................................ 292
Verder naar het westen ............................................. 296

## Hoofdstuk 5 – Walviskust, Garden Route en Game Parks

**In een oogopslag: Walviskust, Garden Route en**
    **Game Parks** ................................................... 300
**Walviskust** ...................................................... 302
Gordon's Bay ....................................................... 302
Betty's Bay ........................................................ 302
Kleinmond .......................................................... 303
Hermanus ........................................................... 303
Stanford en Gansbaai ............................................... 307
Elim ............................................................... 308
Bredasdorp ......................................................... 309
Cape Agulhas ....................................................... 309
Arniston en Kassiesbaai ............................................ 309
De Hoop Nature Reserve ............................................. 310
Malgas ............................................................. 310
Swellendam ......................................................... 311
Bontebok National Park ............................................. 312

**Garden Route en Baviaanskloof** ................................... 313
Mossel Bay ......................................................... 313
Klein Brakrivier ................................................... 315
George en omgeving ................................................. 315
Victoria Bay ....................................................... 316
Wilderness ......................................................... 316
Knysna ............................................................. 317
Plettenberg Bay .................................................... 319
Van Groot River naar Bloukrans Pass ................................ 321
Het Tsitsikamadeel van Garden Route National Park .................. 321
**Actief:** Wandelen over de Otter Trail ............................ 322
Avontuurlijke route Baviaanskloof .................................. 325

**Actief:** Mountainbiketocht door Baviaanskloof ....................... 327

**Game Reserves in Eastern Cape** ................................... 328
Port Elizabeth ....................................................... 328
Addo Elephant National Park .......................................... 329
Shamwari Game Reserve .............................................. 332
Grahamstown ........................................................ 333
Kwandwe Private Game Reserve ....................................... 334
Bathurst en Port Alfred ............................................... 335

## Hoofdstuk 6 – Wild Coast, Durban en de Drakensberge

**In een oogopslag: Wild Coast, Durban en de Drakensberge** . 338
**Wild Coast** .......................................................... 340
East London (Buffalo City) ............................................ 340
**Actief:** Wandelen over de Wild Coast Hiking Trail .................... 342
Van Kei Mouth langs de Wild Coast ................................... 343
Oribi Gorge Nature Reserve ........................................... 347

**Durban (eThekwini)** ................................................ 348

**Midlands en Drakensberge** ......................................... 358
Pietermaritzburg (Musunduzi) ........................................ 358
Sani Pass ............................................................ 359
Midlands ............................................................ 360
Noordelijke Drakensberge ............................................ 363
Basotho Cultural Village .............................................. 365
Golden Gate Highlands National Park ................................ 367
Clarens en Ladybrand ................................................ 367

## Hoofdstuk 7 – Het noordoosten

**In een oogopslag: Het noordoosten** .............................. 370
**Johannesburg** ..................................................... 372
Geschiedenis ........................................................ 373
Noordelijke stadsdelen .............................................. 374
In de City ........................................................... 375
Buiten de City ....................................................... 380
**Actief:** Soweto Township Tour ...................................... 386

**Pretoria (Tshwane)** ................................................ 388
Stadsbezichtiging ................................................... 388
Voortrekker Monument .............................................. 392

**Uitstapjes vanuit de provincie Gauteng** ........................ 394
Magaliesberge. ............................................................. 394
Cradle of Humankind ................................................. 395
Sun City ...................................................................... 397
Pilanesberg National Park ........................................... 398
Madikwe Game Reserve .............................................. 400

**Door Limpopo naar het Krugerpark.** ............................. 402
Waterberge. ................................................................ 402
Over de Magoebaskloof Pass naar het Krugerpark ...................... 402
Kruger National Park .................................................. 409
**Actief:** Wandelsafari's in het Kruger National Park ..................... 412
Van het Krugerpark naar de Drakensberge .............................. 421
Blyde River Canyon Nature Reserve ...................................... 421
Pilgrim's Rest. ............................................................ 422
Van Robbers Pass naar Mbombela ...................................... 423

**De wildreservaten aan de Indische Oceaan** .................... 424
Van Barberton naar de Indische Oceaan. ............................... 424
Wilderness camps en reservaten ...................................... 427

**Culinair lexicon**. ........................................................ 430
**Woordenlijst** ............................................................. 432

**Register** .................................................................. 434
**Colofon** .................................................................. 440

# Thema's

Struisvogels: vroeger veren, nu vlees ...................................... 34
Geestverschijningen aan de Kaap ........................................... 48
Cecil Rhodes en Paul Kruger ................................................ 56
Waarheid en verzoening ..................................................... 64
Madam & Eve – Het beste Zuid-Afrikaanse stripverhaal ................... 72
Voorbij de Tafelberg – Zuid-Afrika's beste thrillerauteur .................. 76
Bo-Kaap – waar de muezzin roept ........................................ 130
Hollywood in Zuid-Afrika ................................................. 143
Een paradijs voor bikers. .................................................. 170
Land voor de San .......................................................... 246
Waar Gandhi's vrijheidsstrijd begon ..................................... 353
Omgangsvormen in een Zoeloedorp ..................................... 356
Paul Kruger en zijn nationaal park ....................................... 406

# Alle kaarten in een oogopslag

**Kaapstad en omgeving in een oogopslag** ..................... 121
Kaapstad: fietsroute. .................................................... 124
Kaapstad ................................................................ 126
Victoria & Alfred Waterfront ............................................ 132
Wandelen over de Hoerikwaggo Trail: wandelkaart. .................... 152

**Kaapschiereiland en Wijnland in een oogopslag** ............. 165
Kaapschiereiland ...................................................... 169
Wijnland. ............................................................. 196

**Atlantische kust en Kalahari in een oogopslag** ............... 213
Westkust en Cederberge. ............................................. 217
Namaqualand ........................................................ 223
De bloemenpracht van de West Coast en Namaqualand ontdekken ... 224
Kalahari. ............................................................. 238
Kimberley ........................................................... 252

**De Karoo in een oogopslag**. ................................... 257
Bloemfontein (Mangaung). ........................................... 259
Van Bloemfontein naar het hart van de Karoo ........................ 268
Kleine Karoo. ........................................................ 275
Grotwandeling door de Cango Caves ................................ 284
Montagu ............................................................ 293

**Walviskust, Garden Route en Game Parks in een oogopslag**. 301
Walviskust, Cape Agulhas en De Hoop Nature Reserve ................ 304
Garden Route en Baviaanskloof ..................................... 314
Wandelen over de Otter Traill: wandelkaart. ......................... 322
Addo Elephant National Park en Private Game Park. .................. 330

**Wild Coast, Durban en Drakensberge in een oogopslag** ..... 339
Wild Coast. .......................................................... 341
Durban (eThekwini). ................................................. 350
Midlands en Drakensberge .......................................... 361

**Het noordoosten in een oogopslag** ............................ 371
Johannesburg ....................................................... 376
Pretoria (Tshwane). .................................................. 390
De omgeving van Johannesburg en Pretoria (Tshwane). .............. 399
Waterberge en het noordelijke Kruger National Park .................. 404
Kruger National Park en omgeving. .................................. 408
Wandelsafari's in het Kruger National Park: wandelkaart .............. 412
Van Barberton naar de Indische Oceaan. ............................. 426

Fascinerend rotslandschap:
Bourke's Luck Potholes

# Afrika's opwindendste land

**Het is nauwelijks mogelijk een betere beschrijving te geven van Zuid-Afrika dan de leus: 'De wereld in één land.' In de zuidpunt van Afrika komen alle positieve punten van het zwarte continent samen. Nu eens waant een bezoeker zich in Zuid-Frankrijk, dan weer in Spanje, een paar kilometer verderop in Noorwegen of in de oneindige verten van het zuidwesten van de Verenigde Staten.**

In het land aan de Kaap leven mensen uit verschillende culturen naast elkaar: moslims, hindoes en christenen, zwarten van negen verschillende volken, blanken uit de hele wereld, en de *coloureds* of kleurlingen, afstammelingen van blanke zeelieden en kolonisten, van de Khoi en de San, zwarte slaven uit West-Afrika en Mozambique en Aziatische slaven uit Nederlands Oost-Indië. Een fascinerend voorbeeld van de wijze waarop mensen van uiteenlopende herkomst en geloofsovertuiging toch vreedzaam en economisch succesvol in één staat kunnen samenleven.

Zoals iedereen weet, was dit niet altijd het geval. Maar de door iedereen gevreesde bloedige revolutie om de apartheidsregering ten val te brengen, is wonder boven wonder uitgebleven. In plaats van machinegeweersalvo's en tanks waren er onderhandelingen en gesprekken. En een groot staatsman werd in 1990 na 27 jaar gevangenschap vrijgelaten. Direct riep hij, tegen de eisen van zijn radicale aanhangers in, op tot verzoening, zonder welke er geen hoop voor Zuid-Afrika was geweest. In 1994 werd de voormalige staatsvijand nr. 1, Nelson Mandela, de eerste zwarte president van Zuid-Afrika.

Het land heeft twintig jaar democratie succesvol afgesloten. Er werden honderdduizenden nieuwe huizen gebouwd, publieke medische verzorging en onderwijs zijn gratis voor iedereen. De infrastructuur is nog altijd van hoog niveau. De enige schandvlek is de door de corrupte president Jacob Zuma geleide ANC-regering, die het land de afgelopen jaren zware schade heeft toegebracht, zowel qua aanzien in de wereld als economisch. In de aanloop naar de parlementsverkiezingen van 2017 liep het ANC bij lokale verkiezingen in augustus 2016 zware verliezen op.

De landschappen van Zuid-Afrika komen aan ieders voorkeur tegemoet: van eenzame zandstranden tot de gezellig drukke In-Beach, van de uitgedroogde, rode bodem van de Kalahari tot de vruchtbare, groene bossen langs de Garden Route, van Kaapstad aan de koude Atlantische Oceaan tot Durban aan de warme Indische Oceaan, van de hoge temperaturen in de Karoo tot de frisse bries op de tot 3000 m hoge Drakensberge.

Wie van een actieve vakantie houdt, kan alle kanten op. Of hij nu in een terreinwagen of op de motorfiets, met de camper of op de mountainbike onderweg is, of hij met bergschoenen, een vishengel, een sandboard of een bungeekabel is toegerust, in Zuid-Afrika is alles mogelijk. Alleen al op de beroemde Tafelberg liggen meer dan driehonderd verschillende wandelpaden, die in zwaarte uiteenlopen van inspannend tot zeer inspannend.

Wat zou een reis naar Zuid-Afrika zijn zonder een safari? In het wereldberoemde Krugerpark en veel andere nationale en particuliere wildreservaten in het land kunt u olifanten, neushoorns, leeuwen, luipaarden, buffels en ontelbare andere dieren bekijken, ook van heel dichtbij op tochten in open terreinauto's, met uitleg van een ervaren gids. Deze tochten worden georganiseerd door particuliere *lodges*. Het kan nog beter en spannender: Zuid-Afrika biedt de beste walvisobservatiemogelijkheden ter wereld, vanaf de kust en op zee. En wie behoefte heeft aan een adrenalinestoot, kan zich in een kooi in de Atlantische Oceaan laten zakken en daar witte haaien zien rondzwemmen.

De grote steden en de vele particuliere wildreservaten bieden uitstekende restaurants en exclusieve overnachtingsmogelijkheden, vaak in stijlvol gerestaureerde historische gebouwen. De kwaliteit van het eten en de accommodatie verrassen de gasten telkens opnieuw.

Maar Zuid-Afrika is ook een land van uitersten. Een fascinerende mengeling van de eerste en de derde wereld. In het centrum van Johannesburg reiken vijftig verdiepingen hoge, spiegelende torenflats tot in de wolken; managers dineren in fijnproeversrestaurants, waar een *power lunch* net zoveel kost als het maandsalaris van een in een lemen hut wonende Xhosa in het voormalige thuisland Transkei. Voor de poorten van de 'mooiste stad van de wereld' Kaapstad (Cape Town) ontmoeten de eerste en de derde wereld elkaar op de Cape Flats. In Constantia wonen gezinnen in reusachtige, met stro gedekte, Kaaps-Hollandse boerderijen, omringd door met oeroude eiken begroeide, parkachtige tuinen, in Khayelithsa leven tien mensen in een golfplaten hut van 15 m², in Hout Bay staan nieuwe Mercedessen en BMW's voor luxe huizen, in Gugulethu paardenkarren of tiendehands Japanse personenauto's voor eenvormige rijtjeshuizen.

Eén ding is zeker: wie eenmaal de veelzijdigheid en de contrasten van Zuid-Afrika heeft meegemaakt, komt steeds weer terug.

# De auteur

Dieter Losskarn
*www.dumontreise.de/magazin/autoren*
*www.facebook.com/dieter.losskarn*

De journalist en fotograaf Dieter Losskarn is in 1994 naar Kaapstad (= Afrika light) geëmigreerd. Sindsdien heeft hij tal van boeken en reportages over zuidelijk Afrika gepubliceerd. Hij schrijft en fotografeert niet alleen voor Duitse maar ook voor internationale magazines, is natuurliefhebber, maar houdt ook van minder milieuvriendelijke zaken: auto's en motoren. Al jarenlang is hij auto- en motorredacteur van de Zuid-Afrikaanse editie van het mannenblad GQ. Steeds als er een nieuw model auto of motor moet worden getest, combineert hij dat met research voor zijn uitgaven. Daarbij ontdekt hij voortdurend nieuwe lodges, hotels en restaurants in het land.

# Zuid-Afrika als reisbestemming

Er zijn op de wereld maar weinig landen waarin zulke diverse landschappen direct naast elkaar liggen: in het noorden de onherbergzame, droge Kalahariwoestijn, in het hart de steppeachtige halfwoestijn Karoo, in het westen en zuiden de koele Atlantische Oceaan met de beroemde Kaap de Goede Hoop en in het oosten de Indische Oceaan met zijn droomstranden. Verspreid liggen schitterende nationale parken, van het wereldberoemde Krugerpark tot het aanzienlijk afwisselendere Addo Elephant Park, waar het mogelijk is de Big Seven te zien, dat wil zeggen de Big Five aangevuld met walvissen en witte haaien.

## Natuurparadijs Zuid-Afrika

De meeste bezoekers van Zuid-Afrika zullen arriveren in het mooiste deel van het land en daar een groot deel van hun tijd doorbrengen. Kaapstad en omgeving bieden al een bijna ongelofelijke landschappelijke diversiteit: de verlaten westkust, de walvisrijke zuidkust met Afrika's zuidelijkste punt, Cape Agulhas, de wijnstreek met zijn in de winter met sneeuw bedekte bergen, de halfwoestijn Karoo met zijn ruige steenslagpassen, de gekloofde Cederbergen, de groene Garden Route en in het centrum van Kaapstad zelf het wandelparadijs van het Tafelbergmassief.

Vanuit Kaapstad wordt het naar het noorden toe steeds droger. Als in augustus/september de bloemen bloeien verandert het bruin verschroeide Namaqualand in een prachtig bontgekleurd tapijt. Ten noorden van Springbok komt u in het ruige Richtersveld. De Orange River vormt de grens met Namibië. Noordoostelijk van hier ligt de Kalahari. Een groot deel van het hart van Zuid-Afrika bestaat uit de steppeachtige hoogvlakte van de Great Karoo. In het oosten van het land vormt het Kruger National Park Zuid-Afrika's bekendste natuurreservaat. Zuidwestelijk ervan beginnen de uitlopers van de alpien aandoende Drakensberge, waar de hoogste bergtoppen van het land te vinden zijn. En in het zuiden is er weer zee, de warme Indische Oceaan, die strandplezier belooft. Tussen Port Edward en East London ligt de tot nu toe nog niet erg toeristische Wild Coast, met tal van Xhosadorpen en verlaten zandstranden. Bij de hierboven al genoemde Cape Agulhas komen de Indische en Atlantische Oceaan bij elkaar.

## Culturele hoogtepunten

Al duizenden jaren wordt zuidelijk Afrika bewoond door de San ofwel de Bosjesmannen. Tegenwoordig wonen er nog weinigen van hen in het Kalaharigebied. De natuurexcursies met de San die door enkele lodges worden aangeboden zijn zeer bijzondere reiservaringen. Ze bieden de oerbewoners de kans hun unieke cultuur te bewaren.

Zuid-Afrika's oudste kunstschatten zijn hoofdzakelijk te vinden in de Ceder- en Drakensbergen. De rotsschilderingen illustreren op fascinerende wijze duizenden jaren van menselijke beschaving en behoren daarmee tot de belangrijkste openluchtmusea ter wereld. Qua stijl en thematiek zijn ze met geen enkel ander kunstwerk te vergelijken.

Een veel jongere culturele erfenis danken we aan Zuid-Afrika's zwarte bevolking, die in negen stammen is opgedeeld. Het vlechten van manden, potten bakken, houtsnij- en weefwerk en leerbewerking vormen de belangrijkste takken van lokale kunstnijverheid.

## Individueel of georganiseerd?

Zuid-Afrika is typisch een land om per **huurauto** te verkennen. Wie zichzelf een terreinauto gunt, kan ook genieten van de meer afgelegen gebieden. Om door te kunnen dringen in de hierboven genoemde afgelegen streken als Richtersveld, Kalahari en Wild Coast is een fourwheeldrive absoluut noodzakelijk. Deze trips zijn enkel voorbehouden aan ervaren en avontuurlijk ingestelde reizigers. Het belangrijkste gereedschap daarbij is een gps. In Kaapstad en Johannesburg kunnen 4x4's ook voor een dag worden gehuurd. Een andere optie is een grensoverschrijdende tour met oneway huur van een compleet uitgeruste terreinauto in Zuid-Afrika of Namibië, waar dit duidelijk goedkoper is. U huurt de auto bijvoorbeeld in Kaapstad en levert deze in het Namibische Windhoek weer in of vice versa. Vanuit Johannesburg is Namibië over de Botswaanse Trans-Kalahari Highway goed bereikbaar.

Er is echter ook een groot aanbod aan **exclusieve georganiseerde tours** met kleine groepen. Hierbij moet u beslist niet denken aan grote touroperators. Individueel georganiseerd is hier het motto. Deze op maat gesneden trips worden meestal uitgevoerd met kleine personenbusjes met speciaal hiervoor opgeleide gidsen die hun talen spreken.

Een alternatief zijn georganiseerde **tochten per motor**. Het aanbod omvat zowel tochten over asfalt als off road op BMW's of Harley-Davidsons (zie blz. 170).

Jarenlange ervaring met het organiseren van op maat gesneden, exclusieve **individuele tours** in zuidelijk Afrika heeft That's Africa. Hun team stelt voor individuele personen, gezinnen of groepen individuele tours samen en zorgt indien gewenst ook voor een huurauto en restaurantreserveringen. Het voordeel: alles in één hand, perfect georganiseerd en dankzij de communicatie in diverse talen ontstaan er geen misverstanden. **Voor contact:** www.thatsafrica.com.

Sommige reisorganisaties kunnen voor hun klanten individuele Zuid-Afrikareizen samenstellen. Als u bijvoorbeeld in deze gids een overnachtingssuggestie tegenkomt die u aanspreekt, kunt u de naam van de accommodatie aan uw reisbureau doorgeven. Vaak bent u zo goedkoper uit dan wanneer u zelf reserveert, want de professionele reisorganisaties weten voor kamers vaak gunstige prijzen te bedingen. Twee persoonlijke tips voor lodges zijn die van Wilderness Safaris (www.wilderness-safaris.com), een van Afrika's beste safari-aanbieders. Ook die van Sanctuary Retreats (www.sanctuaryretreats.com) bieden prachtige overnachtingsmogelijkheden.

## BELANGRIJKE VRAGEN OVER DE REIS

Hoe organiseer ik mijn reis? Waar boek ik vooraf een **rondreis**? zie links en boven

Waar heb ik de meeste kans om de **Big Five** te zien? zie blz. 26

Welke **reisdocumenten** heb ik nodig bij binnenkomst en tijdens de reis? zie blz. 82

Wie verhuren er compleet uitgeruste **terreinauto's**? zie blz. 84

Moet ik thuis al **geld** wisselen of pas in Zuid-Afrika? zie blz. 102

Welke tropische ziektes komen in Zuid-Afrika voor en welke **inentingen** worden aanbevolen? zie blz. 104

Welke **kleding** moet er worden ingepakt? zie blz. 105

Hoe staat het met de **veiligheid** in Zuid-Afrika? Welke voorzorgsmaatregelen moet ik nemen? zie blz. 113

# Hulp bij het plannen van uw reis

## Planning van uw reis

 *Cultuurtip*   *Natuurtip*

Bij de volgende reisplanningen is rekening gehouden met reizigers die over een beperkte hoeveelheid tijd beschikken.

## 1. Kaapstad en omgeving

Kaapstad is absoluut de meest trendy metropool van het zwarte continent – en een van de mooiste steden ter wereld. Omdat het tijdsverschil geen rol speelt arriveert u jetlagvrij en daarom is Zuid-Afrika's oudste stad ook geschikt voor een citytrip. In en rond Kaapstad vindt u toprestaurants, schitterende over-

### De hoofdstukken in deze gids

1. **Kaapstad en omgeving:** zie blz. 119
2. **Kaapschiereiland en Wijnland:** zie blz. 163.
3. **Atlantische kust en Kalahari:** zie blz. 211
4. **De Karoo:** zie blz. 255
5. **Walviskust, Garden Route en Game Parks:** zie blz. 299
6. **Wild Coast, Durban en de Drakensberge:** zie blz. 337
7. **Het noordoosten:** zie blz. 369

nachtingsadressen, grandioze landschappen, wijndomeinen en droomstranden. De Mother City is bovendien een shoppingparadijs. De bezienswaardigheden van de stad liggen dicht bij elkaar. Hoogtepunten zijn het Victoria & Alfred Waterfront, de Tafelberg en Robben Island. Een georganiseerde townshiptour maakt uw bezoek aan Kaapstad compleet.

 Robben Island    Tafelberg

**Goed om te weten:** Kaapstad behoort tot de veiligste metropolen van Afrika. Toch is het verstandig enkele voorzorgsmaatregelen te nemen (zie blz. 113). Tip: een wandeling op de Tafelberg. Ongeveer driehonderd wandelpaden van wisselende moeilijkheidsgraad voeren naar de top.

### Tijdschema
| | |
|---|---:|
| Kaapstad: | 7 dagen |
| Uitstapjes in de omgeving: | 7–10 dagen |

## 2. Kaapschiereiland en Wijnland

Ten zuiden van Kaapstad kunt u op spectaculaire kustwegen genieten van het prachtige Kaapschiereiland. Hoogtepunten zijn hier Kaap de Goede Hoop, Cape Point en Chapman's Peak Drive tussen Noordhoek en Hout Bay – in de late namiddagzon. En in het noorden van de Mother City begint het Wijnland al in de voorsteden. Het edele vocht kan daar in diverse eersteklas, maar desondanks relaxte restaurants worden geproefd

.

 Cape of Good Hope Nature Reserve

**Goed om te weten:** wie te weinig tijd heeft voor een excursie naar het Wijnland, kan voor de wijnproeverij ook terecht in Constantia, waar enkele fraaie domeinen liggen die prima kunnen worden opgenomen in de trip over het Kaapschiereiland. Tip: een ritje met een gerestaureerde stoomlocomotief van het station van Kaapstad langs de kust van False Bay naar Simon's Town.

### Tijdschema
| | |
|---|---:|
| Kaapschiereiland | 1 dag |
| Wijnland | 3–4 dagen |

## 3. Atlantische kust en Kalahari

De temperatuursverschillen tussen de westkust en het binnenland worden naar het noorden toe voortdurend groter. Al in de rode, woest gekloofde Cederbergen is het voelbaar warmer dan in Lambert's Bay. In augustus/september verandert het verschroeide Namaqualand in een kleurrijke bloemenzee. In het uiterste noordwesten ligt Zuid-Afrika's avontuurlijkste nationaal park, het Richtersveld. Van hieraf is het nog maar een antilopesprongetje naar Namibië. Verder oostelijk storten de indrukwekkende Augrabieswatervallen zich in de diepte. Het grensoverschrijdende Kgalagadi Transfrontier Park dringt diep door in Namibië en Botswana en behoort tot de grootste aaneengesloten natuurreservaten ter wereld. Zuid-Afrika's diamanthoofdstad Kimberley brengt u weer terug in de beschaving

.

 • Namaqualand
• |Ai-|Ais/Richtersveld Transfrontier National Park
• Kalahari

**Goed om te weten:** in Richtersveld National Park steekt een kleine veerboot (150 rand per auto) de Orange River over – de avontuurlijkste variant van de grensovergang aan de N 7 bij Vioolsdrif/Noordoewer. Tip: een georganiseerde kanotrip met het gezin op de Orange River.

### Tijdschema
| | |
|---|---:|
| Namaqualand | 2–3 dagen |
| Richtersveld | 3–4 dagen |
| Kgalagadi Transfrontier Park | 3–4 dagen |

## 4. De Karoo

Het hart van Zuid-Afrika bestaat uit een berg- en steppeachtig landschap dat zo uit een platjesboek kan komen. Hier liggen enkele fascinerende nationale parken en natuurreservaten, evenals diverse mystieke oorden. De Grote Karoo gaat over in de Kleine Karoo, die ook veel verrassends te bieden heeft. Van de kortste stadsrondrit ter wereld in een oude Londense dubbeldekker tot de seksshop aan de verlaten route 62 en niet te vergeten de spectaculairste steenslagpassen van het land.

 *Swartberg Pass*

**Goed om te weten:** Sutherland is niet alleen de koudste plaats van Zuid-Afrika, maar ook de plek waar de sterrenhemel het helderst is. Er is dan ook een sterrenwacht. Tip: een milkshake en hamburger in het Diesel & Creme Roadhouse aan route 62 in Barrydale.

### Tijdschema

| | |
|---|---|
| Grote Karoo | 5–7 dagen |
| Kleine Karoo | 7 dagen |

## 5. Walviskust, Garden Route en Game Parks

Verlaten zandstranden, een grandioze natuur en indrukwekkend groot wild wachten de bezoeker op aan de gevarieerde Walviskust en langs de Garden Route. Hermanus staat bekend als de walvishoofdstad van het land. Hier en in De Hoop Nature Reserve laten deze zeezoogdieren zich vanaf het land observeren. Er worden natuurlijk ook bootexcursies georganiseerd. In de malariavrije Eastern Cape Province, tussen Port Elizabeth en Grahamstown, werd de laatste jaren veel voormalig boerenland tot natuurreservaat getransformeerd.

• *Hermanus*
• *Addo Elephant National Park*

**Goed om te weten:** de route door de Baviaanskloof is het avontuurlijke terreinwagenalternatief voor de Garden Route. Tip: een van Zuid-Afrika's bekendste wandelroutes voert in vijf dagen van Storm's River Mouth in het Tsitsikammagedeelte van het Garden Route National Park naar Nature's Valley.

### Tijdschema

| | |
|---|---|
| Walviskust/Garden Route – van Kaapstad naar Port Elizabeth | 7–10 dagen |
| Baviaanskloof | 2–3 dagen |

## 6. Wild Coast, Durban en Drakensberge

Vanuit het meest Afrikaanse deel van het land, de door de Xhosastam bewoonde Wild Coast, voert de route naar Durban, Zuid-Afrika's 'Indische' metropool. Daar kan zelfs midden in de winter in de warme Indische Oceaan worden gezwommen. Door het Brits aandoende five- o'clock-teagebied van de Natal Midlands reist u verder naar de dramatische en alpiene bergwereld van de Drakensberge, waar de hoogste toppen van Zuid-Afrika liggen. In Durban is het nuttigen van een Indiase curry verplicht. En wie de Drakensberge in trekt, moet wandelschoenen bij zich hebben.

 *uShaka Marine World*    • *Wild Coast*
• *Noordelijke Drakensberge*

**Goed om te weten:** in Durban is de kans om overvallen te worden, vooral na het invallen van de duisternis, groot. Ga 's avonds nooit en overdag alleen in drukke buurten te voet op pad. Langs de zeepromenade houden meestal geüniformeerde bewakers een oogje in het zeil. Toegang: hoewel er al jaren sprake is van een snelweg langs de kust leiden tot nu toe alleen enkele doodlopende wegen vanaf de N 2 naar de droomstranden van de Wild Coast. Tip: een wandeling over de Wild Coast Hiking Trail.

*In het iSimangaliso Wetland Park*

**Tijdschema**

| | |
|---|---:|
| Wild Coast | 4–5 dagen |
| Durban | 1–2 dagen |

## 7. Het noordoosten

De kleinste van Zuid-Afrika's negen provincies, met de metropolen Johannesburg en Pretoria, is tevens het economische hart van het land. Ofschoon Gauteng slechts 1,4% van de totale oppervlakte van Zuid-Afrika inneemt, draagt het bij aan meer dan een derde van het bruto binnenlands product en wordt hier ongeveer 10% van de economische inkomsten van het hele Afrikaanse continent gegenereerd. Even buiten de grote steden liggen aantrekkelijke excursiebestemmingen, zoals de Wieg van de Mensheid (Cradle of Humankind), waar de oudste menselijke beenderen ter wereld werden gevonden, tot het fameuze gokkersmekka Sun City. De natuurreservaten van Madikwe en Waterberg liggen iets verder weg. Een hoogtepunt in Zuid-Afrika is het in het oosten gelegen Kruger National Park met de in het park opgenomen of eraan grenzende exclusieve privé-wildreservaten. Tot slot loont ook nog een uitstapje naar de Indische Oceaan de moeite, waar nog meer natuurreservaten, maar ook ongerepte zandstranden op bezoekers wachten.

 *Cradle of Humankind*

 • *Kruger National Park*
• *iSimangaliso Wetland Park*

**Goed om te weten:** in Johannesburgs toprestaurants is de vis vaak verser dan in Kaapstad omdat hij onmiddellijk verpakt in ijs wordt ingevlogen. De bediening en kwaliteit in Johannesburgs fijnproeverstempels, waar de zwarte elite komt eten en drinken, zijn legendarisch. Tip: schildpadden observeren aan de Indische Oceaan bij Rocktail Bay.

### Tijdschema

| | |
|---|---:|
| Johannesburg/Pretoria | 2 dagen |
| Cradle of Humankind/Sun City | 2 dagen |
| Kruger National Park | 5–7 dagen |
| Indische Oceaan | 3–4 dagen |

# Suggesties voor rondreizen

## ▬▬ Vanuit Kaapstad door de Kleine Karoo (9 dagen)

**1e dag:** van Kaapstad naar Robertson, dat ten onrechte in de schaduw staat van het beroemde wijntrio Stellenbosch, Franschhoek en Paarl. Zowel de hier geproduceerde wijnen als de route van wijngoed naar wijngoed zijn fantastisch.
**2e dag:** van Robertson via route 60 en 62 en Montagu naar Barrydale.
**3e dag:** verder over route 62 naar Calitzdorp. Route 62 roept herinneringen op aan Amerikanse road movies. Dat komt niet alleen door het verlaten Karoolandschap, maar ook door de excentrieke lokaliteiten onderweg, zoals bijvoorbeeld het Diesel & Creme Roadhouse of Ronnie's Sex Shop.
**4e dag:** van Calitzdorp naar Oudtshoorn.
**5e dag:** Oudtshoorn is de struisvogelhoofdstad van de wereld. Hier leven per inwoner de meeste exemplaren van deze loopvogel.
**6e dag:** van Oudtshoorn over de Swartberg Pass naar Prince Albert.
**7e dag:** Prince Albert is een prachtig woonoord voor Zuid-Afrikaanse pensionado's uit Johannesburg of Kaapstad die de stad beu zijn. Een aantal van hen heeft in het schilderachtige Karoostadje fraaie overnachtingsmogelijkheden en restaurants gecreëerd.

**8e dag:** van Prince Albert naar de N 2, daar richting Kaapstad tot Matjiesfontein, een Engelse enclave midden in de Karoo.
**9e dag:** van Matjiesfontein naar Kaapstad

## ▬▬ Vanuit Kaapstad naar de Kalahari (14 dagen)

**1e dag:** van Kaapstad door de Cederberge naar Clanwilliam.
**2e dag:** verder over de N 7 door Namaqualand naar Springbok.
**3e dag:** vanuit Springbok excursie naar de Goegap Nature Reserve, met name wanneer in augustus/september de bloemen bloeien.
**4e en 5e dag:** van Springbok over de N 14 naar de Pella Mission Church, daarna verder naar Augrabies National Park. Een dag in het park.
**6e dag:** van Augrabies National Park langs de vruchtbare zuidoever van de Orange River en via de plaatsen Kakamas en Keimoes naar Upington.

**7e dag:** van Upington naar het Kgalagadi Transfrontier Park. Overnachting in het Twee Rivieren Parkcamp.
**8e tot 11e dag:** wildsafari's in het Zuid-Afrikaanse deel van het park.
**12e tot 14e dag:** terug naar Kaapstad of verder naar de Karoo.

## ▬ Langs de Wild Coast (5 dagen)

**1e dag:** van East London naar Morgan Bay. Overnachting in de Morgan Bay Lodge.
**2e dag:** van Morgan Bay naar de Kei River Mouth. Oversteek per veerboot. Overnachting in Wavecrest.
**3e dag:** van Wavecrest naar Mazeppa Bay.
**4e dag:** van Mazeppa Bay naar Coffee Bay met het mooiste strand aan de Wild Coast.
**5e dag:** van Coffee Bay naar Port St. Johns.

## ▬ Vanuit Johannesburg naar de Indische Oceaan (10 dagen)

**1e dag:** van Johannesburg naar de Midlands.
**2e dag:** overnachting in de Midlands, de beste optie hiervoor is Nottingham Road.

**3e dag:** excursie naar de Sani Pass. Het rijden van deze niet-geasfalteerde bergpas naar het koninkrijk Lesotho is een van de laatste avontuurlijke autoritten in Zuid-Afrika – alleen voor wie niet bang is en geen hoogtevrees heeft. Helaas is het asfalteren van de pas gepland.
**4e dag:** verder naar Durban.
**5e dag:** Durban, waar het grootste deel van Zuid-Afrika's Indiase bevolking woont. Genieten van een authentieke curry is hier een must.
**6e dag:** van Durban naar iSimangaliso Wetland Park. Hoogtepunt zijn hier de waterschildpadden die uit hun ei kruipen.
**7e tot 10e dag:** relaxen aan de Indische Oceaan met zijn aangename watertemperatuur.

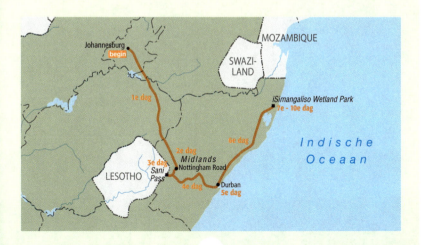

# Land, volk en cultuur

'Ook met een omhelzing kan men een
politieke tegenstander bewegingloos maken'.
Nelson Mandela (18 juli 1918–5 december 2013)

Drummer aan de Zuid-Afrikaanse kust

# Zuid-Afrika in het kort

## Feiten en cijfers

**Naam:** Republic of South Africa (Engels), Republiek van Suid-Afrika (Afrikaans), IRiphabliki yaseNingizimu Afrika (isiZulu), IRiphabliki yaseMzantsi Afrika (isiXhosa), Rephaboliki ya Afrika Borwa (Sesotho), Rephaboliki ya Aforika Borwa (Setswana), IRiphabhulikhi yeNingizimu Afrika (Swazi), Rephaboliki ya Afrika-Borwa (Northern Sotho), Riphabliki ra Afrika Dzonga (Tsonga), Riphabuiki ya Afurika Tshipembe (Thsivenda), Riphabliki yeSewula Afrika (isiNdebele)

**Oppervlakte:** 1.219.912 km²

**Hoofdstad:** Tshwane (Pretoria). In Pretoria zetelt de regering, het parlement vergadert in Kaapstad, zetel van het Opperste Gerechtshof is Bloemfontein.

**Officiële talen:** Engels, Afrikaans, isiZulu, isiXhosa, Sesotho, Setswana, Siswati (of Swazi), Northern Sotho, Xitsonga (of Tsonga), Thsivenda, isiNdebele.

**Inwoners:** 54,96 miljoen (augustus 2015)
**Bevolkingsgroei:** – 0,38%
**Levensverwachting:** vrouwen **63** jaar, mannen **57,7** jaar

**Percentage analfabeten:** 7,1%

**Valuta:** Zuid-Afrikaanse rand (ZAR)

**Tijdzone:** In nov.-mrt. is het in Zuid-Afrika 1 uur later dan bij ons (MET-zone); in april-okt. is er geen tijdsverschil.
**Landnummer:** 0027

**Vlag:** De centrale, naar elkaar toe lopende groene strepen in de vorm van een liggende Y symboliseren de eenheid van het land na beëindiging van de apartheid. 'Eenheid is kracht' is het motto van de vlag. Rood staat voor het bloed dat in de antiapartheidsstrijd vergoten is, blauw voor de Atlantische Oceaan, de Indische Oceaan en de hemel, wit voor de blanke bevolking en de vrede. Zwart, groen en geel zijn de kleuren van de Afrikaanse partijen: African National Congress (ANC) en Inkatha Freedom Party (IFP). Zwart symboliseert de zwarte bevolkingsmeerderheid, groen de natuurlijke rijkdommen en geel het goud en andere bodemschatten.

## Geografie

Zuid-Afrika kan grofweg in twee hoofdregio's worden verdeeld: een reusachtig binnenlands plateau dat aan drie zijden door een smalle kuststrook wordt omringd. Beide gebieden worden door een rand van bergen en heuvels van elkaar gescheiden, gedomineerd door de machtige keten van de Drakensberge in het oosten. Andere spectaculaire bergketens liggen in de Western Cape Province, bijvoorbeeld de woest gekloofde Cederberge bij Clanwilliam of de Hottentots Hollands Mountains. Er zijn geen commercieel bevaarbare rivieren en meren. Veel waterlopen in droge gebieden zijn alleen in het natte seizoen met water gevuld. De belangrijkste havens zijn Durban, Kaapstad, Port Elizabeth, East London (Buffalo City), Richards Bay en Saldanha Bay.

## Geschiedenis

De eerste bewoners van het land waren de San ('Bosjesmannen') die al duizenden jaren geleden in zuidelijk Afrika leefden. Zwarte veehoeders, de Khoikhoi uit het noorden van Botswana, immigreerden. Portugese zeevaarders waren de eerste Europeanen. Later volgden Hollanders en Engelsen die een bloedige strijd voerden met de Xhosa en Zoeloes. Bij de Grote Trek (1835/1836) maakten de blanke Afrikanen zich los van de Engelse invloed en trokken het binnenland in. Dit leidde tot twee oorlogen tussen de Boeren en de Engelsen.

In 1910 werd de Zuid-Afrikaanse Unie opgericht, die bestond uit de vier kolonies Kaap, Natal, Oranje Vrijstaat en Transvaal. Met de verkiezingsoverwinning van de National Party in 1948 werd de apartheidspolitiek ingevoerd, met onlusten, protesten en sancties tot gevolg. Pas met de vrijlating van Nelson Mandela in 1990 kwam er verandering. In 1994 werd de ANC regeringspartij en Nelson Mandela de eerste zwarte president; in 1999 werd hij opgevolgd door Thabo Mbeki (ANC), die in 2004 werd herkozen. Mbeki moest in 2009 plaats maken voor zijn tegenstrever Jacob Zuma, die in 2014 werd herkozen. Sindsdien raakte Zuma betrokken bij het ene schandaal na het andere en inmiddels probeert hij niet eens meer te verbergen dat hij corrupt is. Zijn onbekwaamheid bereikte het toppunt in december 2015 toen hij de wereldwijd in hoog aanzien staande en zeer competente minister van Financiën Nhlanhla Nene ontsloeg. De rand raakte hierdoor in een vrije val en nog nooit werd zo luid Zuma's aftreden geëist. De Zuid-Afrikaanse social media staan bol van de slogans in de trant van 'Zuma must fall'.

## Staat en politiek

Sinds 1994 wordt Zuid-Afrika geleid door een democratisch gekozen ANC-regering. De in 1994 uitgevaardigde nieuwe, vooruitstrevende grondwet verdeelt het land in negen provincies met een eigen premier en kabinet en een eigen wetgevende macht. Alle provincies ontvangen gelden van de centrale regering en bezitten eigen bureaus voor investering en toerisme.

## Economie en toerisme

Zuid-Afrika is verreweg de grootste en meest ontwikkelde economische grootmacht van het Afrikaanse continent. Het bruto binnenlands product (bbp) is meer dan driemaal zo groot als dat van Nigeria of Egypte. Vroeger was de economie vrijwel volledig afhankelijk van de goudexport, maar zij is inmiddels veel veelzijdiger geworden en een grote productiesector (onder andere van machines, auto's, kleding, voedingsmiddelen) maakt tegenwoordig een kwart van het bbp uit. Goud is nog altijd een van de grootste deviezenleveranciers van het land. De kleinste provincie, Gauteng, rond Johannesburg en Tshwane (Pretoria), is verreweg het belangrijkste commerciële, industriële en financiële centrum van het land en verantwoordelijk voor 35% van het bbp. Zuid-Afrika beschikt over moderne financiële en industriële sectoren en een uitstekende infrastructuur. De economische betekenis van het toerisme is de afgelopen jaren enorm toegenomen.

## Bevolking en religie

De bevolking in cijfers (2015, geschat): zwarten 79,2%, kleurlingen 8,92%, blanken 8,6%, Aziaten 2,6%. Zuid-Afrika was in 2015 voor 64,8% verstedelijkt. De bevolkingsdichtheid bedroeg in dat jaar 44 inw./km$^2$. Er is één arts op 1250 inwoners. De kindersterfte bedraagt 6%. In Zuid-Afrika leven aanhangers van uiteenlopende godsdiensten vreedzaam naast elkaar: circa twee derde van de bevolking is christen, er zijn aanhangers van stamreligies (vooral animisme), moslims (ca. 1,5%) en hindoes (1,5%). In Kaapstad, Durban en Johannesburg staan op een klein oppervlak kerken, moskeeën en synagogen vlak bij elkaar. Er zijn geen problemen tussen de aanhangers van de verschillende geloofsrichtingen.

# Natuur en milieu

**De natuur van Zuid-Afrika is zeer veelzijdig. Het land ligt in de subtropen, maar de hoogteverschillen – een ring van gebergten omsluit het land in het zuiden, westen en oosten – en de invloed van de Indische en Atlantische Oceaan zorgen voor grote variatie in klimaat en vegetatie: u vindt er mediterrane omstandigheden naast savanne en woestijn.**

## De landschappen van Zuid-Afrika en hun vegetatie

### De Kaapregio

Wetenschappers verdelen de plantengroei op de wereld in zes florarijken, waarvan de Kaapregio (*Capensis*) in Zuid-Afrika het kleinste is. Terwijl andere florarijken bijna het gehele noordelijk halfrond of heel Australië omvatten, beslaat het florarijk van de Kaap slechts 0,04% van het totale aardoppervlak. Ondanks de geringe omvang gaat het om de grootste soortenrijkdom ter wereld. De vegetatievorm wordt **fynbos** genoemd, een van oorsprong Hollandse term die 'bos met fijnbladige planten' betekent.

De fynbosvegetatie omvat 7700 plantensoorten, waarvan er 5000 inheems zijn in de provincie **Western Cape**. Het 470 km² grote **Kaapschiereiland** telt maar liefst 2256 verschillende plantensoorten, de 60 km² grote **Tafelberg** 1470 soorten. Het gaat hierbij om bloemplanten, hardloofgewassen, met name planten van de geslachten *Protea* en *Erica*, en cypergrassen. De grote variatie wordt met name duidelijk als men bijvoorbeeld weet dat er aan de Kaap alleen al 600 verschillende ericasoorten voorkomen, terwijl het er in de rest van de wereld slechts 26 zijn. Van de protea's geniet de reusachtige koningsprotea of suikerbossie (*Protea cynaroides*), die bloemen draagt van meer dan 20 cm groot, een bijzondere status als het nationale symbool van Zuid-Afrika.

Fynbos is heel gevoelig voor biotoopveranderingen. De bevolkingsdichtheid in Western Cape heeft er al toe geleid dat enkele soorten zijn uitgestorven; maar liefst 500 soorten gelden als bedreigd.

De grond onder de fynbosvegetatie is zeer voedingsarm, wat tot gevolg heeft dat de planten zelf ook weinig voedingsstoffen bevatten en daarom ook geen grote kudden dieren kunnen voeden. Om die reden leeft er in fynbos slechts een zeer beperkte diersoortenvariëteit.

### Westkust, Namaqualand en binnenlands plateau

Ook aan de **Westkust** en in **Namaqualand** zijn veel planten inheems. In het gebied, dat zich uitstrekt tot de Namibische grens, valt maar zeer weinig neerslag, wat zich weerspiegelt in de plantenwereld. Er groeien hier zeer veel **succulenten**, waarvan zo'n 200 soorten bedreigd zijn. Als er echter eindelijk regen valt, ondergaat het landschap een drastische verandering. Het bruine veld barst in het voorjaar (augustus en september) uit in een overweldigende kleurenpracht; in deze tijd van het jaar strekken veelkleurige bloementapijten zich uit tot aan de horizon.

Het **binnenlands plateau** wordt door een kenmerkende **Karoovegetatie** gedomineerd: kleine, lage bosjes en los van elkaar staande succulenten. Zodra er meer regen valt, ontstaan uitgestrekte grasvelden. De enige bomen in deze regio gedijen langs de weinige waterlopen.

## Noordelijke Highveld en Lowveld

Meer bomen zijn er daarentegen te vinden in het noordelijke Highveld, aan de grens met Botswana en in de Lowveldregio's van de provincies Limpopo en Mpumalanga. Dit zijn typische **savannelandschappen** met veel gras en hier en daar een vrijstaande boom. In hogere streken komen veel doornacacia's voor, in lagere staan de kenmerkende mopanebomen die zowel op bijna volledig onder water staande als op uitgedroogde grond gedijen. De bodem is hier bijzonder rijk aan voedingsstoffen, waardoor er veel dieren kunnen leven (het Kruger National Park ligt midden in deze regio).

## Highveld, KwaZulu-Natal Midlands, Eastern Cape

In de rest van het **Highveld**, de **KwaZulu-Natal Midlands** en de binnenlanden van de **Eastern Cape Province** overheerst **grasland**, waarop slechts enkele van nature hier voorkomende boomsoorten kunnen overleven. In de hete, vochtige zomers groeit het gras zeer snel, waarna in de droge, koude winters een rustperiode volgt. Er wordt onderscheid gemaakt tussen zoet en zuur grasland. Het eerste is rijker aan voedingsstoffen en wordt in gebieden met minder neerslag (400–600 mm/jaar) en op zware kleigrond aangetroffen. Zuur grasland komt vooral voor in gebieden met meer dan 600 mm neerslag per jaar. Door de snellere groei bevat het gras hier minder voedingsstoffen. Het grasland gaat vrijwel naadloos over in de Karoo. Zodra het droog wordt of vee een gebied heeft afgegraasd, verschijnen de Karoostruiken overal in het landschap.

De dichtbewoonde kuststrook van de Eastern Cape Province en KwaZulu-Natal was vroeger bosrijk. De aaneengesloten, dichte, **subtropische bossen van Natal** zijn nu nog slechts op enkele, geïsoleerde plaatsen te vinden. Het merendeel van de bossen is opgeofferd aan de landbouw, vooral aan suikerrietplantages. In de **Eastern Cape** verging het het **groenblijvende bos** net zo. In en rond Knysna zijn enkele bestanden bewaard gebleven; zij geven nog een indruk hoe dit gebied er voor de komst van de Europeanen uitzag.

Nog slechts 1% van het oppervlak van Zuid-Afrika is met aaneengesloten bos bedekt, met veel geïmporteerde boomsoorten als eucalyptus, den, enzovoorts. De hardhoutsoorten geelhout *(yellowwood)*, stinkhout *(stinkwood)* en ijzerhout *(ironwood)* zijn tegenwoordig beschermd.

*Karoolandschap bij Springbok in het Goegap Nature Reserve*

Natuur en milieu

# De fauna van Zuid-Afrika

De eerste blanken decimeerden al kort na hun aankomst op de Kaap de vroeger enorme dierenrijkdom, wat tot het uitsterven van enkele diersoorten heeft geleid. Alleen in de nationale parken en de particuliere natuurreservaten konden de Big Five (leeuw, luipaard, buffel, olifant, neushoorn) en hun collega's zich in grotere aantallen staande houden.

## De Big Five

### Olifant

Het grootste en bekendste Zuid-Afrikaanse landzoogdier is de **olifant** *(elephant)*, die vooral in het Kruger National Park in de provincies Mpumalanga en Limpopo, in het Addo Elephant National Park in de Eastern Cape Province (zie blz. 329) en in het Hluhluwe-Umfolozi Park in KwaZulu-Natal (zie blz. 428) te zien is. Een nog grotere kans om olifanten van dichtbij te bewonderen hebt u in de particuliere wildreservaten.

De olifantenpopulatie heeft zich goed hersteld: van 120 exemplaren in de vier reservaten Kruger, Addo, Tembe en Knysna in 1920 naar krap 10.000 in inmiddels 40 reservaten. Vrijwel alle weer in Zuid-Afrika uitgezette dieren komen uit het Kruger National Park. Mannetjes (stieren) wegen 4000–7000 kg en worden 3,10–3,40 m hoog. Een bijzondere eigenschap van olifanten is hun communicatie over vele kilometers door middel van lage tonen vanuit de buik die voor mensenoren niet te horen zijn.

### Neushoorn

De uitgesproken zeldzame **zwarte** of **puntlipneushoorn** *(black rhino)* leeft solitair, vooral in KwaZulu-Natal in het Hluhluwe-Umfolozi Park. In de Northern Cape Province zijn twee gebieden waar hij vaker wordt aangetroffen: in het Augrabies Falls National Park en in het Tswalu Private Desert Reserve. Anders dan de witte neushoorn eet hij geen gras, maar struiken en takken. De puntige lippen functi-

oneren net als de slurf van een olifant. Zwarte neushoorns zijn met 800 kg (vrouwtjes) en 1200 kg (mannetjes) zwaarder dan hun witte soortgenoten, die overigens niet wit zijn. Adrenalineopwekkend is hun explosieve gesnurk bij de aanval.

De **witte** of **breedlipneushoorn** *(white rhino)* leeft in kleine groepen in het Kruger National Park. Stropers maken vooral in de dicht bij de grens gelegen delen van het Krugerpark, maar ook in particuliere Game Reserves, nog altijd jacht op neushoorns. In sommige Aziatische landen wordt hun gemalen hoorn voor pseudo-medicinale doeleinden gebruikt en worden er hoge prijzen voor betaald. Gewapende antistroperseenheden *(anti poaching units)* patrouilleren daarom actief in alle particuliere en vele nationale reservaten. Tientallen rangers, stropers en honderden neushoorns verloren daarbij de laatste jaren het leven. Daarom bracht de organisatie voor exclusieve *lodges* andBeyond (www.andbeyond.com) in samenwerking met Rhino Force (www.rhinoforce.co.za) in maart 2013 zes witte neushoorns van Zuid-Afrika naar Botswana over. In 2012 vielen

# De fauna van Zuid-Afrika

in Zuid-Afrika 668 neushoorns ten prooi aan stropers, in 2013 waren het er al 1004 en in 2014 maar liefst 1215. Hoewel door de strengere antistropersmaatregelen het aantal afgeslachte neushoorns in 2015 iets afnam (1175) is het einde aan dit drama nog niet in zicht.

Karakteristiek voor het leefgebied van witte neushoorns zijn de onmiskenbare territoriumafbakeningen van de dominante mannetjes die er worden aangetroffen: enorme, platgestampte hopen mest. Neushoorns zijn ondanks hun gewicht geen liefhebbers van een vluggertje; de geslachtsdaad van het 2000 kg wegende mannetje en het 1800 kg zware vrouwtje duurt meestal ruim 20 minuten. De breedlipneushoorn is een rudiment uit de prehistorie, toen de aarde werd bevolkt door reusachtige grazers.

## Buffel

Voor de **Kaapse buffel** *(cape buffalo)* moet u oppassen. Vooral oudere, uit de kudde verstoten, eenzame stieren naderen meestal van achteren, waarna ze zonder waarschuwing in de rug aanvallen. Buffels kunt u het best observeren in het Krugerpark, waar nog grote kudden leven. Ze worden vooral bedreigd

door mond- en klauwzeer, waaraan al een groot deel van het bestand ten prooi is gevallen. Boeren doden de dieren om hun vee te beschermen. Zuid-Afrika is er al toe overgegaan om ziektevrije buffels uit dierentuinen te importeren en hen in de parken de vrijheid te geven.

## Leeuw

Boven aan het verlanglijstje van de meeste safarigangers staan de Afrikaanse grote katten – allereerst natuurlijk de **leeuw** *(lion)*. De grootste katachtige van Afrika (mannetje 190 kg, wijfje 130 kg) is ook de enige die vaak in grote groepen (tot 30 exemplaren) samenleeft en jaagt. Kleinere groepen komen overigens vaker voor. Wanneer de wijfjes krols zijn, copuleren leeuwen in een periode van ongeveer vijf dagen maar liefst om de 20 minuten – geen wonder dat mannetjesleeuwen vaak

onder bomen en struiken liggen te slapen en alleen in de namiddag actief zijn. Ze zijn niet zulke handige jagers; slechts één op de vijf pogingen een buit te verschalken slaagt. Mannetjesleeuwen zijn binnen de groep dominant, ook bij het eten. Aan hun lot overgelaten jonge leeuwen worden vaak door hyena's, luipaarden, pythons of wilde honden gedood. In veel nationale en particuliere natuurreservaten in Zuid-Afrika, zoals Pilanesberg, Shamwari, Umfolozi en Tswalu, worden leeuwen weer met succes uitgezet. In het Kruger National Park en het Kgalagadi Transfrontier Park hebben grotere groepen overleefd. Het brullen van een leeuw in de nacht, dat kilometers ver te horen is, behoort tot de allermooiste geluiden van Afrika.

## Luipaard

De fraaiste van alle Afrikaanse katten is de **luipaard** *(leopard)*, wat hem, toen bontjassen nog in de mode waren, bijna noodlottig is geworden. Deze nachtelijke jager leeft doorgaans solitair; alleen de vrouwtjes trekken met

## Natuur en milieu

hun jongen rond tot ze volwassen zijn. Mannetjes wegen tot 90 kg, vrouwtjes tot 60 kg. Luipaarden hebben zich in geheel Zuidelijk Afrika, of het nu in de bergen, de woestijn of het regenwoud is, zeer goed aangepast aan het oprukken van de mens, een gevolg van hun eigenschap zich vrijwel 'onzichtbaar' te maken. Vaak dringen ze 's nachts geruisloos in menselijke nederzettingen binnen en doden er honden, huiskatten of vee. De geluiden die ze maken, klinken alsof er in hout wordt gezaagd. Zelfs in de omgeving van Kaapstad hebben enkele exemplaren overleefd, waarvan echter maar hoogst zelden sporen worden gevonden. Sommige exemplaren zijn praktisch zwart en worden dan **panter** genoemd.

## Andere katachtigen

### Jachtluipaard

Jachtluipaard *(cheetah)* en luipaard worden vaak door elkaar gehaald, hoewel deze katachtigen totaal verschillen. De jachtluipaard is sierlijker (40–60 kg), slanker en zeer langgerekt. Bovendien vertoont zijn vacht zwarte stippen en die van de luipaard zwarte rozetten. In tegenstelling tot andere katachtigen kan het snelste landzoogdier zijn nagels niet volledig intrekken. Ze functioneren als spikes als hij zijn prooi op een vlakte achterna zit met ongelooflijke snelheden van 100 km/u. Zijn lange staart doet daarbij dienst als roer. Dat hoge tempo houdt hij trouwens maar korte tijd vol en daarna is hij vaak zo uitgeput dat hyena's, luipaarden, wilde honden of leeuwen hem zijn buit afhandig kunnen maken en hem daarbij niet zelden doden, al eten ze hem nooit op. Om alle andere 's nachts actieve roofdieren uit de weg te gaan, jagen jachtluipaarden vooral overdag. In het Kruger National Park en het Kgalagadi Transfrontier Park kunt u deze elegante en spectaculaire roofdieren goed zien. In particuliere *camps*, zoals Phinda in KwaZulu-Natal, werden ze met succes geherintroduceerd.

Geen ondersoort, maar een uiterst zeldzame variant van de jachtluipaard is de prachtige **koningscheeta** *(king cheetah)*, die geen gestippelde vacht, maar een vacht met zwarte vlekken en strepen bezit.

### Woestijnlynx

De woestijnlynx *(caracal)* gaat de mens uit de weg en jaagt uitsluitend 's nachts. Dit slanke, krachtige, zo'n 12–20 kg zware dier heeft een koperkleurige vacht met oranjekleurige vlekken. Het zwarte masker op zijn kop is zeer karakteristiek en de oren met hun lange, zwarte pluimpjes eraan zijn opvallend. De caracal sluipt langzaam op een prooi af en gaat pas de laatste meters over tot een explosieve sprint. Zijn krachtige achterpoten stellen hem in staat

De fauna van Zuid-Afrika

uit een zittende positie 4–5 m hoog de lucht in te springen. Vroeger werd aangenomen dat caracals uitsluitend kleine prooien zoals muizen en ratten konden vangen, maar inmiddels is bekend dat hij ook springbokken en reebokantilopen *(grey rhebock)* buitmaakt, die tweemaal zo groot en zo zwaar zijn als hijzelf. In vlak bij steden gelegen gebieden doden caracals bij voorkeur huiskatten en honden.

## Serval

De 8–10 kg zware serval *(serval)* lijkt alleen voor wie vluchtig kijkt op een jachtluipaard: hij is een stuk kleiner en heeft een veel kortere staart en grotere oren. Hij is hoofdzakelijk langs rivieren in het Krugerpark te vinden.

## Afrikaanse wilde kat

De Afrikaanse wilde kat *(African wild cat)* onderscheidt zich alleen door zijn langere poten en roodbruine oren van de huiskat. De soort is in Zuid-Afrika uiterst bedreigd, omdat hij zich gemakkelijk met verwilderde huiskatten vermengt. Hoewel hij de meest voorkomende katachtige in Zuidelijk Afrika is, is er nooit gericht onderzoek naar hem gedaan.

# Kleine zoogdieren

## Stokstaartje

Dat laatste geldt ook voor het 45 cm lange en 600–900 g zware stokstaartje *(suricate)*, dat bijna als een hond kan worden afgericht. Ze zou-

den de sociaalste zoogdieren ter wereld zijn en zijn zowel vleesetende jagers als ook – door hun geringe grootte – vaak zelf het prooidier. Ze voeden zich met kevers en reptielen (zoals gekko's), terwijl andere leden van de groep – op hun achterpoten staand – de hemel en de grond afspeuren naar mogelijke gevaren. Stokstaartjes komen in Zuid-Afrika vooral voor in de Kalahari. Bezoekers kunnen deze grappige beestjes van dichtbij bekijken tijdens een stokstaartjestour, die in Oudtshoorn, in de Kleine Karoo wordt aangeboden. Informatie en reservering: www.meer katadventures.co.za.

## Mangoesten

Wie goed kijkt, ziet tussen de struiken vaak **zebra-** of **vosmangoesten** *(banded* en *yellow mongoose)*. De vosmangoeste is doorgaans solitair, maar de zebramangoeste leeft in groepen van wel tot 40 dieren. Men heeft gezien hoe verschillende van deze kleine roofdieren in een boom klommen om een door een arend buitgemaakte kameraad te ontzetten. In gevangenschap worden ze zeer tam.

## Kaapse grondeekhoorn

De Kaapse grondeekhoorn *(Cape ground squirrel,* zie afbeelding op blz. 30) is de enige inheemse eekhoornachtige van zuidelijk Afrika, die leeft in grote groepen van tot wel

Natuur en milieu

30 dieren. Tijdens de ergste hitte overdag gebruikt hij zijn staart als zonnescherm.

## Boseekhoorn

De geelbruine **boseekhoorn** *(tree squirrel)* leeft in bomen in het *bushveld*. Hun schelle waarschuwingskreten zijn op grote afstand hoorbaar en voor mensen een hulpmiddel om roofdieren en -vogels op het spoor te komen.

## Springhaas

De **springhaas** *(springhare)* kunt u vooral als het schemert tegenkomen. Eigenlijk lijkt hij meer op een kangoeroe dan op een haas met zijn korte voorpoten en lange, sterke achterpoten, waarmee hij zich springend voortbeweegt. Een springhaas kan 40 cm lang worden en weegt 3 à 4 kilo.

## Klipdas

Klipdassen *(rock dassie)* zijn net zo groot als marmotten, wegen 3–4,5 kg en zijn echte vechtjassen. Zelfs als ze daarbij van metershoge rotsen afstorten, vechten ze door. Net als stokstaartjes stellen ze wachters op als de rest van de groep voedsel zoekt. Vooral in de bergen en rond Kaapstad zijn ze veel te zien.

Het tamst zijn de klipdassen op de Tafelberg – voert u ze alstublieft niet, in het belang van deze in het wild levende dieren, omdat ze anders afhankelijk worden van deze onnatuurlijke voedingsbron!

## Hyena's, wilde honden, jakhalzen

### Gevlekte hyena

Gevlekte hyena's *(spotted hyaena)*, met hun karakteristieke afhangende rug, werden vroeger meestal als laffe aaseters beschreven. Uit nieuw onderzoek, dat zich vooral op hun nachtelijke activiteit richtte, komen de hyena's naar voren als formidabele jagers die er in de strijd om een buit of om hun jongen te verdedigen niet voor terugschrikken het tegen een leeuw op te nemen. Gevlekte hyena's

grijpen ook veel grotere dieren, zoals buffels, elandantilopen en gemsbokken, die door hun scherpe hoorns extreem gevaarlijk kunnen zijn. De onvermoeibare hyena's kunnen zo'n 3 km lang een constant tempo van 60 km/u volhouden. Ze zijn zeer mobiel en leggen in één nacht afstanden van wel 70 km af. Hyena's hebben de neiging hun gedrag aan een zich voordoende situatie aan te passen. Ze jagen in de groep of alleen, zoeken aas of verdedigen zich als groep. Met hun krachtige kaken breken ze botten alsof het noten zijn. Hun hese 'gelach' behoort tot de geluiden die kenmerkend zijn voor de Zuid-Afrikaanse bush.

### Bruine hyena

De bruine hyena *(brown hyaena)* is kleiner en lichter dan de gevlekte. Omdat hij een slech-

## De fauna van Zuid-Afrika

tere jager is, is hij afhankelijker van aas en voedsel als struisvogeleieren. In de droge delen van de Kalahari, waar ze leven in roedels van twee tot tien dieren, zijn bruine hyena's de dominante roofdieren.

### Aardwolf

De aardwolf *(aardwolf)* voedt zich vrijwel uitsluitend met termieten. Met zijn lange, brede tong likt het 9 kg zware dier zo'n 250.000 termieten in één nacht uit een hoop. Het gif van de soldatentermiet deert hem niet, wat hij dankt aan zijn verwantschap met de hye-

na, die bijvoorbeeld sterk rottend vlees probleemloos kan verdragen. Bij koude trekt hij zich terug in zijn 1 m onder de grond gelegen hol.

### Wilde of hyenahond

De Afrikaanse wilde hond of hyenahond *(Cape hunting dog)* is het meest bedreigde zoogdier van Zuid-Afrika. Het slanke dier met zijn lange poten heeft grote, ronde oren en een rechte rug, zijn vacht is bruin, zwart en wit gevlekt. Afrikaanse wilde honden leven in groepen van 6–15 volwassen dieren, plus jongen, geleid door een dominant paartje. Ze zijn overdag actief en jagen hun buit groepsgewijs de dood in. Zelfs luipaarden vluchten voor hen de bomen in. Ook tegen de sterkere gevlekte hyena's stellen de wilde honden zich in groepen te weer, maar als de hyena's hen in aantal overtreffen, trekken ze zich terug. In Zuid-Afrika leven Afrikaanse wilde honden in het Hluhluwe-Umfolozi Park in KwaZulu-Natal

(zie blz. 428), in de Kalahari en in het Madikwe Game Reserve, ten noorden van Sun City, aan de grens met Botswana.

### Zadeljakhals

De zadeljakhals *(black-backed jackal)* komt vrijwel overal in Zuid-Afrika voor; het liefst houdt hij zich op in het droge, open savannelandschap. Zijn vacht is roodgeel van kleur met een kenmerkend zilver-zwart zadel. Hij eet insecten, aas, kleine zoogdieren tot de grootte van een kleine antilope, en bessen.

Natuur en milieu

## Gestreepte jakhals

De 's nachts actieve gestreepte jakhals *(side-striped jackal,* zie afbeelding op blz. 31) met zijn grijze vacht en witte staartpunt, heeft kleinere oren dan de zadeljakhals. De gestreepte jakhals zult u echter meer aantreffen in bosgebieden en rivierdelta's.

## Grootoorvos

Nog kleiner zijn de grootoorvossen of lepelhonden *(bat-eared fox)* met hun reusachtige oren. Ze komen in veel streken van Zuid-Afrika voor en zijn de vleeseters die toeristen het vaakst te zien krijgen.

## Penseelzwijn, wrattenzwijn en stekelvarken

### Penseelzwijn

Het 60–100 kg zware penseel- of rivierzwijn *(bush pig)* komt voor in de buurt van waterlopen in de noordelijke en oostelijke delen van Zuid-Afrika. Het eet plantaardig voedsel, maar trekt ook zijn neus niet op voor aas. Omdat

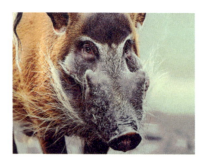

het de voorkeur geeft aan akkers, is het niet erg geliefd bij boeren. De teruggang van zijn grootste vijand, de luipaard, heeft zijn aantal enorm doen toenemen. Net als het Europese wilde zwijn wordt het agressief en gevaarlijk als het in het nauw wordt gedreven.

### Wrattenzwijn

Het wrattenzwijn *(warthog)* dankt zijn naam aan de wratten onder zijn ogen. Het zoekt overdag naar voedsel. Indrukwekkend zijn de geweldige slagtanden, waarvan de kleinere aan de onderkaak de gevaarlijkste zijn, omdat ze bij het eten voortdurend door de bovenste worden geslepen en dus zeer scherp zijn, wat al menige luipaard het leven heeft gekost. Bij het eten buigen wrattenzwijnen hun voorpoten; ze knielen – wat een wonderlijke aanblik oplevert. Het ziet er eveneens heel komisch en koddig uit als een zeug met biggen vlucht en zij hun dunne staartjes loodrecht als een antenne in de lucht steken: een handige manier voor de achteropkomende biggen om zich in het hoge gras te oriënteren en elkaar

niet kwijt te raken. Om af te koelen rollen ze rond in modderpoelen. Wrattenzwijnen zijn onvermoeibaar en moedig in de strijd. Hun belangrijkste tegenstanders zijn leeuwen, gevolgd door luipaarden, die echter eerder jonge dieren dan volwassen exemplaren aanvallen. Wrattenzwijnvlees is een delicatesse die soms in particuliere *wilderness camps* op tafel komt.

# De fauna van Zuid-Afrika

## Stekelvarken

Het stekelvarken *(porcupine)* graaft ook erg graag, maar vreet zelden aas. Het voedt zich hoofdzakelijk met knollen en wortels die het in de grond vindt. Zijn zwart-witte stekels, die veelvuldig in de bush kunnen worden gevonden, worden graag als decoratie toegepast. Het nachtactieve dier laat zich niet zo gemakkelijk zien.

## Apen

De enige drie in Zuid-Afrika voorkomende apen zijn de **beerbaviaan** of **Kaapse baviaan** *(chacma baboon)*, de **groene meerkat** *(vervet monkey*, zie afbeelding hieronder) en de **diadeemmeerkat** *(samango monkey)*.

## Groene meerkat

Bijzonder interessant aan de groene meerkat is de primitieve oervorm van een taal: ze stoten verschillende waarschuwingssignalen uit bij het zien van verschillende roofdieren. Net als de diadeemmeerkat leven ze alleen bij rivieren en grote meren.

## Baviaan

De baviaan, met 1,50 m na de mens de grootste primaat in zuidelijk Afrika, voelt zich in uiteenlopende ecosystemen thuis. Groepen van 30–40 dieren, geleid door een mannetje, leven samen in een clan. Ze voeden zich vooral met vruchten, insecten en wortelknollen, maar vangen ook kleine zoogdieren en vogels. Berucht zijn de vier bavianenpopulaties aan de Kaap de Goede Hoop die toeristen en hun auto's met voedsel associëren. Laat in geen geval een raampje open en voer de ba-

vianen niet – hun indrukwekkende hoektanden spreken boekdelen!

## Giraffen en zebra's

### Giraffen

Een bewoner van Zuid-Afrika die letterlijk boven de andere uitsteekt is het hoogste landzoogdier, de **giraffe** *(giraffe)*. Mannetjes worden tot 5 m, vrouwtjes tot 4 m hoog en ze wegen respectievelijk 1200 en 820 kg. Omdat het giraffenwijfje haar jongen staande werpt, vallen ze bij hun geboorte het diepst van alle zoogdieren. Giraffen beschikken over een gecompliceerd kleppenstelsel in hun aderen, waarmee wordt voorkomen dat bij het drinken het bloed naar hun kop stijgt en ze een hersenbloeding krijgen. Met zijn goede neus speurt hij jonge scheuten van de doornacacia op, zijn belangrijkste voedingsbron. Geen enkel ander dier kan deze scheuten bereiken;

# Struisvogels: vroeger veren, nu vlees

Er was een tijd waarin geen enkele modebewuste vrouw het in haar hoofd zou hebben gehaald zich zonder struisveer naar buiten te wagen, of het nu op haar hoed was, aan haar handtas, in haar waaier, aan haar cape of als boa. In Europa en Amerika werden hoge prijzen betaald en in de Kleine Karoo werd men rijk.

We schrijven de roerige jaren 20 van de vorige eeuw: modeontwerpers zoeken naar organische, vloeiende lijnen in hun ontwerpen – eisen waaraan de zachte struisveren ruimschoots voldoen. Boeren waren weliswaar al halverwege de 19e eeuw begonnen jonge struisvogels te vangen en ze achter hekken groot te brengen, maar vóór 1870 vond niemand hun veren waardevol. Ze werden bij elkaar gebonden en als plumeau gebruikt. Interessant waren toen alleen de eieren: ideaal om voor een groot gezin roerei te maken – één struisvogelei staat gelijk aan 24 kippeneieren.

De vraag naar veren eindigde net zo snel als hij begonnen was – van de ene op de andere dag veranderde de mode en waren struisveren uit. Dames met hoge hoofdtooien pasten gewoon niet meer in de nieuwe auto's, die lager van model waren. De prijzen daalden drastisch. Veel pronkzuchtige struisvogelpaleizen in de Karoo konden niet meer worden onderhouden en raakten in verval.

Tegenwoordig is het kostbare struisvogelleer in de mode. Handtassen, portefeuilles, schoenen, riemen, aktetassen en zelfs Amerikaanse cowboylaarzen worden van het leer gemaakt. Struisvogelvlees wordt gedroogd *(biltong)*, of het komt als steak op tafel. Anders dan de eieren, die echte cholesterolbommen zijn, is het vlees van de reuzenvogel cholesterolvrij. Qua consistentie, uiterlijk en smaak lijkt het nog het meest op een goede runderbiefstuk. Het mag slechts kort gebakken worden, anders wordt het hard en taai. Naast de *ostrich steak* wint de *ostrich carpaccio* aan populariteit, net als pasta met *ostrich mince* (struisvogelgehakt). Dankzij deze ontwikkeling konden de meeste van de niet meer te onderhouden struisvogelpaleizen worden gerestaureerd.

Na een vogelgriepepidemie in 2013 in de Karoometropool Oudtshoorn leven er tegenwoordig ongeveer 75.000 struisvogels, wat gelijkstaat aan 99% van de lands- en 90% van de wereldpopulatie. Een struisvogelhen legt gemiddeld 12 tot 16 eieren die na 42 dagen uitkomen. De schalen zijn zo hard dat een volwassene erop kan staan zonder dat het ei breekt.

Vrij rondlopende struisvogels komen in vrijwel alle wildreservaten voor, ook aan Kaap de Goede Hoop. Voor mensen zijn ze eigenlijk alleen gevaarlijk als die te dicht bij hun nest komen. Dan is beslist voorzichtigheid geboden, want een agressieve struisvogel is in staat een volwassen mens met een schop te doden. Bij een aanval moet u rustig en plat op de grond gaan liggen, u dood houden en uw hoofd met uw armen beschermen. De struisvogel gaat dan op zijn slachtoffer zitten, maar vertrekt meestal binnen enkele uren, domweg omdat hij zich begint te vervelen…

# De fauna van Zuid-Afrika

de giraffe heeft dit voedsel dankzij zijn lange nek voor zich alleen.

Nog een voordeel van hun lengte is het overzicht dat ze over de savanne hebben. Als een groep giraffen gespannen in een bepaalde richting kijkt, is hun grootste vijand de leeuw gegarandeerd in de buurt. Jonge dieren zijn ook vaak het slachtoffer van hyena's, hoewel moederdieren hun jongen met heftige trappen verdedigen. Jonge stieren meten hun krachten tijdens het *necking*: twee tegenstanders staan tegenover elkaar en slaan als in slow motion hun lange halzen tegen elkaar. Soms raken ze elkaar met de hoorntjes op hun kop in het onderlijf.

## Zebra's

Van de aantrekkelijk gestreepte zebra's komen in Zuid-Afrika twee soorten voor: de **steppezebra** *(Burchell's zebra)* en de zeldzamere **bergzebra** *(Hartmann's zebra)*. Bij allebei fungeert het strepenpatroon als een identificatiemiddel, een soort vingerafdruk. Elk patroon is weer anders en pasgeboren veulens moeten het eerst leren kennen: ze worden enkele dagen door hun moeder van de kudde afgeschermd om aan haar tekening – die overigens op elke flank anders en niet symmetrisch is – te wennen. Bij waterplaatsen voegen zich antilopen, vooral gnoes, bij de steppezebra's, om van de uitstekende reuk, het gehoor en het gezichtsvermogen van de gestreepte dieren te profiteren. Volwassen zebra's vormen zelfs voor leeuwen een probleem; ze verdedigen zich tegen leeuwen, jachtluipaarden, lepelhonden en gevlekte hyena's door te slaan en te bijten. Als een kudde wordt aangevallen, stelt de leidhengst zich voor de andere dieren op. De twee zebrasoorten zijn aan hun basiskleur te onderscheiden: de steppezebra is wit en heeft diffuse strepen, de bergzebra is lichtbruin en heeft scherpe strepen. Om de laatste te bewonderen, kunt u het best naar het Mountain Zebra National Park in de Eastern Cape Province gaan.

## Antilopen

### Impala

Bezoekers van Zuid-Afrika zullen het vaakst de springbok en de **impala** *(impala)* te zien krijgen. Impala's leven in grote kudden in het Kruger National Park. Deze robuuste dieren overleven zelfs op ernstig uitgeputte voormalige landbouwgronden, zodat ze andere antilopen, die zich minder gemakkelijk aanpassen, uit hun habitat dreigen te verdringen. Hun bestanden moeten daarom in enkele gebieden door middel van jacht worden teruggebracht. Impala's zijn roodbruin met een witte buik en er loopt een zwarte band van

# Natuur en milieu

het dijbeen naar de romp. Alleen de mannetjes hebben hoorns. Karakteristiek is hun diepe burlen in de bronsttijd, iets wat men van zo'n kleine, ranke antilope niet snel zou verwachten.

## Springbok

De **springbok** *(springbok)* wordt gemakkelijk met de impala verward, omdat hij eveneens in grotere kudden leeft en ongeveer even groot is. Hij onderscheidt zich echter door de kenmerkende kleuren van zijn vacht: een kaneelbruine rug, donkerbruine, brede strepen op de flanken en een witte buik. Zowel vrouwtjes als mannetjes hebben hoorns. Voor de komst van de eerste blanken trokken er nog kudden van honderdduizenden springbokken over de savanne. Tegenwoordig zijn de grootste kudden, van ongeveer duizend dieren, in de Kalahari te vinden. Anders dan de impala kan de springbok het hele jaar door jongen krijgen: is het een droogteperiode,

dan blijft het bij één jong, zijn de omstandigheden ideaal en is er veel voedsel te vinden, dan worden het er twee.

## Blauwe gnoe

De blauwe gnoe *(blue wildebeest,* zie afbeelding rechtsboven) kwam vroeger in reusachtige kudden in Zuidelijk Afrika voor. Zijn aantallen zijn door stroperij, concurrentie van runderen en door hekken drastisch verminderd. Vaak sterven de dieren bij droogte met duizenden tegelijk, omdat ze door afrasteringen hun waterplaatsen niet kunnen bereiken.

## Witstaartgnoe

De witstaartgnoe *(black wildebeest)* is endemisch in Zuid-Afrika, wat betekent dat hij uitsluitend hier voorkomt. Aan het begin van de 20e eeuw stond deze antilopesoort, die ooit in kudden van honderdduizenden over de vlakten trok, op het punt van uitsterven. Er waren nog maar 550 exemplaren over. Door effectieve beschermingsmaatregelen leven er nu weer ruim 12.000 dieren in particuliere en nationale natuurreservaten in Zuid-Afrika.

## Kaapse hartenbeest

Weliswaar is het Kaapse hartenbeest *(red hartebeest)* niet in dezelfde mate als de gnoe op de trek aangewezen, maar ook dit dier heeft ernstig geleden onder het plaatsen van afrasteringen. Net als de gnoe heeft het hartenbeest een aflopende rug, waardoor het een huppelende gang kan ontwikkelen, die minder energie vergt dan de draf en waarmee hij toch een snelheid van 70 km/u, in korte sprints, kan halen.

## Bontebok en blesbok

De mooie **bontebok** *(bontebok)* behoort tot de zeldzaamste antilopen van Zuid-Afrika en komt alleen in het zuidwesten van de Kaapprovincie voor. In 1930 was hij vrijwel uitgestorven, maar in 1992 telde het bestand door strenge beschermingsmaatregelen – in 1961 werd bijvoorbeeld het Bontebok National Park (zie blz. 312) opgericht – 2000 exemplaren. De grootste kudde van zo'n 400 dieren leeft nu in het De Hoop Nature Reserve (zie blz. 310). Overtollige bontebokken worden aan boeren verkocht, die ze op hun land

# De fauna van Zuid-Afrika

uitzetten, waardoor ze zich steeds met blesbokken vermengen.

De **blesbok** *(blesbok)* wordt vaak met de bontebok verwisseld, maar heeft minder wit in zijn vacht en is niet zo felgekleurd. Hij is rond 1900 sterk in aantal teruggelopen, maar de bestanden hebben zich in Zuid-Afrika hersteld: nu leven er zo'n 120.000 exemplaren.

## Gemsbok

De prachtige gemsbok of spiesbok of oryx *(gemsbok)* is een vechtjas. Zijn scherpe hoorns zijn bij de verdediging dodelijke wapens, wat zowel leeuwen als stropers noodlottig ge-

worden. Er leven gemsbokkenkudden in het Kgalagadi Transfrontier Park (zie blz. 243) en op het Richtersveld in de Northern Cape Province (zie blz. 229).

## Elandantilope

De grootste van de Afrikaanse antilopen is met 460 kg (vrouwtje) tot 840 kg (mannetje) de elandantilope *(eland)*. Net als de gemsbok heeft de elandantilope zich prima aan het tropische klimaat aangepast. Om vochtverlies door zweten te vermijden kan hij overdag zijn lichaamstemperatuur verhogen. De opgespaarde warmte wordt dan in de koelere nachtlucht afgestoten. Bovendien grazen de dieren in het warme jaargetijde 's nachts: dan bevat het gras door de dauw meer vocht. Een grote kans elandantilopen te zien hebt u in het De Hoop Nature Reserve (zie blz. 310) in de Western Cape Province, in het Cape of Good Hope Nature Reserve (zie blz. 178), dat bij het Table Mountain National Park behoort, en in het Krugerpark (zie blz. 409).

## Sabelantilope

Een majesteitelijke aanblik biedt de sabelantilope *(sable antelope)* of **zwarte paardantilope**, waarvan de tot 120 cm lange, naar achteren gebogen hoorns een geliefde jachttrofee vormen. Het dier is aanvankelijk bruin en wordt met de jaren steeds zwarter. Herintroducties van deze antilope in particuliere *wilderness camps* doen het goed. Natuurlijk komen ze ook in het Krugerpark in grote aantallen voor.

## Paardantilope

De paardantilope of **basterdgemsbok** *(roan antelope)* lijkt op de zwarte paardantilope, maar is groter en heeft kortere hoorns. Slechts 70 exemplaren hebben zich in het Krugerpark staande weten te houden. Over het hele land zijn het enkele honderden, verdeeld over reservaten in de provincies Limpopo en Mpumalanga.

## Grote koedoe

Een van de schroefhoornantilopen die vaker wordt gezien is de **grote koedoe** *(greater kudu)*. De hoorns van de mannetjes vormen een spiraal van wel 1,80 m lang. Koedoes zijn beroemd om hun springkracht. Zelfs 2 m hoge hekken worden uit stand genomen.

## Ellipswaterbok

De krachtig gebouwde ellipswaterbok *(waterbuck)* leeft in waterrijke gebieden in het Krugerpark en in KwaZulu-Natal. Kenmerkend is

# Natuur en milieu

het witte rondje op zijn achterdeel – alsof hij van een schietschijf is voorzien. Deze markering dient bij de vlucht als oriëntatiepunt voor de andere leden van de kudde.

## Duikerbok

De **gewone duiker** of duikerbok *(common duiker)* is een van de meest voorkomende antilopen in zuidelijk Afrika. Hij overleeft zelfs in de buurt van door mensen bewoonde en agrarisch geëxploiteerde gebieden. Hij komt voor in alle vegetatiezones, tot een hoogte van 1800 m. De Afrikaanse naam duiker dankt hij aan zijn eigenschap bij gevaar in de ondergroei weg te duiken. Daar blijft hij bewegingloos liggen tot mens of roofdier heel dicht ge-

naderd is, waarna hij zigzaggend wegvlucht. De duiker is slechts 50 cm hoog, vrouwtjes wegen 16–21 kg, mannetjes 15–18 kg. Alleen de mannetjes hebben ongeveer 10 cm lange hoorns.

## Klipspringer

De klipspringer *(klipspringer)*, die in alle berggebieden van Zuid-Afrika voorkomt, is een buitengewoon goede klimmer die zelfs met steile rotswanden geen problemen heeft. Twee kenmerkende aanpassingen onderscheiden hem van andere antilopen: zijn haren zijn niet alleen dik en grof, maar ook hol, bijna als pennenschachten. Zijn extra dikke vacht beschermt hem als hij toch valt en werkt isolerend bij de vaak voorkomende kou in de bergen. Zijn hoeven zijn cilindrisch gevormd, als spikes, en geven een goed houvast op de rotsbodem.

# Zeebewoners

## Kaapse pelsrobben

Op eilanden voor de Atlantische kust leven grote groepen Kaapse pelsrobben (Cape fur seals). Boottochten om robben te zien kunt u maken naar het Duiker Island bij Hout Bay en het Dyer Island voor Gansbaai.

## Walvissen

De grootste zoogdieren van Zuid-Afrika, walvissen, leven in de zee, namelijk de **zuidkaper** *(southern right whale)* en de **bultrug** *(humpback whale)*, die intussen weer in grote aantallen tussen juli en november naar de Kaapkust komen en die u daar heel goed vanaf de kust of vanaf een schip op zee kunt observeren.

# Krokodillen en hagedissen

Krokodillen *(crocodile)* zijn het best te zien in de rivieren van het Kruger National Park (zie blz. 409) en in KwaZulu-Natal, daar met name in het Olifants Camp (zie blz. 410). De op één na grootste hagedis is de **varaan** *(monitor lizard)*.

# Slangen

In Zuid-Afrika vindt u verder slangen, waaronder vaak dodelijk giftige als de **Kaapse cobra** *(Cape cobra)*, de **pofadder** *(puff adder)* , zie afbeelding op blz. 39) of de **boomslang** *(boomslang)*. De meeste bezoekers zullen deze echter alleen in slangenparken te zien krijgen.

De fauna van Zuid-Afrika

# Vogels

Vogelliefhebbers vinden in Zuid-Afrika paradijselijke omstandigheden. Wel 10% van alle op de wereld voorkomende vogelsoorten leeft hier – er zijn er al meer dan 900 geregistreerd, meer dan 130 daarvan zijn inheems. In de reishoofdstukken worden bepaalde vogelsoorten apart genoemd, zodat we ons hier tot de belangrijkste en mooiste beperken.

## Struisvogel

Beroemd is de niet-vliegende **struisvogel** *(ostrich)* die vroeger om zijn veren en nu om zijn leer en vlees op farms wordt gefokt (zie blz. 34). In enkele delen van het land komt hij nog in het wild voor.

## Secretarisvogel

Met zijn lengte van 125 cm is de secretarisvogel (secretary bird), die paarsgewijs door weiden en velden paradeert op zoek naar slangen en andere kruipende dieren, opvallend groot. Volwassen secretarisvogels hebben een markant, knaloranje gezicht, dat van jon-

ge vogels is geel. De secretarisvogel broedt in de kroon van doornacacia's.

## Watervogels

Vooral op de eilanden die voor de kust liggen, maar in de Western Cape Province ook op het vasteland leeft de tot 60 cm grote **zwartvoetpinguïn** *(African penguin)*. Andere zeevogels die in de zee jagen, zijn de verschillende soorten **stormvogels** *(petrel)*, **pijlstormvogels** *(shearwater)* en **albatrossen** *(albatros)*, die ver uit de kust op zee leven en alleen om te broeden aan land komen en verder ook de bijzonder fraai ogende **jan-van-gents** *(gannet*, zie afbeelding*)*, de **fregatvogels** *(frigatebird)* en de visetende **aalscholvers** *(cormorant)*.

Tot de zoet- en brakwatervogels behoren vooral de **eenden** *(duck)* en **ganzen** *(goose)*, die in meren, vijvers en rivieren leven. Som-

mige komen alleen op moerassen in het binnenland, andere vooral op lagunes in zee voor. De meeste zijn zeer mobiel en trekken voortdurend over het gehele continent om goede broed- en voederplaatsen te vinden. Alleen de **Kaapse** of **grijskopcasarca** *(South African shelduck)* is endemisch.

## Roofvogels

In Zuid-Afrika zijn tot nog toe zeventig verschillende roofvogels geteld. Arenden, gieren, valken en haviken komen in het hele land voor. Indrukwekkend zijn de boven een kort tevoren geveld prooidier cirkelende **gieren** *(vulture)* of de eenzame **goochelaar** of **bateleur** *(bateleur eagle)* met zijn knalrode snavel en zijn uitmuntende vliegkunsten. Enkele zijn

Natuur en milieu

op een bepaald soort voedsel aangewezen: de **visarend** (osprey) en de prachtige **Afrikaanse zeearend** (fish eagle) eten alleen vis. De **Afrikaanse halsbandvalk** (pygmy falcon) is met zijn 20 cm zo klein dat hij bij de wevervogels in hun reusachtige nesten leeft.

### Kraanvogels, ooievaars en reigers

Kraanvogels lijken op ooievaars of reigers, maar zijn karakteristieke graslandbewoners. Het mooist is de **kroonkraanvogel** (crowned crane) met zijn punkkapsel. De **paradijskraanvogel** (blue crane) is het symbool van Zuid-Afrika.

Waadvogels hebben allemaal lange poten, halzen en snavels die passen bij hun verschillende eetgewoonten. **Reigers** (heron) gebruiken hun dolkachtige snavel als een spies waaraan ze vissen en kikkers rijgen. **Lepelaars** (spoonbill) bewegen hun eigenaardige, lepelvormige snavel heen en weer door het water om kleine diertjes te vangen. **Ibissen** (ibis) prikken met hun lange, omlaag gebogen snavel in de zachte moerasbodem en **ooievaars** (stork) pikken met hun grote, stevige snavel kleine dieren en kikkers van de bodem op.

# Nationale parken

## Nationale parken van Zuid-Afrika

**Addo Elephant National Park:** het veelzijdigste park van Zuid-Afrika; uiteenlopende accommodatie; de beste plaats om olifanten vanuit uw eigen auto te observeren en malariavrij de Big Seven te zien: leeuw, luipaard, olifant, neushoorn, buffel, dolfijn en walvis; 72 km van Port Elizabeth

**Agulhas National Park:** op de zuidpunt van Afrika, geen overnachtingsmogelijkheden in het park, maar bed-and-breakfasts in L'Agulhas en Struisbaai; 230 km van Kaapstad.

**IAi-IAis/Richtersveld Transfrontier Park:** het enige park in Zuid-Afrika dat alleen met een terreinwagen en in konvooi mag worden bezocht. Het ligt volkomen afgezonderd aan de Orange River, die de grens vormt met Namibië, in een fantastisch, ruig bergwoestijnlandschap met fascinerende aloëplanten.

**Augrabies Falls National Park:** de Orange River dondert in dit prachtige, woestijnachtige landschap 60 m omlaag in een ravijn; mooie rondrit met eigen auto; goed te combineren met een bezoek aan het Kgalagadipark.

**Bontebok National Park:** dit park, waar behalve bontebokken veel andere antilopesoorten te zien zijn, ligt nog in het Cape Floral Kingdom in de Western Cape Province.

**Camdeboo National Park:** dit 14.500 ha metende park met de schitterende Valley of Desolation ligt midden in de Karoo en rondom de stad Graaff-Reinet.

**Garden Route (Tsitsikamma, Knysna, Wilderness) National Park:** in het hart van de Garden Route gelegen nationaal park, dat ontstaan is door de samenvoeging van drie voorheen zelfstandige natuurreservaten. Het is een prachtige combinatie van rivieren, meren, moerassen, zandstranden, lagunes en tal van wandelpaden, zoals de beroemde, 42 km lange Otter Trail (zie blz. 322).

**Golden Gate Highlands National Park:** in de uitlopers van het Malutigebergte in Free State gelegen park met indrukwekkende zandsteenformaties.

**Kgalagadi Transfrontier Park:** het eerste grensoverschrijdende superpark van Afrika, dat tussen Zuid-Afrika en Botswana op 36.000 km² Kalahari in zijn puurste vorm biedt, beroemd om de grootste leeuwen van Afrika, die in de rode duinen leven; 260 km van Upington.

**Karoo National Park:** dit park omvat een klein, maar prachtig deel van de fascinerende Karoo. Er loopt een spectaculaire route voor terreinwagens door de bergen; buffels, zwarte neushoorns, bergzebra's en andere dieren; fraaie accommodatie; 500 km ten noorden van Kaapstad, in de Western Cape Province.

**Kruger National Park:** het bekendste park van Zuid-Afrika, in 1898 opgericht. Bezoekers speuren in hun eigen auto op een terrein van

# Nationale parken

20.000 km² naar de Big Five. De variëteit aan plant- en diersoorten is enorm: 336 bomen, 49 vissen, 34 amfibieën, 114 reptielen, 507 vogels en 147 zoogdieren.

**Mapungubwe National Park:** hoog en droog in het noordoosten van het land, aan de grens met Zimbabwe, ligt een gebied met een rijke natuur en prachtige landschappen van groot cultureel belang. De archeologische schatten van Mapungubwe liggen binnen de grenzen van het park.

**Marakele National Park:** in de Waterberg Mountains, de overgangszone van het tropische westen naar het vochtiger oosten van Zuid-Afrika, met 800 broedparen het grootste reservaat voor de bedreigde Kaapse gier, die in het indrukwekkende berglandschap leeft; 250 km ten noorden van Johannesburg.

**Mokala National Park:** het jongste nationale park van Zuid-Afrika, 80 km ten zuidwesten van Kimberley, dat uit glooiende heuvels en uitgestrekte zandvlaktes bestaat waarop zwarte van puntlipneushoorns en witte of breedlipneushoorns rondtrekken.

**Mountain Zebra National Park:** in 1937 werd dit park, met zijn bergen, hoogvlakten en diepe dalen opgericht om de destijds vrijwel uitgestorven bergzebra te beschermen. Tegenwoordig leven er weer 130 exemplaren; 800 km van Kaapstad.

**Namaqua National Park:** in het voorjaar verandert het dorre, bruine landschap in een overweldigende, kleurrijke bloemenzee. Er groeien zo'n 3500 vetplantensoorten, waarvan 1000 inheems; 495 km ten noorden van Kaapstad, 67 km ten zuiden van Springbok.

**Table Mountain National Park:** dit is het enige natuurpark ter wereld dat in een miljoenenmetropool (Kaapstad) begint. Hoogtepunten: de Tafelberg, de pinguïnkolonie op Boulders Beach en Kaap de Goede Hoop met Cape Point.

**Tankwa Karoo National Park:** het 800 km² grote Tankwa Karoo National Park werd in 1986 opgericht en verkeert ruim twintig jaar later nog altijd in een ontwikkelingsfase. Momenteel wordt het overbegraasde land aan de natuur teruggegeven en krijgt de natuurlijke vegetatie de kans zich te herstellen.

**West Coast National Park:** de azuurblauwe Langebaanlagune is een van de belangrijkste waterbiotopen van Afrika. Duizenden zeevogels leven hier of trekken er jaarlijks heen; in de lente bloeien ontelbare wilde bloemen op het Postberggedeelte van het park; 100 km ten noorden van Kaapstad, aan de westkust.

## De nationale parken in de provincie KwaZulu-Natal

**iSimangaliso Wetland Park:** een wetlandgebied dat internationale bescherming geniet (world heritage site); een 60 km lang kustgebied met de hoogste beboste duinen ter wereld, met tropische planten en een verbijsterend aantal dieren, waaronder nijlpaarden, krokodillen en jachtluipaarden; met goede *camps* en uitstekende duikmogelijkheden. Het gebied omvat de natuurreservaten Cape Vidal, Sodwana Bay, uMkhuze, Kosi Bay, False Bay en Maphelane.

**Hluhluwe-Umfolozi National Park:** het enige Big Five National Park in KwaZulu-Natal, in 1895 opgericht en daarmee het oudste natuurreservaat in Zuid-Afrika. Hillcamp is het meest luxueuze staats-*camp* in het land; houd rekening met gevaar voor malaria.

**Ithala Game Reserve:** in de bergen en dalen in het noorden van KwaZulu-Natal; een gebied met een rijke cultuurgeschiedenis, koloniale slagvelden en diverse ecosystemen, waar olifanten, luipaarden, giraffen, jachtluipaarden, zwarte en witte neushoorns, nyala's en lier-antilopen leven; er is gevaar voor malaria.

**uMkuze KZN Park:** een in 1912 ingericht natuurgebied van 360 km² in het noordelijke Zoeloeland; er leven neushoorns, olifanten, giraffen, nyala's, gnoes, wrattenzwijnen, elanden andere antilopen en meer dan 400 soorten vogels; Zoeloedorp; er is gevaar voor malaria.

**Royal Natal National Park:** hoog in de Drakensberge gelegen park, beroemd om het Amfitheater, een indrukwekkende rotswand, en de 3282 m hoge Mount-aux-Sources. Hier hebben tot 1878 ongestoord Bosjesmannen geleefd; talrijke rotsschilderingen.

De **website** van de nationale parken in KZN is: www.kznparks.com.

# Economie, maatschappij en politiek

**Sinds de invoering van vrije verkiezingen in Zuid-Afrika heeft het toerisme aan belang gewonnen. Twintig jaar na de afschaffing van de apartheid overheerst nog steeds optimisme op de Kaap. De wereldwijde crisis laat zijn sporen na in de opkomende economie van het land, maar de toerismecijfers laten de afgelopen jaren een duidelijke stijging zien.**

## Een land met toekomst

Het oppervlak van Zuid-Afrika maakt slechts 4% uit van het Afrikaanse continent, maar het land beschikt over meer dan de helft van alle auto's, telefoons, geldautomaten en industriegebieden van heel Afrika. Zuid-Afrika wordt wereldwijd gezien geclassificeerd als een land met een gemiddeld inkomen – met een sterk groeiende economie. Nergens is de vooruitgang zo goed te zien als in de altijd drukbezochte winkelcentra tussen Kaapstad en Johannesburg. Veel van de kleine 55 miljoen Zuid-Afrikanen openen gemakkelijk hun portemonnee of halen hun creditcard tevoorschijn. Een informatieve website met alle belangrijke statistieken over Zuid-Afrika is: http://beta2.statssa.gov.za.

Naast alle positieve ontwikkelingen blijft de keerzijde, die van de armoede, natuurlijk bestaan. Zuid-Afrika is een combinatie van de eerste en de derde wereld. Nergens wordt dat duidelijker dan in de krottenwijken van de townships, waar honderdduizenden Zuid-Afrikanen al heel lang wachten tot de economische opleving ook voor hen een wending ten goede brengt. Slechts enkele kilometers van de glimmende winkelparadijzen van Johannesburg en Kaapstad hokken hele families met kinderen in golfplaten krotten zonder elektriciteit en stromend water bij elkaar. De meeste zijn afkomstig uit de voormalige thuislanden van de apartheidsperiode, aan de zwarten toegewezen, 'onafhankelijke' gebieden, meestal onvruchtbaar en ver weg van steden. De intensieve trek naar de stad veroorzaakt de groei van de townships aan de rand van grote steden. De mensen leven er zo goed en zo kwaad als het gaat van schaarse gelegenheidsbaantjes. Het werkloosheidspercentage in Zuid-Afrika bedroeg in 2015 25%. Bijna 50% van de bevolking (meest zwarten) leeft nog steeds onder de armoedegrens.

## De belangrijkste bedrijfstakken

Zuid-Afrika is nog altijd de populairste reisbestemming op het Afrikaanse continent. In 2013 bezochten 9,6 miljoen buitenlandse toeristen het land, vergeleken met iets meer dan 8 miljoen drie jaar ervoor. Dit was het geval ondanks de wereldwijde economische crisis. Terwijl de economische betekenis van het toerisme verder toeneemt en nieuwe werkgelegenheid schept, is het aantal werknemers in de landbouw en de mijnbouw de afgelopen jaren aanmerkelijk gedaald.

De **mijnbouwsector** zorgt, zelfs als hij een laag percentage van het bruto binnenlands product uitmaakt, voor een derde van de totale export en biedt een paar honderdduizend mensen werk in 700 mijnen. Hoewel velen hun baan in de goudmijnen de laatste jaren verloren, verschaft de goudsector enkele honderdduizenden arbeidsplaatsen en maakt hij 20% van de export en 5% van het bbp uit. Zuid-Afrika bezit met 50% de grootste goudreserve ter wereld. Zuid-Afrikaanse goudmijnen zijn ook de diepste ter wereld. In de Tautonamijn dringen de mijnwerkers sinds 2008 tot 4000 meter door in het binnenste van de aarde. Het gesteente op deze diepte bereikt temperaturen tot 149°C. De luchttemperatuur wordt met airconditioning van 55°C tot 32°C 'gekoeld'. Het kost een uur om per lift de diepste plaats te bereiken. Goud, platina, diamanten en steenkool samen zorgen voor 90% van de export aan mineralen. Zuid-Afrika is de op drie na grootste diamantenproducent ter wereld, na Botswana, Rusland en Canada, en het grootste deel van de productie heeft edelsteenkwaliteit. In 2014 werd 1,5 ton diamanten (is 7,2 miljoen karaat) gedolven. Andere belangrijke mineralen en ertsen zijn mangaanerts (80% van de wereldproductie), chroom (68%), platina (80%), vanadium (57%) en aluminiumsilicaat (37%).

Een derde van alle arbeidskrachten werkt in de **landbouw**, waar de lonen extreem laag zijn en het werk meestal uit seizoensarbeid bestaat. Belangrijkste producten zijn mais, suikerriet, fruit (druiven, appels, citrusvruchten) en wijn – een populair exportproduct.

Zuid-Afrika profiteert op de wereldmarkt van de – vergeleken met Europa en Amerika – gespeelde jaargetijden en de verschillende klimaatzones. Het is bijvoorbeeld de op twee na grootste fruitexporteur van de wereld. In de **bosbouw** worden momenteel niet alleen inheemse, snelgroeiende boomsoorten (eucalyptus, naaldbomen) gebruikt, maar ook duurzaam hout.

De **productiesector** (o.a. machines, auto's, kleding, voedingsmiddelen) maakt 25% van het bbp uit. Vooral de auto-industrie bloeit: tussen East London (Buffalo City) en Port Elizabeth lopen rechtsgestuurde Volkswagens, Mercedessen en BMW's van de band. Alle rechtsgestuurde Mercedessen C-klasse worden geproduceerd in Zuid-Afrika. En zelfs Levi-jeans zijn 'Made in South Africa'.

# Overzicht van de provincies

Northern Cape is de grootste provincie, maar heeft het kleinste bevolkingsaandeel. Gauteng, de kleinste provincie, levert meer dan een derde van het bbp. Limpopo vertoont de snelste economische groei, maar het laagste inkomen per hoofd en het hoogste werkloosheidscijfer.

*Aan de andere kant van de Tafelberg: golfplaten hutten in Khayelitsha*

# Economie, maatschappij en politiek

*Zuid-Afrika's toekomst: schoolkinderen in Khayelitsha*

**Gauteng:** Hoofdstad Johannesburg; bevolking 12,7 miljoen; oppervlakte 17.010 km²; 1,4% van het totale oppervlak van Zuid-Afrika; 33,8% van het bbp.
**Mpumalanga:** Hoofdstad Mbombela (Nelspruit); bevolking 4,1 miljoen; oppervlakte: 79.490 km²; 6,5% van het totale oppervlak; 7,6% van het bbp.
**Limpopo:** Hoofdstad Polokwane; bevolking 5,5 miljoen; oppervlakte: 123.910 km²; 10,2% van het totale oppervlak, 7,3% van het bbp.
**North West:** Hoofdstad Mafikeng; bevolking 3,6 miljoen; oppervlakte: 116.320 km²; 9,5% van het totale oppervlak van Zuid-Afrika, 6,8% van het bbp.
**KwaZulu-Natal:** Hoofdstad Pietermaritzburg; bevolking 10,5 miljoen; oppervlakte: 92.100 km²; 7,6% van het totale oppervlak van Zuid-Afrika; 16% van het bbp.
**Free State:** Hoofdstad Bloemfontein; bevolking 2,8 miljoen; oppervlakte: 129.480 km²; 10,6% van het totale oppervlak van Zuid-Afrika; 5,1% van het bbp.
**Northern Cape:** Hoofdstad Kimberley; bevolking 1,2 miljoen; oppervlakte: 361.830 km²; 29,7% van het totale oppervlak van Zuid-Afrika; 2% van het bbp.
**Eastern Cape:** Hoofdstad Bisho; bevolking 6,6 miljoen; oppervlakte: 169.580 km²; 13,9% van het totale oppervlak van Zuid-Afrika; 7,7% van het bbp.
**Western Cape:** Hoofdstad: Kaapstad; bevolking 6 miljoen; oppervlakte: 129.370 km²; 10,6% van het totale oppervlak van Zuid-Afrika; 14,1% van het bbp.

## Stabiele democratie

Sinds de historische eerste democratische verkiezingen in Zuid-Afrika in 1994, toen de legendarische staatsman Nelson Mandela tot eerste zwarte president van het land werd verkozen, heeft de jonge democratie de nodige ups en downs beleefd. In 2014 vonden voor de vijfde keer democratische verkiezingen plaats. De onafhankelijke kiescommissie (IEC) betitelde ze als vreedzaam en eerlijk. Hoewel het ANC onder zijn corrupte president Jacob Zuma licht verlies leed, behaalde het toch, net als in de jaren ervoor, een grote meerderheid. In mei 2015 werd de jonge en charismatische Mmusi Maimane tot eerste zwarte partijleider van de DA (Democratic Alliance) gekozen. Met hem als oppositieleider hopen veel Zuid-Afrikanen van alle huidskleuren op een toekomst voor het land in de geest van Nelson Mandela. In de aanloop naar de parlementsverkiezingen van 2017 liep het ANC bij lokale verkiezingen in augustus 2016 zware verliezen op en verloor het de macht in een aantal grote steden, waaronder Kaapstad en Tshwane (Pretoria).

# Toekomstige uitdagingen

De grootste uitdagingen voor de Zuid-Afrikaanse regering zijn momenteel het hoogste aidscijfer ter wereld, met een geschatte 6 miljoen met hiv besmette mensen in het land, de te traag verlopende herverdeling van het land en de politieke, economische en sociale instabiliteit in het buurland Zimbabwe.

Miljoenen kostende campagnes die het gebruik van condooms propageren, met name in landelijke gebieden en in de townships, worden ingezet tegen het **aidsprobleem**. Hierbij moeten veel gevaarlijke vooroordelen uit de weg worden geruimd. Veel zwarten geloven bijvoorbeeld dat condooms een uitvinding van blanken zijn om te voorkomen dat zwarten zich verder voortplanten. Gevaarlijker is het bijgeloof dat met aids besmette mannen die met een maagd slapen, van hun ziekte kunnen genezen – wat de verspreiding van de ziekte in de hand werkt en de schrikbarend hoge aantallen kinderverkrachtingszaken in de townships en landelijke gebieden verklaart.

Enkele particuliere boeren, vooral wijnproducenten aan de Kaap, passen het al toe, maar de regering wil het in de toekomst verder doorvoeren: de **herverdeling van het land**. Daartoe worden grote 'blanke' farms door de staat gekocht en aan vroegere zwarte loonarbeiders overgedragen. Belangrijk is hierbij de scholing van de nieuwe landeigenaren, zodat hun bedrijfsvoering winstgevend is. Het derde grote probleem is de situatie in Zimbabwe. Enkele jaren geleden, voor de gewelddadige machtsovername door de regering Mugabe, was dit land een geliefde toeristische bestemming en een voorbeeldstaat in zuidelijk Afrika, dat zelfs voedingsmiddelen exporteerde. Tegenwoordig lijden de mensen er honger en zijn ze op hulp aangewezen. Economie en infrastructuur zitten aan de grond. De uit het land verjaagde blanke boeren zijn in landen als Mozambique, Oeganda en Nigeria met open armen en bouwland ontvangen.

## DUURZAAM REIZEN

Rekening houden met het milieu, de lokale economie stimuleren, intensieve uitwisseling mogelijk maken, van elkaar leren – duurzaam toerisme neemt verantwoordelijkheid voor milieu en maatschappij. De volgende websites geven tips, hoe u uw reis duurzaam kunt maken.

**www.fairtourism.nl:** de Stichting Fair Tourism pleit met een interactieve website voor eerlijk toerisme.

**www.infozuidafrika.be/toerisme/ecotoerisme-duurzaam-toerisme:** Belgische website met uitleg over het verschil tussen ecotoerisme en duurzaam toerisme, met nuttige gedragstips en links naar Belgische en Nederlandse organisaties voor duurzaam toerisme in Zuid-Afrika.

**www.zuid-afrika.nl/:** tips voor duurzaam vervoer en verantwoorde accommodatie, souvenirs en projecten om te bezoeken.

Zuid-Afrika is een van de wereldleiders op het terrein van duurzaam toerisme en een voorbeeld voor veel andere landen. Vooral de natuurbescherming en de betrokkenheid van lokale gemeenschappen bij de nationale parken zijn van het hoogste niveau.

**www.fairtrade.travel:** Fair Trade Travel certificeert ondernemingen in de toeristische sector – van hotel tot excursie-organisator en restaurant – die duurzaam te werk gaan, met respect voor mensenrechten, natuur en milieu. Wie daar boekt, steunt lokale gemeenschappen.

**country.southafrica.net/country/nl/nl/articles/landing/nl-nl-duurzaam-toerisme:** informatie over Zuid-Afrikaanse projecten voor duurzaam toerisme.

**www.imveloawards.co.za:** prijzen voor Zuid-Afrikaanse bedrijven die duurzaam toerisme in praktijk brengen.

# Geschiedenis

De geschiedenis van Zuid-Afrika is uiterst bewogen en zeer inspirerend. Ze begint met de eerste bewoners, de San en de Khoi, en eindigt met de triomf van de vrijheid, een fluwelen revolutie die vrijwel geweldloos de weg naar de democratie effende. Daartussenin liggen oorlogen tussen blanken en zwarten, blanken en blanken en de mensonwaardige politiek van de apartheid.

## Jagers en herders – de eerste Zuid-Afrikanen

De eerste bewoners van de Kaap waren een volk van herders. Dit door de Hollanders 'Hottentotten' genoemde volk trok al eeuwenlang ongestoord met de seizoenen mee door de zuidwestelijke winterregengebieden van het huidige Zuid-Afrika.

De meest gebruikte naam voor dit herdersvolk is tegenwoordig **Khoikhoi**. Naast de Khoikhoi leefden hier jagers-verzamelaars, de **San**, door de Hollanders 'Bosjesmannen' genoemd. Vondsten van scherven en botten tonen aan dat de Khoikhoi 2000 jaar geleden uit het huidige Botswana met kleine schaapskudden naar het zuiden trokken. Voor de eerste Europeanen de Kaap bereikten leefden daar, in stammen, de vee fokkende Khoikhoi en de als sociaal lager beschouwde jagers-verzamelaars, de San.

## Prekoloniale contacten met Europeanen

De eerste schriftelijke bewijzen van feitelijke contacten met Khoikhoi zijn te vinden in de aantekeningen van de Portugese historicus João de Barros, die de poging van **Bartolomeu Dias** beschreef om in 1487–1488 een zeeroute naar Azië, rond Afrika, te vinden.

In 1510 keerde de vicekoning van de Portugese bezittingen in India, **Francesco de Almeida**, naar Europa terug. De gebeurtenissen in de Tafelbaai, beschreven door de historicus Eric Axelson, laten de arrogantie zien waarmee de Portugezen de Khoikhoi tegemoet traden. Bij een eerste ontmoeting, waarbij zoals gewoonlijk vee tegen waardeloze Europese prullaria werd geruild, namen enkele Portugezen plotseling een van de Khoikhoi in gijzeling om meer vlees af te dwingen. De Khoikhoi waren verontwaardigd over deze inbreuk op hun gastvrijheid en vielen de Portugezen onmiddellijk aan. Uiteindelijk slaagde een groepje van 170 woedende Khoikhoi erin een Europese strijdmacht van 150 zwaarbewapende, voor een deel adellijke Portugezen terug in hun boten te jagen, maar wel pas nadat ze 58 van hen, onder wie De Almeida zelf, hadden gedood.

De volgende tachtig jaar waagde geen Europeaan zich meer op de Kaap en er gingen steeds meer verhalen rond over de genadeloze menseneters die er zouden leven. Pas in 1591 legde weer een schip aan in de Tafelbaai. Ditmaal ruilde de kapitein ijzer voor vee.

Begin 17e eeuw waren er in Engeland en de Republiek handelsmaatschappijen opgericht om de Portugese hegemonie in de Aziatische handel te doorbreken. In 1608/1609 probeerden de Hollanders tevergeefs de Portugezen hun nederzetting in Mozambique af te nemen en gingen op zoek naar een nieuw bevoorradingsstation tussen

Amsterdam en Batavia. Engelse en Hollandse schepen namen in de Tafelbaai steeds weer zoet water in en ruilden bij de Khoikhoi ijzer en later ook koper tegen vlees

Op 3 juli 1620 namen de Engelse kapiteins Andrew Shilling en Humphrey Fitzherbert, voor de **Engelse Oost-Indische Handelsmaatschappij** onderweg naar Soerat en Bantam, 'in de naam van de almachtige prins James, met genade van de goddelijke koning van Groot-Brittannië vreedzaam en rustig bezit' van de Tafelbaai 'en het gehele continent daarachter'. Het doel hier een bevoorradingsstation in te richten werd weliswaar niet gerealiseerd, maar de rivalen uit de Republiek wilden duidelijk al vóór hun concurrenten de Kaap koloniseren.

# De blanke kolonisatie van de Kaap begint

De stranding van het Hollandse schip Haerlem – niet het eerste wrak dat de oerbewoners te zien kregen – in de middag van 25 maart 1647 zou het vreedzame herdersbestaan van de Khoikhoi op de Kaap ingrijpend veranderen. De Haerlem liep ter hoogte van het huidige Milnertonbaken averij op nadat het schip bij rustige zee Mouille Point had verlaten en in een hevige *south-easter* was terechtgekomen, waardoor het in de baai strandde. Er waren geen drenkelingen en een groot deel van de lading werd gered. Handelsassistent Leendert Jansz bleef met 50 man achter om de lading te bewaken. Het volgende jaar zouden de schipbreukelingen aan boord van de uit Indië terugkerende vloot naar huis reizen. Tot die tijd leefden ze in een klein, van wrakhout en zand gebouwd fort, dat ze Zanderburgh noemden, en aten vlees van geruild vee, inheemse planten, pinguïns en hun eieren, die ze op Robbeneiland verzamelden.

Aan boord van de reddingsvloot bevond zich scheepsarts **Jan van Riebeeck**, die tijdens de drie weken dat ze voor anker lagen vaak aan land ging en de omgeving verkende. Van Riebeeck was zo enthousiast over de Kaap dat hij na terugkeer in zijn vaderland bij de Heren Seventien in Amsterdam, het bestuur van de machtige **Vereenigde Oostindische Compagnie** (VOC), het voorstel

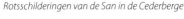

*Rotsschilderingen van de San in de Cederberge*

# Geestverschijningen aan de Kaap

In de Western Cape Province valt heel wat te griezelen, al zult u niet snel oog in oog staan met een echt spook. Van veel plaatsen zijn geestverschijningen gemeld en niet alleen in afgelegen oorden. Ook in bekende Kaapse gebouwen klinkt 's nachts mysterieus kettinggerammel, of slaat de angst toe bij het geluid van een slepende tred in een duistere gang.

Wereldberoemd is kapitein Willem van der Decken, ofwel De Vliegende Hollander. Van der Decken, afkomstig uit Terneuzen, wilde in 1676 Kaap de Goede Hoop ronden op weg naar Indië, maar werd daar door een ziedende storm van weerhouden. Nadat hij een aantal dagen voor anker had gelegen in de Tafelbaai verloor hij zijn geduld toen de storm maar niet wilde luwen. Tegen het advies van zijn stuurman in, gaf de woedende Van der Decken het bevel uit te varen: 'Al zou God mij laten zeilen tot het einde der tijden, de Kaap zal ik ronden!' Waarmee Van der Decken een vloek over zichzelf en zijn schip, De Vliegende Hollander, afriep. Sindsdien vaart het, zwartgeblakerd en met bloedrode zeilen, in de zuidelijke zeeën. Velen hebben het spookschip sindsdien gezien, waaronder de latere Engelse koning George V.

Deze voer in 1881 mee op H.M.S. Bacchante, toen op 11 juli 'vier uur 's ochtends de Flying Dutchman in ons vizier kwam'. George vervolgde in zijn dagboek: 'Een vreemd rood licht, als van een spookschip, met daarin duidelijk een mast en de zeilen van een brik, passeerde ons op nog geen 200 meter.' Het spookschip werd ook vanaf andere schepen van het squadron waargenomen, door in totaal 13 bemanningsleden.

De schrijver Nicolas Monserrat *(The cruel sea)* voer op 3 augustus 1942 aan boord van H.M.S. Jubilee, vlak bij de Britse vlootbasis in Simonstad, onder Kaapstad, toen 's avonds tegen 9 uur plotseling een spookschip opdoemde. De tweede stuurman, Davies, stond op de brug. Lichtseinen naar het spookschip leverden geen reactie op. Davies noteerde later in het logboek een 'ontmoeting met een schoener van een onbekend type, die ondanks windstilte met volle zeilen voer'.

Het is bekend dat de Vliegende Hollander met bolle zeilen tegen de wind in kan varen, en zelfs dwars door andere schepen heen. Ook Duitse U-bootbemanningen rapporteerden in de oorlogsjaren ontmoetingen met de Fliegende Holländer in de wateren rond het Kaapschiereiland. Wat voor hen, net als voor ieder ander, vrijwel steeds een slecht voorteken was. Overigens is het niet alleen de Flying Dutchman die rondspookt rond Kaap de Goede Hoop. De veel minder bekende Libera Nos, met Bernard Fokke als kapitein en een bemanning bestaande uit skeletten, is een andere oude Indiëvaarder in deze wateren, die ongetwijfeld meestal wordt aangezien voor de Vliegende Hollander.

In het in Kaapstad gelegen VOC-kasteel, ooit woonplaats van gouverneur Jan van Riebeeck, kunt u ook griezelen. Het kasteel was vele jaren burgerlijk, administratief en militair centrum van de Kaap. Het was ook het decor van harde verhoren, lijfstraffen en martelingen – naar men zegt de oorzaak van onverklaarde gebeurtenissen die zich tot op de dag van vandaag in het kasteel afspelen.

Zo zijn er soms snelle voetstappen te horen tussen de kantelen van de bastions Buren en Leerdam. Na de Tweede Wereldoorlog is er zelfs nog een waarneming opgetekend van deze voetstappen terwijl er tegelijkertijd een menselijke figuur rondzweefde ... zonder benen. Het zou de geest kunnen zijn van de soldaat die zich 300 jaar geleden verhing in de klokkentoren en die ook nu nog, bij nacht en ontij, wel eens de klokken wil luiden.

Achter de ramen van de voormalige soldatenverblijven in het kasteel ziet men soms 's nachts de lichten nog aan en uit gaan. Het zou kunnen dat dat gebeurt door de geest van een treurig kijkende dame, of door de wat vrolijker ingestelde geest van Anne Barnard. Zij woonde eind 18e eeuw in het kasteel en vertoonde zich niet zo lang geleden nog op een avondlijk feest in een baljurk uit haar eigen tijd.

Een wat jongere geestverschijning woont in het neurochirurgisch theater van het Groote Schuur Ziekenhuis in Kaapstad, het ziekenhuis waar de eerste harttransplantatie plaatsvond. In de jaren veertig had de verpleegster Jenny een dodelijke infectie opgelopen waarna ze zich door het hoofd schoot. Sindsdien schijnt Jenny er rond te dolen. Net als 'de zuster met de witte ogen' en de onstoffelijke resten van een patiënt die doodviel bij een poging via aan elkaar geknoopte lakens uit het raam te klimmen.

Niet ver van Kaapstad, in het Admiralty House aan St. George Street in Simonstad, wordt regelmatig een mysterieuze man in marine-uniform waargenomen op de brede trap. Soms staat hij in gepeins verzonken voor de daar hangende portretten van vroegere admiraals. Na een paar minuten lost de verschijning op in het niets. Soms ook gaan er plotseling deuren open en trekt een ijskoude tochtstroom door de gangen. En het wil wel eens gebeuren dat er zomaar een fotolijstje omvalt. Nog in de jaren zeventig deed een onzichtbare hand in Admiralty House een deur open voor de vrouw van vice-admiraal J.V. Johnson, en sloot deze weer achter haar.

Ook in het open veld rond Kaapstad worden geesten gezien. Zo reed op een donkere avond een groep vissers over Chapman's Peak Drive toen zij plotseling door een dichte mist overvallen werden, waardoor zij gedwongen waren te stoppen. Uit de mistflarden doemde een groep mannen op, zonder zichtbare gezichten en gekleed als monniken. Ze liepen om de auto heen, maar hadden kennelijk geen kwaad in de zin, want net zo plotseling als ze gekomen waren, verdwenen ze weer in de mist.

Op Sir Lowry's Pas, in de Hottentots Holland Kloof, wordt af en toe een oude Buick gesignaleerd die met hoge snelheid naar boven rijdt om vervolgens in de afgrond te storten. De uitgebrande resten van de voormalige Summit Tea Room, boven op Sir Lowry's Pas, worden af en toe nog bezocht door de geest van de tragisch aan zijn einde gekomen voormalige eigenaar.

Onbeantwoorde en kansloze liefdes liggen ook vaak ten grondslag aan spookverschijningen. Zo verblijft in Kronendal, aan de M6 in Hout Bay, de geest van een prachtige vrouw, gekleed in een kostbare jurk met kanten kraag. Het zou gaan om Elsa Cloete, die rond 1840 verliefd werd op een Engelse soldaat die zich regelmatig ophield onder de eiken voor het huis. Omdat Elsa van Nederlandse komaf was, was de liefde gedoemd te mislukken, in het licht van de toenmalige politieke verhoudingen. Uiteindelijk verhing de wanhopige soldaat zich. Het heeft de geest van Elsa kennelijk niet verbitterd, want haar geestverschijning schijnt veel te lachen. Ze doodt de tijd met het regelmatig verplaatsen van voorwerpen in Kronendal.

## Geschiedenis

indiende om daar een bevoorradingsplaats voor schepen in te richten.

In 1651 gaven de VOC-directeuren in Amsterdam Jan van Riebeeck opdracht aan de Kaap de Goede Hoop een fort te bouwen en er een tuin aan te leggen, met de opbrengsten waarvan Hollandse schepen bevoorraad konden worden.

Van Riebeeck keek goed of er geen Engelse schepen in de buurt waren voor hij op 6 april 1652 met zijn vijf schepen de Tafelbaai binnenliep en aan de Kaap de Hollandse vlag hees. Binnen enkele uren na de landing naderden vissers van de stam van de Goringhaikonas, die door de Hollanders 'Strandlopers' werden genoemd. Ze hadden geen vee bij zich, maar sloegen hun tenten op in de buurt van die van de Hollanders. De leider van deze ongeveer vijftig koppen tellende groep, **Autshumato**, was in 1631/1632 met de Engelsen, die hem Harry noemden, naar Bantam gereisd en had hun taal geleerd. Hij sprak Engels met de nieuwkomers, werd aan boord ontvangen en kreeg 'spijs en drank'. De Hollanders waren er wel bang voor dat hij trouw zou blijven aan hun Engelse rivalen, maar deze 'Engelssprekende Hottentot' was niet onbelangrijk voor hen. Ze gebruikten hem als tolk en hij trad hen vriendelijk tegemoet.

# De eerste jaren van de VOC aan de Kaap

Door het gebrek aan vrouwen was het in de begintijd van de blanke heerschappij aan de Kaap volstrekt normaal voor Hollanders om met een vrijgelaten slavin te trouwen, nadat ze eerst Nederlands had geleerd en tot het christelijk geloof was bekeerd. In de loop van de 18e eeuw nam de bereidheid een gemengd huwelijk te sluiten af, wat er waarschijnlijk mee te maken had dat veel dochters van vrije burgers de huwbare leeftijd bereikten.

Toen Jan van Riebeeck na tien jaar de Kaap verliet, was de toekomst van Kaapstad nog onzeker. Pas na nog eens tien jaar besloot de VOC een permanente nederzetting aan de Kaap te stichten.

Begin 18e eeuw was Kaapstad nog een landelijke, primitieve nederzetting die op geen enkele wijze met de VOC-nederzettingen in Batavia en Ceylon, met hun prachtige paleizen en herenhuizen, te vergelijken was. De stad groeide echter gestaag en de inwoners drongen niet alleen de inheemse bevolking naar het achterland, maar verwoestten ook flora en fauna. In 1740 was er al 'in een straal van 20 tot 24 mijl rond het Kasteel geen wild dier meer te vinden'. Vrijwel alle bomen in de omgeving waren aan bijlen ten offer gevallen, al bestonden er al sinds 1687 wetten aangaande houtkap. Het ontbreken van begroeiing leidde toen al tot erosie van de bodem, die wegspoelde in zee.

Op zoek naar beter weidegebied trokken hier en daar rundveehouders (trek boers of **Trekboeren**) dieper het binnenland in, maar ze bleven in contact met de stad om daar hun vee te verkopen en kruit en voorraden in te slaan. Hoe verder de Trekboeren zich van de bewoonde wereld verwijderden, hoe meer hun levensstijl op die van de inheemse bevolking ging lijken. Een deel van hen stuitte aan de Great Fish River (Grote Visrivier), in de tegenwoordige Eastern Cape Province, op daar levende zwarte stammen van de Xhosa. Ook de Xhosa waren veehouders. Algauw was de Great Fish River een soort grens tussen blank en zwart, waarlangs het regelmatig tot gewapende conflicten, de zogenaamde **Kafferoorlogen**, kwam.

In de loop van de 18e eeuw zetten de Kaapse stedelingen zich steeds meer af tegen de plattelandsbevolking en er ontwikkelde zich een stedelijke elite. De **Fransen**, die de Hollanders in 1780 hielpen en een Engelse vloot die de Kaap wilde innemen, afsloegen, oefenden culturele invloed uit. De Hollanders richtten in alle belangrijke nieuwe verdedigingswerken en de Franse soldaten drukten tussen 1781 en 1784 hun stempel op het leven in Kaapstad. Theatervoorstellingen en concerten werden gehouden en enkele van de mooiste gebouwen verrezen. Bij openbare gelegenheden was het zelfs in de mode om Frans te spreken.

De hegemonie van de VOC op de scheepvaartroutes over de hele wereld liep langzaam terug. Een bewijs daarvoor is dat het na 1790 Franse en Portugese kooplieden waren die slaven naar de Kaap brachten, en geen Hollandse schepen meer.

# De Kaap wordt Engels

Op 11 juni 1795 zeilde een Britse vloot onder admiraal Keith Elphinstone en majoor-generaal James Craig de False Bay binnen. Ze hadden een document meegenomen waarin werd beweerd dat er al in 1620 een Engelse nederzetting in de Tafelbaai was geweest, waardoor Engeland de oudste rechten op de Kaap zou bezitten. De Hollanders waren niet in staat Kaapstad tegen het Engelse leger te verdedigen en om te voorkomen dat de stad verwoest en geplunderd zou worden, gaven ze het verzet al snel op. Zo'n 1200 Britse infanteristen en 200 artilleristen marcheerden Kaapstad binnen en hesen voor het eerst sinds de stichting van de stad een andere dan de Hollandse vlag op het Kasteel.

De capitulatievoorwaarden van de Engelsen waren mild. De Hollanders mochten, mits ze trouw beloofden aan koning George, hun bezit behouden. De Engelsen beschouwden hun bezetting van de Kaap als tijdelijk. Hij zou slechts duren tot de Fransen de bedreiging van hun belangen opgaven. Met de Vrede van Amiens in 1803 droegen ze de kolonie over aan de Bataafse Republiek. De VOC was inmiddels opgeheven.

Al in 1806 kwam het toch weer tot Engels-Franse conflicten. De Britten vielen Kaapstad opnieuw aan, deze keer aan het Bloubergstrand. Ook deze keer duurde het vechten niet lang, het Duitse huurlingenregiment vluchtte kort nadat de Engelse soldaten aan land waren gekomen. De Britten namen voor de tweede keer bezit van Kaapstad en nu voorgoed. De Kaap werd een Britse kroonkolonie, met een in Kaapstad gestationeerde civiele gouverneur.

De verhouding tussen Hollandse en Engelse burgers van Kaapstad was van het begin af aan verstoord. Tussen het eind van de 18e eeuw en 1830 beleefde de stad een grote bloei. Van een afgelegen VOC-voorpost veranderde hij in de hoofdstad van een Britse kolonie. Er kwamen steeds meer immigranten het land binnen, de slavernij verminderde en werd uiteindelijk afgeschaft. De bevolking van Kaapstad was echter niet homogeen. Een Duitse bezoeker schreef in 1838: '... Er zijn vast maar weinig steden op de wereld die op zo'n klein oppervlak een grotere verscheidenheid aan nationaliteiten bezitten dan Kaapstad.' In 1820 was nog altijd 90% van de vrije blanke bevolking van Hollandse, Franse of Duitse herkomst. In dat jaar arriveerde echter een groot aantal Engelse kolonisten in Algoa Bay, het huidige Port Elizabeth.

# De Grote Trek

Met de afschaffing van de slavernij in 1834 ontnamen de Engelsen de vee fokkende Boeren hun bestaansgrond, die berustte op de uitbuiting van onbetaalde werkkrachten. De ontevredenheid groeide, vooral ook omdat op de Kaap steeds meer Engels werd gesproken en de meeste Boeren, die een mengeling van Hollands, Duits en andere Europese talen en dialecten van de oerinwoners gebruikten, geen woord daarvan verstonden (later zou deze Boerentaal officieel Afrikaans worden genoemd). Uiteindelijk mondden hun frustraties uit in een ware volksverhuizing, de **Grote Trek**. Ze wilden in het binnenland een nieuwe maatschappij inrichten die niet van de Engelsen afhankelijk was. De Trek versnelde de kolonisatie van het binnenland die al eerder was begonnen. Nu verlieten niet enkele individuen de Kaapprovincie, maar grote groepen mensen. De Trek was een politieke beweging: sommige Trekboeren bleven belastingen en afdrachten betalen aan de regering in Kaapstad, ook toen ze al in het binnenland woonden, maar de **Voortrekkers** erkenden de Engelse regering niet.

Liberale ideeën kenden de Voortrekkers niet. Ze reisden met het Oude Testament in hun ossenwagen en zagen zichzelf als door God gezonden in een heidense wereld, ver-

## Geschiedenis

gelijkbaar met de Israëlieten die volgens de Bijbel uit Egypte waren gevlucht. In hun nieuwe maatschappij zouden de rassen streng gescheiden zijn en zouden 'ordentelijke betrekkingen tussen heren en ondergeschikten' bestaan.

Dankzij hun vuurwapens en paarden waren de Voortrekkers duidelijk in het voordeel ten opzichte van de Afrikaanse volken, die probeerden hun land met speren te verdedigen. Om de situatie tijdens de komst van de blanken te begrijpen, moet eerst het verhaal van de zwarte Afrikanen verteld worden.

## Shaka Zoeloe en zijn 'totale oorlog'

Eind 18e eeuw kwam het in het huidige Natal en Zoeloeland tot gewelddadige uitbarstingen. Het bestaande systeem van kleine, onafhankelijke stamgebieden werd omvergeworpen door een niet eerder voorgekomen veroveringsoorlog. Shaka, de zoon van Senzangakona, hoofdman van de kleine, onbeduidende Zoeloestam, werd na zijn vaders dood de grootste veldheer van Afrika. Hij ontwikkelde nieuwe legers, strategieën en wapens, waaronder een lange, van korte afstand geworpen speer, de *assegaai*. Zijn veldtochten tegen naburige stammen gingen de geschiedenis in als *mfecane* ('verpletteren'). Tienduizenden vluchtten voor zijn troepen naar Oost-Afrika. Wat restte was meestal verbrande aarde, want de aan Shaka onderworpen stammen vielen weer andere, zwakkere stammen aan en verdreven ze. Steun vond Shaka bij Engelse kooplieden, die hem in ruil voor handelsrechten op zijn land Europese goederen leverden; bovendien was hij dol op hun vuurwapens. Kort voor een botsing met de Xhosa bond Shaka in, omdat hun stamgebied onder Engelse bescherming stond. Hij kondigde wel aan dat hij zou terugkeren om een passage naar zijn vrienden aan de Kaap te realiseren. Daarvan kwam het echter niet, omdat zijn halfbroer Dingane hem vermoordde en toen zelf Zoeloehoofdman werd.

## De Voortrekkers komen

De door de gevolgen van de *mfecane* uiteengevallen zwarte stammen boden nauwelijks weerstand aan de Boeren; velen hoopten zelfs dat de blanken de Zoeloes zouden verslaan. De **Ndebele**, onder hoofdman Mzilikazi, een stam die zelfs Shaka niet had kunnen onderwerpen, was echter moeilijk te bedwingen, tot Voortrekkersleider Andries Potgieter er eindelijk in slaagde hen te overwinnen. Nu maakte hij voor zichzelf en zijn mensen aanspraak op het uitgestrekte gebied van de Transvaal. Ze konden echter maar een zeer klein deel van het land koloniseren.

Trekleider **Piet Retief** had wel contact gezocht met Zoeloehoofdman **Dingane**, maar deze werd onrustig. In Port Natal (het tegenwoordige Durban) hadden zich al Engelsen gevestigd die zijn autoriteit ondermijnden. Hij beloofde Retief Natal als nederzettingsgebied, als hij de hoofdman van een naburige stam, Sekonyela, gevangen zou nemen en hem zijn vee afhandig zou maken. Dingane hoopte waarschijnlijk dat Retief bij de schermutselingen gedood zou worden. Deze was Sekonyela echter te slim af en dwong hem zich over te geven en meer dan 700 stuks vee en al zijn paarden en wapens af te geven.

Dingane besloot een tegenzet te beramen. Hij ondertekende het verdrag waarin de Boeren het gebied van de Tugela tot de rivier de Umzimvubu werd toegezegd. Op 6 februari 1838 werden Retief en zijn mannen vervolgens uitgenodigd voor een afscheidsdans. Ze lieten, zoals de Zoeloetraditie voorschrijft, hun wapens buiten de koninklijke kraal achter en begaven zich onder het volk. Toen de dans zijn hoogtepunt bereikte, schreeuwde Dingane: 'Dood de heksen' – en zijn mensen vermoordden de Boeren. Vervolgens stuurde Dingane een troepenmacht het Tugelagebied in, waar de rest van de Voortrekkers met vrouwen en kinderen bij de rivieren was achtergebleven. Aan de Bloukrans River werden alle vrouwen en kinderen om het leven gebracht, maar de andere troepen konden door een overlevende ruiter worden gewaarschuwd. Zij boden weerstand en verdreven de Zoeloekrijgers.

## Stichting van de Boerenrepublieken

*Gestileerde ossenwagens bij het Voortrekkersmonument in Tshwane (Pretoria)*

Dinganes plan was dus mislukt. De in de Transvaal levende Trekleider **Andries Pretorius** zwoer wraak en trok met een regiment Kaapboeren in november 1838 naar de Tugela River (Tugelarivier), waar de Afrikaner die daar in *laagers* (wagenkampen) woonden, hem tot oppercommandant kozen.

Aan het eind van de maand had hij een sterk commando van meer dan 400 man, 64 ossenwagens en twee kanonnen bijeengebracht om tegen de Zoeloes op te trekken. Op zondag 9 december, toen alle Boeren voor de godsdienstoefening samenkwamen, legden ze hun historische eed af dat als God ze de overwinning zou schenken, ze die dag voor altijd in ere zouden houden.

Op 15 december liet Pretorius langs een rivier een D-vormig kamp van ossenwagens opstellen en de gaten ertussen met doornstruiken dichten. Men wachtte. De volgende dag trokken de Zoeloekrijgers op met speren en schilden van gedroogde koeienhuid. De kogels van de Boeren velden de ene na de andere rij aanvallers, maar steeds stuurden de Zoeloe-aanvoerders nieuwe krijgers naar voren. Uiteindelijk laadden de Boeren hun kanonnen met spijkers en schroot en vuurden ze af – met een verwoestend effect. Toen duizenden dode en stervende Zoeloes op het slagveld lagen, openden de Boeren hun kamp en reden tussen hen door om de overlevenden te doden. De rivier kleurde rood van het bloed en heet sindsdien Blood River (Bloedrivier). 16 december wordt nog altijd door conservatieve Afrikaners als Dag van de **Slag bij de Bloedrivier** gevierd.

Na de overwinning drong het Boerencommando onder Pretorius Dinganes dorp binnen. De koning was gevlucht, de hutten stonden in lichterlaaie. De Boeren troffen wel overlevenden van Retiefs mensen aan, en het document waarin Dingane Natal aan de blanken overdroeg.

## Stichting van de Boerenrepublieken

De Boeren vestigden zich in grote delen van Natal en stichtten daar hun eerste republiek met als hoofdstad Pietermaritzburg, zo genoemd ter ere van Pieter Maurits Retief. Een doorn in het oog van de nu onafhankelijke Afrikaners bleven de in Port Natal gestationeerde Britten.

Een ander probleem vormden de terugkerende vluchtelingen: na de overwinning van de Boeren op de Zoeloes kwamen de oorspronkelijke bewoners van de vermeend 'lege' gebieden met duizenden terug. De Volksraad van de Boerenrepubliek besloot daarom een groot deel van de Afrikaanse bevolking een gebied toe te wijzen dat door Pondohoofdman Faku werd bestuurd. Daarop stuurden de Britten troepen naar de Umgazi River om Faku tegen de Boeren te beschermen. Kaapgouverneur Napier ten slotte zond Britse troepen naar Port Natal, waar ze door Boerencommando's werden belegerd. De Engelsman Dick King brak door het beleg heen en bereikte na een marathonrit Grahamstown, waar hij om versterking verzocht bij het Engelse garnizoen. Met nieuwe Britse troepen werden de Boeren verdreven en in 1845 annexeerde Engeland Natal als nieuw district van de Kaapprovincie. De meeste Trekkers verlieten daarna het land, trokken over de Drakensberge en sloten zich aan bij hun broeders tussen de Vaal en de Orange River (Oranjerivier).

Engeland probeerde blanke kolonisten naar Natal te lokken. Pas na de succesvolle aanplant van suikerriet sloeg deze politiek aan. Omdat zwarten in Natal land konden pachten, belasting betaalden en als onafhankelijke veefokkers en boeren leefden, ontbrak het de blanke boeren aan goedkope arbeidskrachten. Om die reden besloten zij in 1859 Indiërs als loonarbeiders naar het land te halen. Tussen 1860 en 1866 werden zo'n 6000 Indiërs naar Natal gebracht. Na afloop van hun contractperiode hadden ze het recht in de kolonie te blijven en dat deden de meesten ook. Bij hen voegden zich steeds meer Indiase immigranten, zodat er een grote Indiase gemeenschap ontstond. In 1890 woonden er meer Indiërs dan blanken in Natal. De meesten begonnen een winkel in Durban, later ook in de Kaapprovincie en in Transvaal.

Tussen de Vaal en Orange River raakten Trekkers en zwarten steeds weer in bloedige gevechten verwikkeld. Engeland beschouwde zichzelf als beschermer van allen binnen zijn invloedssfeer, maar besloot dit keer dat die invloedssfeer ophield bij de Vaal, waardoor de Boeren in feite soevereiniteit in Transvaal verleend werd. Ze stichtten twee onafhankelijke republieken, **Oranje Vrijstaat**, tussen de Vaal en Orange River, in 1852 en **Transvaal**, tussen de Vaal en de Limpopo, in 1854. In een lange strijd met Oranje Vrijstaat verloren de Sotho een groot deel van hun land.

# Strijd van de Engelsen tegen de Zoeloes

Nadat de Boeren uit Natal 'verdreven' waren, restte de Engelsen nog één probleem: de Zoeloes. De Britten wilden hun koninkrijk verwoesten om vervolgens ontheemde zwarten als goedkope arbeidskrachten in te zetten, maar eerst herstelde het Zoeloerijk zich onder hoofdman **Mpande**. Hij bouwde het leger weer op, rekruteerde jonge mannen en liet ze opleiden. Mpande stierf in 1872, na een vreedzame regeringsperiode van 32 jaar.

Zijn opvolger, **Cetshwayo**, kwam met hulp van de Engelsen aan de macht. Hij werd door Theophilus Shepstone, de vertegenwoordiger van de Britse kroon in Natal, uit naam van koningin Victoria tot koning van de Zoeloenatie uitgeroepen. Cetshwayo streefde aan de ene kant naar verzoening met de kolonie, maar aan de andere kant wilde hij soeverein regeren, wat hem vijftien jaar lang ook lukte.

Sir Bartle Frere, de Engelse hoge commissaris, zocht en vond uiteindelijk een excuus om tegen Cetshwayo op te treden. Hij beschuldigde de koning van grensschending en stelde een ultimatum. Frere eiste onder andere een hoge geldboete en de onmiddellijke ontbinding van het Zoeloeleger. Bovendien moest de Zoeloekoning een Britse afgezant accepteren die zou controleren of de eisen werden nagekomen. Cetshwayo kón ze onmogelijk nakomen. De Engelsen legden zijn bemiddelingsvoorstel naast zich neer en vielen onmiddellijk van drie verschillende kanten aan. Cetshwayo stelde zich verdedigend op en gaf zijn mannen opdracht de grens van Natal niet te overschrijden en geen burgers, maar uitsluitend Engelse soldaten aan te vallen.

De centrale Britse eenheid trok op tot aan de Tugela, stak de rivier over bij Rorke's Drift en sloeg zijn kampen op bij de Isandhlwana-heuvel; op 22 januari 1879 vielen enkele Zoeloecommando's aan. De Engelse commandant liet een front optrekken van 3,5 km breed, zodat de Zoeloes direct in het vijandelijke geweervuur liepen. Wie niet dood of gewond neerviel, stormde verder. Toen de Engelse munitiebevoorrading even tekortschoot en ze hun geweervuur moesten verminderen, grepen de Zoeloes hun kans, doorbraken de linies en doodden bijna alle Engelsen. De **Slag bij Isandhlwana** was de grootste overwinning die ooit door een Afrikaans leger ten zuiden van de Sahara op blanken is behaald. Moed, discipline en vastberadenheid hadden kunnen opwegen tegen het voordeel van vuurwapens.

Het aanzien van de Engelsen en het prestige van hun leger waren aangeslagen, maar ze wilden tegen elke prijs wraak nemen. Deze keer maakten ze geen fouten. In talloze veldslagen leden de Zoeloes enorme verliezen en in de **Slag van Ulundi** werden ze vernietigend verslagen.

# De ontdekking van diamanten en goud

In 1867 kwamen de beide Boerenprovincies in het achterland van de Britse beschermingszone opeens weer in het daglicht te staan. Tussen de Harts River en de Vaal werden alluviale, dat wil zeggen door een rivier afgezette **diamanten** ontdekt, wat leidde tot een economische opleving als nooit tevoren. In 1872 leefden er al 20.000 Europeanen, veel zwarten en *coloureds* bij de vindplaats, die zich als een van de grootste diamantvoorkomens ter wereld ontpopte. De nederzetting aan de vindplaats zou de diamantenhoofdstad van de wereld worden: Kimberley. **Cecil Rhodes** (zie blz. 56) begon claims op te kopen, tot ze bijna allemaal in het bezit van zijn De Beers Consolidated Mines waren.

De plotselinge waarde van de Boerenrepubliek wekte de hebzucht van de Britten. Ze dolven echter in 1881 in de **Eerste Boerenoorlog** (First Anglo-Boer War) op de hellingen van de Majuba Hills in Natal het onderspit. In de onderhandelingen kreeg Transvaal zijn status van republiek terug en werd **Paul Kruger** (zie blz. 56) tot president gekozen.

In 1886 werd vervolgens **goud** ontdekt aan de Witwatersrand en in Transvaal. Goudgravers kwamen uit de hele wereld en er schoot een nederzetting uit de bodem op, waar begin 20e eeuw al 75.000 blanken woonden: Johannesburg.

De in het land oprukkende *uitlanders*, die voornamelijk van Engelse komaf waren, verontrustten de Boerenregering, vooral toen ze politieke rechten begonnen op te eisen. De Boeren wilden de status quo behouden, iets wat Engeland niet kon toestaan, omdat het om grote economische belangen ging. Cecil Rhodes, multimiljonair en premier van de Kaapkolonie, wilde een opstand van de *uitlanders* aan de Witwatersrand uitlokken en meteen een in Beetsjoeanaland (het huidige Botswana) gestationeerde Engelse eenheid in beweging zetten om tegen de Boeren op te rukken.

Commandant van de Engelse soldaten was de meest directe vertrouwensman van Rhodes, **Leander Starr Jameson**. Er werd een brief vervalst, waarin de *uitlanders* vroegen om 'hulp voor de vrouwen en kinderen van Johannesburg, van wie het leven in gevaar is'. Deze brief moest op het juiste moment in de *Times* worden gepubliceerd. In Kaapstad stond al een trein die de Engelse hoge commissaris sir Hercules Robinson naar Johannesburg moest brengen om in het 'conflict' te bemiddelen en te verkondigen dat er nieuwe verkiezingen in de republiek gehouden moesten worden, met een gelijk stemrecht voor iedereen, inclusief de *uitlan-*

# Cecil Rhodes en Paul Kruger

De twee grootste tegenpolen uit de bewogen geschiedenis van Zuid-Afrika zijn Cecil Rhodes, het prototype van de Engelse imperialist, en Paul 'oom' Kruger, het archetype van de godvrezende, autochtone Boer. Beiden bepaalden bijna vijftig jaar lang de Zuid-Afrikaanse geschiedenis.

Cecil John Rhodes heeft als geen ander de geschiedenis en grenzen in zuidelijk Afrika mee bepaald. Hij is in 1853 in Engeland geboren en kwam op 17-jarige leeftijd naar Natal op de boerderij van zijn broer om van tuberculose te herstellen. Het boerenleven sprak hem echter nauwelijks aan. Kimberley trok hem meer, waar diamanten waren gevonden. Na een klein begin had hij succes met handel in diamantmijnaandelen. In 1872 keerde hij met zijn verdiende geld terug naar Engeland waar hij in Oxford ging studeren. Door zijn slechte gezondheid pendelde hij tot het beëindigen van zijn studie in 1881 heen en weer tussen Oxford en Zuid-Afrika. Zijn contacten in Oxford leverden hem Brits kapitaal en hij werd oppermachtig in de diamantmijnaandelenhandel. In 1880 stichtte hij de De Beers Diamond Mining Company.

Naast zijn zakelijke bezigheden was Rhodes politiek actief. In 1890 werd hij minister-president van de Kaapkolonie en zette hij zijn expansieplannen verder door, met als eindresultaat een kolonie die zijn naam droeg: Rhodesië (nu Zimbabwe).

Hij onderschatte in het begin de goudvondst aan de Witwatersrand en besloot te laat zich daar in te kopen. Uiteindelijk besliste hij om in Transvaal te investeren. De president aldaar, Paul Kruger, beperkte echter de handelingsbevoegdheid van alle niet-Boeren, wat Rhodes verleidde tot een verkeerde politieke beslissing die hem zijn ambt kostte: de Jameson Raid (zie blz. 57). Zijn droom om het British Empire over heel Afrika uit te breiden, ging niet in vervulling. Hij stierf in 1902 in zijn huisje bij Kaapstad en ligt begraven in de Zimbabwaanse Matopo Hills.

Stephanus Johannes Paulus Kruger, het archetype van de Boer, werd door zijn bewonderaars liefdevol 'oom Paul' genoemd. Hij werd geboren op 10 oktober 1825 in Bulhoek in de Britse Kaapkolonie. De jonge Paul werd calvinistisch opgevoed. Zijn enige lectuur bestond uit de familiebijbel. Als zesjarige nam hij deel aan de Grote Trek. Net als zijn ouders had hij het vaste geloof tot het door God uitverkoren volk te behoren met alleenrecht op de heerschappij in Zuid-Afrika. Zijn ervaringen tijdens de Trek bepaalden de rest van zijn leven.

In 1883 werd hij president van Transvaal. Zijn tegenstanders vonden hem koppig en eigenzinnig, zijn aanhangers vereerden hem. In 1899 zag hij zich gedwongen Groot-Brittannië de oorlog te verklaren. De Boeren verloren de Tweede Boerenoorlog (zie blz. 57), maar Kruger heeft de Engelsen nooit als heersers in Zuid-Afrika geaccepteerd. Hij ging in ballingschap in Zwitserland, waar hij in 1904 overleed. Zijn stoffelijke resten werden naar Pretoria overgebracht. Zijn huis is nu een museum.

*ders*. Op 28 december 1895, om middernacht, moest het zover zijn. Rhodes had wapens naar Johannesburg gesmokkeld en de Engelse Zuid-Afrika-politie stond paraat. Wat ontbrak, was de steun van de *uitlanders*, die Rhodes en Jameson lieten weten dat de coup verschoven moest worden. Jameson besloot echter toch door te zetten. De aanval eindigde in een ramp. Jameson haalde Johannesburg niet eens, werd door Transvaaltroepen ingesloten en gaf het na enkele verliezen op.

De politieke gevolgen: Rhodes moest aftreden, de kloof tussen de Engelsen en de Boeren was na de mislukte **Jameson Raid** onoverbrugbaar geworden en een oorlog was onafwendbaar. De Duitse keizer Wilhelm feliciteerde president Kruger telegrafisch met het neerslaan van de couppoging, wat Engelse nationalisten voor een toenemende Duitse invloed in Transvaal deed vrezen; ook namen de Duitse wapenleveranties aan de Boeren toe. Krugers populariteit onder de *burghers* was enorm. Ook Boeren in andere delen van het land sympathiseerden met hem en zijn beleid.

# De Tweede Boerenoorlog

Halverwege 1897 nam **sir Alfred Milner** het Britse hoge commissariaat op zich. Net als Chamberlain zag hij de versterking van het British Empire als zijn hoogste doel. Volgens Milner was de annexatie van de provincie Transvaal alleen door middel van een oorlog te realiseren.

Toen Engeland zijn troepen in Zuid-Afrika begon te versterken, besloten de Boeren te vechten zolang ze nog een overmacht hadden. Ze zetten een ultimatum voor het terugtrekken van de Engelse troepen, dat op 12 oktober 1899 verstreek. Dat was het begin van een oorlog met veel slachtoffers, die de geschiedenis van Zuid-Afrika ingrijpend zou beïnvloeden.

De Boeren, gewapend met Duitse Mauser-geweren, behaalden in het begin spectaculaire successen en drongen door in Natal, de Cape Midlands, Griqualand en Beetsjoeanaland. In december versloegen ze de Britten in veldslagen bij Colenso, Stormberg en Magersfontein. Maar de Boerencommando's maakten geen gebruik van hun voorsprong en gaven de Engelsen de gelegenheid grootschalige versterkingen het land binnen te brengen. Onder het opperbevel van **generaal Frederick Sleigh Roberts** dreven de Engelsen de Boeren terug en veroverden de bezette gebieden en steden. In augustus 1900 vluchtte president Kruger naar Zwitserland. Transvaal werd geannexeerd en Roberts verklaarde de oorlog beëindigd. Nu begonnen de achtergebleven Boerencommando's echter een zeer effectieve guerrillaoorlog en drongen zelfs door tot in de Kaapprovincie. Omdat de meeste strijders van het boerenbedrijf leefden, reageerden de Britten met drastische maatregelen. Zodra er ergens een guerrilla-aanval was, staken ze alle boerderijen in de omgeving in brand en brachten ze vrouwen en kinderen onder in de **eerste concentratiekampen** uit de geschiedenis. In Engeland leidden deze methoden tot veel verontwaardiging.

In de kampen werden de gevangenen in kleine ruimten gepropt, de omstandigheden waren onhygiënisch en ze werden slecht behandeld. Meer dan 25.000 vrouwen en kinderen stierven, iets wat de van de Boeren afstammende Zuid-Afrikanen niet zijn vergeten. Over de in deze kampen omgekomen 14.000 zwarten en *coloureds*, meest loonarbeiders op de farms van de Boeren, is in de geschiedenisboeken nauwelijks iets terug te vinden.

Tegen het eind van de oorlog had Engeland bijna een half miljoen soldaten in Zuid-Afrika gemobiliseerd, van wie er 22.000 omkwamen. Van de 88.000 vechtende Boeren sneuvelden er 7000 op het slagveld en liepen er 5500 naar de Engelsen over. In mei 1902 werd uiteindelijk de **Vrede van Vereeniging** gesloten. De Boerenrepublieken moesten hun onafhankelijkheid opgeven, de Engelsen beloofden hulp bij de wederopbouw en de vrijlating van alle krijgsgevangenen.

## Geschiedenis

Eén clausule zou de geschiedenis van Zuid-Afrika later enorm beïnvloeden. Omdat de Engelsen de vrede niet op het spel wilden zetten en de Boeren niet opnieuw wilden provoceren, zagen ze ervan af de zwarte bevolkingsmeerderheid stemrecht te geven, wat de kans op een maatschappij zonder rassenscheiding tot nul reduceerde. Omdat veel zwarten in de oorlog de Engelsen hadden gesteund, kwam dit 'verraad' des te harder aan. De oorlog van de blanken had een 'blanke' uitkomst, die uiteindelijk de conflicten van de toekomst in de hand zou werken. Aan het slot van het liedje waren de Engelsen niet de echte overwinnaars, dat waren op de lange termijn de Boeren – de definitieve verliezers waren de zwarten.

## De Unie van Zuid-Afrika

Transvaal en Oranje Vrijstaat, de twee voormalige Boerenrepublieken die nu onder Brits gezag vielen, verenigden zich in 1910 met de Kaapprovincie en Natal tot de Unie van Zuid-Afrika, met een **grondwet** waarin de bevoorrechting van de blanke bevolkingsminderheid in het land werd vastgelegd. Om het gebrek aan ongeschoolde arbeidskrachten tegen te gaan legde de nieuwe regering belastingplicht op aan de voornamelijk in de landelijke gebieden als boeren gevestigde zwarten, hetgeen hen uiteindelijk dwong voor blanken te gaan werken. In 1906 protesteerde weliswaar een groep Zoeloes, maar de autoriteiten reageerden hard: de noodtoestand werd uitgeroepen, de hutten van de protesterenden werden platgebrand en hun hele hebben en houden werd in beslag genomen. Ook de opstand van Zoeloehoofdman **Bambatha** eindigde met de dood van vierduizend van zijn aanhangers. Het zou vijftig jaar duren voor zwarten weer gewapend verzet tegen hun blanke onderdrukkers zouden bieden.

Het aantal seizoenarbeiders nam na het neerslaan van de Bambathaopstand enorm toe en vormde de basis van het economische en sociale systeem van Zuid-Afrika. Aan de zwarte gezinnen waarvan de mannen vrijwel voortdurend afwezig waren, schonk niemand enige aandacht.

## Nationalisme van de zwarten en de Boeren

Hoewel de zwarten de Engelsen tegen de Boeren hadden gesteund, waren ze met beloften van meer rechten alleen maar aan het lijntje gehouden: bij de deal tussen de twee blanke partijen stonden ze buitenspel. Daarom stichtte een groep door missionarissen opgevoede zwarten uit de middenklasse in 1912 in Bloemfontein het **South African Native National Congress** (het latere ANC, African National Congress). De stichters waren niet van zins de blanke regering omver te werpen, maar streefden alleen naar erkenning door de blanke maatschappij. In de Kaapprovincie (nu Western, Eastern en Northern Cape Province) bezaten zwarten uit de middenklasse met een opleiding en grond stemrecht. De vroege zwarte leiders wilden dit recht uitbreiden tot alle vier provincies.

In 1914 stuurden ze een delegatie naar Londen om tegen de in 1913 ingevoerde Native's Land Act te protesteren, die het grondbezit van de zwarten sterk inperkte. Hun protest vond geen gehoor, de wet werd doorgevoerd en zou de basis vormen voor de 35 jaar later ingevoerde apartheidspolitiek.

Tegelijkertijd moesten vele Boeren de landelijke gebieden verlaten, op zoek naar werk. Boerderijen waren na de Boerenoorlog verwoest en hierbij kwamen droogteperioden en plantenziekten en plagen. Als gevolg daarvan behoorden veel Afrikaners tot de arme, blanke arbeidersklasse, die zich in het verdomhoekje voelden zitten – overheerst door Engelstalige kapitalisten én beconcurreerd door nog slechter betaalde zwarten op de arbeidsmarkt.

In 1918 (het geboortejaar van Nelson Mandela) stichtten enkele Afrikaners de **Broeder-**

**bond**, een geheim verbond dat zich tot doel stelde cultuur, religie en taal van de Afrikaners te bewaren en hun invloed in het land stap voor stap uit te breiden. In de jaren dertig van de 20e eeuw reisden jonge, intellectuele Afrikaners door Europa, waar ze zich lieten inspireren door de ideeën van het fascisme in Portugal, Spanje, Italië en Duitsland: dat was een politiek die bij hun Afrikaner nationalisme paste. Het was in deze tijd dat het begrip apartheid voor het eerst werd gebruikt. Het stond voor een proces van gescheiden ontwikkeling van de verschillende rassen. Een van de door het nationaal-socialisme geïnspireerde bezoekers van Duitsland was de Nederlander Hendrik Frensch Verwoerd, de latere apartheidsarchitect en Zuid-Afrikaanse minister-president (1958–1966). De Broederbond was vanaf 1939 actief en richtte binnen tien jaar ongeveer 10.000 door Afrikaners geleide en gecontroleerde ondernemingen op, waarvan enkele, zoals Rembrandt Tobacco, Volkskas (de op twee na grootste bank van het land), Verzekeringsmaatschappij Santam en Gencor (een van de vijf grootste mijnen), tegenwoordig nog met succes in bedrijf zijn.

## Zuid-Afrika in de Tweede Wereldoorlog

De Tweede Wereldoorlog verdeelde de Afrikaners. Aan de ene kant stonden de aanhangers van minister-president **Jan Smuts**, die de Engelse kant had gekozen. In het andere kamp vinden we mannen als John Vorster, voor wie Engeland nog altijd de gezworen vijand was en die Duitsland openlijk steunden. Enkelen van hen saboteerden de politiek van de Zuid-Afrikaanse regering. Na de Tweede Wereldoorlog hoopten de zwarten op hervormingen, vooral omdat Smuts een grote rol bij de stichting van de VN speelde. Hij was betrokken bij de formulering van het Handvest van de Verenigde Naties, maar voelde zich niet geroepen dit toe te passen op de bevolkingsmeerderheid in zijn eigen land. In 1944 stichtte een zwarte coming man met twee vrienden de **ANC-Jeugdliga**. Hun slogan: 'Afrika is het land van de zwarten!' Hun namen: Nelson Mandela, Oliver Tambo en Walter Sisulu. Ze organiseerden de eerste grote mijnstakingen, met als gevolg dat de politie van Smuts de zwarte arbeiders met wapengeweld terug de mijnen in dreef.

In 1947 kwam **Nelson Mandela** als nieuwe algemeen secretaris van het ANC voor het eerst in de openbaarheid. Smuts liet toen weliswaar doorschemeren dat hij de paswetten, volgens welke alleen zwarten met een vaste baan in steden mochten wonen, wilde versoepelen, maar hij schrok terug voor de angst van de blanken. Zij vreesden door zwarten 'overspoeld' te worden en hun identiteit te verliezen. Tegen deze achtergrond van zwarte hoop en blanke angst moest Smuts nieuwe verkiezingen uitschrijven.

## De apartheid wordt staatspolitiek

De oppositionele **National Party**, waarvan niemand verwachtte dat zij een stemmenmeerderheid zou behalen, maakte gebruik van de angst voor het *swart gevaar* en beloofde iets tegenstrijdigs: de blanke boeren werd toegezegd dat alle zwarten uit de steden terug naar hun reservaten zouden worden gestuurd en de blanke industriëlen in de steden werden goedkope zwarte arbeidskrachten beloofd.

Op 28 mei 1948 werd Zuid-Afrika wakker en was het ongelooflijke geschied: de National Party had de (natuurlijk geheel blanke) verkiezingen gewonnen. Hun partijvoorzitter, dominee Daniel François Malan, nam de regering op zich en verkondigde: 'Voor de eerste keer behoort Zuid-Afrika ons toe. Moge God ervoor zorgen dat het ons altijd zal toebehoren. Wij Afrikaners zijn Gods schepping. Tegen ons kijken miljoenen barbaarse zwarten op, die leiding, gerechtigheid en een christelijk leven wensen.'

In de jaren vijftig van de 20e eeuw vaardigde de National Party de ene discriminerende

## Geschiedenis

wet na de andere uit – apartheid werd tot officieel staatsbeleid uitgeroepen. De **Coloureds Voters Act** ontnam deze bevolkingsgroep het stemrecht, de **Bantu Authorities Act** creëerde zwarte marionettenregeringen in reservaten, de 'thuislanden', de **Population Registration Act** classificeerde elke Zuid-Afrikaan bij geboorte als blank, zwart of *coloured*, de **Suppression of Communism Act** riep elk verzet tegen apartheid, of het nu communistisch was of niet, uit tot een crimineel vergrijp, de **Prohibition of Mixed Marriages Act** verbood een huwelijk tussen mensen van verschillende huidskleur, de **Immorality Act** stelde elk seksueel contact (ook kussen of hand vasthouden) strafbaar.

# Het zwarte verzet

Het ANC reageerde op de apartheidswetten met een **campagne van burgerlijke ongehoorzaamheid** *(defiance campaign)*, waarbij achtduizend vrijwilligers bewust de wetten overtraden – en daarvoor in de gevangenis belandden.

Het belangrijkste succes van dat decennium was het **Congress of the People**, het Volkscongres, dat in 1955 bij Johannesburg werd gehouden. Tijdens dit massale evenement namen vertegenwoordigers van alle Zuid-Afrikaanse bevolkingsgroepen, zwarten, blanken, *coloureds* en Indiërs, het **Freedom Charter** aan. Dit document riep op tot een regering van het volk, gelijke rechten voor allen, een gelijke verdeling van de welvaart, een gelijke verdeling van het land, gelijke mensenrechten, werk en veiligheid voor iedereen, onderwijs voor iedereen, huizen, gezondheidszorg en een zekere welstand voor iedereen, vrede en vriendschap tussen de verschillende bevolkingsgroepen.

Omdat de regering dit als hoogverraad beschouwde, liet zij 156 oppositieleiders arresteren en aanklagen. Tijdens de rechtszitting werd de Freedom Charta door de aanklager als een oproep tot een gewelddadige communistische revolutie afgeschilderd. Ondanks de vrijspraak van alle aangeklaagden verscheurde het vier jaar durende proces het ANC. Enkele leden bekritiseerden de Charta, omdat het ook blanken een plaats gunde. De afvalligen stichtten het **Pan African Congress** (PAC) onder voorzitterschap van Robert Mangaliso Sobukwe, die voor blanken in Zuid-Afrika geen plaats zag.

Op 21 maart 1960 was het PAC het ANC vóór, want het ANC wilde tien dagen later een protest tegen de paswetten organiseren. Op die dag kwamen Sobukwe en duizenden van zijn volgelingen voor politiebureaus in het hele land bijeen. Sobukwe droeg de mensen op vreedzaam te protesteren en zich vooral niet te laten provoceren. Veel protestgroepen vertrokken na enige tijd weer, alleen in Sharpeville, ten zuiden van Johannesburg, bleef de mensenmassa, ondanks de laag overvliegende gevechtsvliegtuigen, voor het politiebureau staan. Enkelen begonnen hun pas te verbranden. Toen een jonge, blanke politieman in paniek raakte en in de menigte schoot, ontstond er chaos. Uiteindelijk vielen er 69 zwarte doden – de meesten veelzeggend genoeg met schotwonden in de rug.

Protesten en stakingen in het hele land waren het gevolg. Nelson Mandela verbrandde openlijk zijn pas, Oliver Tambo verliet illegaal het land en leefde vanaf dat moment, later als ANC-leider, in ballingschap. De regering riep de noodtoestand uit. De Veiligheidsraad van de Verenigde Naties deed een beroep op Zuid-Afrika de apartheidspolitiek af te schaffen, waarop het ANC en het PAC werden verboden. De rand maakte een vrije val en veel Zuid-Afrikanen rekenden op een bloedige revolutie.

Tegen het eind van de maand pleegde een blanke boer een aanslag op de apartheidsarchitect en minister-president Verwoerd, die deze echter overleefde. In de periode daarna verfijnde hij de apartheid en benoemde de voormalige neonazi John Vorster tot minister van Justitie, die nog meer apartheidswetten uitvaardigde. Nelson Mandela zag in dat vreedzaam protest tegen het systeem geen succes zou hebben en zei, voor hij ondergronds ging als commandant van de bewapende tak van het ANC en de Communistische Partij **Umkhonto we Sizwe** (MK, Speer van de Natie): 'In het leven van een land komt een dag, waarop slechts twee mogelijkheden overblijven: opgeven of vechten. Dit moment is nu in Zuid-Afrika bereikt. We zullen niet opgeven.' De organisatie Umkhonto we Sizwe had zich als doel gesteld staatsinstellingen te saboteren zonder daarbij mensen te verwonden of te doden.

Mandela reisde door het hele land, verliet het ook vele malen illegaal (hij had immers geen paspoort meer), verscheen onaangekondigd bij verschillende bijeenkomsten en werd geleidelijk aan de meest gezochte man van Zuid-Afrika. Op 5 augustus 1962, toen hij als chauffeur verkleed door de Natal Midlands reed, liep hij in de val. Hij en zijn blanke begeleider Cecil Williams werden gevangen genomen. Het vermoeden bestaat dat de Amerikaanse CIA bij deze arrestatie een rol heeft gespeeld: de Verenigde Staten zaten midden in de Koude Oorlog en beschouwden de communistische neigingen van het ANC met argwaan. Ze wilden de leider ervan achter de tralies zien. Nelson Mandela zou pas 27 jaar later zijn vrijheid terugkrijgen.

# De staat slaat terug

De staat trad hard op en had, met de leiding van het ANC in de gevangenis of in ballingschap, eerst nauwelijks problemen. De rand steeg weer, buitenlandse investeerders keer-

*Soweto, 16 juni 1976: de politie schiet op demonstrerende scholieren*

## Geschiedenis

den terug. Het Sharpeville Massacre raakte bij blanke Zuid-Afrikanen in de vergetelheid. Op 6 september 1966 was er een kleine rimpel in het rustige leven van de blanken, een tweede aanslag op Verwoerd. De aanvaller gebruikte deze keer een mes en had succes. Opvolger in het ambt van minister-president was Balthazar John Vorster, die de politiek van zijn voorganger voortzette. Maar met de dood van de belangrijkste ideoloog van de apartheid begonnen plotseling ook meer blanke Zuid-Afrikanen aan het systeem te twijfelen.

Het ANC was verlamd, verzet was er nauwelijks. Dit hing er onder andere mee samen dat Zuid-Afrika tot in de jaren zeventig door 'blank' geregeerde landen als Rhodesië, Angola en Mozambique omringd was, wat een infiltratie door ANC-strijders verhinderde.

Het keerpunt in de geschiedenis van Zuid-Afrika kwam op 16 juni 1976. Zwarte schoolkinderen in Soweto protesteerden vreedzaam tegen de invoering van het Afrikaans in plaats van Engels als voertaal op school. De politie schoot op de kinderen. Een foto ging de wereld rond, één van zes opnamen die de zwarte fotograaf Sam Nzima van deze gebeurtenis maakte: de 14-jarige Hector Pieterson ligt stervend in de armen van een oudere schoolgenoot, terwijl zijn wanhopige zuster Thandi er huilend naast loopt. Behalve hij verloren bijna 600 mensen het leven, een kwart van hen kinderen. Er ging een protestgolf door het hele land en Vorster zette politie en leger massaal in de townships in. Zijn eigen partij was ontevreden over zijn acties en liet hem vallen, waarna minister van Defensie Pieter Willem Botha minister-president en later president werd.

# Tien jaar van onderhandelingen

Botha leidde tijdens zijn ambtsperiode het eind van de apartheid in, maar was niet in staat haar af te schaffen. Zijn grootste zorg was dat Nelson Mandela in gevangenschap zou overlijden. Terwijl hij voor de buitenwereld zijn ijzeren houding pro-apartheid volhield en wegens aanhoudende protesten en stakingen in 1985 de noodtoestand uitriep, waren er al in november van datzelfde jaar geheime besprekingen tussen minister van Justitie Kobie Coetsee en de geïnterneerde Nelson Mandela. In het jaar daarop kwamen, ook in het diepste geheim, Afrikaners en zwarten onder leiding van de huidige president Thabo Mbeki in New York bijeen voor de eerste gesprekken.

De National Party wilde Mandela vrijlaten, op voorwaarde dat hij de gewapende strijd zou afzweren en zich in zijn voormalige thuisland Transkei zou terugtrekken. Dit waren eisen die hij niet kon accepteren. Toch gingen de geheime gesprekken door. Mandela werd eerst van het Robben Island naar Pollsmoor Prison in Kaapstad, en in december 1988 naar een comfortabel huis met kok op het terrein van de Victor-Verstergevangenis bij Paarl verplaatst.

In januari 1989 werd Botha getroffen door een hersenbloeding. Hij bleef wel handelingsbekwaam, maar was verzwakt. In februari trad hij af als voorzitter van de National Party, maar bleef president – uniek in de Zuid-Afrikaanse geschiedenis, waarin de leider van de grootste partij altijd president was.

Zijn opvolger als partijvoorzitter was de als hardliner bekendstaande Frederik Willem de Klerk. Iets meer dan een maand later, in augustus 1989, dwong een zich achter De Klerk scharend kabinet de 'groot krokodil' Botha af te treden. Frederik de Klerk werd in september tot president benoemd en het duurde niet lang of hij bracht de apartheid de genadeslag toe. Al in oktober werden Walter Sisulu en andere ANC-leiders uit de gevangenis vrijgelaten. In december sprak De Klerk met Mandela.

De Klerks toespraak in het parlement op 2 februari 1990 werd over de hele wereld uitgezonden en zou de geschiedenis van Zuid-Afrika voor altijd veranderen. De nieuwe president hief het verbod op het ANC, de communistische partij, de PAC en 31 andere instellingen op, schafte de doodstraf af en liet Mandela vrij. Van de ene op de andere dag zag de wereld van de zwarte en de blanke Zuid-Afrikanen er heel anders uit.

*Sterke persoonlijkheid: Nelson Mandela, hier in een installatie in het Apartheid Museum in Johannesburg*

# Het nieuwe Zuid-Afrika

In de periode die daarop volgde probeerde De Klerk bij onderhandelingen steeds zoveel mogelijk politieke invloed voor de blanke minderheid te behouden. Hij was tegen een meerderheidsregering. De Klerk en de door hem ontkende 'derde macht' (politie en leger) sloten zich aan bij de Inkatha Freedom Party van Zoeloeleider **Mangosuthu Buthelezi** en steunden zijn strijders bij aanslagen op ANC-aanhangers.

De **CoDeSa-onderhandelingen** (Convention for a Democratic South Africa) gingen niettemin verder. Verkiezingen waren steeds weer een centraal thema. In maart 1992 schreef De Klerk de laatste blanke verkiezingen in Zuid-Afrika uit. De oppositionele Conservative Party had verklaard dat De Klerk geen mandaat meer had om de blanken in Zuid-Afrika te vertegenwoordigen. Bij een referendum koos echter toch een meerderheid van 68,7% voor het beleid van De Klerk.

Daarna balanceerde Zuid-Afrika lange tijd op de grens tussen oorlog en vrede. In juni 1992 schoot de politie protesterende ANC-aanhangers in de township Boipatong neer, in het (toen nog) thuisland Ciskei kwam het tot het Bisho Massacre, toen ANC-aanhangers probeerden de plaatselijke marionettenregering ten val te brengen. Mandela en De Klerk stelden elkaar openlijk verantwoordelijk voor het geweld in het land, maar hun onderhandelaars Cyril Ramaphosa en Roelf Meyer onderhandelden ondertussen gewoon door. Alleen al tussen juni en september 1992 spraken ze elkaar 43 maal. Zij gelden als de werkelijke wegbereiders van de democratie in Zuid-Afrika.

Weliswaar verontschuldigde De Klerk zich in oktober 1992 in het openbaar voor de apartheid, maar in april 1993 stond het land opnieuw aan de rand van een burgeroorlog. Chris Hani, een vooral bij de zwarte jeugd populaire leider, in het ANC nummer twee na Mandela, werd voor zijn huis door een blanke rechts-radicaal doodgeschoten. De natie

# Waarheid en verzoening

'Zonder vergeving kan er geen toekomst zijn, maar zonder bekentenis ook geen vergeving', zei Desmond Tutu, Nobelprijswinnaar voor de Vrede, antiapartheidsstrijder en voorzitter van de Truth and Reconciliation Commission (TRC), de 'Waarheids- en Verzoeningscommissie', die de gruwelen van de apartheidsperiode openbaar maakte.

In de jaren 1996-1998 kwamen tijdens de hoorzittingen van de TRC gruwelijke verhalen aan het licht. Mensen hoorden eindelijk wat er met hun verwanten was gebeurd. De commissie maakte het voor daders mogelijk door het bekennen van schuld strafvervolging te ontlopen; zeker zo belangrijk was dat slachtoffers hun verhalen over foltering, bomaanslagen en moord voor het eerst naar buiten konden brengen. Daders die niet voor de commissie verschenen, werden aangeklaagd. Uitgezonderd van strafvervolging waren politiek gemotiveerde daden, maar de definitie daarvan bleek niet eenvoudig: is een in een volle kerk gegooide bom van het Pan African Congress politiek gemotiveerd of brute moord? Mochten politieagenten in buurlanden ANC-leden doden, omdat ze geloofden dat ze hun regering omver wilden werpen?

In september 1996 baarde het proces tegen *prime evil*, het duivelsgebroed, Eugene de Kock veel opzien. De voormalige politiekolonel en commandant van de beruchte politie-eenheid (officieel *anti terrorist unit*) Vlakplas verzocht om verzachtende omstandigheden voor de hem aangerekende 89 moorden, wapensmokkel en fraude. De Kock onthulde voor de rechtbank dat hij betrokken was geweest bij de bomaanslagen op het Londense kantoor van het ANC in 1982 en op een vakbondskantoor in Johannesburg in 1987. Hij verklaarde dat het ging om een goed georganiseerde campagne van de veiligheidsdiensten met medeweten van de apartheidsregering, inclusief de presidenten Botha en De Klerk. Bovendien verklaarde hij dat Botha acties in het buitenland waarbij burgers om het leven waren gekomen persoonlijk had voorbereid. Zijn sensationeelste onthulling was dat in het kader van de *Operation Long Reach*, die tot doel had tegenstanders van de apartheid in de hele wereld uit te schakelen, de Zuid-Afrikaanse geheime dienst verantwoordelijk was voor de moord op de Zweedse minister-president Olof Palme in 1986. De Kock vroeg tevergeefs om amnestie: het vonnis luidde 262 jaar gevangenisstraf in de extra beveiligde C-Max-Prison in Pretoria. Ook leden van het ANC dienden verzoeken in om amnestie, vooral voor misdaden als moord, mishandeling en seksueel misbruik van vrouwelijke recruten in de guerrillakampen. De ex-presidenten Botha en De Klerk deden dat niet. De Klerk ontkende iets af te weten van de misdaden van het apartheidsregime.

TRC-voorzitter aartsbisschop Desmond Tutu was tijdens de verhoren vaak geschokt: 'De mate van verdorvenheid is haast niet te bevatten. Maar ook de wil van de mensen om te vergeven raakt me diep. Door de verklaringen van de slachtoffers en hun familie voor de TRC is een nuchtere statistiek in het leven geroepen. Dagelijks heb ik ervaren hoe uitgekiend en perfect georganiseerd het systeem van onderdrukking in ons land heeft gefunctioneerd.'

# Het nieuwe Zuid-Afrika

hield zijn adem in en wachtte op de reactie van Mandela. Deze riep op tot kalmte en vrede. De Klerk vertoonde zich niet in het openbaar. Dit was een keerpunt in de geschiedenis van Zuid-Afrika. Nelson Mandela bewees dat hij het land bij elkaar kon houden. Vanaf dit moment waren de machtsverhoudingen in Zuid-Afrika verschoven. Mandela had duidelijk, ook aan blanken, laten zien dat hij het land leiding kon geven. Hij maakte gebruik van zijn strategisch voordeel en drong aan op verkiezingen. Op 3 juni 1993 besloten de partijen dat er op 27 april 1994 verkiezingen moesten worden gehouden. Alleen de rechts-radicalen van de AWB (Afrikaner Weerstandsbeweging) onder Eugène Terre'Blanche ('Witte Aarde') en de Inkatha van Buthelezi kondigden aan niet aan de verkiezingen mee te doen. Kort voor het zover was, kon Buthelezi met verdere toezeggingen toch nog worden overgehaald mee te doen.

Voor de stemlokalen vormden zich kilometerslange rijen. *One man, one vote* was opeens realiteit geworden. De verkiezingen verliepen vreedzaam en werden door een onafhankelijke commissie eerlijk en vrij verklaard. De verkiezingsuitslag was historisch te noemen: het ANC behaalde net geen twee derde meerderheid, de National Party behaalde 20,4%. Nelson Mandela werd na een gevangenschap van 27 jaar de eerste zwarte president van het land. Zijn reactie: *'In my country, we go to prison first, and then become president.'* – 'In mijn land gaan we eerst de gevangenis in, daarna worden we president.'

## NAAMSVERANDERINGEN

Na ruim twee decennia democratie in Zuid-Afrika veranderden de afgelopen 15 jaar diverse plaatsen en straten van naam. De voor veel blanke Zuid-Afrikanen moeilijkst te accepteren officiële wijziging voltrok zich in 2005: Pretoria werd Tshwane, wat in de taal van het Sothovolk 'Wij zijn gelijk' betekent. Tot nu toe is Pretoria echter nog steeds de gebruikelijke aanduiding voor Zuid-Afrika's hoofdstad gebleven. Ook veel namen van blanke Zuid-Afrikaanse leiders werden vervangen. De nationale Geographical Names Council bepaalde met inspraak van de inwoners van de betreffende plaatsen welke 'koloniale' namen 'verafrikaanst' moesten worden. In deze gids zijn de 'nieuwe' namen tussen haakjes vermeld

| Oude naam | Nieuwe naam |
|---|---|
| Almansdrift | Mbhongo |
| Bloemfontein | Mangaung |
| Buffelspruit | Mhlambanyatsi |
| Duiwelskloof | Modjadjiskloof |
| Durban | eThekwini |
| East London | Buffalo City, |
| Elisras | Lephalale |
| George | Outheniqua |
| Krugersdorp | Mogale City |
| Louis Trichard | Makhoda |
| Lydenburg | Mashishing |
| Messina | Musina |
| Nylstroom | Modimolla |
| Naboomspruit | Mookgophong |
| Nelspruit | Mbombela |
| Pietermaritzburg | Musunduzi |
| Pietersburg | Polokwane |
| Piet Retief | eMkhondo |
| Potgietersrust | Mokopane |
| Potchefstroom | Tlokweng |
| Pretoria | Tshwane |
| Skilpadfontein | Marapyane |
| Warmbaths | Bela-Bela |
| Waterval Boven | Emgwenya |
| Witbank | eMalahleni |

Niet alleen in Zulu gespecialiseerde taalkundigen hebben problemen met de nieuwe naam van Durban. eThekwini, 'in de baai', betekent letterlijk 'hij met slechts één testikel', hetgeen betrekking heeft op de vorm van de baai. Voorzover men nu kan beoordelen, is het hoogst onwaarschijnlijk dat ook de namen van Kaapstad en Johannesburg in de toekomst zullen worden veranderd.

# Jaartallen

| | |
|---|---|
| **3 miljoen jaar geleden** | *Australopithecus africanus*-vondsten bewijzen dat Zuid-Afrika de bakermat van de mensheid is. |
| **ca. 300 v.Chr.** | Groepen San in Botswana houden vee en trekken naar het zuiden, waar ze zich Khoikhoi noemen. |
| **ca. 1400** | De San en de Khoi zijn de enige volken die op de Kaap leven. |
| **1488** | Bartolomeu Dias landt in Mossel Bay; eerste contact met Khoikhoi. |
| **1490** | Dias zeilt rond de Kaap en noemt hem Cabo Tormentoso, de Stormachtige Kaap. |
| **1497/98** | Vasco da Gama rondt onderweg naar India de Kaap. Hij landt eerst in Mossel Bay, later aan de kust van Natal. |
| **1503** | Antonio de Saldanha landt in de Tafelbaai en beklimt als eerste Europeaan de Tafelberg |
| **1510** | De Portugese vicekoning in India, De Almeida, sneuvelt bij een conflict met de Khoikhoi; daarop mijden de Portugezen de Kaap. |
| **1652** | VOC-gezant Jan van Riebeeck is de eerste gouverneur van de Kaap. |
| **1779** | De eerste van in totaal negen oorlogen tussen blanke kolonisten en Xhosa breekt uit in de huidige Eastern Cape Province. |
| **1806** | De Engelsen annexeren de Kaap. |
| **1834** | De slavernij wordt afgeschaft. |
| **1836–38** | De Grote Trek begint, duizenden Boeren trekken het binnenland in. |
| **1852–54** | Onafhankelijke Boerenrepublieken Transvaal en Oranje Vrijstaat. |
| **1869/70** | De diamantvelden van Kimberley worden ontdekt. |
| **1886** | Aan de Witwatersrand wordt de grootste goudader ter wereld ontdekt. |
| **1899–1902** | Tweede Boerenoorlog (Second Anglo-Boer War). |
| **1910** | Stichting van de Unie van Zuid-Afrika. |
| **1912** | Oprichting van het ANC in Bloemfontein. |

| | |
|---|---|
| De Afrikaaner Nationalisten winnen de verkiezingen, apartheid wordt staatspolitiek. | **1948** |
| Bloedbad van Sharpeville (Sharpeville Massacre). | **1960** |
| Nelson Mandela en andere ANC-activisten worden tot levenslange gevangenisstraf veroordeeld. | **1962** |
| De politie vuurt bij een demonstratie in Soweto op schoolkinderen en doodt velen van hen. Het begin van het einde van de apartheid. | **1976** |
| De Klerk laat Mandela vrij. Eerste besprekingen over democratische verkiezingen in het land. | **1991–93** |
| Bij de eerste democratische verkiezing wordt Nelson Mandela tot eerste zwarte president van Zuid-Afrika gekozen. | **1994** |
| Bij de tweede democratische verkiezing wint het ANC de verkiezing weer, Thabo Mbeki wordt president. | **1999** |
| Bij de derde democratische verkiezing behaalt het ANC een twee derde meerderheid; de organisatie van het WK voetbal 2010 wordt aan Zuid-Afrika toegewezen. | **2004** |
| In oktober worden twee nieuwe grensovergangen met Namibië geopend. Op 18 december wordt de omstreden politicus Jacob Zuma door de regeringspartij ANC tot nieuwe voorzitter gekozen. | **2007** |
| Zoals verwacht wint het ANC ook de vierde democratische verkiezingen. Zuma wordt het nieuwe staatshoofd. | **2009** |
| Het WK voetbal is een eclatant succes. Zuid-Afrika laat de hele wereld zien wat het toeristen te bieden heeft. | **2010** |
| Nelson Mandela sterft op 5 december. | **2013** |
| Het ANC wint de verkiezingen en Zuma blijft president. | **2014** |
| De jonge, charismatische Mmusi Maimane wordt de eerste zwarte partijvoorzitter van de Democratic Alliance (DA) en leider van de oppositie in het parlement. Veel Zuid-Afrikanen zien in hem een waardige opvolger van Nelson Mandela. | **2015** |
| De kritiek op de corrupte en onbekwame president Zuma neemt toe en Zuid-Afrikanen van alle huidskleuren eisen zijn aftreden. | **2016** |

# Maatschappij en dagelijks leven

In Zuid-Afrika leven mensen van de meest uiteenlopende culturen: moslims, hindoes en christenen, zwarten van negen verschillende volken, blanken uit de hele wereld en kleurlingen, gekleurde afstammelingen van blanke schippers en kolonisten, de Khoi en de San, zwarte slaven uit West-Afrika en Mozambique, Indiase contractarbeiders en Aziatische slaven uit Nederlands Oost-Indië.

## Bevolking

### Bevolkingsgroepen tijdens de apartheid

De etnische afkomst is door het apartheidverleden van Zuid-Afrika een gevoelig onderwerp. Vele jaren lang werd het grootste deel van de Zuid-Afrikaanse bevolking geclassificeerd naar ras en volk om hen grondrechten te onthouden. Het apartheidsysteem deelde de gehele bevolking in vier groepen in: **Africans** of **blacks** (zwarten), **Asians** (Aziaten), **coloureds** (kleurlingen) en **whites** (blanken). Bij de laatste volkstelling werd weliswaar nog naar etnische afstamming en taal gevraagd, maar iedereen vulde in hoe hij zichzelf zag en niet wat de vroeger officiële classificatie voorschreef.

### De zwarte bevolking

De zwarten van Zuid-Afrika maken circa 75% van de totale bevolking uit. In de 19e eeuw en het begin van de 20e eeuw werden ze *natives* (inboorlingen) genoemd en gedurende de apartheid *bantoe*. In de tijd van de apartheid werd elke zwarte ingedeeld bij een van de negen volken die elk een eigen thuisland toebedeeld hadden gekregen.

De **Zoeloes**, van wie de meesten in KwaZulu-Natal en in de industriële centra van Gauteng wonen, vormen het grootste volk van Zuid-Afrika. Het op één na grootste volk is dat van de **Xhosa** (Nelson Mandela, Thabo Mbeki en andere ANC-regeringsleden zijn Xhosa), dat gedurende de apartheid aangewezen was op de thuislanden Ciskei en Transkei (in de Eastern Cape Province). Tegenwoordig wonen velen ook in Kaapstad en op boerderijen in de Western Cape Province.

Drie etnische groepen in Zuid-Afrika zijn nauw verwant met volken in de aangrenzende landen: de **Tswana** (Botswana), de **Swazi** (Swaziland) en de **Southern Sotho** (Lesotho). De andere vier etnische groepen, de **Shangaan**, **Ndebele**, **Venda** en **Northern Sotho** zijn over grotere gebieden verdeeld of leven, los van stamverband, in steden en dorpen. Elk van deze bevolkingsgroepen heeft een eigen taal, wat tot gevolg heeft dat er in totaal elf officiële talen in Zuid-Afrika zijn; het nieuws op televisie en radio wordt in al deze talen uitgezonden.

'Echte' **San** (Bosjesmannen) zijn er tegenwoordig nauwelijks meer te vinden. Ze hebben zich grotendeels vermengd met de afstammelingen van de Khoi, de **Nama**, spreken hun taal en hebben lange tijd aan de rand van de Kalahari in krottenwijken gewoond. Op 21 maart 1999 behaalden ze echter een groot succes: de stam van de **!Khomani** (het uitroepteken staat voor de klikklanken van hun taal) onder leiding van de inmiddels overleden Dawid Kruiper kreeg 400 km$^2$ voormalig *farmland* in het zuiden van het Kgalagadi Transfrontier Park (vroeger het

Kalahari Gemsbok Park) terug, en nog eens 275 km² in het park zelf (zie blz. 243).

## Aziaten in Zuid-Afrika

Aziaten maken bijna 3% uit van de bevolking van Zuid-Afrika. Ze stammen voor het grootste deel af van Indiase suikerrietplantagearbeiders en immigranten die in de 19e eeuw naar Natal kwamen. Ze leven vooral in KwaZulu-Natal, maar in alle grote steden in het land vindt u kleine Indiase gemeenschappen. Maar liefst 70% van de Aziatische bevolking is hindoe, 20% moslim. De Aziaten spreken Engels.

## De kleurlingen

De diverse groepen kleurlingen kunnen worden teruggevoerd op verschillende vermengingen van bepaalde volksgroepen. Afstammelingen van slaven uit Afrika en Azië en blanke kolonisten zitten vooral in de Western en Northern Cape, andere kleurlingen stammen af van de eerste inwoners, de San en de Khoi, en komen voort uit hun contacten met de eerste blanke kolonisten. Ze leven tegenwoordig vooral in de Northern en Eastern Cape. De ongeveer 200.000 Kaaps-islamitische kleurlingen leven in de oudste wijk van Kaapstad, Bo-Kaap, waar ze elementen van hun prekoloniale cultuur, inclusief de islam, hebben kunnen bewaren. Kleurlingen zijn zowel door hun taal als door hun afstamming nauw verbonden met de blanke Afrikaners. Ongeveer 80% van alle kleurlingen spreekt Afrikaans.

## De blanke bevolking

**Afrikaner** is een Nederlands woord voor een in Zuid-Afrika geboren blanke en duidt vooral het deel van de blanke bevolking aan dat afstamt van de Nederlanders, de Duitsers en de Fransen (hugenoten) die zich sinds 1652 op de Kaap hebben gevestigd. Hun taal is het Afrikaans, en ze worden ook vaak **Boeren** genoemd. De andere helft van de blanken is van **Engelse herkomst** en kwam sinds 1820 het land binnen.

# Tradities en dagelijks leven

De indrukwekkende foto's van de in 1950 naar Zuid-Afrika geëmigreerde, uit Berlijn afkomstige fotograaf Jürgen Schadeberg (www.jurgenschadeberg.com) geven een beeld van vijftig jaar Zuid-Afrikaanse geschiedenis. Hij was een van de weinige fotografen die ten tijde van de apartheid het dagelijks leven van de zwarte bevolking onder de loep nam. Hij werkte toen voornamelijk voor het zwarte tijdschrift Drum. Een van zijn fotomodellen, de zwarte actrice Dolly Rathebe, werd in 1952 wegens overtreding van de Immorality Act gearresteerd: Schadeberg had haar halfnaakt op een berg afvalgesteente van een mijn in Johannesburg gefotografeerd.

## Dagelijks leven en identiteit in ontwikkeling

De cultuur van alledag is net zo gevarieerd als de mensen die in Zuid-Afrika leven. Zwarten van de negen volken volgen hun eigen tradities, die ook in de townships in acht worden genomen. Wit beschilderde, jonge Xhosa, die zich na hun besnijdenisceremonie in de bosjes links en rechts van de snelweg N 2 ophouden, zijn geen zeldzaamheid. Traditionele, Afrikaanse ritmes raken aan hiphop en veranderen bij de jeugd uit de townships in een volledig nieuw muziekgenre, kwaito.

Succesvolle, zwarte zakenmannen verhuizen naar bijna 'blanke' wijken, bouwen een duur huis en slachten dan in hun tuin een koe om het huis in te wijden – tot schrik van hun blanke buren, maar helemaal volgens de tradities. Tegen dergelijke voorbeelden van versmelting van traditioneel en modern leven lopen bezoekers van Zuid-Afrika geregeld aan. Hoe dichter het dagelijkse leven en de tradities bij elkaar liggen en zich met moderne invloeden vermengen, des te sterker vormt zich een eigen Zuid-Afrikaanse identiteit, onafhankelijk van huidskleur en sociale status. Dit is een fascinerend proces, dat toeristen in Zuid-Afrika vaak van nabij kunnen meemaken.

# Kunst en cultuur

Sinds het einde van de apartheid ontwikkelde de systematisch onderdrukte kunstscene in Zuid-Afrika zich razendsnel. De galeries in het land houden regelmatig exposities met werken van Zuid-Afrikaanse kunstenaars. Ook op het gebied van toneel, literatuur en muziek zit men aan de Kaap niet stil. En bovendien heeft Zuid-Afrika een veelvoud aan architectonische stijlen te bieden.

## Beeldende kunst

De eerste Zuid-Afrikaanse kunstenaars waren de **San**, die al tienduizenden jaren geleden hun **rotstekeningen** en **-schilderingen** in indrukwekkende openluchtgaleries achterlieten. In de ijzertijd maakten de mensen fraaie parelkunstwerken, vlochten manden, bakten potten en beeldhouwden. Tot de opvallendste prekoloniale kunst behoren de 1500 jaar oude **Lydenburg Heads**, zeven terracottamaskers die in het South African Museum in Kaapstad te bewonderen zijn.

### Kunst in de 19e en 20e eeuw

Tot in de 19e eeuw was de koloniale kunst vooral bedoeld om de mensen in Europa vertrouwd te maken met de Zuid-Afrikaanse landschappen. Een goed voorbeeld van dit realisme zijn de schilderijen van **Thomas Baines**. Pas tegen het eind van de 19e eeuw ontwikkelde zich de specifiek Zuid-Afrikaanse kunstrichting die vooral in de schilderijen van de impressionist **Hugo Naudé** en de beelden van **Anton van Wouw** tot uiting komt. In Van Wouws werk draait het meer om menselijke emoties dan om landschappen.

Kunstenaars uit de 20e-eeuw zijn onder anderen **J.H. Pierneef**, die met name Zuid-Afrikaanse landschappen (Highveld) heeft geschilderd – fraai gestileerd en geconcentreerd op de weidsheid van het landschap, het licht en de kleuren – en **Irma Stern** (www.irmastern.co.za), de belangrijkste schilderes van Zuid-Afrika, die zich door het Duitse expressionisme heeft laten beïnvloeden.

Een bekende kunstenares die in Zuid-Afrika is geboren en in Nederland woont, is **Marlene Dumas**. Haar soms wat vervreemdende portretten zijn een product van het Zuid-Afrika waarin zij is opgegroeid, een land vol tegenstellingen.

### Zwarte kunstenaars

Zwarte kunstenaars waren als gevolg van ontbrekende bestaansmiddelen en de heersende politiek eerst volledig van de kunstwereld geïsoleerd. Pas in de eerste helft van de 20e eeuw bracht de verstedelijking een nieuwe generatie getalenteerde individualisten naar de grote steden. Het waren mannen en vrouwen die in staat waren Europese kunsttradities met Afrikaanse inspiratie te combineren. **Gerard Sekoto** gaf de levendigheid van District Six en van Sophiatown weer, **George Pemba** schilderde zijn leven in het township Motherwell bij Port Elizabeth en **Ernest Mancoba** schiep zijn legendarische zwarte Madonna.

Sinds een grote tentoonstelling enkele jaren geleden kan de **kunst van de Ndebelevrouwen**, die wordt gekenmerkt door een kleurrijk, geometrisch patroon, op toenemende belangstelling rekenen. Ook de **kunstnijverheid** wordt nu met subsidies en andere initiatieven, vooral in de townships, gestimuleerd.

## Township art

Zuid-Afrika is bekend om zijn *township art*, die van afval en schroot samengestelde of uit hout gesneden en dan in felle kleuren beschilderde kunstwerken bestaat. Veel van deze kunstenaars kunnen lezen noch schrijven en drukken zich alleen via hun werken uit. Vermeldenswaard zijn Willi Bester, de nu overleden Chickenman Fanozi Mkize, Johannes Maswanganyi en Billy Mandindi. U kunt hun werk zien in de South African National Gallery in Kaapstad.

# Theater en film

## Musical, toneel, cabaret

Theater werd in de jaren 1940 en 50 in de townships, vooral in Sophiatown bij Johannesburg, steeds populairder. De **musical** *King Kong* had over de hele wereld succes en werd als eerste in de grote zaal van de Universiteit van Witwatersrand voor een gemengd publiek opgevoerd. Enkele jaren geleden schreven David Kramer en Taliep Petersen *District Six – the musical*, die ook op Broadway positief werd ontvangen.

In de tijd van de apartheid brachten enkele **theaters** steeds weer maatschappijkritische stukken van zwarte schrijvers als Zakes Mda, wat aanleiding was voor repressailles door de veiligheidsdiensten. Vooral het Baxter Theatre in Kaapstad en het Market Theatre in Newton, Johannesburg, steunden de antiapartheidsstrijd actief met zulke stukken, die illegaal voor een gemengd publiek werden opgevoerd. Een van de indrukwekkendste voorstellingen in het Market Theatre was in 1980 *Woza Albert!* van Percy Mtwa en Mbongeni Ngema, geproduceerd door de artistiek leider van het Market Theatre, Barney Simon. Dit geweldige stuk protestkunst werd gevolgd door *Asinimali* van Ngema (1985) en zijn musical *Sarafina* (1986), die is gebaseerd op de opstand in Soweto van 1976.

In de jaren 80 kreeg de politieke **cabaretier** Pieter-Dirk Uys grote bekendheid. Op het toneel 'veranderde' hij zich in zijn alter ego Evita Bezuidenhout (www.evita.co.za), die verrassend meedogenloos en ongecensureerd tegen het apartheidsregime tekeer kon gaan. Deze artiest is tegenwoordig nog actief en neemt nu het ANC en het regeringsbeleid op de korrel.

## De filmindustrie

De filmindustrie in Zuid-Afrika ontstond in het begin van de 20e eeuw. Al in 1913 werd een wekelijks bioscoopjournaal vertoond. Drie jaar later volgde de oprichting van de **Killarney Studios**, die tot 1922 43 films produceerden, waaronder *De Voortrekkers*, een sentimentele draak over de Grote Trek. Toen volgde een golf van internationale producties in de bioscopen, waardoor de filmscene in eigen land tot in de jaren 50 praktisch tot stilstand kwam.

Gedurende de **tijd van de apartheid** gebruikte de regering films als propagandamiddel. In de jaren 70 waren de zogenaamde 'grensfilms' zeer populair, die over de oorlog van het 'zegevierende', Zuid-Afrikaanse leger tegen de 'terroristen' aan de Namibisch-Angolese grens gingen.

In de **jaren 80** diende de filmindustrie vooral als vehikel om ondanks de sancties geld naar het buitenland te sluizen. In deze periode werden enkele zeer slechte producties gemaakt. Een van de weinige uitzonderingen in deze periode was de komedie van Jamie Uys, *The gods must be crazy*.

**Tegenwoordig** bloeit de Zuid-Afrikaanse filmindustrie. In 2004 waren er enkele hoogwaardige producties, die over de hele wereld werden bekroond. Daartoe behoort Darrell Roodts *Yesterday*, in de originele Zoeloeversie met Engelse ondertiteling, die tot beste Afrikaanse film werd uitgeroepen en voor het eerst in de geschiedenis van de Zuid-Afrikaanse film een Oscarnominatie voor Beste Buitenlandse Film in de wacht sleepte. Hij gaat over de jonge Zoeloemoeder Yesterday, die hoort dat ze hiv-positief is en alles op alles zet om pas te sterven als haar kind naar school gaat.

Een andere zeer indrukwekkende film is *Forgiveness*, het verhaal van een politieagent

# Madam & Eve – Het beste Zuid-Afrikaanse stripverhaal

De strips van de Amerikaan Stephen Francis en de Zuid-Afrikaan Rico Schacherl steken de draak met de South African 'way of life', aan de hand van voorvallen tussen de blanke 'madam' en de zwarte, inwonende huishoudster Eve, ter plaatse 'in-maid' genoemd.

Het is verbazingwekkend hoe goed de typisch Zuid-Afrikaanse verhoudingen in een stripverhaal zichtbaar gemaakt worden, iets wat de *Madam & Eve*-boeken tot heel bijzondere reisgidsen maakt. Hoe langer men in het land is, hoe beter men de humor begrijpt – ook het soms speciale, Zuid-Afrikaanse Engels wordt dan duidelijker. Wie de strips leest, begrijpt wat de Zuid-Afrikanen op dat moment in de politiek en in het dagelijks leven bezighoudt. De manier waarop dingen worden gebracht varieert van amusant tot dolkomisch.

Toen de Amerikaan Stephen Francis met zijn Zuid-Afrikaanse vrouw in het land kwam wonen, observeerde hij zijn schoonmoeder en haar zwarte huishoudster als ze met elkaar praatten, lachten of kibbelden – en zag meteen dat hij er wat mee kon doen. De twee striptekenaars hadden eerder al samen boeken gemaakt, maar *Madam & Eve* was hun doorbraak. De eerste strip verscheen in juli 1992 in *The Weekly Mail*. Eerst hadden zowel Madam als Eve nog niet de juiste look. Deze ontstond pas na de eerste afleveringen. Madam kreeg opgestoken haar, enorme oorringen en een parelketting om haar nek. Haar naam, Gwen, zou toevallig gekozen zijn, maar Stephens schoonmoeder heet ook zo. Het duurde iets langer om Eve vorm te geven; zij moest intelligent, satirisch, levendig en brutaal zijn.

Na een jaar *Madam & Eve* moest er een personage bij, want Madam was onder de satirische invloed van Eve te liberaal geworden. Ze was eerst als tijdelijk bedoeld, maar is nu een onmisbaar bestanddeel van de strip geworden: *mother* Edith Anderson, Gwens conservatieve, soms haast racistische, steeds gin-tonic drinkende moeder die uit Engeland is geïmmigreerd.

Hoe populairder de strip werd, hoe meer vragen er door lezers werden gesteld over de hoofdfiguren. Is Madam ooit getrouwd geweest? Of Eve? Hebben ze kinderen en zo ja, waar zijn ze dan?

Daarop verscheen Gwens zoon Eric in beeld, die niet meer thuis woont en aan de universiteit studeert. Zijn zwarte vriendin Lizeka zorgt steeds voor grappige situaties die met 'niet-racistische' relaties in Zuid-Afrika te maken hebben. Om Mother Anderson een tegenspeler te geven werd Thandi erbij gehaald, een leergierige basisschoolleerling die oorspronkelijk gepland was als het kleine zusje van Lizeka, maar door veel lezers gezien wordt als de dochter van Eve. Ze functioneert vooral zo goed, omdat ze de dingen onomwonden bij de naam noemt.

Andere incidenteel voorkomende personages zijn Sol, de vriend van Eve, de door Mother Anderson gehate, zwarte Mealie Lady, die voortdurend luidkeels haar maiskolven aanprijst, en *last but not least* mother Andersons tweelingzuster Abigail, die in Engeland woont, maar soms op bezoek komt in Zuid-Afrika.

Dan zijn er ook nog de *Madam & Eve*-strips zonder de bovengenoemde figuren, maar met een actuele, politieke inhoud. Of het nu gaat om de Amerikaanse presidentskandidaat Donald

   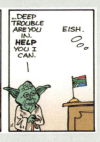

*Briljant: de Madam & Eve-strips tonen de Zuid-Afrikaanse politiek en het dagelijks leven met humor, maar onomwonden*

Trump of om de leider van de politieke partij Economische Vrijheidsstrijders, Julius Malema, elk wordt op subtiel-geestige en intelligente wijze op de hak genomen. En terwijl de vroegere presidenten Mandela en Mbeki uit respect werden ontzien, is de kritiek op de onbekwame en corrupte Zuma alomtegenwoordig. Dan worden Madam & Eve ronduit politiek geëngageerd. Andere thema's zijn de door het nationale energiebedrijf Eskom veroorzaakte stroomstoringen of de effecten van de social media. Het is vrijwel zeker dat datgene wat in Zuid-Afrika in het nieuws is zijn weg vindt naar een *Madam & Eve*-strip.

Inmiddels zijn er diverse verzamelbanden verschenen van de *Madam & Eve*-strips, die in bijna alle Zuid-Afrikaanse boekwinkels te koop zijn. *Madam & Eve*-strips worden in meer dan 20 Zuid-Afrikaanse kranten en tijdschriften gepubliceerd (4 miljoen lezers). Op internet kunnen belangstellenden de actuele dagelijkse *Madam & Eve*-strip en oudere afleveringen bekijken. Bovendien zijn daar de boeken te bestellen: www.madameve.co.za.

Kunst en cultuur

onder het apartheidsregime, die een familie in Paternoster aan de westkust om vergeving vraagt voor het doden van hun zoon. De politieagent werd heel knap gespeeld door Arnold Vosloo (bekend als The Mummy in het gelijknamige Hollywoodkassucces). Vosloo is naast Oscarwinnares Charlize Theron de tweede succesvolle Zuid-Afrikaan in Hollywood.

*The story of an African farm*, die in de Karoo speelt, is een beeldende verfilming van de ontroerende roman van Olive Schreiner. Andere Zuid-Afrikaanse topfilms zijn *Promised land* (2002), *Stander* (2003), Teddy Mattera's *Max and Mona* en Ramadan Suleymans *Zulu love letter*. De Zuid-Afrikaanse filmproducent Anant Singh heeft onlangs *Red dust* gemaakt, gebaseerd op de roman van Gillian Slovo, die al net zoveel succes lijkt te gaan krijgen als *In my country*, naar de bekroonde roman *Country of my skull* van Antjie Krog. Publiekstrekker Samuel L. Jackson speelt hierin een Amerikaanse journalist die in Zuid-Afrika een verslag moet schrijven over de verhoren van de Waarheids- en Verzoeningscommissie. Het meeslepende gangsterdrama *Tsotsi* ontving in 2006 de Oscar voor de beste buitenlandse productie.

Veel internationale critici roemden de Zuid-Afrikaanse sciencefictionfilm *District 9* (2009) als een van de beste in zijn soort. Hierin hangen aliens nu eens niet rond in Los Angeles of New York, maar in Johannesburg. Beslist een meesterwerk, dat in 2010 zelfs werd genomineerd voor de Oscar voor de beste film.

Oscarwaardig waren ook de prestaties van Terrence Howard en Jennifer Hudson in de in 2011 hoofdzakelijk in Johannesburg gedraaide film *Winnie*, die het levensverhaal vertelt van Nelson Mandela's vroegere levensgezellin Winnie Mandela. De Amerikaanse acteurs spelen het jonge en ouder wordende paar fantastisch, inclusief accenten en gebaren. Wie de film ziet, begrijpt echter wel waarom Winnie, anders dan Nelson Mandela, na diens vrijlating niet opriep tot verzoening, maar tot wraak. De hit *Safe House* werd in 2012 in Kaapstad gemaakt, in 2014 volgden *Tiger House*, *The Giver* en *Blended*. Een must is *Mandela: Long Walk to Freedom*. Ook de blockbuster *Avengers: Age of Ultron* (2015) werd deels in Zuid-Afrika gedraaid. De Zuid-Afrikaanse *District-9*-regisseur Neill Bloomkamp bracht ook in 2015 de coole sci-fi film *Chappie*, met de eigenaardige types van de rockband Die Antwoord als hoofdrolspelers. Absoluut het bekijken waard.

# Literatuur

Als de apartheid er niet geweest was, redeneren sommige critici cynisch, dan zou er ook geen Zuid-Afrikaanse literatuur zijn geweest. Deze wrede politiek bood materiaal voor verhalen die zelfs schrijvers met veel fantasie nooit hadden kunnen bedenken.

## Vroege romans

Als eerste roman die zijn oorsprong in Zuid-Afrika heeft, geldt *The story of an African farm* (1883) – *Een plaats in Afrika* – van Olive Schreiner, die zij schreef onder een mannelijk pseudoniem. Deze gevoelige roman is heel anders dan de 'avonturenverhalen' van haar mannelijke collega's, zoals Percy Fitzpatrick, die een van de bekendste Zuid-Afrikaanse boeken, *Jock of the Bushveld* (1907), schreef, of Rider Haggard, auteur van de romans *King Solomon's mines* (1885) – *De mijnen van koning Salomo* – en *She* (1887) – *Zij*. Van de **zwarte auteurs** uit de tijd voor de apartheid noemen we Thomas Mofolo, die in 1925 de historische roman *Chaka* in het Sesotho schreef, later vertaald in het Engels, Frans, Duits, Italiaans en Afrikaans, en de journalist en schrijver Sol Plaatjie, een van de oprichters van het ANC. De bekendste werken van deze laatste auteur zijn *Mhudi* (1930) en *Native life in South Africa* (1916).

## Literatuur onder de apartheid

Alan Patons roman *Cry, the beloved country* – *Tranen over Johannesburg* – uit 1948, toen de National Party aan de macht kwam en apartheid tot nationale politiek maakte, is al tweemaal verfilmd en geldt als eerste antiapartheidsroman. In de stijl van Mark Twain en met veel ironie beschreef de Afrikaner Herman Charles Bosman zijn op het land levende landgenoten in korte verhalen als *Mafeking Road* en *A cask of Jerepigo* (1964).

Veel Zuid-Afrikaanse auteurs, zowel blank als zwart, schreven in de jaren daarop hun **boeken achter tralies**, zoals Albie Sachs *Jail diary* (1966) en Ruth First *117 days* (1982), die hun internering zonder vorm van proces in de jaren zestig beschreven. Tim Jenkins *Escape from Pretoria* (1987) laat zich lezen als een avonturenroman en Breyten Breytenbachs *The true confessions of an albino terrorist – De ware bekentenissen van een witte terrorist* – is een combinatie van politieke kritiek en bijtende humor. Deze liberale Boer werd in 1975 wegens 'terrorisme' veroordeeld, kon het land verlaten en woonde in ballingschap in Parijs. Vergelijkbaar zijn de eveneens in het buitenland bekend geworden schrijvers André Brink en J.M. Coetzee, nu allebei professor in Kaapstad.

André Brink, hoogleraar Engels aan de universiteit van Kaapstad, heeft tot nu toe veertig romans geschreven die al in dertig talen zijn vertaald. Hij is tweemaal voor de Booker Prize genomineerd en al enkele malen voor de Nobelprijs. Samen met andere schrijvers bleef hij de apartheidspolitiek voortdurend bekritiseren, wat hem op vele bezoeken van de inlichtingendienst kwam te staan. Brink schrijft in het Afrikaans en vertaalt zijn boeken dan zelf in het Engels. Tot zijn bekendste werken behoren: *An instant in the wind* (1976), *Rumours of rain* (1978), *A dry white season* (1979), in 1989 verfilmd met Donald Sutherland, Susan Sarandon, Jürgen Prochnow en Marlon Brando, *A chain of voices* (1982), *States of emergency* (1988), *The first life of Adamaster* (1993), *Devil's valley* (1998), ideale lectuur voor toeristen die Die Hel (zie blz. 276) bezoeken en daar overnachten, en ten slotte *The other side of silence* (2002).

De inmiddels naar Australië geëmigreerde professor aan de universiteit van Kaapstad J.M. Coetzee was de eerste schrijver aan wie de Man Booker Prize tweemaal is toegekend: in 1983 voor *The life and times of Michael K (Wereld en wandel van Michael K)* en in 1999 voor *Disgrace (In ongenade)*. In 2003 kreeg hij de Nobelprijs voor Literatuur. Een terugkerend thema in zijn boeken is de 'lange reis', en meestal begint deze voor hem in Kaapstad. In *The life and times of Michael K* beschrijft hij Michael, die met zijn ziekelijke moeder ten tijde van de burgeroorlog van Kaapstad naar Prince Albert reist. *Disgrace* begint in de universiteit van Kaapstad, waar een 52-jarige professor een affaire met een studente begint en zich terugtrekt op een boerderij in Salem in de Eastern Cape Province.

Ook de *grand old lady* van de Zuid-Afrikaanse literatuur, Nadine Gordimer, kreeg de Nobelprijs voor haar werk. De boeken van de radicale tegenstandster van de apartheid worden in het buitenland meer gelezen dan in haar vaderland Zuid-Afrika, waar men haar te moeilijk en verontrustend vindt.

Moderne opvolgers van schrijvers als Fitzpatrick en Haggard zijn de bestsellerauteur Wilbur Smith, de in 1998 overleden verteller sir Laurens van der Post en de thrillerschrijvers Deon Meyer (www.deonmeyer.com) en de beste en meest meedogenloze van allemaal, Roger Smith (www.rogersmithbooks.com; zie blz. 76).

Ten slotte noemen we de in 1965 overleden dichteres Ingrid Jonker en Elisabeth Eybers, die in 1991 de P.C. Hooftprijs won voor haar gehele oeuvre

# Muziek

Ook de Zuid-Afrikaanse muziekscene is volop in beweging. De grote jazzmusici die in de jaren zestig het land moesten ontvluchten, onder wie Abdullah Ibrahim (vroeger bekend onder de naam Dollar Brand) en Hugh Masekela, zijn teruggekeerd en trekken volle concertzalen. Sinds 1986, toen Paul Simon de Zoeloeband Ladysmith Black Mambazo naar de studio haalde en met hen het album *Graceland* opnam, is de Zuid-Afrikaanse *township jive* wereldberoemd. Ladysmith Black Mambazo bracht later het album *Shaka Zulu* uit, met 100.000 verkochte exemplaren

# Voorbij de Tafelberg – Zuid-Afrika's beste thrillerauteur

De meest meedogenloze thrillerauteur van Zuid-Afrika, Roger Smith, reisde samen met de auteur van deze reisgids, Dieter Losskarn, naar de plekken die hem tot schrijven inspireren: de bendegetto's van de Cape Flats, volgens Smith is dit 'de hel op aarde'.

Op de avond dat zij werden beroofd, gebruikten Roxy Palmer en haar man Joe de maaltijd met een Afrikaanse kannibaal en zijn Oekraïense hoer.' Bij de eerste zin van Wake up dead, de tweede roman van Roger Smith, krijgt de lezer meteen een indruk van wat hem te wachten staat. Het is een keiharde, niets ontziende thriller, die zich niet afspeelt in de VS of Europa, maar in Kaapstad, maar wel aan gene zijde van het idyllische plaatje.

Wie de Cape Flats bezoekt, moet voorzorgsmaatregelen treffen. Wij worden geëscorteerd door een politieauto van de SAPS (South African Police Service) en door een bewapende lijfwacht, die met Rogers vrouw Sumaya in een aparte auto vooruitrijdt. Sumaya is in de Cape Flats opgegroeid, spreekt de gangstertaal Sapila – een rap gesproken mengsel van Engels, Afrikaans en Zoeloe – en moest zelf een paar keer een wapen gebruiken om te overleven. Wie deze elegante vrouw ziet, kan dat nauwelijks geloven. Maar Roger Smith zegt: 'Met haar erbij voel ik me veilig.'

Ik vind het opeens geen goed idee meer dat ik voor dit uitstapje een auto heb gekozen die in Zuid-Afrikaanse internetpolls tot gangsterauto nr. 1 is uitverkoren. De donkerblauwe Chrysler 300C SRT met zijn brede banden trekt onmiddellijk alle aandacht. Roger Smith wil mij een paar plekken laten zien waar zijn boeken zich afspelen. Het zijn de plekken van de nimmer eindigende bendeoorlogen tussen de Americans en de Mongrels. Tientallen kogelgaten in de muren van de treurige, grijze woonblokken getuigen ervan. Je ziet hier in Eureka nog wel lachende kinderen, maar met snotneuzen en op blote voeten. Hier wordt de troosteloosheid voelbaar. Roger legt uit wat de verbleekte graffiti op de muren betekent.

De politie rijdt terug. Wij willen nog een kijkje nemen bij de muursymbolen van de Americans in Manenberg. Dat blijkt geen goed idee. Ik ben net een foto aan het maken als Roger roept: 'Meteen de auto in en wegwezen hier.' Sumaya had heel kort oogcontact met hem gemaakt. We reageren snel. Later, bij de maaltijd in een totaal andere wereld, aan het glinsterende Waterfront van Kaapstad, volgt de uitleg. Sumaya had gangstertaal opgevangen. Niemand had ook maar een vermoeden dat zij dat zou verstaan. 'Dougle' zou al onderweg zijn met de tools (gereedschappen – wapens). Als eerste wilden ze de bodyguard neerschieten. De verkoop van de auto was al geregeld. En de twee whities zouden volgens het onduidelijke scenario gekidnapt worden.

'Wat mij telkens weer ergert, zijn de beweringen van critici die geloven dat ik in mijn boeken overdrijf. 'Integendeel, ik zwak dingen eerder af' zegt Roger. Daar twijfel ik nu niet meer aan. Zijn boeken worden wereldwijd zeer goed verkocht, het zijn absolute bestsellers en in diverse thrillerlijsten staan ze altijd helemaal bovenaan. Zijn debuutroman Mixed Blood is een fascinerende literaire thriller die een keihard beeld geeft van het hedendaagse Zuid-Afrika. Een Amerikaanse kansspeler die met zijn hoogzwangere vrouw en zijn zoon naar Kaapstad is gevlucht,

*Roger Smith bij de beruchte locatie van zijn romans - de Cape Flats*

komt terecht in een spiraal van geweldsmisdrijven. Zijn tegenstander is een schijnheilige, racistische en even corrupte als gewelddadige smeris, die zelf weer achterna gezeten wordt door de corruptiebestrijdingsdienst van de overheid. Een adembenemende confrontatie leidt rechtstreeks naar het land van de gangs, naar de Cape Flats en de uitgestrekte, labyrintische slums in de voorsteden.

Het tweede boek, Wake up dead, maakt een nog hardere indruk. Het speelt in een hete zomer in Kaapstad. Het Amerikaanse ex-model Roxy en haar man Joe, een louche wapenhandelaar, worden overvallen. Joe raakt daarbij gewond. Maar nadat de zwarte gangsters met diens auto op de vlucht geslagen zijn, schiet Roxy in een irrationele, onverwachte impuls haar man dood. De twee gangsters, die nu worden verdacht van moord, zweren dat zij wraak zullen nemen.

Onverhoopt vindt Roxy een beschermer, de zwarte ex-politieagent Billy Afrika, die echter vooral in zijn eigen belang handelt. En zij worden stuk voor stuk op de hielen gezeten door Piper, een van de meest angstaanjagende romanpersonages van de laatste jaren. Een door de liefde bezeten psychopaat, die vast van plan is zich alles toe te eigenen waar hij recht op meent te hebben...

In 2011 verscheen *Dust devils*, een boek over een klopjacht dwars door een land dat door aids, corruptie en bloedige stammenoorlogen wordt verscheurd. Een blanke politiek activist en zijn racistische vader worden van jagers tot opgejaagden. In de herfst van 2012 volgde de roman *Capture* die zich afspeelt in Kaapstad, evenals de in 2013 verschenen thriller *Sacrifices*. Zijn laatstverschenen titels zijn *Man Down* (2014) en *Nowhere* (2016). Meer informatie over de boeken en de auteur is te vinden op www.rogersmithbooks.com.

## Kunst en cultuur

en een Grammy voor de beste wereldmuziekopname. Sinds *Graceland* hebben ze 30 gouden platen geproduceerd.

Een typisch Zuid-Afrikaanse muziekrichting is de in de jaren vijftig van de 20e eeuw ontstane **pennywhistle jive**. Herdersjongens in de townships speelden op primitieve fluittjes met drie gaten; in de steden, waar ze heen moesten om te werken, vonden ze uit Duitsland geïmporteerde blikken fluiten met zes gaten. Al snel ontwikkelden ze een eigen stijl. Om geld te verdienen speelden ze in de blanke wijken, altijd met het risico door de politie betrapt te worden. Blanke jongeren waardeerden de muziek en noemden haar *kwela*, wat 'klimmen' betekent. Dat moesten de door de politie gearresteerde zwarten doen om in de van tralies voorziene politiewagens te klimmen. Later gebruikten ze saxofoons in plaats van blikken fluiten en kwam de saxjive in de mode.

Wie ook eens Zuid-Afrikaanse muziek met Afrikaanse ritmes wil horen, van **string en rock tot pop**, moet naar opnamen luisteren van de volgende artiesten. Johnny Clegg, de 'blanke' Zoeloe, is in Engeland geboren en opgegroeid in de Zuid-Afrikaanse Shebeens. Met zijn Zoeloevriend Sipho Mchunu heeft hij in 1979 de band Juluka opgericht, waarvan de hits ook in Europa bekend zijn geworden. Na zeven platen en een enorm succes viel Juluka in 1985 uit elkaar en begon Johnny Clegg een nieuwe band, Savuka, een explosieve mix van rock en Afrikaanse muziek.

Het altijd in zebrakostuums gestoken Soweto String Quartett speelt klassieke muziek. Yvonne Chaka Chaka combineerde toegankelijke ritmen en teksten met elektronische sounds en werd zo een van de succesvolste Zuid-Afrikaanse zangeressen. Brenda Fassie werd tot haar dood aan een overdosis in 2004 gezien als de Zuid-Afrikaanse Queen of Pop. Van haar albums werden meer dan 500.000 exemplaren verkocht. Miriam Makeba is door haar Clicksong beroemd geworden, en de gemengde band Mango Groove speelt alweer meer dan tien jaar samen – met succes over de hele wereld. De charismatische leadzanger Jabu Khanyile van de band Bayete heeft bij een concert in 1996 zelfs de Engelse koningin van haar stoel gekregen, haar zoon Charles heeft meegedanst en later een bedankbrief geschreven waarin hij zijn waardering voor de muziek uitsprak.

Eind jaren negentig ontwikkelde zich een nieuw, populair muziekgenre onder de jeugd in de townships, **kwaito**, een combinatie van Amerikaanse rap en hiphop met lokale kleur, de eerste muziekrichting in Zuid-Afrika die na de apartheid is ontstaan. Het is voornamelijk elektronische muziek, waarop de **slow jam** wordt gedanst. Succesvolle kwaitovertolkers zijn Boom Shaka, Bongo Maffin en M'du.

De op dit moment bekendste Zuid-Afrikaanse bands zijn onder andere Watershed (www.watershed.co.za) en Freshlyground (www.freshlyground.com), Prime Circle (www.primecircle.co.za), Gold Fish (www.goldfishlive.com), Just Jinjer (www.justjinjer.com), Mi Casa (www.micasamusic.com) en de Parlotones (www.theparlotones.net). Populaire solozangers en -zangeressen zijn Camagwini, Thandiswa Mazwai, Sonti Mndebele (www.sontimusic.com), Louise Carver (www.louisecarver.co.za) en Danny K (www.dannyk.com).

# Architectuur

Historische architectuur in Zuid-Afrika loopt van de 'bijenkorf'-kralen van de Zoeloes en de kleurrijke Ndebelehuizen tot de elegante eenvoud van de Kaaps-Hollandse huizen en de kleinstedelijke Karoocottages.

## Kaaps-Hollandse architectuur

De oorspronkelijke architectuur van Kaapstad werd aangeduid als Kaaps-Hollandse stijl (Cape Dutch). Kenmerkend voor de aan het eind van de 17e eeuw gebouwde huizen zijn een witte buitenpleisterlaag, een rietgedekt dak en elegante, gebogen gevel. De mooiste voorbeelden zijn te vinden in het Kaapse Wijnland (Constantia Manor House, Vergelegen Wine Estate), in Kaapstad (The Old

# Architectuur

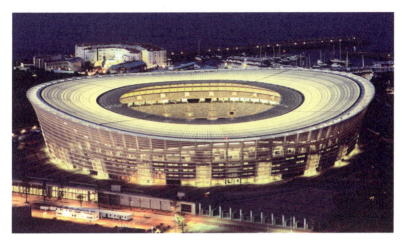

*Architectonisch hoogtepunt in Kaapstad – het Cape Town Stadium*

Townhouse), Hout Bay (Kronendal), Stellenbosch (Dorp Street, Lanzerac Wine Estate), Prince Albert (Church Street) en in Swellendam (Drostdy, binnenstad).

## Koloniale architectuur

De Engelse machtsovername aan de Kaap en in Natal bracht **victoriaanse stijlelementen** met zich mee. Twee fraaie voorbeelden daarvan zijn de City Hall in Pietermaritzburg en de Weiler Matjiesfontein in de Karoo.

In de door Boeren gedomineerde gebieden was de bouwstijl zwaar en streng, wat als **Noord-Europees** werd gekarakteriseerd. Voorbeelden hiervan zijn de gebouwen rond Church Square in Tshwane (Pretoria) en aan de Brand Street in Bloemfontein.

Veel indruk maken de prachtige huizen uit der **tijd van Edward VII** en de **georgiaanse en neoclassicistische** gebouwen in Johannesburg, die zijn gefinancierd met kapitaal uit de mijnen. De mooiste gebouwen uit de late 19e en vroege 20e eeuw zijn die van **sir Herbert Baker**, die erin slaagde Britse stijlelementen uit die tijd met het Zuid-Afrikaanse landschap en plaatselijke bouwmaterialen te laten versmelten. Zijn belangrijkste project waren de Union Buildings in Tshwane (Pretoria), die nog altijd tot de elegantste gebouwen van Zuid-Afrika behoren.

## Art deco

In de jaren 30 van de 20e eeuw was art deco een heel gebruikelijke bouwstijl in Kaapstad, Durban en aan de Witwatersrand. Veel van deze prachtige gebouwen zijn bewaard gebleven. In het centrum van **Johannesburg** vindt u zo'n 100 voorbeelden en het Zuid-Afrikaanse **Springs** telt, na Miami Beach, Florida, de meeste kleine art-decohuizen ter wereld. Andere bolwerken van de art deco zijn **Durban** en **Kaapstad**, waar recent nog het art-decowereldcongres plaatsvond.

## Hedendaagse architectuur

Modelvoorbeelden van hedendaagse, duurzame architectuur zijn de stadions die voor het WK voetbal gebouwd werden, vooral die van Durban, Johannesburg en Kaapstad. In de nabijheid van het Cape Town Stadium verrees een van de hoogste gebouwen van het land, de futuristische, 1,6 miljard rand kostende glazen toren van het Portsidegebouw. Nog fascinerender is het nieuwe Silo District bij het Victoria & Alfred Waterfront.

# Reisinformatie

Reis en vervoer
Accommodatie
Eten en drinken
Outdoor
Feesten en evenementen
Praktische informatie van A tot Z

*De rit door de Baviaanskloof, in het achterland van de Garden Route maakt u het best met een terreinauto*

*In de wijk Bo-Kaap in Kaapstad*

*In de Cederberg Wilderness Area*

# Reis en vervoer

## Reisdocumenten en douanebepalingen

### Benodigde papieren

Nederlanders en Belgen hebben voor een verblijf van maximaal 90 dagen een **paspoort** nodig, dat na de terugreis nog 30 dagen geldig moet zijn. Bij aankomst in Zuid-Afrika moet er in het paspoort nog minstens één lege bladzijde aanwezig zijn. Alle kinderen hebben sinds 2012 een eigen paspoort nodig. Voor meer informatie raadpleegt u de website van de Zuid-Afrikaanse ambassade in Den Haag: www.zuidafrika.nl, in Brussel: www.southafrica.be.

Het is verstandig een geldig retourticket bij u te hebben, omdat anders soms bij aankomst een borg wordt gevraagd die bij vertrek uit het land natuurlijk wordt terugbetaald. Nu en dan wil de immigratiedienst een bewijs zien dat u over voldoende financiële middelen beschikt voor de voorgenomen duur van uw verblijf.

Wie in Zuid-Afrika wil autorijden, heeft alleen een **geldig rijbewijs** nodig.

Nederlanders of Belgen die van plan zijn zich voorgoed in Zuid-Afrika te vestigen, kunnen zich over alle rechten en plichten inzake immigratie laten informeren bij het consulaat van Zuid-Afrika in hun land (www.zuidafrika.nl, www.southafrica.be) of kijken op www.immigratie-zuid-afrika.nl.

### In- en uitvoer van goederen

Behalve persoonlijke bagage, zoals kleding, sieraden, sportartikelen, films, gebruikte foto- en videocamera's mag het volgende in Zuid-Afrika worden ingevoerd: 400 sigaretten of 50 sigaren of 250 g tabak, 1 l sterkedrank, 2 l wijn, 250 ml eau de toilette en 50 ml parfum, geschenken ter waarde van 5000 rand. Op de terugreis naar EU-landen mag u meenemen: 200 sigaretten of 50 sigaren of 250 g tabak, 1 l sterkedrank of 2 l wijn, 50 ml parfum en overige waren ter waarde van 430 euro. De volgende zaken mag u niet meenemen naar Europa: roofdierhuiden, ivoor, levende of opgezette dieren, producten van schildpad, krokodillen- of slangenhuid, koraal en schelpen, opgeprikte vlinders, cactussen en orchideeën.

## Reis

### ... met het vliegtuig

Er zijn inmiddels verschillende luchtvaartmaatschappijen die enkele keren per week naar Zuid-Afrika vliegen, meestal naar Johannesburg of Kaapstad. U kunt kiezen voor een rechtstreekse vlucht, maar het is vaak goedkoper om een tussenstop te maken in bijvoorbeeld Londen, Parijs, Dubai of een van de grote Duitse vliegvelden. Op Zuid-Afrika vliegen onder andere KLM, Air France, Air Namibia, British Airways, Emirates en Lufthansa. Een rechtstreekse vlucht Amsterdam–Johannesburg duurt ongeveer 10.50 uur, naar Kaapstad 1 à 2 uur langer.

Wie naar Zuid-Afrika wil vliegen, wordt aangeraden op tijd naar de goedkoopste vluchten te informeren. Kijk bijvoorbeeld bij **KLM** (www.klm.com), **South African Airways** (www.flysaa.com), **British Airways** (www.britishairways.com), **Emirates** (www.emirates.com, reken op een langere reistijd) of **Air Namibia** (www.airnamibia.com), dat via Windhoek naar Kaapstad en Johannesburg vliegt, en op sites als www.vliegwinkel.nl.

Van de verschillende luchthavens in Zuid-Afrika reist u per taxi of luchthavenshuttlebus naar de stad. Veel hotels bieden hun gasten de service dat ze met een eigen shuttlebus van het vliegveld worden gehaald.

### ... met de eigen auto

Wie met de eigen auto het land wil binnen reizen, heeft een inklaringsbewijs, een carnet de passage, nodig. Dit is niet meer bij de ANWB verkrijgbaar, maar alleen bij de Duitse zusterorganisatie ADAC (www.adac.de) tegen betaling van een borg of het overleggen van een bankgarantie. Hiermee kan de auto voor een periode van twaalf maanden belastingvrij worden in- en uitgevoerd.

## Vervoer in Zuid-Afrika

Alle grotere steden in Zuid-Afrika zijn dankzij de uitstekende infrastructuur vrijwel dagelijks per vliegtuig, trein of bus te bereiken. Het is het best om van tevoren dienstregelingen en tarieven op te vragen. Sommige tickets kunt u voor de reis via internet boeken.

### Binnenlandse vluchten

Zuid-Afrika beschikt over een dicht net van binnenlandse vliegverbindingen. De vluchten zijn, als u geen speciaal tarief kunt krijgen, vrij duur. Informeer bij uw reisbureau of via internet naar de goedkoopste vluchten. Dit zijn de nationale Zuid-Afrikaanse luchtvaartmaatschappijen:

**South African Airways (SAA):** centrale reservering, tel. 0800 11 47 99 (gratis nummer). SAA geeft op haar website www.flysaa.com inlichtingen over de dienstregeling, prijzen en routes.

**Kulula** (www.kulula.com) en Mango (www.flymango.com) zijn de bekendste prijsvechters op de populaire routes tussen Kaapstad, Johannesburg, Durban, Port Elizabeth, Nelspruit en George.

**British Airways/Comair:** Johannesburg, tel. 011 921 01 11.

### Bus

**Translux Express:** tel. 011 774 33 33, www.translux.co.za, biedt Travelpassen aan.

**Intercape Mainliner:** tel. 021 380 44 00, www.intercape.co.za, biedt een uitstekende service op alle lijnen.

**Greyhound Cityliner:** tel. 083 915 90 00, www.greyhound.co.za, is ook een comfortabele langeafstandsbusmaatschappij.

**Baz Bus:** tel. 021 422 52 02, www.bazbus.com. De bussen zijn duidelijk minder ruim dan

*Bavianskloof – in het Dal van de Bavianen*

bij de eerdergenoemde ondernemingen. De goedkope minibus rijdt tussen Johannesburg en Kaapstad. Onderweg kunt u overal waar u wilt in- en uitstappen.

## Trein

Eersteklastickets (tweede en derde klas zijn niet aan te bevelen) voor de trein zijn ongeveer net zo duur als een buskaartje. Treinreizen duren echter veel langer. De treinreis van Kaapstad naar Johannesburg duurt 27 uur, terwijl u met de bus 'slechts' 19 uur onderweg bent.

De beroemde **luxetreinen** van Zuid-Afrika, Blue Train en Rovos Rail, kunnen worden geboekt via enkele reisorganisaties in Nederland en België, zoals Incento. Ze rijden over het traject Tshwane (Pretoria)–Johannesburg–Kaapstad. De moderne, elegante Blue Train legt dit traject in 25 uur af, maar de nostalgische Rovos heeft er ruim twee dagen voor nodig. De service in beide treinen is perfect, de meergangenmenu's zijn uitstekend.

Dienstregelingen en tarieven vindt u via: **Blue Train:** Joubert Park, tel. 012 334 84 59 of 021 449 26 72, www.bluetrain.co.za.

**Rovos Rail:** Pretoria, tel. 012 315 82 42 of Kaapstad, tel. 021 421 40 20, www.rovos.co.za.

## Huurauto

Het beste af zijn degenen die een auto willen huren en daarmee in en rond Kaapstad touren. In de eerste plaats staat hen een veelvoud van autoverhuurbedrijven ter beschikking en in de tweede plaats vindt u in de Kaapprovincie de beste en de mooiste wegen van Zuid-Afrika. U kunt hier bijvoorbeeld een Jeep Wrangler huren voor een offroadtocht dwars door de Cederberge of een Cobra met veel pk's voor de slingerende kustweg tussen Gordon's Bay en Hermanus. De goedkoopste huurauto's in Zuid-Afrika zijn de Kia Piccanto, de Hyundai i10 of de VW Polo Vivo.

Leden van de **ANWB** kunnen in het kader van gemaakte AIT/FIA-afspraken, mits in bezit van de lidmaatschapskaart, gebruikmaken van de diensten van de Zuid-Afrikaanse AA (Automobile Association). AA-kantoren zijn in alle grotere steden te vinden.

Voor het **huren van een auto** is een geldige **creditcard** en een **rijbewijs** nodig. Wie een auto huurt in Zuid-Afrika en daarmee in het kader van een rondreis naar andere landen binnen zuidelijk Afrika wil reizen, moet daarvoor schriftelijk toestemming van het verhuurbedrijf vragen.

Een goede tip voor reizigers die niet zo goed Engels spreken, is om het gewenste **voertuig al in eigen land te huren** en te betalen. Bij het ophalen van het voertuig moeten echter wel alle bovengenoemde tips ter harte worden genomen. Als de klant niet tevreden is met zijn auto, kan hij bij thuiskomst in Nederland of België nog proberen of hij schadevergoeding kan krijgen bij zijn reisbureau. Wie direct in Zuid-Afrika een auto huurt, kan dat vergeten.

In Zuid-Afrika zijn alle **internationale autoverhuurbedrijven** met filialen vertegenwoordigd. Meestal is het goedkoper om alvast in Europa een auto te reserveren dan ter plaatse, omdat reisbureaus in Nederland en België grotere contingenten huurauto's 'inkopen'. Er zijn echter ook vaak voordelige internetaanbiedingen die alleen online beschikbaar zijn. Hier volgen ter vergelijking de belangrijkste grotere buitenlandse bedrijven in Zuid-Afrika, die in sommige gevallen ook terreinwagens aanbieden:

**Avis Rent A Car:** tel. 011 923 36 60, www.avis.co.za.

**Budget Rent A Car:** tel. 011 398 01 23, www.budget.co.za.

**Europcar Interrent:** tel. 011 479 40 00, www.europcar.co.za.

**Hertz Rent A Car:** www.hertz.co.za.

**Atlantic Car Hire:** Kaapstad, tel. 021 934 46 00, www.atlanticcarhire.co.za, 24 uurs-service, de auto wordt naar het hotel gebracht en weer opgehaald.

**Value Car Hire:** Kaapstad, tel. 021 386 76 99, www.valuecarhire.co.za, voordelig, lokaal verhuurbedrijf.

**Speciale verhuurbedrijven** die motorfietsen, cabrio's, terreinauto's en campers aanbieden, hebben meestal geen agent in Europa. U moet deze voertuigen daarom ter plaatse in Zuid-Afrika huren:

## OPLETTEN BIJ HET HUREN VAN EEN AUTO

**Staat van het voertuig:** let op de kwaliteit van de banden. Als deze al erg versleten zijn en u zich een langere route hebt voorgenomen, moet u erop staan dat ze worden vervangen. Ook heel belangrijk is de kwaliteit van het reservewiel en de krik. Zijn deze wel aanwezig en functioneren ze goed? En waar kunt u ze vinden? Het volgende punt: vertoont de voorruit al kleine beschadigingen? Dan kunt u ervan uitgaan dat het eerstvolgende steentje dat van de wielen van uw voorganger opspat, de genadeklap geeft. En glasschade is meestal niet in huurautoverzekeringen inbegrepen, net zo min als beschadigde banden.

**Verzekeringen:** probeer als het kan uw eigen risico volledig af te kopen. Laat in ieder geval voor u de auto in ontvangst neemt ieder krasje of andere beschadiging door de verhuurder vastleggen, zodat het achteraf niet tot discussies komt. Omdat het aantal autodiefstallen en overvallen vooral in en rond Johannesburg groot is, worden de auto's vanwege de hoge premies vaak niet, en als het wel gebeurt tegen een hoge meerprijs, tegen diefstal verzekerd. Enkele verhuurders geven hun klanten een stuurslot mee, anderen rusten hun dure voertuigen uit met een elektronische startblokkering of een alarminstallatie, die u zich voor u wegrijdt zorgvuldig moet laten uitleggen.

**Bij pech:** sommige verhuurders bieden een gratis service aan, eventueel wordt zelfs de auto omgeruild, andere zijn zo klein, dat ze zich dat niet kunnen veroorloven.

### Cabrios en luxe auto's
**Avis Luxury Cars:** Kaapstad tel. 021 927 30 62, Johannesburg tel. 011 923 34 52, www.avisluxury collection.co.za.

**Cape Cobra Car Hire:** tel. 083 321 91 93, www.capecobrahire.co.za. Verhuurt de lokaal geproduceerde kopie van de superroadster Cobra, met ruim voldoende pk's onder de motorkap.

### Motorfietsen
**Karoo-Biking:** tel. 082 533 66 55, www.karoo-biking.de (website ook Engelstalig!). BMW-motorfietsreizen en -verhuur in Zuid-Afrika. Ook individuele organisatie van een motortour is mogelijk.

**Cape Bike Travel:** 125 Buitengracht St., tel. 021 606 44 49, www.capebiketravel.com. Deze verhuurder heeft zowel Harley-Davidsonmotoren (Sportster 883, Heritage Softail Classic, Road King Classic en Electra Glide Classic) als BMW-Enduros (F700 GS, F800 GS, R1200 GS) te huur.

De officiël, Zuid-Afrikaanse **BMW-motorenwebsite:** www.bmw-motorrad.co.za.

### Terreinauto's
**Britz Offroad:** tel. 011 396 14 45, www.britz.co.za. Verhuurt de ideale auto's voor avontuurlijke offroadtrips: Toyota Hilux met een- of tweepersoonscabine met daktent en safari-uitrusting, compleet ingerichte Land Rover,

Toyota Land Cruiser met kampeeropbouw, Toyota Prado Diesel.
**South Africa 4x4:** tel. 011 028 55 60, www.4x4rentalssouthafrica.com. Verhuurt Land Rover Defenders met daktent en gps.
**Off Road Africa:** tel. 021 683 03 08, www.offroadafrica.com. Verhuurt volledig ingerichte Landrover Defender 110 Td5, Toyota Hilux Pickup, Landrover Freelander, Toyota-Bushcamper.
**Sani 4x4 Rentals:** tel. 011 230 52 00, www.africa-adventure.org/s/sani4x4/index.htm. Nissan 3,0 l-V 6 dubbele cabine met daktent, grotere tank, 50 l watertank, 2e accu; Nissan Patrol (4,5 l) met daktent, Nissan enkele cabine met complete inrichting, inclusief volledige safariuitrusting te huur. U mag met deze auto's ook in Mozambique, Zimbabwe, Namibië, Lesotho, Swaziland en Botswana rijden.

**Campers**
**Bobo Campers:** tel. 011 395 69 00, www.bobocampers.com.
**Camper Hire:** tel. 021 683 03 08, www.camperhire.co.za. Bieden verschillende formaten campers te huur aan.
**Drive Africa:** Camp on Wheels, tel. 021 447 11 44, www.driveafrica.co.za. Ook hier een groot aanbod van campers.
**Andere camperverhuurders op internet:**
www.maui.co.za
www.drivesouthafrica.co.za
www.camper-world.com

## Autorijden in Zuid-Afrika

Er wordt **links** gereden. Officieel geldt er een **maximumsnelheid** van 120 km/u op snelwegen, 100 km/u op tweebaanswegen en 60 km/u in de stad. In de praktijk rijdt men echter zo hard als men kan. Op **onverharde wegen** moet echter altijd langzamer worden gereden en dient u altijd de autogordel vast te maken.

De politie in **KwaZulu-Natal** is het strengst. Wie met meer dan 200 km/u geflitst wordt, gaat direct de gevangenis in en zijn auto wordt in beslag genomen.

Wat er op de kaart uitziet als een goed geasfalteerde weg, kan in werkelijkheid een bandenslopende wasbordweg blijken te zijn. Een goed voorbeeld zijn enkele wegen in Mpumalanga, die naar de particuliere wildreservaten aan de rand van het Krugerpark voeren. Veel bestuurders van een gewone personenauto hebben daar verlangd naar een auto die beter tegen het terrein bestand was.

Het komt erop neer dat de gekozen huurauto moet zijn afgestemd op het te rijden traject. Wie graag een avontuurlijke tocht door een afgelegen gebied maakt, komt niet uit onder een volledig uitgeruste **terreinauto met vierwielaandrijving**. Ver van de bewoonde wereld vindt u benzine, proviand noch drinkwater, wat verhuurders hun klanten er niet altijd bij vertellen. Wie daarentegen 'alleen maar' van Johannesburg naar Kaapstad wil rijden, krijgt alleen te maken met goede asfaltwegen.

Op **onverharde wegen** hebben de banden, vooral bij hogere snelheden, nauwelijks grip op de weg, waardoor de remweg veel langer wordt en er een ernstig slipgevaar ontstaat. De meeste ongelukken gebeuren als een kaarsrechte weg plotseling afbuigt, de chauffeur de macht over het stuur verliest en de auto over de kop slaat, of als hij op een onoverzichtelijke heuveltop te ver naar rechts uitwijkt en frontaal op het tegemoetkomende verkeer botst. Aanbevolen snelheid op deze wegen: niet meer dan 70–80 km/u. Wie op een onverharde weg wordt ingehaald, verdwijnt korte tijd in een dichte stofwolk. Rem dan altijd af, beter nog van tevoren als u in uw achteruitkijkspiegel een stofwolk ziet naderen. 's Nachts kunt u deze wegen beter mijden.

Welk risico u loopt als u een **lifter** meeneemt, is ook moeilijk in te schatten. Riskeer liever dat men u niet vriendelijk vindt dan dat u uw vriendelijkheid later moet berouwen.

### Tankstations
Tankstations in de grotere steden zijn vrijwel altijd 24 uur per dag geopend.

# Accommodatie

## Van luxehotel tot camping

In Zuid-Afrika is geen gebrek aan stijlvolle en interessante overnachtingsmogelijkheden. Van **luxehotels** via exclusieve, voor een deel zeer dure **lodges** tot kleine, gezellige **guest houses** en **bed and breakfasts**, die meestal nog door de eigenaren zelf worden geleid, slechts over enkele kamers beschikken en vaak in historische gebouwen zijn ondergebracht. Waar mogelijk, zijn de websites van de toeristenbureaus vermeld, waarop u onder het trefwoord Accommodation nog veel meer gelegenheden in alle prijsklassen aantreft, meestal voorzien van foto's die u een goed beeld van de kwaliteit verschaffen. Als u een bijzonder mooie en aan te bevelen overnachtingsmogelijkheid ontdekt, meldt u dit dan alstublieft aan de uitgeverij. Wij gaan er dan persoonlijk kijken en nemen de gelegenheid dan misschien wel op in een volgende uitgave van deze gids.

## Hotels

Door de apartheidspolitiek stond Zuid-Afrika decennialang toeristisch buitenspel. Daarom kent het land geen hotelkolossen en bleef het ook gespaard voor de bouwzonden van de jaren 70 van de vorige eeuw en ontsierende betonbouw langs de kust. Zelfs de grote luxehotels hebben stijl en klasse. Naast deze vijf- en zessterrenaccommodaties – de nummer één hieronder is het One & Only aan het Victoria &

*Ongewone accommodatie: zilverkleurige Airstream trailers in Kaapstad*

## OVERNACHTINGSTIPS VAN DE AUTEUR

**Hotel Verde:** Kaapstad Airport, zie blz. 137
**The Grand Daddy & Airstream Trailer Park:** Kaapstad, zie blz. 135
**One & Only Hotel:** Victoria & Alfred Waterfront, Kaapstad, zie blz. 137
**Bushman's Kloof:** Clanwilliam, zie blz. 220
**Naries Namakwa Retreat:** Springbok, zie blz. 228
**Karoo Moon Motel:** Barrydale, zie blz. 290
**Quarters:** Durban, zie blz. 351
**The Peech Hotel:** Johannesburg, zie blz. 381
**A Room With A View & A Hundred Angels:** Johannesburg, zie blz. 381
**Jaci's Lodges:** Madikwe Game Reserve, zie blz. 400
**Earth Lodge:** Kruger National Park, zie blz. 416

---

Alfred Waterfront in Kaapstad – is er, vooral in de grote steden Johannesburg, Durban en Kaapstad, een grote keus aan fascinerende boetiekhotels met voor een deel heel aparte interieurs en design.

## Lodges

De kwaliteit van de **accommodatie in de nationale parken** in het land wordt steeds beter en verruilt zijn jeugdherbergimago voor dat van een *lodge*. Deze meestal prachtige lodges en *camps* in of bij Zuid-Afrika's nationale parken zijn dan ook altijd erg duur. Reken voor een overnachting in een tweepersoonskamer of luxetent met volpension al gauw op € 600 tot € 800 per persoon. Toch zou u zich op vakantie minstens een keer deze luxe moeten gunnen: met een ijskoude gin & tonic of een Zuid-Afrikaanse sauvignon blanc in een beslagen glas genieten van de zonsondergang, terwijl u een kudde gnoes of zebra's gadeslaat die aan de waterkant verkoeling zoeken.

Een bijzonder **exclusief assortiment lodges** in zuidelijk Afrika wordt aangeboden door &Beyond Africa, tel. 011 8 09 43 00, www.andbeyond.com.

## Bed and breakfast en guest houses

Direct contact met de mensen die in het land wonen krijgt u als u overnacht in een Bed and Breakfast of *guest house*. Deze vorm van accommodatie vindt u niet zelden op afgelegen boerderijen. Voordeel is dat de B&B's en guest houses bijna altijd door de eigenaars zelf worden uitgebaat. Zo komt u al tijdens het welkomsdrankje het nodige over het land te weten en krijgt u reistips uit de eerste hand.

Wie voor de reis enkele pensions, Bed and Breakfasts of hotels op internet van binnen wil bekijken, kan dat doen op www.places.co.za, www.sa-venues.com en www.wheretostay.co.za. Wie iets echt exclusiefs wil, gaat u naar www.mantiscollection.com.

## Kamperen

Liefhebbers van campers en kamperen vinden meer dan 700 goed toegeruste **kampeerterreinen** in het hele land. Informatie geven de **Federation of Caravan and Camping Clubs,** www.caravanparks.com of bij de **Caravan Club of Southern Africa,** tel. 011 828 37 44, www.ccsa.co.za.

De mooiste kampeeraccommodaties zijn te vinden in de nationale parken en dan met name in de twee grensoverschrijdende natuurreservaten Kgalagadi en |Ai-|Ais/Richtersveld Transfrontier Park. Overnachten in het gehuurde terreinauto met daktent aan de Orange River of in de rode duinen, met leeuwengebrul in de verte, behoort tot de outdoor-hoogtepunten van een reis naar Zuid-Afrika.

# Eten en drinken

## Nationale keukens

De keuken is **internationaal**, hier en daar gemengd met smaken van het Afrikaanse continent. De vele bevolkingsgroepen die zich mettertijd in Zuid-Afrika hebben gevestigd, brachten allemaal hun eigen recepten en specialiteiten mee: Italianen hun pasta en pizza en hun espresso en cappuccino, Indiërs hun curry, Fransen hun finesse en hun croissants, Duitsers hun worst, frikandellen, zuurkool en rode kool en volgens het *Reinheitsgebot* gebrouwen bier, de Nederlanders hun *boerekos*, enzovoort.

Maar er is ook zoiets als een echte Zuid-Afrikaanse keuken, met typische gerechten, die vaak de **Kaaps-Maleise keuken** *(Malay food)* wordt genoemd en waar Europese smaakpapillen aan moeten wennen. In de eerste plaats noemen we hiervan de *bredies*, eenpansgerechten met schapenvlees, aardappels, uien en groenten. En dan zijn er de verfijnd gekruide *boboties* en lekkere desserts, zoals *melktart*, een soort Boerencheesecake die met kaneel wordt bestrooid.

Hoewel het grootste deel van Zuid-Afrika's Indiase bevolking in Durban woont, zijn er verbazingwekkend weinig echt **Indiase restaurants** te vinden. Enkele aanbevelenswaardige adressen zijn te vinden in het hoofdstuk over Durban in deze gids (zie blz. 352). Favoriet Indiaas restaurant van de auteur is nog steeds Bukhara in Kaapstad (zie blz. 139). De *butter chicken* daar is ongeëvenaard.

Heel populair is **zeebanket** in soorten en maten – van oesters *(oysters)* tot Kaapse langoest *(crayfish)* – en natuurlijk **vlees**, bij voorkeur de in Zuid-Afrika of in Botswana gefokte BSE-vrije runderen. Ook wild *(venison)*, zoals springbok, koedoe, gemsbok, wrattenzwijn en struisvogel, staat vaak op het menu.

## Niet te missen gerechten

Zuid-Afrikanen zijn echte grillfanaten. Vrijwel alles wat beweegt, komt op het rooster terecht. Barbecuen wordt hier **braai** genoemd en is voor zowel zwart als blank bijna een cult-handeling – en een echte mannenaangelegenheid. Wie nooit een traditionele *braai*, de Zuid-Afrikaanse versie van de Amerikaanse barbecue, heeft meegemaakt, is niet echt in Zuid-Afrika geweest. Blanken zijn er net zo dol op als zwarten en er komt zowel vlees als vis op de grill. Een specialiteit zijn de pittig gekruide braadworstjes *(boerewors)*. Daarbij wordt *pap* met saus geserveerd, een stevige, voedzame maisbrij die er een beetje uitziet als aardappelpuree.

Een andere specialiteit is gedroogd vlees van rund, springbok, struisvogel of andere dieren, dat in Zuid-Afrika **biltong** wordt genoemd. Ook het legendarische **Karoolam** moet geproefd worden. Het vlees is dankzij de vele in de Karoo groeiende en door de schapen gegeten kruiden bijzonder vol van smaak. Echt aan te raden zijn verder de kruidige **Indiase gerechten**, zoals curry's en tandoori's.

## Fruit en groente

In Zuid-Afrika groeit een groot aantal verschillende soorten vruchten en groenten, zoals te zien is op de versafdelingen van de grote supermarkten Woolworth, Pick 'n Pay, Superspar, Shoprite/Checkers en Fruit & Veg. Door de diverse klimaatzones is de veelzijdigheid groot: in en rond Kaapstad groeien wijn- en tafeldruiven, aardbeien, bosbessen, kersen, appels en peren, evenals asperges, sla en alle mogelijke kruiden; in Olifants Valley bij Clanwilliam en in het Citrusdal, de naam zegt het al, sinaasappels, citroenen, limoenen en clementines; in het hoge noorden dadels; in het tropische oosten bananen, ananassen, mango's en papaya's. De meeste goede overnachtingsadressen serveren bij het ontbjt versgeperste sapjes.

Zuid-Afrikanen beklagen zich er soms over dat de beste producten het land verlaten. Het klopt inderdaad dat de meeste geteelde producten exportkwaliteit hebben, maar beter en verser dan bij Woolies of Fruit & Veg bestaat bijna niet. Steeds meer Zuid-Afrikanen gaan inmiddels over op biologisch *(organic)* geteelde producten – in de supermarkten in de grote steden zijn biologische groenten en fruit overal verkrijgbaar.

Let op: in islamitische en Kaaps-Maleise restaurants wordt geen alcohol geschonken. De fooi (10–15%, afhankelijk van de service) is normaal gesproken niet bij de rekening inbegrepen. Met enkele uitzonderingen: in sommige, meer toeristische gebieden wordt een fooi van 10% opgeteld bij de rekening.

Gelukkig zijn er in veel restaurants tegenwoordig gedeelten voor rokers en voor niet-rokers, iets wat enkele jaren geleden nog ondenkbaar was. In sommige gelegenheden is roken zelfs geheel verboden.

## Eten in een restaurant

Dankzij de – vergeleken met de euro – zwakke rand is een restaurantbezoek in Zuid-Afrika nog altijd goedkoper dan in Europa of de Verenigde Staten. Zelfs herhaalde bezoeken aan de beste restaurants brengen u niet aan de bedelstaf. En er zijn veel uitstekende eetgelegenheden in dit land.

Het verschil in niveau tussen stad en land is in Zuid-Afrikaanse restaurants enorm. Johannesburg, Tshwane (Pretoria), Durban en natuurlijk Kaapstad hebben eersteklasrestaurants te bieden, maar tussen deze metropolen liggen gastronomische woestijnen – met enkele uitzonderingen die daardoor des te verrassender zijn.

### Restaurantetiquette

In Zuid-Afrikaanse restaurants geldt *wait to be seated*, wat wil zeggen dat u nooit zelf aan een schijnbaar vrij tafeltje mag gaan zitten, maar u erheen moet laten brengen. U krijgt dan meteen de menukaart. Daarna komt de bediening die zich voorstelt en vraagt of u iets wilt drinken. Als de drankjes zijn geserveerd, worden de *specials* opgesomd, gerechten die niet op de kaart staan of speciaal worden aangeraden.

's Avonds kunt u in een restaurant geen korte broek of T-shirt dragen. Vooral in de populaire eethuizen in de grote steden is het aan te bevelen om te reserveren. Vaak is het mogelijk om uw eigen wijn mee te nemen. Er wordt dan een kleine *corkage fee*, een kurkengeld, gevraagd.

## Restaurantketens en fastfood

Aan te bevelen ketenrestaurants zijn de steakhouses **Famous Butcher's Grill** en **Cattle Baron** en de visspecialisten van **Ocean Basket**.

**Primi Piatti** (www.primi-world.co.za) is een van Zuid-Afrika's beste restaurantketens: vanwege de moderne fabriek- of loodsachtige inrichting, om de sfeer, de kwaliteit van het eten en de uitstekende service. Er worden lichte, Italiaanse gerechten geserveerd, maar laat u vooral ook de excellente koffie niet ontgaan. Alleen al in en rond Kaapstad zijn achttien filialen van Primi Piatti, in Johannesburg dertien, in en rond Durban vijf en één in Bloemfontein.

Mocht u op het platteland soms niet weten waar u kunt eten, dan is er altijd wel een vestiging van een van de twee Zuid-Afrikaanse restaurantketens, **Spur** (www.spur.co.za) of **Saddles** (www.saddles.co.za), te vinden. Zij serveren een redelijke steak, kip of enchilada in een Amerikaans aandoend plastic decor.

Enkele Amerikaanse fastfoodketens, in de eerste plaats **Kentucky Fried Chicken (KFC)** en **McDonald's**, hebben de buitenwijken van de steden en de shopping malls veroverd. In 2013 volgde **Burger King**. Het lokale hamburger-snelrestaurant heet **Wimpy** (www.wimpy.co.za). Daar smaken de burgers zo slecht als de naam doet vermoeden. De filterkoffie bij Wimpy is echter verrassend goed.

*Culinairie diversiteit in Zuid-Afrika – van verfijnd tot rustiek*

Aanraders zijn de plaatselijke vestigingen van **Nando's Chicken**, met lekkere kipgerechten (zie de geestige website: www.nandos.co.za), en de filialen van **Kauai** (www.kauai.co.za), die overheerlijk 'gezond' fastfood serveren. De beste afhaalpizza's koopt u bij **St. Elmos** (www.stelmos.co.za), met filialen in het hele land.

## Vegetarisch in Zuid-Afrika

Voor vegetariërs wordt het enkel in de meer afgelegen delen van dit 'vleeslievende' land moeilijk. Daar wordt dikwijls kip of vis als 'vegetarisch' gepresenteerd, of u krijgt alleen de bijgerechten van het hoofdgerecht. In de hotels, guest houses en vooral in de lodges staan altijd vegetarische (en erg lekkere) gerechten op het menu. De nummer één van de vegetarische keuken is wederom Kaapstad – zonder twijfel de onbetwiste fijnproevershoofdstad van het land.

## Zelf koken in Zuid-Afrika

Een tip voor mensen die zelf willen koken: **Woolworths** (www.woolworths.co.za) heeft in Zuid-Afrika, anders dan in andere landen, het beste levensmiddelenaanbod. Hier vindt u het malste vlees (scharrelkip, varkens- en rundvlees), de meest verse groenten, de lekkerste yoghurt en vele verfijnde kant-en-klaarmaaltijden, allemaal speciaal voor Woolworth gemaakt. De keten is meer een delicatessenwinkel dan een supermarkt. Als een Zuid-Afrikaan een picknick voorbereidt of een *braai* wil houden, gaat hij eerst naar 'Woolies'.

Ook goed is de supermarktketen **Pick & Pay** (www.picknpay.co.za), bij **Spar** (www.spar.co.za) zijn groenten en vlees niet zo vers en mals als bij de twee eerdergenoemde winkels, maar de warme bakker van Spar maakt wel goede croissants en broodjes.

Wie boodschappen gaat doen voor een *braai*, vindt in de winkels van de drie genoemde ketens alles wat zijn hartje begeert: rund-, kalfs- en varkensvlees en natuurlijk struisvogel in alle vormen, zoals schnitzel, gehakt en steak, vacuümverpakt, gemarineerd in verschillende sauzen of naturel. Bijzonder lekker zijn de gemarineerde varkensribbetjes *(pork spare ribs)* van Woolworths. Overal waar barbecuevlees verkocht wordt, kunt u ook houtskool, aanmaakblokjes en grillplaten krijgen. Deze kunt u dan naast een goedgevulde koelbox in de kofferbak van uw huurauto meenemen, want op veel picknickplaatsen, in natuurreservaten en vooral in *self catering*-accommodaties staan houtskoolgrills op u te wachten.

## Wijn en bier

De Zuid-Afrikaanse wijnen verheugen zich inmiddels ook in het buitenland in een steeds groeiende populariteit. In het land zelf moet u in ieder geval de hier geproduceerde witte en rode wijn eens proberen. Wie zich serieus en iets intensiever in de **wijnen** wil verdiepen, kan niet om de wijngids *Platter* heen. Deze verschijnt elk jaar en geldt terecht als de wijnbijbel van Zuid-Afrika. Regelmatige updates zijn te vinden op de website www.wineonaplatter.co.za. Behalve wijnbeoordelingen (van nul tot vijf sterren) van alle Zuid-Afrikaanse wijnkelders biedt hij onder andere nauwkeurige beschrijvingen van alle wijngoederen met hun druivenrassen, tips voor gourmetrestaurants en stijlvolle accommodatie in het Wijnland.

**Bierliefhebbers** komen hier ook aan hun trekken. Behalve enkele lokale *micro breweries* biedt Zuid-Afrika's grootste brouwerij SAB het bij de Zuid-Afrikanen, vooral die van Boerenafkomst, zeer populaire, rijk van chemicaliën voorziene Castle Brew. Wie 'echt' bier gewend is, kan de andere lokaal gebrouwen alternatieven Amstel en Black Label beter laten staan. Zonder meer aan te bevelen zijn de bieren van Namibia Breweries in Windhoek (Windhoek light, lager, export, special en tafel lager) uit het buurland Namibië, die volgens het Duitse *Reinheitsgebot* zijn gebrouwen. In veel pubs is Guinness, Poddingtons of Kilkenny uit het vat te krijgen.

# Outdoor

## Abseilen

Abseilen wordt op vele manieren gedaan, over kloven, van steile rotswanden en zelfs in watervallen. Het is in het hele land mogelijk. Befaamd is het abseilen van de Tafelberg, met een adembenemend uitzicht op Camps Bay.

## Bungeejumps en -swings

Bij een bungeejump springt u met het hoofd omlaag de diepte in, bij een swing vanaf een brug is het tuig stevig om de heupen bevestigd en springt u loodrecht naar beneden, waarna na een vrije val een zwaaibeweging volgt. Het absolute mekka voor adrenalinejunks is de Bloukransbrug (zie het kader hiernaast). Een alternatief is de Gouritzbrug, waar ook een swing mogelijk is.

## Deltavliegen en paragliding

Van vliegbrevet tot ultralightflyerlicentie, van deltavliegen tot paragliden, van powergliden tot kitesurfen (www.cgc.org.za) – Zuid-Afrika heeft het allemaal. Een lijst met plaatselijke clubs is verkrijgbaar via de **Aero Club of SA**, tel. 011 0 82 11 00, www.aeroclub.org.za.

**Voor paragliders** is de *Fresh air site guide* van Greg Hamerton interessant, met beschrijvingen van ruim 135 startplaatsen voor paragliders en deltavliegers in Zuid-Afrika (ISBN 978-09-58-51181-0).

## Duiken

Internationale duikorganisaties in ZA:
PADI, www.padi.com. CMAS-ISA, tel. 012 567 62 29, www.cmas.co.za.
De beste Zuid-Afrikaanse duiklocaties tussen Atlantische Oceaan en Pacific:

**Aliwal Shoal** (KwaZulu-Natal South Coast), bij goede omstandigheden bijna net zo goede duikmogelijkheden als in Sodwana Bay.
**Castle Rock** (Miller's Point), de voor de kust gelegen 'burcht' vormt een holte met luchtbel en nogal tamme vissen.
**Jacob's Reef** (Beacon Isle), kleurrijk riflevens, dolfijnen, walvissen, maar ook haaien.
**Justin's Cave** (Camps Bay), granietrotsen, grotten en Kaapse langoesten in koud water.

---

### ADRENALINESPORTEN

Adrenalinesporten zijn in Zuid-Afrika erg populair, van abseilen (bijvoorbeeld bij Chapman's Peak) tot bungeejumpen, van sandboarden in de duinen tot, van downhill mountainbiken tot paragliding.

**Kaapstad** geldt als de adrenalinemetropool in Zuid-Afrika. Enkele bedrijven bieden combinatiepaketten van verschillende activiteiten aan:

**Abseil Africa:** www.abseilafrica.co.za organiseert abseilen van de Tafelberg (750 rand p.p.) en *kloofing* (950 rand p.p.).

**Day Trippers:** tel. 021 511 47 66, www.daytrippers.co.za organiseert mountainbiketochten.

**Face Adrenalin:** Bloukrans Bungee, tel. 042 281 14 58, www.faceadrenalin.com. Met 216 m de hoogste bungeejump ter wereld van de Bloukransbrug (850 rand p.p.) en een adembenemende Bridge Walk (120 rand p.p.); videoclips op de website.

**Wildthing Adventures:** tel. 021 702 94 24, www.wildthing.co.za. Alle activiteiten kunnen ook via **Cape Town Tourism** (www.capetown.travel) worden geboekt.

*Abseilen in een waterval*

**Nahoon Reef** (East London), grote vissen op het diepe rif.
**Paquita** (The Heads), een goed bewaard gebleven wrak uit 1903 ligt zo'n 20 m diep.
**Protea Banks** (KwaZulu-Natal South Coast), beroemd om de haaien die u hier ziet.
**Smitswinkel Bay** (Cape Peninsula), vijf met kleurrijke koralen overdekte scheepswrakken.
**Sodwana Bay,** Two-, Five, Seven- en Nine-Mile Reefs zouden de vier beste duiklocaties van het land zijn.
**Thunderbolt Reef** (Cape Recife), zeer visrijk gebied, ook populair bij snorkelaars.
**Naar haaien duiken in een kooi** is mogelijk in Simonstown in de False Bay en in Gansbaai in de Walker Bay. Betrouwbare agenten zijn: Apex Shark Expeditons (www.apexpredators.com), Shark Zone (www.sharkzone.co.za), Shark Diving Umlimited (www.sharkdivingunlimited.co.za), Shark Lady (www.sharklady.co.za) en de als duurzaam bestempelde African Shark Eco Tours (www.ultimate-animals.com).

## Fietsen

De **Cape Argus Pick 'n' Pay Cycle Tour** is de grootste wielerwedstrijd ter wereld. Er zijn verschillende **mountainbiketrails** in het land, ook in enkele nationale parken.

## Golf

Zuid-Afrika bezit de mooiste golfbanen ter wereld – en het is veel goedkoper dan elders om erop te spelen. Elk jaar in december wordt in Sun City de *Million Dollar Challenge* gespeeld, met twaalf deelnemers. **Informatie met uitvoerige beschrijvingen van de courses:** www.golfinsouthafrica.com.

## Jagen

Inlichtingen over de jacht krijgt u bij de **Professional Hunter's Association of SA (PHASA),** tel. 012 667 20 48, www.phasa.co.za.

## Paardrijden

Vooral op de stranden van de Kaapprovincie en in de Drakensberge wordt veel paardgereden. Er worden ook ruitersafari's in wildreservaten gehouden.
**Battlefields by Horseback:** tel. 031 767 41 66, www.campaigntrails.co.za. Bezichtiging van de slagvelden van KwaZulu-Natal op de rug van een paard.
**Kaapsehoop Horse Trails:** tel. 082 774 58 26, www.horsebacktrails.co.za. Biedt in Mpumalanga prachtig uitzicht op het Lowveld en paardrijkampen voor kinderen.
**Wine Valley Horse Trails:** tel. 021 869 86 87, www.horsetrails-sa.co.za. Biedt wijnproeven in combinatie met ritten te paard.

## Parachutespringen

Al na één dag maakt u uw eerste sprong, met twee instructeurs die meespringen en de sprong controleren.
**Informatie en boeking:** Skydive Citrusdal, tel. 0 83 4 62 56 66, www.skydive.co.za. Tandemsprongen en andere adrenalinesporten worden aangeboden door Para Taxi (www.para-taxi.com) en 5th Element Adrenalin Tours (www.5thelement.wozaonline.co.za).

## Sportschieten

Van een .357 Magnum tot een .38 Special, van een Army Colt tot een Pump Gun; u kunt in Stellenbosch schietoefeningen doen met alles wat u van actiefilms bekend voorkomt. De instructie is intensief en uitvoerig. In de prijs zijn munitie, veiligheidsinstructies, drankjes en een aandenken inbegrepen. Wie met alle wapens wil schieten, betaalt 830 rand inclusief kleiduiven.

**Reservering en informatie:** Shootopia – Shooting Adventures, tel. 083 709 70 92 of 083 411 01 74, www.shootopia.com.

## Surfen

De beste surflocaties zijn:
**Cave Rock,** Durban Bluff, KwaZulu-Natal, alleen iets voor ervaren longboarders.
**Dairy/New Pier,** Durban, de populairste surfspot van Zuid-Afrika.
**Dunes,** Kommetjie, Western Cape, de beste plaats in de omgeving van Kaapstad.
**Eland's Bay Point,** Western Cape, naar links draaiende *tubes* aan de Westkust.
**Nahoon Reef,** East London, Eastern Cape, ideale omstandigheden, maar berucht vanwege de vele aanvallen van witte haaien op surfers.
**Supertubes,** Jeffreys Bay, de beste rechtsdraaiende *tubes* ter wereld.
**Victoria Bay,** Wilderness, Eastern Cape, fantastische kleine baai met schitterende surfmogelijkheden.

## Vissen

Dankzij de heldere bergrivieren, de warme Indische Oceaan en de koude Atlantische Oceaan doet zich een veelvoud aan mogelijkheden voor – van diepzeevissen tot vliegvissen. Omdat er in veel rivieren in de Drakensberge lang niet is gevist, geldt Zuid-Afrika als het mekka van het vliegvissen. De wateren met vette forellen, die ooit door de Engelsen zijn uitgezet, liggen vaak op privéterrein. **Informatie:** www.flyfishing.co.za.

## Wandelen

In Zuid-Afrika zijn talloze wandelroutes uitgezet, alleen al op de Tafelberg bij Kaapstad meer dan 300 moeilijke tot extreem moeilijke routes. In deze gids worden onder het kopje Actief allerlei wandelingen in het hele land gedetailleerd beschreven. Van de Tafelberg leidt de prachtige Hoerikwaggotrail (zie blz. 152) naar Kaap de Goede Hoop. Spannend wordt het in het labyrint van de Cangodruipsteengrotten (zie blz. 284) en in het Krugerpark (zie blz. 412), waar u met bewapende rangers op voetsafari gaat. Twee fraaie meerdaagse tochten voeren langs de Wild Coast (zie blz. 342) en over het bekendste pad van het land, de Otter Trail (zie blz. 322).

## Wintersport

Het enige skigebied in Zuid-Afrika (met sneeuwkanonnen) is **Tiffindell** op 3000 m hoogte in de zuidelijke Drakensberge.

## Zwemmen

In de ijskoude **Atlantische Oceaan** is zwemmen iets voor durfals. Hier kunt u beter de door de zon verwarmde getijdepoelen of zwembaden opzoeken. Vanaf Cape Agulhas naar het oosten biedt de **Indische Oceaan** heerlijke watertemperaturen en mooie zandstranden, vooral langs de Garden Route. Zwemmen in **rivieren** kunt u in Mpumalanga en KwaZulu-Natal beter niet doen. Elders zijn er geen problemen.

*Weids: paardrijden in de Kalahari*

# Feesten en evenementen

## Nationale festivals

Zuid-Afrika is een land van festivals. Veertig jaar geleden waren er nog maar enkele kleine, lokale evenementen, maar in 1974 bracht het **Grahamstown Festival** daar verandering in. Tegenwoordig komen elk jaar 100.000 bezoekers naar deze stad om erbij te zijn. Vanaf het begin – het moest de Engelse cultuur in Zuid-Afrika stimuleren – ontwikkelde het zich tot een festival met een rijkgeschakeerd programma: tentoonstellingen, theater, muziek, film, dans en veel meer. De naam werd dan ook veranderd in **National Arts Festival**. Het duurt elf dagen en wordt eind juni/begin juli in Grahamstown gehouden (www.nationalartsfestival.co.za, Facebook: National Arts Festival Grahamstown, tel. 046 603 11 03; tickets via Computicket: www.computicket.co.za).

In 1991 werd het **Arts Alive Festival** (www.artsalive.co.za, tel. 011-268 25 77/2; tickets via Computicket, zie boven) in Johannesburg in het leven geroepen. Het trok meteen al in september het jaar daarop tienduizenden bezoekers naar zijn jazzconcerten en toneelstukken. Het is een soort Voorjaarsfestival van Johannesburg. Het centrale podium is de Newton Cultural Precinct in de City, maar er worden ook voorstellingen gegeven in de townships, zoals Alexandria, Rabie Ridge, Orange Farm, Thokoza en Mofolo Park in Soweto. Arts Alive vertoont sterke Afrikaanse invloeden en is inmiddels bijna net zo populair als het Festival in Grahamstown.

Sinds de late jaren negentig worden in alle belangrijke stadscentra grote festivals gehouden die een uiting zijn van een nieuw ontdekt, Zuid-Afrikaans bewustzijn: *Proudly South African*. De organisatoren van het jaarlijks in maart gehouden **Cape Town Festival** (www.capetownfestival.co.za) willen de stad via dit evenement naast Sydney en Rio de Janeiro als festivalstad op het zuidelijk halfrond neerzetten. Het werd voor het eerst in 1999 georganiseerd om de verschillende culturen van Kaapstad, naar het motto *One city, many cultures*, aan de hand van muziek, visuele kunst, theater, dans, film, literatuur, drama en komedie over het voetlicht te brengen. Het centrum van de festiviteiten zijn de 350 jaar oude Company's Gardens, maar ten tijde van het festival is er overal in de stad, in de voorsteden en de townships wel wat te doen. Het belangrijkste evenement in de Free State is het **Mangaung African Cultural Festival** (Macufe; www.macufe.co.za) in oktober, waar zo'n 16.000 kunst- en jazzliefhebbers op afkomen.

De Afrikaans sprekende blanken reageerden op de vele Engelstalige festivals met hun eigen evenementen. Op de eerste plaats staat het in maart/april gevierde **Klein Karoo Nasionale Kunstefees** (KKNK, www.kknk.co.za), dat in 1995 in Oudtshoorn in het leven is geroepen als alternatief voor het Grahamstown Festival. Het trekt jaarlijks meer dan 100.000 bezoekers, maar is minder gevarieerd dan Grahamstown – en op straat gaat het er ruwer aan toe.

## Kleine muziekfestivals

Het gros van de festivals met een meer regionaal karakter draait om muziek. Wegbereider was **Splashy Fen** (www.splashyfen.co.za), dat in 1990 op een boerderij in de buurt van Underberg aan de voet van de Drakensberge in KwaZulu-Natal, in de geest van Woodstock, maar dan met folk, lichte folkrock en afromuziek, is begonnen. Het wordt in april gehouden en trekt drommen newagefans. Meer dan 10.000 bezoekers kamperen dan naast hun auto's op de boerderij en genieten van zo'n 70 optredens. In 1997 zijn de organisatoren met een tweede festival gekomen, **Seriously Splashy**, met uitvoeringen van klassieke muziek, dat in september ongeveer 1000 mensen trekt.

Gauteng heeft zijn eigen **Woodstock**- en **Womad**-festival (www.gettickets.co.za), terwijl **Standard Bank Joy of Jazz** (www.joyofjazz.co.za) een reeks jazzhappenings door het hele land organiseert. Het grootste en populairste is het **Cape Town International Jazz Festival** (vroeger: North Sea Jazz Festival) in Kaapstad (www.capetownjazzfest.com). Dit jazzfestival in maart is de pendant op het zuidelijk halfrond van het Nederlandse North Sea Jazz Festival. Het is in 2000 gestart en trekt jaarlijks 25.000 liefhebbers naar Kaapstad. Ook in Kaapstad worden in januari de **Jazzathon** aan het Waterfront en in februari de **Jazzathon** op Robben Island gehouden. In april kunt u in Oudtshoorn naar **Jol meets Jazz**. Bij de zomerconcerten in de **Kirstenbosch Botanical Gardens** (Facebook: Kirstenbosch) kunt u behalve naar jazz ook naar rock, pop en klassieke muziek luisteren.

## Andere kleine festivals

Het **Spier Summer Festival** (www.spier.co.za) op het Wijnhuis Spier bij Stellenbosch wordt steeds populairder. Het is gewijd aan muziek, opera, dans, cabaret en theater.

In september presenteert Darling tegelijkertijd met de wilde bloemenshow het **Hello Darling Arts Festival** (www.evita.co.za). Het **Hermanus Whale Festival** (www.whalefestival.co.za) met exposities, kinderfestival, sportwedstrijden en muziek, van jazz tot klassiek, vindt in september/oktober plaats om de komst van de walvissen in de Walker Bay te vieren.

Het aan de Garden Route gelegen Knysna organiseert maar liefst drie festivals per jaar. De lesbo- en homogemeenschap viert in mei feest tijdens het **Pink Loerie Festival** (www.pinkloerie.co.za). Daarop volgen begin juli het **Knysna Oyster Festival** (www.oysterfestival.co.za), een tien dagen durend oesterfeest met kookwedstrijden, cabaret, comedy en sportevenementen, en ten slotte in september de **Nederburg Knysna Arts Experience**.

Voor het jaarlijkse **Cape Gourmet Festival** (www.goodfoodandwineshow.co.za) komen in september beroemde koks uit de hele wereld naar Johannesburg om in het Coca-Coladome een caleidoscoop van smaakbeleving te creëren. Daarnaast wordt in Kaapstad ieder jaar in mei de Cape Food Show (SA Gourmet Festival) georganiseerd en vieren veel kleine gemeenten rond Kaapstad hun eigen eetfestijnen, van het **Bread and Beer Festival** in Caledon tot het **Port Festival** in Calitzdorp.

## Sportevenementen

Sport speelt in het leven van vrijwel elke Zuid-Afrikaan een grote rol. Bij blanken staan **cricket** en **rugby** op de eerste plaats, bij zwarten **voetbal**. Het uitstekend georganiseerde en geweldloos verlopen WK voetbal 2010 was een enorm succes voor Zuid-Afrika – en heeft het land aan de Kaap wereldwijd nog meer aanzien verschaft. Er zijn bovendien gesprekken gaande om in de nabije toekomst in Kaapstad weer een **formule 1-race** te houden.

De grote **Comrades Marathon** (www.comrades.com) wordt jaarlijks in mei of juni gehouden. Hij is 89 km lang en voert van Pietermaritzburg naar Durban.

De 110 km lange **Cape Argus/Pick n' Pay Cycle Tour** (www.cycletour.co.za) vindt jaarlijks in het tweede weekeinde van maart in Kaapstad plaats en gaat over het Kaapschiereiland en de daarvoor voor ander verkeer gestremde Chapman's Peak Drive, de spectaculairste kustweg van Zuid-Afrika. Iedereen mag meedoen. Buitenlandse gasten betalen 730 rand inschrijfgeld.

De 'Argus' is met 35.000(!) deelnemers de grootste geklokte wielerwedstrijd ter wereld. Er doen professionele wielrenners mee, maar ook recreanten en de beruchte *funriders*, die elk jaar weer iets nieuws bedenken om in het reusachtige peloton op te vallen. Racefiets, mountainbike of zelfgebouwd brik, alles wat ten minste één wiel bezit, mag meerijden.

# Praktische informatie van A tot Z

## Alarmnummers

### In het hele land
Politie: 10 111 en 1011
Politie per mobiele telefoon: 112
Ambulance: 08 00 11 19 90
Traumahelikopter: 083 19 99

### Durban (eThekwini)
Ambulance: 10 177
Brandweer: 031 361 00 00
Reddingsbrigade: 031 361 85 67

### Johannesburg
Ambulance/brandweer voor alle gebieden: 10 177 of 011 375 59 11
Ambulance/brandweer Bedfordview: 458 30 00
Ambulance Midrand: 375 59 11
Ambulance/brandweer Randburg: 375 59 11
Ambulance/brandweer Sandton: 375 59 11

### Kaapstad
Ambulance/redding in de bergen: 10 177
Brandweer: 107
Reddingsbrigade: 021 449 35 00

### Pretoria (Tshwane)
Ambulance: 10 177 oder 082 911
Brandweer: 10 177

## Alcohol

Alcohol wordt verkocht in zogenoemde *liquor stores*, winkels met vergunning. Met het zondagse verkoopverbod wordt inmiddels duidelijk soepeler omgegaan. Sommige restaurants staan toe dat gasten hun eigen wijn meebrengen (BYO – Bring Your Own). Wel wordt dan een *corkage fee* – een vergoeding voor het ontkurken – verlangd.

## Ambassades en consulaten

### ... in Nederland
Ambassade van de Republiek Zuid-Afrika
Wassenaarseweg 40
2596 CJ Den Haag
tel. 070 3 92 45 01
e-mail: info@zuidafrika.nl
www.zuidafrika.nl

### ... in België
Ambassade van de Republiek Zuid-Afrika
Montoyerstraat 17–19
1000 Brussel
tel. 02 2 85 44 00
e-mail: publicdiplomacy@southafrica.be
www.southafrica.be

### ... in Zuid-Afrika
Nederlandse ambassade in Zuid-Afrika
210 Florence Ribeiro/Queen Wilhelmina Avenue, New Muckleneuk, Pretoria 0181,
Postbus 117,
Pretoria 0001
tel. 012 4 25 45 00
e-mail: rso-zaf-ca@minbuza.nl
http://zuidafrika.nlambassade.org
Deze ambassade vertegenwoordigt ook de Zuid-Afrikaanse buurlanden Lesotho, Swaziland en Namibië.

Belgische ambassade in Zuid-Afrika
625 Leyds Street, Muckleneuk
0002 Pretoria
tel. 012 440 32 01
e-mail: Pretoria@diplobel.fed.be
http://www.diplomatie.be/pretoria.nl

**Nederlands consulaat-generaal in Kaapstad**
100 Strandstreet, Kaapstad 8001
Postbus 346, Kaapstad 8001
tel. 021 4 21 56 60
e-mail: kaa@minbuza.nl
http://zuidafrika.nlambassade.org/
consulaat-generaal-kaapstad

**Nederlands consulaat in Durban**
9 Brendon Lane, hoek Jan Hofmeyer Road
Westville 3629
Postbus 12, Westville 3630
tel. 031 2 66 92 91, fax 031 2 67 15 68
e-mail: info@netherlandsconsul.co.za

**Belgisch consulaat-generaal in Johannesburg**
158 Jan Smits Building
Walters Avenue 9, 3d floor, West Wing
Corner Rosebank, 2196 Johannesburg
Postbus 3431, Parklands 2121
tel. 011 9 12 96 00,
e-mail: Johannesburg@diplobel.fed.be
www.diplomatie.be/johannesburg/

**Belgisch consulaat-generaal in Kaapstad**
1 Thibault Square (LG Building), 19th floor,
Foreshore,
Kaapstad 8001
Postbus 2717, Kaapstad 8000
tel. 021 4 19 46 90
e-mail: Capetown@diplobel.fed.be
www.diplomatie.be/capetown/

## Do's and Don'ts

### Vrouwen en mannen
Bij een braai is er meestal sprake van twee gescheiden werelden: de mannen grillen en staan bier of wijn drinkend rond het vuur, terwijl de vrouwen elders met elkaar converseren.

Mannen gaan in de regel voor vrouwen door een deur en betreden voor hen een lift of restaurant. Dit gebruik stamt uit de tijd toen mannen nog golden als beschermers en voorop gingen om eventuele gevaren te bespeuren.

Bij zakelijke transacties richten de gesprekspartners zich meestal uitsluitend tot de man omdat ze ervan uitgaan dat die de beslissingen neemt.

### Wachten in de rij
In de rij staan is in Zuid-Afrika aan de orde van de dag, en voordringers zijn niet geliefd. Wie in een heel lange rij moet wachten, vindt soms iemand bereid om tegen een geringe vergoeding zijn of haar plaats in te nemen. Dit is vooral bij gebouwen van overheidsdiensten een normale gang van zaken, en ook bij autoriteiten die visa of vergunningen verlenen.

### Sport
Zuid-Afrikanen houden van sport, vooral van rugby, cricket en voetbal. Of u nu in een van de talloze sportbars voor een groot scherm staat of voor een wedstrijd in het stadion bent uitgenodigd, u moet altijd uw best doen net zo enthousiast te zijn als de Zuid-Afrikanen. Negatief commentaar valt hier niet goed.

### Tijd
Zaken doen verloopt in Zuid-Afrika vrij efficiënt, maar soms zijn er momenten waarop de klok 'Afrikaanse tijd' aangeeft en dus wat langzamer tikt. In zo'n situatie niet ongeduldig worden of boos reageren.

Door het klimaat en de verkeerssituatie staan Zuid-Afrikanen gewoonlijk vroeg op. Omdat de verkeersinfrastructuur niet erg fijnmazig is, is men vaak lang onderweg. Daarom is er in de straten van de grote steden niet zelden al vanaf 5.30 uur sprake van druk verkeer.

### Te gast
Als u in een Afrikaans huis te gast bent, staan er in het midden van de tafel altijd flessen en glazen, waaruit ieder zichzelf bedient.

Zuid-Afrikanen houden van gezelschap en vooral in het weekend worden er graag vrienden uitgenodigd voor een braai. Deze uitnodiging geldt dan ook voor vrienden van vrienden die op bezoek zijn. In de regel brengt men vlees om te grillen en eventueel een salade of dessert mee, en bovendien datgene wat men graag

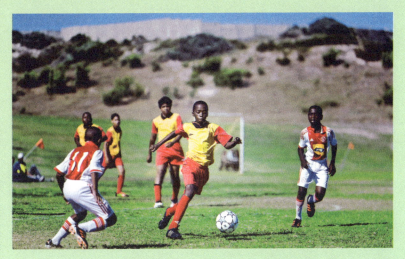
*Voetbalgek: het WK van 2010 heeft de sport nog populairder gemaakt*

drinkt. De sfeer bij een braai is ongedwongen en het is helemaal ok om met de handen te eten. Luchtige kleding is gebruikelijk, mannen dragen vaak een korte broek. In de zomermaanden worden braais soms aan een zwembad gehouden, neem dan beslist badkleding mee.

## Drugs

De modedrug in Zuid-Afrika is ecstasy. Deze wordt – zij het illegaal – in vrijwel elke club aangeboden. De herkomst van de drug is meestal niet te traceren, zodat het gebruik met veel gevaren verbonden is. Nog algemener is het gebruik van – eveneens verboden – marihuana. Marihuana is onderdeel van de religie van de Zuid-Afrikaanse rastagemeente. Op het moment wordt serieus gesproken over het legaliseren van de verkoop en het gebruik van marihuana.

## Elektriciteit

De spanning bedraagt 220 volt. Vanwege de driepolige Zuid-Afrikaanse stopcontacten hebt u een adapter nodig. Deze is in Zuid-Afrika in vrijwel alle elektriciteitszaken te koop of ligt in de hotelkamer klaar. Toch kunt u er het best zelf een meenemen.

## Feestdagen

Als een van de bij wet vastgelegde feestdagen op een zondag valt, is – wel zo prettig voor werkende mensen – de maandag daarop een vrije dag.

**1 jan.:** Nieuwjaar (New Year's Day)
**21 maart:** Mensenrechtendag (Human Rights Day); op 21 maart 1960 vonden tijdens het Sharpeville Massacre 69 zwarten die tegen de apartheid demonstreerden de dood door politiekogels.
**Goede Vrijdag:** Good Friday
**Tweede paasdag:** Familiedag (Family Day)
**27 april:** Vrijheidsdag (Freedom Day); op 27 april 1994 werden de eerste democratische verkiezingen in Zuid-Afrika gehouden.
**1 mei:** Dag van de Arbeid (Worker's Day)
**16 juni:** Jeugddag (Youth Day); op 16 juni 1976 trokken in Soweto scholieren de straat op om tegen het Afrikaans als de enige voertaal op

school te demonstreren. De politie opende het vuur op de ongewapende menigte en doodde veel jongeren.
**9 aug.:** Nationale Vrouwendag (National Women's Day)
**24 sept.:** Erfenisdag (Heritage Day); geboortedag van de Zoeloekrijger Shaka
**16 dec.:** Verzoeningsdag (Day of Reconciliation); vóór de eerste democratische verkiezingen in Zuid-Afrika herinnerde 16 december aan de Slag bij de Blood River (Bloedrivier), toen een met kanonnen en geweren bewapend Boerencommando duizenden speerdragende Zoeloekrijgers doodde. Als Geloftedag (Day of the Vow) was het de belangrijkste feestdag van de Boeren.
**25 dec.:** Eerste kerstdag
**26 dec.:** Welwillendheidsdag (Day of Goodwill)

## Fooien

Net als in de Verenigde Staten is het bedienend personeel op fooien aangewezen, omdat het basisloon dat wordt uitbetaald zeer laag is. De bediening is meestal niet in de rekening inbegrepen. Normaal is een tip van 10% over het op de rekening vermelde bedrag. Bij een bijzonder goede service geeft u natuurlijk meer.

In toeristische gebieden is men ertoe overgegaan 10% bedieningsgeld te berekenen (staat op de rekening vermeld). In dat geval rondt u het bedrag slechts naar boven af of hoeft u geen fooi te geven.

Kruiers in het hotel verwachten per koffer ongeveer 5 rand. Ook het kamermeisje verdient een fooi. Bij sommige gelegenheden wordt bij vertrek om een (vrijwillige) collectieve fooi voor het personeel verzocht.

## Fotograferen

Het fotograferen van mensen is in Zuid-Afrika geen probleem. Net als elders moet u wel vooraf vragen of het mag. In de armoedige townships zijn de inwoners meestal blij met de belangstelling van buitenlandse bezoekers (alleen bezoeken met een lokale gids!).

Filmmateriaal en batterijen zijn duurder dan in Europa en niet overal verkrijgbaar. Afdrukken laat u maken bij een digitale printer in de grote stad. Daar kunt u foto's van de geheugenkaart van uw camera of smartphone laten downloaden. Overdag is een uv-filter aan te bevelen. Het grootste probleem in Zuid-Afrika is stof en zand. Een borsteltje met ingebouwde blaasbalg, reinigingsvloeistof en lensdoekjes helpen de camera schoon te houden. Voor foto's van dieren met de telelens is een statief handig.

---

## Geld

De Zuid-Afrikaanse munteenheid is de rand (ZAR), die is verdeeld in 100 centen. Er zijn biljetten van 200, 100, 50, 20 en 10 rand met afbeeldingen van de Zuid-Afrikaanse Big Five (zie blz. 26). Op de achterkant staat sinds 2013

---

### BLOKKERING VAN CREDITCARD EN PINPAS

Bij verlies of diefstal kunt u vanuit Zuid-Afrika 24 uur per dag en 7 dagen per week onderstaande nummers in Nederland bellen. U krijgt dan zo snel mogelijk een nieuwe pas toegezonden. Geef het ook aan bij de politie!

**Creditcards**
American Express: 0031 20 504 86 66
Diners Club: 0031 20 654 55 11
Mastercard: 0031 30 283 75 00
Visa: 0800 022 31 10

**Bankpassen**
ABN-Amro: 0031 10 241 17 20
Fortis: 0031 20 588 18 81
ING: 0031 30 283 53 72
Rabobank: 0031 499 499 112

het portret van Nelson Mandela, hetgeen de munt de bijnaam 'randela' verschafte. Munten zijn 1, 2, 5, 10, 20 en 50 cent, en 1, 2 en 5 rand waard. Er mag maar 5000 rand aan contant geld worden in- en uitgevoerd.

Door de val van de rand is Zuid-Afrika duidelijk goedkoper geworden. Voor 1 euro krijgt u ruim 15 rand, wat gunstig is voor het vakantiebudget. Benzine is met een kleine 15 rand per liter nog steeds goedkoper dan in Nederland en België.

Inmiddels heeft zich ook een koopkrachtige zwarte middenlaag gevormd die graag consumeert. Het was een handige zet van de regering om Zuid-Afrikanen die in de afgelopen jaren illegaal geld naar het buitenland hadden gesluisd, amnestie te verlenen. Als gevolg daarvan stroomden miljarden rands terug naar Zuid-Afrika, die voor het grootste deel in onroerend goed werden en nog worden geïnvesteerd.

**Wisselkoers oktober 2016:**
€1 = 15,30 Rand, 1 ZAR = €0,065

## Betaalmiddelen

Vrijwel overal in Zuid-Afrika kan met **creditcards** worden betaald. Mastercard en Visa zijn het gebruikelijkst, American Express wordt minder vaak geaccepteerd. Voor het huren van een auto hebt u een creditcard nodig! **Pas op:** bij benzinestations, vooral in afgelegen en landelijke gebieden, kan soms alleen contant worden betaald.

U moet uw creditcard bij het afrekenen nooit uit het oog verliezen, om te voorkomen dat er een tweede kwitantie wordt gemaakt waarop de handtekening van de kaarthouder kan worden vervalst. Natuurlijk moet u uw creditcard ook niet in uw hotelkamer laten liggen of in een safe die voor anderen toegankelijk is. Het zou niet voor het eerst zijn dat reizigers bij thuiskomst aan hun afschriften pas merken dat hun rekening met een gestolen kaart of een vervalste kwitantie is leeggehaald.

Met een betaalpas met pincode kan bij veel **geldautomaten** (ATM – Automated Teller Machine) geld worden opgenomen. Met de **pinpas** kan in Zuid-Afrika geld worden opgenomen bij ATM's, als de bank een overeenkomst heeft met Maestro of Cirrus (de betreffende logo's zijn op de geldautomaten aangebracht). Bij invoer van de pas vraagt de automaat naar uw soort rekening (*type of account*). Kies dan niet 'cheque', maar 'credit card'. Geld opnemen bij geldautomaten gaat bij kleinere banken, zoals Nedbank en ABSA-bank, beter dan bij grotere, zoals First National en Standard Bank. Bij Rennies Travel, een grote, in Zuid-Afrika wijdverbreide reisbureauketen, en de kantoren van American Express kunt u tegen voordelige tarieven **travellercheques** (American Express, Visa en Thomas Cook) inwisselen en geld opnemen buiten de normale kantoortijden. In afgelegen en landelijke gebieden in Zuid-Afrika, zoals in de Northern Cape of aan de Wild Coast, is het aan te bevelen **contant geld** mee te nemen, omdat daar niet overal creditcards worden geaccepteerd.

# Gezondheid

## Apotheken

Apotheken heten in Zuid-Afrika *chemists* en zijn in vrijwel elke grotere plaats te vinden. Alle belangrijke, internationale geneesmiddelen zijn verkrijgbaar, vaak tegen veel lagere prijzen dan in Europa.

## Medische verzorging

Het niveau van de medische verzorging in Zuid-Afrika is zeer goed. Het is niet toevallig dat in 1972 hier de eerste harttransplantatie plaatsvond. De kosten van een medische behandeling liggen duidelijk lager dan in West-Europa, waardoor een soort 'medisch toerisme' is ontstaan. De kostenbesparing op een in Zuid-Afrika aangemeten nieuwe brug dekt gemakkelijk de vlucht en het verblijf. Een ander voorbeeld: laseroperaties aan bijziende ogen zijn in Kaapstad en Johannesburg inmiddels routine. De gebruikte apparatuur behoort tot de beste die er bestaat. Een complete behandeling voor beide ogen (een dag) kostte in 2015 afhankelijk van de kliniek vanaf 15.000 rand.

## Vaccinaties

Voor een reis naar Zuid-Afrika zijn geen vaccinaties vereist. Het land is vrijwel vrij van tropische ziekten, alleen bezoekers van noordoostelijke gebieden en KwaZulu-Natal moeten zich bewust zijn van de gevaren van **malaria**. In de regentijd is malaria een serieus probleem, vooral in het gehele gebied van het Kruger National Park en in KwaZulu-Natal. Het innemen van sterke combinatiepreparaten, met behoorlijke bijwerkingen, is omstreden. Vooral omdat geen enkele profylaxe 100 procent bescherming biedt. Als u dan toch malaria krijgt, is de ziekte moeilijker te diagnostiseren en te genezen. Toch is het verstandig om dit thema van tevoren met uw arts of een tropenspecialist te bespreken.

Mechanische bescherming wordt nu veel sterker aangeraden dan vroeger. Dit wil zeggen dat u voorkomt dat u gestoken wordt. Dit doet u door het dragen van lange mouwen en een lange broek, vooral in de schemering, en het liefst lichte in plaats van donkere kleuren, het branden van zogenaamde muggenspiralen *(mosquito coils)* in de openlucht, in gesloten ruimes of binnenshuis helpt teatree- of lavendelolie in een aromabrander, naast een paar druppels op het dekbed en de lampen, het regelmatig innemen van knoflookcapsules (dit beperkt het risico van steken ook, omdat muggen de geur van de huid dan niet prettig vinden) en het slapen onder een klamboe.

Wie geen profylaxe neemt, moet ongeveer tien dagen tot zes maanden na terugkeer uit een risicogebied goed letten op symptomen als gewrichtspijnen, verkoudheid, koorts, enzovoort. Als deze optreden, ga dan direct naar een tropeninstituut en laat u op malaria testen, zodat er zeer snel tegenmaatregelen genomen kunnen worden. Binnen 48 uur na het optreden van de eerste symptomen is malaria geheel te genezen. Eigenlijk zou elke toerist voor de reis het risico op malaria met zijn huisarts moeten bespreken.

Sinds enige tijd kunt u in Zuid-Afrika bij de apotheek een eenvoudige malariatest aanschaffen die u zelf kunt toepassen. Dit bespaart u de veel tijd kostende en dure bloedonderzoeken in het ziekenhuis. Als deze test onderweg een positief resultaat geeft, neemt u de bijgevoegde tabletten in en consulteert u na thuiskomst onmiddellijk een arts.

## Homoscene

Ten tijde van de apartheid bestond er geen openlijke homoscene. Tegenwoordig is de grondwet van Zuid-Afrika een van de weinige ter wereld die de vrijheid van seksuele geaardheid garandeert. Kaapstad geldt als homoseksueel mekka op het continent. *Gail* is de taal van de homo's in Kaapstad. De **lesboscene** is iets minder open dan die van de homo's. **Café Manhattan** in Green Point organiseert elke laatste donderdag van de maand een vrouwenavond. In februari wordt het homo- en lesbofilmfestival **Out in Africa** (www.oia.co.za) gehouden. In december wordt er gevochten om kaartjes voor het feest van **Mother City Queer Projects** (www.mcqp.co.za).

Bij Cape Town Tourism in de City en aan het Waterfront kunt u gratis de **Pink Map** en de **Cape Gay Guide** halen, waarin staat opgesomd wat de Mother City homoseksuele gasten te bieden heeft: clubs, restaurants, pensions. Websites: **www.gaynetcapetown.co.za** en **www.pinksa.co.za**.

## Internettoegang

In Zuid-Afrika kunt u een smartphone, tablet of laptop probleemloos gebruiken. De meeste accommodaties en restaurants bieden hun gasten gratis wifi en de verbinding is vaak snel genoeg om whatsappberichtjes te sturen of te skypen met het thuisfront. Internetcafés zijn meestal te vinden in de centra van de grote steden en in toeristenbureaus.

## Kaarten

Het handigst in het gebruik is de **Road Atlas South Africa** van Map Studio, Struik

Publishing, die voor 85 rand verkrijgbaar is bij alle winkels van CNA en Exclusive Book. Behalve deze wegenatlas zijn er van Map Studio zeer goede **wegenkaarten** op een schaal van 1:250.000 van deelgebieden van het land te krijgen. Tot nu toe zijn verschenen: Kruger National Park and Lowveld, Western Cape, Garden Route, Drakensberge en KwaZulu-Natal Midlands, KwaZulu-Natal North and South Coast. Deze kaarten zijn te koop voor 99,90 rand per stuk.

Alle atlassen en kaarten zijn te vinden op www.mapstudio.co.za, waar ze ook online kunnen worden besteld.

Van **Kaapstad en omgeving** zijn er verschillende zeer gedetailleerde kaarten op schaal 1:100.000 te koop van *the map*: Cape Peninsula, Overberg Whale Coast, Cederberge, Table Mountain, Silvermine, Cape Point, Cape Winelands. Wie in en rond Kaapstad wil wandelen, kan niet zonder deze kaarten. **Tip:** Koop de waterbestendige **Tafelbergkaart**. Alle bovengenoemde kaarten zijn in boekwinkels verkrijgbaar of online te bestellen op www.slingsbymaps.co.za.

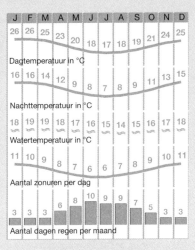

*Het klimaat in de Kaapregio*

## Kleding en uitrusting

Kleding is afhankelijk van het jaargetijde: lichte, ademende stoffen, een trui en stevig schoeisel voor wandelingen, in de Zuid-Afrikaanse winter een goretexanorak. Zuid-Afrikanen gaan licht gekleed. In restaurants zijn korte broek, T-shirts en gympen taboe.

## Klimaat en reistijd

Zuid-Afrika is gelegen op het zuidelijk halfrond; de **jaargetijden** zijn daarom tegengesteld aan die bij ons. De **zomer** (dec./jan.) is in Zuid-Afrika de grotevakantieperiode. De mooiste dagen vallen in de Zuid-Afrikaanse **herfst** (mei/juni): overdag is het warm, 's nachts is het koel – ideaal voor wandelvakanties, net als het Zuid-Afrikaanse **voorjaar** (eind aug.–eind sept.). Begin juli–eind sept. kan het koud zijn en in de westelijke Kaapregio is het dan Green Season: het regent veel, tussendoor schijnt de zon, planten bloeien en lopen uit, het haardvuur knapt. In de zuidelijke winter (juni–juli) valt er zelfs sneeuw (zie onder).

Het klimaat varieert per regio: **Kaapstad en de kuststreek** aan de Atlantische Oceaan bezitten een mediterraan klimaat. 's Zomers is het tamelijk warm en het hele jaar door kan het regenen. De winter kan nat en koud zijn. In de **Cederberge** (Western Cape) bent u in de winter verzekerd van sneeuw. De beste reisperiode is sept.–apr.

In **Kwazulu/Natal** heersen in de wintermaanden aangename temperaturen (meestal boven 20°C) en het regent nauwelijks. In de **Drakensberge** sneeuwt het echter; daar ligt ook het enige skigebied van Zuid-Afrika (zie blz. 363).

In het **Highveld**, met Johannesburg en Tshwane (Pretoria) is het 's zomers overdag zeer warm en 's winters ook nog boven 25°C. 's Nachts kan de temperatuur beneden 0°C komen. In okt.–mrt. valt (weinig) regen.

In het **Lowveld** kan de temperatuur in de zwoele hete zomer oplopen tot boven 40°C. In juni–aug. heersen overdag zachte temperaturen en is het 's nachts koel – ideaal voor het Krugerpark. Regentijd sept.–mei..

In de **Karoo** blijven de temperaturen in de zomer draaglijk, ook als ze hoger komen dan 35°C, omdat het weinig regent (minder dan 200–400 mm). Warmer wordt het richting **Kalahari**. Hier kan het 's zomers warmer worden dan 40°C, 's winters schommelen de temperaturen rond 25°C en wordt het 's nachts flink koud. Regen valt in dec.–apr. (de woestijn bloeit). De winter is de beste tijd om wild te zien.

# Links en apps

Handige **apps** voor Zuid-Afrika zijn te vinden in de App Store – van een plattegrond of *City Guide* voor Kaapstad tot de wijngids *Platter's South African Wine Guide*. Wie de belangrijkste uitdrukking in het Afrikaans wil beheersen, gaat op zoek naar uTalk HD Afrikaans. Nieuws is te vinden onder South Africa News.

## Algemene informatie over Zuid-Afrika

www.iafrica.com, www.ananzi.co.za, www.aardvark.co.za: deze drie Zuid-Afrikaanse zoekmachines geven een goed overzicht van alles wat u over Zuid-Afrika zou willen weten, zoals de actuele politieke situatie, het weer, de wisselkoersen of welke films er draaien.

www.sundaytimes.co.za: deze website van het grootste weekblad van het land is handig voor actueel nieuws over Zuid-Afrika.

wwww.zuid-afrika.nl: de vakantie- en informatiesite over Zuid-Afrika. Geeft links naar specialisten en veel informatie over natuur, avontuur, steden, provincies en ontspanning.

www.zuidafrika.nl: website van de Zuid-Afrikaanse ambassade in Den Haag met actuele informatie over benodigde reisdocumenten.

www.weeronline.nl/zuid-afrika.htm: deze website geeft een uitgebreide weersvoorspelling voor een hele reeks steden in Zuid-Afrika, plus links naar webcams.

www.gov.za: geeft informatie over de Zuid-Afrikaanse regering.

www.parliament.gov.za: geeft informatie over het Zuid-Afrikaanse parlement.

www.proudlysa.co.za: onder het motto Proudly South African hebben veel Zuid-Afrikaanse bedrijven en dienstverleners zich aaneengesloten. Hun uitgebreide website informeert over alle deelnemers.

www.saeverything.co.za: zoals de naam al aangeeft, alles over Zuid-Afrika.

www.environment.gov.za: website van het Zuid-Afrikaanse ministerie voor Milieu en Toerisme.

## Informatie over Kaapstad en omgeving

Kaapstad is op het net bijzonder sterk vertegenwoordigd. Allereerst zijn er enkele uitvoerige Nederlandse sites: www.kaapstad.nl, www.kaapstad.startkabel.nl, www.kaapstadmagazine.nl en www.kaapstad.verzamelgids.nl. De website van het toeristenbureau in Kaapstad geeft ook veel inlichtingen: www.tourismcapetown.com, www.capetown.travel. Eveneens informatief is: www.capetowntoday.co.za.

Websites van de belangrijkste bezienswaardigheden:

www.tablemountain.net: Tafelberg.

www.tmnp.co.za: informatie over het Table Mountain National Park.

www.waterfront.co.za: tips over restaurants en overnachtingsmogelijkheden.

www.robben-island.org.za: Robben Island.

www.capepoint.co.za: Cape Point.

www.capetownbig6.co.za: zes topattracties vullen de Website Cape Town's Big 6.

## Websites over andere streken in Zuid-Afrika

www.sawestcoast.com: Westkust.
www.cederberg.co.za: Cederberge.
www.knysna-info.co.za: Knysna.
www.plettenbergbay.co.za: Plettenberg Bay
www.gardenroute.org.za, www.gardenroute.co.za: Garden Route.

**www.cradleofhumankind.co.za:** de vindplaatsen van fossiele Hominidae in Sterkfontein, Swartkrans, Kromdraai en omgeving zijn werelderfgoederen en worden hier gepresenteerd.

### Activiteiten

Voor motorrijders is Zuid-Afrika natuurlijk een droomland. Er zijn dan ook verschillende bedrijven die motortochten in het land organiseren, bijvoorbeeld The Highlands Motor Tours, **www.hgoc.nl/mtr/htm**, en Crossroads Motor Tours, **www.crossroadsmotortours.nl**.

### Fauna en flora

Toegang tot de Zuid-Afrikaanse nationale parken kunt u via het internet boeken. Reserveringsformulieren en informatie: **www.sanparks.org**. Zuid-Afrikaanse fauna kunt u live per webcam zien op **www.africam.co.za**. Het meest afwisselende park van het land heeft een eigen website: **www.addoelephantpark.com**.

In het Two Oceans Aquarium aan het Waterfront in Kaapstad kunt u allerlei soorten zeedieren zien. Informatie vindt u op de site: **www.aquarium.co.za**. Fascinerende beelden van jagende witte haaien in de False Bay bij Kaapstad kunt u bekijken op de website **www.apexpredators.com**. Bij verschillende bedrijven kunt u in een kooi duiken naar witte haaien of haaien observeren vanuit een boot, allebei tijdens een dagtocht. Informatie: **www.gosharkdiving.com** of **www.whitesharkadventures.com**.

### Vervoer

Informatie van de Zuid-Afrikaanse luchtvaartmaatschappij SAA vindt u op **www.flysaa.com**, alles over de treinen van Spoornet op **www.spoornet.co.za**.

### Winkelen

U kunt online dwalen door het grootste winkelcentrum van Afrika, Canal Walk, op **www.canalwalk.co.za**, en door het Grand West Casino op **www.grandwest.co.za**. Wie meer wil weten over gouden souvenirs, kan inspiratie opdoen op **www.sagoldcoin.com**. Safarikleding en -uitrusting vindt u op **www.capeuni onmart.co.za** en **www.capestorm.co.za**.

### Eten en drinken

Op **www.dining-out.co.za**, **www.eatout.co.za** en **www.restaurants.co.za** staan veel Zuid-Afrikaanse restaurants vermeld. U kunt zoeken op soort restaurant, de menu's inkijken en de gelegenheid op de stadsplattegrond opzoeken. Wie geïnteresseerd is in Zuid-Afrikaanse wijnen, wijngoederen en wijnroutes, moet zeker eens een kijkje nemen op de uitgebreide website **www.wine.co.za** (u kunt hier zoeken op druivenrassen en wijngoederen en vindt er tips over koop en verzending, naast allerlei interessante nieuwtjes). Wie van koffie houdt, moet eens gaan kijken op **www.coffee.co.za**. Behalve een uitvoerig koffiewoordenboek vindt u hier de adressen in Zuid-Afrika waar uitstekende cappuccino en espresso worden geserveerd.

### Diversen

**Websites van veel festivals:** zie blz. 97.
De grootste gayparty van Afrika wordt jaarlijks georganiseerd door het Mother City Queer Project in Kaapstad, elk jaar met een ander thema en duizenden enthousiaste deelnemers: **www.mcqp.co.za**.

Veel humor bieden de websites van Nandos Chicken, **www.nandos.co.za**, en die van Evita Bezuidenhout, de beroemdste vrouw van Zuid-Afrika, die eigenlijk een man is: **www.evita.co.za**. De beste strip van Zuid-Afrika, *Madam & Eve* (zie blz. 72), kunt u bekijken op **www.madameve.co.za**.

Zuid-Afrikanen zijn gek op auto's. Goed inzicht in de oldtimerscene krijgt u op **www.dyna.co.za/cars.htm**. Actuele informatie over de Zuid-Afrikaanse auto- en motorfietsmarkt is te vinden op **www.motoring.co.za**. Nieuws over de lokale autosport vindt u op **www.carsinaction.net**. Elk jaar in september wordt in Hermanus het populaire oldtimerfestival Whales 'n Wheels gehouden,

*Fascinerende Zuid-Afrikaanse dierenwereld*

*Op de motor naar Namibië*

*De Swing Bridge bij het Victoria & Alfred Waterfront in Kaapstad*

voor meer informatie zie **hermanuswhale festival.co.za/index.php/photo-gallery/item/whales-n-wheels-classic-car-show**. Bij Cape Cobra Hire kunt u snelle replica's van roadsters huren: **www.capecobrahire.co.za**. Oldtimer-cabriolets zijn te huur bij **www.classicwheels.co.za**.

# Media

## Radio

De radiostations **KFM** (www.kfm.co.za) en **Good Hope FM** (www.goodhopefm.co.za) zijn de populairste zenders aan de Kaap. De programma's worden zowel in het Engels als in het Afrikaans uitgezonden. KFM biedt moderne muziek, afgewisseld met veel oude nummers, Good Hope is meer voor jonge luisteraars en brengt de nieuwste hits ten gehore. **SAFM** (www.safm.co.za) zendt nieuws, talkshows, klassieke muziek, sport en hoorspelen uit.

**Andere aan te bevelen zenders:**
5FM (www.5fm.co.za)
Cape Talk (www.567.co.za)
Highveld Radio (www.highveld.co.za)
Classic FM (www.classicfm.co.za)

De **SABC** (South African Broadcasting Corporation) heeft een radiostation voor alle elf officiële talen.

## Televisie

Elke dag stemmen zo'n 13 miljoen Zuid-Afrikanen af op een van de publieke televisiezenders SABC 1, 2 of 3 (www.sabc.co.za). Deze zenders hebben het probleem dat ze hun programma's over de elf officiële talen moeten verdelen. Engels nieuws (News at 7) wordt dagelijks om 19 uur op SABC 3 en op de onafhankelijke, publieke, vrij te ontvangen zender e-tv (www.etv.co.za) uitgezonden.

Satellietschotels zijn in Zuid-Afrika een wijdverbreid verschijnsel. M-Net (www.mnet.co.za) is een Zuid-Afrikaanse betaalzender, die behalve het uitstekende documentaireprogramma *Carte Blanche* op zondag (19–20 uur, www.carteblanche.co.za) internationale bioscoopfilms zonder reclameblokken uitzendt. In veel hotels is M-Net op de kamer te ontvangen.

## Kranten

Er verschijnen zestien dag- en tien weekbladen in Zuid-Afrika. Van de laatste is de *Mail & Guardian* (www.mg.co.za) het meest serieuze blad; het profiteert van de samenwerking met de Londense *Guardian*. De zwarte bevolking leest vooral het dagblad *Sowetan* (www.sowetanlive.co.za). Van de Engelstalige dagbladen is de Johannesburgse *Star* (www.iol.co.za/the-star) het beste. *Business Day* (www.bdlive.co.za) is het Zuid-Afrikaanse equivalent van de *Financial Times* of *Wall Street Journal*.

Lokale kranten zijn handig voor aankondigingen van evenementen en nieuws over films en concerten. In Kaapstad verschijnt 's ochtends de *Cape Times* (www.iol.co.za/capetimes) en 's middags de *Cape Argus* (www.iol.co.za/capeargus), zusterblad van de *Star*. Durban heeft 's ochtends de *Daily News* (www.iol.co.za/dailynews) en 's middags *Natal Witness* (www.thewitness.newspaperdirect.com). In East London verschijnt de *Daily Dispatch* (www.dispatch.co.za).

De belangrijkste Afrikaanstalige nationale krant is *Die Burger* uit Kaapstad. De met meer dan een half miljoen betalende abonnees grootste Zuid-Afrikaanse krant is de wekelijks uitkomende *Sunday Times* (www.timeslive.co.za/sundaytimes). Kranten kunt u kopen bij tijdschriftenwinkels, kantoorboekhandels en beslist ook in een van de vele CNA-filialen.

---

## RADIO LIVE

Luisteren naar de radio kan een prima introductie zijn tot een land? Voordelen: actuele nieuws- en weerberichten en wisselkoersen. Klik op de homepage van de zender 'live audio stream' of 'listen live' aan (of download eventueel op tunein.com de gratis TuneIn-app).

### Tijdschriften

Zuid-Afrikaanse tijdschriften zijn zowel grafisch als inhoudelijk van hoge kwaliteit. Reisreportages over zuidelijk Afrika zijn te vinden in de tijdschriften *Getaway* (www.getaway.co.za) en *GO* (www.gomag.co.za).

## Openingstijden

De gebruikelijke openingstijden van **winkels** zijn op werkdagen 8–17, za. 8–13 uur. **Winkelcentra** in grotere steden gaan ook op zaterdag pas om 18 uur dicht. Veel **supermarkten** in grotere steden zijn ook op zondag open. De meeste **banken** zijn ma.–vr. 9–15.30, za. 8.30–11.30 uur geopend. In kleinere plaatsen gaan ze tussen de middag (12.45–14 uur) dicht. De banken op internationale luchthavens zijn 24 uur per dag open of in ieder geval als een vliegtuig is geland.

## Post

Postkantoren zijn op ma.–vr. 8–16.30, za. 8–12 uur geopend, het verzenden van brieven naar Europa kost ca. 10 en van ansichtkaarten 5 rand. Voor een pakje moet een douaneverklaring worden ingevuld. Brieven en kaarten moet u in ieder geval per luchtpost versturen (10–14 dagen naar Nederland en België), anders zijn ze maanden onderweg.

## Prijsniveau

De kosten van levensonderhoud zijn in Zuid-Afrika nog altijd lager dan in Europa. Hier volgen bij benadering de prijzen in rand in restaurants en van enkele standaardproducten (eind 2015).

Een maaltijd in een voordelig restaurant kost gemiddeld 80 rand per persoon, een driegangendiner voor twee personen in een duurder restaurant 350 rand, een *combo meal* bij McDonalds 45 rand, een halve liter Zuid-Afrikaans bier in een restaurant 18 rand, 1 flesje (33 ml) geïmporteerd bier 20 rand, 1 cappuccino 20 rand, 1 flesje (33 ml) Coca-Cola 10 rand, 1 flesje (33 ml) mineraalwater 9 rand.

In de supermarkt betaalt u voor een liter melk 11 rand, 500 g witbrood 10 rand, 1 kg rijst 17 rand, 12 eieren 20 rand, 1 kg Zuid-Afrikaanse kaas 70 rand, 1 kg kipfilet 55 rand, 1 kg appels 16 rand, 1 kg sinaasappels 15 rand, 1 kg tomaten 16 rand, 1 kg aardappelen 12 rand, sla 10 rand, 1,5 l mineraalwater 14 rand, 1 fles wijn 55 rand, een halve liter Zuid-Afrikaans bier 13 rand, 1 flesje (33 ml) geïmporteerd bier 17 rand, 1 pakje sigaretten 40 rand.

Kleding: jeans (Levis 501) 650 rand, een zomerjurk (bijvoorbeeld Zara, H&M) 400 rand, een paar Nike-gymschoenen 850 rand, een paar leren herenschoenen 750 rand.

### Reizen in het land

De kosten zijn natuurlijk afhankelijk van de gekozen reisstandaard. Wie als rugzaktoerist reist en in daarop berekende accommodaties of op een kampeerterrein overnacht en met backpackerbussen reist, kan rondkomen van ongeveer €40 per dag. Maakt u gebruik van bed and breakfasts en pensions en eet u in restaurants, dan moet u rekenen op zo'n €70 per dag.

---

### WILD CARD

Om te besparen op **toegangsprijzen voor de nationale parken** en enkele **natuurreservaten**, hebben Zuid-Afrikanen en toeristen de mogelijkheid om tegen eenmalige betaling een **Wild Card** (www.wildcard.co.za) te kopen. Deze moet bij de ingang van de parken worden getoond en is een bepaalde periode geldig. Wild Cards zijn er ook voor gezinnen. Informatie over de kortingen die u met de Wild Card krijgt: www.sanparks.org/wild_new/tour ism/purchase.php. Wild Cards kunnen al vóór vertrek online worden besteld en betaald.

Het wordt natuurlijk aanmerkelijk duurder als u in luxehotels of *gamelodges* verblijft, in een huurauto rijdt, gaat duiken of een safari boekt. Musea zijn over het algemeen goedkoop. Op internet zijn vaak voordelige last-minuteaanbiedingen te vinden. In het laagseizoen bieden restaurants vaak specials aan, zoals twee diners voor de prijs van één.

## Reizen met een handicap

In Zuid-Afrika zijn er slechts beperkte voorzieningen voor gehandicapten. Enkele hotels, sommige bezienswaardigheden en vooral de nieuwere winkelcentra zijn speciaal toegankelijk gemaakt voor gehandicapten.

Voor u een kamer reserveert, moet u bij het betreffende **hotel** informeren welke voorzieningen er beschikbaar zijn. Een redelijk aantal hotels biedt aangepaste kamers en voorzieningen. Hetzelfde geldt voor de meeste **restaurants** in het Kruger National Park.

**South African Airways** bieden op alle grotere luchthavens assistentie voor passagiers.

Alles wat u weten wilt over voorzieningen voor gehandicapten en speciaal voor hen geschikte activiteiten kunt u vragen aan de **Vereniging voor lichamelijk gehandicapten** *(Association for the Physically Disabled)*, tel. 011 6 46 83 31.

Een handboek met een overzicht van alle voorzieningen voor visueel gehandicapten is op te vragen bij de **Zuid-Afrikaanse Blindenraad** *(SA National Council for the Blind)*, tel. 012 3 46 11 90.

Bij vrijwel alle **autoverhuurbedrijven** kunt u een auto met automaat huren.

## Reizen met kinderen

De laatste jaren is het vroeger zeer strenge 'kinderbeleid' in de hotels en bed and breakfasts merkbaar losser geworden. De in de hele wereld doorzettende trend dat 'oudere', welvarende echtparen met jonge kinderen en baby's op vakantie gaan mist zijn uitwerking niet in Zuid-Afrika. Zelfs in particuliere wildreservaten, waar tot voor kort kinderen onder de twaalf of zelfs zestien jaar geen toegang hadden, worden nu kinderen toegelaten. Ouders met kinderen overnachten dan in een apart deel van de betreffende accommodatie, met eigen speeltuin en zwembad. Er zijn zelfs speciale safariprogramma's met rangers voor kinderen. Haast elk groot hotel biedt een oppasservice aan. Bovendien zijn in bijna alle grotere steden allerhande babyproducten en -voeding te koop. In winkelcentra en casino's zijn per uur te boeken kindercrèches en goed gesorteerde speelgoedwinkels gevestigd. Baby- en kinderkleding is duidelijk goedkoper dan in Europa.

Over het geheel genomen is Zuid-Afrika, vooral in de malariavrije provincies Western en Eastern Cape, een paradijs voor kleine vakantiegangers. Zee, strand, bergen, dolfijnen, walvissen en andere dieren in alle soorten en maten bieden volop afwisseling. Hier volgen enkele bestemmingen die leuk zijn voor kinderen.

**Topattracties voor kinderen:** World of Birds in Hout Bay (zie blz. 187), het grootste vogelpark van Afrika; pinguïnkolonie op Boulders Beach (zie blz. 178); Addo Elephant Park in de Eastern Cape Province (zie blz. 329); Gold Reef Citypretpark in Johannesburg (zie blz. 380); het uShaka Marine World in Durban (zie blz. 349); zandstranden aan de Atlantische en Indische Oceaan (de Indische Oceaan is warmer).

## Roken

De antirookwetgeving werd de afgelopen jaren aangescherpt. Ook in de openluchtgedeelten van restaurants heerst nu vaak een rookverbod. In en soms ook voor openbare gebouwen mogen geen sigaretten worden opgestoken.

## Telefoneren

Op telecommunicatiegebied loopt Zuid-Afrika voor op het Afrikaanse continent. Er zijn meer dan 6 miljoen vaste telefoonaansluitingen.

*In de Zuid-Afrikaanse steden, zoals hier in Kaapstad, zijn uitgaansgelegenheden naar ieders smaak*

Zuid-Afrika is met bijna 20 miljoen mobiele-telefoonbezitters een paradijs van de mobiele telefonie en bezit een van de snelstgroeiende netten ter wereld. In de winkelcentra van Johannesburg zijn mobiele telefoons niet meer weg te denken en worden ze 'gautengoorbellen' genoemd omdat de eigenaren ze bijna constant aan hun oor houden. Toeristen en andere buitenlandse gasten kunnen voor de duur van hun verblijf een *cellphone* huren of met hun simkaart en nummer uit eigen land in Zuid-Afrika roamen. Zuid-Afrika bezit vijf netwerken die het hele land bestrijken: MTN (www.mtn.co.za), Cell C (www.cellc.co.za), Virgin Mobile (www.virginmobile.co.za), Vodacom (www.vodacom.co.za) en 8ta (www.8ta.com). Alle luchthavens en veel restaurants hebben oplaadpunten voor mobiele telefoons. Veel hotels, openbare gelegenheden, restaurants en winkelcentra bieden gratis wifi aan.

Telefoneren, ook naar het buitenland, is zonder problemen mogelijk vanuit de blauwe munt- en de groene kaarttelefoons (telefoonkaarten zijn voor 10, 20, 50 en 100 rand verkrijgbaar bij alle postkantoren, luchthavens en in de filialen van de tijdschriften- en kantoorboekwinkelketen CNA). Internationaal telefoneren is goedkoper dan in Nederland. In alle grotere hotels vindt u een doorkiestelefoon op de kamer en kunt u dus direct gebeld worden. Vraag van tevoren naar de tarieven.

In Zuid-Afrika zijn alle telefoonnummers in het land omgezet op een driecijferig netnummer en een zevencijferig abonneenummer. Ook bij lokale gesprekken wordt het netnummer ingetoetst, dus altijd alle tien cijfers. Bij problemen belt u:

**Inlichtingen nationaal:** 10 23
**Inlichtingen internationaal:** 10 25

## Landnummers

**naar Zuid-Afrika**  0027
**vanuit Zuid-Afrika**
... naar Nederland  0031
... naar België  0032

## Tijd

Tijdens onze Midden-Europese Zomertijd (MESZ) loopt onze klok gelijk met die in Zuid-Afrika. Tijdens de Midden-Europese

Wintertijd (MEZ) is het in Zuid-Afrika een uur later.

## Toiletten

Op alle luchthavens, in hotels, restaurants en winkelcentra vindt u uitstekende, brandschone toiletten en wasgelegenheden, die enige malen per dag worden schoongemaakt. Onderweg zijn de grote benzinestations langs hoofdwegen eveneens brandschoon. Langs secundaire wegen en in kleinere plaatsen valt het niveau van de hygiëne soms wat tegen.

## Uitgaan

In de grote steden vindt u bars en discotheken in alle soorten en maten. De muziek varieert van house via hiphop tot reggae en in Kaapstad alle jazz. Alles wat maar in de mode is. Bij de individuele reisbestemmingen zijn in dit boek tips opgenomen onder het kopje Uitgaan.

## Veiligheid

Zorg als u in Zuid-Afrika onderweg bent dat u een goede kaart of een gps bij u hebt. Er zijn enkele onveilige gebieden waar u beter niet per vergissing kunt belanden. Rijd nooit alleen door townships. Als u moet stoppen om de weg te vragen, doe dat dan bij voorkeur bij een tankstation of een andere openbare plek. Dat geldt vooral voor afgelegen streken. Zorg ervoor als u lange afstanden gaat afleggen dat er altijd een opgepompte reserveband in de auto aanwezig is.

In Johannesburg en Tshwane (Pretoria) is het niet aan te bevelen op eigen houtje in de stad rond te lopen. Er worden excursies in kleine groepen aangeboden. In alle grotere steden kunt u na sluitingstijd van de winkels en in het weekeind beter niet meer alleen de straat opgaan. Uitzondering zijn gebieden waar bewaking is, zoals de *shopping malls* in Sandton of het Waterfront in Kaapstad. Voor het geval u wordt beroofd, zorgt u dat u een of twee briefjes van tien rand los in uw zak heeft en deze onmiddellijk afgeeft. Meestal rennen jeugdige daders daar dan meteen mee weg.

In Johannesburg en omgeving is het risico op **beroving in auto's** zeer groot. Wie als eerste bij een rood stoplicht aankomt, mag daarom doorrijden zonder te stoppen, natuurlijk alleen als er niemand van links of rechts nadert. 's Nachts moet u afgelegen gebieden mijden (neem liever een taxi naar het restaurant en terug) en rijd nooit met een open raam of onvergrendelde portieren.

### IN DE STAD

Het is belangrijk dat u niet opvalt als onbeholpen toerist, als u de stad in gaat. Kijk tegemoetkomende mensen aan en glimlach tegen ze. Leg uw route van tevoren vast en kijk onderweg niet steeds op de plattegrond. Vraag, als u de weg kwijt bent, in een café of winkel of men u wil helpen. Draag waardevolle spullen niet openlijk bij u, maar in een dichtgeknoopte plastic tas of in een kleine rugzak.

## Verkeersbureaus

### ... in Nederland
**South African Tourism**
Jozef Israëlskade 48 A
1072 SB Amsterdam
tel. 020 471 31 81
www.southafrica.net
information@southafrica.net

### ... in België
Het Zuid-Afrikaans verkeersbureau in Brussel is opgeheven. Voor Nederlandstalige informatie kunt u terecht op de website van South African Tourism: www.southafrica.net

## Vrouwen alleen op reis

Met uitzondering van Kaapstad is het niet aan te bevelen om in afgelegen gebieden van Zuid-Afrika alleen te reizen, vooral niet als vrouw. Het risico overvallen te worden of erger is te groot. Advies: reizen in een kleine, georganiseerde groep, waarbij individuele wensen niet in de knel komen.

## Water

Overal in Zuid-Afrika kunt u zonder bedenkingen leidingwater drinken.

## Wellness

Wellnesscentra hebben ook in Zuid-Afrika de afgelopen jaren een ware *boom* beleefd. Elk groot hotel en veel van de wat comfortabelere guest houses beschikken over een inpandige spa-afdeling met bijbehorend personeel. Daarnaast zijn er health- en beautyfarms en vindt u wellnesscentra in de grotere steden en in veel lodges in de natuur.

Naast geïmporteerde worden ook lokale producten gebruikt. De San beschikken al duizenden jaren over kennis van geneeskrachtige planten. Kruiden en planten als fynbos, buchu en rooibos worden veel gebruikt in Zuid-Afrikaanse biocosmeticaproducten. Bij de overnachtingstips in deze gids onder de kop Accommodatie zijn indien aanwezig ook de spa's vermeld.

## Winkelen

### Boeken

De grootste keus aan boeken, landkaarten en tijdschriften biedt **Exclusive Books** (www.exclus1ves.co.za), met filialen in het hele land. Bij elke winkel hoort bovendien een Seattle Coffee Shop, die uitstekende cappuccino en espresso serveert.

**Collector's Treasury** in Johannesburg (244 Commissioner, tel. 011 3 34 65 56) is met een assortiment van meer dan 500.000 boeken het grootste antiquariaat van Zuid-Afrika. Het is gespecialiseerd in reisboeken en kunst.

### Safarikleding en -uitrusting

De filialen van **Cape Union Mart** (www.capeunionmart.co.za) rusten sinds 1933 wandelaars, klimmers, safarigangers enzovoort uit met voordelige hemden, broeken, jacks, wandelschoenen en dergelijke van goede kwaliteit. De winkel is begonnen in Kaapstad en heeft daar ook de meeste vestigingen, maar inmiddels vindt u in elke grote *shopping mall* in Zuid-Afrika een Cape Union Mart.

Een van de goedkoopste adressen om internationale en Zuid-Afrikaanse merkkleding en -uitrusting te kopen, is **Access Park** (Chichester Rd., Kenilworth, tel. 021 6 83 58 85, www.accesspark.co.za, ma.–vr. 9–17, za. 9–15, zo. 10–14 uur) in Kaapstad. Fabrikanten als Levis, Puma, Adidas, Jeep, Caterpillar, Nike, Cape Union Mart enzovoort verkopen hier in outlets hun producten vaak voor minder dan de helft van de prijs, vergeleken bij chiquere winkelcentra.

### Souvenirs

Om aan uw reis terug te denken, koopt u **cd's van Zuid-Afrikaanse artiesten**, zoals

*Township art: handtas van kroonkurken*

Miriam Makeba, Hugh Masekela of Johnny Clegg.

Typisch voor Zuid-Afrika is de **township art**, van blik, ijzerdraad en plastic gemaakte unieke kunstwerkjes.

In de townships kunt u handbedrukte **stoffen** kopen, per meter of al tot kussens of hemden verwerkt.

Kostbare en unieke souvenirs zijn het prachtig vormgegeven zilveren **bestek** van Carrol Boyes en het **Afrikaans-bonte servies** van Clementina van der Walt.

In de antiek- en curiosawinkels zijn vooral oud **zilver**, **servies** en **kristal** de moeite waard.

Vanzelfsprekend duurder dan de meeste andere souvenirs in Zuid-Afrika, maar veel goedkoper dan in Europa zijn **gouden en diamanten sieraden**.

Unieke souvenirs zijn de plaatselijke **verkeersborden** die weggebruikers attenderen op loslopende olifanten, nijlpaarden, neushoorns, struisvogels, krokodillen of wrattenzwijnen. U hoeft de originele, reflecterende en authentieke Afrikaanse borden niet meer eigenhandig van de straatkant te halen. Deze coole wandversieringen kunt u nu gewoon in Afrika bestellen (dieter@lossis.com).

## Btw-teruggave

Toeristen kunnen de in Zuid-Afrika betaalde 14% btw (omzetbelasting) bij vertrek uit het land in eigen munt of in rand terugbetaald krijgen. Daarvoor moet u op enkele dingen letten: btw kan alleen worden teruggevraagd voor goederen die werkelijk worden uitgevoerd, dat wil zeggen boeken, kledingstukken, sieraden, diamanten, kunst, enzovoort. Het geldt niet voor de btw die betaald is over restaurant-, hotel- en huurautorekeningen. De gekochte goederen moeten bij vertrek op de luchthaven kunnen worden getoond, dus niet ergens in de koffers in het bagageruim verstopt zitten. Het viendelijke personeel aan de balie willen echter meestal slechts één of twee gekochte artikelen zien. Terugbetaald wordt vanaf een totaal aankoopbedrag van 250 rand.

Van elk artikel moet een **btw-bon** worden getoond, die door de verkoper is opgesteld. Op de bon moet het volgende staan: het woord 'btw-bon' *(tax invoice)*, het btw-bedrag of een verklaring dat de totaalprijs van de artikelen inclusief btw is, het btw-nummer, naam en adres van de winkel, een nadere omschrijving van de gekochte goederen, het nummer van de btw-bon, de datum van afgifte en de prijs van de goederen in rand. Bij goederen met een waarde van meer dan 500 rand, moeten ook naam en adres van de koper vermeld worden.

Wat op het eerste gezicht ingewikkeld lijkt, is bij de meeste winkeliers inmiddels routine en het loont de moeite, zeker bij mensen die graag winkelen.

## Btw-kantoren

Btw-teruggavekantoren vindt u op de luchthavens van Kaapstad, Johannesburg en Durban. Voor het inchecken gaat u met uw rekeningen en aangeschafte goederen naar de balie waarboven **VAT Refund Office** staat en waar na een steekproefsgewijze controle een cheque wordt uitgeschreven in rand voor het terug te betalen btw-bedrag. Deze kan na het inchecken bij een volgende btw-balie achter de paspoortcontrole worden ingewisseld en ofwel in rand (voor uw volgende reis naar Zuid-Afrika) of tegen een zeer ongunstige koers en dus met verlies in euro's worden uitbetaald.

**Meer informaties:** www.taxrefunds.co.za.

# Zwemmen

De Atlantische Oceaan is ondanks de fantastische stranden bij Kaapstad zelfs in de zomer alleen iets voor *diehards*, want het water is ijskoud. Voorbij Cape Agulhas, waar de Indische en Atlantische Oceaan elkaar ontmoeten, wordt het zwemmen steeds aangenamer. In Durban kan het zelfs in de winter. Een tip aan de Kaap zijn de gemetselde getijdenpoelen *(tidal pools)*, waar de zon het water zo opwarmt dat een duik zonder te bevriezen mogelijk is.

# Onderweg

'The Cape is a most stately thing and the fairest Cape
we saw in the whole circumference of the Earth'.
('De Kaap is buitengewoon groots en het is de mooiste die
we op de hele omtrek van de aarde hebben gezien'.)
Sir Francis Drake, 1580

*Aan de Wild Coast*

# Hoofdstuk 1

# Kaapstad en omgeving

**Kaapstad geldt als de meest trendy metropool van Afrika en een van de mooiste steden ter wereld. De aantrekkelijke ligging tussen Tafelbaai en Tafelberg geeft de stad meteen al een bijzondere schoonheid en maakt een stadswandeling heel overzichtelijk. De belangrijkste bezienswaardigheden liggen dicht bij elkaar, vooral in de Museumwijk rond de Company Gardens en in de omgeving van de St. Georges Mall, beide voetgangersgebied.**

In het begin was Kaapstad slechts klein van opzet. De Hollanders wilden, toen ze in 1652 in de Tafelbaai aan land gingen, geen permanente nederzetting stichten, maar alleen een bevoorradingsstation voor hun schepen. Nog altijd staan er veel koloniale gebouwen in de moederstad. In de straten met hun multiculturele karakter, vol verkopers, muzikanten en bloemenkramen, voelt de toerist echter goed dat hij zich in het woelige Afrika bevindt.

Topattractie van Kaapstad is het drukke Victoria & Alfred Waterfront, een van de goed geslaagde voorbeelden van de herrijzenis van een vervallen havenbuurt. Ontelbare winkels, restaurants en cafés trekken dag en nacht enthousiaste bezoekers en het Waterfront is inmiddels een zeer gewilde woonbuurt geworden. Hier vertrekt van de Nelson Mandela Gateway, naast de rode Clock Tower, de draagvleugelboot naar Robben Island. Het eiland waarop Nelson Mandela een groot deel van zijn leven gevangen zat, staat nu op de Werelderfgoedlijst van de UNESCO. Over de stad waakt de meer dan 1000 m hoge Tafelberg, geflankeerd door de Devil's Peak en het Lion's Head.

Om een bezoek aan Kaapstad compleet te maken, kunt u niet om een georganiseerde excursie naar een township heen. Op de Cape Flats klopt het Afrikaanse hart van de mooiste stad van het continent.

*Kleurrijke gevels in de wijk Bo-Kaap*

# In een oogopslag: Kaapstad en omgeving

## Hoogtepunten

**Long Street:** de levensader van de stad, vooral 's nachts. Langs de oudste en langste straat van de Mother City liggen victoriaanse huizen en het bovenste stuk ervan gaat over in de 'eetboulevards' aan Kloof en Bree Street (zie blz. 123).

**Victoria & Alfred Waterfront:** de sanering van het havengebied is volledig geslaagd, hier liggen veel goede restaurants, winkels en hotels (zie blz. 129).

**Tafelberg:** met de moderne kabelbaan gaat u het 1000 m hoge symbool van de stad op. Wandelaars en klimmers kunnen kiezen tussen ruim 300 paden van verschillende moeilijkheidsgraad (zie blz. 148).

**Robben Island:** dit eiland is meer dan het Alcatraz van Kaapstad, een beladen historische plek, een symbool van het verzet en werelderfgoed van de UNESCO (zie blz. 155).

## Fraaie routes

**Tafelberg Road:** deze bochtige weg biedt de beste vergezichten op de City, Lion's Head, Signal Hill en de Tafelbaai. Hij loopt van de halte van de kabelbaan in het dal naar het parkeerterrein bij Devil's Peak – helaas is hij soms vanwege vallend gesteente geblokkeerd (zie blz. 149).

**Signal Hill Road:** ook op het bochtige stuk weg van de KloofNek naar het parkeerterrein van Signal Hill kunt u van een fantastisch uitzicht op Kaapstad, Waterfront en de Tafelberg genieten. Vooral tijdens de schemering, als de lichten van de City en in het stadion aangaan, zijn hier schitterende plaatjes te schieten (zie blz. 155).

## Tips

**From Cape Town with Love:** meer dan de helft van de James Bondroman Carte Blanche uit 2011 speelt zich af in Kaapstad. Volg het spoor van 007 (zie blz. 136).

**Gastronomie met amusement:** het team van Madame Zingara heeft vijf verstofte en ooit klassieke Kaapstadse restaurants nieuw leven ingeblazen (zie blz. 140).

**Kaapstad helemaal anders:** vanuit de lucht en op het water, met een helikopter laag langs de kust vliegen of in een piratenboot naar de Tafelbaai voor een sundowner – een bijzondere ervaring is het in elk geval (zie blz. 145).

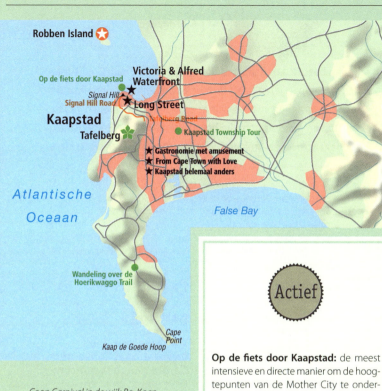

*Coon Carnival in de wijk Bo-Kaap*

**Op de fiets door Kaapstad:** de meest intensieve en directe manier om de hoogtepunten van de Mother City te ondergaan, is een fietstocht. De meeste tochten beginnen en eindigen in het Waterfront (zie blz. 124).

**Wandeling over de Hoerikwaggo Trail:** het prachtig met natuursteen geflankeerde en voor een deel 'geplaveide' wandelpad loopt helemaal van de City van Kaapstad naar Cape Point en Kaap de Goede Hoop (zie blz. 152).

**Township Tour:** voor de poorten van Kaapstad slaat het Afrikaanse hart van deze Europees aandoende metropool op de Kaap. Eigenlijk zou elke bezoeker er tenminste een halve dag moeten doorbrengen in het kader van een georganiseerde tocht (zie blz. 158).

# Kaapstad

▶ 1, D 21

**Een bezoek aan Kaapstad hoort bij elke reis naar Zuid-Afrika. De afgelopen jaren heeft de metropool zich ook ontwikkeld tot een bestemming voor een citytrip. Door het ontbreken van tijdsverschil en directe nachtvluchten kan dat ook: naar Kaapstad gaat u nu ook om te winkelen, wijn te proeven en lekker te eten.**

Kaapstad bloeit. Chique winkels, restaurants en boetiekhotels strijden om de mooiste locaties rond Greenmarket Square, Long Street en Kloof Street. Bouwkranen steken als giraffen boven het urbane landschap uit. Oude, verwaarloosde gebouwen worden gerenoveerd of maken plaats voor ultramoderne, met glas beklede wolkenkrabbers.

Ruim twintig jaar democratie heeft van Kaapstad een volledig andere stad gemaakt. Tegenwoordig is Cape Town een uiterst populaire toeristenstad, waar welvaart hand in hand gaat met armoede, een stad van uitersten. Het duurste onroerend goed ter wereld ligt soms op loopafstand van de krottenwijken. Aan de ene kant wordt in restaurants geraffineerd bereide vis geserveerd, en een stukje verderop wordt dezelfde vis vers vanuit de achterbak van een pick-up verkocht. Een motorrijder zoeft op zijn splinternieuwe Harley over de N 2 Kaapstad uit, terwijl in de bosjes in de groenstrook langs de snelweg een jonge Xhosa met lendendoek en witgekalkt gezicht zijn traditionele besnijdenisceremonie doormaakt, en over de voetgangersbrug koeien de snelweg oversteken.

Mensen van de uiteenlopendste huidskleuren en geloven leven in Kaapstad vreedzaam naast elkaar. Met nadruk op 'naast elkaar'. Vanwege het verleden van 'gescheiden ontwikkeling' (= apartheid) is Kaapstad momenteel nog altijd een beetje zoals New York, waar etnische groepen in bepaalde stadswijken leven. In Kaapstad zijn dat moslims, joden, kleurlingen, zwarten en Engels en Afrikaans sprekende blanken. Het in frisdrankreclames zo vaak vertoonde vrolijke samenzijn van zwart en blank komt in de realiteit nog steeds niet zo veel voor.

Ondanks alle tegenstellingen hebben de inwoners van de stad één ding gemeen: wie in Kaapstad woont, wil nergens anders wonen.

## De City

**Plattegrond:** blz. 126/127

### Van het Cape Town International Convention Centre naar het centrum

Een goed beginpunt voor een stadswandeling is het **Cape Town International Convention Centre** **1**, dat zich als een gestrand cruiseschip verheft onder aan Long Street (CTICC, Convention Sq., 1 Lower Long St., tel. 021 410 50 00, www.ctcc.co.za). Van het Waterfront is het ook te voet bereikbaar, als de taxiboten op het **Roggebaai Canal** **2** niet varen.

Via de **Heerengracht Street** **3**, waarvan de groene middenstrook aan voetgangers is voorbehouden, bereikt u al snel het centrum, waar de metamorfose van de City nog in volle gang is. Hier en daar staan alleen de prachtige gevels van historische huizen nog overeind. Erachter wordt uitgebreid, met gewapend beton versterkt en volop gebouwd.

### Strand Street

Strand Street draagt zijn naam met recht. Voor het gebied van de Foreshore met zijn kan-

# De City

toorgebouwen aan de zee was ontfutseld, spoelde de Atlantische Oceaan hier over het strand. Nu herinneren alleen een paar palmen en het straatnaambord daaraan.

## Heritage Square 4

Heritage Square was enkele jaren geleden nog een half vervallen historisch huizenblok, maar is weer uit zijn as verrezen, zoals zoveel in verval geraakte gebouwen in Kaapstad.

Behalve het elegante **Cape Heritage Hotel** 3 , waar in de kamers delen van de oorspronkelijke muren bewaard zijn gebleven, vindt u hier chique winkels, restaurants en een vinotheek, waarvoor een enorme wijnstok groeit, waarvan wordt beweerd dat hij de oudste van Kaapstad is.

## Long Street

Via Shortmarket Street komt u in Long Street, de oudste winkelstraat van Kaapstad met schitterende oude huizen met smeedijzeren balkons. Er zijn hier overal cafés en winkels en 's avonds is het hier, in tegenstelling tot vroeger, een gezellige boel.

Hier staat het in 1894 gebouwde en kort geleden nog geheel vervallen **Grand Daddy** 6 , een goed voorbeeld van de nieuwe Kaapstadlook. Het historische gebouw is zorgvuldig gerestaureerd en veranderd in een stijlvol boetiekhotel.

Aan **Greenmarket Square** 5 met op werkdagen een kunstnijverheidsmarkt en de meest geconcentreerde verzameling art-decogebouwen, die op het punt staan uit hun doornroosjeslaap te worden gewekt, kunt u op trendy terrassen een cappuccino drinken, een croissant eten en een krantje lezen. Allerlei buitenlandse kranten en tijdschriften zijn te koop in de Duitse **Buchhandlung Ulrich Naumann** 5 in Burg Street. De winkel is in Kaapstad een instituut, u vindt hem recht tegenover het uiterst moderne toeristenbureau van Kaapstad en Namibië.

Ook de als 'eetboulevard' bekendstaande Kloof Street, het verlengde van Long Street in de richting van de Tafelberg, heeft duidelijk meer klandizie gekregen.

## The Company's Garden 6

Aan het eind van Long Street houdt u bij het oude badhuis links aan en bereikt u zo de **Company's Garden**. Waar vroeger groenten werden verbouwd, bloeien nu bloemen. De Gardens zijn de groene long en het rustpunt van de stad. Soms zijn er openluchtconcerten.

## South African Museum 7

*25 Queen Victoria St., tel. 021 424 33 30, www.iziko.org.za/museums/south-african-museum, dag. 10–17 uur, toegang volw. 30 rand, kind vanaf 6 jaar 15 rand, Planetarium tel. 021 481 39 00, www.iziko.org.za/museums/planetarium, toegang volw. 40 rand, kind 20 rand*

Het **South African Museum** is het oudste museum van Zuid-Afrika en geldt als een van de beste van het land. In de museumwinkel worden souvenirs verkocht die zijn geïnspireerd op de museumstukken.

De fascinerende exposities zijn gewijd aan natuurlijke historie en archeologie, en tonen Afrikaanse kunst, rotstekeningen en werktuigen uit de steentijd. In de zogenoemde Whale Well hangen drie walvisskeletten over drie verdiepingen aan het plafond. Er klinken walvisgeluiden. In het museum is ook een planetarium ondergebracht, dat om de drie maanden een nieuwe show laat zien.

## South African National Gallery 8

*Gallery Lane, Company's Garden, tel. 021 481 39 70, www.iziko.org.za/museums/south-african-national-gallery, dag. 10–17 uur, toegang volw. 30 rand, kind 6–18 jaar 15 rand*

Praktisch ertegenover ligt de **South African National Gallery**, het toonaangevende kunstmuseum van Zuid-Afrika, met indrukwekkende wisselende en permanente exposities van Zuid-Afrikaanse en internationale kunstenaars in een aangename, lichte omgeving. Het zwaartepunt ligt sinds de democratische omwenteling op Afrikaanse kunst en Afrikaanse kunstnijverheid – uiteenlopend van Ndebele-kralenborduurwerk tot Zoeloemanden. Wie fraaie voorbeelden wil zien van de Zuid-Afrikaanse cultuur, is hier op de juiste plaats.

Kaapstad

## OP DE FIETS DOOR KAAPSTAD

### Informatie
**Begin:** Victoria & Alfred Waterfront
**Duur:** ca. 3 uur
**Kosten:** vanaf 1000 rand p.p.
**Belangrijk:** er is een groot aantal verschillende fietstochten mogelijk in de Mother City, die met de betreffende organisator afgestemd kunnen worden. Indien gewenst, kunt u ook aan langere tochten deelnemen of de fietsen naar andere bestemmingen in en rond Kaapstad laten brengen. Deelnemers dienen comfortabele kleding en schoenen te dragen. Voor helmen en bidons wordt gezorgd. Fietsverhuur en organisatie van tochten bijvoorbeeld bij **Bike & Saddle** 5 : Cape Grace Hotel, V & A Waterfront, West Quay Rd, tel. 021 813 64 33, www.bikeandsaddle.com; of Cycle the Cape, www.cyclethecape.com, Downhill Adventures, www.downhilladventures.com, Daytrippers, www.daytrippers.co.za.
**Kaart:** zie ook plattegrond blz. 126/127

Het is milieuvriendelijk om de Mother City op het fietszadel van dichtbij te verkennen. Verschillende organisatoren verhuren stadsfietsen of mountainbikes. Een ter zake kundige gids vertelt wetenswaardigheden over afzonderlijke hoogtepunten, over Kaapstad en over Zuid-Afrika. Tussendoor wordt er stevig doorgefietst.
De fietstochten in Kaapstad beginnen ofwel aan het **Waterfront** (zie blz. 129) of bij het **Cape Town Stadium** 16 . Langs verkeersluwe routes fietst u door het schitterende **Green Point Urban Park** naar **Mouille Point**, waar de oudste vuurtoren van Zuid-Afrika staat. Over de oeverpromenade leidt de route vervolgens naar **Sea Point** en verder naar **Green Point**; daarna voert de Fan Walk terug naar de City.
Wat steiler wordt het in de oudste wijk van de stad, de Kaaps-islamitische **Bo-Kaap**, wat 'boven de Kaap' betekent en het gevolg heeft dat er wat harder getrapt dient te worden. De weg omhoog is geplaveid met authentieke kasseien. Tijdens de rit omlaag naar de City kunt u vervolgens weer wat rustiger aan doen. De drukke **Long Street** is zo'n beetje de levensader

De City

van Kaapstad, wat het voor fietsers knap gevaarlijk maakt om zich erop te begeven. Op het **Greenmarket Square** 5 is fietsen zelfs verboden, u dient dus af te stappen en de fiets met de hand mee te voeren bij de wandeling langs de vele kunstnijverheidskramen op het plein. Weldadig schaduwrijk is de daarop volgende rit door de **Company's Garden** 6 , de groene long van Kaapstad, waar veel musea, het parlement en de South African National Gallery te vinden zijn. De route terug naar het Waterfront voert tenslotte door het gezellige **De Waterkant Village** met zijn ontelbare kroegen en winkels.

## South African Jewish Museum 9

*88 Hatfield St., Community Gardens, tel. 021 465 15 46, www.sajewishmuseum.co.za, zo.–do. 10–17, vr. 10–14 uur, toegang volw. 40 rand, kinderen onder de 16 jaar gratis; restaurant tel. 021 465 15 94, zo.–do. 9–17, vr. 9–15 uur*

Naast de Gallery staat het boeiende **South African Jewish Museum** dat de geschiedenis van de Zuid-Afrikaanse Joden en hun betekenis voor het land op fraaie wijze aanschouwelijk maakt. Op de begane grond is een volledig Litouws Joods dorp nagebouwd. U vindt hier een interessante museumwinkel en een klein restaurant **Café Riteve**, met een chique, in chroom uitgevoerde inrichting, waar koosjere maaltijden worden geserveerd.

## Houses of Parliament 10

*Government Ave., tel. 021 403 22 66, tours@parliament.gov.za, www.parliament.gov.za, rondleidingen ma.–vr. 9–12 uur telkens op het hele uur; als het parlement niet vergadert, is het gebouw ook vr. 14–16 uur geopend, toegang gratis, buitenlandse bezoekers moeten zich legitimeren, vooraf reserveren noodzakelijk*

In de **Houses of Parliament** wordt, zoals de naam al doet vermoeden, politiek bedreven. Na aanmelding kunnen bezoekers de debatten live meemaken. Daarnaast kunnen de historische zalen in het kader van een rondleiding worden bezichtigd. Het oudste gedeelte van het regeringsgebouw stamt uit 1885.

## Slave Lodge 11

*Hoek Adderley/Wale St., tel. 021 461 82 80, www.iziko.org.za/museums/slavelodge, ma.–za. 10–17 uur, volw. 30 rand, kinderen vanaf 5 jaar 15 rand*

Het op een na oudste gebouw van Kaapstad na het Castle staat bij de uitgang van de Gardens. In de voormalige slavenverblijven is nu een interessant museum ondergebracht, de **Slave Lodge** (vroeger: South African Cultural History Museum), met veel aandacht voor de stadsgeschiedenis en een goed gesorteerde museumwinkel met boeken en etnische souvenirs.

## District Six Museum 12

*Buitenkant Methodist Church, 25a Buitenkant St., tel. 021 466 72 00, www.districtsix.co.za, ma. 9–14, di.–za. 9–16 uur, zo. op afspraak, toegang 30 rand, met rondleiding 45 rand*

Op weg naar een van de belangrijkste bezienswaardigheden van de stad, het Kasteel, kunnen mensen die zich voor de nieuwere geschiedenis interesseren, het **District Six Museum** bezoeken. In de ooit als tijdelijke expositie bedoelde opstelling wordt het multiculturele stadsdeel District Six, dat door de apartheidsregering met de grond gelijk was gemaakt, weer tot leven gewekt. Oude foto's tonen hoe er geleefd werd en u ziet hoeveel sfeer er in Kaapstad verloren ging, toen in 1966 de bulldozers van het onderdrukkende regime aan het werk gingen.

## Castle of Good Hope 13

*Grande Parade, Foreshore, tel. 021 787 12 60, voor reserveren rondleiding tel. 021 787 12 49, ma.–za. 11, 12 en 14 uur, www.castleofgoodhope.co.za, dag. 9–16 uur, toegang volw. 30 rand, kinderen 15 rand*

Het oudste, door Nederlanders opgerichte gebouw van het land, het **Castle of Good Hope** is tegenwoordig hoofdkwartier van de regionale strijdkrachten van de Western Cape.

# Kaapstad

## Bezienswaardig

1. Cape Town International Convention Centre
2. Roggebaai Canal
3. Heerengracht Street
4. Heritage Square
5. Greenmarket Square
6. The Company's Garden
7. South African Museum
8. South African Nat. Gallery
9. South African Jewish Museum
10. Houses of Parliament
11. Slave Lodge
12. District Six Museum
13. Castle of Good Hope
14. Bo-Kaap Museum
15. Cape Quarters
16. Cape Town Stadium
17. – 22. zie plattegrond blz. 132

## Overnachten

1. Belmond Mount Nelson
2. The Westin Cape Town
3. Cape Heritage Hotel
4. Protea Hotel Victoria Junction
5. 2 inn 1 Kensington
6. Grand Daddy & Airstream Trailer Park
7. Protea Hotel Fire & Ice
8. Hotel Verde (luchthaven)
9. Cactusberry Lodge
10. iKhaya Lodge
11. Fritz Hotel
12. Cape Victoria Guest House
13. – 19. zie plattegrond blz. 132

## Eten en drinken

1. The Test Kitchen
2. Africa Café
3. Aubergine

vervolg zie blz. 128

Kaapstad

- [4] The Bombay Bicycle Club
- [5] Bizerca Bistrot
- [6] The Company's Garden
- [7] Bukhara
- [8] 95 Keerom
- [9] HQ
- [10] Savoy Cabbage
- [11] Café Paradiso
- [12] Marco's African Place
- [13] Café Mozart
- [14] Royale Eatery
- [15] Mesopotamia Gallery & Restaurant
- [16] The Sidewalk Café
- [17] Charango Grill & Bar
- [18] Melissa's
- [19] Long Street Café
- [20] Buena Vista Social Café
- [21] Raith Gourmet
- [22] Truth Coffee Cult
- [23] Origin Coffee Roasting
- [24] – [27] zie plattegrond blz. 132

### Winkelen

- [1] Gardens Shopping Centre
- [2] Pan African Market
- [3] Canal Walk
- [4] Cavendish Square Shopping Centre
- [5] Buchhandlung Ulrich Naumann
- [6] – [7] zie plattegrond blz. 132

### Uitgaan

- [1] Voila Vodka Bar
- [2] Murano Bar
- [3] Asoka Bar
- [4] Mama Africa Bar
- [5] Tiger's Milk
- [6] zie plattegrond blz. 132

### Actief

- [1] City Sightseeing Cape Town
- [2] – [3] zie plattegrond blz. 132
- [4] The Ice Station
- [5] Bike and Saddle
- [6] Atlantic Rail

---

De aflossing van de wacht *(the changing of the guards)*, in pseudohistorische uniformen met overdracht van de sleutel *(key ceremony)*, kunt u maandag tot en met vrijdag om 10 en om 12 uur bijwonen op de binnenplaats. Het buskruitkanon wordt van ma. t/m vr. om 10.10 en 12.10 uur afgeschoten, en op za. om 11 en 12 uur. De vesting is tussen 1666 en 1679 gebouwd ter verdediging van de Kaapkolonie. Deze is echter nooit aangevallen. Binnen de vesting zijn drie musea ondergebracht: de kunstcollectie van de William Fehr Collection, het Military Museum en de Good Hope Gallery.

## Bo-Kaap

**Plattegrond:** blz. 126/127
In het stadsdeel Bo-Kaap woont, vlak bij synagogen en kerken, de islamitische gemeenschap van Kaapstad. De in 1780 gebouwde, oudste wijk van Kaapstad, met zijn kleine, kleurige huizen, bleef tijdens de apartheid gespaard en behoort tegenwoordig tot de belangrijkste bezienswaardigheden.

De drukke Longmarket Street verandert aan de overkant van de Buitengracht Street, aan de voet van Signal Hill, in een met kinderhoofdjes bestrate, steil omhooglopende straat. U hebt de bovenstad, **Bo-Kaap**, de wijk van de moslims, bereikt. De Group Areas Act, die in de tijd van de apartheid niet-blanken uit de stad verbande, heeft deze oudste stadswijk overgeslagen. Misschien hebben de Boeren de latere toeristische potentie van de met beklinkerde straten en stegen doortrokken wijk ingezien.

### Bo-Kaap Museum [14]

*71 Wale St., tel. 021 481 39 39, www.iziko.org.za/museums/bo-kaap-museum, ma.–za. 10–17 uur, toegang volw. 20 rand, kinderen vanaf 5 jaar 10 rand*

Wie geïnteresseerd is in de geschiedenis van het stadsdeel, wordt in het **Bo-Kaap Museum** goed geïnformeerd. De zalen zijn ingericht als kamers uit een typisch 19de-eeuws huis. De gebruiksvoorwerpen en meubels behoorden voor een groot deel aan Aboe Bakr Effendi, een religieus leider, die in 1862 door de Engelsen uit Turkije naar de Kaap werd gebracht om geschillen tussen de moslimclans op te lossen. De tradities van de Kaapse moslims worden toegelicht aan de hand van diverse documenten en voorwerpen.

Een blok ten zuiden van het Bo-Kaap Museum, in Dorp Street, staat de eerste officiële moskee, de in 1795 gebouwde **Auwalmoskee**. Hij kan alleen van buiten worden bezichtigd.

## Green Point

Het is maar enkele minuten lopen van Bo-Kaap naar het een paar jaar geleden nog volledig vervallen stadsdeel **Green Point,** dat inmiddels voor een groot deel heel aantrekkelijke vormen gekregen heeft. Het eerste succesverhaal was **Cape Quarters** 15 , een volledig gesaneerde verzameling huizenblokken die ooit rijp waren voor de sloop, tussen Loader en Somerset Street. Op een grote, gezellige binnenplaats nodigen winkels en restaurants uit om langer te blijven hangen. Van deze gunstig gelegen locatie wandelt u in slechts tien minuten via de voor het WK voetbal 2010 aangelegde Fan Walk naar het Cape Town Stadium in het Waterfront of de City.

Eind 2009 was het **Cape Town Stadium** 16 op tijd voor het WK voltooid. Het is net zo bepalend voor het uiterlijk van Kaapstad als bijvoorbeeld het Opera House is voor het aanzicht van Sydney.

# Victoria & Alfred Waterfront

**Plattegrond:** blz. 132

Met miljoenen binnen- en buitenlandse bezoekers per jaar staat het **Victoria & Alfred Waterfront** onbetwist nummer één op de lijst van attracties in de Western Cape Province – vóór Cape Point, de Tafelberg en de Garden Route. Het havendistrict is wereldwijd misschien wel het geslaagdste voorbeeld van de sanering van een vervallen havenbuurt.

De zo veilig lijkende Tafelbaai was nooit een ideale haven. Hij beschermde de schepen 's zomers wel vaak tegen de verwoestende kracht van de zuidoostenwind, maar 's winters deed de noordwester veel schepen stranden of vergaan, wat telkens weer mensenlevens kostte. Er was geen pier waarop goederen konden worden uitgeladen, alle waren moesten met kleine roeiboten worden gelost. Dragers die tot aan hun schouders door het ijskoude water waadden, brachten ze aan land. De oude, houten, nog onder Van

*Duizend zeebewoners op vierduizend vierkante meter: Two Oceans Aquarium*

# Bo-Kaap – waar de muezzin roept

Wie Bo-Kaap binnenloopt, betreedt een andere wereld. Gesluierde vrouwen en mannen in lange, witte gewaden bepalen het beeld van de wijk aan de voet van de Signal Hill. De muezzin roept op tot gebed en prijst Allah luidkeels door de luidspreker. Elk jaar wordt op 2 januari een groot feest aangericht: dan is het Coon Carnival in Bo-Kaap.

De voorouders van de huidige bewoners waren voor het grootste deel politieke gevangenen van de Nederlanders die uit de Nederlandse koloniën in Azië naar de Kaap verbannen waren. Deze ontwikkelde en ooit welvarende mannen boden hun tot slavernij gebrachte islamitische broeders geestelijke bijstand en intellectuele leiding. In 1694 kwamen sjeik Yoessoef en 49 van zijn aanhangers uit Makassar (het latere Ujung Pandang op het Indonesische eiland Sulawesi, dat sinds 1999 weer Makassar heet). Ze werden te werk gesteld op een farm in de Olifants Valley, ver ten noorden van Kaapstad. Hij ligt begraven in het Zuid-Afrikaanse Macassar aan de False Bay; het grafmonument *(kramat)* kan worden bezichtigd. Een latere leiderfiguur was imam Abdoellah Kadi Abdoes Salaam, ook wel Toean Goeroe genoemd. Zijn graf ligt in Bo-Kaap. Hij was op Robben Island geïnterneerd en schreef daar foutloos de Koran uit zijn geheugen op.

Door dergelijke figuren waren de moslims op de Kaap in staat hun identiteit te bewaren, iets waarin ze tot op de dag van vandaag geslaagd zijn. Wat destijds ook in hun voordeel werkte, was het gebrek aan geschoolde arbeiders. De blanken die zich in het begin aan de Kaap vestigden, behoorden voor het grootste deel tot de laagopgeleiden in hun landen van herkomst. De moslims waren daarom gewaardeerde timmerlieden, beeldhouwers, houtsnijders, stukadoors, metaalbewerkers en kleermakers. De bouwstijl van de Kaaps-Hollandse huizen stamt vooral van hen. Omdat ze zo gewild waren, konden ze zich aan de slavernij onttrekken en zelfs loon voor hun werk vragen, iets heel ongewoons in een slavenmaatschappij. Met het geld dat ze verdienden vestigden ze zich op de hellingen van Signal Hill en stichtten Bo-Kaap.

De steeds weer in de literatuur en in de meeste reisgidsen opduikende aanduiding Kaapse Maleiers *(Cape Malay)* voor de in Bo-Kaap wonende mensen is verwarrend. Ze noemen zichzelf Kaapse moslims *(Cape Muslims)*, want het is de godsdienst die deze kleine gemeenschap bij elkaar houdt, niet de afkomst. Bovendien kwam maar 1% van de 'Kaapse Maleiers' uit het tegenwoordige Maleisië. Het misverstand is mogelijk ontstaan doordat destijds *Malayu* de voertaal was tussen Madagaskar en China. Deze taal bestaat nu niet meer, maar er zijn sporen van in het Afrikaans achtergebleven. Waarom veel conservatieve Boeren niet op ze gesteld waren, is nu wel duidelijk: moslims uit Bo-Kaap schreven in 1856 het eerste boek in het Afrikaans, waarbij ze Arabische letters gebruikten, in een tijd waarin de meeste Boeren nog analfabeet waren.

Wie Bo-Kaap wil verkennen, kan zich het best aansluiten bij een door een gids geleide rondwandeling. Elk jaar op 2 januari wordt hier een groot feest gevierd: dan is het Coon Carnival. Dit evenement gaat terug op de tijd van de slavernij. 1 januari was de enige dag waarop de slaven niet hoefden te werken, maar zich mochten overgeven aan zang en dans. Hoewel de slaventransporten naar de Kaap sinds 1807 verboden waren, duurde het tot 1 januari 1834 voor Engeland de ongeveer 39.000 Kaapse slaven de vrijheid gaf. Sindsdien wordt op 2 januari Tweede Nuwejaar gevierd, met als hoogtepunt Coon Carnival.

*Bo-Kaap is aan het begin van ieder jaar het toneel van het Coon Carnival*

Het begin van het Coon Carnival is moeilijk te dateren. Kaapse moslimkoren die een combinatie van Nederlandse en oosterse muziek laten horen, zijn er al meer dan 200 jaar. De eerste groepen werden Kaapse Klopse (Kaapse clubs) genoemd, omdat hun leden vaak bij sportverenigingen waren aangesloten die aan het eind van het jaar bij elkaar kwamen om feest te vieren. Het woord *coon* komt van het Engelse *racoon* (wasbeer), aan wiens gezichtsmasker de make-up van dixievertolkers op de Kaap een beetje doet denken.

In 1906 stelde de krant *Cape Argus* een prijs beschikbaar voor de beste band. Carnaval en wedstrijd werden op 2 januari 1907 voor het eerst gehouden in het Green Point Stadium. Daarna was het jarenlang traditie van Bo-Kaap en District Six om over Wale Street en Darling Street naar het feestterrein te marcheren. De apartheidspolitiek en het platgooien van District Six maakten daar een eind aan. Pas onlangs werd de oude traditie in ere hersteld en toeristen hebben elk jaar op 2 januari de gelegenheid om Kaapstad in een uitgelaten feeststemming te ervaren.

De muziekgroepen marcheren van Kaizersgracht Street in Zonnebloem door Darling en Adderley Street, omhoog door Wale Street en dan door Rose Street naar Bo-Kaap, waar de parade officieel eindigt. Iedereen kan zich ergens langs een van deze straten opstellen om foto's te maken. Het festival is gratis toegankelijk. Ieder jaar flankeren duizenden toeschouwers de 7 km lange route van de optocht.

# Victoria & Alfred Waterfront

## Bezienswaardig

- 1 – 16 zie plattegrond blz. 126/127
- 17 Waterfront Marina
- 18 Roggebaai-Kanal
- 19 Two Oceans Aquarium
- 20 Penny Ferry
- 21 Clock Tower
- 22 Port Captain's Office

## Overnachten

- 1 – 12 zie plattegrond blz. 126/127
- 13 One & Only Hotel
- 14 Cape Grace Hotel
- 15 The Table Bay Hotel
- 16 The Dockhouse Boutique Hotel & Spa
- 17 Queen Victoria Hotel
- 18 The Victoria & Alfred Hotel
- 19 Protea Hotel Breakwater Lodge

## Eten en drinken

- 1 – 23 zie plattegrond blz. 126/127
- 24 Belthazar
- 25 Baia Seafood Restaurant
- 26 Balducci's
- 27 Vida e Caffe

## Winkelen

- 1 – 5 zie plattegrond blz. 126/127
- 6 The Victoria & Alfred Waterfront
- 7 Vaughan Johnson's Wine & Cigar Shop

## Uitgaan

- 1 – 5 zie plattegrond blz. 126/127
- 6 Bascule Whisky Bar & Wine Cellar

## Actief

- 1 City Sightseeing Cape Town
- 2 Helikoptervluchten
- 3 Sunset Cruise
- 4 – 6 zie plattegrond blz. 126/127

---

Riebeeck gebouwde aanlegsteiger werd tot ver in de 19e eeuw gebruikt. Pas in 1860 legde prins Alfred, de tweede zoon van koningin Victoria, de eerste steen voor de meer dan een kilometer lange golfbreker. Een deel daarvan is tegenwoordig nog links en rechts van het toegangsterrein van het luxehotel **The Table Bay** 15 terug te vinden. Het in 1870 voltooide, eerste volledig beschutte havenbekken werd ter ere van de prins Alfred Basin genoemd. De tweede haven, die in 1905 in gereedheid kwam, werd genoemd naar zijn moeder en draagt de naam Victoria Basin.

# Victoria & Alfred Waterfront

Het Waterfront strekt zich tegenwoordig uit richting Mouille en Sea Point en er komen steeds nieuwe hotels en restaurants bij. In het havendistrict wordt al meer dan tien jaar gebouwd en uitgebreid. De historische gebouwen zijn met oog voor detail gerestaureerd of in oude stijl herbouwd.

Nog meer dan de bezienswaardigheden op zich trekken de vele winkels, bioscopen, restaurants, koffietentjes en cafés. Er zijn wel enkele eetgelegenheden die klanten proberen te lokken door grote kleurenfoto's van de gerechten voor het raam te zetten, maar de stijlvolle restaurants met karakter overheersen. In de **Ferryman's Tavern** wordt vers bier van het vat getapt, **Morton's on the Wharf** serveert de malste biefstukken, **Balducci's** 26 uitstekende Italiaanse espresso, en in de **Green Dolphin** wordt niet alleen uw maag verwend, maar komen ook uw oren niets tekort: elke avond is hier live jazz te horen. Wie zin heeft in iets echt deftigs, gaat voor een high tea naar het **Table Bay** 15 of het **Cape Grace Hotel** 14.

In het verleden werden de winkels aan het waterfront nog afgedaan als veel te dure toeristenvallen, maar er is het een en ander veranderd. Het prijsniveau komt nu overeen met dat in de rest van de City, wat ertoe heeft geleid dat er weer *Capetonians* aan het Waterfront worden gesignaleerd voor hun *late-night-shopping*. De openingstijden, dagelijks tot 21 uur, zijn de liberaalste in Zuid-Afrika. Voor uw veiligheid is er dag en nacht bewaking op het Waterfront.

## Rondom de Waterfront Marina

Voor woningen in de **Waterfront Marina** 17 met eigen aanlegplaats, lopen de bedragen op tot tientallen miljoenen. Loftappartementen in het **One & Only Hotel** 13 werden onlangs voor ruim 100 miljoen rand verkocht. Toch blijft het historische havenkarakter bewaard. Op een steenworp afstand van de jachthaven worden in het Robinsondroogdok reusachtige scheepsrompen roestvrij gemaakt, geschuurd en geverfd. Door Atlantische stormen getekende viskotters met door de wind gegeselde bemanning in gele overalls tuffen langs de miljoenen kostende jachten, met op het mahoniehouten dek schaarsgeklede fotomodellen in spe die in de zon liggen te bakken, aan cocktails nippen en op hun meestal twintig tot dertig jaar oudere minnaar wachten.

Achter het **Cape Grace Hotel** 14 loopt een smal voetpad langs Hotel-Bar Bascule. Het assortiment whisky's, meer dan vierhonderd soorten, is legendarisch en mag hier daarom niet onvermeld blijven. Enkele whisky's moeten door hun exorbitante prijs wel voorbehouden blijven aan zeer bijzondere gelegenheden – één glas ervan kan u al bankroet maken.

In de Waterfront Marina begint het **Roggebaai Canal** 18, dat het Waterfront met de City verbindt. Hier vindt u taxiboten die tussen het Convention Centre (zie blz. 122) en het Two Oceans Aquarium pendelen (60 minuten rondvaart, volw. 40 rand, kind 20 rand, kinderen onder de 5 jaar gratis, www.citysightseeing.co.za). Dat het water in de havenbekkens schoon is, bewijzen de bij Bertie's Landing levende robbenkolonie en de dolfijnen die tussen de schepen door zwemmen.

## Two Oceans Aquarium 19

*Dock Rd., tel. 021 418 38 23, www.aquarium.co.za, dag. 9.30–18 uur, toegang volw. 118 rand, kinderen 14–17 jaar 92 rand, kinderen 4–13 jaar 57 rand*

Aan de Dock Road staat het bakstenen gebouw van het **Two Oceans Aquarium**, waar op 4000 m² circa 3000 zeedieren leven. In het roofvissenbassin, het grootste in het hele complex, leven de 'killers' van de oceaan, haaien, en enkele mantaroggen. Durfallen met ervaring kunnen onder begeleiding van een instructeur in het haaienbassin duiken – een adrenaline opwekkende belevenis. Als de rovers met hun scherpe tanden gevoerd worden, moeten de duikers het water uit. Informatie over de voedertijden krijgt u op de interessante website of bij de informatiebalie. Hier zijn steeds weer nieuwe dingen te beleven en interessante exposities over maritieme thema's.

# Kaapstad

## Clock Tower en Port Captain's Office

De **Penny Ferry** 20, een houten roeiboot, brengt al meer dan 100 jaar zeemannen, maar tegenwoordig vooral toeristen, in vier minuten van de Pierhead naar de South Quay, waar diverse boten, zowel van particulieren als van de staat, naar Robben Island vertrekken. Nog sneller bent u er, als u het voetpad over de draaibrug neemt.

De achthoekige, in gotische stijl gebouwde, rode **Clock Tower** 21 achter de aanlegsteiger, behoort tot de oudste gebouwen van de haven. In het in 1882 voltooide bouwwerk was oorspronkelijk het kantoor van de havenmeester gevestigd, dat later werd verplaatst naar het representatievere **Port Captain's Office** 22 aan de andere kant. Het fraaie, lichtblauwe gebouw met de dubbele gevel stamt uit 1904, een tijd waarin de haven zich razendsnel ontwikkelde.

## Informatie

**Cape Town Tourism:** City Visitor's Centre, The Pinnacle, hoek Burg/Castle St., tel. 021 487 68 00, www.capetown.travel, ma-vr. 8–18, za 8.30–13, zo 9–13 uur. Een informatiecentrum is dag. van 8 tot 21 uur bemand. Het bijzonder vriendelijke personeel reserveert accommodatie en huurauto's; informatie over Kaapstad en omgeving, internetcafé, souvenirwinkel, boeking van nationale parken. Een filiaal is het Waterfront Visitor's Centre, V & A Waterfront, tel. 021 408 76 00, dag. 9-21 uur.

**Waterfront Informatiecentrum:** Dock Road, naast Ferryman's Tavern, tel. 021 4 08 76 00, info@waterfront.co.za, www.waterfront.co.za; 's zomers op werkdagen 9–18, 's winters op werkdagen 9–17, za., zon- en feestdagen 9–18 uur. In Dock Road, naast café Ferryman's Tavern bevindt zich het officiële informatiecentrum van het Waterfront. Daar kunt u onder andere een gratis bezoekersgids afhalen met een overzichtelijke, driedimensionale plattegrond en een lijst met winkels aan het Waterfront en waar u ze kunt vinden. In het Victoria Wharf-Shopping Centre kunt u ook nog een informatiebalie raadplegen.

## Accommodatie

### … in de City

Lady in Pink – **Belmond Mount Nelson** 1 : 76 Orange St., Gardens, tel. 021 483 10 00, www.mountnelson.co.za. Het meer dan honderd jaar oude 'Pink Nellie' is een van de hotelklassiekers van Afrika, met veel historie en vooral Engels publiek. 2 pk met ontbijt vanaf 5660 rand (bij boeking via internet vaak aanmerkelijk goedkoper).

Schiterend uitzicht – **The Westin Cape Town** 2 : Convention Sq., Lower Long St., tel. 021 412 99 99, www.westincapetown.com. Luxehotel bij het Convention Centre. Adembenemend uitzicht in bijna alle 483 kamers van het hotel over Kaapstad, het Waterfront, de bergen en de haven; op de daketage vindt

u het wellnesscentrum Arabella-Spa. 2 pk met ontbijt vanaf 2400 rand (zoals bij veel luxehotels vooral ook kijken naar de vaak voordelige aanbiedingen op de website).

Historische muren – **Cape Heritage Hotel** 3 : 90 Bree St., tel. 021 424 46 46, www.capeheritage.co.za. Viersterrenhotel in een stijlvol gerestaureerd pand uit 1771 met 17 verschillend ingerichte kamers, voor een deel met de oorspronkelijke vloeren en meubilair. 2 pk met ontbijt vanaf 2390 rand. Altijd de laatste aanbiedingen op de website checken!

Filmster – **Protea Hotel Victoria Junction** 4 : hoek Somerset/Ebenezer Rd., tel. 021 418 12 34, www.proteahotels.com. Dit 'film' hotel doet qua stijl denken aan het Paramount Hotel in New York, met designinvloeden van Philippe Starck. Vooral geliefd bij modellen en foto- en filmcrews. Op vijf minuten loopafstand van het Waterfront, het Cape Town Stadium en de Cape Quarters. 172 kamers, waarvan 24 schitterende loftappartementen. 2 pk met ontbijt vanaf 2000 rand, vaak voordelige aanbiedingen op de website.

Klein en stijlvol – **2 inn 1 Kensington** 5 : 21 Kensington Crescent, Oranjezicht, tel. 021 423 17 07, www.2inn1.com. Een geslaagde, stijlvolle combinatie van oud en nieuw. De stijl van een victoriaans woonhuis gaat in dit boetiekpension samen met zenminimalisme. De meeste kamers hebben een balkon. 2 pk met ontbijt 2200–3300 rand.

Trendy boetiekhotel met Airstream trailers – **Grand Daddy & Airstream Trailer**

*De Clock Tower – het oudste gebouw aan het Victoria & Alfred Waterfront*

Kaapstad

## FROM CAPE TOWN WITH LOVE

Al tientallen jaren jaagt James Bond booswichten naar de fraaiste en meest exotische uithoeken van de wereld. Maar nooit naar Kaapstad. Dat is anders in de 007-roman *Carte Blanche*, want deze speelt grotendeels voor het decor van de Tafelberg.

De zwarte Bheka Jordaan is captain bij de South African Police. Zij woont met haar uit het Zoeloeland stammende grootmoeder in Bo-Kaap, de oudste wijk van Kaapstad, en is bezig haar gast *bobotie* te serveren, het traditionele, Zuid-Afrikaanse gehaktgerecht. Erbij geeft zij zelfgebrouwen Zoeloebier, dat gedronken wordt terwijl het nog niet is uitgegist. Jordaan gaat naar de aftandse cd-speler en legt er een cd in. De lage stem van een vrouw, begeleid door hiphopritmes, vult de kleine kamer: Thandiswa Mazwai, een plaatselijke superster. Jordaans gast voelt zich zichtbaar op zijn gemak. Zijn naam? Bond. James Bond.

James Bond in Kaapstad? Inderdaad. Het 37e avontuur van de bekendste geheim agent van de wereld is ontsproten aan de fantasie van thrillerauteur Jeffery Deaver. Deze Amerikaanse bestsellerauteur is dol op Kaapstad en brengt sinds ruim tien jaar regelmatig zijn vakantie door op de zuidelijke punt van Afrika: 'Het past bij Bond dat Cape Town zowel exotisch als mooi is.' Geen wonder dat meer dan de helft van de roman in de Mother City speelt en 'zijn' Bond over een van de mooiste routes van de wereld om de Kaap rijdt, overnacht in het Cape Grace Hotel aan het Waterfront, dat in de roman Table Mountain Hotel heet, en dat hij Graham Becks Cuvée Clive weet te waarderen. Het boek Carte Blanche speelt in de huidige tijd. Bond werd in de jaren 80 geboren, gebruikt een smartphone, vanzelfsprekend met speciale apps, en rijdt als hommage aan de schepper van 007 en Bentleyliefhebber Ian Fleming niet in een Aston Martin maar in een Continental GT.

En wat is de favoriete plek van de door Deaver geschapen Kaapstad-Bond of zijn alter ego Jeffrey Deaver? Het antwoord laat niets te raden over: 'Franschhoek is de mooiste plaats in de Western Cape.' De 'Franse hoek', ongeveer een uur rijden van de Kaapstadse City, maakt inderdaad waar wat zijn naam belooft. Pittoreske landgoederen met wijngaarden, verfijnde wijnen en – ook hier weer – eersteklas restaurants, die aan zelfs de hoogste verwachtingen voldoen.

Het grootste gevaar van een verblijf in Kaapstad mag hier echter niet verzwegen worden. Liefde maakt verslaafd. Wie er eenmaal is geweest, komt steeds weer terug. Gegarandeerd. Daarover heeft Mr. Deaver weliswaar geen lied, maar wel een roman geschreven (Jeffery Deaver, Carte Blanche, ook in Nederlandse vertaling).

**Park** 6 : 38 Long St., tel. 021 424 72 47, www.granddaddy.co.za. Absoluut hip en trendy boetiekhotel midden in de stad aan de levendige Long Street, daardoor uiteraard geen rustig plekje. Ondergebracht in een gerestaureerd historisch pand, zeer goed restaurant (ma.–do. 6.30–17 uur, vr. 6.30–20.30 uur, za. 6.30–17 uur, zo. 6.30–14 uur) met uitzicht op de drukte in de straat, waar mediterrane gerechten met een Afrikaanse of oosterse touch

## Adressen

worden geserveerd; dit hotel zou ook uitstekend op zijn plaats zijn in Manhattan. 25 kamers in het hotel en op het dak staan 7 door verschillende kunstenaars gedecoreerde, zilverkleurige Airstream trailers, waarin u eveneens kunt overnachten. 2 pk met ontbijt vanaf 1520 rand, trailer vanaf 1875 rand.

Coole ambiance – **Protea Hotel Fire & Ice** 7 **:** 198 Bree St., tel. 021 488 25 55, www.proteahotels.com. Een waar designerkunstwerk. Ook wie er niet verblijft, moet er eens een hamburger gaan eten of een milkshake gaan drinken. Alle 189 kamers zijn modern ingericht en voorzien van een lcd-flatscreen, hifi-installatie en toegang tot internet. Met zwembad. Op tijd reserveren! 2 pk met ontbijt vanaf 1400 rand (goedkoper bij boeking via internet).

Afrika's groenste hotel – **Hotel Verde** 8 **:** Cape Town International Airport, 15 Michigan Street, tel. 021 380 5500, www.hotelverde.co.za. Normaal gesproken zal niemand op het idee komen vrijwillig in een luchthavenhotel te overnachten. Maar bij Hotel Verde, het ecologisch meest verantwoorde hotel op het Afrikaanse continent, ligt dat anders. Het heeft al diverse internationale prijzen gewonnen. En het ziet er met zijn tot in de details uitgewerkte aankleding van gerecyclede materialen gewoon goed uit. Het prachtige bio-zwembad ligt naast een natuurlijk rietbosje. Ongelofelijk dat het vliegveld op maar acht minuten lopen ligt. Het eten is al net zo excellent als de service. 145 kamers, gratis wifi. 2 pk met ontbijt vanaf 1400 rand (let op de speciale aanbiedingen op de website).

Historische B&B – **Cactusberry Lodge** 9 **:** 30 Breda St., Oranjezicht, tel. 021 461 97 87, www.cactusberrylodge.com. Gezellige en stijlvol gedecoreerde accommodatie met zes kamers in een rustig gelegen, historisch pand. Bij het ontbijt kunt u heerlijke pannenkoeken krijgen. 2 pk met ontbijt vanaf 1100 rand.

Afrikaans – **iKhaya Lodge** 10 **:** Dunkley Sq., Wandel St., Gardens, tel. 021 461 88 80, www.ikhayalodge.co.za. Een 'Afrikaanse' accommodatie in the Mother City, deuren met houtsnijwerk, plafonds van bamboe en hout, houten meubels, restaurant voor gasten, 11 kamers, ook voor mensen die hun eigen maaltijd willen verzorgen. 2 pk vanaf 780 rand.

Art deco – **Fritz Hotel** 11 **:** 1 Faure St., Gardens, tel. 021 480 90 00, www.fritzhotel.co.za. Leuk klein hotel met art-decoaccenten en jarenvijftigmeubels. Enkele kamers met balkon hebben een prachtig uitzicht op de Tafelberg en op Lion's Head. Dicht bij de City en toch rustig. 2 pk met ontbijt vanaf 600 rand.

Klein en vlak bij de City – **Cape Victoria Guest House** 12 **:** hoek Wigtown/Torbay Rd., Greenpoint, tel. 021 439 77 21, www.capevictoria.co.za. Ligt aan de voet van Signal Hill, tien luxueus ingerichte kamers. 2 pk zonder ontbijt 600–1500 Rand.

### ... aan het Victoria & Alfred Waterfront

Weelderige zessterrenluxe – **One & Only Hotel** 13 **:** Dock Rd., naast het Two Oceans Aquarium, tel. 021 431 58 88 of 021 431 58 00, http://capetown.oneandonlyresorts.com. Het eerste zessterrenhotel van Zuid-Afrika is een creatie van Sol Kerzner, die ook het beroemde Sun City ontwierp. Vooral buiten het seizoen rekent het sprookjesachtig weelderige luxehotel, midden in het Waterfront, vaak verrassend lage kamerprijzen. Hoogtepunten zijn de Island Suites, waar Angelina Jolie en Brad Pitt net als veel andere *celebs* de nacht doorbrachten als ze incognito in Kaapstad verbleven, en het wellnesscentrum, een van de fraaiste en beste van het hele land, op een kunstmatig aangelegd eiland in de Waterfront Marina. Wie er niet logeert, zou hier op z'n minst een massage of andere behandeling moeten ondergaan of moeten genieten van een diner in restaurant **Reuben's**, waar een van de beste koks van het land, Reuben Riffel, als chef-kok de keuken bestiert (zie ook blz. 206). Wie de voorkeur geeft aan Zuid-Afrika's beste Aziatische restaurant gaat eten in het ernaast gelegen **Nobu**. 2 pk met gigantisch ontbijtbuffet vanaf 5500 rand.

Waterfrontklassieker – **Cape Grace Hotel** 14 **:** West Quay, Waterfront, tel. 021 410 71 00, www.capegrace.com. In de elegante stijl van het oude Kaapstad aan de Waterfrontkade gebouwd hotel in particulier bezit, 110 kamers, op loopafstand van het Victoria & Alfred

# Kaapstad

*In The Test Kitchen worden de gerechten voor de ogen van de gasten bereid*

Waterfront. 2 pk met uitgebreid ontbijtbuffet vanaf 5400 rand (aanbiedingen op de website zijn vooral buiten het seizoen aanmerkelijk voordeliger).

Bombastisch – **The Table Bay Hotel** 15: Table Bay, Quay 6, Victoria & Alfred Waterfront, tel. 021 406 50 00, www.suninternational.com. Midden in het Waterfront gelegen, zeer groot luxehotel met 329 kamers en een exclusief wellnesscentrum. 2 pk met ontbijt vanaf 6300 rand.

Landelijk hotel aan het Waterfront – **The Dockhouse Boutique Hotel & Spa** 16: Portswood Close, Portswood Ridge, tel. 021 421 93 34, www.newmarkhotels.com. Slechts vijf apart ingerichte kamers (waarvan vier op de eerste etage met balkon) en een suite heeft dit vermoedelijk intiemste hotel van het Waterfront. Het historische gebouw, dat rond 1800 dienstdeed als privéwoning van de havenmeester, ligt op een rotsachtige bergrug. Het grote gazon met het prachtige zwembad voor de kamers geeft gasten de indruk dat ze in een landelijk hotel zijn terechtgekomen. Eigen keuken voor privégebruik. 2 pk met ontbijt vanaf 4420 rand (let op de aanbiedingen op de website).

Designparel – **Queen Victoria Hotel** 17: Portswood Close, Portswood Ridge, tel. 021 418 14 66, www.newmarkhotels.com. Dit wonderschone boetiekhotel met 35 kamers is ondergebracht in een voormalig kantoorpand met historie. Hier komen klassieke elegantie en hedendaags design samen. De sfeer is rustig en relaxed. Met bijbehorend fijnproeversrestaurant **Dash**. Dit hotel is zijn vijf sterren in alle opzichten waard. 2 pk met ontbijt vanaf 4655 rand (let ook op de aanbiedingen op de website).

Er middenin – **The Victoria & Alfred Hotel** 18: The Pierhead, Dock Rd., tel. 021 419 66 77, www.vahotel.co.za. Een van de eerste

# Adressen

hotels aan het Waterfront, dat met zijn victoriaanse bouwstijl perfect in deze omgeving past. U gebruikt het ontbijt met prachtig uitzicht op de haven. 2 pk met ontbijt vanaf 3240 rand.

Voordelig in vroegere gevangenis – **Protea Hotel Breakwater Lodge** 19 : Portswood Rd., tel. 021 406 19 11, www.breakwater lodge.co.za. De goedkoopste manier om aan het Waterfront te overnachten. De tamelijk kleine kamers zijn ondergebracht in de cellen van de vroegere gevangenis. 2 pk zonder ontbijt vanaf 900 rand, (let op de aanbiedingen op de website).

## Eten en drinken
### ... in de City

Favoriet – **The Test Kitchen** 1 : Shop 104A, The Old Biscuit Mill, 375 Albert Rd., Woodstock, tel. 021 447 23 37, www.thetestkitchen.co.za, di.–za. 12.30–14, 19–21 uur. Wie Kaapstad probeert te karakteriseren aan de hand van zijn restaurants komt uit bij The Test Kitchen van chef-kok en eigenaar Luke Dale Roberts. De gerechten zijn geraffineerd bereid en de locatie, een vroeger magazijn in het complex van de Old Biscuit Mill in Woodstock, is gewoon top. Het grootste probleem bij dit restaurant is om een reservering te bemachtigen. Het best kunt u thuis al per e-mail reserveren. Lunch 110–1950 rand, diner (vijfgangenmenu) 590 rand, met wijnarrangement 880 rand. De bekroning vormt het gourmetmenu met acht gangen voor 800 rand, met wijnarrangement 1250 rand.

Afrikaanse folklore – **Africa Café** 2 : Heritage Sq., 108 Shortmarket St., City, tel. 021 422 02 21, www.africacafe.co.za, dag. diner en lunch, buiten het seizoen op zo. gesloten, reserveren noodzakelijk, Afrikaans restaurant, erg mooi ingericht. Menu 260 rand.

Gezellige ambiance – **Aubergine** 3 : 39 Barnet St., Gardens, tel. 021 465 49 09, www.aubergine.co.za, ma.–za. diner 19–22.30, wo.–vr. lunch 12–14 uur. Vaardig bereide gerechten waarin westerse en oosterse invloeden gecombineerd worden. Het idyllische terras op de binnenplaats is een ideale plek voor zwoele avonden. Lunch, tweegangenmenu 260 rand, diner, driegangenmenu 350 rand, gourmetmenu zonder/met wijn drie gangen 465/640 rand, vier gangen 565/790 rand, vijf gangen 675/950 rand.

Bollywood live – **The Bombay Bicycle Club** 4 : zie blz. 140.

Voortreffelijk – **Bizerca Bistrot** 5 : Heritage Square, 98 Shortmarket St., tel. 021 423 88 88, www.bizerca.com, ma.–vr. 12–15, ma.–za. 18.30–22 uur. Geweldige Franse gourmetkeuken met Zuid-Afrikaanse ingrediënten, geserveerd in een historische ambiance met oude bakstenen muren, glas en indirecte verlichting. Sla en groenten komen iedere dag vers uit de eigen moestuin. Voortreffelijke bediening. Een van de beste restaurants van de stad. Hoofdgerecht 160 rand.

Eten in het groen – **The Company's Garden** 6 : zie blz. 140.

Beste Indiër – **Bukhara** 7 : 33 Church St., City, tel. 021 424 00 00, www.bukhara.com,

## GASTRONOMIE MET AMUSEMENT IN DE KAAP

Een van Kaapstads meest bijzondere restaurants, Madame Zingara, werd in 2006 door brand verwoest. Hier kon je niet alleen uitstekend eten, er waren ook optredens van acrobaten, illusionisten, magiërs en kaartlezeressen. De ruïne van het historische gebouw staat nog steeds ongerestaureerd in Loop Street. Maar het creatieve brein achter Madame Zingara, de in Kaapstad geboren en getogen Richard Griffith, bleef niet stilzitten. Met het **Theatre of Dreams** ontwikkelde hij een burleske, mobiele theater-restaurantshow, een uniek circusdiner, dat iedereen betoverde, in verrukking bracht en inspireerde die door de veelkleurige glas-in-looddeuren stapte en de magische wereld binnen betrad. Gehuisvest in een van de laatste nog bestaande spiegeltenten ter wereld, door Griffith liefdevol Victoria genoemd, trok de show de wereld rond. De stijlvolle, met spiegels beklede zuilen, de dikke fluwelen gordijnen en de conische chambres-séparées ontvoerden de bezoeker naar een imaginaire ruimte uit vervlogen tijden, waarin circus en magie de wereld in hun greep hadden. De reusachtige 'tent' was geoutilleerd met een complete keuken. De bediening met haar flonkerende fantasiekostuums was perfect – en de optredens van de acrobaten, zangers en tovenaars waren dat eveneens.

Ondanks alle gereis was Griffith zijn geboortestad niet vergeten. Hij en zijn designteam namen vijf wat aftandse restaurants in de Mother City over en bliezen ze met hun magische touch nieuw leven in. Alle vijf – Café Paradiso (zie blz. 141), The Bombay Bicycle Club, Company's Garden, Café Mozart en The Sidewalk Café (zie hieronder) – floreren nu weer. Zie ook de website www.madamezingara.com:

### Eten en drinken

Bollywood live – **The Bombay Bicycle Club** 4 : 158 Kloof St., tel. 021 423 68 05, www.bombaybicycle.co.za, ma.–za. vanaf 16 uur borrel, vanaf 18 uur diner. Volslagen buitenissige inrichting, die nog het meest aan het vroegere restaurant Madame Zingara doet denken. Hoofdgerecht 150 rand.

Eten in het groen – **Company's Garden** 6 : 19 Queen Victoria St., tel. 021 423 29 19, http:// thecompanysgarden.com, dag. 7–18 uur (keuken open 7.30–17 uur). Midden in de stad, in de Compagniestuin, gelegene bistro, die heerlijke gerechten, vooral vers gebak, serveert. U zit heerlijk buiten of in de lichte binnenruimte die zo uit een designmagazine zou kunnen komen. Hier ontbijten is een aanrader, onder andere door de wentelteefjes met banaan. Hoofdgerecht vanaf 65 rand.

Koffiehuisambiance – **Café Mozart** 13 : 37 Church St., City, tel. 021 424 37 74, www.themozart.co.za, ma.-vr. 7–17, za. 8–14 uur. Dit café bestaat al ruim dertig jaar. Na een opknapbeurt heeft het zijn oude glans teruggekregen. Hoofdgerecht circa 80 rand.

Brasserie – **The Sidewalk Café** 16 : 33 Derry St., Vredehoek, tel. 021 461 28 39, www.sidewalk.co.za, ma.–za. 8–22, zo. 9–14 uur. Deze geslaagde wederopstanding van een lokale brasserie combineert eersteklas eten met een schitterend uitzicht op de stad, Robben Island en Lion's Head. Hoofdgerecht 68–150 rand.

## Adressen

dag. 12–15, 18–23 uur. Een van de beste Indiase restaurants in Zuid-Afrika, de tandoori- en currygerechten van Sabi Sabharwal zijn legendarisch. Beslist proeven: butter chicken, overheerlijk! Dit restaurant zit elke avond stampvol, reserveren is dus absoluut noodzakelijk. Hoofdgerecht vanaf 120 rand. Er zijn twee filialen, in het Grand West Casino (tel. 021 535 44 44) en in Stellenbosch (tel. 021 882 91 33).

Bekroonde Italiaan – **95 Keerom** 8 : City, 95 Keerom St., parallel aan Long Street, tel. 021 422 07 65, http://95keerom.com, do., vr. 12–14.30 uur, ma.–za. 19–22.30 uur. Klassieke en beste Italiaan van de stad, ondergebracht in een gerenoveerd historisch gebouw. Bijzonder geslaagde architectonische combinatie van 300 jaar oude tegelwanden en uiterst modern decor, uitstekende en creatieve keuken. Eigenaar en chef-kok Giorgio Nava bezit ook de in vleesgerechten gespecialiseerde restaurants **Carne on Keerom, Carne on Kloof** en **Carne Constantia** (www.carne-sa.com). Giorgio exploiteert een eigen rundveeen varkensfokkerij en verschillende boerderijen in het binnenland, produceert zelf zijn buffelmozzarella en heeft zo 100% controle over de kwaliteit van de gebruikte ingrediënten. Hoofdgerecht vanaf 140 rand.

Fantastische Steaks – **HQ** 9 : Heritage Square, 100 Shortmarket St., tel. 021 424 63 73, www.hqrestaurant.co.za, ma.–za. 11.30–22.30 uur. Een van de beste steakrestaurants van de stad. Ook smaken de frites hier echt naar aardappel en zijn ze krokant. De salades zijn eenvoudig en vers. Wel ruimte overhouden voor de heerlijke desserts, zoals de decadente chocoladefondant. Hoofdgerecht vanaf 120 rand.

Modern – **Savoy Cabbage** 10 : Heritage Sq., 101 Hout St., City, tel. 021 424 26 26, www.savoycabbage.co.za, lunch ma.–vr. 12–14.30, diner ma.–za. 19–22.30 uur, reserveren absoluut noodzakelijk. Ideale ambiance met veel glas en chroom en schilderijen aan de verweerde betegelde muren, uitstekende keuken, dagelijks wisselende gerechten. Hoofdgerecht vanaf 150 rand.

Met uitzicht op de Tafelberg – **Café Paradiso** 11 : 110 Kloof St., City, tel. 021 423 86 53, www.cafeparadiso.co.za, di.–za. 9–22, zo. 10–19 uur. De Zuid-Afrikaans-mediterrane keuken wisselt per seizoen, het voorplein van het restaurant biedt een schitterend uitzicht op de Tafelberg. Deze klassieker bestaat al twintig jaar en nadat het restaurant lange tijd enigszins verwaarloosd was en een beetje bleekjes afstak bij de nieuwe trendsetters, heeft Madame Zingara (zie 'Tip' op de rechterpagina) het weer helemaal bij de tijd gebracht. Er wordt dagelijks ontbijt, lunch en diner geserveerd en de plek trekt nu meer publiek dan ooit. Hoofdgerecht vanaf 95 rand.

Afrikaans eten en muziek – **Marco's African Place** 12 : 15 Rose St., Bo-Kaap, tel. 021 423 54 12, www.marcosafricanplace.co.za. Marco Radebe, een van de weinige zwarte restauranthouders van Kaapstad, was al eens ondernemer van het jaar, maar is toch altijd zelf blijven koken, natuurlijk met een Afrikaanse touch. De gasten komen niet in de laatste plaats ook voor de concerten: van Afrikaanse opkomende sterren tot iconen als Hugh Masekela en Miriam Makeba komt iedereen die kan zingen of muziek kan maken bij Marco optreden. Hoofdgerecht vanaf 115 rand.

Koffiehuisambiance – **Café Mozart** 13 : zie Tip blz. 140.

Beste burgers – **Royale Eatery** 14 : 273 Long St., tel. 021 422 45 36, www.royaleeatery.com, ma.–za. 12–23.30 uur. Toen Hollywoodster Salma Hayek voor filmopnamen in Kaapstad verbleef, riep zij Royale Kitchen uit 'tot de beste hamburgertent ter wereld'. Ze heeft beslist gelijk; de in een opvallend gedecoreerd, historisch pand geserveerde, ruime keuze van vijftig verschillende gourmetburgers is nauwelijks te overtreffen. Hoofdgerecht vanaf 100 rand.

Koerdisch – **Mesopotamia Gallery & Restaurant** 15 : hoek Long/Church St., City, tel. 021 424 46 64, www.mesopotamia.co.za, ma.–za. lunch en diner. Het Koerdische eten wordt op reusachtige koperen dienbladen geserveerd en op de grond, op kussens gezeten, gegeten, vr. en za. is er amusement met buikdansen. Hoofdgerecht vanaf 95 rand.

Brasserie – **The Sidewalk Café** 16 : zie Tip blz. 140.

## Kaapstad

**Trendy Peruaan – Charango Grill & Bar 17 :** 114 Bree St./hoek Church St., tel. 021 422 07 57, Facebook: Charango Grill & Bar, di.–za. 12–15, 18 uur tot laat. Nieuw aan de coole eetboulevard Bree Street, dit Peruaanse grill- en cocktailrestaurant waar werkelijk alles klopt. Inrichting met aandacht voor detail, verfijnd eten en eersteklas bediening, bovendien superrelaxed. Tafeltjes buiten en als het warm is staan de ramen en deuren open. Beslist de piscococktails proberen. Hoofdgerecht 80 rand.

**Ontbijt – Melissa's 18 :** 94 Kloof St., Gardens, tel. 021 424 55 40, www.melissas.co.za, ma.–vr. 7–19, za. 8–19, zo. 8–18 uur. Mix van delicatessenzaak en café. Heerlijk, zeer gevarieerd ontbijt, uitstekende koffie, smakelijk lunchbuffet. Hoofdgerecht vanaf 65 rand.

**Snacktime – Long Street Café 19 :** 259 Long St., City, tel. 021 424 24 64, ma.–wo., zo. 9.30–0, do. 9.30–12.30, vr., za. 9.30–1 uur. Gevestigd in een voormalige boekhandel, geschikt voor een lichte lunch of een nachtelijke snack na afloop van het bezoek aan een bar in Long Street, coole sfeer. Gerechten vanaf 60 rand.

**Cubaanse sfeer – Buena Vista Social Café 20 :** 12 Portswood Rd., tel. 021 418 24 67, www.buenavista.co.za, ma.–do. 12–1, vr.–zo. 12–2 uur. Bar-restaurant tussen Green Point en het Waterfront met verschillende Cubaanse gerechten, sigaren en cocktails. Ruime keuze in wijnen, prima stemming tot in de kleine uurtjes. Hoofdgerecht vanaf 55 rand.

**Duitse Imbiss – Raith Gourmet 21 :** Gardens Centre, hoek Mill & Buitenkant St., tel. 021 465 27 29, www.raithgourmet.com, ma.–do. 8.30–19, vr. 8–19, za. 8–17, zo. 9–14 uur. Voor reizigers die er niet vanaf kunnen blijven zijn hier de beste frikandellen, krakelingen en worsten van heel Kaapstad te krijgen om mee te nemen of om ter plekke te verorberen in een traditionele Duitse snackbar.

**De beste koffie – Truth Coffee Cult 22 :** 36 Buitenkant St., www.truthcoffee.com, ma.–vr. 8–17.45 uur, za., zo. 8–14 uur. Het pand van Truth is een attractie op zichzelf. Het vroegere pakhuis in steampunkstijl met zijn gigantische koffiebrander is al even bijzonder als de fantasievolle kostuums en hoeden van de vlotte bediening. Hier drinkt u absoluut de beste koffie van de stad: de beste bonen uit de hele wereld worden steeds vers gebrand en de bereiding van een cappuccino is hier een waar ritueel. Een mekka voor koffieliefhebbers. Bij de cappuccino beslist de chocoladecroissants bestellen.

**Versgebrande koffie met gebak – Origin Coffee Roasting 23 :** 28 Hudson St., De Waterkant, tel. 021 421 10 00, www.originroasting.co.za, ma.–za. 9–18 uur. Een favoriete plek voor liefhebbers van espresso. Ook hier worden de koffiebonen steeds vers gebrand. Daarnaast is er een grote keuze aan soorten thee en zijn er kleine snacks en gebak te krijgen. Het allerlekkerst zijn de superverse bagels met zalm.

### … aan het Victoria & Alfred Waterfront

**Hoogst verfijnde Aziatische keuken – Nobu at the One & Only 13 :** Dock Road, tel. 021 431 45 11, www.noburestaurants.com, dag. 18–23 uur. Dit is het eerste restaurant in Afrika van de beroemde topchef Nobuyuki 'Nobu' Matsuhisa. Zijn Japans-Peruaanse fusionkeuken biedt ongeëvenaarde smaakbelevenissen. Er zijn winter- en zomermenu's, waarvan de afzonderlijke gangen qua smaak perfect op elkaar zijn afgestemd. De in limoensap gemarineerde ceviche-gerechten (vanaf 90 rand) zijn evenzeer aan te bevelen als de chocolate bento box (70 rand) als nagerecht, een donkere chocoladefondant met ijs van groene thee. Een beetje storend zijn de misplaatste, clubachtige muziek, de felle verlichting en de kale eetzaal. Hoofdgerecht vanaf 200 rand

**Supersteaks – Belthazar 24 :** Victoria Wharf, Lower Level, Victoria Wharf, tel. 021 421 37 53, www.belthazar.co.za, dag. 12–23 uur. Omdat een restaurant in New York de naam Balthazar al had laten registreren, werd er gewoon voor een andere klinker gekozen. Op een van de uitgebreidste wijnkaarten van het land staan zeshonderd wijnen – waarvan meer dan honderd open. Een groot glas kost 30 tot 450 rand; de speciale karaffen houden zuurstof op een afstand waardoor de wijn niet oxideert. Eten kunt u vis en excellente steaks, binnen in de hightechpakhuisstijl of buiten aan het Waterfront. Steaks van ossenhaas 250–750 g. 140–517 rand.

# Hollywood in Zuid-Afrika

Kaapstad en omgeving behoren tot de populairste film- en fotolocaties ter wereld. Geen wonder: hier gaat een relatief gunstige wisselkoers hand in hand met een uitstekend klimaat. En rond de Mother City is de hele wereld in het klein te vinden.

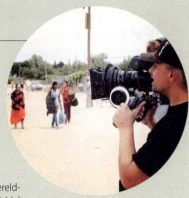

De Western Cape Province staat op de wereldranglijst van filmproductielocaties inmiddels op de vijfde plaats. Nog maar tien jaar geleden was de betekenis van Kaapstad als filmstad te verwaarlozen. Maar bij mode- en autofotografen geldt de stad tegenwoordig zelfs als populairste locatie ter wereld. Ook de Zuid-Afrikaanse filmindustrie floreert. Sinds 2004 is de omzet in de branche elk jaar gestegen.

Zuid-Afrika's belangrijkste concurrenten zijn Canada, Australië en Nieuw-Zeeland. Een internationale bioscoopfilm die in Kaapstad wordt geproduceerd, levert de Mother City zo'n 800.000 rand per dag op, een reclameproductie 650.000 rand. De in Kaapstad opgenomen film *Ask the Dust* met Colin Farrell en Salma Hayek in de hoofdrollen had voor de werkzaamheden ter plaatse een budget van US$7 miljoen, dat grotendeels is uitgegeven aan hotels, vluchten, huurauto's, restaurants en toeristische activiteiten in Kaapstad.

De in vergelijking met het buitenland relatief gunstige wisselkoers en het milde klimaat met veel zon dragen bij aan de aantrekkingskracht van de metropool voor de filmindustrie. Wat Kaapstad echter vooral aantrekkelijk maakt, zijn de kameleonachtige eigenschappen van de stad. Dankzij hun natuurlijke kenmerken kunnen stad en omgeving in vrijwel elke streek ter wereld worden 'veranderd', dat wil zeggen de benodigde achtergrond bieden. Toen in 2005 *Lord of War* met Nicolas Cage werd opgenomen, vertolkte Kaapstad negenendertig verschillende rollen: scènes die in het Midden-Oosten, in Afghanistan, in Bolivia of Sierra Leone speelden, werden allemaal hier gedraaid. Don Cheadle nam hier bijvoorbeeld *Hotel Rwanda* op zonder ooit een voet in Rwanda gezet te hebben. Precies zo verging het Leonardo di Caprio in *Blood Diamond*. In 2011 raceten Denzel Washington en Ryan Reynolds voor de thriller *Safe House* door de straten van Kaapstad. En in 2014/2015 draaiden Oscarwinnaars Meryl Streep en Jeff Bridges *The Giver* in de Mother City.

Kaapstads omgeving is op enkele honderden vierkante kilometers de hele planeet in het klein. Zonder enig probleem kunnen hier filmscènes die zich in Zuid-Frankrijk, Londen of Kenia afspelen, worden vastgelegd. In de Cape Town Film Studios, een ultramodern studiocomplex dat zich met Amerikaanse en Europese studio's kan meten, hebben inmiddels regisseurs uit de hele wereld gewerkt. Doordat de Zuid-Afrikaanse staat de filmbranche subsidieert, is het goedkoper om films te maken zonder dat de kwaliteit daaronder lijdt; bovendien zorgen lage productiekosten voor continuïteit in de branche. In Zuid-Afrika is het bijvoorbeeld mogelijk een film, die op andere plaatsen gemakkelijk het dubbele zou kosten, voor minder dan US$50 miljoen te produceren.

## Kaapstad

**Visspecialiteiten – Baia Seafood Restaurant** 25 **:** Victoria Wharf, 1. Stock, tel. 021 421 09 35, www.baiarestaurant.co.za, dag. 12–15, 18.45–22.30 uur. Uitstekend *seafood* (het beste aan het Waterfront) in een moderne ambiance, met geweldig uitzicht op het Waterfront, beslist reserveren. Hoofdgerecht 200 rand.

**Italiaans-Californische keuken – Balducci's** 26 **:** begane grond, Victoria Wharf, tel. 021 421 60 02 bzw. 03, www.balduccis.co.za, dag. 12–23 uur. Trendy en elegant, uitstekende keuken, bijvoorbeeld panini met verfijnd beleg, espresso met heerlijk gebak, cocktails bij zonsondergang en een afzakkertje na de bioscoop. Hoofdgerecht 170 rand.

**Klein, sterk, zwart – Vida e Caffe** 27 **:** Victoria Wharf, begane grond, tel. 021 425 94 40, dag. 9–21, do. 9–22 uur; verschillende filialen in heel Zuid-Afrika, zie de website www.caffe.co.za. De eenvoudig en strak in rood en wit ingerichte, Portugese koffiebars serveren excellente koffie. Caffè latte met muffin ca. 55 rand.

## Winkelen

**Waar buitenlanders winkelen – Gardens Shopping Centre** 1 **:** Gardens, Buitenkant St., tel. 021 465 18 42, www.gardensshoppingcentre.co.za, ma.–vr. 9–19, za. tot 17, zo. tot 14 uur. In dit nogal onaantrekkelijk ogende flatgebouw zit een onverwacht goed, door veel buitenlanders in Kaapstad bezocht winkelcentrum op verschillende verdiepingen. Het assortiment varieert van boekwinkels, delicatessenzaken en kledingwinkels tot reisbureaus en een grote supermarkt. Wifihotspot.

**Authentieke Afrikaanse souvenirs – Pan African Market** 2 **:** 76 Long St., tel. 021 426 44 78. De moeder van alle Afrikaanse markten in een twee verdiepingen tellend, historisch gebouw. Kunstnijverheid uit het hele continent, van bromfietsen van ijzerdraad tot gigantische houten beelden. Een eldorado voor souvenirjagers.

**Grootste shopping mall van het zuidelijk halfrond – Canal Walk** 3 **:** Century City, Century Boulevard, N 1, tel 021 555 05 58, www.canalwalk.co.za, ma.–zo. 9–21 uur. Het grootste en mooiste winkelcentrum van Afrika, waar zelfs de toiletten doen denken aan die van een vijfsterrenhotel. Veel restaurants en cafés, veel internationale merken zijn er vertegenwoordigd. Over een kanaal varen bezoekers met boten naar het naburige vermaakscentrum Ratanga Junction.

**Shoppen aan de rand van de stad – Cavendish Square Shopping Centre** 4 **:** Cavendish Square, Dreyer St., Claremont, tel. 021 671 80 42, www.cavendish.co.za, ma.–vr. 9.30–18, za. 9.30–17 uur, zo. maar enkele winkels open. Aan de rand van het centrum, in het stadsdeel Claremont, grote parkeergarage, excentrieke winkels, een filiaal van Exclusive Books met Seattle Coffee Shop, waar uitstekende koffie in allerlei smaakvariaties wordt geserveerd. Cinema Nouveau is een Zuid-Afrikaanse bioscoopketen, die gespecialiseerd is in de 'betere' film.

**Buitenlandse boeken en kranten – Buchhandlung Ulrich Naumann** 5 **:** 17 Burg St., tel. 021 423 78 32, ma.–vr. 8.30–17.30, za. 8.30–13 uur, zie ook blz. 123.

**Shoppingcenter met luxewinkels – The Victoria & Alfred Waterfront** 6 **:** tel. 021 408 76 00, info@waterfront.co.za, www.waterfront.co.za, ma.–zo. 9–21 uur. Tientallen chique winkels, restaurants en cafés in de gerenoveerde havenwijk van Kaapstad. En het complex wordt nog steeds uitgebreid. Ook het Clocktower Precinct is onlangs opgeknapt en heeft nu een aanmerkelijk exclusievere presentatie.

**Enorme keus aan wijnen – Vaughan Johnson's Wine & Cigar Shop** 7 **:** Dock Rd., Waterfront, tel. 021 419 21 21, www.vaughanjohnson.co.za. Wijnhandel met enorme keuze en deskundige service. Betrouwbare, wereldwijde verzending per lucht- of zeevracht; Vaughan geeft klanten ook graag tips voor hun tocht door het wijnland.

## Uitgaan

**Absoluut cool – Voila Vodka Bar** 1 **:** 39 Victoria Rd. Bantry Bay, tel. 021 439 33 54, ma.–do. 15–0, vr. 15–2, za. 12-2, zo. 12-24 uur. Stijlvolle bar met prachtig terras op de eerste verdieping waar u kunt genieten van de zonsondergang en een grote variatie aan cocktails, hoofdzakelijk op basis van wodka. Er worden alleen merkproducten verkocht, waaronder vijfentwintig internationale wodka's. Ook is er een grote champagnekoelkast met vijftien lokale en vijftien internationale soorten 'bubbels', allemaal ook per glas te verkrijgen.

Weids uitzicht en imposante kroonluchter – **Murano Bar** 2 : 15 on Orange Hotel, hoek Grey's Pass & Orange St., Gardens, tel. 021 469 80 00, www.africanpridehotels.com, dag. 11–23 uur. Meer dan tienduizend afzonderlijke stukken Muranoglas werden uit Italië geïmporteerd om de twee verdiepingen hoge kroonluchter te vervaardigen, die nu boven de gebogen bar hangt en een uitgelezen aandachttrekker vormt. De ramen zijn zo hoog als de wanden en bieden een schitterend uitzicht op de Tafelberg.

Loungen met tapas en cocktails – **Asoka Bar** 3 : 68 Kloof St., Gardens, tel. 021 422 09 09, www.asokabar.co.za, dag. 17–2 uur. Deze bar is vooral beroemd door de olijfboom waar de bar omheen is gebouwd. De zaak heeft een kalme en serene uitstraling, wat alleszins kan bijdragen aan een bijzondere avond. Uitstekende tapas en cocktails. Bijna elke avond muziek, gedraaid door dj's of live jazz.

Afrika puur en livemuziek – **Mama Africa Bar** 4 : Long St., tel. 021 426 10 17, ma.–vr. 16.30 uur tot laat, za. 18 uur tot laat livemuziek. Meestal spelen hier marimbabands, die voor een prima sfeer zorgen (vanaf 22 uur). Het restaurant serveert traditionele Afrikaanse gerechten. De bar is fantasierijk aangekleed: boven de toog hangt een enorme kroonluchter, gemaakt van honderden lege colaflessen.

Voor coole surfers – **Tiger's Milk** 5 : hoek Beach/Sidmouth Road, Muizenberg, tel. 021 788 18 60. Nog al zo'n hippe zaak van de Harbour-Housegroep, cool publiek, lekkere pizza's, burgers, spare ribs en trendy biertjes.

Grootste keus aan whisky's – **Bascule Whisky Bar & Wine Cellar** 6 : Cape Grace Hotel, West Quay, V & A Waterfront, tel. 021 44 10 70 82. Een van de beste bars van de stad met ruim vierhonderd soorten whisky. Wat dacht u bijvoorbeeld van een vijftig jaar oude Glenfiddich, die zonder twijfel een aanslag zal zijn op uw reisbudget?

## Actief

Stadsrondritten – **City Sightseeing Cape Town** 1 : biedt rondritten door de City en op het Kaapschiereiland tot Hout Bay in bussen met een open dak. Het ticket is een hele dag geldig, u kunt in- en uitstappen zo vaak en waar u wilt. Er zijn tickets voor 1 dag of voor 2 dagen en er is een rode (City) een blauwe (Kaapschiereiland) route. De bus stopt bij alle belangrijke bezienswaardigheden van Kaapstad – ideaal dus om een eerste overzicht van

### KAAPSTAD HELEMAAL ANDERS

Een echt adembenemende ervaring zijn de **helikoptervluchten** 2 in de legendarische Hueyhelikopter rondom het Kaapschiereiland (60 min.; 6000 rand), naar Hout Bay (30 min.; 3000 rand), rond de Tafelberg (15 min.; 1500 rand) of – het ultieme adrenaline-avontuur voor Apocalypse Now-fans – in een scheervlucht langs de westkust, de zogeheten combat-vlucht (3000 rand). Alle vluchten zonder deuren! Contact en reservering: Huey Helicopter, tel. 079 513 22 54, www.huey-helicopter.co.za.

Veel romantischer is een **Sunset Cruise** 3 door de Tafelbaai. Er zijn diverse mogelijkheden voor een drankje bij zonsondergang op de Atlantische Oceaan, van het traditionele zeilschip *Spirit of Victoria* tot een adrenaline opwekkende speedboat (Sunset Cruise, Booking Office, Shop 5, Quay, tel. 021 418 58 06, www.waterfrontboats.co.za). Toppunt van vermaak voor grote en kleine kinderen is een tochtje met het 'piratenschip' *Jolly Roger* (tel. 021 421 09 09, www.pirateboat.co.za).

## Kaapstad

de stad te krijgen. Goede vertrekpunten zijn het Waterfront of Cape Town Tourism in de Burg Street. Op internet zijn de tickets voordeliger. Tarieven: 170 rand, online 150 rand, www.citysightseeing.co.za.

Schaatsen – **The Ice Station** 4 : Grand West Casino, Goodwood, tel. 021 535 22 60, www.icerink.co.za. Een ijsbaan van olympisch formaat, die het hele jaar geopend is; schaatsverhuur.

Mountainbikeverhuur – **Bike and Saddle** 5 : zie Actief blz. 124.

Ritje met historische stoomlocomotief – **Atlantic Rail** 6 : Tussen Kaapstad en Simon's Town rijdt een stoomlocomotief deels vlak langs de kust, zie Tip blz. 176.

### Vervoer
**Vliegtuig**
**Luchthaveninformatie:** tel. 086 727 78 88 of www.airports.co.za.
**Kulula.com** (www.kulula.com) en **Mango** (www.flymango.com) zijn de prijsvechters op de populaire vliegroutes tussen Kaapstad, Johannesburg, Durban, Port Elizabeth, Mbombela (Nelspruit) en George.
**Comair/British Airways:** tel. 011 921 01 11, www.comair.co.za, vliegen dagelijks. naar Johannesburg.
**South African Airways en SA Airlink:** www.flysaa.com, www.saairlink.co.za vliegen geregeld naar Bloemfontein, Durban, East London, George, Johannesburg, Kimberley, Plettenberg Bay en Port Elizabeth.
**Vanaf de luchthaven naar de stad:** er zijn diverse taxi's en de voordeligere Airport Shuttle Services. Bijna alle hotels bieden hun gasten gratis vervoer. Shuttlebussen naar de City van Kaapstad vertrekken van de International Arrivals en de Domestic Arrivals. MyCiTi Bus, www.myciti.org.za, rijdt regelmatig tussen de luchthaven en Kaapstad. Tarief: 74–80 rand.

**Trein**
**Metrorail Western Cape:** www.capemetrorail.co.za.
**Trans Oranje:** vertrekt ma. om 18.50 uur naar Bloemfontein (19 uur), Durban en Pietermaritzburg (36 uur).
**Southern Cross:** vertrekt vr. 18.15 uur naar George (12 uur), Oudtshoorn (14 uur) en Port Elizabeth (21 uur).
**Trans Karoo:** vertrekt dag. om 9.20 uur naar Johannesburg (25 uur), Pretoria (26 uur) en Kimberley (16 uur), dienstregeling: www.shosholozameyl.co.za en www.premierclasse.co.za.

**Bus**
Kaapstad heeft met MyCiTi een hoogstmodern streekbusnet. In deze drempelloze bussen kunnen ook fietsen worden meegenomen. Ze rijden naar Blouberg Beach over het Kaapschiereiland tot Hout Bay. Bovendien zijn er shuttlediensten vanaf de luchthaven naar het Civic Center en het V & A Waterfront (www.myciti.org.za).

# Adressen

*Victoria & Alfred Waterfront met op de achtergrond de Tafelberg*

In Adderley St. vertrekken bussen naar het Waterfront (elke 10 minuten); aan de Grand Parade in de Strand St., achter het station, is het Centrale Busstation; voor het Golden Acre Shopping Center in Adderley St. vertrekken de bussen naar de Tafelberg en naar Camps Bay (ma.–zo. elk uur); voor OK Bazaars, Adderley St., naar Sea Point, Hout Bay en de zuidelijke voorsteden (dag. elke 2 uur).
**Greyhound:** tel. 083 915 90 00 (24/7 reserveren), www.greyhound.co.za.
**Intercape:** tel. 021 380 44 00 of 086 128 72 87, www.intercape.co.za en Trans-lux, tel. 021 449 62 09, www.translux.co.za, onderhouden geregelde verbindingen tussen Kaapstad en alle belangrijke steden
**Baz Bus:** Centurion Building, hoek 275 Main Rd./Frere Rd., Sea Point, tel. 021 422 52 02, www.bazbus.co.za. Biedt de goedkoopste busverbindingen.

### Taxi
**Rikkis Taxis:** betrouwbare taxiservice, onder meer met ruime, nieuwe, origineel-Londense taxi's, tel. 086 1 74 55 47, www.rikkis.co.za.
**Excite Taxis:** eveneens goede service en een oudgediende, tel. 021 4 48 44 44, www.excitetaxis.co.za.
**Cab of Good Hope:** met de auteur van deze gids in zijn uit New York stammende Checker-taxi, de enige in Afrika, rond het Kaapschiereiland: naar pinguïns, bavianen en struisvogels op het strand en naar Constantia voor een wijnproeverij met ham en kaas. Trip (4–5 uur) voor 2 personen €395, elke persoon extra €50, Facebook: Checker Cab of Good Hope.

# Uitstapjes rond Kaapstad

**De Tafelberg is de droombestemming van alle Kaapstadbezoekers, al is het maar vanwege het unieke panorama op 1000 m hoogte. Ook Robben Island, het vroegere gevangeniseiland, is zonder meer de boottocht waard. Het echte Zuid-Afrikaanse leven vindt u in de townships.**

## ✽ Tafelberg  ▶ 1, D 21

Ruim 2000 jaar noemden de veehoudende Khoikhoi het enorme, afgeplatte brok zandsteen dat zich als een indrukwekkend monster boven de Tafelbaai verheft en het begin van het Kaapschiereiland markeert, Hoerikwaggo, de Zeeberg. Daarmee hadden ze, zonder het te weten, gelijk. Enkele tienduizenden jaren geleden stond de zeespiegel namelijk veel hoger en was de Tafelberg inderdaad een eiland.

Voor zeelieden was de 1000 m hoge berg, die bij goed weer over een afstand van 200 km vanaf zee te zien is, altijd weer een teken van hoop: hoop op water, levensmiddelen en beschutting na een lange zeereis vol ontberingen.

Ook voor moderne reizigers vormt de boven de stad uitrijzende Tafelberg een altijd zichtbaar oriëntatiepunt. Voor veel *Capetonians* is 'hun' berg een rustpunt midden in de stad. Net als de Ayers Rock in Australië is hij meer dan een stuk verweerd zandsteen, maar bergt hij spirituele kracht in zich.

In 1503 gaf de Portugese admiraal en zeevaarder Antonio da Saldanha hem de naam *Taboa do Cabo – Tafel van de Kaap.* Daarom heet het symbool van Kaapstad nog altijd Tafelberg. De Saldanha moest zich destijds nog dwars door het struikgewas door de Platteklipkloof een weg omhoog hakken. Tegenwoordig kunnen bezoekers kiezen uit meer dan 300 verschillende routes naar boven – variërend van een inspannende wandeling tot een ware bergbeklimming. Helemaal gemakkelijk gaat het natuurlijk met de op 4 oktober 1929 ingewijde kabelbaan die al meer dan 13 miljoen bezoekers heeft vervoerd.

Eigenlijk zou deze al in 1913 worden geïnstalleerd, maar het uitbreken van de Eerste Wereldoorlog zorgde ervoor dat de plannen aanvankelijk in de ijskast belandden. Na de opening, aan het eind van de jaren 1920, begon de grote depressie. Pas na de Tweede Wereldoorlog kwam het toerisme goed op gang en in 1959 werd de miljoenste kabelbaangebruiker geteld. In 1997 volgde een volledige renovatie. Na negen maanden werd de kabelbaan, precies 68 jaar na ingebruikneming, op 4 oktober 1997, heropend.

## Zwitserse gondels

De twee nieuwe gondels komen uit Zwitserland. De verbeteringen ten opzichte van de oude situatie zijn duidelijk: de beide hoekige cabines werden vervangen door ronde, die bij een maximale snelheid van 9 m per seconde onderweg naar boven eenmaal om hun as draaien. Ze kunnen 65 personen vervoeren, wat overeenkomt met ongeveer 900 personen per uur. De eindeloze wachttijden in de drukkende hitte van het hoogseizoen behoren daarmee tot het verleden. De gondels zijn nu bovendien veel minder gevoelig voor de wind. Het controlecentrum is nu in het dalstation ondergebracht, wat veel zinvoller is – bij pech is het nu niet meer nodig dat iemand zich eerst de berg op moet slepen om het probleem op te lossen.

Daarnaast werd in totaal 20 km aan nieuwe paden aangelegd, inclusief een mooie rondweg met negen uitzichtpunten hoog boven

# Tafelberg

de stad. Hier kunt u bij namiddaglicht de mooiste 'luchtopnamen' van de Moederstad maken. In juni 1998 werd het Table Mountain National Park opgericht, wat Kaapstad weer een nieuw superlatief heeft opgeleverd. De stad is nu de enige miljoenenmetropool van de wereld die direct aan een nationaal park grenst.

Op het 60 km² grote Tafelbergmassief groeien bijna 1500 verschillende planten – meer dan in heel Groot-Brittannië. Veel daarvan zijn endemisch, wat betekent dat ze nergens anders op de wereld voorkomen. De beste tijd om de bloemen te zien bloeien is in het voorjaar, dus van eind augustus tot begin oktober. De hele zomer door bloeien lelies en geraniums. De prettigste tijd wat betreft de weersomstandigheden is van maart tot mei. Dan waait de beruchte zuidoostenwind niet meer zo hard en is de regen brengende winterse noordwester nog niet opgestoken.

Ook de fauna heeft zich aan het leven op de berg aangepast. Klipdassen en spreeuwen leven er tussen de verweerde zandsteenspleten. Om aan voedsel te komen zoeken ze echter meestal hun heil bij de toeristen die juist om deze reden deze dieren niet zouden moeten voeren!

## Tafelkleed van de duivel

De karakteristieke sneeuwwitte wolkenhoed rond de Tafelberg, die aan overkokende melk doet denken, is te zien als de beruchte *southeaster* door de stad raast. Beide natuurverschijnselen hebben uiteraard hun eigen naam. Zo heet de soms drie dagen lang ononderbroken tekeergaande zuidoostenwind Cape Doctor, omdat hij de smog uit de stad verdrijft en de lucht als hij is uitgeraasd zo schoon achterlaat dat ze weer gewoon in te ademen is. De dichte wolkenhoed rond de Tafelberg wordt door de *Capetonians* Devil's Tablecloth genoemd. Volgens een legende zou het verschijnsel zijn voortgekomen uit een rookwedstrijd tussen de duivel en een Hollander op de hellingen van de Devil's Peak. De meteorologische betekenis is veel nuchterder: de *southeaster* blaast vochtige lucht vanaf de zee, die aan de zuidoostkant van de berg, waar Camps Bay ligt, opstijgt, afkoelt en daarbij tot een dikke wolk, het 'tafelkleed', condenseert. Deze wolk rolt over de noordzijde van de berg en lost weer op boven de warme stad.

Het grootste probleem voor de Tafelberg is momenteel, dat het gevaar bestaat dat hij wordt doodgeknuffeld. De nieuwe kabelbaan brengt aanzienlijk meer toeristen naar boven, wat het ecologische evenwicht zou kunnen verstoren. Het is heel belangrijk dat de Tafelberg sinds juni 1998 deel uitmaakt van het nieuwe Table Mountain National Park, dat hij nu een 'eigenaar' heeft in de vorm van de instantie South African National Parks. Deze heeft een doordacht managementplan ontwikkeld, zodat de Tafelberg ook voor toekomstige generaties blijft wat hij altijd geweest is: meer dan alleen een berg.

## Tafelberg Road

Net als de weg naar de Signal Hill biedt ook de bochtige route van het dalstation van de Tafelberg naar het parkeerterrein op Devil's Peak het mooiste uitzicht op Kaapstad. Het is nauwelijks te geloven dat u zich hier in een miljoenenstad bevindt.

### Informatie

**Tafelberg:** Tafelberg & Table Mountain Aerial Cableway: Lower Station, Tafelberg Rd., volg de borden vanaf het bovenste gedeelte van Kloof Street, tel. 021 424 81 81, www.tablemountain.net. Bij Cape Town Tourism is een wandelkaart van de Tafelberg verkrijgbaar. **Openingstijden:** nov. 8–20, 1–15 dec. 8–21.30, 16 dec.–15 jan. 8–22, 16–31 jan. 8–21.30, feb. 8–20.30, mrt. 8–19.30, apr. 8–18.30, mei–15 sept. 8.30–18, 16 sept.–30 apr. 8–19 uur. **Toegang:** retour: volw. 240 rand, kinderen en gepensioneerden 115 rand, bij boeking online 225/110 rand.

### Eten en drinken

Spectaculair gelegen op de Tafelberg – **Table Mountain Café:** mei–31 aug. 8–17.30, 16 sept.–31 okt. 8.30–18.30, nov. 8–19.30, 1 dec.–30 apr. 8–21 uur. Zelfbediening. Hoofdgerecht 60 rand, ontbijt 26,50–45 rand.

*Uitzicht van de Tafelberg op Kaapstad en de baai*

Uitstapjes rond Kaapstad

## WANDELEN OVER DE HOERIKWAGGO TRAIL

### Informatie
**Begin:** Cape Point
**Lengte:** 75 km; **Duur:** 5 dagen
**Belangrijk:** de wandeling – of een deel ervan – kan op eigen houtje gemaakt worden. De overnachtingsplaatsen kunnen bij de leiding van het Nationaal Park, aan de balie bij Cape Town Tourism in de Burg Street in Kaapstad, telefonisch of online gereserveerd worden (Hoerikwaggo Trails, tel. 021 465 85 15, werkdagen 8–16 uur, www.sanparks.org). Het gebruik van de trail is gratis. Er hoeft alleen toegang (volw. 180 rand, kind 90 rand) betaald te worden voor het Cape of Good Hope Reserve. Het is verstandig een goede kaart mee te nemen, zoals de Table Mountain & Cape Peninsula Adventures Road Map van Map Studio (www.mapstudio.co.za) voor 99,95 rand, omdat de route niet met borden is aangegeven. Wandelaars dienen hun eigen eten, goede wandelschoenen, een rugzak en kleding voor slecht weer mee te nemen. Het weer in Kaapstad kan op één en dezelfde dag variëren van zonnig, winderig, regenachtig tot koud. Aan de trail liggen vier tented camps – Smitswinkel, Slangkop, Silvermine en Oranjekloof, waar maximaal 12 personen kunnen overnachten (vanaf 580 rand per nacht voor twee personen). Beddengoed en handdoeken moet u zelf meebrengen.

**Let op Dag 5:** Orangekloof is vanwege het beschermde Afromontane bos een beperkt toegankelijk gebied. De reservering voor de overnachting in het Orangekloof-tentenkamp dient tevens als *permit* voor deze etappe van de trail.

# Wandelen over de Hoerikwaggo Trail

De **Hoerikwaggo Trail** is een spectaculaire wandeling van Cape Point naar Kaapstad. Een fascinerend aspect ervan is dat de bezoeker door volslagen wildernis loopt, terwijl de miljoenenstad telkens weer binnen gezichts- en gehoorsafstand komt. Wandelaars kunnen voor het hele traject boeken of een of meerdere dagetappes maken. Hoerikwaggo is Khoisanwoord van de oorspronkelijke Kaapbewoners voor Tafelberg en betekent letterlijk 'Berg in de zee'. Meer dan 100.000 jaar geleden trokken de Khoi en de San over het Kaapschiereiland, gingen op jacht en verzamelden voedsel in de bergen en aan de stranden en lieten er later hun geiten en rundveekuddes grazen. Zwarte stammen uit het noordoosten drongen drieduizend jaar geleden voor het eerst tot de Kaap door, de eerste Europeanen volgden bijna vierhonderd jaar geleden. Het wandelpad werd in vier jaar tijd aangelegd door vierhonderd voordien werkloze mannen en vrouwen. Sommigen van deze pioniers zijn nu berggidsen, anderen kruiers of parkwachters. Om de wandeling mogelijk te maken werd deels privéterrein aangekocht en tot publiek gebied gemaakt.

De vier nachten en vijf dagen durende wandeling voert van Cape Point door het Table Mountain National Park (TMNP) naar Kaapstad. Er zijn dus vier *tented camps* waar u kunt overnachten: in het vroegere bosbouwstation boven Smitswinkel Bay (300 m van de toegangspoort van Kaap de Goede Hoop), bij Slangkop Point vlak bij de vuurtoren van Kommetjie, in Silvermine onderaan de Noordhoek Peak en in Oranjekloof boven Hout Bay. De milieuvriendelijke camps zijn rustiek maar comfortabel; ze zijn opgetrokken uit hout en alleen gebouwd op plaatsen waar al eerder gebouwd werd, om te voorkomen dat er nog meer in de natuur werd ingegrepen. Er is warm water en er zijn open stookplaatsen en volledig geoutilleerde keukens.

**Dag 1 (moeilijk, 15 km):** Van Cape Point naar Smitswinkel Bay: De wandeling begint bij de **Cape Point Lighthouse** in de Cape-of-Good-Hopesectie van het Table Mountain National Park. Langs de False Bay loopt u naar het vroegere **Smitswinkel Bay Forest Station** door de gevarieerde Kaapse fynbosvegetatie. In het seizoen (augustus tot oktober) laten de walvissen in de baai zich zien. Verder zijn er ook dieren op het land te zien, zoals Kaapse hartenbeesten, klipdassen, bavianen, struisvogels en verschillende reptielen. Oplettende wandelaars zullen steeds grove stenen werktuigen van de oorspronkelijke inwoners van de Kaap zien (niet meenemen alstublieft). 's Avonds kunt u in het Smitswinkel Tented Camp op adem komen. Pas op: wandelaars moeten zelf een shuttlebus van dit camp naar het beginpunt van dag 2 regelen.

**Dag 2 (middelzwaar, 12 km):** Van Smitswinkel naar Slangkop: De etappe begint bij het bord naar de Kleinplaas Dam, bij de **SA Navy's Signal School**, boven Simon's Town. U laat de False Bay achter u en volgt de rug van de Tafelbergketen – een fynbosbloemenparadijs. Op de weg naar de Kleinplaas Dam komen de Tafelberg en Devil's Peak in zicht, in de tegenovergestelde richting reikt het oog tot Cape Point. Naar de dam komen steeds weer visarenden, wier gekrijs het kenmerkende geluid is voor Zuid-Afrika. Na een pauze aan de oever leidt het pad naar de andere kant van een bergrug en komt de Atlantische Oceaan voor het eerst in zicht. De dag eindigt met de afdaling naar het Slangkop Tented Camp, dat midden in een beschermd, oud melkhoutbos *(white milkwood)* ligt, 100 meter van zee in Kommetjie.

**Dag 3 (inspannend, 21 km):** Van Slangkop naar Silvermine: De langste dag-etappe van de hele Hoerikwaggo Trail. Op deze dag is uithoudingsvermogen vereist. Eerst leidt de tocht over eindeloze stranden vlak langs de waterlijn, dan volgt een steile beklimming – maar het uitzicht en het gevoel het gehaald te hebben maken alle inspanning de moeite waard. Aan zee zijn scholeksters en Kaapse otters bij de waterlijn te zien en verderop in het water walvissen en

Uitstapjes rond Kaapstad

dolfijnen. Bij het spectaculair witte Noordhoek Beach liggen de wrakresten van de Kakapo, die hier door zijn kapitein op 26 mei 1900 werd achtergelaten. Na het strand komt de steile klim op de **Chapman's Peak**, waarvan de top een 360 graden uitzicht biedt en daarom ideaal is voor een welverdiende lunchpauze. Hier zijn zowel de Tafelberg als Cape Point te zien. Er volgt nog een klim naar de **Noordhoek Peak**, en daarna de afdaling naar het **Silvermine Tented Camp**.

**Dag 4 (veeleisend, 15,5 km):** Van Silvermine naar Oranjekloof: een dag met steile beklimmingen en telkens weer een schitterend uitzicht dat het Table Mountain National Park van zijn fraaiste kant laat zien. Hier wordt duidelijk hoe dicht het stadse leven en de ongerepte natuur op de Kaap bij elkaar liggen – uniek in de wereld: een miljoenenmetropool die praktisch naadloos overgaat in een nationaal park. Bij de **Constantia Nek** in Hout Bay betreden wandelaars het normaal niet voor het publiek toegankelijke gebied van **Oranjekloof** en de dag eindigt in het gelijknamige kamp, dat is omgeven door prachtig, Afromontaan bos.

**Dag 5 (moeilijk, 9,5 km):** Van Oranjekloof naar de Tafelberg Road: De laatste dag van de Hoerikwaggo Trail zal onvergetelijk blijven. Het onvervalst Afromontane woud geeft niet alleen welkome schaduw, maar is ook sprookjesachtig mooi. De klim over de Back Table door de Disakloof is steil, maar door de fantastische fynbosvegetatie ook heel afwisselend. De rode disaorchidee bloeit in februari! De rivier de Disa ontspringt in de rotsmeren bij Hell's Gate. Van de Woodhead Dam loopt u door het dal van de Red Gods naar het bovenste kabelbaanstation. Wie daar nog toe in staat is, wandelt omlaag over de zeer steile Platteklip Gorge – anders neemt u de kabelbaan. De Hoerikwaggo Trail eindigt bij het kabelbaanstation in het dal.

# Lion's Head en Signal Hill ▶ 1, D 21

Tegenover de Tafelberg liggen deze twee bergen. **Lion's Head** kan via een prachtig wandelpad worden beklommen. De klim vanaf het beveiligde parkeerterrein duurt ongeveer een uur en gaat voor een deel langs in de rotsen bevestigde kettingen en over stalen ladders. **Signal Hill** is populair voor een *sundowner*. Van de Kloofnek loopt een prachtige weg omhoog de 350 m hoge heuvel op. Op het met camera's bewaakte, houten platform hebt u een schitterend uitzicht op de stad, de Tafelberg, de Tafelbaai, het Waterfront, Sea Point en Robben Island.

### Noon Gun

*Military Rd., bewegwijzerd vanaf hoek Bloem/ Buitengracht St., tel. 021 787 12 57; vanaf ongeveer 11.30 uur wordt het kanon met 3,1 kg kruit gevuld. Denk eraan: vanaf 11.59 uur vingers in de oren!*

Op Signal Hill staat de **Noon Gun**. Dit kanon wordt iedere dag (behalve op zo.) stipt om 12 uur afgeschoten. Wat vroeger (sinds 1806) voorbijvarende schepen de mogelijkheid gaf hun chronometer gelijk te zetten, geeft nu op oorverdovende wijze het sein voor de middagpauze. Het afvuren kunt u bijwonen.

Robben Island
▶ 1, D 21

*Dag. veerboten vanaf het V & A Waterfront om 9, 11 en 13 uur, afhankelijk van het weer, volw. 300 rand, kind 160 rand. Ticketreservering via het Cape Town Tourism Information Office: tel. 021 487 68 00 of rechtstreeks bij de Nelson Mandela Gateway naast de Clocktower aan het Waterfront: tel. 021 413 42 20. Nog beter is het voor vertrek thuis via internet tickets te reserveren: www.robben-island.org.za*

Dit kleine, voor Kaapstad gelegen eiland werd door één man wereldberoemd. Nelson Mandela bracht hier 19 van zijn in totaal 27 jaar durende gevangenschap door. Eind 1996 verlieten de laatste gevangenen, bewakers, personeelsleden en hun gezinnen en achttien waakhonden, het beruchte eiland. Enkele van de 'vrije' eilandbewoners hadden er meer dan dertig jaar gewoond. Nu is het door de UNESCO tot Werelderfgoed uitgeroepen eiland een symbool van de vrijheid. Robben Island, met een oppervlakte van 5,74 $km^2$, ligt op gezichtsafstand van Kaapstad: 9 km ten noorden van de haven en 7 km ten westen van Blouberg Beach.

Lang voor de komst van de Hollanders verbleven er al mensen op Robben Island, want destijds was het nog met droge voeten vanaf het vasteland bereikbaar. Sinds 1499, toen de Portugees Bartolomeu Dias de Kaap rondvoer, duikt het eiland steeds weer in berichten op, vooral vanwege de duizenden pinguïns en Kaapse pelsrobben die er voorkwamen. Het eiland is dan ook naar deze robben genoemd. Hier kwamen veel zeelieden die hun eentonige dieet van scheepsbeschuit wilden afwisselen met vers vlees. Ook was het veiliger om op het onbewoonde eiland aan land te gaan dan op het vasteland, waar de Khoikhoi hun vee tegen de hongerige Europeanen verdedigden.

Van natuur- en dierenbescherming had men nog nooit gehoord, zoals uit de bronnen blijkt. 'Pinguïns vangen is net zo eenvoudig als schapen bijeendrijven. Je legt gewoon planken van het strand tot in de boten en jaagt ze erin. Een lange boot kan zo ongeveer 1100 pinguïns per dag verwerken. Onze mannen vermaakten zich kostelijk met het doodknuppelen van honderden vogels.'

De Hollanders zetten vetstaartschapen uit op het eiland, die het hier goed deden en steeds door volgende scheepsbemanningen werden geslacht en door lammeren werden vervangen. Het eiland fungeerde ook als 'postkantoor': boten op weg naar India lieten in geoliede huiden ingenaaide brieven achter onder grote stenen *(postoffice stones)*, waarop vaak de aankomst- en vertrekdatum van het schip gekrast werd. Enkele van deze stenen zijn nu nog in de Slave Lodge in Kaapstad te bewonderen.

Uitstapjes rond Kaapstad

# Gevangenis- en konijneneiland

In de 17e eeuw werd Robben Island door de Hollanders als gevangenis gebruikt. De gevangenen moesten in de leisteengroeven werken of mosselen verzamelen, waaruit kalk voor de bouw van het Castle en andere stenen gebouwen werd gewonnen. Bij de restauratie van het Castle in 1985 is weer gebruikgemaakt van leisteen, afkomstig van Robben Island.

Behalve gevangenen bracht Jan van Riebeeck, de eerste gouverneur van de Kaap, in 1654 een paar konijnen naar het eiland om de voedingsmiddelen in de Kaapkolonie uit te breiden. Omdat er geen natuurlijke vijanden waren van deze vruchtbare diertjes, werden het er steeds meer. Toen kapitein Cook honderd jaar later op het eiland landde, was hij zo opgetogen over de lieve konijntjes dat hij er een paar meenam naar de oostkust van Australië. Zo veroorzaakten de knaagdieren van Robben Island de rampzalige konijnenplaag die tot op de dag van vandaag grote delen van het Australische akkerland treft.

In 1658 verbande Jan van Riebeeck zijn Khoikhoitolk Autshumato, die door de Hollanders gemakshalve Harry werd genoemd, met zijn vrienden Jan Coo en Boubo naar Robben Island. Ze werden ervan beticht de prijs voor vee te hebben opgedreven om hun mensen te steunen. Ze waren de eerste politieke gevangenen op het eiland en ook de eersten die, ondanks de verraderlijke stromingen, erin slaagden per roeiboot naar het vasteland te vluchten. Want de bronnen wijzen uit dat Harry in 1660 alweer in dienst van de Hollanders was.

Minder geluk had Makanna. De aanvoerder van de Xhosastrijdkrachten die in het vierde grensconflict met de Engelsen 10.000 man aanvoerde die naar Grahamstown optrokken, werd in 1819 naar Robben Island verbannen. Samen met twee blanke gevangenen organiseerde hij een massaontsnapping. In totaal lukte het dertig gevangenen in drie boten om de zee op te varen. Maar door de huizenhoge golven sloegen ze alle drie om. Slechts vier mannen haalden het strand. Makanna klampte zich aan een rots vast bij Blouberg en moedigde de andere uitbrekers aan tot hij zelf verdronk. Voor veel Xhosa heet Robben Island daarom nog altijd Makanna's Island, en is hij zelf een symbool van het verzet. In de daaropvolgende periode zijn steeds weer Xhosaleiders naar Robben Island verbannen.

In 1806 werd Murray's Bay, de kleine haven van het eiland, veranderd in een walvisstation. In 1820 schortte men de walvisvangst weer op, omdat de onbewaakte schepen een te grote verleiding voor de gevangenen vormden. In 1843 werden de gevangenen teruggetrokken en lepralijders en geestelijk gehandicapten op het eiland gebracht. Zij bleven daar 85 jaar, tot men ze in 1931 naar Pretoria overbracht. Een macabere herinnering aan deze tijd zijn de ketenen in de kelder van het clubhuis op het eiland, die werden gebruikt om 'waanzinnigen' in het gareel te houden.

Veel schepen liepen, al in het zicht van de Tafelbaai, op de kust van het eiland. Twee van de laatste scheepswrakken zijn nu nog te zien. Kort voor de Tweede Wereldoorlog had het Zuid-Afrikaanse leger een militaire basis op het eiland, die in de jaren vijftig door de marine werd overgenomen.

In 1961 kreeg Robben Island weer zijn oorspronkelijke functie en werd het weer een gevangenis, ditmaal speciaal voor tegenstanders van de apartheid. Na het Rivoniaproces, in 1964, werden Nelson Mandela en zeven van zijn ANC-medestrijders tot levenslange gevangenisstraf op Robben Island veroordeeld. Op dat moment was de gevangenis ingericht als extra beveiligde inrichting. Alle bewakers waren blank, alle gevangenen zwart. De enige taal die de bewakers verstonden en spraken, was de taal van de onderdrukkers: Afrikaans. De omstandigheden, vooral in het begin, waren zwaar. De gevangenen moesten, ondanks het vooral in de winter stormachtige en koude weer, een korte broek en een dun jasje dragen. Tot 1973 sliepen de politieke gevangenen, onder wie Mandela, op een dunne mat op de grond. Net als aan de anderen, was hem een 2 m² grote cel toegewezen, waarin hij zestien uur per dag moest doorbrengen. In de jaren zestig mochten de gevangenen slechts één brief per halfjaar schrijven of ontvangen.

## Een gedetineerde wordt president

Al in 1966 vond de eerste hongerstaking plaats voor betere omstandigheden. Pas vanaf 1978 mochten de gevangenen luisteren naar het nieuws en in 1980 werden ongecensureerde kranten toegestaan. In zijn autobiografie *De lange weg naar de vrijheid* beschrijft Nelson Mandela het eiland als een universiteit, omdat vrijwel alle ANC-leiders hier gevangen zaten en zo in staat waren hun jongere kameraden iets te leren en van hen weer iets te horen over de gebeurtenissen in de rest van de wereld.

Een zorgvuldig voorbereid vluchtplan voor Mandela en zijn medegevangenen, met inzet van helikopters, werd in 1981 op het laatste moment door een veto van het ANC in ballingschap verijdeld. In 1982 werden de Rivoniagevangenen, onder wie Nelson Mandela, naar de Pollsmoorgevangenis in het stadsdeel Tokai in Kaapstad overgebracht. Enkele jaren later, toen de antiapartheidsprotesten op hun hoogtepunt waren, werden honderden nieuwe gevangenen naar het eiland vervoerd.

In februari 1996 kwamen de voormalige politieke gevangenen en latere leiders van Zuid-Afrika op het eiland bij elkaar. Allemaal pakten ze een steen op en legden deze voor de kalksteengroeve neer. Het glimmend witte kalksteen heeft Mandela's gezichtsvermogen voorgoed beschadigd. Sinds op 1 januari 1997 het Department of Arts and Culture, Science and Technology het beheer van het Robben Island heeft overgenomen van Justitie, zijn er excursies mogelijk naar het eiland, dat voorheen alleen vanaf de zee te bezichtigen was.

Op het eiland leven nog altijd veel wilde dieren, waaronder herten, elandantilopen en spring-, steen- en bontebokken. Er komen almaar meer Kaapse pelsrobben terug en ook de pinguïnkolonie groeit weer. De meeuwenbroedkolonie is de grootste van het hele zuidelijk halfrond. Toeristen worden in minibussen over het eiland gereden en bezichtigen zowel de gevangenis als de kalksteengroeve, waarin Nelson Mandela en zijn medegevangenen moesten werken. De excursies duren, inclusief de overtocht per boot, drieënhalf uur en kunnen elke dag worden ondernomen. Gidsen zijn vaak voormalige gevangenen of bewakers.

## Townships ▶ 1, D 21/22

Naast de bekende rondleidingen door het beroemdste township van Zuid-Afrika, Soweto bij Johannesburg, bestaat ook in Kaapstad en Hout Bay de mogelijkheid de andere kant van Zuid-Afrika te leren kennen. In de townships klopt het Afrikaanse hart van het land. Het meest verrassend is de vriendelijkheid waarmee de toerist hier wordt bejegend. Volwassenen en kinderen zwaaien welgemeend en stellen het bezoek van de toeristen zeker op prijs (zie 'Kaapstad Township Tour' blz. 158).

U zult zich meteen welkom voelen in een township, en niet als indringer of pottenkijker gezien worden. Dit was vroeger het centrum van het verzet tegen het apartheidsregime. Kleurlingen, ofwel *coloureds*, werd in 1948, toen de apartheid door de National Party officieel tot staatspolitiek werd uitgeroepen, het stemrecht ontzegd, maar ze hadden wel meer rechten dan de zwarten. Omdat er voor hen geen thuislanden waren als Transkei en Ciskei, werd de tegenwoordige Western Cape Province *Coloured preference area*.

Zwarten konden daar alleen werk vinden, als er geen blanken of *coloureds* waren die de baan wilden. Omdat er voor de zwarten natuurlijk geen huizen werden gebouwd, schoten in de zandvlakten ten oosten van Kaapstad illegale krottenwijken als paddenstoelen uit de grond. De regering liet bulldozers aanrukken, maakte alles met de grond gelijk en deporteerde de zwarten terug naar 'hun' thuisland. Een paar weken later stonden de eerste golfplaathutten er weer.

Tientallen jaren lang probeerde de regering *squatter camps* als Crossroads, broedplaatsen

## KAAPSTAD TOWNSHIP TOUR

### Informatie
**Begin:** Kaapstad City
**Duur:** 6 uur–1 dag
**Kosten:** 550–650 rand/p.p.
**Aanbieder:** zie blz. 161

**Belangrijk:** maak niet op eigen houtje een uitstapje naar de townships. Uitzondering: de route naar Mzoli's Meat in Gugulethu vanaf de N 1.

Met holle ogen staren de op een verweerde houten tafel uitgestalde schapenkoppen me aan. Het zijn er wel een dozijn. Ze liggen daar allereerst in de zon te drogen. Vervolgens beginnen enkele vrouwen het haar van de koppen weg te schroeien, doorgaans met een in een houtvuur tot gloeien verhitte bladveer. De vrouwen schrobben de koppen nauwgezet schoon tot deze volkomen glad en kaal zijn. Tot slot worden de koppen in een kookpan gedaan en in zo'n vier uur gaar gekookt. Het resultaat is de *smiley*, in de townships een absolute delicatesse. 'Een hele kop kost 40 rand, een halve 20', zegt Mama Mandisa, de eerste zwarte vrouw die in 1994 townshiprondleidingen ging organiseren. 'En ze worden *smiley* genoemd, omdat tijdens het gaarkoken hun lippen omhoogtrekken en de tanden zichtbaar worden. Het allerlekkerste

Townships

is de tong. Bij een halve *smiley* wordt deze dan ook precies doormidden gesneden.' Mandisa laat me daarna ook nog zien hoe in een donkere, berookte hut van golfplaat het traditionele maisbier wordt bereid. Het ziet eruit als muesli en wordt door de vrouwen gebrouwen, maar door de mannen gedronken. Gelukkig hoef ik niet zelf te proeven van de *smileys* of het bier. Mandisa haalt haar gasten op bij hun hotels of pensions, of ze overnachten gewoon bij haar in het **Bonani Bed & Breakfast** (32 Pieke St., tel. 021 531 42 91, www.bonanibandb.co.za).
Een verplichte stop tijdens de rondleidingen met **Bonani Our Pride Tours** (tel. 021 5 31 42 91, www.bonani tours.co.za) is het al in 1926 opgerichte **Guga S'Thebe Arts and Culture Centre**, een kunst- en cultuurcentrum in Langa, een van de oudste townships in Zuid-Afrika. Hier wordt kunstnijverheid gemaakt en verkocht. In het achterste deel van het complex werd het Guga Children's Theatre gebouwd, een internationaal samenwerkingsproject tussen twee Duitse hogescholen, een Amerikaanse universiteit, een Duits architectuurtijdschrift, de Kaapstadse architecte Carin Smuts en diverse andere partners. Het project werd uitgevoerd als 'design-build' (www.designdevelopbuild.com) wat inhoudt dat architectuurstudenten uit Duitsland het gebouw ontwierpen, planden en vervolgens zelf bouwden. Het project maakt deel uit van de exposities van World Design Capital Cape Town.
De tocht wordt vervolgd door smalle stegen met aan weerszijden hutjes van golfplaat. In deze *shacks* zijn allerlei soorten handeltjes te vinden, van barbier tot fietsenmaker, van kruidenier tot timmerman. Schapen en kippen worden hier levend verkocht. We blijven staan bij een afgedankte container waarvan het duistere binnenste tot de nok toe gevuld is met dierenvellen, hoorns, baviaanpoten, pythonhuiden, pennen van stekelvarkens en ontelbare flesjes en glazen potten met nogal schimmig lijkende inhoud. Het is de praktijk van de plaatselijke medicijnman. 'Behalve aids kan hij alles genezen,' zegt Mandisa. 'Aids is te nieuw voor traditionele *sangoma's*.'
Het moderne contrast hiermee vormt **Department of Coffee** (158 Ntlazane St., tel. 073 300 95 19, Facebook: Department of Coffee), de eerste trendy coffeeshop in het township met cappuccino, caffe latte enzovoort, wel geserveerd door dikke ijzeren traliehekken. Drie werkloze jongeren hebben deze inmiddels zeer succesvolle coffeeshop bij het treinstation van Khayelitsha opgezet. Hiervoor wasten zij auto's. Er staan nog andere townshipfilialen van de firma op stapel.
Innovatieve projecten zijn het hoofdthema van de townshiprondleidingen van James onder de naam **Uthando**, een woord in de Xhosataal dat 'liefde' betekent (www.uthandosa.org). Samen met zijn zwarte partner Xolani brengt hij fair-tradeondernemingen onder de aandacht van de bezoekers. Zijn non-profitbedrijf steunt duurzame projecten. Heel interessant is 'Harvest of Hope', 'Oogst van de hoop', een moestuinproject op 10.000 m² ooit nagenoeg onvruchtbare stadsgrond. Zelfs het chique Mount Nelsonhotel in de City koopt hier inmiddels de biologische groenten voor zijn restaurant Planet. Zo'n 400 gezinnen in de rijkere stadswijken worden bovendien regelmatig voorzien van spinazie, uien en broccoli. Een deel van de tuin mogen de arbeiders voor eigen verbruik bebouwen. Organisch gas en kunstmest worden ter plaatse geproduceerd.
Op slechts enkele minuten afstand leiden de Thokozany Brothers jongeren op tot koorzangers. Ze worden zelfs uitgenodigd naar het buitenland. Terecht, de kinderen zingen fantastisch en met zulke indringende stemmen dat de golfplaatwanden ervan trillen.
Uthando en Bonani houden rekening met specifieke wensen van hun bezoekers en passen het bezichtigingsprogramma desgewenst aan. Ook mag er altijd gefotografeerd worden. In de townships zijn overal mogelijkheden om boeiende foto's te maken en de bewoners zijn trots dat buitenlandse toeristen belangstelling tonen voor hun levensstijl ver van de glitterwereld in het Waterfront.

Uitstapjes rond Kaapstad

van het zwarte verzet, volledig van de kaart te vegen. Bij de laatste poging, tussen mei en juni 1986, werden circa 70.000 mensen uit hun huizen verdreven, honderden kwamen daarbij om het leven. Ook deze wrede aanslag had geen succes. De regering besloot het onvermijdelijke te accepteren en dan maar de levensvoorwaarden te verbeteren. Sinds de democratische revolutie breidden de nieuwe townships in Khayelitsha en Mitchell's Plain zich snel uit.

De vier belangrijkste townships zijn **Langa** (Zon), **Gugulethu** (Onze Trots), **Crossroads** en **Khayelitsha** (Nieuw Thuis). Daar wonen bijna uitsluitend Zuid-Afrikanen van de Xhosastam, waartoe ook oudpresident Nelson Mandela behoorde.

## Langa en Gugulethu

Het township **Langa** werd al in 1923 gebouwd als tijdelijke nederzetting voor seizoenarbeiders. Tegenwoordig leven er in het 3 km² grote gebied ongeveer 83.000 mensen. Wie er niet terecht kon, week uit naar het in 1958 gestichte en 6,16 km² grote **Gugulethu**, waar inmiddels ongeveer 260.000 mensen wonen.

Het ware succesverhaal in dit township is **Mzoli's Meat** (ook bekend als Kwa-Mzoli, Mzoli's Place of Mzoli's Butchery, zie foto blz. 161), een slagerij met restaurant. Sinds de opening in 2003 is dit het populaire trefpunt voor inwoners van Kaapstad van elke huidskleur – en een toeristische attractie. Mzoli's is genoemd naar zijn eigenaar, Mzoli Ngcawuzele, die met dit idee een van de succesvolste zwarte ondernemers van Kaapstad werd. De 'zaak' ligt 15 km ten zuidoosten van het centrum van Kaapstad en is in feite een markt met een snackbar, waar vlees van uitstekende kwaliteit wordt verkocht, dat de klanten daarna boven de vuren binnen kunnen laten roosteren. Eten gebeurt buiten aan plastic tafels onder een reusachtig zonnescherm, terwijl Afrikaanse hiphopmuziek uit enorme luidsprekers bonkt – het echte townshipgevoel is hier gegarandeerd. Er wordt gedanst, de stemming is aanstekelijk. Mzoli's biedt behalve eten ook livemuziek en is *de* plek voor deep-house en kwaito. In sommige weekenden komen er wel 2000 bezoekers naartoe. Wie het toch niet aandurft om helemaal op eigen houtje te gaan, kan er ook naartoe met een georganiseerde Township Tour; gewoon van tevoren informeren of de plaats ook op het programma staat.

## Crossroads en Khayelitsha

**Crossroads**, met ongeveer 95.000 inwoners, bestaat nog altijd, maar veel golfplaatbehuizingen zijn door permanente woningen vervangen. Khayelitsha is de grootste nederzetting: het heeft een oppervlakte van 34 km² en telt meer dan een miljoen mensen!

De werkloosheid in alle townships loopt op tot ongeveer 50%. *Zenzele* is een woord uit de Xhosataal dat 'doe het zelf' betekent. De naam zegt het eigenlijk al. Het gelijknamige project in Khayelitsha leidt voor weinig geld ongeschoolde vrouwen en mannen op. Het wordt gefinancierd door de verkoop van zelfgemaakte T-shirts en jurken aan grote warenhuizen, zoals Woolworth en Truworth. In het township Langa maken alleenstaande moeders in het Philaniproject bedrukt textiel dat inmiddels in de hele wereld aftrek vindt. Niet zelden eindigen de prachtige stoffen in designerwinkels en boetieken – ver weg dus van de plaats waar ze vandaan komen.

### Informatie
**Sivuyile Tourism Centre:** Gugulethu, tel. 021 637 84 49, een filiaal van Cape Town Tourism. Behalve informatie is hier ook veel kunstnijverheid uit de townships te krijgen.

### Accommodatie
Een beetje avontuurlijk ingestelde toeristen zullen een overnachting in een van de bed and breakfasts in de townhips best kunnen waarderen. Die mogelijkheid bestaat in Khayelithsa, Gugulethu en Langa. De kamers zijn eenvoudig, maar brandschoon en de uitbaters uitgesproken vriendelijk – een unieke kans om de andere kant van Kaapstad te le-

# Townships

*Mzoli's Meat in township Gugulethu*

ren kennen. Inclusief Afrikaans ontbijt met de hele familie.

B&B's in de townships – **Majoro's B&B:** Khayelithsa, tel. 021 361 34 12 of 082 537 68 82, mmaile@ananzi.co.za; 2 pk met badkamer 700–950 rand. **Kopanong:** Khayelitsha, tel. 021 361 20 84 of 082 476 12 78, www.kopanong-township.co.za; 450 rand p.p. in een 2 pk. **Vicky's B&B:** Khayelitsha, tel. 082 225 29 86 of 021 387 71 04, 2 pk 600 rand. De oudste B&B in de townships, geopend in 1998. **Ma Neo's:** Langa, tel. 021 694 25 04; 300 rand p.p. in een 2 pk. **Malebo's B&B:** Khayelitsha, tel. 021 361 23 91 of 083 475 11 25, 450 rand p.p. in een 2 pk incl. diner. **Liziwe's Guest House:** Gugulethu, tel. 021 633 74 06, www.lungis.co.za; 2 pk 350 rand.

## Eten en drinken

Een aanrader voor een typische townshipmaaltijd is **Igugu Le Africa** in Khayelitsha, tel. 021 3 64 33 95 of 072 6 11 57 86. In Langa exploiteert de **Eziko**-koksopleiding een restaurant waar aankomende koks laten zien wat ze kunnen, tel. 021 6 94 04 34.

## Winkelen

Souvenirs en kunstnijverheid – **The Khayelitsha Craft Market:** tel. 021 3 64 96 60, ma.–vr. 9–14 uur. Handgemaakte kleding, sieraden, kunstnijverheid (onder andere aardewerk) direct van de makers in het grootste township van Kaapstad.

## Actief

Georganiseerde rondleidingen door de townships kosten, afhankelijk van de duur en de aanbieder, tussen 450 en 650 rand p.p. (voor meer details zie de websites):

Townshiptours met gids – **Cape Rainbow Tours:** tel. 021 551 54 65, www.caperainbow.com. **Bonani Our Pride Tours:** tel. 021 531 42 91, www.bonanitours.co.za (zie blz. 159). **Uthando:** tel. 021 683 85 23, www.uthandosa.org. Liefdevol gegeven privérondleidingen van een halve dag waarbij bezoekers veel te weten komen over sociale projecten in de townships (zie blz. 159). **Nomvuyo's Tours,** tel. 083 372 91 31, www.nomvuyos-tours.co.za. Rondleiding door Khayelitsha met accent op persoonlijk contact met de bewoners.

## Hoofdstuk 2

# Kaapschiereiland en Wijnland

Ten zuiden van Kaapstad kunt u het adembenemend mooie Kaapschiereiland via prachtige kustwegen verkennen. Wat de Kaapmetropool zo uniek maakt, is de ligging aan de rand van een nationaal park, dat bij de Tafelberg begint en zich uitstrekt tot Kaap de Goede Hoop. Er komen hier wilde dieren voor zoals walvissen, pinguïns en bavianen.

Kalk Bay is bekend vanwege zijn antiekwinkels, waar u met gemak urenlang kunt rondsnuffelen. Simon's Town heeft een grote hoeveelheid prachtig bewaard gebleven historische gebouwen te bieden. Buiten deze plaats ligt een van de grootste attracties van het gebied, de pinguïnkolonie op Boulders Beach. Vol bochten loopt de weg verder naar de Kaap. De kans dat u een van de hier levende bavianenclans tegenkomt, is bijzonder groot. Het Cape of Good Hope Nature Reserve beslaat de zuidpunt van het schiereiland. Behalve naar Cape Point en Kaap de Goede Hoop kunt u ook over een van de vele verlaten zijweggetjes naar de zee gaan. Het spectrum aan prachtige wandelingen reikt van de korte Shipwreck Trail tot de twee dagen durende Cape of Good Hope Hiking Trail.

De spectaculairste kustweg van het land is de Chapman's Peak Drive tussen Noordhoek en Hout Bay – de mooiste baai van het Kaapschiereiland. Kort voor Kaapstad lokken de trendy stranden van Camps Bay en Clifton. Om te zwemmen is de Atlantische Oceaan echter te koud, op deze stranden gaat het vooral om het zien en gezien worden.

Ten noorden van Kaapstad, al in de voorsteden, begint het Zuid-Afrikaanse Wijnland, waar uitstekende wijn wordt gebotteld, die ter plaatse in zeer goede restaurants kan worden geproefd. De 'gourmetmetropool' van Zuid-Afrika is Franschhoek, midden in het hart van het Wijnland.

*Herfst in april: de druivenoogst in Zuid-Afrika vindt een half jaar eerder plaats dan in Europa*

# In een oogopslag: Kaapschiereiland en Wijnland

## Hoogtepunten

**Boulders Beach:** hier kunnen bezoekers een unieke kolonie zwartvoetpinguïns in het echt zien (zie blz. 178).

**Cape of Good Hope Nature Reserve:** dit natuurreservaat ligt op de meest zuidwestelijke punt van Afrika en beschikt over veel mooie zijweggetjes als alternatief voor de drukke hoofdroutes op Cape Point en naar de Kaap (zie blz. 178).

## Fraaie routes

**Boyes Drive:** de bergweg tussen Muizenberg en Kalk Bay biedt op veel plaatsen fraai uitzicht en doet aan soortgelijke kronkelige tracés in Zuid-Frankrijk denken. Hier zijn haaispotters aangesteld, die surfers in de baai voor de witte zeeroofdieren waarschuwen (zie blz. 174).

**Van Scarborough naar Kommetjie:** zoals deze zeer hobbelige, smalle asfaltweg hoog boven de zee en de vuurtoren van Slangkop zagen vroeger alle wegen op de Kaap eruit, maar het vaak spectaculaire uitzicht over de kust helpt om de vele kuilen in het wegdek te accepteren (zie blz. 183).

**Chapman's Peak Drive:** deze prachtige, uit de rotsen geblazen kustweg is een droom voor elke automobilist en biedt telkens weer spectaculaire uitzichten op zee (zie blz. 185).

**Franschhoek Pass:** deze schitterende weg over de pas roept bijna alpinistische sentimenten op. In de winter ligt hier soms zelfs sneeuw (zie blz. 204).

## Tips

**Openluchtconcert in Kirstenbosch:** de namiddag- en avondconcerten 's zomers in de botanische tuin roepen het ware Kaapstadgevoel op (zie blz. 166).

**Met de stoomlocomotief naar Simon's Town:** dit prachtig gerestaureerde exemplaar tuft heen en weer tussen Kaapstad en Simon's Town op het Kaapschiereiland (zie blz.176).

**Oldtimermusea:** deze twee op circa een half uur rijden van elkaar gelegen automusea zouden niet verschillender kunnen zijn. Het **Wijnland Auto Museum** is een veredeld autokerkhof met slapende schoonheden, het **Franschhoek Motor Museum** een van de aantrekkelijkste musea van de wereld in zijn soort (zie blz. 195).

*Bonte kleedhokjes op het strand van St. James*

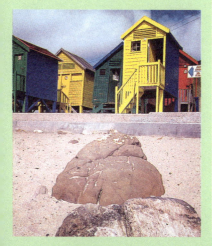

**Naar haaien duiken en kijken in False Bay:** hier bestaat de mogelijkheid om de tot wel negen meter lange killers van de zee onder water vanuit een kleine stalen kooi te observeren. Wie dat wat al te dichtbij vindt, kan in plaats daarvan vanuit een boot toekijken hoe de witte haaien zeerobben vangen (zie blz. 172).

**Wandelen bij Kaap de Goede Hoop:** twee prachtige wandelingen kunnen er gemaakt worden – over de Cape of Good Hope Trail en de Shipwreck Trail – door ongerepte natuur of naar een van de scheepswrakken aan de kust (zie blz. 180).

**Paardrijden in het Wijnland:** hoog te paard van het ene wijngoed naar het andere trekken – een nogal bijzondere manier om van het edele vocht te genieten (zie blz 200).

# Kaapschiereiland

De ruim 160 km lange tocht rond het Kaapschiereiland is een van de spectaculairste dagtochten in Zuid-Afrika. Onderweg naar de Kaap ziet u enkele hoogtepunten: adembenemende kustwegen, droomstranden, pinguïns en bavianen, walvissen en witte haaien. Wie meer tijd heeft, kan in het Cape of Good Hope Nature Reserve over de Kaap wandelen.

## Kirstenbosch Botanical Gardens ▶ 1, D 21

**Kaart:** blz. 169
*Rhodes Drive, tel. 021 799 87 82, www.sanbi. org/gardens/kirstenbosch, sept.–mrt. 8–19, apr.–aug. 8–18 uur, toegang volw 50 rand, kind 10 rand. Tickets, ook voor de Kirstenbosch-zomerconcerten, kunnen online gereserveerd worden via www.webtickets.co.za*

De oudste en grootste botanische tuin van Zuid-Afrika is de **Kirstenbosch Botanical Gardens** 1 . Deze ligt ten zuiden van Kaapstad, direct achter de Tafelberg, en is via de M 3 te bereiken. Het is ironisch dat de tuin de naam draagt van de eerste Hollandse houthakker die hier aan het werk ging: Johan Frederick Kirsten. Het land was oorspronkelijk eigendom van Henry Alexander, een koloniaal secretaris. In 1895 kocht Cecil Rhodes het, die het na zijn dood in 1902 aan het Zuid-Afrikaanse volk naliet om er een botanische tuin op aan te leggen. Dat gebeurde door de Boerenoorlog pas na 1913.

Van de meer dan 5 km², die bij Kirstenbosch horen, is slechts een deel in cultuur gebracht. De tuin op de helling van de Tafelberg heeft zowel serieuze botanici als amateurtuiniers, maar ook gezinnen met een picknickmand veel te bieden. Ongeveer 9000 van de in totaal 22.000 plantensoorten uit Zuidelijk Afrika gedijen hier. Er bloeit haast altijd wel wat. De beste tijd voor Kirstenbosch is half augustus tot half oktober. In het Kalahari/Namaqualandgedeelte van de futuristische kas groeien apenbroodbomen, kokerbomen en andere woestijnplanten.

De Braille Trail leidt blinden en slechtzienden langs varens en mossen met uitleg in braille, in de geurtuin *(fragrance garden)* is aromatherapie mogelijk en in de kruidentuin *(herb garden)* groeien de uiteenlopendste kruiden, die voor een deel uit Europa zijn geïmporteerd en voor een deel al eeuwenlang door Khoi en San werden verzameld en in hun natuurlijke geneeskunst toegepast.

Een overblijfsel uit het verleden is Van Riebeecks Heg *(Van Riebeeck's hedge)*, die hij in 1660 van wilde amandelbomen liet planten om zijn bevoorradingsstation te beschermen tegen aanvallen van de Khoi. De enorme kamferbomen en eiken die Rhodes in 1890 liet planten, geven in de zomer veel schaduw. Een dergelijk groot aantal planten trekt ook veel vogels aan, waaronder de rood-zwarte Afrikaanse paradijsmonarch *(paradise flycatcher)* met zijn lange staart, de ragfijne Kaapse suikervogel *(sugarbird)* en de felgekleurde emerald- en oranjeborsthoningzuiger *(malachite* en *orangebreasted sunbird)*, die als helikoptertjes in de lucht hangen om met hun lange snavels de nectar uit de bloemen te zuigen.

Op zwoele zomeravonden verandert de tuin in een concertzaal. Honderden *Capetonians* maken het zich dan gemakkelijk op de uitgestrekte gazons, met hun goedgevulde picknickmanden en gekoelde wijn, terwijl

*Een tuin als concertzaal:*
*Kirstenbosch Botanical Gardens*

op het podium muziek wordt gemaakt door het Cape Town Symphonic Orchestra of uiteenlopende townshipbands, van jazz tot rock en blues. Grote namen als Elton John, Bryan Adams, Art Garfunkel, Johnny Clegg en Miriam Makeba hebben hier opgetreden.

Van de tuin loopt het Skeleton Path door de gelijknamige kloof rechtstreeks naar de Tafelberg. Tijdens de regering van Jan van Riebeeck zou een uit het Duitse Rijk afkomstige VOC-soldaat zijn gedeserteerd nadat hij een zwarte slavin, op wie hij verliefd was, had bevrijd. De twee vluchtten de wildernis rond de Tafelberg in en probeerden daar vergeefs te overleven. Jaren later vonden soldaten hun skeletten in een kloof die daarom tot op de dag van vandaag Skeleton Gorge heet.

Ter gelegenheid van het honderdjarig bestaan van de tuin werd in 2014 de voor vijf miljoen rand aangelegde **Centenary Tree Canopy Walk** geopend, ook wel *The Boomslang* genoemd. Een 130 m lange brug van staal en hout tilt u boven de bomen en hun kronen uit. Vanuit de hoogte hebt u een prachtig uitzicht op de omringende bergen, de tuin en de Cape Flats. Deze skyway is tussen de boomtoppen bijna onzichtbaar. Voordelen: én rolstoelvriendelijk én gratis.

Voor de bezoekers zijn er een lifestyleshop en twee restaurants: het ene is formeel te noemen, in het andere komen kleine gerechten op tafel of kunt u een picknickmand laten samenstellen die op een van de mooie gazons kunnen worden uitgepakt.

# Constantia en omgeving ▶ 1, D 21/22

**Kaart**: blz. 169

## Steenberg Farm

*Steenberg Rd., Tokai, tel. 021 713 22 11, www. steenbergfarm.com, ma.–vr. 9–16.30, za. 9.30–13.30 uur, wijnproeven vanaf 25 rand p.p.*
In **Constantia** 2 werden de eerste wijnstokken van Zuid-Afrika geplant. De **Steenberg Farm** 3 is meer dan 300 jaar oud en daarmee het alleroudste wijngoed van Zuid-Afrika (Steenberg Road, Tokai). De geschiedenis van de eerste eigenares zou de basis voor een historische thriller kunnen zijn. In 1662, slechts tien jaar nadat Van Riebeeck het 'gasthuis van de zeeën' (= Kaapstad) had 'geopend', kwam een 22-jarige weduwe uit Lübeck op de Kaap aan. Catherina Ustings weerstond niet alleen de zware omstandigheden van de zeereis, maar ook de tegenwerking die een alleenstaande vrouw destijds te verduren had en werd daarna nog driemaal weduwe. Eerst trouwde ze de soldaat en vrije burger Hans Ras, die een aanval met een mes in de huwelijksnacht overleefde, maar later bij een aanval van een leeuw, die toen nog veel rond de Tafelberg voorkwamen, minder geluk had. Haar tweede echtgenoot werd door inheemse Afrikanen gedood, en haar derde door een olifant vertrapt.

Echtgenoot nummer vier was Matthys Michelse; tegelijkertijd werd Catherina de minnares van de toenmalige gouverneur van de Kaap, Simon van der Stel, die overigens de eerste van gemengde afkomst en dus *coloured* was, wat in veel geschiedenisboeken in het verleden maar al te graag werd verzwegen. Catherina haalde Simon er niet alleen met inzet van haar charmes toe over haar de boerderij Swaaneweide aan de voet van de Steenberg af te staan. Swaaneweide heet zo omdat de eerste blanken de hier in het wild voorkomende nijlganzen voor zwanen aanzagen. Helemaal onder de indruk van de ongewoon zelfbewuste vrouw gaf Simon toe. Catherina en haar vierde man bouwden in 1682 hun eerste huis op de boerderij. Simon van der Stel trok zich op hetzelfde moment terug op zijn buitenplaats, het naastgelegen wijngoed Groot Constantia.

Catherina was een bekende persoonlijkheid aan de Kaap. Toen de politiecommissaris baron Van Rheede en zijn mensen tijdens een patrouille op de vlakte aan de voet van de Steenberg bij haar kwamen lunchen, sprak de baron zijn waardering uit over de kwaliteit van het eten, maar uitte ook enige twijfels over deze lady, die 'zonder zadel, als

# Constantia en omgeving

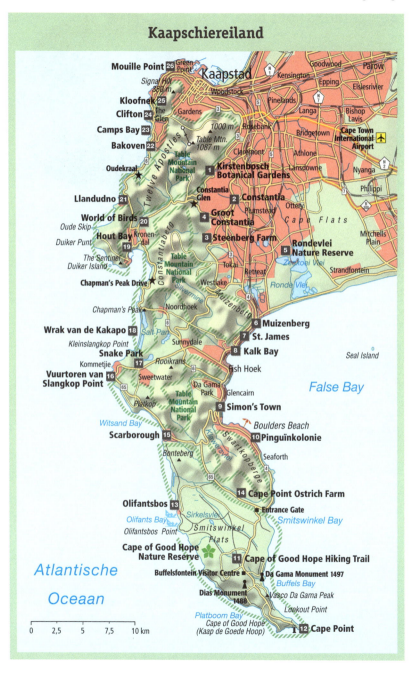

# Een paradijs voor bikers

Of het nu met een Harley-Davidson op de Amerikaans aandoende Route 62 is of met een BMW Enduro op een van de onverharde wegen naar Die Hel: Zuid-Afrika is een paradijs voor bikers. Er zijn verschillende verhuurders in het land en bedrijven organiseren motorritten met gids door verschillende streken in Zuid-Afrika.

De mooiste routes voor motorrijders liggen op het Kaapschiereiland. Zelfs in de City van Kaapstad zijn twee mooie trajecten te vinden: de weg naar de Signal Hill en de Tafelbergweg naar het dalstation van de kabelbaan en dan naar het parkeerterrein van Devil's Peak. De bochtige Chapman"s Peak Drive (tol) kunt u het best 's middags vanuit Noordhoek berijden. Dan is het licht beter. Wie hem meer dan één keer achter elkaar wil afleggen, moet, om het tolgeld maar één keer te hoeven betalen, op zijn laatst omkeren bij het uitzichtpunt Chapman's Peak. In Hout Bay, aan het begin van Zuid-Afrika's aantrekkelijkste motortraject, heeft de sympathieke Duitser Pierre Dohrmann zijn verhuurbedrijf voor Harley's geopend. U zou hier uw huurauto een halve of hele dag kunnen verruilen voor zo'n pruttelende tweecilinder. Ook helmen, jacks en handschoenen zijn hier te huur (www.cuincapetown.co.za).

Nog een feest van bochten belooft de R 44 langs de kust tussen Gordon's Bay en Kleinmond, met een omweg naar de ingang van de Steenbras Dam.

Ook de Franschhoek Pass behoort zonder meer tot de top tien van droomwegen voor motorrijders aan de Kaap. De Bain's Kloof Pass, tussen Wellington en Tulbagh, is weliswaar geasfalteerd en zeer bochtig en ligt midden in een magnifiek landschap, maar hij is zo hobbelig dat hij alleen goed te berijden is met een enduro.

Route 62 tussen Montagu en Oudtshoorn door de Kleine Karoo is meer een weg om rustig overheen te glijden. Deze streek is echter ook een paradijs voor endurorijders. Hier vindt u pareltjes als de ongeasfalteerde Swartberg Pass en de kilometerslange, avontuurlijke steenslagwegen naar Die Hel.

Een echt enduroavontuur is de doorkruising van de Baviaanskloof in de Eastern Cape Province. Een verlaten landschap, steile steenslagpassen, stoffige wegen en een paar pittige rivieren.

In de rest van het land zijn de omstandigheden voor bikers niet zo ideaal. In alle nationale parken zijn tweewielers verboden en veel verbindingswegen zijn zeer lang en eentonig. Een hoogtepunt is echter Mpumalanga met zijn prima aangelegde Highveldwegen. De aantrekkelijkste route is hier het rondje tussen Graskop, Pilgrim's Rest, Lydenburg en Sabie, over de Long Tom en de Robbers Pass. Ook de R 532 over de Abel Erasmus Pass en langs de bovenste rand van de Blyde River Canyon is de moeite waard. Motorrijders uit Johannesburg leven zich het liefst uit in de Magaliesberge ten noordwesten van de hoofdstad.

## Constantia en omgeving

een indiaan, rijdt' en 'wier kinderen eruitzien als Braziliaanse kannibalen'. In 1695 verkocht Catherina de boerderij en trok het dal van de Bergrivier in. Op het terrein van de oude boerderij staat nu het smaakvolle Steenberg Hotel. Waar vroeger Catherina's wilde kinderen rondrenden, spelen tegenwoordig hotelgasten golf op een 18 holesbaan.

## Groot Constantia

*Tel. 021 794 51 28, www.grootconstantia.co.za, ma.–zo. 9–17 uur, wijnproeven 25 rand p.p.*
Ook de buitenplaats van Simon van der Stel staat open voor toeristen. In het complex van het tien jaar later gebouwde **Groot Constantia** 4 zijn behalve een wijnmuseum ook twee restaurants gevestigd (Groot Constantia Road). Het Kaaps-Hollandse herenhuis behoort tot de meest gefotografeerde in het land en wordt vaak ten onrechte aangemerkt als het oudste wijngoed van Zuid-Afrika. Het is ontworpen door de Franse architect Louis Thibault, de fries en het beeld in de nis zijn van de Duitse beeldhouwer Anton Anreith. Thibault en Anreith hebben aan zeer veel historische gebouwen in en rond Kaapstad meegewerkt. Behalve het herenhuis zijn er op dit landgoed nog andere historische gebouwen te bezichtigen, zoals bijvoorbeeld de in 1791 aangelegde Cloetewijnkelder.

Al in de 18e eeuw werden Constantiadruiven over de hele wereld geëxporteerd, en ook nu nog worden hier en op de naburige wijngoederen Buitenverwachting en Klein-Constantia uitstekende wijnen geproduceerd. Wijn proeven behoort tot de mogelijkheden; de drie wijngoederen maken deel uit van de duidelijk met borden aangegeven Constantia Wine Route. Probeer in ieder geval eens de beroemde dessertwijn *Vin de Constance*, waarvan Napoleon al een groot liefhebber was.

## Constantia Glen

*Tel. 021 795 56 39, www.constantiaglen.com*
Een van de nieuwere wijngoederen in deze streek is **Constantia Glen**. Van Hout Bay rijdt u over de Constantia Nek en neemt u bij de rotonde de tweede afslag. Hier begint de Constantia wijnroute. U rijdt bergafwaarts en ziet onderaan de berg aan uw rechterhand de oprit naar het wijngoed. De wijnproeverij in een bijna Toscaans aandoend landschap wordt door de geserveerde ham-, worst- en kaasplateaus tot een fijnproeversgenot – een uitstekend alternatief voor de klassieke wijngoederen van Constantia. De auteur van deze gids doet op zijn tours (zie blz. 147) Constantia Glen altijd aan.

### Accommodatie

Waar de wijnbouw begon – **Steenberg Hotel:** Steenberg Farm, Constantia, tel. 021 713 22 22, www.steenbergfarm.com/hotel. In 1682 gebouwd wijngoed, in vier als monument erkende gebouwen, die omgeven zijn door wijnstokken en een 18 holesgolfbaan, met 19 luxueus ingerichte kamers. 2 pk met ontbijt vanaf 2650 rand.

Chic landgoed in de stad – **Greenways:** 1 Torquay Ave., Upper Claremont, tel. 021 761 17 92, www.greenways.co.za. Klein boetiekhotel in een gerenoveerd historisch complex met een uitgestrekte tuin. 14 kamers en suites. Inpandig restaurant Ashton, zwembad in de tuin. 2 pk met ontbijt vanaf 2200 rand.

### Eten en drinken

Duitse keuken – **Raith Gourmet:** High Constantia Farm Stall, Main Rd., tel. 021 794 17 06, www.raithgourmet.com, ma. 9–16, di.-zo. 8–16 uur, gerecht circa 60 rand. Eerst zat Raith, het eetmekka voor Kaapduitsers, alleen in het Gardens Centre in de stad. Maar sinds een tijdje nu ook hier met tafeltjes buiten onder oude bomen. *Weißwürste*, *Leberkäsbrötchen* en *Käsespätzle* zijn hier het middel tegen heimwee. Het worstassortiment is voor Zuid-Afrikaanse begrippen overweldigend. Ook *Kaffee und Kuchen*, beide prima.

Luxeboerderijwinkel – **Chardonnay Deli:** 87 Constantia Main Rd., tel. 021 795 06 06, www.chardonnaydeli.co.za. Lichte huisgemaakte gerechten met superverse, biologisch geteelde ingrediënten, op slechts enkele meters van Raith Gourmet. Heerlijke, dagelijks wisselende ontbijten en lunches (45–110 rand).

## NAAR HAAIEN DUIKEN EN KIJKEN IN FALSE BAY

**Informatie**
**Kaart:** blz. 169
**Begin:** haven van Simon's Town
**Duur:** 5,5 uur
**Beste tijd:** apr.–sept.
**Aanbieders:** African Shark Eco Charters (tel. 021 785 19 47, www.ultimate-animals.com), Shark Dive Africa (tel. 021 556 56 06, www.sharkdiveafrica.co.za), Apex Shark Expeditions (tel. 021 786 57 17, www.apexpredators.com), Shark Zone (www.sharkzone.co.za), Shark Diving Umlimited (www.sharkdivingunlimited.co.za), Shark Lady (www.sharklady.co.za).
**Kosten:** vanaf 1450 rand p.p.
**Aantal deelnemers:** twaalf op de boot, twee in de kooi
**Belangrijk:** pillen tegen zeeziekte innemen. Warme kleding inpakken, op zee kan het, vooral 's ochtends, behoorlijk fris zijn. Niet vergeten: zonnebrandcrème en zonnehoed. Om in een kooi naar haaien te duiken, hebt u bij sommige aanbieders een duikbrevet nodig.

Het is nog donker en behoorlijk fris bij de **pier van Simon's Town** 9 . De boten naar het robbeneiland (Seal Island) in de **False Bay** varen vroeg uit, heel vroeg zelfs – nog voordat de zon is opgekomen. Als u zich voorstelt dat zo'n witte haai meestal ongeveer zeven meter lang is, dan lijken het schip en vooral de stalen kooi behoorlijk klein, bijna te klein. Ook het feit dat haaien de afgelopen jaren op de stranden van de False Bay regelmatig zwemmers en surfers hebben aangevallen, is bepaald geen geruststellende gedachte. Langzaam tuft de boot in de duisternis de haven uit. Voorbij de beschermende kademuren worden de golven hoger. En dat noemen ze een baai!

**Seal Island** in de False Bay, circa 30 km ten zuiden van Kaapstad, geldt als het beste gebied van de wereld om witte haaien bij het *breaching* te observeren. Daarbij duiken zij onder een rob en slingeren hem uit het water, om hem in de lucht te vangen. Het is een ongelooflijk natuurschouwspel. Zodra de boot het kale rotseiland met de robbenkolonie heeft bereikt, werpt de schipper een met een touw gezekerde robbendummy in het water, die langzaam voortgetrokken wordt. Meestal komen de eerste haaien al na een paar minuten naar het ding kijken. Soms heeft geen van alle er belangstelling voor.

Aan boord zien de eerste gasten al wat bleek om de neus. De voortdurende deining bij het langzame getuf maakt zeeziek. Dan schiet ineens een indrukwekkende haai uit het water. Het is bijna niet te geloven hoe groot het beest is! Het lijkt wel een walvis, een minionderzeeër! Met veel geluk lukt het om het knopje van de camera op het juiste moment in te drukken.

Wie het observeren van de haaien vanuit een boot nog niet spectaculair genoeg vindt, trekt een van de gereedliggende neopreen duikpakken aan en pakt een duikuitrusting. Een gids met duikervaring en een zuurstoftank voor noodgevallen zijn aan boord. De stalen kooi (met een doorsnee van 1,5 m en een hoogte van 2,1 m) is al aan de zijkant van de boot vastgemaakt. De schipper gooit bloederige stukken vlees in het water om de haaien te lokken. Dan worden

de adrenalineverslaafden in de kooi gelaten. Deze heeft verschillende kijkgaten om door te fotograferen en te filmen.
African Shark Eco Charters eist geen specifieke kwalificaties voor de duik, omdat de zuurstofflessen aan boord blijven en alleen de luchtslang de kooi in wordt geleid, waarin zich maximaal twee duikers mogen bevinden. Witte haaien zijn bijzonder nieuwsgierig en komen meestal griezelig dicht naar de kooi toe om de inhoud ervan nauwkeurig te bestuderen.

# Rondevlei Nature Reserve  ▶ 1, D 21/22

**Kaart**: blz. 169

Meer dan een eeuw geleden werden de laatste nijlpaarden aan de Kaap doodgeschoten. Maar in het grote **Rondevlei Nature Reserve** 5, dat in 1952 als vogelreservaat is gesticht, werden in 1981 weer een paar exemplaren uitgezet. De eerste nijlpaarden waren twee mannetjes uit KwaZulu-Natal – Bruno en Brutus – die in het reservaat mochten verwilderen om het zich razendsnel uitbreidende Zuid-Amerikaanse paspalumgras in toom te houden. Later kregen zij gezelschap van twee vrouwtjesdieren, Cleo en Portia, om voor nageslacht te zorgen. De zwaargewichten slaagden erin de uitheemse grassoort op te ruimen en spelen tegenwoordig een belangrijke rol in het moerasecosysteem. Ze regelen de vegetatie en verspreiden voedingsstoffen via hun mest. Toch zijn ze maar moeilijk te ontdekken. De nabijheid van Kaapstad mag niemand ertoe verleiden te denken dat de kolossen hier minder gevaarlijk zijn dan in het noorden van het land.

Rondevlei is echter in de allereerste plaats een paradijs voor vogelliefhebbers. In en aan het spiegelgladde meer dat wordt begrensd door de duinen van de False Bay, werden al 230 verschillende soorten geregistreerd, waarvan de meeste watervogels, zoals eenden (duck), futen (grebe), meerkoeten (coot), reuzensterns (Caspian tern) en Afrikaanse zeearenden (African fish eagle). Er komen echter ook verschillende landvogels voor, zoals de vechtarend (martial eagle). Op een gewone dag kunt u gemakkelijk 50 verschillende vogels observeren, op mooie, heldere zomerdagen kan dat oplopen tot wel 70 soorten.

Om het labiele ecologische evenwicht van de zogeheten Sandveld- en Kaapkustfynbosregio te behouden, mogen bezoekers zich alleen aan de noordoever van het meer ophouden, waar een pad, observatiepunten en twee uitkijktorens met telescoop beschikbaar zijn. De beste tijd is januari tot maart, als Europese trekvogels zich hier warmen in de zon.

Het ongelooflijke van het Rondevlei Nature Reserve is dat het in de directe omgeving van de dicht bevolkte, stedelijke gebieden van de Cape Flats ligt.

## Informatie
**Rondevlei Nature Reserve:** Fisherman's Walk, Zeekoevlei, tel. 021 706 24 04, dag. 7.30–17, dec.–feb. za., zo. 7.30–19 uur, toegang volw. 10 rand, kinderen vanaf 3 jaar 5 rand.

## Vervoer
**Route** vanuit Kaapstad: eerst de M3, dan de M5; bij de kruising Prince George Drive/Victoria Road de wegwijzer naar Rondevlei volgen. **Georganiseerde tours:** Imvubu Nature Tours, tel. 021 706 08 42, www.imvubu.co.za.

# Langs False Bay
▶ 1, D 22

**Kaart**: blz. 169

**Muizenberg** 6 is het noordelijkste strand aan de False Bay. Zeevaarders hadden ooit Cape Hangklip verwisseld met Cape Point en hadden een 'afslag te vroeg genomen' om de Tafelbaai binnen te lopen. De grote baai die voor hen opdoemde, was de verkeerde, vandaar de naam False Bay. Vergeleken bij de onbeschutte stranden aan de westzijde van

## Kaapschiereiland

het Kaapschiereiland is de Atlantische Oceaan hier altijd een paar graden warmer.

Muizenberg is genoemd naar sergeant Wijnand Willem Muijs, die hier voor de Vereenigde Oost-Indische Compagnie (VOC) in 1743 dienstdeed. Vooral rond de wisseling van de 19e naar de 20e eeuw was dit een populaire badplaats. De meest prominente gast was Cecil Rhodes, wiens cottage nu een museum is. Rudyard Kipling, die hier ook graag kwam, vereeuwigde het witte zand van Muizenberg in een van zijn gedichten. Agatha Christie kwam hier al in de jaren twintig surfen. Langs de hoofdstraat, richting St. James, staan enkele historische gebouwen, voor een deel in een meelijwekkende staat van onderhoud, voor een deel in oude pracht gerestaureerd.

Aan de panoramaweg naar de Kaap, de **Boyes Drive**, volgt het ene vissersdorp het andere op. In de badplaats **St. James** 7 zijn de kleurige, eind-19e-eeuwse badhokjes op het strand de moeite waard om even te stoppen en een foto te maken. In een ommuurde getijdepoel kunt u veilig zwemmen. Het verstilde plaatsje **Kalk Bay** 8 is bekend om zijn originele antiek- en curiosawinkels die altijd een bezoekje waard zijn. De plaatselijke bakkerij annex café Olympia maakt zulke lekkere chocoladecroissants dat zelfs mensen uit Kaapstad hier een tweede ontbijt komen halen. De plaats is genoemd naar het in de 17e eeuw belangrijkste afbraakproduct: kalk. De pleisterlaag van veel historische gebouwen in Kaapstad, vooral in de moslimwijk Bo-Kaap, stamt uit de mosselkalkovens aan de kust. Van de haven in Kalk Bay kunt u een boottocht maken naar het robbeneiland *(Seal Island)* in False Bay, waar witte haaien regelmatig een surfer voor een zeehond aanzien.

### Eten en drinken

Vis in alle soorten en maten – **Harbour House:** Kalk Bay Harbour, Main Rd., tel. 021 788 41 33, www.harbourhouse.co.za, dag. 12–16, 18–22 uur. Een van de elegantere visrestaurants met een bijna niet te overtreffen uitzicht op de False Bay. Hoofdgerecht 160 rand.

Cubaanse keuken – **Cape to Cuba:** Kalk Bay, 165 Main Rd. (filialen in Kaapstads Long Street en in Stellenbosch), tel. 021 788 15 66, www.capetocuba.com, lunch & diner di.–zo., 's zomers buiten. Dit Cubaanse restaurant is prachtig ingericht met schilderijen, meubels en kroonluchters van het eiland van Fidel Castro, die allemaal te koop zijn. Er is een bar (de mojitos proeven!) buiten en er zijn natuurlijk sigaren. Het eten heeft een Cubaanse touch; op het menu staan schaaldieren, verse vis maar ook steaks. Hoofdgerecht 110 rand.

Seafood in ongedwongen omgeving – **Live Bait:** Kalk Bay Harbour, Kalk Bay, tel. 021 788 57 55, dag. 12–22 uur. Het wat relaxtere alternatief voor visrestaurant Harbour House in hetzelfde gebouwencomplex. Wie het nog basaler wil, moet Kalky's proberen, de beroemde fish-and-chipstent aan de overkant. Bij Live Bait dreunt de branding vaak spectaculair tegen de grote ruiten. In het seizoen zijn hier walvissen 'bij de lunch' te zien. Hoofdgerecht 90 rand.

Origineel café – **Olympia Cafe:** 134 Main Rd., Kalk Bay, tel. 021 7 88 63 96, dag. 7–21 uur. Klein café met tafeltjes en stoelen die niet bij elkaar passen, maar met veel karakter; specialiteit: het altijd vers gebakken, erg goede brood. Dagelijks wisselende kaart. Voor veel inwoners van Kaapstad het ideale café. Hoofdgerecht 80 rand.

Hamburger met streetview – **Easy Tiger:** 140 Main Rd., tel. 021 788 39 92, www.easytiger.co.za, dag. 12–22, 16–18 uur kleine kaart met beperkt aanbod, hamburgers of spare ribs 45–130 rand. Filiaal van het populair Tiger's Milk in Muizenberg. U kunt hier heerlijk zitten, letterlijk in het open venster, met uitzicht op straat en onderwijl genieten van een hamburger of spare ribs en een glas wijn. Wie grote trek heeft bestelt de 1 kg wegende portie BBQ Pork Ribs voor 230 rand.

Prima Italiaan – **Satori:** 76 Main Rd., Kalk Bay, tel. 021 788 11 23, dag. 11–21.30 uur. Pasta 60–90 rand, pizza 45–95 rand. Eenvoudige Italiaan, origineel en authentiek met uiterst vriendelijk personeel. Een favoriet in Kalk Bay van de auteur, die hier altijd heengaat als het gezellig moet zijn. Een houtovenpizza of penne met zalm – ze zijn allebei uitstekend en de keus valt zwaar.

## Winkelen

Antiek – Kalk Bay is beroemd om zijn overdaad aan **antiek- en curiosawinkels** aan Main St., met bergen sieraden, speelgoedauto's, boeken, enzovoort – een eldorado voor snuffelaars.

Voor elk wat wils – **Railway House Decor & Collectables:** 23 Main Rd., Kalk Bay, tel. 021 788 47 61. Hier valt elke keer weer iets nieuws te ontdekken. Of het nu gaat om meubels, flipperkasten of tapijten, flessen, sieraden, tweedehands boeken of elpees.

# Simon's Town ▶ 1, D 22

**Kaart**: blz. 169
Het historische **Simon's Town** 9 (ook wel: Simonstown) is al meer dan 200 jaar de belangrijkste marinebasis van Zuid-Afrika. De zeer Engels aandoende plaats is genoemd naar een Nederlander, de vroegere gouverneur van de Kaap, Simon van der Stel. Vroeger was de stad winterligplaats voor de schepen van de VOC. De haven ligt beschut voor de beruchte noordwestenwind die tijdens hevige winterstormen de schepen in de Tafelbaai kon doen kapseizen. De Engelsen maakten in 1814 een marinebasis van Simon's Town.

## South African Naval Museum

*In de haven, toegang vanuit St. George's Street, tel. 021 787 46 35, dag. 9.30–15.30 uur, een kleine gift wordt verwacht*

Hier wordt de geschiedenis van de Zuid-Afrikaanse marine levend gehouden. U kunt onder andere het nagebouwde, nauwe interieur van een duikboot betreden en een luchtafweerbunker uit de Tweede Wereldoorlog bezoeken.

*Victoriaanse kleedcabines in de badplaats St. James*

## Kaapschiereiland

### Historische Mijl en Quayside

Aan de **Historische Mijl**, zoals de hoofdstraat wordt genoemd, staat het ene oude huis naast het andere. Het duistere apartheidsverleden van Zuid-Afrika drukte een blijvend stempel op het stadsbeeld van Simon's Town. Begin 18e eeuw werden VOC-slaven hierheen vervoerd om de haven van de Hollanders verder uit te breiden. Toen Simon's Town in 1967 door de regering tot blank woongebied werd uitgeroepen, hadden zich ruim 1200 *coloured*-families, nakomelingen van voormalige slaven en blanke zeelieden, in de stad gevestigd. In 1973 waren de meesten van hen gedeporteerd naar Ocean View, een township aan de andere kant van het schiereiland. Anders dan de naam doet vermoeden is Ocean View, de enige plaats op het schiereiland zonder uitzicht op zee.

Om meer bezoekers naar Simon's Town te trekken werd de haven ingrijpend gerenoveerd en opgewaardeerd door het miniwaterfront **Quayside**, met hotels, bistro's, restaurants en winkels.

### Warrior Toy Museum

*St. Georges's Street/hoek Main Road, tel. 021 786 13 95, dag. 10–16 uur, toegang 5 rand*

## MET DE STOOMLOCOMOTIEF NAAR SIMON'S TOWN

Oude stoomlocomotieven roepen nostalgische gevoelens op, wáár een exemplaar ook opduikt. Sinds eind 2010 rijdt een prachtig gerestaureerde locomotief tussen Kaapstad en Simon's Town, op het Kaapschiereiland. Het laatste deel van het tracé loopt vlak langs de kust en door de badplaatsen Muizenberg, St. James Beach en Kalk Bay. Af en toe spettert de branding op de rails en de bielzen. De particuliere, niet-commerciële exploitant werkt met veel enthousiaste vrijwilligers, want het onder- en behoud van zo'n stoomlocomotief is arbeidsintensief. Atlantic Rail gebruikt een stoomlocomotief class 24 uit 1948. Deze heeft eerst dienst gedaan in het vroegere Zuidwest-Afrika, het huidige Namibië. Toen daar in 1961 werd overgestapt op diesellocomotieven, werd de 24 naar Zuid-Afrika gebracht, waar de diesellocomotieven de stoomlocs pas in de jaren 70 verdrongen. In 1989 waren in Zuid-Afrika nog maar 12 stuks in bedrijf. Atlantic Rail heeft nr. 3655, dat trots op weerszijden van de locomotief prijkt. De historische personenrijtuigen werden tussen 1922 en 1938 gebouwd, een daarvan is een restauratiewagen met bar. De trein heeft een capaciteit van maximaal 170 passagiers. Buiten de reguliere dienstregeling is de locomotief ook te huur voor particuliere evenementen en filmopnamen. De treinrit met de 3655 is een goed alternatief voor de beroemde Outeniqua Tjoe-Choo Train, die tussen Knysna en George of Mossel Bay reed en die vanwege vallend gesteente uit bedrijf is genomen.

**Atlantic Rail:** tel. 021 556 1012, www.atlanticrail.co.za. Volwassenen betalen 300 rand voor de rit (retour), kinderen (3–12 jaar) 200 rand. Vooraf reserveren is beslist noodzakelijk. Houd er wel rekening mee dat de trein alleen op bepaalde zon- en feestdagen rijdt, een exacte dienstregeling is op de website te vinden. Het vertrek is altijd om 10.30 uur van het station van Kaapstad; voor de terugweg vertrekt de trein in Simon's Town om 15 uur.

Een bezoek aan dit museum is niet alleen voor kinderen leuk, ook volwassenen zullen zich hier amuseren. Behalve tinnen soldaatjes ziet u hier oud speelgoed, vooral modelauto's en -treinen met alles erop en eraan. Eigenaar Percy van Zyl heeft zijn collectie in meer dan 40 jaar bijeengebracht. In een kleine winkel zijn zelfs veel modellen te koop.

### Informatie

**Simon's Town Publicity Association:** 111 St. Georges St., tel. 021 786 24 36, ma.–vr. 9–16, za. 10–13 uur, www.simonstown.com. Informatie over musea, hotels, pensions, boottochten en wandelroutes in de omgeving.

### Accommodatie

Aan de haven – **Quayside Lodge:** St. Georges St., tel. 021 786 38 38, www.quayside.co.za. Prettig hotel met uitzicht op haven en zee aan het miniwaterfront van Simon's Town, 26 grote kamers. 2 pk met ontbijt en zeezicht vanaf 1020 rand (website-aanbiedingen).

### Eten en drinken

Supervers – **Just Sushi:** Waterfront, St. Georges St., tel. 021 786 43 40, lunch 12–15, diner 18–22 uur, di. gesloten. Sashimi, maki en nigiri met uitzicht op de jachthaven voor uiterst schappelijke prijzen, het enige sushirestaurant aan False Bay. Hoofdgerecht rond 150 rand.

Uitzichtrijk – **Black Marlin:** Main Rd., Miller's Point, tel. 021 786 16 21, www.blackmarlin.co.za, dag. 9–21 uur. Ten zuiden van Simon's Town, aan de linkerkant; zeer goed visrestaurant met geweldig uitzicht op False Bay – en de walvissen in het seizoen. Hoofdgerecht 150 rand.

Knus – **The Meeting Place:** 98 St. Georges St., tel. 021 786 56 78, www.themeetingplaceupstairs.co.za, zo.–di. 9–16, wo.–za. 9–21 uur. Lichte gerechten, geserveerd in een huiselijke, gemoedelijke sfeer. Met de sofa's en een oude schouw wekt deze eetgelegenheid de indruk alsof u te gast bent bij iemand thuis. Er is een balkon met prettige tuintafeltjes en -stoelen en schitterend uitzicht op False Bay. De muziek is zorgvuldig gekozen en rustgevend. Vanzelfsprekend staat er verse vis op de kaart, maar er is ook lekkere eend en de huisgemaakte gourmetburgers zijn heerlijk. Specialiteit van het huis is de kort gebakken tonijn met Aziatische salade. Hoofdgerecht rond 130 rand.

Havenrestaurant – **Bertha's:** 1 Wharf Rd., tel. 021 786 21 38, www.berthas.co.za, dag. 7–22 uur. Zeebanket en pasta met uitzicht op de haven, midden in Quayside. Hoofdgerecht 100 rand.

Tibetaans-vegetarisch – **Sophea Gallery & Tibetan Teahouse:** 2 Harrington Rd., Seaforth, tel. 021 786 15 44, www.sopheagallery.com, meditatiecentrum met vegetarisch restaurant en theehuis, dat een geweldig uitzicht op False Bay biedt; walvisobservaties zullen de meditatieve beleving zo mogelijk nog intenser maken. Creatieve gerechten voor veganisten en vegetariërs, die ook niet-vegetariërs goed zullen smaken, zoals bijvoorbeeld sherpastoofpot of curry van zoete aardappelen. Hoofdgerecht 70 rand.

Fish and chips – **Salty Sea Dog:** 2 Wharf St., Waterfront Jetty, tel. 021 786 19 18, www.saltyseadog.co.za, dag. 7 uur tot laat. Fish-and-chipsrestaurant met mooi terras en uitzicht op de haven en de zee. Fish and chips vanaf 32 rand.

### Actief

Duiken naar haaien – **African Shark Eco Charters:** Simon's Town Waterfront, haven, tel. 021 785 19 47, www.ultimate-animals.com, kantoor dag. 9–18 uur, www.ultimate-animals.com. Unieke gelegenheid om de in False Bay levende witte haaien in het echt mee te maken, zie ook Actief blz. 172. Tip: neem ook in de zomer iets warms mee om aan te trekken. Op zee koelt het snel af.

Rit met historische stoomlocomotief – **Atlantic Rail:** zie Tip blz. 176.

## Boulders Beach

▶ 1, D 22

**Kaart**: blz. 169

Een van de mooiste stranden op het Kaapschiereiland ligt ten zuiden van Simon's

## Kaapschiereiland

Town. Enorme granietrotsen gaven het zijn naam: **Boulders Beach**. Behalve zand en zee biedt het strand nog een hoogtepunt: een **kolonie zwartvoetpinguïns** [10], die hier sinds 1985 worden beschermd. Dit is de enige plaats ter wereld waar pinguïns in het wild zo gemakkelijk geobserveerd kunnen worden. De zwartvoetpinguïn (African penguin) is de enige pinguïn die in Afrika voorkomt, met in totaal 27 broedkolonies tussen Algoa Bay (Port Elizabeth) en Namibië: 24 op voor de kust gelegen eilanden en drie op het vasteland, waar de vogels veel kwetsbaarder zijn. De eerste kolonie op het vasteland werd in 1980 bij Sylvia Hill in Namibië ontdekt, de tweede in november 1982 bij Stony Point in Betty's Bay, aan de andere oever van de False Bay. In 1984 werd het eerste broedpaar pinguïns met nest gespot tussen de granietrotsen aan Boulders Beach. In maart van het volgende jaar kwamen de eerste jonge vogels uit het ei en was de volgende kolonie een feit. Hij groeide verrassend snel: sinds 1985 jaarlijks zo'n 60%. Op dit moment leven er circa 3000 pinguïns op Boulders Beach.

Sinds begin 1998 behoort Boulders Beach tot het 77 km² grote **Table Mountain National Park**, dat behalve de Tafelberg en het Cape of Good Hope Nature Reserve grote delen van het Kaapschiereiland omvat. Al in 1929 stelde de Wildlife Society voor de bergketen op het schiereiland tot nationaal park uit te roepen. Wat in het vat zit, verzuurt niet.

### Informatie

**Boulders Visitor Centre:** tel. 021 786 23 29, toegang: volw. 45 rand, kind 20 rand; apr.–sept. 8–17, dec.–jan. 7–19.30, febr.–mrt. 8–18.30, okt.–nov. 8–18.30 uur.

### Accommodatie

Gevoel van welbehagen – **Boulders Beach Guest House:** 4 Boulders Place, tel. 021 786 17 58, www.bouldersbeach.co.za. Op gehoorsafstand van het pinguïnstrand, mooie, lichte kamers, een behaaglijke plek, restaurant met terras, souvenirshop. 2 pk met ontbijt vanaf 1100 rand, appartementen 2200 rand.

## ✿ Cape of Good Hope Nature Reserve
▶ 1, D 22

**Kaart:** blz. 169

Tegenover Boulders Beach loopt de schitterende, bochtige kustweg langs False Bay. De parkachtige baaien bieden steeds weer de gelegenheid om even te stoppen en – tussen juni en november – uit te kijken of u nog walvissen ziet. Van hier tot aan de Kaap ziet u voortdurend beerbavianen (chacma baboons), die in geen geval mogen worden gevoerd. Onverantwoordelijke toeristen doen dat echter toch, met gevaarlijke gevolgen. De intelligente primaten associëren open autoraampjes met eten, springen razendsnel naar binnen en gaan er woest tekeer. Daaronder heeft niet alleen het interieur van uw huurauto te lijden, maar hun lange, scherpe tanden kunnen ook lelijke wonden veroorzaken. Helaas moesten om deze reden al verschillende alfamannetjes afgeschoten worden, hetgeen ook tot het einde van de zeer interessante wandelingen naar de bavianen van Baboon Matters heeft geleid.

Een bijzonderheid van de ongeveer 250 op het Kaapschiereiland levende bavianen is hun menu, dat behalve uit graszaden, wortels, bloemen, insecten en kleine zoogdieren ook uit mosselen en schaaldieren bestaat, die ze bij laag water op het strand bij elkaar scharrelen. Als fijnproevers in een chic restaurant kraken de apen de schalen met behulp van een werktuig, zoals een steen, en slurpen er de inhoud met smaak uit. Ze zijn echter ook verzot op zoetigheid. De snoepkraam op Cape Point hebben ze al verschillende malen overvallen om chocoladerepen te roven en ze dan op de rotsen zittend in alle rust op te eten.

Vlak bij **Smitswinkel Bay**, die alleen via een steil voetpad te bereiken is, buigt de weg landinwaarts, naar het Cape of Good Hope Nature Reserve, het zuidelijkste gedeelte van het Table Mountain National Park (Buffelsfontein Visitor Centre, zie blz. 180). Het reservaat

*Boulders Beach is een pinguïneldorado*

# Kaapschiereiland

## WANDELEN BIJ KAAP DE GOEDE HOOP

### Informatie
**Begin:** ingang Cape of Good Hope Nature Reserve of parkeerterrein Olifantsbos
**Lengte:** 29,5–33,8 km of 5 km
**Duur:** 2 dagen of 1,5 uur
**Belangrijk:** de toegangspoort tot het park gaat tussen okt. en mrt. om 6 uur open, tussen apr. en sept. om 7 uur. Wandelaars moeten er voor 9 uur zijn, als zij de tocht bij daglicht willen kunnen maken. De *trail* met overnachting kost 245 rand p. p., plus toegang tot het park en het tarief voor de optionele bagagetransfer. Reservering via www.tmnp.co.za of het Buffelsfontein Visitor Centre, tel. 021 780 92 04, ma.–do. 9–16 uur, vr. 9–15 uur. Bij de toegang tot het park krijgt u een brochure met een plattegrond die een goede oriëntatie biedt.
**Kaart:** blz. 169

Twee mooie wandelingen aan de Kaap, de ene kort en gemakkelijk, naar de scheepswrakken van de Thomas T. Tucker en de Nolloth, de andere langer en veeleisender, met overnachting in het park.

**Cape of Good Hope Hiking Trail** 11: de twee dagen durende rondwandeling over deze **Trail** belooft een intense natuurbeleving met de mooiste panoramavergezichten die het Kaapschiereiland te bieden heeft. Deze *trail* bood als eerste accommodatie aan in het park. Hij begint en eindigt bij de toegang tot het **Cape of Good Hope Nature Reserve** (zie blz. 178), waar de auto geparkeerd kan worden. Hier laat u uw reserveringsnummer zien en krijgt u de sleutel van de hut overhandigd. Het avondeten (inclusief drankjes) wordt naar de hut gebracht, wat een wandeling met relatief lichte bepakking mogelijk maakt.

De overnachtingshutten in Rooikrans hebben douches met warm water, toiletten, lampen op zonne-energie, bedden met matrassen, een gasstel, borden en bestek en een barbecue buiten. Wel moet u eigen beddengoed meenemen. Hout voor de grill (30 rand per bundel) kan van te voren bij het **Buffelsfontein Visitor Centre** worden besteld. De lengte van de wandeling is op de eerste dag 10,5 km (5 uur), op de tweede dag 19 km – of 23,3 km, als u de zeer aanbevelenswaardige Cape of Good Hoperondwandeling ook erin opneemt (7–9 uur). Denk eraan om vooral op de tweede dag voldoende water mee te nemen. Het is aan te raden om de twee dagen durende Cape of Good Hopewandeling met de klok mee te maken, want dat maakt betere bescherming tegen de wind en slecht weer mogelijk. Op de tweede dag hebt u dan de wind in de rug. De vergezichten zijn in deze richting aanzienlijk indrukwekkender dan in de andere.

Vlak na de ingang van het Cape of Good Hope Nature Reserve buigt een zijweg af naar **Olifantsbos** 13. Van het parkeerterrein van Olifantsbos voert de **Cape Point Shipwreck Trail** naar het zuiden en naar de kust, langs de restanten van de **'Thomas T. Tucker'** en verder tot Duikerklip naar het **wrak van de Nolloth**. Wandelaars kunnen hierna dezelfde route weer te-

# Cape of Good Hope Nature Reserve

rug nemen of nog een rondwandeling maken door het binnenland, waar de *trail* na ongeveer een kilometer aansluit op de **Sirkelvlei Trail**. De wandeling duurt heen en terug ongeveer 90 minuten, via de vlakke rondweg twee tot drie uur.

De **Thomas T. Tucker** was een van de Amerikaanse Liberty Ships, vrachtschepen van de Amerikaanse marine die de geallieerde troepen in de Tweede Wereldoorlog voorzagen van oorlogsmaterieel. Op de eerste reis, van New Orleans naar Suez, liep het schip in dichte mist op 28 november 1942 bij Olifantsbos aan de grond. De kapitein berichtte abusievelijk dat hij op Robben Island was gestrand, dat 43 kilometer verder naar het noorden ligt. Het schip was binnen een paar uur volledig verwoest, maar alle bemanningsleden konden worden gered. Uit onderzoek bleek dat het scheepskompas defect was.

De **Nolloth** was een Nederlandse kustvaarder die in de nacht van 10 april 1965 slechts 500 m ten zuiden van de Tucker aan de grond liep. De bemanning werd met een legerhelikopter gered. Een team douanebeambten werd onmiddellijk naar de plek des onheils gestuurd om de lading te bergen, die bestond uit aanzienlijke hoeveelheden alcohol. Volgens de geruchten waren echter enkele inwoners van Kaapstad de douaniers voor.

staat bekend om zijn mooie wandelpaden (zie ook Actief blz. 180) door de ongelooflijk veelzijdige, inheemse fynbosvegetatie, waarin men onder andere ook een oude bekende tegenkomt, de op onze balkons zo veelgeziene geranium. Op en rond de Kaap komt deze nog veel in het wild voor. Ook mountainbikers komen dankzij de vele paden in het park ruim aan hun trekken.

De fynbosvegetatie aan de Kaap is arm aan voedingsstoffen, zodat er in het natuurreservaat niet veel wilde dieren voorkomen. Toch ziet u hier nog wel veel struisvogels, bergzebra's, bontebokken, elandantilopen, grijsbokken en reebokantilopen. Na een regenbui komen er tientallen schildpadden tevoorschijn om op de wegen uit de plassen te drinken.

Er ligt een uitgebreid wegennet in het Cape of Good Hope Nature Reserve. Zelfs als aan de **Kaap de Goede Hoop** of aan de **Cape Point** (www.capepoint.co.za) topdrukte heerst, vindt u aan het eind van andere zijweggetjes naar de kust, die op de overzichtelijke parkkaart staan aangegeven, vaak verrassend rustige plekjes.

## Cape Point [12]

Weliswaar heet het op listige wijze in de rotsen weggewerkte panoramarestaurant aan de Cape Point Two Oceans (www.two-oceans.co.za), en kijken de gasten geïnteresseerd toe hoe de 'twee oceanen' bij elkaar komen – toch verandert dat niets aan het feit dat de Atlantische en de Indische Oceaan elkaar heel ergens anders ontmoeten: 300 km ten zuidoosten van Cape Point, bij de zuidelijkste punt van Afrika, Cape Agulhas.

Van de parkeerplaats aan Cape Point gaat een tandradbaan, de **Flying Dutchman**, naar de oude vuurtoren. De 585 m lange rit naar boven duurt drie minuten (dag. vanaf 9–17.30 uur, om de 3 min., volwassene 45 rand, kind 20 rand). Vanaf het station loopt de **Cape Point Lighthouse Walk** achter het weerstation langs en onder de oude vuurtoren door naar de nieuwe. De *trail* (2 km heen en terug) is hier en daar heel open, maar nergens gevaarlijk. Onderweg hebt u telkens weer mooi uitzicht op de oude en de nieuwe vuurtoren. Het landschap met de steile kliffen is werkelijk spectaculair. Het pad loopt langs enkele bunkers uit de Tweede Wereldoorlog naar het uitzichtpunt direct boven de nieuwe vuurtoren. Hier kunt u honderden zeevogels, walvissen, dolfijnen en robben bekijken (vergeet niet uw verrekijker mee te nemen). De oude vuurtoren werd in 1860 in bedrijf genomen en bleek al snel een mislukking te zijn. Hij was 238 m boven de zeespiegel gebouwd en daarmee veel te hoog. De lamp met een sterkte van 2000 kaars was meestal

# Kaapschiereiland

*De Cape of Good Hope Hiking Trail biedt overal spectaculair uitzicht*

in nevelen gehuld of door laaghangende bewolking aan het oog onttrokken.

Zo is ook de bekendste scheepsramp veroorzaakt: de Lusitania liep op 18 april 1911 met 800 passagiers aan boord op het 4 km ten zuiden van Cape Point liggende rif **Bellows Rock**. Hoewel het schip zeer snel zonk, kwamen er verrassend genoeg nog geen tien mensen om het leven. Na deze ramp werd in 1913 begonnen met de bouw van een nieuwe vuurtoren die veel dichter bij Cape Point lag, op slechts 87 m boven de zeespiegel. De bouw bleek heel moeizaam te verlopen en lang te duren en pas op 11 maart 1919 werd de nieuwe lamp ontstoken, in de eerste jaren met paraffine en een sterkte van 500.000 kaars. De komst van de elektriciteit zorgde vanaf 1936 voor een lichtsterkte van tien miljoen kaars, het meest intensieve vuurtorenlicht langs de Zuid-Afrikaanse kust. Hij geeft om de 30 seconden drie lichtsignalen, die over een afstand van 63 km te zien zijn.

## Informatie

**Buffelsfontein Visitor Centre:** tel. 021 780 92 04, dag. 9–17.30 uur, restaurant en shops bij Cape Point, tel. 021 780 9001/780 92 00, www.tmnp.co.za, volw. 180 rand, kind 90 rand.

## Accommodatie

Pal aan het strand – **Olifantsbos Cottage:** Buffelsfontein Visitor Centre, tel. 021 780 92 04, ma.–do. 9–16, vr. 9–15 uur, www.tmnp.co.za. Een van de eenzaamste en stilste overnachtingsmogelijkheden in de omgeving van Kaapstad, midden in het park gelegen, vlak bij het parkeerterrein van Olifantsbos en direct aan het strand. De oude farm is verbouwd tot een comfortabele accommodatie met drie tweepersoonskamers. In een aangebouwde cottage kunnen nog zes mensen slapen. In de modern ingerichte keuken vindt u een gasfornuis en een op gas werkende koelkast, een binnen- en een buitengrill. Stroom wordt door zonne-energie geleverd. Het huis kost 2840–3285 rand per nacht voor 1–4 pers., elke persoon extra in de aanbouw betaalt 360 rand, kind 180 rand. Met 4 volwassenen in de drie kamers betaalt ieder dus 710–820 rand – en dat met een volkomen stil privéstrand erbij.

### Actief

Wandelen – **Cape of Good Hope Hiking Trail en Shipwreck Trail** (zie Actief blz. 180).

# Langs de Atlantische Oceaan ▶ 1, D 22

**Kaart:** blz. 169

## Cape Point Ostrich Farm

*Tel. 021 780 92 94, www.capepointostrichfarm. com, dag. 9.30–17.30 uur, toegang volw. 55 rand, kind 25 rand*

Direct na het verlaten van het Cape of Good Hope Nature Reserve ligt aan de M 65, richting Scarborough, de **Cape Point Ostrich Farm** 14 . Hier worden de grootste vogels van Afrika gefokt. U mag ze niet voederen en u leert veel over hun gedrag. Van het voorjaar tot het eind van de zomer zijn er jongen te zien.

## Scarborough-Kommetjie Road

De **Scarborough-Kommetjie Road** is zeer de moeite waard. In **Scarborough** 15 passeert u aan de linkerkant van de weg een rots die op een kameel lijkt en daarom heel toepasselijk **Camel Rock** genoemd wordt. De volgende plaats heet al net zo passend **Misty Cliffs**. Deze altijd wat heiige kust is vooral bij surfers populair. De weg biedt hierna alleen maar panoramavergezichten. Dan volgt een smal en steil gedeelte dat een indruk geeft van hoe de kustwegen er hier vroeger uitzagen.

## Slangkop Point Lighthouse

*Lighthouse Rd., Kommetjie, tel. 021 783 17 17, www.npa.co.za, ma.–vr. 10–15 uur in de zomer, okt.–apr. ook in het weekend, toegang volw 20 rand, kind 10 rand*

Aan uw linkerhand doemt **Slangkop Point Lighthouse** 16 op. Deze hoogste gietijzeren vuurtoren aan de Zuid-Afrikaanse kust, die al bij **Kommetjie** hoort, kan worden bezichtigd. Boven hebt u een geweldig uitzicht over Cape Point en Hout Bay.

## Snake Park

*Imhoffs Farm, Kommetjie Rd.,tel. 021 783 45 45, www.imhofffarm.co.za, dag. 9–17 uur, toegang volw. 35 rand, kind 30 rand*

Langs de weg naar Noordhoek wijst een bord naar links, naar het **Snake Park** 17 . In een klein complex zijn verscheidene uiterst giftige reptielen uit de hele wereld ondergebracht, waaronder het Kaapse trio: de pofadder, de Kaapse cobra en de boomslang. Bewoners van het Kaapschiereiland wordt gevraagd slangen niet te doden, maar het Snake Park te bellen, zodat ze kunnen worden opgehaald en in onbewoonde gebieden weer kunnen worden uitgezet. Interessante slangenshows tonen onder andere de uiterst gevaarlijke Kaapse cobra in actie.

## Noordhoek

Noordhoek is beroemd om zijn lange, mooie zandstrand en om zijn vele paarden, die meestal op het strand langs de zee galopperen (http://sleepyhollowhorseriding.co.za; www.horserides.co.za). Het strand van Noordhoek geeft nog het meest een indruk van hoe het Kaapschiereiland er voor de komst van de eerste Europeanen uitgezien moet hebben. Er is nu weliswaar altijd wel een huis in de verte te zien, maar de golven die tegen het strand beuken en het roepen van de zeevogels nemen alle idee van menselijke beschaving doeltreffend weg. Halverwege het strand krijgt u steeds meer het gevoel alleen op de wereld

## Kaapschiereiland

te zijn, midden tussen de duinen, de zee en het strand.

Daar kunt u ook het **wrak van de Kakapo** 18, vinden, een schip dat in 1900 door een navigatiefout met volle kracht het strand op gedenderd is. Het ligt op een afstand van 3 km van het parkeerterrein aan de Beach Road in Noordhoek. Door de geïsoleerde ligging werden er vroeger wel eens mensen op het strand beroofd. Ga er daarom nooit alleen naar toe, neem geen waardevolle zaken mee en meld verdacht gedrag bij de politie, tel. 10 111 of 107.

### Accommodatie

Dicht bij de natuur – **Monkey Valley Beach Nature Resort:** Mountain Rd./Chapman's Peak, Noordhoek, tel. 021 789 80 03, www.monkeyvalleyresort.com. Fraaie huisjes met rieten daken, gevleid tegen de hellingen van Chapman's Peak, met geweldig uitzicht op het strand van Noordhoek. 2 pk met ontbijt tussen 1100 en 1950 rand.

Mooi uitzicht – **Wild Rose Country Lodge:** Nr. 4 Bodrum Close, Noordhoek, tel. 021 785 41 40, www.wildrose.co.za. In deze lodge vindt u stijlvolle, individueel ingerichte kamers, in African, Kalahari- of Punjabstijl. Het is een groot, rietgedekt gebouw met een prachtig uitzicht op het Noordhoek Beach en de Chapman's Peak Berge. 2 pk met ontbijt tussen 700 en 1200 rand.

### Eten en drinken

Trefpunt voor fijnproevers – **The Foodbarn:** Noordhoek Farm Village, Village Ln., tel. 021 789 13 90, dag. 12–14.30, wo.–za. 19–21.30 uur, www.thefoodbarn.co.za. Geslaagde combinatie van bakkerij, patisserie en restaurant. Dat zal niet verbazen, tenslotte heeft de Franse chef-kok en mede-eigenaar vroeger het eersteklasrestaurant La Colombe bekendheid en aanzien verschaft. Hoofdgerecht rond 140 rand.

Voor de sundowner – **Thorfynns:** Monkey Valley Beach Nature Resort, Mountain Rd., Noordhoek, tel. 021 7 89 80 06, dag. 7–22.30 uur. De ligging, hoog boven het strand van Noordhoek, maakt Thorfynns tot een ideaal adres voor een *sundowner*. Dat doet ook de relaxte sfeer. Hoofdgerecht 90 rand.

Gezinsvriendelijk – **Café Roux:** Noordhoek Farm Village, Village Ln., tel. 021 7 89 25 38, www.caferoux.co.za, dag. 8.30–11, 12–15.30, gebak en nagerechten tot 17 uur, do., vr., za. diner vanaf 18 uur. Nog een restaurant in de Village, lekkere sandwiches en gourmetburgers, erg goede koffie. Hoofdgerecht rond 80 rand.

Typische pub – **The Toad in the Village:** Noordhoek Farm Village, Village Ln., tel. 021 7 89 29 73, www.thetoad.co.za, dag. 11.30–22.30 uur. Stevige gerechten en pizza's. Hoofdgerecht vanaf 85 rand.

Rustiek en vlak bij het strand – **The Red Herring:** hoek Pine/Beach Rd., Noordhoek, tel. 021 7 89 17 83, www.theredherring.co.za, ma. 17–23, di.–zo. 12–23 uur. Een ideale plek om na een wandeling op Noordhoek Beach een pizza, calamari of frites te eten of om boven op het houten dek met uitzicht een drankje te drinken. Hoofdgerecht 80 rand.

### Winkelen

Van de boerderie – **Noordhoek Farm Village:** hoek Noordhoek Main Rd./Village Ln., tel. 021 789 28 12, www.noordhoekvillage.co.za, winkels 9–17 uur, restaurants 8 uur tot laat. Geweldige plek voor het hele gezin om in interessante winkels te snuffelen, verse producten van de boerderij te kopen of van een lunch in de schaduw te genieten. Er is een grote speeltuin.

# Chapman's Peak Drive

▶ 1, D 22

**Kaart:** blz. 169

*Tol: 40 rand voor een personenauto, makkelijk traject, actuele informatie op www.chapmanspeakdrive.co.za, Facebook Fanpage: Chapman's Peak Drive*

Het bestuur van het Kaapschiereiland kreeg in maart 1910 een brief van de verantwoordelijke voor de wegenbouw waarin gesteld werd

# Chapman's Peak Drive

dat het absoluut onmogelijk was een weg tussen Hout Bay en Noordhoek aan te leggen. Het traject 'zou grote moeilijkheden opleveren, omdat het een stuk van circa een mijl lengte betrof, dat uit een verticale wand bestond, die 200 tot 300 m hoog uit zee oprijst.'

Zelfs te voet leek het onmogelijk deze route af te leggen. Twee maanden later werd Frederick de Waal Kaapbestuurder. Hij was zeer geïnteresseerd in nieuwe wegenbouwprojecten en gek genoeg om de 'onmogelijke' kustweg aan te laten leggen. Daartoe stelde hij de landmeter Charl Marais aan, die zich zelfs niet door loodrechte kliffen van zijn werk liet afhouden. Een van zijn arbeiders metselde traptreden en kleine platforms tegen de wanden voor de theodolieten. Op sommige plaatsen moest Marais aan een touw worden neergelaten om zijn metingen te kunnen doen. Eenmaal gleed hij weg en kon hij zich nog net aan een proteastruik vastgrijpen en zo zijn leven redden. Het bleek de moeite waard, want de moedige landmeter ontdekte iets wat de aanleg van de weg mogelijk maakte. Hij zag dat de gehele Chapman's Peak uit horizontale zandsteenlagen bestaat, die op een licht hellend granietmassief liggen. Hij stelde daarom voor om daar waar hard graniet onder het

## WANDELING NAAR CHAPMAN'S PEAK

Als u de 593 m hoge **Chapman's Peak** loodrecht ziet oprijzen, verwacht u natuurlijk een uiterst inspannende klim naar de top. Het pad werd echter halverwege 2005 dusdanig met keien rechtgetrokken dat de glibberige route omhoog veel gemakkelijker geworden is. Desondanks zult u zich toch wel in het zweet werken.

Trek voor de 2,5 km heen en terug ongeveer anderhalf tot twee uur uit. Het beginpunt vindt u, komend uit **Hout Bay** 19 bij de parkeerhaven aan de linkerkant, vóór de haakse bocht, zo'n 700 m voor het **Lookout Point**, vlak voordat de toltickets moeten worden getoond. Wie hier alleen wil wandelen en niet de rest van de Chapman's Peak Drive naar Noordhoek wil rijden, hoeft geen tolgeld te betalen. Vraag bij het tolpoortje in Hout Bay gewoon om een *day permit* of een *picknick permit*, die gratis wordt verstrekt en bij de terugreis naar Hout Bay weer moet worden ingeleverd. Kort voor het laatste stuk van de klim naar de top loopt een pad naar links, waarover u na twee minuten een uitzichtpunt bereikt dat een fraaie blik op het Amfitheater van Noordhoek biedt. Alleen de open kaolienmijn (de enige mijn die nog in bedrijf is op het Kaapschiereiland) is een beetje storend. Kort voor u de top bereikt, moet u nog een paar granieten rotsen overwinnen. Het uitzicht van de top is een van de mooiste van de Kaap. Diep beneden u ziet u delen van de **Chapman's Peak Drive**, Duiker Island, de Sentinel, de baai, het strand en de haven van Hout Bay, aan de overkant het strand van Noordhoek met het wrak van de Kakapo en de **Slangkop Point Lighthouse** 16 .Bij de verwoestende bosbranden van januari 2000 verbrandde vrijwel de gehele begroeiing in de omgeving van Chapman's Peak. Het wandelpad biedt de unieke mogelijkheid het herstel van de Kaapse fynbosvegetatie na de brand van nabij mee te maken, met name dat van de vele nieuwe protea's die hier overal bloeien.

## Kaapschiereiland

zachtere sedimentgesteente lag, de weg uit de rotsen te blazen met explosieven.

Hij schatte de kosten op circa 20.000 pond, wat een enorm bedrag was voor die tijd. De Waal zorgde voor het geld en 700 dwangarbeiders en gaf het project zijn zegen. In april 1915 namen de werkzaamheden in Hout Bay een aanvang. In juni van het volgende jaar begonnen de arbeiders aan de Noordhoekkant.

Vaak wordt beweerd dat Italiaanse krijgsgevangen de weg hebben aangelegd. Deze kwamen echter pas dertig jaar later naar Zuid-Afrika, tijdens de Tweede Wereldoorlog. Zij werkten aan de Du Toits Kloof Pass, tussen Paarl en Worcester. In de Eerste Wereldoorlog, toen de Champman's Peak Drive werd aangelegd, stonden de Italianen aan de kant van de geallieerden.

De dwangarbeiders die aan de Chapman's Peak Drive werkten, waren gevangenen uit gevangenissen op de Kaap, ongeschoolde arbeiders wier werktuigen ongeschikt waren. Aardverschuivingen en vallend gesteente waren aan de orde van de dag. Met dynamiet, pikhouwelen en scheppen hakten ze zich een weg. De eerste vier kilometer van Hout Bay naar het uitzichtpunt werden in 1919 geopend. Het zou echter nog eens drie jaar duren voor ze de daarachter gelegen kliffen de baas waren. In 1922 was het eindelijk zover: de **Chapman's Peak Drive** werd feestelijk geopend met een convooi van 160 auto's. De eerste busritten (de bussen jagen andere verkeersdeelnemers op de smalle weg nog altijd de stuipen op het lijf) van Kaapstad naar Noordhoek gingen van start, met lunch in Hout Bay. Nu is de rit van Noordhoek 'bergop' naar Hout Bay aan te raden, vooral in het late namiddaglicht, als de rotsen rood kleuren.

In januari 2000 werd de spectaculaire kustweg afgesloten. Regen en bosbranden hadden zoveel steenslag veroorzaakt dat verscheidene mensen om het leven waren gekomen en velen gewond waren. In 1989 werden bij een grootschalige 'opruimactie' door een helikopter maar liefst 22 autowrakken geborgen op de rotskust onder de weg.

Na een renovatie van meer dan 150 miljoen rand werd de Chapman's Peak Drive in december 2003 als tolweg heropend. Toch overschatten veel automobilisten nog vaak de ruimte in sommige bochten en onderschatten zij de hoogte van de kliffen.

Het uitzicht vanaf het met 592 m hoogste punt van de Chapman's Peak Drive op Hout Bay, de Sentinel en de Atlantische Oceaan is weergaloos. Daarna wordt de weg breder en slingert zich in sierlijke bochten richting Hout Bay. Tussen september en november is het aan te raden af en toe in een parkeerhaven te stoppen. Sinds kort komen er weer veel zuidkapers en bultruggen in de baai voor die vanuit de hoogte mooi te zien zijn.

### Actief

Bergwandeling – **Beklimming van Chapman's Peak** (zie Actief blz. 185).

## Hout Bay ▶ 1, D 22

**Kaart:** blz. 169

**Hout Bay 19**, vroeger een ingeslapen vissers- en kunstenaarsplaatsje, is inmiddels zowel voor inwoners van Kaapstad als voor toeristen een populair vakantieoord geworden met veel goede restaurants. Kort voor u er arriveert, rijzen aan uw rechterhand de ruines van het oude **Westfort** op uit het struikgewas. Het werd in 1781 door de Hollanders gebouwd om de gevreesde aanvallen over zee door de Engelsen af te slaan.

### Bronzen luipaard en haven

In de laatste bocht voor de plaats zit het symbool van Hout Bay, de **bronzen luipaard**, op een in zee uitstekende rots. Het 1,40 m hoge en 300 kg zware beeld werd in 1963 gemaakt door de inmiddels overleden beeldhouwer Ivan Mitford-Barberton, die in Hout Bay zijn atelier had. De luipaard moet de wilde dieren in gedachten roepen die hier ooit in groten getale hebben geleefd. Voor de komst van de eerste Europeanen kwamen hier zelfs nijlpaarden en olifanten voor.

In de **haven** van Hout Bay liggen kleurige vissersboten vredig te schommelen. Iedere woensdagochtend komen de vissers terug

# Hout Bay

*Een meesterwerk op het gebied van de wegenbouw: Chapman's Peak Drive*

van zee om hun scheepsladingen snoekmakreel *(snoek)*, die gerookt als delicatesse wordt verkocht, aan land te brengen. Veel goede restaurants, van Grieken en Italianen tot visrestaurants en steakhouses, trekken doorlopend hongerige gasten.

## Hout Bay Museum

*4 Andrews Rd., tel. 021 7 90 32 70, di.–za. 10–12.30, 14–16.30 uur, toegang gratis*

De geschiedenis van de Chapman's Peak Drive wordt in dit museum geïllustreerd met een omvangrijke fotocollectie. Er is bovendien een interessante documentaire te zien over de aanleg van de Chapman's Peak Drive. Het museum organiseert wandelingen met gids door de omgeving.

Wie van trendy cafés en rockmuziek houdt en graag gezien wil worden, gaat naar de 'Zuid-Afrikaanse Rivièra', met de modieuze stranden van Camps Bay en Clifton. Houdt u meer van rust, blijf dan in Hout Bay en neem een kamer in een van de vele pensions, maak een wandeling langs het eindeloze, prachtige zandstrand en geniet van heerlijke visgerechten bij kaarslicht.

## World of Birds

*Valley Rd., buiten, tel. 021 790 27 30, www.worldofbirds.org.za, dag. 9–17 uur, toegang volw. 85 rand, kinderen 40 rand*

In **World of Birds** [20] draait het vooral om onze gevederde vrienden. Het is het grootste vogelpark in Afrika, met meer dan 4000 schitterende vogels, ondergebracht in verschillende grote en deels toegankelijke volières. Daarnaast zijn er nog schildpadden, stokstaartjes, mangoesten, stekelvarkens, bavianen en al-

# Kaapschiereiland

lerlei andere soorten apen. Pas op: de apen in de toegankelijke kooi zijn bepaald niet schuw en verzot op zonnebrillen.

## Informatie

**Hout Bay Visitor Information Centre:** Hout Bay Museum, Andrews Rd., tel. 021 791 83 80. In het interessante Hout Bay Museum is ook het toeristenbureau ondergebracht. Hier kunt u advies krijgen over uitstapjes en hulp bij het reserveren van een kamer. Op Facebook zijn enkele fanpages te vinden; gewoon Hout Bay als zoekterm invullen.

## Accommodatie

Gezinsvriendelijk – **African Family Farm:** Riverside Terrace, tel. 021 790 59 66/071 557 73 20, www.african-family-farm.com. De vier cottages Zebra, Giraffe, Olifant en Neushoorn bestaan elk uit een tweepersoons slaapkamer, een kinderkamer, een badkamer met douche en wc en een open keuken met ruimbemeten eet- en woongedeelte. De gezellige kamers hebben allemaal een andere decoratie – tot en met de met dierenafbeeldingen verluchtigde porseleinen wasbakken. Indien gewenst kunnen mensen die zelf voor hun eten zorgen, ontbijt en diner bestellen. Babysitterservice, kinderboerderij op het terrein. Vanaf 1350 rand per nacht, minimaal 5 nachten.

Vierkant – **Cube Guest House:** 20 Luisa Way, tel. 072 053 50 38/071 441 81 61, www.cube-guesthouse.com. Moderne B&B met uitzicht op de bergen en de zee. De uitbaters Dirk en Patrick zijn Duitse immigranten die, zoals veel bezoekers, verliefd werden op het land aan de Kaap. Het pension heeft 6 kamers, de meeste met eigen terras. Bij het ontbijt (naar wens ook op het privéterras geserveerd) krijgt u vers gebakken brood, zelfgemaakte jam, verschillende eiergerechten, fruit, vers geperst sap en Nespressokoffie. 2 pk met ontbijt tussen 1300 en 3700 rand, afhankelijk van het seizoen en de kamer.

Gemoedelijk – **Hout Bay Lodge:** 6 Bisschop Rd., tel. 021 79 90 11 58, www.houtbaylodge.co.za. De uit Stuttgart afkomstige Jochen en Daniela Wanner baten deze gemoedelijke en gezinsvriendelijke lodge al jaren uit. Er zijn in totaal zeven, door Jochen zelf gerenoveerde kamers. De gasten ontbijten gezamenlijk aan de grote ontbijttafel. Rustige ligging en prachtig uitzicht. 2 pk met ontbijt vanaf 1000 rand.

## Eten en drinken

Provencaals – **La Colombe:** Silvermist Wine Estate, Constantia Nek, tel. 021 794 23 90, www.lacolombe.co.za, dag. lunch 12.30–14, diner 19–20.45 uur. Toen dit beroemde fijnproeversrestaurant in Constantia zijn deuren sloot, was de teleurstelling onder smulpapen uit Kaapstad groot. Maar het verlies voor Constantia was een aanwinst voor Hout Bay, waar het nieuwe La Colombe eind 2014 vlak achter de Constantia Nek werd geopend. Het was onmiddellijk Hout Bay's beste restaurant. La Colombe bevindt zich nog steeds in een Wijnlandomgeving, maar nu aan de kant van Hout Bay, op het wijngoed Silvermist. Provencaals aandoende, fantastische keuken. Hoofdgerecht 165 rand.

Scheepswrakambiance – **Wharfside Grill Restaurant – Mariner's Wharf:** Hout Bay Harbour, tel. 021 790 11 00, www.marinerswharf.com, dag. ontbijt 9–11, lunch/diner 12–21.45 uur. De visrestaurantklassieker van Hout Bay, een beetje toeristisch, maar wel met steeds pasgevangen vis in een rustieke omgeving. Gasten kunnen toekijken hoe de gerechten bereid worden. Hoofdgerecht 130 rand.

Populaire Griek – **Spiro's:** 30 Main Rd., tel. 021 791 38 97, ma. 17–22, di., do., zo. 12–23, vr., za. 12–22 uur. Zeer drukbezocht Grieks restaurant. Eigenaar Spiro is een Zuid-Afrikaan van Griekse afkomst en meestal zelf aanwezig in zijn zaak om de gasten te ontvangen – en, zoals dat hoort, met een gratis ouzo uitgeleide te doen. Griekse klassiekers zoals gegrilde haloumikaas, kleftiko en bifteki smaken in het mediterrane klimaat van Hout Bay minstens zo lekker als in het land van herkomst. Wifi. Hoofdgerecht 110 rand.

De beste pizza's – **Massimo's:** Oakhurst Farm Park (rechts naast de Spar), Main Rd., tel. 021 790 56 48, www.massimos.co.za, wo.–vr. 17 uur tot laat, za., zo. 12 uur tot laat. Na de sluiting van Trattoria Luigi, een instituut in Hout Bay, zijn er nog twee Italianen over: Massimo's

# Hout Bay

en Posticino. Massimo's heeft een iets betere keuken, maar het personeel bij Posticino is aanmerkelijk vriendelijker. Wifi. Hoofdgerecht circa 100 rand.

**Vriendelijke Italiaan – Posticino:** 6 Main Rd., tel. 021 791 11 66, www.posticino.co.za, dag. 12.30–22.30 uur. Leuke Italiaan met uitzicht op de baai en buitenterras. Net als bij Massimo's zijn er houtovenpizza's en andere authentiek Italiaanse gerechten te krijgen. Goede keus aan wijnen. Probeer beide restaurants uit. Hoofdgerecht circa 80 rand.

**Beste Thai van het Kaapschiereiland – Kitima:** Kronendal Estate, 140 Main Rd., tel. 021 790 80 04, www.kitima.co.za, Voortreffelijk Aziatisch restaurant, ondergebracht in de grootscheeps gerestaureerde hoeve Kronendal (1713), zeer goede prijs-kwaliteitverhouding, elegante ambiance. Er is ook een gezellige bar voor een afzakkertje na het diner. Hoofdgerecht 100 rand.

**Duits-Mexicaans-Caribisch – Pakalolo:** 10 Main Rd., tel. 021 790 07 00, www.pakalolo.co.za, dag. 9–2 uur. Naast een groot aantal bieren van het vat serveert de eigenaar Mexicaanse gerechten, maar ook prima bereide burgers en steaks. Favoriet bij veel bezoekers is de XXLwienerschnitzel, die groter is dan het bord waarop hij wordt geserveerd. Hoofdgerecht 100 rand. U kunt de Facebook fanpage checken voor informatie over wanneer er livemuziek wordt gespeeld.

**Fantastisch uitzicht – The Lookout Deck:** Hout Bay Harbour Waterfront, tel. 021 790 09 00, www.thelookoutdeck.co.za, ma.–vr. 10–23 uur, za., zo. 9–23 uur. Het beste uitzicht in Hout Bay maakt de nogal gemiddelde kwaliteit van het eten goed. Bier van 't vat. Hoofdgerecht 90 rand.

**Coole strandtent – Dunes:** Hout Bay Beach, 1 Beach Rd., tel. 021 790 18 76, www.dunesrestaurant.co.za, ma.–vr. lunch en diner, za., zo. ook ontbijt. Ideale plek voor een *sundowner* direct aan het strand van Hout Bay, grote speeltuin voor kinderen, het eten is goed, het bier van 't vat (Windhoek en Becks) nog beter. Wifi. Hoofdgerecht 90 rand.

**Elegante pub – Woodcutters Arms:** 37 Main Rd., tel. 021 790 60 60, www.woodcuttersarms.co.za, ma.–do. 11.30–23, vr., za. 11.30–1, zo. 11.30–23 uur. In deze pub met Britse sfeer en elegante uitstraling zijn verschillende bieren van het vat te krijgen. Erbij worden hartige gerechten geserveerd, zoals pastei van varkensvlees, kalfslever, steaks en lamsbout. Hoofdgerecht 90 rand.

**Eetcafé – Delish Restaurant:** 8 Beach Crescent Rd., tel. 021 790 53 24, www.delidelish.co.za, dag. ontbijt, lunch 8–16 uur, vr., za. diner 18–21.30 uur. In een 120 jaar oude boerderij worden bij Delish heerlijk ontbijt en lunch geserveerd – en op sommige avonden ook diner. In de zomer kunt u buiten zitten, in de winter binnen in de zaal met een rustieke houten vloer en open haard. Zeer goede wijnen. Wifi. Hoofdgerecht 60–120 rand.

**Thais fastfood – Thai Café:** 15 Main Rd., tel. 021 790 70 00, www.thaicafe.biz, dag. 11.30–22 uur. Zeer goed Thais eten, ook om mee te nemen. Ideaal voor een lichte lunch met wokgerechten. Hoofdgerecht 75 rand.

**Visrestaurant aan de haven – Mamazoli:** Harbour Rd., het felgekleurde huis vlak voor de Bay Harbour Market rechts, tel. 078 744 39 41, di.–zo. 's middags en 's avonds (zo lang er gasten arriveren). In een ontspannen en rustieke sfeer worden hier diverse soorten vis, waaronder *rock lobster* (langoest), gegrild en geconsumeerd met wijn of bier erbij. Soms spelen er livebands. Hoofdgerecht 60 rand.

**Buffetstijl – La Cuccina:** Food Store & Coffee Shop, Victoria St., Victoria Mall, tel. 021 790 80 08, www.lacuccina.co.za, 7.30–17 uur, dag. ontbijt, lunch. Delicatessen, van quiches tot desserts en gebak, om mee te nemen of meteen op te eten. Prijzen naar gewicht, ontbijt- en lunchbuffet met dagelijks wisselende buffetgerechten. Wifi. Hoofdgerecht circa 65 rand.

**Beste fish and chips – Fish on the Rocks:** Harbour Rd., in de haven achter visfabriek Snoekies, tel. 021 790 00 01, www.fishontherocks.co.za, dag. 9–20.30 uur. In dit knalgele restaurant op een rots bij de zee worden vanouds de beste fish and chips van het Kaapschiereiland geserveerd, bijvoorbeeld heek met frites voor 50 rand (om mee te nemen of om op te eten op de houten banken).

*Een van 's werelds mooiste stranden: Camps Bay*

Wie de rij wachtenden op zondagmiddag te lang vindt, kan schuin aan de overkant in de haven zijn geluk beproeven bij Laughing Lobster. Deze locatie is weliswaar niet zo authentiek, maar de vis is er ook heel lekker.

## Winkelen

Markten – **Hout Bay Lions Craft Market:** Village Green, tel. 082 850 97 52, elke zo. 10–16 uur. Grote markt met kunstnijverheid, glaswerk, stoffen, kleding, eetstalletjes, enzovoort. **Bay Harbour Market:** 31 Harbour Rd., tel. 082 570 59 97, www.bayharbour.co.za, vr. 17–22 uur, za., zo. 9–16 uur. Een groot succes is de sinds 2011 bestaande weekendmarkt in de haven van Hout Bay. Een vroeger volledig verloederde buurt bij de haven is tegenwoordig in de weekends een en al bedrijvigheid. Beschut tegen weer en wind ondergebracht in voormalige pakhuizen, staan de kramen in rijen dicht naast elkaar. U vindt hier heerlijk biologisch eten en er zijn allerlei ongebruikelijke spullen te koop. Deze markt is inmiddels uitgegroeid tot een van de belangrijkste attracties van het Kaapschiereiland. In de weekends trekt hij tot wel 6000 bezoekers die komen genieten van de sfeer, vaak met livemuziek.

## Actief

Robben observeren en scheepswrakexcursies – **Nauticat:** tel. 021 790 72 78, www.nauticatcharters.co.za; **Tigger Too Charters:** tel.

# De 'Zuid-Afrikaanse Rivièra'

drijvende kraan, die op het moment van het ongeluk US$70 miljoen waard was, helemaal zal opslokken.

### Agenda
**Snoek Derby:** weekend begin aug. Viswedstrijd op snoekmakreel met groot feest erna.

## De 'Zuid-Afrikaanse Rivièra' ▶ 1, D 21

**Kaart:** blz. 169

Ten noorden van Hout Bay loopt de M 6 steil omhoog en biedt op zijn hoogste punt weer zicht op de zee, of liever op het mooie, witte zandstrand van **Llandudno** 21. De dure villa's en huizen van deze plaats zonder winkels en restaurants liggen tegen een steile helling aan geplakt. Het strand is vooral bij surfers populair en bovendien een van de mooiste plekken voor een *sundowner* op het hele Kaapschiereiland.

Tussen de Atlantische Oceaan en de bergketen van de Twelve Apostles slingert de kustweg zich in sierlijke bochten vanhier tot Bakoven. Tot enkele jaren geleden waren de met fynbos begroeide berghellingen nog volledig onbebouwd. Kort voor **Bakoven** 22 wordt op het parkeerterrein links van de weg bij goed weer dagelijks kunstnijverheid verkocht. Hier vindt u ook de beroemde, bij stewardessen vanwege hun grote omvang zeer 'geliefde' houten giraffen. Daarna wordt het trendy. **Camps Bay** 23 wordt tot de mooiste stranden van de wereld gerekend, met zijn witte zand, zijn palmen, toprestaurants, cocktailbars en de vele rondborstige filmsterren die hier in zulke groten getale rondlopen dat men zich soms wel eens in het decor voor de opnamen van *Baywatch* waant.

Als er nog een overtreffende trap boven Camps Bay mogelijk is, dan is het **Clifton** 24, dat over vier kleine, met elkaar verbonden zandstranden beschikt. Ze liggen heel schilderachtig tussen machtige brokken graniet, en bieden daarom in te-

021 7 90 52 56; www.tiggertoo.co.za; **Drumbeat:** tel. 021 790 48 59, www.drumbeat charters.co.za; **Circe Launches:** tel. 021 790 10 40, www.circelaunches.co.za. De prijzen liggen tussen 40 en 80 rand p.p. **Duiker Island** staat bekend om zijn robbenkolonie. Verschillende charterbedrijven in de haven van Hout Bay bieden interessante tochten naar dit eiland aan, maar ook naar het indrukwekkende wrak van de Nederlandse drijvende kraan met helikopterplatform, die bij een storm in 1992 in de Tafelbaai is losgeslagen en vervolgens bij Duikerpunt, tussen Hout Bay en Sandy Bay, op de rotsen werd geworpen. Het schip is in de tussentijd in stukken gebroken en het is slechts een kwestie van tijd tot de zee de

## Kaapschiereiland

genstelling tot Camps Bay beschutting tegen de wind. Het water is er echter net zo koud. De *beaches* zijn vanuit Victoria Street, waar gemakkelijk geparkeerd kan worden, via enkele steile traptreden bereikbaar. De mooiste weg terug naar Kaapstad loopt tussen Clifton en Camps Bay over de bochtige Kloof Street langs de flank van Lion's Head en over de **Kloofnek** 25 naar de City.

Een andere mogelijkheid is om via de altijd windstille en daarom zeer prijzige Bantry Bay en het dichtbewoonde Sea Point naar **Mouille Point** 26 te rijden, waar de roodwitte **Green Point Lighthouse** staat, de oudste vuurtoren van Zuid-Afrika. Vanhier bent u in enkele minuten bij het stadion, in Green Point of in het Waterfront (zie blz. 129).

## Accommodatie

Californische sferen – **The Bay Hotel:** 69 Victoria Rd., Camps Bay, tel. 021 437 97 01, www.thebay.co.za. Luxueus strandhotel als uit een prentenboek met excellente service (bijvoorbeeld gratis auto met chauffeur), de sundowner-bar Beach Club, het restaurant Tides en een wellnesscentrum. 2 pk met ontbijt vanaf 3200 rand (website-aanbiedingen).

Geweldig uitzicht – **The Twelve Apostles Hotel & Spa:** Victoria Rd., Oudekraal, tel. 021 437 90 29, www.12apostleshotel.com. Aan de kustweg aan de voet van de Twelve Apostles tussen Camps Bay en Llandudno gelegen, met het mooiste uitzicht op de Atlantische Oceaan en het mountainfynbos. Sundowner-bar, restaurant en wellnesscentrum, ook voor niet-gasten. 2 pk met ontbijt vanaf 3150 rand.

Dicht bij de natuur en gezinsvriendelijk – **Camps Bay Retreat:** 7 Chilworth Rd., The Glen, tel. 021 437 97 03, www.campsbayretreat.com. Drie zwembaden (uiteenlopend van verwarmd tot cool-pool), wellnesscentrum, tennisbaan, dvd-verzameling, wijnkelder. U kunt overnachten in het elegante herenhuis Earl's Dyke Manor, dat in 1929 werd gebouwd, of in het Deck House midden in de 'wildernis', dat bereikbaar is over een avontuurlijke hangbrug. Bij de receptie kunnen trendy Johnny Locofietsen worden gehuurd. Fantastisch wellnesscentrum. Gezinsvriendelijk. 12 kamers. 2 pk met ontbijt vanaf 2700 rand.

Luxesuites – **Ambiente Guest House:** 58 Hely Hutchinson Avenue, tel. 021 438 40 60, www.ambiente-guesthouse.com. De Zuid-Afrikaliefhebbers Marion en Peter leiden dit elegante pension in Camps Bay sinds enkele jaren met veel toewijding. Zij proberen het hun gasten net zo naar de zin te maken in het land van hun dromen als zij het er zelf hebben. U verblijft in een van de 3 stijlvol ingerichte, ruime suites (Zebra, Olifant en Luipaard) met een mediterraan-Afrikaanse sfeer. 2 pk met ontbijt 1560–2180 rand.

Uitzicht op zee en tuin – **Ocean View Guest House:** 33 Victoria Rd., Bakoven, tel. 021 438 19 82, www.oceanview-house.com. Aantrekkelijk en comfortabel pension met uitzicht op de oceaan en op een weelderige tuin met inheemse fynbosplanten, verschillende soorten palmen en rustig kabbelende beken. Op de achtergrond rijzen de Twelve Apostles en de Tafelberg op. 2 pk met ontbijt vanaf 1100 rand.

Art deco à la Florida – **La Splendida:** 121 Beach Rd., Mouille Point, tegenover Green Point Lighthouse, tel. 021 439 51 19, www.newmarkhotels.com. Qua prijs-kwaliteitverhouding – ligging, comfort, ambiance – een van de beste adressen nabij de City van Kaapstad. Op loopafstand van het Waterfront, door het nieuwe Green Point Urban Park naar het stadion, en dan over de Fan Walk naar de City. Het uiterlijk van het meteen sympathiek aandoende La Splendida doet denken aan de mooie art-decohotels in Miami Beach. 24 kamers, met uitzicht op zee of op de Tafelberg. 2 pk met ontbijt vanaf 750 rand (websiteaanbiedingen).

Chic en voordelig – **Ashanti Lodge:** 23 Antrim Rd., Green Point, tel. 021 433 16 19, www.ashanti.co.za. Schoon en stijlvol; prettige kamers met glanzende houten vloeren. Behalve slaapzalen zijn er tweepersoonskamers met flatscreen-tv, een zwembad en bewaakte parkeerplaatsen, en verder een gemeenschappelijke keuken en een kleine bar. 2 pk vanaf 990 rand, bedden in de slaapzalen met een kast

De 'Zuid-Afrikaanse Rivièra'

die kan worden afgesloten en een safe onder het bed vanaf 190 rand.

Rustige budgetoptie – **House on the Hill:** 5 Norman Rd., Green Point, tel. 021 439 39 02, www.houseonthehillct.co.za. In tegenstelling tot andere accommodatie voor rugzaktoeristen, waar nogal eens gefeest wordt, is dit budgethotel rustig en bovendien schoon en comfortabel. Het ligt in een stille straat en bestaat uit twee met elkaar verbonden gebouwen. Het gebouw in Afrikaanse stijl biedt aparte bed-and-breakfastkamers, het andere richt zich op rugzaktoeristen. 2 pk vanaf 530 rand.

## Eten en drinken

Fijnproeverstempel op droomlocatie – **The Roundhouse:** Kloof Rd., The Glen, tel. 021 438 43 47, www.theroundhouserestaurant.com, mei–sept. di.–za. 12–14.30, 18 tot laat; okt.–apr. di.–za. 9–11, 12–16, zo. 12–15, 18 uur tot laat. Het gebouw stamt uit het jaar 1756 en is daarmee het op een na oudste van Camps Bay. Ooit fungeerde het als residentie van lord Charles Somerset. Het uitzicht op Camps Bay is ook tegenwoordig nog fantastisch. De service en het eten zijn perfect. Er zijn verschillende menu's met of zonder bijpassend wijnarrangement, het toppunt voor de ware fijnproever is het tastingmenu voor 750 rand, met wijnarrangement 1100 rand.

Sushi en seafood – **The Codfather:** 37 The Drive, Camps Bay, el. 021 438 07 82, Facebook: The Codfather Restaurant Camps Bay, dag. 12 uur tot laat in de avond. Prima visrestaurant, waar de gasten hun vis zelf kunnen uitzoeken en de prijzen naar gewicht worden berekend. Met sushibar, goede wijnkaart en vanaf het balkon geweldig uitzicht op de oceaan. Wie van vis houdt, kan echt niet om The Codfather (*cod* = kabeljauw) heen. Hoofdgerecht 250 rand.

Fusionkeuken – **Blues:** Victoria Rd., Camps Bay, tel. 021 438 20 40, www.blues.co.za, dag. lunch en diner. Mix van mediterrane en Californische keuken; vanaf het balkon van deze al dertig jaar bestaande restaurantklassieker is het uitzicht grandioos. Hoofdgerecht 150–200 rand.

Cool & trendy – **Paranga:** The Promenade, Victoria Rd., tel. 021 438 04 04, www.paranga.co.za. Fantastische ligging aan de flaneerpromenade met een bijna Côte-d'Azurachtige allure. Wel is het eten hier van veel betere kwaliteit en zijn de prijzen een stuk schappelijker. Hoofdgerechten tussen 150 en 250 rand.

Relaxte sfeer – **Sotano by Caveau:** La Splendida Hotel, 121 Beach Rd., Mouille Point, tel. 021 433 17 57, dag. zo. 7–11, 12–15, 18–22.30 uur. Zusterrestaurant van het gerenommeerde Caveau aan Heritage Square in de City van Kaapstad. Seizoensgebonden, mediterrane keuken, met het accent op visspecialiteiten, maar ook pizza's met flinterdunne bodems en klassieke bistrogerechten. Hoofdgerecht 90–140 rand.

Goed Italiaans ketenrestaurant – **Primi Piatti:** 18–21 Brighton Court, Victoria Rd., Camps Bay, tel. 021 438 91 49, www.primi-world.com, dag. 9–22 uur. Waar in het land u ook maar een van de restaurants van de Primiketen aantreft, zult u altijd naar tevredenheid geholpen worden. Camps Bay is in dit opzicht geen uitzondering. Voordelig en trendy – met Italiaans aandoende gerechten – van pasta tot pizza. Zeer gezinsvriendelijk. Hoofdgerecht 70 rand.

Trendy en fraai gelegen – **Café Caprice:** 37 Victoria Rd., Camps Bay, tel. 021 438 83 15, www.cafecaprice.co.za, dag. ontbijt, lunch en diner, 9 uur tot laat. Fantastische ligging met goed zicht over de boulevard op het strand; eenvoudig maar smakelijk aanbod (salades, pasta en quiches), vriendelijke bediening en een grote keuze aan cocktails, enkele tafeltjes onder parasols buiten beschikbaar, het ontbijtbuffet is al vanaf 9 uur open. Hoofdgerecht 60–175 rand.

Pizza in 50 varianten – **Col'Cacchio Pizzeria:** Isaacs Corner, hoek Victoria Rd./The Meadway, Camps Bay, tel. 021 438 21 71, www.colcacchio.co.za, dag. 12–23 uur. Net als bij Primi Piatti bent u bij de Col'Cacchioketen altijd aan het goede adres. Hier ligt, zoals de naam al zegt, het accent op pizza, met meer dan 50 varianten die alle een Italiaanse naam dragen. 60–150 rand.

# Wijnland

De vroegste vermelding van wijn aan de Kaap is te vinden in een aantekening van de eerste gouverneur Jan van Riebeeck, die hij aan boord van de Dromedaris maakte, twee dagen na zijn aankomst. Het gebied leek hem ideaal voor wijnbouw. Hierin kreeg hij gelijk. Sommige Zuid-Afrikaanse wijnen behoren tot de beste van de wereld.

Het wijnland aan de Kaap is een van de drukbezochtste streken van het land. De **Constantia Wine Route** werd al in het hoofdstuk over het Kaapschiereiland beschreven. De **Durbanville Wine Route** ligt echter ook midden tussen de voorsteden van Kaapstad. De andere wijnroutes zijn gemakkelijk binnen een dag vanuit Kaapstad te bereiken, met name die van Franschhoek, Wellington, Stellenbosch, Paarl en Somerset-West. Iets verder weg liggen de wijnroutes Breede River Valley, Swartland, Breedekloof, Elgin en Robertson.

De wijnbouwgebieden van Zuid-Afrika worden omringd door hoge, door ravijnen doorsneden bergen, waar nog luipaarden in het wild voorkomen. Ze behoren tot de afwisselendste landschappen ter wereld, van aan zee gelegen wijnhellingen langs het Kaapschiereiland, de westkust en de Walker Bay tot hooggelegen wijngoederen in een labyrint van dalen en bergen in het binnenland.

Het gourmet- en wijntoerisme bloeit natuurlijk in deze regio, wat vooral tijdens een tocht door het hart van het Zuid-Afrikaanse wijnbouwgebied duidelijk wordt: tussen de beboste bergen en de uitgestrekte wijngaardhellingen waant u zich eerder in Europese contreien en de eersteklashotels, -pensions en -restaurants versterken dat gevoel alleen maar.

Niet alle van de ongeveer 500 Zuid-Afrikaanse wijnboeren laten toeristen toe op hun bedrijf, maar de meesten beschikken over fraaie proeflokalen, velen baten zeer goede restaurants uit en enkelen bieden rondleidingen door de kelders en picknicks aan. Voorzien van een goede Wijnlandkaart (zoals *Cape Winelands*, 1:100.000, www.themaps.co.za, 76,50 rand) kunt u ook op eigen houtje op onderzoek gaan. Het zou te ver voeren om in dit boek alle wijngoederen op te sommen. Wij beperken ons daarom tot de interessantste en de mooiste.

## Stellenbosch Wine Route

**Kaart:** blz. 196

**Zevenwacht Wine Estate** ▶ D 21
*Tel. 21 903 51 23, www.zevenwacht.co.za, dag. wijnproeven, kelderrondleiding op afspraak, picknickmanden, eigen kaasmakerij, gezellige huisjes voor gasten die willen overnachten. Proberen: Cabernet Sauvignon, Shiraz, Chardonnay*

Het eerste wijngoed aan de **Stellenbosch Wine Route** (www.wineroute.co.za) duikt volledig onverwacht op. Eerst rijdt u door het verkeer van Kaapstad in noordelijke richting naar de voorstad **Kuilsrivier**, langs winkels, benzinestations en garages. Een bord wijst naar het **Zevenwacht Wine Estate** **1** en vlak daarna lijkt de stad kilometers ver weg. Idyllische wijngaarden, vogelgetsjilp uit dichte hagen en dan ziet u plotseling, achter een eendenvijver, een schitterend Kaaps-Hollands herenhuis dat in het water weerspiegeld wordt. Hier is het restaurant van dit vlak bij de stad gelegen wijngoed in ondergebracht.

Stellenbosch Wine Route

## OLDTIMERMUSEA

Het Wijnland is een rijk gebied, en een oldtimermuseum past goed in dat beeld. Wie in auto's uit de goed oude tijd is geïnteresseerd, kan niet om het bijzondere **Wijnland Auto Museum** 3 heen. U ziet er enkele gerestaureerde exemplaren, maar het leeuwendeel van de verzameling bestaat uit een schilderachtig oldtimerkerkhof. De ingang van het museum met de twee uit de grond stekende Amerikaanse sleeën ligt recht achter de tuinderij rechts (60 Tarentaal St., Joostenbergvlakte, tel. 021 988 42 03, toegang volwassene 60 Rand).

Het **Franschhoek Motor Museum** (FMM) en noordwesten van **Franschhoek** 10 (zie blz. 204), is het eerste 'echte' oldtimermuseum van Zuid-Afrika. In vier voor dit doel gebouwde hallen met airconditioning staan permanent zo'n 80 prachtig gerestaureerde klassiekers. Er zijn in totaal 220 oldies, die afwisselend tentoongesteld worden. Wie geluk heeft, kan toekijken hoe ze op de ruimbemeten wegen tussen de hallen bestuurd worden.

Zowel het Franschhoekse **wijngoed L'Ormarins** als het museum worden beheerd door de Zuid-Afrikaanse familie Rupert, die op de Forbesranglijst van miljardairs op dit moment op een tamelijk hoge plaats staat. Veel onvervangbare klassiekers werden geëxporteerd en ongeveer 80% van de museumstukken zou net precies zo zijn vergaan, als Johann Rupert ze niet had gekocht. Zo heeft hij een belangrijk deel van de automobielgeschiedenis van Zuid-Afrika voor zijn museum gered. De overzichtelijk vormgegeven website geeft een goede indruk van wat de bezoeker kan verwachten (wijngoed L'Ormarins, Franschhoek, tel. 021 874 90 00, www.fmm.co.za, ma.–vr. 10–17 uur, za., zo. 10–16, laatste toegang één uur voor sluitingstijd, toegang volw. 60 rand, kinderen 30 rand).

Het wijngoed heeft een lange geschiedenis. Onder de naam Langverwacht werd het land ooit op naam gezet van de in 1688 uit Frankrijk gevluchte hugenoot Jean le Roux. Vanuit de smaakvol ingerichte zalen hebt u 's avonds een fantastisch uitzicht op de lichtjes van Kaapstad en de Tafelberg.

### Hazendal ▶ D 21
*Bottelary Rd., Kuils River, tel. 021 903 50 35, www.hazendal.co.za, Wijnproeven en wijnverkoop ma.–vr. 9–16.30, za., zo. 9–17 uur, 10 rand p.p., kelderrondleidingen ma.–vr. 11 en 15 uur, museum gewijd aan Russische cultuur en kunst met onder andere Fabergé-eieren.*

*Proberen: Cabernet-Sauvignon-Shiraz, Chardonnay*

Ten noorden van Zevenwacht ligt aan de Bottelary Road het wijngoed **Hazendal** 2. Eigenaar Mark Voloshin komt oorspronkelijk uit Rusland, wat natuurlijk aan de menukaart in zijn restaurant is af te lezen. Er hangt een elegante sfeer, het personeel is vriendelijk en de prijs-kwaliteitverhouding goed. Het is dan ook geen wonder dat door de nabijheid van Kaapstad veel zakenlieden uit de City hiernaartoe komen voor een *power lunch*.

Naar het **Wijnland Auto Museum** 3 (zie Tip hierboven) volgt u het best Kruis Road naar Brackenfell en vervolgens

*Wijnland*

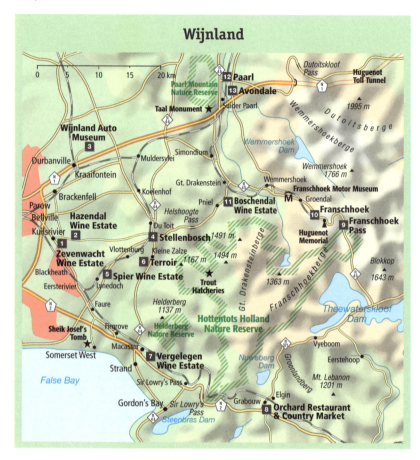

de R 101 tot Belmont Park. Van daar rijdt u richting Joostenbergvlakte, aan de andere kant van de N 1.

Na uw bezoek aan het museum rijdt u over de N 1 terug in noordelijke richting en neemt meteen de volgende afslag naar de R 304, die rechtstreeks naar Stellenbosch voert.

## Stellenbosch ▶ 1, D/E 21

De levendige universiteitsstad **Stellenbosch** 4 is genoemd naar Simon van der Stel. Het is de op één na oudste stad van Zuid-Afrika, met prachtig gerestaureerde historische gebouwen. Deze staan vooral in de vrijwel volledig onder monumentenzorg vallende **Dorp Street** – het hoogtepunt van elke stadswandeling. Een hoogtepunt aan Dorp Street zelf is de oude, victoriaanse winkel **Oom Samie se Winkel** (zie blz. 201).

Stellenbosch wordt ook wel The City of Oaks genoemd, naar de ruim 200 jaar oude eiken die de straten met hun victoriaanse en georgian huizen flankeren. Het centrum van de stad is de enorme, met gras begroeide Braak, het stadsplein, dat wordt omringd door de historische straten Church Street, Dorp Street en Ryneveld Street. Hier staan vier interessante historische gebouwen, het **VOC Kruithuis** (1777), het oude **Burgerhuis** (1797), de **Rhe-**

## Stellenbosch Wine Route

nish **Mission Church** (1840) en de rietgedekte **St. Mary's Church** (1852).

Hier kunt u het best beginnen met het te voet verkennen van de stad. Deze wandeling hoeft dankzij de schaduw van de eiken zelfs in de zomer niet al te inspannend te zijn. De straten zijn allemaal opvallend breed, omdat vroeger ossenkarren er een draai moesten kunnen maken. De greppels van de oude riolering, links en rechts van de straat, zijn diep. Pas dus vooral 's nachts op dat u niet struikelt, vooral niet na het genot van de heerlijke wijn.

## Stellenbosch Village Museum/ Toy and Miniature Museum

*Stellenbosch Museum: 37 Ryneveld St., tel. 021 887 29 48, www.stelmus.co.za, ma.–za. 9.30–17, zo. 14–17 uur, toegang volw. 30 rand, kinderen 15 rand; Toy and Miniature Museum: Market St., tel. 021 886 78 88, ma.–za. 9.30–17, zo. 14–17 uur, toegang volw. 10 rand, kinderen 5 rand*

Het **Stellenbosch Village Museum** bestaat uit vier historische gebouwen die verschillende fasen van de stadsontwikkeling tussen de 17e en de 19e eeuw illustreren. Het in 1709 gebouwde **Schreuderhuis** is het oudste stadshuis in Zuid-Afrika. Het **Blettermanhuis**, met zijn mooie gevel, stamt uit 1789, het twee verdiepingen hoge, classicistische **Grosvenor House** uit 1820 en het victoriaanse **Berghuis** uit 1840–1870. De vier gebouwen zijn alle in de destijds gebruikelijke stijl ingericht. De oude Rijnse pastorie stamt uit 1815 en is een filiaal van het Stellenbosch Village Museum. Het huisvest tegenwoordig het **Toy and Miniature Museum**.

## Rupert Museum

*Stellentia Ave., tel. 021 888 33 44, www.rupert museum.org, dag. 9.30–16, za. 10–13 uur*

Vlak bij het benedenste uiteinde van Dorp Street ligt aan Stellentia Avenue het **Rupert Museum**, waar de privécollectie van Anton Rupert, een van de succesvolste Zuid-Afrikaanse ondernemers, is ondergebracht. Er zijn hier onder andere werken van Pierneef, Van Wouw en Irma Stern, maar ook internationaal beeldhouwwerk en tapijten te zien.

## Spier Wine Estate

*Dag. 9–17 uur, wijnproeven 38 rand p.p.; zie ook onder Accommodatie, Eten en drinken, Agenda*

Buiten Stellenbosch ligt aan de R 310 het **Spier Wine Estate** 5 dat niet alleen vanwege de wijnen een bezoek waard is.

## Informatie

**Stellenbosch Tourism & Information Bureau:** 36 Market St., tel. 021 883 35 84, www.stellenboschtourism.co.za, ma.–vr. 8.30–17, za. 9–15, zo. 11–14 uur. Professioneel toeristenbureau waar u ook een hotel kunt boeken. Op de overzichtelijk vormgegeven website vindt u details van alle wijngoederen van de Stellenbosch Wine Route, naast adressen van restaurants, accommodatie, bezienswaardigheden en een evenementenagenda.

**Stellenbosch Wine Route Office:** 36 Market St., tel. 021 886 43 10, www.wineroute.co.za, ma.–vr. 8.30–13, 14–17 uur. Organisatie van bezichtigingen van wijngoederen en van wijnproeverijen.

## Accommodatie

Historische wijnboerderij – **Lanzerac Manor and Winery:** Lanzerac Rd., tel. 021 887 11 32, www.lanzerac.co.za. Een van de oudste wijnboerderijen met een prachtig Kaaps-Hollands herenhuis in het hart van het Wijnland. 2 pk met ontbijt vanaf 5300 rand (let op website-aanbiedingen).

Prachtig overnachten in het Wijnland – **Majeka House:** 26–32 Houtkapper St., Paradyskloof, tel. 021 880 15 49, www.majekahouse.co.za. Rustig gelegen, ongedwongen hotelcomplex op een grote voormalige boerenhoeve. Stijlvol ingerichte kamers en fraai aangelegde tuin. Het Sanctionary Spa-wellnesscentrum draagt extra tot de ontspanning bij. Het inpandige restaurant Makaron hoort bij de beste van het Wijnland. Uitstekende bediening. 2 pk met ontbijt vanaf 2180 rand.

'Wijndorp' – **The Village at Spier:** R 310, Lynedoch Rd., tel. 021 809 11 00, www.spier.co.za. Dit boetiekhotel op het wijngoed Spier ligt op 10 min. van Stellenbosch, op 15 min. van de luchthaven van Kaapstad en op 25 min. van

# Wijnland

de City van Kaapstad verwijderd en biedt 155 kamers in een bijzonder smaakvolle, dorpse omgeving met 32 verschillende huisjes in Kaaps-Hollandse stijl, met tuinen en binnenplaatsen, stroompjes en straatjes. Elke kamer is met 60 m$^2$ uiterst ruimbemeten en in een elegante Afrikaanse stijl ingericht. 2 pk met ontbijt vanaf 1900 rand (websiteaanbiedingen).

Klein en rustig gelegen – **Orange-Ville Guesthouse:** Banghoek Valley, tel. 021 885 15 75, www.orange-ville.com. Mooie, rustige ligging in een dal tussen Helshoogte Pass en Boschendal Wine Estate, slechts 6 kamers, autoverhuur, diner op verzoek. 2 pk met ontbijt vanaf 1350 rand.

Oudste hotel van het land – **Ouwe Werf Hotel:** 30 Church St., tel. 021 887 46 08, www.oude werfhotel.co.za. Stijlvol, in 1802 gebouwd hotel met 32 kamers en 6 appartementen rond de binnenplaats, met antieke meubels ingericht. In het inpandige restaurant genaamd '1802' worden zowel traditionele als internationale gerechten geserveerd. 2 pk met ontbijt vanaf 1350 rand.

Landgoed in Kaaps-Hollandse stijl – **Zevenwacht Country Inn:** Kuils River, tel. 021 903 51 23, www.zevenwacht.co.za. Ideale uitvalsbasis voor tochten naar Kaapstad of naar het Wijnland, zowel Stellenbosch als Kaapstad liggen op 20 minuten rijden. Dit is een wijngoed met uitstekende wijnen, zeer goed streekrestaurant met traditionele gerechten, kindvriendelijk. 2 pk met ontbijt vanaf 950 rand.

## Eten en drinken

Topkeuken – **Makaron:** 26–32 Houtkapper St., Paradyskloof, tel. 021 880 15 49, www.makaronrestaurant.co.za, dag. 12–14, 19–21 uur. Eersteklas culinaire creaties die in een elegante, ongedwongen ambiance worden geserveerd. Bij elk gerecht op de kaart wordt een glas wijn of cider aanbevolen, die perfect bij de smaak van het eten past. Er is keus tussen diverse gourmetmenu's met meerdere gangen met of zonder wijnarrangement. Viergangenmenu 445 rand, hoofdgerecht 155–190 rand.

Fantastisch uitzicht – **Tokara:** Helshoogte Pass, tel. 021 885 25 50, www.tokararestau rant.co.za, di.–za. lunch vanaf 12, diner vanaf 19 uur. Een van de beste uitzichten vanuit een restaurant in het hele Wijnland, bijzondere, geraffineerde gerechten van chef-kok Richard Carstens. Bij mooi weer beslist een tafel buiten reserveren. Hoofdgerecht vanaf 155 rand.

Indiase keuken in het Wijnland – **Bukhara:** hoek Dorp/Bird St., tel. 021 882 91 33, www.bukhara.com, dag. 12–15, wo.–za. 18–23, zo.–di. 18–22 uur. Het waarschijnlijk beste Indiase restaurant van Zuid-Afrika in de City van Kaapstad heeft een waardig filiaal in Stellenbosch. Lekkere, Noord-Indiase specialiteiten worden ook hier in een open keuken bereid. Hoofdgerecht 130 rand.

Historisch restaurant – **Volkskombuis:** Aan-de-Wagen Rd., tel. 021 887 21 21, dag. 12–15 uur, 18.30–22 uur. In dit historische restaurant worden traditionele Zuid-Afrikaanse gerechten geserveerd. Het ligt schilderachtig aan de oever van de Eerste River. Hoofdgerecht 130 rand.

Bistrostijl – **Barouche Restaurant:** Blaauwklippen Estate, R 44, tel. 021 880 01 33, www.blaauwklippen.co.za, wo.–vr. 12–15.30 uur. za., zo. 9–15 uur. Kleine maar smakelijke gerechten, zoals pizza en gourmetburgers in een stijlvol, bistroachtig restaurant. Hoofdgerecht 125 rand.

Gerestaureerd wijngoed met binnenplaats – **Hermitage:** Hazendal Wine Estate, Bottelary Rd., tel. 021 903 50 35, www.hazen dal.co.za, ontbijt 9–11, lunch 12–14.30 uur. Gerestaureerd historisch wijngoed, waar u bij goed weer buiten in de tuin of op de binnenplaats kunt eten of kunt picknicken op het gazon (nov.–april, een dag van tevoren de picknickmand bestellen). In de winter staan de tafels in een ruim proeflokaal met plafondschilderingen. De Hazendalwijnen bij het eten zijn gelukkig maar iets duurder dan als u ze direct koopt. Alle estatewijnen zijn ook per glas verkrijgbaar. Hoofdgerecht 120 rand.

Nomen est omen – **Wijnhuis:** hoek Church/Andringa St., tel. 021 887 58 44, www.wijn huis.co.za, dag. 8–24 uur. Dit wijnrestaurant heeft de beste wijnen van Stellenbosch (20 verschillende, per glas verkrijgbaar) te bieden in een gezellig restaurant met binnen-

Stellenbosch Wine Route

## TOPTIENRESTAURANT TERROIR

*Terroir* is een Franse wijnterm die staat voor 'bodem'. En restaurant Terroir op het wijngoed Kleine Zalze had nauwelijks op een betere bodem kunnen staan, omgeven door wijnranken en in het hart van het Wijnland tussen Stellenbosch en Somerset-West. In het gezellige restaurant, waar in de winter een haardvuur knettert, staat chef-kok Michael Broughton sinds 2004 garant voor ware smaakorgieën. Van amuse tot dessert brengt hij de meest verwende fijnproevers in vervoering. Qua presentatie zijn de gerechten ware kunstwerkjes, de porties zijn evenwel ruim. Het restaurant staat geregeld in de landelijke top tien en is populair bij lekkerbekken. Het vriendelijke personeel komt langs met een schoolbord waarop het menu van de dag geschreven staat en geeft uitleg bij de gerechten. Die harmoniëren altijd uitstekend met de hier geproduceerde wijnen. Eten bij Terroir zou eigenlijk moeten worden gecombineerd met een wijnproeverij op het wijngoed (**Terroir** 6 **,** Kleine Zalze Wine Estate, R 44, Stellenbosch, tel. 021 880 81 67, www.kleinezalze.co.za, dag. lunch 12–15 uur, ma.–za. diner 18.30–21 uur, hoofdgerecht 200 rand).

*Terroirs chef-kok Michael Broughton naast het schoolbordmenu*

Wijnland

## PAARDRIJDEN IN HET WIJNLAND

### Informatie
**Begin:** Stellenbosch/Paarl/Franschhoek
**Duur:** 2 uur tot enkele dagen
**Deelnemers:** 8 pers.
**Kosten:** vanaf 250 rand per uur, halve dag 750 rand p. p., hele dag 950 rand p. p.
**Aanbieders:** Cape Winelands Riding (tel. 072 160 34 62 oder 082 924 67 28, www.capewinelandsriding.co.za), Fynbos Trails (tel. 082 335 81 32, www.fynbostrails.com), Horizon Horseback (tel. 083 419 19 29, www.ridinginafrica.com). Trailrides at Spier's (tel. 021 881 36 83, www.trailrides.co.za), Horse About (tel. 082 884 98 81, www.horseabout.co.za).
**Belangrijk:** geschikt voor beginners en gevorderden. Zelf voor gemakkelijke en waterdichte kleding en goed schoeisel zorgen. Op bovengenoemde telefoonnummers worden ook paardrijlessen aangeboden. Het voorjaar en de herfst zijn de beste jaargetijden voor een rit te paard.

Het prachtige Wijnland, dat maar een half uur van Kaapstad vandaan ligt, op de rug van een paard doorkruisen – dat is voor beginners (korte tochten van 2 uur) net zo'n geweldige ervaring als voor gevorderde en ervaren ruiters. Afhankelijk van de omvang van de groep krijgen de betere ruiters soms ook de kans om de paarden tussendoor eens te laten draven of galopperen. De verder gemoedelijke rit voert door de wijnbergen en fruitboomgaarden van een boerderij met schitterend uitzicht op het omliggende berglandschap. Ervaren gidsen vertellen bovendien het een en ander over het land en de mensen.

Fynbos Trails biedt twee- tot driedaagse ritten aan op de **Berg River Trail**. Met zo'n zes uur rijden per dag is dat echter vooral geschikt voor verstokte ruiters. Er wordt overnacht en gegeten in aardige bed and breakfasts en restaurants die passen bij het budget.

Een tweevoudig genoegen biedt de **Wine Tasting Trail**. U vertrekt 's ochtends vroeg en de rit gaat door twee historische, Kaaps-Hollandse wijngoederen. De eerste stop is bij **Klein Rhebokskloof**, een landgoed waar wijn en olijven worden verbouwd en waar beide natuurlijk ook geproefd mogen worden. In de warmste uren van de dag krijgt u dan een lichte lunch. Daarna rijdt u door wijnbergen en olijfboomgaarden terug naar het beginpunt bij het Diemersfontein Wine and Country Estate.

Ook de **Wine and Fynbos Trail** is geschikt voor een dagtocht. 's Ochtends worden wijngoederen bezocht, 's middags rijdt u door de prachtige fynbosvegetatie aan de voet van de Limietberg Mountains.

Voor beginners zijn vooral de een tot drie uur durende ritten op het **Diemersfontein Estate** aan te bevelen. Deze voeren door wijn- en kruidenteeltgebieden, fynbos- en olijfboomgaarden. Tussendoor kunnen wijnproeverijen georganiseerd worden.

Ook het paardrijden zoals dat op het **Spier Wine Estate** wordt aangeboden, is met name geschikt voor beginners en gezinnen met kinderen. Over de houten brug van Spier rijdt u door de gelijknamige wijnboerderij, om dammen heen en over de schaduwrijke oevertrail. De ritten duren een à twee uur. Bovendien zijn er ontbijt- en sundowner-ritten. De paarden zijn wat betreft temperament zeer geschikt voor beginners die nog nooit op de rug van een paard gezeten hebben. Maar ook ervaren ruiters en amazones komen niets te kort. In het weekend zijn er ponyritten voor de kleintjes op het gazon voor het wijngoed. Maar wel opgepast: er is weliswaar geen promillagelimiet voor ruiters, toch is het niet verstandig om al te aangeschoten in het zadel te gaan zitten.

plaats. Op het menu staan allerlei gerechten, van steak via gevogelte tot wild. Hoofdgerecht 100 rand.

Rechtstreeks van de boerderij – **Eight:** Spier Wine Estate, tel. 021 809 11 88, di.–zo. brunch 10–12, lunch 12–15, thee 15–16.30 uur. Wijn en eten van gecontroleerde biologische teelt in een lichte en koele ambiance, de meeste ingrediënten komen rechtstreeks uit de tuin. Speelhoek voor kinderen. Hoofdgerecht 90 rand.

Als uit een reisfolder – **Zevenwacht Country Restaurant:** Zevenwacht Wine Estate, Langverwacht Rd., met borden aangegeven vanaf de Kuils River Main Road, tel. 021 903 51 23, www.zevenwacht.co.za, dag. ontbijt, lunch en diner. Internationale keuken in een landelijke omgeving met zicht op de parkachtige tuin en het meer – een idylle als uit een reisfolder; picknick- en braaimand verkrijgbaar. Hoofdgerecht 90 rand.

## Winkelen

Wijn enzovoort – **Oom Samie se Winkel:** 84 Dorp St., Stellenbosch, tel. 021 887 07 97, Facebook: Oom Samie se Winkel, ma.–vr. 8.30–17.30, za., zo. 9–17 uur. Interessante souvenirs, goed gesorteerde wijnwinkel die ook naar het buitenland verzendt, restaurant met thee- en wijntuin (tel. 021 883 83 70).

Kunstnijverheid – **Spier Craft Markt:** Spier Wine Estate, dag. 's zomers 10–18, 's winters 10.30–17 uur. De winkel in het Spierhotel is elke dag geopend. Op de markt presenteren meer dan 90 verschillende kunstenaars uit de townships hun creaties. U zult versteld staan van wat er van zogenaamd afval allemaal nog gemaakt kan worden. De opbrengst uit de verkoop gaat rechtstreeks naar de makers.

## Actief

Roofvogelopvang en vliegshows – **Eagle Encounters:** Spier Wine Estate, tel. 021 858 18 26, www.eagle-encounters.co.za, dag. 10–17 uur. Dit non-profit centrum verzorgt gewonde vogels die hier worden binnengebracht, om ze, als ze weer beter zijn, hun vrijheid terug te geven. Het merendeel van de dieren die hier revalideren zijn roofvogels. Bezoekers mogen tamme vogels vasthouden en kunnen kijken naar de vliegdemonstraties. Toegang volw. 70 rand, kinderen 60 rand.

Paardrijden – diverse **aanbieders,** zie Actief blz. 200.

## Agenda

**The Spier Festival:** tussen nov. en mrt. Veel evenementen in het openluchtamfitheater van Spier met Zuid-Afrikaanse en internationale sterren. Het aanbod bestaat uit jazz en klassieke concerten, opera, komedie en dans. Programmaoverzicht op www.spier.co.za, tel. 021 809 11 00.

# Somerset-West

▶ 1, D/E 21/22

**Kaart:** blz. 196

### Vergelegen Wine Estate 7

*Lourensford Rd., Somerset-West,*
*tel. 021 847 13 34, www.vergelegen.co.za,*
*rondleidingen: nov.–apr. dag. 10.15, 11.30,*
*15, mei–okt. dag. 11.30, 15 uur: 20 rand p.p.*
*incl. proeven van 4 wijnen. Wijnproeven:*
*30 rand p.p. voor 6 wijnen. Reserveren op tel.*
*021 847 21 22. Proberen: Cabernet Sauvignon,*

# Wijnland

*In Franschhoek Valley*

*Cabernet Franc-Merlot, Merlot, Chardonnay, Sauvignon Blanc Reserve, Sauvignon Blanc, Noble Late Harvest Semillon, Vergelegen*

Langs de R 44 rijgen de wijndomeinen zich aaneen en 17 km verderop bent u alweer in **Somerset-West**, waar u beslist een kijkje moet nemen op de fabelachtig mooie **Vergelegen Wine Estate**. Het fraaie Kaaps-Hollandse herenhuis wordt omringd door reusachtige kamferbomen die in de zomer aangenaam schaduw geven. Ze zijn aangeplant tussen 1700 en 1706 door de stichter van het wijngoed, Willem Adriaan van der Stel. De vijf bomen zijn sinds 1942 erkend als monument. Het indrukwekkendst zijn ze vanaf het grote gazon op de foto te krijgen: ze vormen zo haast een kader voor het historische herenhuis, waarachter uiterst fotogeniek de steile bergketen van de Helderberg Mountains oprijst.

## Informatie

**Helderberg Wine Route:** tel. 021 886 43 10, www.helderbergwineroute.co.za. Informatie over de wijngoederen in de omgeving van Somerset-West.

## Accommodatie

Stijlvol aan de voet van de bergen – **Erinvale Estate Hotel & Spa:** Lourensford Rd., tel. 021 847 11 60, www.erinvale.co.za. Uitstekende ligging aan de voet van de bergen; historisch Kaaps-Hollands pand, stijlvolle inrichting, twee restaurants, befaamd golfterrein. 2 pk met ontbijt vanaf 2400 rand.

Officiële gids – **Golden Hill Guesthouse:** 10 Upper Mountain Rd., tel. 021 851 73 71, www.goldenhill.co.za. 6 mooie, aangename kamers met uitzicht op een grote tuin waarin fraaie Shonabeelden staan. Internettoegang, autoverhuur en golfexcursies. De eigenaar is een officiële gids en organiseert excursies en reizen door Zuid-Afrika voor kleine groepen. 2 pk met ontbijt vanaf 1020 rand.

Fynbosparadijs – **Colourful Manor:** volg de borden van Sir Lowrys Pass Rd. vanuit Gordon's Bay, tel. 021 8 56 00 92, www.colourfulmanor.co.za. Boven Gordon's Bay gelegen landgoed van 4 ha. Heerlijk rustige ligging met overal uitzicht. Ideale uitvalsbasis voor tochten op het Kaapschiereiland en in het Wijnland. 2 pk met ontbijt vanaf 900 rand.

tievelijk 390 rand), of met een gourmetpicknick aan mooi gedekte tafeltjes buiten op het gazon (in het seizoen, volw. 190 rand, kinderen 95 rand). Bij mooi zomerweer is een picknick onder de imposante, oeroude bomen beslist de beste keuze.

# Van Somerset-West naar Franschhoek

**Kaart:** blz. 196

Op deze route moeten enkele indrukwekkende passen worden gepasseerd. De **Sir Lowry's Pass** heeft een vergelijkbare oorsprong als veel andere bergovergangen in de Kaapprovincie. In het begin was het een wissel voor de ooit in groten getale hier voorkomende wilde dieren, daarna werd het pad door de oerbevolking, de Khoisan, gebruikt. Zeer veel later volgde een hobbelig ossenkarrenspoor en nu ligt er een moderne, brede snelweg overheen, de N 2. Wie hier te veel gas geeft, mist misschien kort daarna de afslag naar links op de R 321 naar **Grabouw**.

Direct aan de kruising rechts ligt de **Orchard Elgin Country Market 8** (hoek N 2/R 321, tel. 021 859 28 80, ontbijt, lunch dag. 7–18, vr.–za. diner 18–21 uur). In deze voor de Kaapprovincie kenmerkende *farmstall* worden behalve dagverse producten ook kunstnijverheid en consumpties als cappuccino, hapjes, vers brood enzovoort verkocht. Grabouw ligt in het **Elgindal**, het belangrijkste appelteeltgebied van Zuid-Afrika. Hier gedijen bovendien sinds enkele jaren de beste wijnen van de streek. Speciaal aanbevolen plaatsen om te stoppen zijn de wijngoederen van Paul Cluver (www.cluver.co.za) en Iona (www.iona.co.za), die beide onder andere fantastische Sauvignon-Blancs maken.

Kaaps-Hollands – **Somerset Villa Guesthouse:** 136 Helderberg College Rd., tel. 021 855 21 67, www.somerset-villa.co.za, Facebook: Somerset Villa Guesthouse. In deze historische hofstede met 4200 m² grond heeft Jörg Streibing, een Duitser met jarenlange ervaring in de Zuid-Afrikaanse hotelbranche, 10 comfortabele en gezellige kamers ingericht. Het guesthouse bestaat sinds 2013. 2 pk met ontbijt vanaf 950 rand.

## Eten en drinken

Onder boomreuzen – **Vergelegen Restaurants Stables en Camphor:** Vergelegen Wine Estate, www.vergelegen.co.za. Op het wijngoed Vergelegen zijn drie verschillende gelegenheden om lekker te eten: in het klassiek-moderne bistrorestaurant **Stables at Vergelegen** (tel. 021 847 21 56, ontbijt dag. 9.30–11.30, lunch 11.30–15.30, koffie en thee 9.30–16 uur, hoofdgerecht 115–150 rand), in het **Camphor at Vergelegen** Signature Restaurant (tel. 021 847 13 46, wo.–zo. 12–15, vr., za. 18.30–21 uur, twee- en driegangenmenu's met vrije keuze uit alle gerechten 300 respec-

## Accommodatie

Luxetrailerpark – **Old Mac Daddy:** Op de N 2, na de Sir Lowry's Pass en 5 km na de Peregrine Farm Stall rechtsaf slaan in de richting van The Valley. U bereikt na 8 km Old Mac Daddy, tel. 021 844 02 41, www.oldmac

daddy.co.za. Een van de meest wonderlijke vormen van accommodatie in Kaapstad, het Grand Daddy Airstream Trailer Park, heeft een filiaal op het platteland gekregen. Hier staan de historische, zilverkleurige Airstreamtrailers niet op het dak van een hotel in Long Street, maar op een boerderij tegen een heuvel met panoramisch uitzicht. Net als bij Grand Daddy is elk exemplaar van de Amerikaanse cultwoonwagens apart door een Zuid-Afrikaanse kunstenaar gedecoreerd. De thema's variëren van *Yellow Submarine* en *Metalmorphosis* tot *Give Bees a Chance*. Gegeten wordt in 'The Barn', een comfortabel houten gebouw in heldere Ikeastijl. Elk van de tien trailers heeft een 'aangebouwd' huisje met woon- en badkamer. Trailer voor 2 pers. vanaf 790 rand.

### Eten en drinken

Trendy landelijke keuken – **Fresh at Paul Cluver:** Paul Cluver Estate, N 2 afslag Kromco), tel. 071 563 60 20, www.freshrestaurant.co.za, di.–za. 9–16 uur, in de Kaapse winter (juni, juli en augustus) gesloten. Met altijd dagverse ingrediënten klaargemaakte, bijzonder smakelijke gerechten. De gourmetburger is verrukkelijk. De sfeer is luchtig en gezellig, bij mooi weer kunt u in de schitterende tuin gaan zitten. Hoofdgerecht vanaf 75 rand.

# Franschhoek Pass ▶ 1, E 21

De vaak tamelijk smalle en bochtige R 321 loopt via de Viljoens Pass naar de Theewaterskloof Dam, een stuwmeer waaruit de boerderijen in de omgeving 's zomers hun water halen. Het groene, met naaldbomen begroeide landschap doet sterk aan dat van Canada denken. Er loopt een brug over het meer en aan het eind ervan gaat u direct linksaf de R 45 op in de richting van de **Franschhoek Pass 9**. De ronduit schitterende weg loopt eerst langs de oever van het stuwmeer en slingert zich dan steeds verder omhoog de bergen in. Boven op de pas vindt u een parkeerterrein, waar u kunt genieten van het uitzicht over de lieflijke Franschhoek Valley.

Het Franse karakter van de vallei is toe te schrijven aan de hugenoten, die zich hier vroeger in het naar hen 'Franse hoek' genoemde gebied hebben gevestigd. Ook in de namen van de wijngoederen en restaurants vindt u het Franse erfgoed terug (zie hierna).

# Franschhoek ▶ 1, E 21

**Franschhoek 10** is niet alleen om zijn uitstekende wijnen, maar ook om zijn voortreffelijke keuken bekend. De hoofdstraat nodigt bovendien uit tot een wandeling langs de vele mooie winkels.

### Huguenot Memorial Museum

*Lambrecht St., tel. 021 876 25 32, www.museum.co.za, ma.–za. 9–17, zo. 14–17 uur, toegang volw. 10 rand, kinderen 2 rand*

Aan de tijd van de hugenoten herinnert het **Huguenot Memorial Museum**. Het prachtige 18e-eeuwse pand stond oorspronkelijk in Kaapstad maar is later naar hier, circa 70 km daarvandaan, verplaatst en herbouwd.

### Franschhoek Motor Museum

Zie Tip blz. 195.

### Accommodatie

Luxeklasse – **Le Quartier Français:** 16 Hugenot St., tel. 021 876 21 51, www.lqf.co.za. Lid van de exclusieve hotelketen Relais & Chateaux. Rustig aan een binnenplaats met tuin gelegen kamers, Honeymoon Suite met een eigen patio en zwembad, een zeer goed, veelvuldig bekroond restaurant waar ook kookcursussen gegeven worden. Met privébioscoop (The Screening Room). 2 pk met ontbijt vanaf 3700 rand.

Alpiene touch – **Chamonix Guest Cottages:** Uitkyk St., tel. 021 876 84 06, www.chamonix.co.za. Dit pittoreske wijngoed op een uitgestrekt terrein biedt verschillende soorten accommodatie aan: in de rietgedekte Marco Polo Lodge met suites (2 pk met ontbijt vanaf 1600 rand), in de landelijke Waterfall Lodge in de nabijheid van de waterval met twee kamers (2 pk 2600 rand), in de Forest Suites (2 pk 1600 rand) of in de vier cottages tussen de wijnhellingen voor gasten die zelf willen koken (vanaf 1200 rand).

# Van Somerset-West naar Franschhoek

*Kaaps-Hollandse architectuur in Franschhoek*

Elegante landhuisstijl – **Franschhoek Country House:** hoek Huguenot Rd./Main Rd., tel. 021 876 33 86, www.ecl.co.za. 14 kamers met prachtig uitzicht in een historisch gebouw uit 1890, met het bekroonde restaurant Monneaux. Door de nabijheid van de weg wel wat lawaaierig. De nieuwere 12 villasuites achter het hoofdgebouw zijn rustiger. 2 pk met ontbijt vanaf 2680 rand.

Klein en gezellig – **La Petite Ferme:** Pass Rd., tussen de pas en de plaats, aan de linkerkant van de weg gelegen, tel. 021 876 30 16, www.lapetiteferme.co.za. Kleine, luxueuze, los van elkaar staande huisjes midden in de wijngaard, elk met een eigen terras en zwembad, met dankzij de vrije ligging tot laat in de middag zon. Het uitzicht op het dal van Franschhoek is fantastisch, zowel vanuit de kamers als het restaurant; alle kamers met open haard; het overdadige ontbijt wordt naar keuze in de cottage of in het restaurant geserveerd. 2 pk met ontbijt vanaf 1750 rand.

Berg- en rivierzicht – **Klein Waterval Riverside Lodge:** Groot Drakenstein, tel. 021 874 17 11, www.kleinwaterval.co.za. In de buurt van Franschhoek gelegen wijngoed, aan de R 45, afrit van de N 1, aan de oever van de Berg River. Twaalf chalets met prachtig uitzicht, zwembad, 2 pk met ontbijt vanaf 1700 rand.

Bloementuin – **Résidence Klein Oliphants Hoek:** 14 Akademie St., tel. 021 876 25 66, www.kleinoliphantshoek.com. Deze gerestaureerde, historische missiepost uit 1888 is genoemd naar de olifanten die hier ooit rondtrokken. Er zijn acht kamers en een mooie bloementuin. 2 pk met ontbijt vanaf 1400 rand. Voordeliger tarieven bij langer verblijf.

Selfcatering – **Bird Cottage:** 4 km van het stadscentrum verwijderd op de Montagne Farm, aan de voet van Franschhoek Peak, tel. 021 876 21 36. Het in victoriaanse stijl gebouwde Bird Cottage – voor wie zelf wil koken – ligt op een heuvel met fraai uitzicht; het heeft twee slaapkamers, een open keuken, een victoriaanse badkuip en een buitendouche. Bijzonder aardige eigenaren. Vanaf 650 rand voor twee personen.

# Wijnland

## Eten en drinken

**Culinair hoogtepunt – Leopard's Leap:** R 45, Main Road, tel. 021 876 80 02, www.leopardsleap.co.za, restaurant: wo.–zo. 11.30–15, wijnproeflokaal: di.–za. 9–17, zo. 11–17, winkel: di.–za. 9–17, zo. 11–17 uur. De passie van het wijngoed Leopard's Leap zijn hun gelijknamige wijnen. Het architectonische hoogstandje van staal, glas en lichtgekleurd hout te midden van het groen van de wijnranken herbergt een state-of-the-art kookschool, een wijnproeflokaal, een restaurant en een delicatessenwinkel. Alles is transparant en licht vormgegeven, de interieurs met smaak, stijl en gevoel voor detail – een genot voor alle zintuigen. Tip: de koffie-chocoladeproeverij. Hoofdgerecht 75 rand.

**Wereldklasse – Tasting Room at Le Quartier Français:** 16 Huguenot Rd., tel. 021 876 21 51, di.–za. 19–21 uur. De met diverse prijzen bekroonde chef-kok Margot Janse presenteert hier haar culinaire kunst. Achtgangengourmetmenu 770 rand, met wijnarrangement 1170 rand. Wie geen van de felbegeerde tafeltjes kan bemachtigen, hoeft niet af te zien van Margots creaties. In **Le Quartier Lounge Bar**, dag. 12–24 uur, worden kleine gerechten à la carte geserveerd. En in **The Garden Room** (7–11 uur) wordt een verrukkelijk ontbijt met dagverse ingrediënten bereid.

**Eten met uitzicht – La Petite Ferme:** Pass Rd., tel. 021 876 30 16, www.lapetiteferme.co.za, dag. 12–16 uur. De 'kleine boerderij' biedt een adembenemend uitzicht op het dal van Franschhoek en op de tegenovergelegen, steil oprijzende bergen. In de zomer is het aangenaam toeven op het grote terras, in de winter knettert het vuur in de verschillende open haarden. Landelijke, Zuid-Afrikaanse keuken met Kaaps-Maleise gerechten en als specialiteiten de zelfgerookte Franschhoekzalmforel en de pruimenmeringues; reserveren strikt noodzakelijk. Hoofdgerecht 150 rand.

**Local hero – Reuben's:** Oude Stallen Centre, 19 Huguenot Rd., tel. 021 876 37 72, www.reubens.co.za, dag. 12–15, 19–21 uur. De voortreffelijke gerechten lijken nog smaakvoller als ze op de lommerrijke binnenplaats worden geserveerd. De in Franschhoek geboren Reuben Riffel heeft al een droomcarrière achter zich. Hij begon als bordenwasser en is tegenwoordig een van de meestgevraagde koks van het land. In het chique Kaapstadse hotel One & Only (zie blz. 137) is zijn Reuben's in de plaats gekomen van het restaurant dat daar door sterkok Gordon Ramsay werd geopend. Nog een Reuben's is te vinden in The Robertson Small Hotel in Robertson (zie blz. 297). Vooral beroemd is het door Riffel bereide buikstuk van het varken (*pork belly*). Hoofdgerecht 160 rand.

**Historische parfumerie – Monneaux:** Franschhoek Country House, Main Rd., tel. 021 876 33 86, www.fch.co.za, dag. 8–21 uur. Dit schilderachtige gebouw was ruim 100 jaar geleden een parfumerie; u kunt binnen zitten of in de geurige tuin met een fontein die de straatgeluiden moet overstemmen. Staat elk jaar, net als enkele andere restaurants in Franschhoek, in de top 100 van Zuid-Afrikaanse restaurants. Hoofdgerecht 130 rand.

**Eten in het binnenste van een berg – Haute Cabrière Cellar Restaurant:** Cabrière Estate, Pass Rd., tel. 021 876 36 88, www.cabriere.co.za, lunch di.–zo., diner di.–za. Dit restaurant is in een heuvel ingegraven, waardoor het in de zomer aangenaam koel is. Kies voor een van de twee tafels aan het raam met mooi uitzicht op de Franschhoek Valley of een tafel op de galerij, hoog boven de romantisch verlichte wijnkelder met zijn rijen eikenhouten vaten. Het eten is hier zeer goed, alle Cabrièrewijnen zijn ook per glas verkrijgbaar. Hoofdgerecht 130 rand.

**Aandacht voor detail – Foliage:** 11 Huguenot Street, tel. 021 876 23 28, www.foliage.co.za, wo.–zo. lunch, ma., wo.–za. diner. Toen chef-kok Chris Erasmus nog de scepter zwaaide in Franschhoeks restaurant Pierneef à La Motte, stond dit in de landelijke top tien. Nu kookt hij met net zoveel aandacht voor detail in zijn eigen restaurant aan Franschhoeks hoofdstraat. Cool interieur met voor een deel kale bakstenen wanden en dakbalken, open keuken en bijzondere gerechten, zoals de excellente wilde-paddenstoelenrisotto. Wijnkaart met de topwijnen uit de omgeving. En wie zijn review meteen wil posten kan gebruikmaken van gratis wifi. Hoofdgerecht 120 rand.

Pizzaparadijs – **Col'Cacchio**: 66 Huguenot St., naast het toeristenbureau, tel. 021 876 42 22, www.colcacchio.co.za, dag. 12–23 uur. Staat bekend als de beste pizzeria in de Franschhoek Valley. De pizza's in tientallen variaties worden natuurlijk in de houtoven gebakken. Ook op de kaart: verse pasta, lichte salades en verleidelijke desserts, bij goed weer buiten onder de bomen. Hoofdgerecht 110 rand.

Rustiek en eerlijk – **Bread & Wine Vineyard Restaurant:** Môreson Estate Wine Farm, Happy Valley Rd., La Motte, tel. 021 876 40 04, www.moreson.co.za, dag. lunch 12–15 uur. Mediterrane keuken met een meer Portugese in plaats van de verder in Franschhoek gebruikelijke Provençaalse inslag. Hoofdgerecht vanaf 110 rand.

Gourmetbistro – **The Restaurant Allée Bleue:** Groot Drakenstein, bij de kruising van de R 310 en de R 45, tel. 021 8 74 10 21, www.alleebleue.com, dag. 8–17 uur. Landelijke gourmetkeuken in een trendy ingericht restaurant op het gerestaureerde, historische wijngoed Groot Drakenstein dat dateert van 1690. Hoofdgerecht 100 rand.

## Winkelen

Kunstnijverheid en kostbare wijnen – Aan Huguenot St., de hoofdstraat, vindt u diverse winkels met een interessant assortiment. Bij **Touches and Tastes**, tel. 021 876 21 51, kunt u allerlei bijzondere souvenirs en geschenken kopen. De **Bordeaux Street Gallery**, tel. 021 876 21 65, is gespecialiseerd in olieverfschilderijen, aquarellen, beeldhouwwerken, keramiek en glaswerk. Bij **Du Toit Classique Jewellery Studio**, tel. 021 876 27 82, worden sieraden gemaakt en diamanten en edelstenen verkocht. **The Old Corkscrew**, tel. 021 876 36 71, www.theoldcorkscrew.co.za, Facebook fanpage: The Old Corkscrew, richt zich op de verkoop van collector's items op het gebied van wijn en heeft alleen al 400 antieke kurkentrekkers in de aanbieding.

# Boschendal ▶ 1, E 21

**Kaart:** blz. 196

*Pniel Rd., Groot Drakenstein, aan de R 310 tussen Franschhoek en Stellenbosch, tel. 021 870 42 10, www.boschendal.com, www.boschendalwines.co.za, voor wijnproeven en kopen aanmelden op tel. 021 870 42 10/11, dag. 8.30–16.30 uur, 30 rand, kelderrondleidingen dg. 10.30, 11.30, 15 uur, 30 rand, absoluut telefonisch reserveren. Proberen: Grand Reserve, Merlot, Jean le Long Merlot, Shiraz, Lanoy, Pinot-Noir-Chardonnay, Chardonnay Reserve, Jean le Long Sauvignon Blanc, Sauvignon Blanc, Jean le Long Semillon, Vin d'or, Brut 2000*

Tussen Franschhoek en Stellenbosch ligt aan de R 310 het vermoedelijk bekendste Zuid-Afrikaanse wijngoed, dat ook een van de mooiste is: het **Boschendal Wine Estate** 11. De afrit van de R 45 naar links de R 310 op mag u niet missen. Kort daarna duikt het Kaaps-Hollandse herenhuis van Boschendal al op aan uw linkerhand. Al in 1685 heeft Simon van der Stel de boerderij, die oorspronkelijk Bossendaal heette, aan de Franse hugenoot Jean Le Long toegewezen. Het gebouw is tegenwoordig een museum, waar ook een gratis plattegrond van het gehele complex beschikbaar is, zodat u zonder lang te hoeven zoeken de weg naar het restaurant en de wijnproeverij kunt vinden.

## Eten en drinken

Buffet, picknick en lunch – **Boschendal:** Pniel Rd., tel. 021 870 42 74, www.boschendalrestaurants.co.za. Voor het middagmaal op het historische wijngoed zijn er diverse opties. De meeste ingrediënten zijn rechtstreeks afkomstig van de boerderij of van kleine agrarische bedrijfjes in de directe omgeving. Het **Werf Restaurant** (tel. 021 870 42 06, lunch wo.–zo. 12–14.30, diner vr., za. 18–21 uur, hoofdgerecht vanaf 175 rand) is te vinden in het oude herenhuis. Het serveert een innovatieve landelijke keuken: versgebakken brood, langzaam gegrilde ribbetjes en vlees van de Angusrunderen van de boerderij, of wat dacht u van zelfgerookte vis en dito vlees? Het **Rho-**

# Wijnland

*De ronde granietrotsen hebben Paarl zijn naam gegeven*

ne **Homestead Restaurant** (tel. 021 870 42 74, lunch zo. 12–14.30 uur, 260 rand p.p. excl. dranken) resideert in het oudste gebouw van Boschendal (1795). Hier kunt u het hele jaar terecht voor het traditionele zondagse Kaapbuffet. **The Farmshop & Deli** (ma.–do. 8–17, vr.–zo. 8–18 uur, tel. 021 870 42 76), ondergebracht in het oude koetshuis, werd behoedzaam getransformeerd tot boerderij- en delicatessenwinkel. De gezinsvriendelijke bistro serveert heerlijk ontbijt, lunch en middagthee aan tafeltjes in het gemoedelijke restaurant of buiten onder de oude eikenbomen. De winkel verkoopt vlees van de op de boerderij gefokte Angusrunderen, vers boerenbrood, marmelades en lokale olijfolie. **Le Pique Nique** vult in de zomermaanden picknickmanden met forelfilets, groenteterrines, paté's, boerenbrood, gegrilde kip, salades en huisgemaakte desserts voor een picknick op de uitgestrekte gazons van het complex (tel. 021 870 42 72, sept.–mei, 24 uur vooraf bestellen en afhalen tussen 12.15 en 13.30 uur, 175 rand p.p., 75 rand voor kinderen, excl. dranken).

## Paarl ▶ 1, E 21

**Kaart:** blz. 196

De derde stad in het hart van het Wijnland is **Paarl** 12, genoemd naar de reusachtige, ronde granietrotsen die erboven uitsteken. De eerste blanken vergeleken de na een regenbui glimmende rotsen met parels. Net als in Stellenbosch en Franschhoek worden hier uitstekende wijnen gemaakt. Langs de R 45 op de weg naar Paarl nodigt het ene na het andere wijngoed u uit voor een hapje en een drankje (zie websites van de wijnroutes). De stad zelf is helaas niet zo mooi als beide voorgaande steden en de naam zou doen vermoeden.

### Informatie

**Paarl Publicity:** 216 Main St., tel. 021 872 48 42, www.paarlonline.com. Vriendelijk en behulpzaam personeel, tips voor accommodatie en wijnproeverijen.

**Paarl Wine Route:** tel. 021 863 48 86, www.paarlwine.co.za. Informatie over wijnproeverijen op de 24 wijngoederen langs de Paarl Wine Route.

## Accommodatie

**Luxe op historisch wijngoed** – **Grande Roche Hotel:** Plantasie St., tel. 021 863 51 00, www.granderoche.com. Luxueus hotel op een historisch wijngoed, schitterend gelegen te midden van wijnstokken aan de voet van de indrukwekkende granietrotsen van Paarl. Het bij het hotel behorende **Bosman's Restaurant** zet in Zuid-Afrika nog altijd de toon op het gebied van kwaliteit, presentatie van de gerechten, bediening en wijnkeuze. 2 pk met ontbijt vanaf 2430 rand.

**Ingericht met antiek** – **Palmiet Valley Estate:** Klein-Drakenstein, ten noorden van Paarl, tel. 021 862 77 41, www.palmietvalleyestate.co.za. Historisch, gerestaureerd en geheel met antiek ingericht herenhuis op wijngoed. Zwembad, zeer rustige ligging. 2 pk met ontbijt vanaf 1995 rand.

**Kaap-Hollands herenhuis** – **Pontac Manor Hotel:** 16 Zion St., tel. 021 872 04 45, www.pontac.com. Schitterende accommodatie in stijlvol gerestaureerd Kaaps-Hollands herenhuis: smaakvolle en lichte vormgeving van de kamers, goede prijs-kwaliteitverhouding. 2 pk met ontbijt vanaf 1560 rand.

**Voordelig** – **Goedemoed Country Inn:** Cecilia St., tel. 021 863 11 02, www.goedemoed.com. In het hart van Paarl gelegen, door wijngaarden omringd Kaaps-Hollands gebouw, zwembad. 2 pk met ontbijt vanaf 950 rand.

**Monument** – **Lemoenkloof:** 396 A Main St., tel. 021 872 37 82, www.lemoenkloof.co.za. Gezellig pension met fraai ingerichte kamers in historisch gebouw met monumentenstatus. 2 pk met ontbijt vanaf 750 rand.

## Eten en drinken

**The Goatfather** – **The Goatshed:** Fairview Wine Estate, Suid Agter Paarl Rd., tel. 021 863 36 09, www.goatshed.co.za, dag. 9–17 uur. Een groot, schuurachtig gebouw, dat ooit diende als wijnkelder, werd verbouwd tot dit restaurant op het wijngoed Fairview. Aan de houten tafeltjes worden 25 (!) verschillende soorten kaas geserveerd, waar Fairview beroemd om is. Ook het heerlijke brood wordt zelf gebakken. Dagschotels worden op een lei genoteerd. Zeer drukbezocht, dus op tijd reserveren.

**Hoog percentage** – **Pappa Grappa@Simondium:** Wilderer Distillery, Simondium, tel. 021 863 35 55, di.–za. 11–21, zo. 11.30–17 uur. Superleuk restaurantje met heerlijke tuin naast de beroemde distilleerderij van Helmut Wilderer, waar uitmuntende en bekroonde brandewijnen worden geproduceerd. Die kunnen hier uiteraard allemaal worden gekeurd. Zoon Christian leidt het restaurant, waar u kunt genieten van heerlijke flammkuchen (54 rand), pizza (52–89 rand), wienerschnitzel (98 Rand), tapbier uit de microbrouwerij en een groot assortiment aan wijnen.

## ECO WINE SAFARI

Terra est vita – Aarde is Leven, is het motto van bio-wijnboerderij **Avondale** 13 ten zuidoosten van Paarl. Tijdens een Eco Wine Safari (wo.–vr. 10–13 uur, vooraf aanmelden verplicht, 200 rand p.p.) hobbelen bezoekers in een met strobalen uitgeruste, door een tractor voortgetrokken aanhanger over het wijngoed. Tijdens de stops komt u niet alleen interessante dingen te weten over de biologische wijnbouw, maar kunt u ook de hier geproduceerde wijnen proeven. Ongelofelijk, hoeveel meer insecten, vogels en andere kleine dieren er leven te midden van de onbespoten wijnranken. In het historische herenhuis worden delicate *lunch platters* (320 rand p.p.) geserveerd en kunt u wijnproeven (50 Rand p.p.). **Avondale Organic Farm:** Lustigan Rd., Klein Drakenstein, tel. 021 863 19 76, www.avondalewine.co.za, dag. 10–16 uur.

# Hoofdstuk 3

# Atlantische kust en Kalahari

Wie vis zit te eten op het strand van de Atlantische Oceaan, met als bestek een mosselschelp en met altijd een koele bries om het hoofd, kan zich nauwelijks voorstellen hoe heet het in het binnenland kan worden. Al in de rode, rotsige Cederberge, tussen Citrusdal en Clanwilliam, voelt het een stuk warmer aan. Hier vindt u naast fascinerende rotsformaties ook duizenden, eeuwen geleden door de oorspronkelijke bewoners van de Kaap vervaardigde rotstekeningen.

Veel bezoekers beleven het fenomeen dat zich in augustus en september in Namaqualand voordoet als een wonder: dan verandert het anders door de zon geblakerde, kurkdroge landschap in een veelkleurige bloemenzee.

Van Springbok is het slechts een antilopesprong naar Namibië. In het grensgebied ligt het avontuurlijkste nationaal park van Zuid-Afrika, het Richtersveld. Hier vinden avontuurzoekers een verzengende hitte en mulle zandwegen die naar de oever van de krokodilvrije Orange River leiden. Meer naar het oosten storten de spectaculaire Augrabies Falls in het gelijknamige park 56 m de diepte in.

Het grensoverschrijdende Kgalagadi Transfrontier Park reikt tot ver in Botswana en is een van de grootste aaneengesloten natuurgebieden ter wereld. In de duingebieden met hun rode zand leven Kalaharileeuwen, de indrukwekkendste leeuwen van Afrika met hun beroemde, zwarte manen. Bovendien komen hier jachtluipaarden, jakhalzen, hyena's en talloze verschillende soorten antilopen voor.

Wie hierna weer behoefte heeft aan beschaving, vindt deze volop in de diamanthoofdstad van Zuid-Afrika, Kimberley, waar nog altijd naar deze kostbare edelstenen wordt gezocht.

*Nodig om te kunnen overleven: in de Kalahari wordt het water met windturbines uit de diepte omhooggepompt*

# In een oogopslag: Atlantische kust en Kalahari

## Hoogtepunten

**Namaqualand:** in augustus en september verandert Namaqualand in een veelkleurige bloemenzee van wilde planten (zie blz. 222).

**|Ai-|Ais/Richtersveld Transfrontier National Park:** het avontuurlijkste en meest afgelegen nationaal park van Zuid-Afrika. De wegen zijn voor een deel uitsluitend met een terreinauto begaanbaar (zie blz. 229).

**Kalahari:** rode zandduinen en oneindig lijkende verlatenheid, die u het best in het Kgalagadi Transfrontier Park kunt ondergaan. Daar leven ook de beroemde Kalahari-leeuwen met hun zwarte manen (zie blz. 235).

## Fraaie routes

**Dunes 4 x 4 Trail:** wie een terreinauto gehuurd heeft, kan hier op de particuliere farm in een soort 'mini-Kalahari' bij Lambert's Bay ervaring opdoen met de beste manier om over een duintop heen te rijden – ook een uitstekende oefening voor iedereen die naar de 'echte' Kalahari verder wil rijden (zie blz. 218).

**Van Clanwilliam naar Wupperthal:** de route is grotendeels verlaten, stoffig en bergachtig. De kleine plaats aan het eind ervan, die ooit door Duitse missionarissen werd gesticht, lijkt wel een oase (zie blz. 221).

## Tips

**Bushman Paintings:** de Cederberge zijn een van de grootste openluchtgalerieën ter wereld. Hier zijn eeuwenoude Santekeningen te vinden (zie blz. 221).

**Namaqua Mountain Suites:** alternatieve accommodatie midden in de natuur in het Naries Namakwa Retreat (zie blz. 228).

**Tocht door het Richtersveld:** hoogtepunt in het Richtersveld is een overnachting aan de Orange River en het oversteken ervan met het kleine grensveer dat Zuid-Afrika met Namibië verbindt (zie blz. 229).

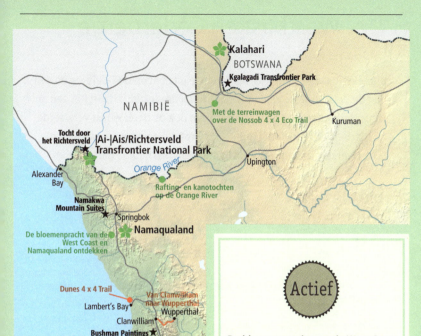

## Actief

**De bloemenpracht van de West Coast en Namaqualand ontdekken:** Een rondrit in uw (huur)auto door de kleurige pracht van de bloeiende bloemen. U kunt onderweg op allerlei plekken stoppen om foto's te maken en de benen te strekken (zie blz. 224).

**Rafting- en kanotochten op de Orange River:** Een groot plezier voor het hele gezin is de deelname aan een georganiseerde kanotocht op de Orange River. Een paar gemakkelijk over te steken stroomversnellingen zorgen voor afwisseling (zie blz. 230).

**Met de terreinwagen over de Nossob 4x4 Eco Trail:** Een uitsluitend voor terreinauto's geschikte route in het Kgalagadi Transfrontier Park. Wie een tocht met gids kiest, kan genieten van de uitleg van een parkwachter die alles over het gebied weet (zie blz. 242).

*Zeshonderd inheemse bloemensoorten bloeien in het Goegap Nature Reserve*

# Westkust en Cederberge

Uitstekende visrestaurants, het mooiste uitzicht op de Tafelberg en een van de belangrijkste wetlands van Afrika: de westkust heeft het een en ander te bieden. Een bezoek waard zijn ook de deels woest verweerde Cederberge. Daar vindt u honderden rotstekeningen van de San, die u over gemarkeerde paden of met een deskundige gids bereikt.

## Table View en Bloubergstrand
▶ 1, D 21

**Kaat:** blz. 217
Vanaf het parkeerterrein bij **Table View** en **Bloubergstrand** 1 kunt u 's middags de beroemdste foto van de Tafelberg maken, met de Tafel Bay op de voorgrond. Met zijn fastfoodrestaurants en neonreclames doet Table View bijna Amerikaans aan. Vlak voordat de zon in zee zakt, worden de lichten in de City van Kaapstad ontstoken, wat voor een uiterst feeëriek effect zorgt. Afhankelijk van het wolkendek kleurt de hemel dan roze of rood. De golven rollen tegen het witte zandstrand aan, waaruit op het Bloubergstrand imposante zwarte rotsen oprijzen. Van hier loopt de R 27 langs de westkust naar het noorden.

### Accommodatie
Deels met fraai uitzicht – **The Blue Peter Hotel:** 8 Popham Rd., Bloubergstrand, tel. 021 554 19 56, www.bluepeter.co.za. Dit hotel aan het strand heeft een luxesuite en 14 kamers met uitzicht op de zee, de Tafelberg en Robben Island. De overige 12 kamers hebben geen uitzicht. Suite 2170 rand, 2 pk 1890 rand, 2 pk zonder uitzicht 1470 rand. Ook het inpandige Lighthouse Restaurant biedt uitzicht. Ongedwongener is de Lower Deck Bistro met houten tafels en witte parasols onder de blote hemel, 8 lokale bieren van het vat en pizza's uit de houtoven.

Voor sportievelingen – **Elements:** 49 Sandpiper Cresc., Table View, ca. 20 km ten noordoosten van het centrum van Kaapstad, tel. 022 557 88 47, www.elements-capetown.com, Facebook: elements. Cool, door jonge alternatievelingen opgezet pension dat veel sportieve activiteiten aanbiedt, zoals duiken, surfen, kitesurfen. 2 pk vanaf 580 rand, slaapzaal 150 rand p.p., ontbijt 50 rand p.p.

### Eten en drinken
Beste zicht op de Tafelberg – **Primi Blue:** 14 Beach Blvd., Shop 7, Table View, tel. 022 557 97 70, www.primi-world.com. Filiaal in Table View van de keten Primi Piatti, op de eerste verdieping met prachtig uitzicht – een van de beste restaurants om van de zonsondergang met de Tafelberg op de achtergrond te genieten. Reserveer in elk geval een tafeltje bij het raam (*window table*). De pizza's en pasta's zijn heerlijk, de bediening is altijd attent. Pizza vanaf 70 rand.

## West Coast National Park ▶ 1, C 20

**Kaart:** blz. 217
Het is in het *snoek*-seizoen een natte bedoening in het vissersdorp **Yzerfontein**, als de vers gevangen barracuda's in de laadruimten van de klaarstaande vrachtauto's gegooid worden.

In de afgelopen jaren is de westkust (www.route27sa.com en www.sawestcoast.

com) toeristisch steeds verder ontwikkeld. Zeer aantrekkelijk voor gasten is het heerlijk warme en fraaie blauwgroene water van de Baai van Langebaan, die via het **West Coast National Park** 2 te bereiken is. Het 200 km² grote park werd in 1985 ingericht om de Langebaanlagune te beschermen. Het is een van de belangrijkste wetlandbiotopen van Afrika en biedt in het trekseizoen beschutting aan 70.000 trekkende watervogels. Het water is zo helder vanwege de vele mosselbanken, waarvan de bewoners de microscopisch kleine deeltjes uit het water filteren.

Wie van zeebanket houdt, moet in **Langebaan** 3 gaan eten bij het openluchtrestaurant **Die Strandloper** op het strand (zie 'Tip' rechts).

## Accommodatie

Tussen historische muren – **Kersefontein:** Hopefield, tel. 022 783 08 50, www.kersefontein.co.za. Sinds 1770 in het bezit van één familie, 's avonds dineert u in de deftige eetzaal aan een eindeloos lange mahoniehouten tafel die is gedekt met zilveren bestek en kristallen glazen. Alle kamers zijn met antiek ingericht, mountainbikes en boten gratis beschikbaar, 6 kamers, 1 cottage, kinderen welkom. 2 pk met ontbijt vanaf 1160 rand.

Met zicht op de lagune – **The Farmhouse:** 5 Egret St., Langebaan, tel. 022 772 20 62, www. thefarmhouselangebaan.co.za. 18 kamers met open haard in gerestaureerd Kaaps-Hollands pand. Uitzicht op de lagune, zomer en winter gezellige sfeer. 2 pk met ontbijt vanaf 2100 rand.

## SEAFOOD TOT U NIET MEER KUNT

**Die Strandloper:** Langebaan (zie links), tel. 022 772 24 90, www.strandloper.com. Dit populaire openluchtrestaurant is alleen bij goed weer en in het zomerseizoen geopend. In de van netten en drijfhout in elkaar getimmerde open ruimtes kunt u twee uur lang vis eten tot u niet meer kunt; wijn en bier zelf meebrengen. 260 rand p. p., kinderen jonger dan 12 jaar betalen naar lichaamslengte. Online reserveren mogelijk.

**Muisbosskerm:** 5 km ten zuiden van Lambert's Bay (zie blz. 216), tel. 027 432 10 17, www.muisbosskerm.co.za, in het seizoen dag. lunch vanaf 12, diner vanaf 18 uur. Het is verstandig van tevoren te bellen of er genoeg klanten komen om open te gaan. Dit is het oudste openluchtrestaurant aan de westkust, aan zee. Natuurlijk wordt er hoofdzakelijk zeebanket geserveerd, bereid op open houtskoolbarbecues; wijn en bier zelf meebrengen. Het uitvoerige menu staat vermeld op de website. Volw. 195 rand, Kaapse langoest alleen tegen meerprijs van 35 rand..

# Paternoster   ▶ 1, C 19

**Kaart:** blz. 217
**Paternoster** 4 is zonder meer een van de mooiste dorpen aan de westkust. De naam betekent Onzevader en verwijst naar het gebied dat Portugese zeelieden opzegden toen ze hier, nadat hun schip was gezonken, aan land gespoeld waren. Overal worden de vervallen oude vissershuizen gerenoveerd. Inwoners van Kaapstad gebruiken ze als authentiek vakantiehuis waar ze de drukte van de stad even kunnen ontvluchten. In een van deze oude huisjes kunt u heerlijke vis eten. Het **Voorstrandt Restaurant** ligt vrijwel direct aan het strand. De menukaart is in het Afrikaans gesteld. Flessen wijn worden, net als in een Franse bistro, al ontkurkt op tafel gezet.

Een echte attractie in dit pittoreske dorp is **Die Winkel op Paternoster**, een fotogenieke oude winkel van Sinkel waar tegenwoordig victoriaanse curiosa, gerestaureerde meubels, zelfgemaakte marmelade en snoep worden verkocht. De vriendelijke eigenares serveert ook filterkoffie, gemberkoekjes en de kleverige, zoete *koeksisters*, een oliebolachtige, Afrikaanse specialiteit (Main St., tel. 022 752 26 32).

## Cape Columbine Nature Reserve

*Tel. 022 752 27 18, dag. 7–19 uur, toegang volw. 17 rand, kinderen 12 rand, overnachting in camper of tent tussen 97 en 141 rand voor een staanplaats*

Het **Cape Columbine Nature Reserve** 5 met 263 ha kustfynbos, ligt slechts enkele kilometers ten westen van Paternoster. In het voorjaar, in augustus en september, bieden de bloeiende wilde bloemen hier een spectaculair kleurenschouwspel. De aan zee gelegen camping is een alternatief voor natuurliefhebbers die geen zin hebben in de B&B's in de plaats zelf.

## Accommodatie

Strandhuisjes met kookgelegenheid – **Paternoster Seaside Cottages:** Kriedoring Street, tel. 022 752 20 44, www.seasidecottages.co.za, Facebook: Paternoster Seaside Cottages. Selectie cottages aan het strand van Paternoster voor mensen die zelf willen kunnen koken. De huisjes bieden plaats aan maximaal vier volwassenen en kosten 620–1495 rand.

## Eten en drinken

Vis aan het strand – **Voorstrandt Restaurant:** On the Beach, Strandloper Street, tel. 022 752 20 38, www.voorstrandt.com, dag. 11–21 uur. Authentiek restaurant in oud vissershuis aan het strand. Dagverse vis, op tijd reserveren. Tussen juli en november zijn vanaf het terras vaak walvissen te zien. Hoofdgerecht 70 rand.

# Van Paternoster naar de Cederberge

**Kaart:** blz. 217

Vanuit Paternoster kunt u ofwel door het binnenland, via de R 399 en de N 7 over Velddrif en Piketberg naar Citrusdal in de Cederberge doorrijden of in noordelijke richting langs de kust naar Lambert's Bay en vandaar over de R 364 naar Clanwilliam rijden, waar beide routes weer bij elkaar komen. Wie toch al van plan was door te rijden naar het noorden, kan het best de kustroute nemen.

## Route 1: via Lambert's Bay naar Clanwilliam ▶ 1, C 18/19

In **St. Helena Bay** 6 ging de Portugees Vasco da Gama voor het eerst aan land, voor hij onderweg naar India in 1497 rond Kaap de Goede Hoop zeilde. Er staat hier een monument voor deze zeeman. Tegenwoordig valt deze plaats vooral op door zijn stank. Dertien visfabrieken zorgen voor een doordringende lucht.

**Eland's Bay** biedt een fantastisch strand, dat vooral bij surfers erg populair is. Veel meer valt er hier niet te zien – afgezien van de opvallende versiering die aan het plafond van de bar van het enige hotel bungelt: een beenprothese.

Het beste visrestaurant ligt ongeveer 5 km ten zuiden van Lambert's Bay. Het openluchtrestaurant **Muisbosskerm** (zie blz. 215) dankt zijn naam aan het materiaal waaruit het is opgetrokken, de takken van de aan de kust groeiende muisbosstruik. De farmer Edward Turner opende het eerste openluchteethuis van Zuid-Afrika in 1986 en zwaait er, met zijn familie, nog altijd de scepter. Het succesverhaal heeft gezorgd voor veel na-apers langs de westkust, vaak met vergelijkbaar klinkende namen.

**Lambert's Bay** 7 is niet alleen bekend om de in het voorjaar bloeiende wilde bloemen en de het hele jaar door krijsende Kaapse jan-van-gents *(gannets)*, maar ook om zijn Kaapse langoesten of rotskreeften *(crayfish of rock lobster)* – die u echter alleen in het seizoen, tussen november en maart, moet bestellen. Wie deze delicatesse op een ander moment wil eten, zal zich zeker ergeren. U betaalt dan al snel 100 rand voor een rubberachtig, ontdooid iets.

Een van de beste eethuizen in Lambert's Bay ziet er op het eerste gezicht helemaal niet

# Van Paternoster naar de Cederberge

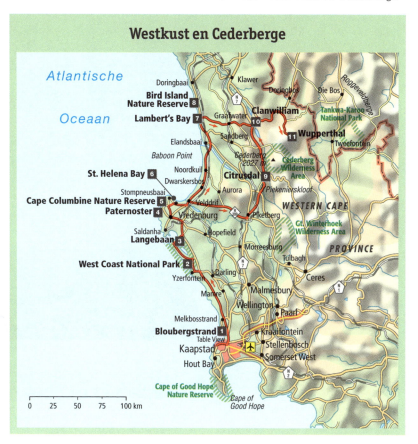

zo uit: **Isabella's** is een klein restaurant aan de haven. De grond is met schelpen bedekt, wat onder de voeten lekker knarst. Hier worden niet alleen goede visgerechten geserveerd, maar ook pizza's uit de houtoven. In de haven loopt een plankier naar het **Bird Island Nature Reserve** 8 , waar duizenden Kaapse jan-van-gents en aalscholvers, maar ook enkele pinguïns en robben leven, die u vanuit een twee verdiepingen tellend, als 'rots' vermomd gebouw kunt bekijken.

In het **bezoekerscentrum** zijn een aquarium, een guanomuseum, een cafetaria en een pinguïnbassin ondergebracht. Een interessante video (in verschillende talen) vertelt het verhaal van het eiland, waarop tussen 1888 en 1990 guano als meststof werd gewonnen. Om deze vogelmest beter te kunnen oogsten, werd een deel van het eiland zelfs geasfalteerd! Door de guanowinning verloren de pinguïns hun broedplaatsen en hun aantal liep enorm terug. Kunstmatig aangelegde holen hebben tot nu toe ongeveer 60 pinguïns terug naar het eiland gelokt. De dam naar het eiland werd in 1959 aangelegd. Hij maakte het bezoek aan het eiland voor toeristen een stuk gemakkelijker, maar was desastreus voor de vogelpopulatie. Er komen telkens weer verwilderde huiskatten op het eiland, die vogels en kuikens doden en zich tegoed doen aan de eieren.

*Westkust en Cederberge*

Onderweg naar Clanwilliam begint 10 km voorbij Lambert's Bay de **Dunes 4x4 Trail**. Op de farm van de familie Engelbrecht kunnen terreinautoliefhebbers zich naar hartenlust in het zand uitleven. Tot 1995 beschouwden de eigenaren het prachtige en unieke duinengebied op hun land met de gekloofde Cederberge op de achtergrond als nutteloos omdat er geen enkel gewas wilde groeien. Sinds een paar jaar hebben zij de toeristische mogelijkheden ervan ontdekt en nu scheuren enthousiaste offroaders door hun 250 ha grote mini-Kalahari (tel. 027 432 12 44, www.dunes.co.za, 200 rand per auto, 50 rand kampeergeld per auto, 15 rand p.p.).

Bij de kleine boerderijwinkel, waar verse, biologische producten worden verkocht, betalen bezoekers het toegangsgeld. De gidsen op motoren wijzen de weg door het zandlabyrint en over de voor een deel adembenemend steile duinen.

### Accommodatie

Heel eenvoudig – **Lambert's Bay Hotel:** Voortrekker Rd., Lambert's Bay, tel 027 432 11 26, www.lambertsbayhotel.co.za. Het enige hotel in de plaats, nogal eenvoudige motelstijl, 47 kamers. 2 pk met ontbijt vanaf 800 rand.

### Eten en drinken

Verse vis in rustieke ambiance – **Isabella's:** Aan de haven, Lambert's Bay, tel. 027 432 11 77, www.isabellasrestaurant.co.za, dag. 8–22 uur. Ideale plek voor ontbijt, lunch of diner voor of na het bezoek aan het vogeleiland, verse vis en lekkere pizza's. Mosselschelpen op de vloer en visnetten aan de muren. Voordelige wijnen. Hoofdgerecht 80 rand.

### Route 2: via Citrusdal naar de Cederberge ▶ 1, C–E 19

Route 2 loopt van Paternoster eerst naar Velddrif, en vandaar over de R 399 naar het oosten, tot deze bij Piketberg op de N 7 uitkomt. Over deze weg gaat u 44 km naar het noorden, over de Piekanaarskloof Pass naar **Citrusdal** 9 . Vandaar loopt een onverharde weg de Cederberge in.

# Cederberge ▶ 1, E 18/19

**Kaart:** blz. 217

De **Cederberge**, 200 km ten noorden van Kaapstad, strekken zich uit van Citrusdal in het zuiden tot Clanwilliam in het noorden. De gekloofde, rode rotsen doen denken aan het zuidwesten van de Verenigde Staten en bieden geweldige wandelmogelijkheden. Vooral de beide eendagstochten naar het **Maltese Cross** en door de smalle **Wolfberg Cracks** naar de **Wolfberg Arch** zijn echte hoogtepunten. Hier leefden de San al eeuwen geleden. Zij lieten honderden rotstekeningen achter: alleen al in het gebied Agter Pakhuis zijn er meer rotstekeningen per vierkante kilometer dan waar dan ook in zuidelijk Afrika (www.cederberg.co.za).

Over een avontuurlijke, stoffige, eenzame zandweg rijdt u rechts van de Olifants River verder naar het noorden tot Clanwilliam. Wie

# Cederberge

*Hoogtepunt in de Cederberge: een wandeling naar het Maltese Cross*

liever over een betere weg rijdt, keert terug naar de N 7.

## Informatie
Vergunningen voor wandelingen en overnachtingen in het Cederberg Wilderness Area zijn verkrijgbaar bij **Cape Nature Conservation:** Citrusdal District Office, Citrusdal, tel. 022 921 22 89, dag. 8–16.30 uur. **Citrusdal Tourism Office:** tel. 022 921 21 81 geeft informatie over de Cederberge en wandelmogelijkheden in de omgeving.

## Accommodatie
Prachtige ligging – **Mount Ceder:** zuidelijke Cederberge, hemelsbreed circa 50 km ten oosten van Citrusdal, tel. 023 317 08 48/317 01 13, www.mountceder.co.za. Diverse huisjes met slaap- en woonkamer, kleine keuken en open haard; de twee laatste stenen huisjes (Blinkberg en Waboomhoek, met elk drie slaapkamers en drie badkamers), rustig gelegen met uitzicht op de rivier, worden speciaal aanbevolen; de beste accommodatie op het terrein is echter Klipbokkop, hoog boven de beide eerdergenoemde huisjes gelegen, met twee slaapkamers met badkamer en een extra kamer met bad op het dak, airconditioning en een whirlpool op de rondlopende houten veranda, eenmaal per dag schoonmaak. Geweldige mogelijkheden om te zwemmen in de rivier, die het hele jaar water voert. Restaurant Old Mill Countryhouse serveert ontbijt (75 rand) en diner (160 rand), waarvoor wel moet worden gereserveerd. Overnachting vanaf 670 rand voor een huisje met één kamer, Blinkberg en Waboomhoek (elk drie kamers) kosten 2195 rand per nacht en Klipbokkop (drie 2 pks met airconditioning, plus houten terras met jacuzzi) 3295 rand per nacht.

Huisjes met wijnproeverij – **Sanddrif Holiday Resort:** tel. 027 482 28 25, www.ceder

## Westkust en Cederberge

bergwine.com. Mooi kampeerterrein met schaduw en groen gazon, vlak bij de rivier, leuke huisjes waarin u zelf kookt, ook aan de rivier, met klein zandstrand, vergunningen voor wandelingen naar het Maltese Cross (Maltezerkruis) en de Wolfberg Arch. Verder zijn er wijnproeverijen, ma.–za. 9–12, 14–16 uur, 30 rand p.p. Huisje voor vier personen vanaf 800 rand, camping 170 rand voor vier personen.

Voor selfcateraars – **Cederberg Tourist Park Kromrivier:** tel. 027 482 28 07, www.cederbergtourist.co.za. Eenvoudige hutten waarin zelf kan worden gekookt, met gasfornuis. Boek als het kan een hut aan het stuwmeer. Chalet voor vier personen vanaf 600 rand, camping 160 rand.

Camping – **Algeria Cederberg Wilderness Area:** tel. 08 61 22 73 62 88 73, www.capenature.co.za. Prachtig kampeerterrein aan de oever van de Rondegat River, stenen huisjes om zelf in te koken (met barbecue), brandhout is te koop, zwemgelegenheid in de rivier of in het natuurlijke rotszwembad, farmstall vlakbij, reserveren via Cape Nature Conservation. Op de website worden alle overnachtingsmogelijkheden gedetailleerd beschreven. Overnachting vanaf 225 rand p.p.

**Meer overnachtingsmogelijkheden** zijn te vinden op de website www.cederberg.co.za/accommodation.

# Clanwilliam ▶ 1, D 18

**Kaart:** blz. 217

**Clanwilliam** 10 is beroemd om de alleen daar gedijende rooibosplant, een circa 1 m hoge struik, waarvan een smakelijke, gezonde thee wordt gezet. Deze aromatische thee wordt gewonnen van de jonge scheuten van de rooibosstruik. De plaatselijke bevolking ontdekte als eerste het geheim van de fijne, naaldachtige blaadjes. Zij oogstten de in het wild groeiende planten, hakten ze met bijlen fijn, kneusden ze met hamers en lieten ze in de zon drogen. Sinds 1930 wordt rooibosthee in de Cederberge commercieel verbouwd. De vitamine C-houdende thee is inmiddels ook in Nederland en België overal te koop. Tijdens de bloeitijd in het voorjaar is het nauwelijks mogelijk om in deze streek een kamer te vinden.

### Informatie

**Clanwilliam Tourism Association:** Main St., tel. 027 482 20 24, www.clanwilliam.info. ma.–vr. 8.30–17, za. 8.30–12.30 uur. Een in de historische gevangenis gevestigd toeristenbureau, waar u alles over accommodatie, trajecten voor terreinauto's en wandelpaden te weten kunt komen.

### Accommodatie

Luxe in de bergen – **Bushman's Kloof Wilderness Reserve & Wellness Retreat:** tussen Clanwilliam en Wupperthal, tel. 027 482 82 00, voor reserveringen: tel. 021 437 92 78, www.bushmanskloof.co.za. Luxueuze lodge op fabelachtig mooie locatie, midden in de Cederberge, met prachtig ingerichte kamers in rietgedekte huisjes, uitstekende keuken. 2 pk met ontbijt vanaf 5350 rand.

Stijlvol met een Marokkaanse touch – **Clanwilliam Lodge:** Graafwaterweg, tel. 027 482 17 77, www.clanwilliamlodge.co.za. Boetiekhotel in Marokkaanse stijl. De kamers hebben airconditioning en satelliet-tv. Groot zwembad met ligstoelen om te relaxen. 2 pk met ontbijt vanaf 1400 rand.

Kaaps-Hollandse lodge – **Saint Du Barrys Country Lodge:** 13 Augsburg Rd., tel. 027 482 15 37, www.saintdubarrys.com. Fraai gerestaureerd Kaaps-Hollands pand met individueel ingerichte kamers. 2 pk met ontbijt vanaf 1440 rand.

Oud stadshotel – **Clanwilliam Hotel:** Main St., tel. 027 482 28 88, www.clanwilliamhotel.co.za. Historisch hotel in Clanwilliam. Tijdens de bloeitijd vrijwel altijd volgeboekt. 2 pk met ontbijt vanaf 750 rand.

Eenzame ligging – **Traveller's Rest:** tel. 027 482 18 24, www.travellersrest.co.za. Mooie stenen huisjes met kookgelegenheid in een volstrekt uitgestorven, prachtig landschap, veel rotstekeningen op het terrein. Vanaf 230 rand p.p., kinderen jonger dan 12 jaar 110 rand.

## Eten en drinken

Traditionele gerechten op fantastische locatie – **Traveller's Rest Restaurant:** aan de R 346, 36 km buiten Clanwilliam, over de Pakhuis Pass, op de Traveller's Rest Farm, tel. 027 482 18 24, www.travellersrest.co.za. Ontbijt, lunch dag. 9–18 uur, diner moet gereserveerd worden en wordt alleen voor groepen vanaf tien personen klaargemaakt, dus wellicht zelf voor avondeten zorgen! Alleen al de ligging tussen de rode rotsen aan de Brandy River maakt een bezoek de moeite waard. Landelijke keuken, met lam aan het spit, stoofgerechten, versgebakken boerenbrood, en wijnen uit de streek. Hoofdgerecht 65 rand.

Beste pizza – **Olifantshuis Restaurant & Pizzeria:** tel. 027 482 23 01, diner ma.–za. vanaf 18 uur. Restaurant met relaxte sfeer, prima steaks en heerlijke pizza uit de houtoven. Hoofdgerecht 60 rand.

# Pakhuis Pass en Wupperthal ▶ 1, E 18

**Kaart:** blz. 217

Voor een stukje Duitse geschiedenis in Zuid-Afrika rijdt u van Clanwilliam over de 905 m hoge **Pakhuis Pass**, die in 1887 is aangelegd door de wegenbouwer Thomas Bain, deels over een stoffige weg naar het schilderachtige plaatsje Wupperthal. Houd af en toe even halt om van het uitzicht op het dal van de Olifants River te genieten. Ter hoogte van de pas wijst een bord naar de laatste rustplaats van Louis Leipoldt, de prominente arts en dichter, die in Worcester in Clanwilliam is geboren. Na zijn dood in 1947 werd volgens zijn wens zijn as hier verstrooid.

De weg gaat verder door een dor, met kloven doorsneden oerlandschap. Na de laatste klim ontrolt zich het vruchtbare **Tra-Tradal**. Midden tussen het groen staan de ongeveer 150 witgekalkte huisjes van **Wupperthal** 11. Zoals de naam al doet vermoeden, heeft deze plaats een Duitse oorsprong – in 1830 vestigde de Rheinische Mission hier haar eerste post op Zuid-Afrikaanse bodem. De twee missionarissen kwamen uit Elberfeld, aan de Wupper. Het wat grotere Wuppertal in Duitsland ontstond pas 99 jaar later.

De *coloured*-gemeenschap, ongeveer 4000 families, nakomelingen van bevrijde slaven, San, Khoi en blanke zeelieden, leeft nog altijd in de aardige, rietgedekte huisjes direct aan de rivier. Sinds 1996 is het land weer van hen. Uit de fabriek van Wupperthal komen de beroemde Zuid-Afrikaanse wandelschoenen van het merk *Veldskoene*, die hier sinds 1836 met de hand worden gemaakt.

## Actief

Terreinwagenexcursies – **Wupperthal 4 x 4 Route:** terreinwagentraject dat in Wupperthal begint. Er is ook een kortere route, de **Citadel Route**, zonder overnachting, of de zwaardere **Tra-Tra Trail**, die bij het Leipoldt House in Wupperthal begint en waarvoor u ongeveer negen uur moet uittrekken. Informatie: www.cederberg4x4.co.za.

### Tip

## BUSHMAN PAINTINGS

In de diep ingesneden rotsen rechts en links van de weg tussen Clanwilliam en Wupperthal liggen de grootste en mooiste openluchtmusea van de wereld, met voor een deel buitengewoon goed bewaard gebleven rotstekeningen van de San. Op de 4 km lange **Sevilla Rock Art Trail** op het terrein van de Traveller's Rest Farm (zie hierboven) zijn enkele bijzonder mooie tekeningen te zien. In het **Bushman's Kloof Wilderness Reserve** (zie blz. 220) is de presentatie exclusiever. Daar zijn meer dan 130 locaties met rotskunst, die met een als persoonlijke gids optredende parkwachter kunnen worden bezocht.

# ✤ Namaqualand

**Niet alleen botanici noemen het een wonder, als eenmaal per jaar, meestal van augustus tot oktober, de wilde bloemen tussen Namaqualand en Namibië bloeien. Wat er voorheen bruin en geblakerd uitzag, verandert van de ene op de andere dag in een bloemenzee.**

Namaqualand ligt tussen Vanrhynsdorp in het zuiden en Pofadder in het oosten. De Orange River, die Zuid-Afrika van Namibië scheidt, vormt de noordgrens, in het westen ligt de koude Atlantische Oceaan. In het voorjaar biedt deze streek een van de fascinerendste natuurverschijnselen van heel zuidelijk Afrika. Het anders dorre, bruingele veld ontploft dan in een zee van kleuren. Tapijten van ontelbare bloemen overdekken het landschap. Madeliefjes, kruiden, vetplanten, lelies en honderden andere soorten strekken zich uit naar de zon.

Wanneer dit verschijnsel op zijn mooist is, valt moeilijk te voorspellen. Als vuistregel geldt: van begin augustus tot half oktober. Maar de warme bergwind kan een heel veld prachtig bloeiende bloemen van de ene op de andere dag weer in een bruin veld veranderen (www.namaqualand.com).

## Calvinia ▶ 1, F 17

**Kaart:** blz. 223
**Calvinia** 1 ligt in de zogenaamde **Hantam Karoo**. De in 1848 gestichte stad, genoemd naar de kerkhervormer Johannes Calvijn, is een goede uitvalsbasis voor een bloemenrondrit via Loeriesfontein en Niewoudtville door Garies en Kamieskroon naar Springbok. In de Zuid-Afrikaanse lente is de omgeving van Calvinia ook met een kleurig bloementapijt overdekt. Wie in deze periode door de Cederberge reist, zou in plaats van terug naar Clanwilliam te reizen, direct naar Calvinia kunnen gaan. In de kleine, stoffige stad is vegetarisch trouwens een volslagen onbekend woord.

### Informatie

**Tourist Information:** Calvinia Museum, 44 Church St., Calvinia, tel. 027 341 81 00.
**Hantam Tourism Information Centre:** tel. 027 341 10 80. Informatie over overnachtingen, terreinwagentrajecten en over het jaarlijkse Hantam Meat Festival in het laatste weekend van augustus.

### Accommodatie

Beschermd monument – **Die Tuishuis & Die Dorpshuis:** 54 Hoop St., tel. 027 341 16 06, www.calvinia.co.za. Deze twee historische panden (1870 en 1860) bieden enkele tweepersoonskamers van verschillende grootte. Echt iets voor 'kenners' is de kamer van de knegte (dienstboden) met open haard, schapenhuiden op het bed, kaarsen en petroleumlampen, maar geen stroom. Het diner, dat helaas niet voldoet aan de verwachtingen die de mooie ambiance oproept, en het wel overvloedige ontbijt worden geserveerd in een ander monument, het Hantamhuis. 2 pk met ontbijt 790–1050 rand, wie zelf kookt betaalt 600–800 rand.

Victoriaans – **Carmel Villa:** 19 Pastorie St., tel. 027 341 14 46, http://carmel-calvinia.co.za. Klassiek victoriaans gebouw met kunstgalerie (aquarellen en olieverfschilderijen, voornamelijk landschappen). Inmiddels hebben de vriendelijke eigenaren ook het aangrenzende pand gekocht om meer kamers te kunnen verhuren. 2 pk met ontbijt 500 rand.

### Agenda

**Hantam Meat Festival:** laatste weekend in aug. Groot grillfeest – bij het eten van *Karoo*

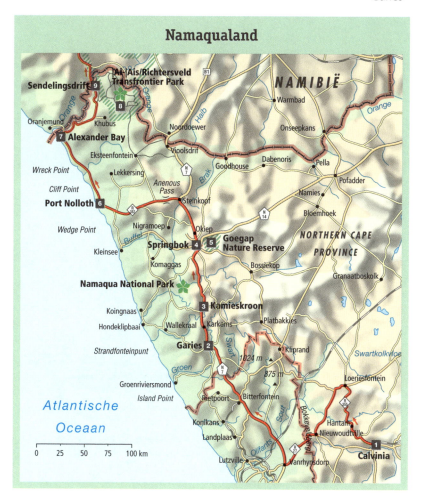

oysters (Karoo-oesters) is terughoudendheid geboden, het zijn namelijk gegrilde ramstestikels.

## Garies ▶ B–D 15/16

**Kaart:** boven

In de maanden augustus en september draait in het anders tamelijk ingedutte plaatsje **Garies** 2 alles om bloemen. De feestzaal is als evenementenhal ingericht. Er is koffie en gebak te krijgen en natuurlijk veel tips voor toeristen die willen weten waar de natuur haar meeste kleuren laat zien. De vriendelijke oude dames zijn niet gewend om Engels te praten. In Namaqualand hoort u vrijwel uitsluitend Afrikaans. De zwarte inwoners van Namaqualand spreken nog het oorspronkelijke, ouderwetse, nog niet met Engelse leenwoorden doorspekte Afrikaans, een wonderlijk zangerige taal. Hun Engels is echter voldoende om bezoekers aan te raden naar het 45 km verderop gelegen Kamieskroon door te rijden en

Namaqualand

# DE BLOEMENPRACHT VAN DE WEST COAST EN NAMAQUALAND ONTDEKKEN

## Informatie
**Begin:** Springbok of Kaapstad
**Duur:** 1–5 dagen
**Lengte:** van Kaapstad naar Langebaan (Westcoast National Park) 120 km, daarna op de N 7 naar Clanwilliam nog 200 km, plus 330 km tot Springbok.
**Kosten:** vanaf 1300 rand p. p. per dag
**Aanbieders:** Namaqualand Flower Tours, tel. 084 705 13 83/082 699 30 98, www.happyholiday.co.za; Redwood Tours, tel. 021 886 81 38, www.redwoodtours.co.za.

Ieder jaar tussen half augustus en begin september, afhankelijk van de hoeveelheid neerslag die er valt, veranderen grote stukken van de westkust en Namaqualand tussen Garies en Springbok in de Northern Cape Province in een veelkleurige bloemenzee, die zich uitstrekt zover het oog reikt. Geel, oranje, wit en lila zijn verkwistend in de natuur uitgestrooid, alsof een bezeten kunstenaar zich erop had uitgeleefd – een waar botanisch meesterwerk.

Niet ver van Kaapstad (ongeveer 1,5 uur rijden) ligt het **West Coast National Park,** (zie blz. 215) waarvan het stuk rond Postberg kan bogen op prachtige bloemenvelden. U kunt deze dagtocht gemakkelijk op eigen houtje ondernemen, maar er zijn ook aanbieders die bloemenliefhebbers bij het hotel of pension ophalen.

**Postberg** is een boerderij binnen het nationale park, die nog dateert uit de begintijd van Kaapstad, uit de tijden van Jan van

# De bloemenpracht van de West Coast en Namaqualand

Riebeeck. Om het land in het natuurreservaat te integreren, werden de boerderijdieren sinds 1966 weggehaald en werden er weer wilde dieren uitgezet.

Het volgende bloemengebied dat de moeite waard is, ligt verder naar het noorden, in de Cederberge bij **Clanwiliam** (zie blz. 220). Over de Pakhuis Pass leidt de route naar **Biedouw Valley**, een bloemenparadijs. De R 364 voert naar **Nieuwoudtville**, het hart van de Hantam Karoo. Tussen hier en **Loeriesfontein** is het weer een en al 'flowerpower'.

De grootste en mooiste bloemengebieden liggen echter nog verder naar het noorden. Ten zuiden van Springbok in de Northern Cape Province ligt Namaqualand. Hoogtepunten zijn het Goegap Nature Reserve met de Hester Malan Garden. De kleine plaats **Garies** 2 geldt als centrum van de bloemenpracht en ontwaakt alleen in augustus en september uit zijn doornroosjesslaap. Wie niet wil deelnemen aan een georganiseerde tocht, huurt een auto en rijdt rechtstreeks naar het West Coast National Park, naar Clanwilliam, naar Nieuwoudtville of het hele eind naar Springbok (650 km), wat goed in een dag te doen is. Het idee is om bij een bloementocht, onafhankelijk van de lengte ervan, van het noorden naar het zuiden te rijden, want de bloemen richten hun 'gezichtjes' overdag naar de zon. In de winter en het voorjaar schijnt deze vanuit het noorden. Wie rustig in zuidelijke richting rijdt, zal de bloemen dus steeds van hun mooiste kant zien.

Kilometersbrede tapijten van veelkleurige vetplanten en geofyten, die verder naar het zuiden overgaan in madeliefjes – om de beste foto's te maken, kunt u het best door de knieën gaan. Van 'onderaf' zijn er nog veel meer kleuren te ontdekken.

Wie in **Springbok** 4 met de tocht begint, moet zeker ook het nabijgelegen Goegap Nature Reserve bezoeken. Daarna over de N 7 naar het zuiden, tot Kamieskroon en het Namaqua National Park en **Garies**. Van Bitterfontein naar Vanrhynsdorp, waar de vetplanten die daar gekweekt worden een bezoek waard zijn. Via het Kokerboombos, dat er met name tijdens de zonsondergang spectaculair uitziet, rijdt u naar Nieuwoudtville. Het is aan te raden om een nacht in Vanrhynsdorp en twee nachten in Nieuwoudtville te blijven, omdat daar veel te zien is. Bekijk bijvoorbeeld de **Hantam Botanical Garden** en het Nieuwoudtville Flower Reserve. Andere bloemenvelden bij particuliere bedrijven kunnen voor een gering bedrag worden bezichtigd. Daartussen liggen telkens weer coffeeshops en boerderijwinkels die uitnodigen om een versnapering te nemen. Het nabijgelegen Oorlogskloof Nature Reserve is erg populair bij wandelaars. Bovendien zou u ook een bezoek moeten brengen aan de waterval in Nieuwoudtville en het windmolenmuseum in Loeriesfontein.

Van Nieuwoudtville gaat u over de onverharde R 364 naar Clanwilliam, wat ongeveer twee uur duurt en met een gewone auto te doen is – een fabelachtig mooie route door een vlakte, door de Cederberge en naar het Biedouwdal, vanwaar u Clanwilliam bereikt via de Pakhuis Pass.

In Clanwilliam is opnieuw een overnachting te bevelen. Hier kunnen behalve de bloemen in de Ramskop Wild Flower Garden ook de fraaie rotsschilderingen van de oorspronkelijke inwoners bewonderd worden. Elk jaar in augustus wordt de Clanwilliam Wild Flower Show gehouden.

Van Clanwilliam is het dan niet ver meer naar het **West Coast National Park** bij Langebaan. Eerst rijdt u over de N 7 naar Piketberg, daarna over de R 399 naar Velddrif, vandaar op de R 27 tot Langebaan. **Uitkyk** in het **Postbergdeel** van het nationaal park is een prima picknickplaats. Koop dus eerst iets lekkers bij een van de aan de weg gelegen boerderijwinkels. De omgeving van Postberg is alleen tijdens het bloemenseizoen in augustus en september voor bezoekers toegankelijk. Vanhier is het nog maar een klein eindje terug naar Kaapstad.

Het grootste probleem in het bloemenseizoen is het vinden van accommodatie. Wie op eigen houtje onderweg is, dient in elk geval tijdig te reserveren. Als niets meer lukt, is er ook nog altijd de mogelijkheid om een dagtocht vanuit Kaapstad te maken naar het West Coast National Park.

# Namaqualand

daar een uitstapje naar het **Namaqua National Park** te maken.

## Namaqua National Park en Kamieskroon
▶ B–D 15–16

**Kaart:** blz. 223
*Namaqua National Park, tel. 027 672 19 48, www.sanparks.org, in het bloemenseizoen 8–17 uur, beste tijd om de bloemen te bekijken 10.30–16 uur*

In het **Namaqua National Park** staat alles vol in bloei. Bij de eerste heuvelrug die het binnenland van de kust scheidt, blijven de weinige regenwolken die van zee komen, hangen en regenen leeg. Zelfs als de bloemen in de rest van Namaqualand wegens ernstige droogte nog niet zo indrukwekkend zijn, biedt het nationale park altijd wel een verrukkelijk kleurenspel.

In het hotel van **Kamieskroon** 3 worden vooral tijdens het bloemenseizoen fotoworkshops georganiseerd, die inmiddels enige bekendheid gekregen hebben. De 'stad' zelf ligt te midden van granietmassa's en rotsformaties die met hun vele wandelpaden ook

*Het 'bloemenparadijs' in het Goegap Nature Reserve*

buiten het seizoen een bezoek de moeite waard maken. Naamgever van de stad was de erboven uitrijzende rots in de vorm van een kroon.

## Accommodatie

Eenvoudig – **Kamieskroon Hotel & Caravan Park:** Kamieskroon, tel. 027 672 16 14, www.kamieskroonhotel.com. Eenvoudig hotel met 24 kamers, maar een ideale plek om de bloemenzee in Namaqualand te zien, populaire fotoworkshops in mrt., apr., aug. en sept. 2 pk vanaf 750 rand.

Springbok en Goegap Nature Reserve

# Springbok en Goegap Nature Reserve ▶ 1, C 14

**Kaart:** blz. 223

## Springbok

Vlak in de buurt van **Springbok** 4 , de informele hoofdstad van Namaqualand, ligt nog een ander aanbevelenswaardig bloemengebied. De stichting van de plaats heeft echter niets met bloemen te maken, maar met koper, dat hier rond 1850 werd gewonnen. Enkele jaren later vonden onderzoekers meer naar het noorden, in Okiep, echter veel grotere hoeveelheden. Toch verviel Springbok niet tot spookstad en is de plaats nu een welkome uitvalsbasis voor toeristen.

## Goegap Nature Reserve

*Bezoekerscentrum tel. 027 718 99 06, dag. 8–16 uur*

Vijftien kilometer naar het zuidoosten ligt de ingang van het in 1960 gestichte **Goegap Nature Reserve** 5 , dat de natuurlijke schoonheden van Namaqualand op een oppervlak van 150 km² toont. *Goegap* is een woord uit de Namataal en betekent 'watergat'. Hier groeien 600 inheemse bloemsoorten. Er trekken 45 verschillende zoogdieren, waaronder springbokken, gemsbokken, klipspringers, duikers, steenbokken en de zeldzame bergzebra's door het met velden afgewisselde, grandioze berglandschap. Bovendien werden 94 verschillende vogel-, 25 reptielen- en drie amfibieënsoorten geregistreerd.

De **Hester Malan Wild Flower Garden**, direct naast het kleine bezoekerscentrum, toont de voor Namaqualand kenmerkende, vochtvasthoudende vetplanten. Kleine etiketten verklaren precies hoe ze heten en wanneer ze hun bloemenpracht tonen. Bestuurders van terreinauto's hebben nog iets anders spectaculairs tegoed. Er slingert zich een fantastische **4x4 trail** met overnachtingsmogelijkheid over de steile bergwegen door het reservaat. Het uitzicht over Namaqualand en de tot aan de horizon in bloei staande vlakten zijn alle inspanningen waard. Bij het bezoe-

## Namaqualand

kerscentrum worden terreinauto's verhuurd voor deze tocht. Wie liever vertrouwt op de eigen spierkracht en zijn lichaam eens flink aan het werk wil zetten, kan kiezen tussen een **mountainbike trail** (ook fietsen zijn te huur) en twee korte **wandelpaden**. Er staat een klein aantal hutten klaar voor gasten die willen overnachten.

### Informatie

**Namaqualand Tourism Information Centre:** Springbok, tel. 027 744 17 70, www.namaqualand.com. Uiterst vriendelijk personeel, uitvoerige informatie over de bloeitijd van de bloemen, bovendien advies over accommodatie.

### Accommodatie

Erg mooi – **Naries Namakwa Retreat:** Kleinzee Rd., R 355, 27 km geasfalteerde weg vanaf Springbok, tel. 027 712 24 62, www.naries.co.za. Het vroegere, gerestaureerde farmhouse is waarschijnlijk de mooiste accommodatie in Namaqualand, met meergangenmenu's bij kaarslicht en *sundowners* aan de Spektakel Pass. Een alternatief met veel uitzicht zijn de nieuwe, prachtig ingerichte Mountain Suites in de stijl van de traditionele matjieshuise. Bovendien zijn er Family Self Catering Cottages, dus huisjes voor gezinnen die zelf willen koken (2 pk vanaf 1500 rand, max. 4 pers.). 2 pk in het Manor House met ontbijt en diner vanaf 1800 rand, Namakwa Mountain Suites 2 pk met ontbijt en diner vanaf 2450 rand.

Eenvoudig plattelandshotel – **Okiep Country Hotel:** 8 km ten noorden van Springbok, tel. 027 744 10 00, www.okiep.co.za. Eenvoudig hotel, waar tijdens de bloeitijd van de bloemen in aug.–sept. uitstapjes worden georganiseerd. 2 pk met ontbijt vanaf 910 rand.

Klein en gezellig – **Annie's Cottage:** 4 King St., Springbok, tel. 027 712 14 51, www.springbokinfo.com. Knusse B&B op rustige locatie. 2 pk met ontbijt vanaf 1650 rand.

Art-decojuweel – **Masonic Hotel:** 2 Van Riebeeck St., Springbok, tel. 027 712 15 05. Fraai art-decopand, waarvan de kamers helaas bij de renovatie tamelijk stiefmoederlijk zijn behandeld. 2 pk met ontbijt vanaf 750 rand.

Eenvoudig stadshotel – **Springbok Lodge & Restaurant:** 37 Voortrekker St., Springbok, tel. 027 712 13 21, www.springboklodge.com. Hier komen de plaatselijke inwoners bijeen om te praten en te eten; eenvoudige tweepersoonskamers, souvenirwinkel en permanente fototentoonstelling. 2 pk vanaf 700 rand.

### Eten en drinken

Flinke porties – **Springbok Lodge and Restaurant:** zie boven, dag. 7–22, zo. 8–22 uur. Goede, stevige kost als steaks, pizza's en burgers, in een historisch pand geserveerd, beroemd om zijn kwalitatief en kwantitatief bovengemiddelde milkshakes. Hoofdgerecht 80 rand.

# Diamantkust

▶ 1, A 13

**Kaart:** blz. 223
*www.diamondcoast.co.za*

Vroeger werd er koper overgeslagen in de haven van **Port Nolloth** [6], nu is het een veilige aanlegplaats voor de rotskreeftvloot. Overigens werd de streek om een heel andere reden bekend: in 1926 werden de eerste diamanten 10 km ten zuiden van Port Nolloth op het strand gevonden, sindsdien is de plaats ook een belangrijk diamantmijncentrum. De Orange River heeft de kostbare stenen eeuwenlang meegevoerd en ten noorden (Namibië) en ten zuiden van zijn monding op het strand verdeeld.

Wie de door de wind gebeukte diamantkust 83 km verder naar het noorden volgt, komt in de vroeger hermetisch afgesloten diamantstad **Alexander Bay** [7] aan de monding van de Orange River. Aan de overkant ligt Namibië, waar de Harry Oppenheimer Bridge over de rivier is nog altijd voor particulieren gesloten. Met de terugloop van de diamantvondsten in Zuid-Afrika en Namibië en de 'opening' van de stad bestaat de hoop, dat de overgang op een dag zal worden vrijgegeven. Dat zou honderden kilometers omweg

# |Ai-|Ais/Richtersveld Transfrontier National Park

*De Kokerboomkloof in nationaal park Richtersveld*

schelen en met het grensoverschrijdende toerisme ook de Zuid-Afrikaanse diamantkust (www.diamondcoast.co.za) tot bloei kunnen brengen. Momenteel komen alleen avontuurlijk ingestelde toeristen zo ver naar het noorden. En ze komen niet zomaar: hier ligt de ingang van een van de interessantste nationale parken van het land.

## Accommodatie

Authentiek aan zee – **Bedrock Lodge:** 2 Beach Rd., Port Nolloth, tel. 027 851 88 65, www.bedrocklodge.co.za. Authentieke accommodatie in karakteristiek oud vissershuis en diverse cottages. 2 pk vanaf 850 rand.

##  |Ai-|Ais/Richtersveld Transfrontier N.P.

▶ 1, A/B 11–13

**Kaart:** blz. 223

Het Richtersveld behoort door zijn afgelegen ligging en het schitterende landschap, met steil omhoogrijzende rotsmassieven en diepe kloven tot een van de mooiste gebieden van Zuid-Afrika. Wie van eenzaamheid houdt en over een terreinauto beschikt, komt hier volledig aan zijn trekken. In deze bergwoestijn vindt u de grootste concentratie van succulenten ter wereld. In het verleden kwamen er steeds weer onderzoekers naar het gebied om naar mineralen en koper te zoeken. De verlaten mijnschachten en de ruïnes van hun huizen herinneren daar nog aan.

Het 1620 km² grote **|Ai-|Ais/Richtersveld National Park 8** werd in 1991 gesticht om het unieke bergwoestijnlandschap te behouden. Het land behoort echter nog altijd toe aan de daar levende Nama, die binnen de grenzen van het park hun veeteelt mogen bedrijven en van de parkautoriteiten pacht ontvangen. Vanuit de bergen kunnen vaak hun kleine kudden worden waargenomen. De seminomadische Nama zijn afstammelingen van de veehoudende Khoikhoi, die tot de eerste bewoners van de Kaap behoorden (zie blz. 46). Hoewel ze voor het grootste deel in andere bevolkingsgroepen zijn opgegaan,

Namaqualand

## RAFTING- EN KANOTOCHTEN OP DE ORANGE RIVER

### Informatie
**Begin:** Vioolsdrif Base Camp
**Lengte:** 40–160 km
**Seizoen:** het hele jaar door
**Deelnemers:** 15–30 personen
**Duur:** 4–6 dagen
**Aanbieders:** Orange River Rafting, tel. 021 853 79 52, www.orangeriverrafting.com; Orange River Rafting, tel. 082 308 34 22, www.raftingorangeriver.co.za; Bushwacked, tel. 027 761 89 53, www.bushwacked.co.za; Felix Unite River Adventures, tel. 021 702 94 00, www.felixunite.com; The River Rafters, tel. 021 975 97 27, www.riverrafters.co.za

**Kosten:** 4-daagse tocht vanaf 3300 rand p.p.
**Belangrijk:** geen ervaring vereist, u moet normaal fit zijn en goed kunnen zwemmen. Er zijn ook eendaagse tochten op de Orange River voor mensen met weinig tijd (ca. 350 rand p. p.). De temperatuur varieert van 0°C in de winter tot 52°C in de zomer. Bescherming tegen de zon is erg belangrijk, met een hoed en crème met een hoge beschermingsfactor.
**Kaart:** blz. 223 en ▶ 1, A/B 12/13

De **Orange River** of **Gariep River** is de langste rivier van Zuid-Afrika. Hij ontspringt in Lesotho in de Drakensberge en mondt 2250 km verderop uit in de ijskoude Atlantische Oceaan, vlak nadat hij in de indrukwekkende Augrabieswatervallen omlaag is gestort. De rivier heeft in de loop van miljoenen jaren veel diamanten van zuidelijk Afrika, maar vooral die uit Kimberley, de oceaan in gespoeld, waar ze tot op de dag van vandaag worden gezocht. Vanhier zijn ze met

# |Ai-|Ais/Richtersveld Transfrontier National Park

de stroming noordwaarts en door de branding in de duinen van Namibië beland. Precies waar de Orange River de grens vormt tussen Zuid-Afrika en Namibië is ook het meest populaire rafting- en kanogebied – wat niet verbaast, want de woestijnachtige bergstreek van het **|Ai-|Ais/Richtersveld National Park** 8 is adembenemend mooi en in de rivier liggen hier maar een paar matige stroomversnellingen. Internationaal worden stroomversnellingen van 1 tot 6 geclassificeerd, dat wil zeggen van gemakkelijk tot onbevaarbaar. Die in de Orange River zijn allemaal 2. Het op een maanlandschap lijkende Richtersveld is een unieke woestijn, die er vanaf het water nog fascinerender uitziet. Alleen vlak bij de rivier gedijt een weelderige vegetatie. De bergen bestaan uit oud, vulkanisch gesteente. Al duizenden jaren geleden leefden hier de Khoi-San oerinwoners. Zij noemden de rivier Gariep – 'de grootse'. Ongeveer de helft van de hier in overdadige pracht gedijende vetplanten komt alleen op deze plek voor, nergens anders ter wereld.

Drie, vier of vijf dagen kunt u rustig door dit oerlandschap dwalen. Kanovaren, zwemmen, even een kleine stroomversnelling oversteken – het is een bijna meditatieve belevenis. In de late middag wordt dan een kamp opgezet op de oever, meestal op een zandbank. Heimelijk zullen sommigen wat door het zand woelen in de hoop een glinsterende steen te vinden. Inderdaad werden er nog niet zo lang geleden in Aussenkehr (Namibië), direct aan de Orange River, enkele diamanten gevonden.

Onder een overdonderende woestijnsterrenhemel wordt er 's avonds op de oever van de rivier gebarbecued en gegeten – met het stromende water als muzikale begeleiding. Bosjesmannen beweren dat ze de sterren kunnen horen zoemen en wie hier in zijn slaapzak ligt en naar het heelal kijkt, denkt dat ook te kunnen. Vallende sterren roepen de wens op, dat aan deze tocht nooit een einde komt.

hebben ze hun taal met de vele karakteristieke klikklanken kunnen bewaren. Ook hun traditionele ronde hutten van hout en stro, de *matjieshuise*, zijn nog af en toe te vinden.

Er leven 185 vogelsoorten in het park, waaronder de zwaluwstaartbijeneter *(swallow-tailed bee-eater)*, de reuzenreiger *(goliath heron)*, de spoorwiekgans *(spurwinged goose)*, de bonte ijsvogel *(pied kingfisher)*, het Namakwazandhoen *(namaqua sandgrouse)*, de Ludwigs trap *(Ludwig's bustard)*, de bergtapuit *(mountain chat)* en aan de Oranjerivier de Afrikaanse zeearend *(fish eagle)*. In de Orange River komen enkele zoetwatervissen voor, waarop u, als u een vergunning hebt gehaald bij het parkkantoor in Sendelingsdrift, mag vissen.

Het relatief droge gebied kan niet veel grotere dieren de levensruimte bieden die ze nodig hebben. Wie goed oplet, heeft echter een goede kans springbokken *(springbok)*, bergzebra's *(Hartmann's mountain zebra)*, klipspringers *(klipspringer)*, reebokantilopen *(grey rhebok)*, steenbokken *(steenbok)* en bavianen *(baboon)* te zien.

De beroemdste vertegenwoordigers van de plantenwereld in Richtersveld zijn de inheemse halfmensen, die ook olifantenslurven *(elephant's trunk)* of in het Afrikaans *noordpool* worden genoemd, omdat hun kroon altijd naar het noorden is gericht. Volgens een plaatselijke legende trokken de voorouders van de Nama zich na een conflict met een sterkere stam terug ten zuiden van de Orange River. Degenen die naar hun land terugverlangden en achterom keken naar de rivier, verstarden met naar het noorden gericht hoofd. De wetenschappelijke verklaring is natuurlijk veel nuchterder: de bladeren groeien alleen in de winter, als het regent, en richten zich dan op de zon. Halfmensen geven de voorkeur aan een rotsige bodem op een op het zuiden en oosten gerichte helling. Deze stamsucculenten worden 2 tot 3 m hoog en staan meestal in kleine groepen bij elkaar. U kunt ze het best

# Namaqualand

fotograferen in het **Halfmens Forest**, dat slechts enkele kilometers ten oosten van Sendelingsdrift ligt.

Twee van de primitieve kampeerterreinen in het park, **De Hoop** en **Richtersberg**, liggen direct aan de Orange River. Hier springt u bijna letterlijk van uw tent de rivier in. Bij een buitentemperatuur die vaak rond de 40 °C schommelt, is dit natuurlijk een regelrecht genot.

## Informatie

**|Ai-|Ais/Richtersveld Transfrontier National Park:** Parkbeheer, tel. 027 831 15 06, kantoortijden in Sendelingsdrift ma.–vr. 8–16 uur. Geen winkels in het park, benzine/diesel en koude dranken zijn te koop bij de kleine buurtwinkel in Sendelingsdrift, die alleen op werkdagen geopend is. Benzine/diesel is er ma.–vr. 7.30–18, za. 8–16, zo. 8.30–13 uur. Het is in ieder geval raadzaam hier uw tank vol te gooien. Zo hoog in het noorden zijn tankstations dun gezaaid. Voordat u het park binnenrijdt, moet u het entreegeld betalen en uw (gereserveerde) camp permit afhalen bij het parkkantoor in Sendelingsdrift. Afzonderlijke auto's moeten zich bij vertrek afmelden, anders wordt naar ze gezocht. Toegang (*conservation fee*) volw. 180 rand, kinderen 90 rand per dag.

**SA National Parks (SANP):** 643 Leyds St., Muckleneuk, Pretoria (Tshwane), tel. 012 426 50 00, reservations@sanparks.org, www.sanparks.org, ma.–vr. 9–16.45 uur.

## Accommodatie

Direct aan de rivier – **Brandkaros Holiday Resort:** 27 km van Alexander Bay, richting Richtersveld National Park, tel. 027 831 18 56. Plezierig adres aan de Orange River, op een citrusplantage, eenvoudige kamers, kamperen mogelijk, zwembad. 2 pk (zelf koken) van af 400 rand, camping 180 rand p.p.

#### … in het nationaal park

Guest Cottages – in het nationaal park zelf is veel accommodatie, maar deze moet u wel vroeg reserveren bij South African National Parks (www.sanparks.org.za): **Ganakouriep**

**Wilderness Camp**, acht canvas hutten, 710–830 rand; **Sendelingsdrift Restcamp**, acht chalets, 715–830 rand; **Tatasberg Wilderness Camp**, acht chalets, 710–830 rand; **Pooitjiespram**, 18 kampeerplaatsen voor elk zes personen, 195–235 rand; **De Hoop**, twaalf kampeerplaatsen voor elk zes personen, 195–235 rand; **Richtersberg**, twaalf kampeerplaatsen voor elk zes personen, 195–235 rand; **Kokerboomkloof**, acht kampeerplaatsen voor elk zes personen, 195–235 rand; **Sendelingsdrift**, 12 kampeerplaatsen voor elk zes personen, 195–235 rand.

Camping – Ook een plaats op een kampeerterrein moet tevoren bij South African National Parks worden besproken. Alleen wie een boekingsbevestiging kan laten zien, wordt in het nationale park toegelaten. Het mooist en gewildst zijn **De Hoop** en **Richtersberg**, beide direct aan de – overigens volstrekt krokodillenvrije – Orange River.

# Van Sendelingsdrift naar Namibië

▶ 1, A 11/12

**Kaart:** blz. 223

*Veerboot: dag. 8–15 uur, afhankelijk van het weer, informatie: tel. 027 831 15 06; 150 rand per auto, retour 250 rand*

Na een rondrit door het Richtersveld Park, die anders dan de route van Springbok via Alexander Bay per terreinauto met fourwheeldrive mogelijk is, neemt u na afwikkeling van de grensformaliteiten in **Sendelingsdrift** 9 de aan twee auto's plaats biedende veerboot die de Orange River, die hier Gariep River heet, oversteekt en zo sinds 2007 Zuid-Afrika met Namibië verbindt. De Namibische grenspost staat een kilometer verderop aan de overkant. Vandaar rijdt u 20 km over een onverharde weg naar Rosh Pinah. Van deze mijnstad leidt een asfaltweg naar Aus en verder door naar Lüderitz (de route wordt beschreven in de *ANWB Wereldreisgids Namibië*).

*Van Sendelingsdrift naar Namibië*

## ZUID-AFRIKA OP VIER WIELEN

Vrijwel alle bezienswaardigheden in Zuid-Afrika zijn met een gewone personenauto te bereiken, maar wie het avontuurlijker wil aanpakken, huurt een terreinauto.

In het hele land zijn terreinautoroutes (4x4-*trails*) te vinden in een grandioze omgeving. De mooiste zijn vrijwel alle routes in het Richtersveld National Park, de twee 4x4-routes door het Karoo National Park (zie blz. 269), de kuststrook tussen Coffee Bay en Hole in the Wall aan de Wild Coast (zie blz. 343), de route naar de Rocktail Bay en Thonga Beach Lodge (zie blz. 427) in Kwazulu/Natal, de voor een deel uiterst inspannende, 55 km lange Hex River Trail, een uur ten noorden van Kaapstad, de zandweg door Baviaanskloof (zie blz. 325), de 57 km lange eenbaansweg naar Die Hel (en terug; zie blz. 276), de 400 km lange Kalahari 4x4 Trail, waarbij u vele malen de duinen doorkruist, de Cederberg 4x4 Route, de Wupperthal 4x4 Route (zie blz. 221), de *trails* in het Kgalagadi Transfrontier Park (zie blz. 243) en de Dunes 4x4 Trail bij Lambert's Bay aan de westkust (zie blz. 218).

Voor meerdaagse natuurtrips kunt u het best een voertuig met daktent *(roof tent)*, koelkast *(freezer)*, gaskookplaat *(gas stove)* en bij zandwegen een bandenspanningsmeter *(tyre pressure gauge)* en een elektrische luchtpomp *(electrical air pump)* nemen. Bovendien moet u bij tochten in afgelegen gebieden op het volgende letten: laat veehekken achter zoals u ze hebt aangetroffen (open of dicht), verlaat de route in geen geval, zorg dat u bosbranden voorkomt, neem voldoende water mee en laat geen afval achter.

# ✻ Kalahari

In het rode woestijngebied van Zuid-Afrika liggen twee fascinerende nationale parken: het Augrabies Falls National Park, waar de Orange River zich via een spectaculaire waterval naar beneden stort, naar de Atlantische Oceaan, en het grensoverschrijdende Kgalagadi Transfrontier Park, een van de grootste aaneengesloten natuurgebieden ter wereld.

## Van Springbok naar Upington

**Kaart:** blz. 238

### Pella ▶ 1, D/E 13

Van Springbok (zie blz. 226) strekt de zwarte, in de zon zinderende asfaltstrook van de N 14 zich schijnbaar eindeloos naar het oosten uit. Het kleine bord dat naar links, naar **Pella** **1**, wijst, zo'n 150 km ten oosten van Springbok en 24 km ten westen van Pofadder, mag u echter niet over het hoofd zien. Pella is een in deze uitgedroogde omgeving volledig onverwachte, perfecte oase, wat vooral toe te schrijven is aan de honderden dadelpalmen, die hier in grote aantallen gedijen naast vijgen- en granaatappelbomen. U waant zich ergens in het noorden in plaats van in het zuiden van Afrika. Pelladadels zijn buitengewoon smakelijk en worden over de hele wereld geëxporteerd.

De volgende verrassing – die u na 12 km over de zandweg bereikt – is de **Pella Mission Church**, die in 1886 door katholieke missionarissen met hulp van de plaatselijke bevolking is gebouwd. De kerk werd een paar jaar geleden officieel tot kathedraal uitgeroepen. Toen ze eraan begonnen, had geen van de betrokkenen ook maar enig idee van architectuur of statica – de kennis daarover haalden de gelovigen uit een encyclopedie! Toch, of misschien wel juist daarom, ontstond

na zeven jaar bouwen een prachtig gebouw met sierlijke zuilen en elegante vensters. In combinatie met de dadelpalmen die het omzomen is het een magisch oord van stilte geworden.

### Augrabies Falls National Park ▶ 2, F 12

Hoogtepunt van het 820 km² grote **Augrabies Falls National Park** **2** is de prachtige Augrabies Falls. Deze waterval is met zijn 56 m niet bijzonder hoog, maar maakt indruk door de enorme watermassa's die zich door een smalle granietkloof persen, waarna ze zich donderend in een poeltje storten dat maar liefst 130 m diep schijnt te zijn. De naam is afkomstig van de Khoi, die de waterval *aukoerebis* noemden, 'plaats van het grote lawaai'. De poel onder aan de waterval zou een vindplaats zijn van diamanten, die al eeuwenlang door de Orange River worden aangevoerd. De niet onaanzienlijke watermassa's hebben tot nog toe echter altijd mensen weerhouden naar deze diamanten te duiken.

Langs de in totaal 18 km lange kloof zijn verschillende goed beveiligde uitzichtpunten aangelegd. In het verleden zijn de glibberige granietrotsen menigmaal overmoedige waaghalzen noodlottig geworden. Niet alleen de waterval zelf is mooi, maar ook het woestijnlandschap rechts en links van de Orange River, waarvan de oevers met een groene strook planten zijn bedekt, is prachtig.

Er komen 47 soorten zoogdieren voor, waaronder de puntlipneushoorn. Ze zijn alleen niet gemakkelijk te vinden. Vroeg in

*De Kalaharileeuw met zijn zwarte manen*

## Kalahari

de ochtend en laat in de middag hebt u de grootste kans een dier te zien. De rotsige vlakten vormen een ideale leefomgeving voor klipspringers en Kaapse klipdassen; bovendien komen hier springbokken en beerbavianen voor. Van de 195 vogelsoorten hebben bezoekers de meeste kans de zwarte arend *(black eagle)*, de koritrap *(kori bustard)*, het Namaquazandhoen *(namaqua sandgrouse)* en de perzikkopdwergpapegaai *(rosyfaced lovebird)* te zien. Dichter bij de Orange River komen de Afrikaanse zeearend *(African fish eagle)* en drie verschillende ijsvogels *(kingfisher)* voor.

Het duurde tot 1966 voor de waterval en omgeving de status van nationaal park hadden bereikt. De nationale elektriciteits- en waterkrachtcentrales wilden de watervallen gebruiken om er energie mee op te wekken. Een van de mooiste landschappen van Zuid-Afrika zou daarmee onherroepelijk verloren zijn gegaan. Vooral het contrast is zo mooi: het overschot aan water in de kloof en een paar kilometer verderop een soort maanlandschap dat tot het droogste van het subcontinent behoort.

Tussen de roestbruine rotsen groeien de soms wel 400 jaar oude kokerbomen of koker-aloë's *(kokerbooms)*. Deze planten bereiken hoogten van 12 m en slaan water op in hun stam. Zo kunnen ze droogten van zelfs enkele jaren overleven. De San gebruikten de bast om er pijlkokers (vandaar de naam kokeraloë) van te maken.

Een rit door dit oerlandschap (bij voorkeur 's middags) mag u niet overslaan, want de waterval vormt maar een klein deel van het park. Een 30 km lang netwerk van onverharde wegen slingert zich door het zuidelijk deel van het park en brengt u bij enkele van de uitzichtpunten. Van de imposante rotsen heeft de bovenste laag zich wegens de temperatuurverschillen tussen dag en nacht als de schil van een ui losgemaakt: de door de zon verhitte steen barst als hij 's nachts afkoelt, waardoor een natuurlijke 'rots-*peeling*' ontstaat. **Moon Rock** is een reusachtige rots in de vorm van een koepel. Deze roze gneiskoepels zijn kenmerkend voor dit gebied. Op de uitzichtpunten **Ararat** en **Oranjekom** hebt u een prachtig overzicht van de 240 m dieper gelegen canyon. Wie bij de **Echo Corner** roept, hoort na vier seconden hoe zijn stem door de rotswanden wordt weerkaatst.

De ondergaande zon hult de rotsen in een warm, oranjekleurig licht. Als de maan en enkele sterren al aan de steeds donker wordende hemel verschijnen, wordt een smalle strook aan de horizon nog altijd door de zon beschenen.

Behalve het tsjirpen van de sprinkhanen is er geen geluid te horen. Soms staat een elegante klipspringer op een uitstekende rots en geniet van de zonsondergang.

Van Springbok naar Upington

*'Plaats van het grote lawaai': de Augrabies Falls*

## Informatie

In het **Augrabies Falls National Park** is een winkel aanwezig, een tamelijk goed restaurant en een bar, verder ook zwembaden, een benzinestation en picknickplaatsen met barbecues. Reservering van de accommodatie en van de Klipspringer Hiking Trail via:

**SA National Parks** (SANP): 643 Leyds St., Muckleneuk, Pretoria (Tshwane), tel. 012 426 50 00 of online: reservations@sanparks.org, www.sanparks. org, ma.–vr. 9–16.45 uur.

**Cape Town Tourism** (zie Kaapstad blz. 134): In de filialen aan het Waterfront en in de City van Kaapstad zijn ook balies van het beheer nationale parken te vinden en zijn inlichtingen te krijgen.

**Kantoor in het park:** tel. 054 452 92 00, dag. 7.30–19 uur.

**Openingstijden van de parkpoorten:** apr.–sept. 6.30–22, okt.–mrt. 6–22 uur. toegang volw. 152 rand, kinderen 76 rand.

## Accommodatie

Chalets en cottages – overnachten kunt u in: **9 gezinsottages** met elk twee kamers en vier bedden vanaf 1585 rand; **14 chalets** met uitzicht (met elk twee eenpersoons- en een tweepersoonsbed) voor 1000 rand; **24 chalets** voor twee personen zonder uitzicht

# Kalahari

voor 795 rand en **10 chalets met drie bedden** voor 1100 rand; allemaal met airconditioning en volledig ingerichte keuken voor wie zelf wil koken, barbecueplaats voor het huisje.
Camping – er zijn 40 mooie, schaduwrijke **tent- en caravanplaatsen** beschikbaar, 195–215 rand voor maximaal zes personen; er is warm water.

## Actief

Wandelen – een wandeling over de 39,5 km lange **Klipspringer Hiking Trail**, die zich door het droge deel van het park slingert, duur drie dagen, twee overnachtingen in zeer eenvoudige hutten met stapelbedden, aanmelding bij SA National Parks vereist. Vanwege de grote hitte is de trail van

# Upington

die overal in de wereld onder deze naam worden verhandeld. In de omgeving van deze plaatsen liggen interessante bewateringskanalen die tussen 1898 en 1901 met de hand zijn gegraven. Twee tunnels, van 97 m en 172 m lang, voeren het rivierwater naar de verderop gelegen velden. Deze worden vandaag de dag nog altijd gebruikt. Van de grote waterwielen uit de 19e eeuw, die het kostbare vocht in emmers uit de kanalen schepten, zijn er nu nog steeds negen in bedrijf.

## Upington ▶ 2, H 12

**Kaart:** links

**Upington** 5 ligt aan de oever van de Orange River en is het agrarische centrum van de regio. Al in de 19e eeuw ontstonden hier de eerste bewateringssystemen. De missionaris Christian Schröder liet ze in 1883 aanleggen. Tegenwoordig groeien hier behalve dadelpalmen en allerlei vruchten vooral katoen, granen, luzerne en druiven, waarvan de beste rozijnen van Zuid-Afrika worden gedroogd. De 2340 km lange Orange River ontspringt op de Mount-aux-Sources in de Drakensberge en mondt uit in de Atlantische Oceaan bij Alexander Bay aan de Westkust. Op de plaats waar hij ontspringt, valt 2000 mm en waar hij uitmondt jaarlijks 55 mm neerslag.

In Upington is het **Kalahari Oranje Museum** (Schröder St., ma.-vr. 8–13.30, 16–17 uur, toegang gratis) heel interessant. Het is ondergebracht in de in 1875 gebouwde kerk, toont voorwerpen van Voortrekkers en San en licht de geschiedenis van de benedenloop van de Orange River toe. Het levensgrote ezelmonument in de tuin herinnert aan de bijdrage die deze dieren leverden aan de ontsluiting van deze streek.

De **Date Palm Avenue** is de toegangsweg tot het Eiland Holiday Resort en wordt omzoomd door meer dan 200 reusachtige, in 1935 geplante dadelpalmen. De meer dan 1 km lange laan is de langste op het zuidelijk halfrond en wordt sinds 1982 beschermd.

half oktober tot eind maart gesloten (250 rand p.p.).

## Kakamas en Keimoes ▶ 2, G 12

In het vruchtbare dal aan de zuidoever van de Orange River liggen de plaatsen **Kakamas** 3 en **Keimoes** 4. Ze zijn beroemd om de heerlijke perziken die er groeien en

# Kalahari

*Twee met pijl en boog jagende Bosjesmannen in de rode Kalahariwoestijn*

## Informatie

**Upington Tourism Bureau:** Library Building, Mutual St., tel. 054 332 11 96, www.upington.co.za, www.northerncape.org.za of www.greenkalahari.co.za. Informatie over de streek – van Upington via Augrabies Falls National Park tot het Kgalagadi Transfrontier Park; aardig en deskundig personeel.

## Accommodatie

Tikje oubollige B&B – **Belurana Guest House:** 25 Coetzee St., hoek Bult St., tel. 054 332 43 23, www.beluranaupington.com. Wat raar verbouwde B&B, vriendelijk personeel, zwembad, driegangendiner op verzoek. 2 pk met ontbijt vanaf 1800 rand.

Elegant – **Le Must River Residence:** 14 Budler St., tel. 054 332 39 71, www.lemustupington.com. Exclusieve vijfsterrenaccommodatie met op twee verdiepingen tien mooi ingerichte kamers. Dineren is mogelijk in het bekroonde restaurant Le Must. 2 pk met ontbijt vanaf 1500 rand.

Comfortabel – **Le Must River Manor:** 12 Murray Ave., tel. 054 332 39 71, www.lemustupington.com. Elegant georgiaans herenhuis (vier sterren) met vijf kamers en één gezinssuite met twee kamers, ingericht met antiek en schilderijen van Zuid-Afrikaanse kunstenaars, bij het centrum gelegen aan de oever van de Orange River; 2 pk met ontbijt vanaf 1500 rand.

dag. 18–22 uur, www.lemustupington.com. Veelvuldig bekroond, geldt als het beste restaurant in de gastronomisch onderbedeelde Northern Cape Province, regionale Kalaharikeuken met Europese inslag, die al werd gewaardeerd door gasten als Nelson Mandela, Thabo Mbeki en andere prominenten. Hoofdgerecht 75 rand.

## Van Upington naar het noorden ▶ 2, H 12 – F/G 8

**Kaart:** blz. 238

Vanuit Upington rijdt u over de R 360 naar het noorden en dan steeds rechtdoor, om precies te zijn 186 km ver, tot de volgende grotere plaats bereikt is. Het plaatsje **Askham** 6 is het laatste voor het Kgalagadi Transfrontier Park, waarvan het toegangs-*camp* **Twee Rivieren** 7 nog eens 75 km verder naar het noorden ligt. U kunt in Askham benzine/diesel en levensmiddelen inslaan en overnachten in pensions in en bij de stad.

Op slechts enkele kilometers van Askham staat het politiebureau van **Witdraai**. Het is in 1931 gebouwd. Er werden ook kamelen gefokt die bij politiepatrouilles in de Kalahari werden gebruikt. Er leefden maximaal 400 kamelen in Witdraai, dat ook de politiebureaus van Rietfontein, Obobogorag, Kuruman, Van Zylsrus, Deben en Olifantshoek bevoorraadde met deze met weinig tevreden 'schepen van de woestijn'. De oorspronkelijke fokdieren kwamen uit Soedan. Een monument voor het politiebureau in Upington herinnert aan de rol die de kamelen tot 1950, toen ze door terreinauto's werden vervangen, in de Kalahari hebben gespeeld.

Vlak na Askham buigt de inmiddels volledig geasfalteerde weg naar het noorden. De eerste rode Kalaharizandduinen duiken links en rechts op. Hier bedrijven kleurlingen veeteelt. In de jaren zestig verkocht de apartheidstaat hen het land spotgoedkoop, om de vrij rondtrekkende San hun bestaansgrond te ontnemen. Plotseling was het voor de San illegaal om zich in het vanouds door hen be-

## Eten en drinken

Beste optie in de regio – **Le Must Restaurant:** 11 A Schröder St., tel. 054 332 67 00,

My home is my castle – **Château Guest House:** 9 Coetzee St., tel. 054 332 65 04. Comfortabele B&B met zes kamers, zwembad, in de stijl van een kasteel gebouwd. 2 pk met ontbijt vanaf 750 rand.

Direct aan de Orange River – **Die Eiland Holiday Resort:** tel. 054 334 02 86. Door de staat geëxploiteerd caravan- en campingresort met 82 staanplaatsen en enkele huisjes voor mensen die zelf koken; tip: boek een nieuw gebouwd chalet, zeer kindvriendelijk en mooie ligging aan de Orange River. 2 pk vanaf 550 rand.

Kalahari

# MET DE TERREINWAGEN OVER DE NOSSOB 4X4 ECO TRAIL

## Informatie
**Begin:** Twee Rivieren of Nossob
**Lengte:** 214 km (dag. 50–65 km);
**Duur:** 4 dagen
**Kosten:** per terreinauto betaalt u 2950 rand, plus de toegang tot het Kgalagadi Transfrontier Park.
**Reserveren:** Kgalagadi Transfrontier Park, tel. 054 561 20 00 of 012 428 91 11, www.sanparks.org (indien mogelijk acht maanden van tevoren reserveren, de *trail* is erg populair). Voor het stuk in Botswana: Botswana Parks and Reserve Reservations, Gaborone, Botswana, tel. 002 67 318 07 74.
**Belangrijk:** het begin van de *trail* wisselt om de maand, in de even maanden bij Twee Rivieren, in de oneven maanden bij Nossob. De tocht begint altijd op ma. en eindigt op do., met minimaal 2, maximaal 5 terreinwagens (kruipversnelling of reductiebak vereist), aanhangwagens niet toegestaan. Eten, water, brandhout en tenten dient u zelf mee te nemen. De **campings** hebben tonnetjesplees, warme douches en barbecues (zonder rooster). Wat in de auto mee zou moeten: spades, luchtdrukmeter, zaklantaarn en radiatorbescherming tegen graszaden na een goed regenseizoen. **Alleen rijdende terreinwagenrijders** kunnen door het parkbeheer tot een groep worden samengevoegd, **rangers** begeleiden groepen in hun eigen auto.
**Kaart:** blz. 238

De **Nossob 4 x 4 Eco Trail** voert vier dagen en drie nachten over afgelegen stukken door de rode Kalahariwoestijn (waarvan 300 km zonder een mogelijkheid om ergens te tanken). Hij doorkruist de duinen tussen **Twee Rivieren** 7 en **Nossob** 8 en verbindt diverse kleipannen, slingert door ongerepte gebieden, hoog gras en indrukwekkende landschappen, waarbij hij meestal door het rivierbed van de Nossob meandert. Het is mogelijk om van deze *trail* te wisselen naar de 155 km lange **Mabuasehube Wilderness 4 x 4 Trail** in Botswana, die in **Polentswa** aan de Botswaanse kant begint.

Om de gereserveerde en al betaalde Nossob 4x4 Eco Trail te rijden, moet u allereerst een verklaring van uitgesloten aansprakelijkheid ondertekenen. De gids met eigen terreinwagen zamelt deze dan in en overhandigt een mobilofoon per voertuig. Na een korte briefing gaat u dan op weg. Op de Twee Rivieren/Nossobweg rijdt u eerst tot de afslag van de *trail* (38 km van Twee Rivieren). Steeds weer zijn links en rechts van de weg oryxantilopen en Kaapse hartebeesten, gnoes en springbokken te zien. In de bomen hangen de gigantische nesten van de wevervogels.

Vanaf het kruispunt slingert zich een rijspoor de duinen in. Hier begint de rit over het zand. Flink gas geven en met een vaartje over de top, zegt de gids. Het eerste kampeerterrein (**Witgat**) ligt op een lichte verhoging en biedt uitzicht op een kunstmatig aangelegde waterplaats. Er wordt een vuur gestookt en samen met de gids gebarbecued, gegeten, gedronken en gepraat – tot diep in de nacht.

# Kgalagadi Transfrontier Park

> En die is kort. Tegen 5 uur in de morgen brullen twee leeuwen in de nabijheid. De diepe klank laat de grond vibreren. Kalaharileeuwen zijn de grootste van Afrika en onderscheiden zich van andere leeuwen door hun zwarte manen. Na het ontbijt wordt de tocht voortgezet. De tweede dagetappe voert 63 km naar **Rosyntjiebos** – wat een hele dag 'werk' aan het stuur vergt. Het rijden door de duinen wordt hierna steeds meer een uitdaging, de ene duintop volgt na de andere. Telkens weer blijft een van de voertuigen steken en moet worden losgetrokken. Op zulke momenten geeft de gids interessante uitleg over de planten en de fauna. De hitte neemt toe – rond de 40 graden is hier meer regel dan uitzondering. Maar dat hoort erbij, bij het avontuur van de Kalahari. Bij het vuur 's avonds in het niet omheinde camp vertelt de gids over zijn belevenissen in de wildernis – geen pretje voor mensen met zwakke zenuwen!
>
> Het derde camp is **Swartbas**. 's Middags wordt gestopt bij een grote zoutpan, waar zich meestal kuddes oryxantilopen ophouden. Swartbas wordt omgeven door weelderige, schaduwgevende bomen, een weldaad bij deze hitte. Op de laatste dag is het dan nog 52 km tot de hoofdroute door het park, en vandaar nog eens 58 km tot het Nossob Camp, waar u ontvangen wordt met koud bier en een verkwikkende douche.

woonde gebied op te houden. Velen zijn aan de drank geraakt, anderen vonden als slechtst betaalde krachten werk op de farms van de kleurlingen. In maart 1999 kregen de San voor het eerst land terug in zuidelijk Afrika. Hiermee vonden ze ook hun zelfrespect terug en misschien de mogelijkheid hun unieke cultuur en taal te behouden. Naast enkele farms in het Kgalagadi Transfrontier Park, met een oppervlak van in totaal 400 km², kwamen er 275 km² in het park zelf bij, waar de San nu actief zijn op het gebied van ecotoerisme.

## Accommodatie

Op de boerderij – **Loch Broom Guest House:** 36 km vanuit Askham over de zandweg naar Van Zylsrus, tel. 084 4 91 93 54, www.lochbroom.co.za. Diner op verzoek (zeer aan te bevelen vanwege de Zuid-Afrikaanse keuken), wildobservatietochten op het niet omheinde terrein bij de boerderij met de mogelijkheid om gnoes en oryxantilopen (gemsbokken) vrij te zien rondlopen. Rietgedekte hutten 990 rand voor twee personen met ontbijt, luxe tenten voor twee personen 700 rand.

Bushgevoel – **Molopo Kalahari Lodge:** niet ver van de ingang van het nationaal park, tel. 054 5 11 00 08, www.molopo.co.za. De sfeer van deze pub met enorme toog doet denken aan de Australische Outback: goed eten, overnachten in rietgedekte *rondavels* (ronde hutten) en huisjes. 2 pk met ontbijt vanaf 700 rand.

In the middle of nowhere – **Rooipan Guest House:** tussen Upington en het Kgalagadi Transfrontier Park, ten westen van de R 360, tel. 082 4 15 15 79. Boederij in the middle of nowhere, verbazend mooi ingerichte kamers, tearoom. 2 pk vanaf 500 rand.

Vlak bij de grens – **Koppieskraal Farm Holidays:** 45 km van Rietfontein, de grenspost met Namibië, tel. 082 336 91 10. Deze authentieke Kalaharifarm is pas na een indrukwekkende rit over de 100 km² grote Koppies kraalzoutpan te bereiken; kameelritten op afspraak. 2 pk 500–900 rand.

## Kgalagadi Transfrontier Park ▶ 2, F/G 8

**Kaart:** blz. 238

Het **Kgalagadi Transfrontier Park** 10 ligt in de noordelijkste punt van Zuid-Afrika, ingeklemd tussen Namibië in het westen en Botswana in het oosten. Het is onderdeel van een van de grootste natuurreservaten van Afrika. Ook voor gewone personenauto's begaanbare wegen doorkruisen het park van waterplaats tot waterplaats en leiden naar de

# Kalahari

twee omheinde *camps* **Nossob** 8 en **Mata Mata** 9, waar een toeristengrensovergang naar Namibië is, die de doorreis naar het buurland of naar Botswana aanmerkelijk korter maakt.

De Zuid-Afrikaanse uitreisformaliteiten worden in het hoofdkamp Twee Rivieren afgehandeld. Wie gebruik wil maken van de **grensovergang Mata Mata** (geopend dag. 8–16.30 uur, informatie: 054 5 61 20 00), moet tenminste twee nachten in het park hebben doorgebracht. De bedoeling daarvan is om commercieel grensverkeer onmogelijk te maken.

**Twee Rivieren** (zie blz. 241) is de toegangspoort naar het Kgalagadi Transfrontier Park en tevens het comfortabele hoofdkamp. Behalve deze drie traditionele *camps* zijn er nog drie andere, zogenoemde *wilderness camps*– **Bitterpan, Grootkolk** en **Kalahari Tented Camp** – die door het ontbreken van hekken een nauw contact met de natuur garanderen.

Het noordelijkste park van Zuid-Afrika heette vroeger Kalahari Gemsbok National Park. Het is genoemd naar de gemsbok of oryx. Het park is in 1931 opgericht om de daar levende dieren tegen stropers te beschermen. In 1938 kwam er een aangrenzend, 40 km lang gebied aan de Nossob River in Botswana bij. Beide gebieden samen vormen een van de grootste nationale parken in zuidelijk Afrika. Zandduinen strekken zich als de golven van een droge oceaan uit naar de horizon. Lang geleden noemden de hier levende mensen het land *Kgalagadi*, Plaats zonder Water. Het land is halfwoestijn. Lange perioden van droogte worden afgewisseld door vaak zondvloedachtige regenval.

De beide rivieren die het park doorsnijden, de Nossob en de Auob, voeren slechts zelden water. Daarom hebben de parkautoriteiten windmolens geplaatst die het kostbare vocht uit de grond omhoog halen. Bij deze kunstmatige waterplaatsen is de kans aanzienlijk om het wild uit het park te zien – vooral als u er in de late namiddag of de vroege ochtend bent.

De zwart-bruin-witte oryxantilopen met hun vaak meer dan een meter lange hoorns komen het vaakst tevoorschijn. Ze bereiken een gewicht van circa 240 kg. Hun vermogen vocht op te slaan – ze zweten niet – maakt dat ze in de woestijn kunnen overleven. Een andere regelmatige gast bij de waterplaatsen is de roodbruine springbok. Als zijn voedsel 10% water bevat, kan hij zelfs zonder andere bronnen van vocht leven.

De zwaarste Afrikaanse antilope is de eland-antilope *(eland)*. Volgroeide stieren kunnen een gewicht bereiken van wel 700 kg – en zijn imposant om te zien. Het majestueuze dier inspireerde de San al duizenden

# Kgalagadi Transfrontier Park

*Wrattenzwijnen in het Kgalagadi Transfrontier Park*

jaren geleden tot hun kunstzinnige rotsschilderingen. Ondanks hun gewicht kunnen elandantilopen met gemak een sprong van 2 m hoog maken. Wanneer ze over de vlakten galopperen, springen de antilopen vaak over elkaar heen. De onooglijkste dieren van de halfwoestijn zijn de blauwe gnoe en de witstaartgnoe *(blue* respectievelijk *black wildebeest)*. Ze trekken in enorme kudden door het park.

Er werden tot nu toe bijna 300 vogelsoorten in het park geteld, waarvan er echter slechts 80 permanent in het gebied leven. Twee derde van alle roofvogels in zuidelijk Afrika heeft hier zijn territorium. Het park is een van de beste plaatsen om het roodkop-smelleken *(rednecked falcon)* en in de zomer de acrobatische goochelaar of bateleur *(bateleur eagle)* te bewonderen. De karakteristieke kameeldoornbomen, een acaciasoort, bieden vooral vogels beschutting en leefruimte. Wevervogels bouwen hier hun enorme, uitstekend geïsoleerde nesten, die ze jaar na jaar verder uitbouwen. Honderden vogelpaartjes leven in een dergelijk nestencomplex. Soms zijn de bomen niet meer in staat het reusachtige gewicht te dragen en vallen ze gewoon om.

U hebt iets meer geluk nodig om roofdieren te zien, zoals de beroemde Kalaharileeu-

# Land voor de San

**Kort nadat het verdrag over de teruggave van land was ondertekend, gingen de hemelsluizen open en begon het te regenen. Het was een teken: de San hadden de vorige dag hun regendans opgevoerd.**

Na een juridisch gehakketak dat vijf jaar in beslag nam was het op zondag 21 maart 1999, de Dag van de Mensenrechten (Human Rights Day), eindelijk zover: de in de Kalahari in ellendige kampen weggestopte San, die in de maatschappij helemaal op de onderste sport van de ladder stonden, kregen het land toegewezen dat hen sinds de kolonisatie was afgenomen. En met hun land kregen ze hun trots terug en misschien zelfs de kans hun unieke cultuur en taal te redden. Naast enkele farms in het zuiden van het Kgalagadi Transfrontier Park, die in totaal een oppervlakte van 400 km² beslaan, kwam er nog 275 km² in het park zelf bij, waar de San zich zouden moeten gaan bezighouden met ecotoerisme.

'Wij hebben land, water en waarheid nodig,' zei een oude Sanvrouw, een van de vijftien leden van de !Khomanistam die nog de oude taal beheersen. Het was de eerste teruggave van land in heel zuidelijk Afrika. Tot die datum was de Sanmaatschappij als 'dood' aangemerkt – er werd gewoon van uitgegaan dat hun culturele identiteit in de gemeenschap van de *coloureds* en Nama's was opgegaan.

Om de landteruggave te vieren kwamen San uit de gehele Northern Cape naar Askham, in het zuiden van het Kgalagadi Transfrontier Park. De toenmalige president Thabo Mbeki besloot zijn toespraak tot de 500 aanwezige San met de woorden: 'Niet langer uitgestotenen, niet langer dienaars, niet langer slaven, niet langer onteigend, maar Zuid-Afrikaanse burgers en landeigenaren.' 'We komen weer terug,' zei een spreker van de San, 'we hadden zoveel grond onder de voeten verloren, we waren bijna onze taal kwijtgeraakt. Nu vinden we steeds meer mensen die onze taal spreken en we zullen een leraar krijgen die deze aan onze kinderen leert.

Er waren 300 volwassen San bij de zaak rond de landteruggave betrokken. Advocaat Roger Chennels verleende ze juridische bijstand. Samen met hun kinderen bestaat de !Khomani-Sangemeenschap nu uit rond de 700 leden.

Het Department of Land Affairs merkte het teruggegeven gebied aan als compensatie voor land dat de San tussen 1937 en 1973 waren kwijtgeraakt: het huidige Kgalagadi Transfrontier Park, dat in 1931 was opgericht. Zij waren daaruit verdreven en als *coloureds* geclassificeerd.

In het gebied buiten het park zal een cultureel centrum worden opgericht, wild worden gefokt, zullen huizen worden gebouwd en zal landbouw voor eigen behoeften worden bedreven. Binnen het park blijft het land beschermd gebied dat door de San, de gekleurde Miergemeenschap en de SA National Parks gezamenlijk wordt beheerd.

De taal van de !Khomani werd in 1975 als uitgestorven aangemerkt. Taalkundige Nigel Crawhall, die in 1997 de eerste San ontdekte die de !Khomanitaal nog beheerste, 'ontdekte' tot het moment van de teruggave van het land nog veertien anderen. Een van hen is 'Oupa' Andries Olwyn: 'Mijn vader sprak de taal, daarom ken ik hem. Ik spreek mijn taal vaak. Maar mijn kinderen hebben hem nooit geleerd, omdat ze met Afrikaans zijn opgegroeid. Dat is dus hun enige

*De San leven aan de rand van de Kalahari*

taal. Zij zijn inmiddels volwassen en ik hoop maar dat hun kinderen de oude taal wel weer op school zullen leren.'

!Khomani is meer dan een taal, het is een cultuur en een identiteit. Een treurig aspect van de teruggave van het land is dat Regopstaan Kruiper, de oude patriarch van de San, dit niet meer heeft mogen meemaken. De 96-jarige, die in het tegenwoordige Kgalagadi Transfrontier Park ter wereld was gekomen, stierf in 1997 in een piepkleine golfplaten hut aan de rand van het park. Regopstaan, de vader van Dawid Kruiper, die nu leider is van de !Khomani, werd //Am// Op ('!' en '/' geven de klikklanken van de taal weer) genoemd, wat 'overlevende' betekent. Zijn vader en zijn moeder, die net zwanger van hem was, ontsnapten aan een Duits 'jachtcommando' dat in 1899 in het huidige Namibië een bloedbad onder de San aanrichtte.

Regopstaan leefde in zijn jonge jaren nog net als zijn voorouders duizenden jaren geleden hadden gedaan. In zijn jeugd zag hij de eerste blanke mensen. Hij heeft weliswaar zijn droom daar te sterven waar hij geboren was niet kunnen verwezenlijken, maar de droom om zijn mensen weer met hun land te verenigen, is uiteindelijk toch uitgekomen.

De cultuur van de San bestaat vandaag de dag enkel nog bij de gratie van het toerisme. Er zijn modeldorpen gebouwd en veel lodges in de Kalahari hebben San in dienst als ranger. Ze nemen bezoekers mee de natuur in en geven zeer levendig uitleg bij wat er te zien is. Ze dragen daarbij hun traditionele kleding en laten zien hoe je jaagt met pijl en boog, hoe je met twee stokjes een vuur kunt maken en hoe je in de woestijn water kunt vinden.

# Kalahari

wen met hun zwarte manen, jachtluipaarden, luipaarden, gevlekte en bruine hyena's. Leeuwen en luipaarden jagen 's nachts, maar in het late namiddaglicht gaan ze meestal al op zoek naar een prooi. In het gevolg van jachtluipaarden, die overdag jagen om een doorgaans fataal aflopende confrontatie met een leeuw of een luipaard te vermijden, bevinden zich altijd wel enkele gestreepte en zadeljakhalzen, die hopen dat er iets van de mogelijke buit voor hen overblijft en zich daarom in de buurt ophouden.

## Informatie

**SA National Parks (SANP):** 643 Leyds St., Muckleneuk, Pretoria (Tshwane), tel. 012 426 50 00, webportaal: www.sanparks.org, ma.–vr. 9–16.45 uur.
**Kantoor in het park:** tel. 054 561 20 00, dag. 7.30 uur tot zonsondergang.
**Openingstijden van de parkpoorten:** dag. jan.–febr. 6–19.30, mrt. 6.30–19, apr. 7–18.30, mei 7–18, juni/juli 7.30–18, aug. 7–18.30, sept. 6.30–18.30, okt. 6–19, nov./dec. 5.30–19.30 uur. Toegang volw. 264 rand, kinderen 132 rand.

## Accommodatie

In het nationaal park, 260 km ten noorden van Upington, vindt u eenvoudige *wilderness camps* en traditionele *restcamps*:
Wilderness camps – **Kalahari Tented Camp:** tent voor 2 pers. 1355–1730 rand; **Grootkolk:** 4 woestijnhutten, elk 1350–1510 rand; **Kieliekrankie:** 4 duinhutten, elk 1350–1510 rand; **Urikaruus:** 4 rivierhutten, elk 1350–1510 rand; **Gharagab:** alleen per terreinwagen bereikbaar, 4 houten huisjes, elk 1210–1385 rand; **Bitterpan:** alleen per terreinwagen bereikbaar, 4 rieten hutten, elk 1210–1385 rand.
Traditionele restcamps – **Twee Rivieren:** huisje 910–1495 rand, camping 205–285 rand; **Nossob:** huisje 815–1815 rand, camping 240–285 rand; **Mata Mata:** huisje 775–2425 rand, camping 240–285 rand.

## Eten, winkelen

Grootste camp in het park – **Twee Rivieren** beschikt over een restaurant, een souvenirwinkel, een zwembad en een landingsterrein voor kleine vliegtuigen. De andere *camps* zijn veel primitiever ingericht.

# Tswalu Private Desert Reserve ▶ 2, J 9

**Kaart:** blz. 238
De stoffige R 31 loopt vanaf Askham door uitgestrekte landerijen naar het oosten. Na zo'n 144 km bereikt u de piepkleine negorij **Van Zylsrus** [11]. Het is nu niet ver meer naar een van de mooiste *lodges* van het land, die midden in het grootste particuliere wilderniskamp van Zuid-Afrika ligt: **Tswalu Private Desert Reserve** [12]. Op deze plek heeft de in 1998 overleden Engelse multimiljonair Stephen Boler zijn jeugddroom verwezenlijkt om een stukje van Afrika te bezitten. Eerst kocht hij een 80 km$^2$ groot jachtterrein en de omgeving beviel hem zo goed dat hij door een heuse koopgekte werd overvallen. Hij kocht vrijwel alle eromheen gelegen boerderijen, soms voor tweemaal de marktwaarde.

Uiteindelijk kon hij bijna 1000 km$^2$ Kalahari zijn eigendom noemen. Binnen drie jaar realiseerde hij een 'nieuw begin', ofwel *tswalu* in de plaatselijke Tswanataal. Hij investeerde 54 miljoen rand en veranderde overbeweid boerenland in het grootste en een van de exclusiefste particuliere wildreservaten in zuidelijk Afrika. Bijna spoorloos verwijderd werden 26 boerderijen inclusief hun fundamenten, 38 betonnen dammen en 800 km afrastering. Wild werd geïntroduceerd om de ongeveer 2000 al op het land aanwezige antilopen aan te vullen. Meer dan 5000 dieren konden succesvol worden 'ingeburgerd' en doen het uitstekend. Er zijn inmiddels steppe- en bergzebra's, wrattenzwijnen, giraffen, witstaartgnoes en blauwe gnoes, hartenbeesten, gemsbokken, roan- of paardantilopen, sabelantilopen, bles-, water- en springbokken, duikers, steenbokken, impala's, koedoes en nyala's te zien.

Heel bijzonder was de introductie van 38 ziektevrije Kaapse buffels die uit een dierentuin in het voormalige Joegoslavië aan Namibië waren verkocht, waar Boler ze meteen 'incasseerde'. Het opvallendste verhuizingsproject was de invoering van acht woestijnpuntlipneushoorns uit Namibië. Deze hebben inmiddels verschillende jongen gekregen, de eerste in zuidelijk Afrika die niet in een nationaal park werden geboren. Tegenwoordig leven 20 van deze uiterst zeldzame dieren op het terrein van Tswalu. Uit het Hluhluwe-Umfolozi Park in KwaZulu-Natal (zie blz. 428) kwamen zeven breedlipneushoorns en tegenwoordig leven 19 volwassen dieren en één jong in Tswalu. Eveneens uit Namibië stamt een kleine kudde van de zeer zeldzame woestijnolifant. Sinds 1999 behoort Tswalu aan de beroemde Zuid-Afrikaanse familie Oppenheimer, die Bolers ideeën over natuurbescherming consequent voortzet.

## Accommodatie

Decadente luxe in de jungle – **Tswalu Lodge:** tel. 053 781 92 34, www.tswalu.com. Luxueuze, exclusieve (en een van de duurste) lodge in het grootste particuliere wildreservaat van Zuid-Afrika, met tien ruime, rietgedekte, natuurstenen huisjes in de hoofdlodge Motse (Tswana voor 'dorp'), schitterende kamers en badkamers in chique, Afrikaanse stijl, zeer goed eten, *wild tours* met ervaren parkwachters. Hoogtepunten: puntlipneushoorns en jachtluipaarden. Voordeel: het gebied is malariavrij, nadeel: de accommodatie is ongelofelijk duur. U kunt ook het complete, afgelegen lodgecamp Tarkuni boeken, mét eigen kok en ranger; daar kunnen acht tot twaalf volwassenen/kinderen overnachten. 2 pk met volpension en twee *wild tours* 26.000 rand, de Tarkunilodge kost voor maximaal tien volwassenen 103.500 rand.

# Kuruman ▶ 2, L 10

**Kaart:** blz. 238
Via **Hotazel**(ofwel hot as hell, 105 km van Van Zylsrus over de R 31) is het nog 61 km naar **Kuruman** 13 , dat vooral beroemd is om zijn gigantische zoetwaterbron Die Oog. Er spuit 20–30 miljoen liter per dag uit de grootste natuurlijke bron van het zuidelijk halfrond, waardoor Kuruman 'de oase van de Kalahari' is (Eye of Kuruman, tel. 053 7 12 10 95). Zelfs als overal rond Kuruman een enorme droogte heerst, komt er nog 10 miljoen liter per dag uit de bodem omhoog. Grote wilgen en schitterende lelies groeien rondom de vijver; brasems, karpers en barbelen zwemmen in het water – in de warmte en droogte een onverwacht gezicht.

Op de plaats waar u Kuruman binnenrijdt, staat de **Moffat's Mission** (Thompson Ave., tel. 053 7 12 13 52, ma.–za. 8–17 , zo. 15–17 uur) heeft de Schotse missionaris Robert Moffat hier gewerkt. In de in 1838 opgerichte, fraaie kerk met strooien dak worden nog altijd diensten gehouden. Hij was de eerste die de Bijbel in een Afrikaanse taal – het *Setswana* – vertaalde. De beroemde ontdekkingsreiziger David Livingstone, eveneens Schots missionaris van oorsprong, werd verliefd op Mary, een van Moffats dochters, en verloofde zich met haar onder een amandelboom in de tuin, die nu nog te bezichtigen is. In 1845 trouwden ze in de kerk van Kuruman.

Bij liefhebbers van adrenalinesporten geldt Kuruman als het mekka van het paragliden. De R 31 leidt na deze plaats haast ongemerkt van de Kalahari naar de Karoo.

## Informatie

**Kuruman Information Office:** Main St., tel. 053 712 10 95, www.visitkuruman.co.za. Informatie over activiteiten in en rond Kuruman.

## Accommodatie

Aan de rivieroever – **Red Sands Country Lodge:** 15 km buiten Kuruman aan de R 27 richting Olifantshoek, tel. 053 712 00 33, www.redsands.co.za. Eenvoudige lodge met chalets, ook voor wie zelf kookt, en een caravanpark; kamperen ook mogelijk, zwembad, particuliere dierentuin. 2 pk met ontbijt vanaf 990 rand.
Eenvoudig – **Riverfield Guest House:** 12 Seodin Rd., Kuruman, tel. 053 712 00 03. Eenvoudige particuliere accommodatie met douche, telefoon, televisie en zwembad, diner op verzoek. 2 pk met ontbijt vanaf 760 rand.

# Kimberley

▶ 2, N 12

**Kimberley was en is de diamanthoofdstad van Zuid-Afrika. Hier ligt het grootste door mensen uitgegraven gat ter wereld, The Big Hole genaamd. Officieel werd de mijn in 1914 gesloten, maar ook vandaag nog graven rond Kimberley hier en daar particuliere diggers ijverig naar 'the girl's best friend'.**

**Plattegrond:** blz. 252

## The Big Hole
*Tel. 053 839 46 00, www.thebighole.co.za, ma.–vr. 8–17 uur, toegang volw. 90 rand, kinderen 50 rand*

In Kimberley, Zuid-Afrika's stad van de diamanten, werd de eerste steen in 1866 door een spelend kind aan de oever van de Orange River gevonden. Als een lopend vuurtje ging de ontdekking de wereld rond en er stroomden gelukzoekers naar de nog uit een tentenkamp bestaande stad die destijds New Rush werd genoemd. Tegenwoordig brengt de enige tram van Zuid-Afrika bezoekers naar het beroemde **The Big Hole** 1, het grootste door mensen gegraven gat van de wereld (www.thebighole.co.za). Voordat meer dan 30.000 gelukzoekers begonnen te graven, verhief zich hier een heuvel, de Colesberg Koppie. Toen deze helemaal was afgegraven, groeven de diamantzoekers gewoon verder. Tussen 1871 en 1892 haalden ze 22,5 miljoen ton aarde omhoog. Het lawaai van hun pikhouwelen, hamers en later hun machines was kilometers ver weg te horen.

Toen ze een diepte van 400 m hadden bereikt, gaven de individuele *diggers* het op. En toen het ordeloze graafwerk ten einde kwam, streden nog twee man om het bezit van de graafrechten: de domineeszoon Cecil Rhodes en de variété-artiest Barney Barnato. Rhodes kocht Barnato uiteindelijk af voor 5 miljoen Engelse ponden – een uitstekende deal, zoals later zou blijken.

In dezelfde periode werden er ook rijke diamantvelden ontdekt op de boerderij van de gebroeders De Beers. Rhodes stichtte de De Beers Consolidated Mines, dat tegenwoordig 90% van de diamantproductie in de hele wereld in handen heeft. Het diamantenconcern De Beers boorde verder in het grote gat, tot een diepte van 800 m. Nu staat het water er 600 m hoog. Toen de mijn in 1914 werd gesloten, bedroeg de opbrengst 14,5 miljoen karaat, wat gelijkstaat aan 2722 kg diamanten.

Tussen 2004 en 2007 investeerde het diamantenconcern De Beers 50 miljoen rand in de toeristenattractie Big Hole, die nu van wereldklasse is, van het uitzichtsplatform dat aan de Golden Gate Bridge doet denken tot aan het bezoekerscentrum met bioscoop, waar een film wordt vertoond over de ontdekking van de eerste diamanten en de ontstaansgeschiedenis van Kimberley.

Het vroegere tentenkamp ontwikkelde zich tot een kleine stad die in 1873 de naam Kimberley kreeg en tegenwoordig 180.000 inwoners telt. Door de rijkdom van de *randlords* (bankiers en magnaten, die de diamantclaims bezaten) was Kimberley in 1922 de eerste stad in het land die elektrische straatverlichting, een tram en een beurs kreeg.

## Old Town
*Dag. 8–17 uur, toegang gratis*

De **Old Town** 2 is een zeer goed vormgegeven openluchtmuseum over het delven van diamanten en bestaat uit een verzameling getrouw naar het origineel gerestaureerde gebouwen uit de bloeitijd van Old Kimberley. Er ligt natuurlijk ook een schat aan verhalen. Bijvoorbeeld dat van de boer die in 1869 met een herder een steen ruilde voor levensmid-

# Star of the West Pub

*The Big Hole ofwel Die Groot Gat: het grootste door mensen uitgegraven gat ter wereld*

delen. De steen werd onder de naam Ster van Afrika wereldberoemd en werd in 1974 in Genève voor een half miljoen Amerikaanse dollars verkocht. De *diggers*, die er met honderden tegelijk op afkwamen, hadden minder succes. En als er één eindelijk geluk had, gaf hij de opbrengst achter elkaar uit. Daartoe was volop gelegenheid. Dagboekaantekeningen geven aanschouwelijke verslagen van champagnebaden voor de *ladies*, sigaren die met een bankbiljet werden aangestoken en vergelijkbare buitensporigheden van de nieuwe rijken. De toegang tot Old Town, waar ook een restaurant bij hoort, is gratis.

## Kimberley Club
*Du Toitspan Rd., dag. 8–18 uur*
In de eerbiedwaardige **Kimberley Club** 3 staat nog altijd de tafel waaraan Cecil Rhodes en Leander Starr Jameson hun mislukte coup in Transvaal voorbereidden, die later als Jameson Raid in de geschiedenisboekjes zou worden opgenomen. Tijdens het beleg door de Boeren in de Boerenoorlog raakte een Engelsman die aan de bar zat zwaargewond door een granaatsplinter. Hij weigerde echter hardnekkig de bar te verlaten voor hij zijn gin-tonic had leeggedronken. Toen het glas leeg was, werd hij op een baar naar buiten gedragen – op dit soort legenden worden wereldrijken gebouwd.

## Star of the West Pub
*Hoek North Circular Rd., tel. 053 832 64 63*
De sinds 1990 op de monumentenlijst opgenomen **Star of the West Pub** 4 werd in 1873 geopend en behoort tot de oudste kroegen van Zuid-Afrika. Een biertje aan de houten toog of buiten in de tuin, bij de klanken van een rockband, is in Kimberley een passende manier om de dag te besluiten.

## Informatie
**Tourism Kimberley:** Bultfontein Rd., tel. 053 832 72 98, www.kimberley.co.za. Inlichtingen over accommodatie, restaurants en mijnexcursies, een van de meest behulpzame toeristenbureaus van het land.

# Kimberley

### Bezienswaardig
1. The Big Hole
2. Old Town
3. Kimberley Club
4. Star of the West Pub

### Overnachten
1. Edgerton House
2. Kimberley Club
3. The Estate Private Hotel
4. Langberg Guest Farm
5. Milner House

### Eten en drinken
1. Annabell's
2. Butler's Restaurant
3. The Lemon Tree

### Winkelen
1. Kimberley Mine Museum Gift Shop
2. Diamond Pavilion Shopping Mall

### Uitgaan
1. Flamingo Casino

---

### Accommodatie

Luxe met zwembad – **Edgerton House 1**: 5 Edgerton Rd., Belgravia, tel. 053 831 11 50, www.edgertonhouse.co.za. *Guest house* in prachtig historisch gebouw, 13 comfortabele kamers, Engelse eigenaar. Een van de mooiste pensions in de stad. Geen kinderen onder de 14 jaar. 2 pk met ontbijt vanaf 950 rand.

Typisch Engels – **Kimberley Club and Boutique Hotel 2**: 35 Currey St., tel. 053 832 42 42, www.kimberleyclub.co.za. Engelse club, waar ooit Cecil Rhodes resideerde. Met 15 gerenoveerde, historische kamers beslist geen doorsnee accommodatie; lunch en diner (behalve zo.) kunnen, mits van tevoren gereserveerd, worden geregeld. 2 pk met ontbijt vanaf 960 rand. Websiteaanbiedingen.

Elegant – **The Estate Private Hotel 3**: 7 Lodge St., Belgravia, tel. 053 832 26 68, www.theestate.co.za. De van origine Duitse latere directeur van De Beers, Ernest Oppenheimer (1880–1957) liet dit elegante bakstenen huis in 1907 bouwen. Zijn zoon en opvolger in vele functies, Harry Oppenheimer, werd hier in 1909 geboren. De oude telefoons staan nog in de kamers en zijn nu als huistelefoon in gebruik. Bijna alle kamers met open haard, zwembad. Zeer aan te bevelen is het bijbehorende restaurant Butler's (zie hierna). 2 pk met ontbijt vanaf 950 rand.

## Adressen

Voormalige paardenstallen – **Langberg Guest Farm** 4 : 21 km ten zuiden van Kimberley, rechts van de N 12, tel. 053 8 32 10 01, www.langberg.co.za. Kaaps-Hollands landgoed, zeer sympathieke eigenaren, gasten slapen in stijlvol verbouwde paardenstallen, diner op verzoek. 2 pk met ontbijt vanaf 650 rand.

Victoriaans – **Milner House** 5 : 31 Milner St., tel. 053 831 64 05, http://milnerhouse.co.za. Zes heel mooi ingerichte kamers en vriendelijke eigenaren. 2 pk met ontbijt vanaf 740 rand.

## Eten en drinken

Elegante ambiance – **Annabell's** 1 : 229 DuToitsspan Rd., Belgravia, tel. 053 831 63 24, www.halfwayhousehotel.co.za/restaurant.php, ma.–za. 18–23 uur. Elegant restaurant met witte tafellakens. Op de eerste verdieping kunt u buiten op het balkon onder de blote hemel dineren. Indrukwekkende wijnkaart. In de gerechten worden uitsluitend lokale producten verwerkt. Zorg dat u trek overhoudt in een van de heerlijke desserts. Hoofdgerecht vanaf 88 rand.

Nostalgisch – **Butler's Restaurant** 2 : 7 Lodge St., tel. 053 832 26 68, www.theestate.co.za, dag. 16–22 uur. Romantische sfeer in de stijl van vroeger; traditionele gerechten innovatief bereid, zoals loempia van bobotie of steak met chocoladesaus. Als dessert rozenbladijs met carpaccio van springbok en een glas muscadet. Hoofdgerecht vanaf 75 rand.

Populair bij locals – **The Lemon Tree** 3 : 33 Angel St., tel. 053 831 77 30, www.nclemontree.co.za, ma.–za. ontbijt en lunch, ma. ook diner. Burgers, steaks of espetada, maar ook koffie met gebak. Hoofdgerecht rond 50 rand.

## Winkelen

Souvenirs – **Kimberley Mine Museum Gift Shop** 1 : Tucker St., tel. 053 833 15 57, grote sortering souvenirs, voor wie ook nog iets anders zoekt dan een diamant…

Winkelcentrum – **Diamond Pavilion Shopping Mall** 2 : hoek Oliver Rd./N 8 & Mac Dougall St., tel. 053 8 32 92 00, www.diamondpavilion.co.za. Moderne shoppingmall met een groot aantal winkels, restaurants en een bioscoop..

## Uitgaan

Aan de rand van de stad – **Flamingo Casino** 1 : N 12, Transvaal Rd., tel. 053 830 26 00, www.suninternational.com/flamingo. De moderne diamantkoorts in de vorm van een casino.

*Schachttoren in de diamantmijn*

# Hoofdstuk 4

# Karoo

Het kerngebied van Zuid-Afrika is een bergachtig halfwoestijnlandschap. In deze eindeloze leegte liggen her en der verspreid eenzame boerderijen als symbolen van een overlevingsstrijd met een natuur, die zich in dit gebied niet zelden van haar meest onherbergzame kant laat zien. Het is een streek die veel verhalen in zich bergt. Wie de Karoo na de Kalahari bezoekt, zal via Bloemfontein binnenrijden. Meer naar het zuiden wordt het landschap 'natuurlijker' en ontvouwt het zich als in een reisfolder, eerst in de zogeheten Grote Karoo. Het eerste nationale park op de route, het Mountain Zebra National Park, werd ingericht om de vroeger bedreigde bergzebra te beschermen. De mooie dieren lopen trots rond in een schitterend berglandschap. Mystiek ontbreekt hier ook niet: het Owl House in Nieu-Bethesda is de creatie van een excentrieke vrouw, terwijl het dorp zelf zo'n klein, dromerig en spiritueel plaatsje is dat u in de Karoo steeds weer zult tegenkomen. Hierheen trokken en trekken Zuid-Afrikanen die de stad moe zijn en rust zoeken.

Voor het Karoo National Park is het de moeite waard een terreinauto te huren. Enkele bijzonder spectaculaire trajecten zijn uitsluitend aan terreinauto's en mountainbikes voorbehouden.

Ook de Kleine Karoo heeft allerlei verrassingen in petto: Matjiesfontein biedt de wonderlijkste en met maar net tien minuten ook de kortste stadsrondrit ter wereld, in Sutherland staat de grootste telescoop van de wereld, van de mooiste bergpas in het land splitst zich een sprookjesachtige weg af naar Die Hel en op Route 62 waant u zich bijna op een Amerikaanse highway, niet in de laatste plaats dankzij authentieke zaken als Roadhouse Diesel & Creme, het Karoo Moon Motel, de Karoosaloon en het wegcafé Ronnies Sex Shop.

*Uitzicht op de Spandau Kop op het Karooplateau nabij Graaff-Reinet*

# In een oogopslag: Karoo

## Hoogtepunten

**Owl House in Nieu-Bethesda:** het mystieke, fascinerende kunstwerk van een excentrieke vrouw, gemaakt van glas en cement (zie blz. 266).

**Swartberg Pass:** een van de allermooiste historische steenslagpassen van het land, die de Grote Karoo met de Kleine Karoo verbindt. Bij mooi weer ook met een gewone personenauto begaanbaar (zie blz. 277).

**Sutherland en de SALT-sterrenwacht:** nergens anders in Zuid-Afrika kunt u zo scherp en zo ver het heelal in kijken (zie blz. 288).

## Fraaie routes

**Van Rhodes naar Naudesnek:** Zuid-Afrika's hoogste bergpas voert van het stadje Rhodes naar de opwindende rotsenwereld van de zuidelijke Drakensberge (zie blz. 262).

**Steile bergwegen naar Gamkaskloof/Die Hel:** voor de sprookjesachtige rit over onverharde wegen naar 'de hel' is een terreinauto aan te raden (zie blz. 276).

**Route 62:** hier krijgen bezoekers op veel plekken het idee dat ze in het zuidwesten van de VS zijn beland, waarschijnlijk ook een reden waarom hier zoveel Harleyrijders te vinden zijn. De R 62 heeft veel gemeen met de aanzienlijk beroemdere Amerikaanse Route 66 (zie blz. 290).

## Tips

**Historisch koepelhuis:** een overnachting in een van de *corbelled houses* in Stuurmansfontein is pure romantiek (zie blz. 272).

**Een nacht in de hel (Die Hel):** wie onder in het dal overnacht, in een van de gerestaureerde historische gebouwen of op het kampeerterrein, zal al gauw begrijpen dat deze hel een hemelse plaats is (zie blz. 278).

**Stadsrondrit in een dubbeldeksbus:** het Brits aandoende gehucht Matjiesfontein biedt een perfecte Mr.-Beansfeer – midden in de Karoo (zie blz. 288).

**Een koud biertje in Ronnies Sex Shop:** een van de meest populaire (en wonderlijke) pubs in het land – een welkome pleisterplaats op de dorstig makende Route 62, tussen Ladismith en Barrydale (zie blz. 291).

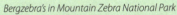

Bergzebra's in Mountain Zebra National Park

**Op de mountainbike over de Swartberg Pass en de Die Hel Pass:** vermoeiend, maar de moeite waard is de rit per mountainbike over de historische Swartberg Pass. De rijwielen zijn in Prince Albert te huur (zie blz. 280).

**Grotwandeling door de Cango Caves:** de Cango Caves vormen een indrukwekkend druipsteengrottenstelsel aan de voet van de Swartberg Pass, ten noorden van Oudtshoorn. Er zijn verschillende tochten mogelijk, van gemakkelijk tot benauwend en zwaar (zie blz. 284).

# Bloemfontein (Mangaung)

▶ 1, P 13

**Zuid-Afrikanen doen Bloemfontein (Mangaung) vaak af als conservatieve Boerenmetropool in the middle of nowhere, maar de hoofdstad van Free State verrast door zijn vriendelijkheid en het vele groen. 'Bloem' is geen stad waar men heengaat om vakantie te vieren, maar wie het land tussen Kaapstad en Johannesburg doorreist, vindt hier genoeg om zich een dag lang goed te vermaken.**

De met 500.000 inwoners op vijf na grootste stad van het land wordt ook wel Stad van die Rose genoemd. Er bloeien duizenden rozen in de parken in de stad. De Afrikaner naam Bloemfontein zou ontleend zijn aan de naam van de farm van de Voortrekker Johannes Nicolaas Brits die zo genoemd werd nadat zijn vrouw bloemen rond de fontein had geplant. Sinds 2000 is de stad met enkele naburige dorpen samengetrokken tot de gemeente Mangaung (Stad van de Luipaarden).

## Het centrum

Het aantrekkelijke centrum van de stad wordt gevormd door het kleine **Loch Logan Waterfront** 1 , met restaurants, cafés, winkels en bioscopen (www.loch logan.co.za).

Het bescheiden, rietgedekte huis aan de St. George's Street, met slechts één kamer en een vloer gemaakt van mest, is het oudste gebouw van de stad. De **First Raadsaal** 2 , het eerste raadhuis, werd in 1848 gebouwd en door de jaren heen als politieke vergaderplaats, als school en sociaal evenementencentrum gebruikt. (hoek President Brand/St. George St., ma.–vr. 10–15, za., zo. 14–17 uur). Hier kwam in 1854 voor het eerst de Volksraad van Oranje Vrijstaat bij elkaar.

Niet ver van het raadhuis, in de President Brand Street, staat het representatieve, in 1886 gebouwde presidentieel paleis, het **Old Presidency** 3 (hoek President Brand/St. George St., tel. 051 4 48 09 49, di.–vr. 10–12.30, 13–16, zo. 14–16 uur). Omdat de architect van het noordelijk halfrond afkomstig was, zitten alle ramen aan de verkeerde kant, waardoor 's zomers de zon fel naar binnen schijnt, en in de winter juist niet. Tegenwoordig wordt het paleis van de laatste drie presidenten van de oude republiek Oranje Vrijstaat voor tentoonstellingen, kleine toneel- en muziekvoorstellingen en congressen gebruikt.

In dezelfde straat staat de **Fourth Raadsaal** 4 , die met zijn imposante koepel als architectonisch hoogtepunt van Free State geldt (hoek President Brand/St. Charles St., bezichtiging alleen op afspraak, tel. 051 4 30 17 80). De combinatie van Griekse, Romeinse en renaissance-elementen roept echter vooral associaties op met een filmdecor. Het 2,5 ton zware ijzeren hek kwam rechtstreeks uit Parijs. Het vierde raadhuis werd op 5 juni 1893 door president Frederik Steyn feestelijk geopend en zou een nieuwe periode voor de *Afrikaner*-republiek van Oranje Vrijstaat inleiden. Al in maart 1900 vielen Britse troepen Bloemfontein binnen, verbouwden het raadhuis tot ziekenhuis en verwijderden de meeste elementen uit het interieur. Tegenwoordig vergadert het provinciaal bestuur van Free State er.

Vanaf de **Naval Hill** 5 hebt u een prachtig overzicht over de stad en het Highveld. De wat verrassende naam – marine zo ver van de zee, midden in het binnenland – gaat terug op de Boerenoorlog, toen de Engelse strijdkrachten hun scheepskanonnen boven op de heuvel hadden opgesteld. De Naval Hill

# Bloemfontein (Mangaung)

## Bezienswaardig
1. Loch Logan Waterfront
2. First Raadsaal
3. Old Presidency
4. Fourth Raadsaal
5. Naval Hill
6. War Museum of the Boer Republics
7. National Women's Memorial

## Overnachten
1. The Urban Hotel
2. Dias Guest House
3. Jedidja B & B
4. Primavera Guest House
5. Innes Guest House

## Eten en drinken
1. Block & Cellar
2. Catch 22
3. The Butcher Brothers
4. Beethoven's Coffee Café
5. Primi Piatti
6. Aroma Bistro & Delicatessen

## Winkelen
1. Loch Logan Waterfront

## Uitgaan
1. Moods and Flavours
2. Mystic Boer
3. Cubaña

---

is nu deel van het **Franklin Nature Reserve** (Monument Rd., tel. 051 4 47 34 47, ma.–vr. 9–16.30, za. 10–16.30, zo. 14–16.30 uur). In dit 2,5 km² grote reservaat leven vrijwel midden in de stad onder andere springbokken, blesbokken, giraffen, steppenzebra's en elandantilopen. Het **Lamont Hussey Observatory** is nu een theater en cultureel centrum.

Het oorlogsverleden van Bloemfontein staat centraal in het **War Museum of the Boer Republics** 6 met veel voorwerpen betreffende de Boerenoorlog, waaronder intacte Mausergeweren van Duitse makelij, de belangrijkste wapens van de Boerencommando's. In een zaal hangt het met oorlogstaferelen versierde jugendstiltegeltableau dat in 1969 in het Victoriatheater in Rotterdam (tot 1935 Transvalia geheten) onder wandkleden werd ontdekt en naar Zuid-Afrika overgebracht.

Direct naast het museum staat het **National Women's Memorial** 7 (Monument Rd., tel. 051 447 34 47, ma.–vr. 9–16.30, za. 10–16.30, zo. 14–16.30 uur). Hier worden de meer dan 26.000 Boerenvrouwen en kinderen herdacht, die in de Engelse concentratiekampen zijn omgekomen. Twee bronzen vrouwen met een stervend kind staan voor een 36,5 m hoge zandstenen obelisk. Een kleine plaquette die

# Bloemfontein (Mangaung)

*Restaurants, cafés, bioscopen: Loch Logan Waterfront in Bloemfontein*

na het afschaffen van de apartheid werd toegevoegd, herinnert eraan dat in de kampen ook meer dan 14.000 zwarten en *coloureds* zijn gestorven. Hier ligt ook een Engelse begraven, Emily Hobhouse, die, nadat ze de kampen gezien had, in Engeland heftig tegen het beleid van haar landgenoten protesteerde.

## Informatie

**Bloemfontein Tourist Information:** Tourist Centre, 60 Park Rd., Willows, tel. 051 405 84 89, www.bloemfonteintourism.co.za, ma.–vr. 8–16.15, za. 8–12 uur. Zeer vriendelijk personeel, lijsten met accommodatie en restaurants, stadsplattegronden en brochures over Bloemfontein en omgeving, evenemententips. Centrale reservering van accommodatie: **Bloemfontein Accommodation,** reserveringen tel. 051 522 50 08, www.bloemfonteinaccommodation.co.za.

## Accommodatie

Cool en trendy – **The Urban Hotel** 1 : hoek Parfitt/Henry St., tel. 051 444 31 42, www.urbanhotel.co.za. Het beslist coolste en meest trendy hotel van de stad met een geweldige bar. Diner op verzoek. Beste keuze in de stad, met uitstekende prijs-kwaliteitverhouding. 2 pk met ontbijt 830 rand (websiteaanbiedingen vanaf 650 rand).

Zeer eenvoudig – **Dias Guest House** 2 : 14 Dias Crescent, tel. 051 436 62 25, www.diasgh.co.za. Sympathiek *guest house* met compleet ingerichte keuken om zelf te koken. 2 pk met ontbijt vanaf 800 rand.

Gezellig – **Jedidja B&B** 3 : 2A Innes Ave., Waverley, tel. 051 436 65 84, www.jedidja.co.za. B&B met slechts drie kamers naast het Naval Hill Nature Reserve. 2 pk met ontbijt vanaf 800 rand.

Comfortabele B&B – **Primavera Guest House** 4 : 34A Waveley Rd., Waverley, tel. 083 301 80 62, www.primavera.co.za. Gemoedelijk klein pension met drie kamers in de rustige voorstad Waverley. 2 pk met ontbijt vanaf 640 rand.

Klein en rustig – **Innes Guest House** 5 : 29 Innes Ave., Waverley, tel. 051 433 15 55. Leuk *guest house* op een boerderij, met eigen restaurant, zwembad. 2 pk met ontbijt vanaf 650 rand.

## Eten en drinken

Voor vleesliefhebbers – **Block & Cellar** 1 : 120 Melville Dr., Brandwag, tel. 051 444 49 80, www.blockandcellar.co.za, ma.–zo. 12–23 uur (keuken), bar tot 1 uur. Uitstekende steaks en andere gerechten, zeer attente bediening, bij de lokale bevolking vooral op zo. favoriet. Hoofdgerecht vanaf 100 rand.

# Adressen

Vlees en vis – **Catch 22** 2 : Shop 30a, bovenste verdieping, Mimosa Mall, tel. 051 444 68 77, dag. 10–23 uur. Een van de beste restaurants van de stad, eersteklas service, witte linnen tafellakens en servetten, kristallen glazen en zwaar verzilverd bestek. Direct nadat u bent gaan zitten, komt er een mandje vers brood op tafel. Uitstekende keuken, seafood. Hoofdgerecht 80 rand.

Nog meer steaks – **The Butcher Brothers** 3 : Loch Logan Waterfront, tel. 051 430 12 53. Lunch en diner dag. 11–22 uur. Gasten worden vriendelijk bij de deur begroet. Zoals de naam al doet vermoeden, krijgt u hier supermalse steaks, maar ook pasta en andere gerechten, grote porties, indrukwekkend uitgebreide wijnkaart. Hoofdgerecht 75 rand.

Romantisch – **Beethoven's Coffee Café** 4 : Victorian Sq., Second Ave., Westdene, tel. 051 448 72 23, ma.–za. 7.30–22.30 uur. Uitstapje naar de jaren vijftig en zestig voor romantici: eten bij goede muziek, een klassieke inrichting met modern accent, goed ontbijt en lichte gerechten, ook high tea en warme gerechten. Hoofdgerecht vanaf 75 rand.

Trendy ketenrestaurant – **Primi Piatti** 5 : Loch Logan Waterfront, Shop 612, tel. 051 448 76 62, www.primi-world.com, dag. 9–22 uur. Een van de meest trendy ketenrestaurants van Zuid-Afrika heeft nu gelukkig ook een filiaal in Bloemfontein. Heerlijke Italiaanse gerechten, constante hoge kwaliteit, inrichting en service zijn uitstekend. Hoofdgerecht 70 rand.

Innovatieve keuken – **Aroma Bistro & Delicatessen** 6 : 23 Du Plessis Dr., tel. 051 451 10 70, dag. 8–21 uur. Er waait een frisse culinaire wind door Bloemfontein. Er zijn meer filialen gepland, ook in Kimberley en Kaapstad. De creatief opgemaakte schotels worden binnen en buiten opgediend. Hoofdgerecht 75 rand.

## Winkelen

Shoppen aan het water – **Loch Logan Waterfront** 1 : Loch Logan, tel. 051 448 36 07, www.lochlogan.co.za, Facebook: Loch Logan Waterfront, ma.–vr. 9–18, za. 8.30–17, zo. 10–14 uur. Het kleine Waterfront aan dit kunstmatige meer is het beste winkelgebied in Bloemfontein.

## Uitgaan

Afrikaanse jazz – **Moods and Flavours** 1 : 62 Parish Av., Hiededal, tel. 051 432 43 99, www.moodsandflavours.co.za. Exclusieve jazzclub, waar de grootste talenten van het land optreden. Ook het eten is goed.

Legendarisch – **Mystic Boer** 2 : Kellner St., tel. 051 430 22 06, www.diemysticboer.co.za. Bekende club met livemuziek, restaurant en puike stemming.

Latin – **Cubaña** 3 : hoek President Reitz/2nd Av., West Dean, tel. 051 447 19 20, www.cubana.co.za. Lekker Mexicaans eten, goede muziek en cool publiek.

## Vervoer

**Vliegtuig:** met Kulala, SA Express Airways en SA Airlink naar Kaapstad (21 x per week), Durban (21 x per week), East London (3 x per week), George (4 x per week), Johannesburg (6–8 x per dag). Andere bestemmingen bereikt u beter vanuit Johannesburg. **Informatie:** SAA tel. 051 408 48 22, SA Airlink tel. 051 4 33 32 25, www.flysaa.com, Translux tel. 051 4 08 48 88, Kulula, www.kulula.com.

**Trein:** eenmaal per week stoppen hier drie langeafstandstreinen: Algoa (Joburg–Port Elizabeth), Amatola (Joburg–East London) en Trans Oranje (Kaapstad–Durban). Treinen zijn echter veel trager dan bussen. De rit naar Kaapstad duurt met de trein maar liefst 20 uur, met de bus 11 uur. **Informatie:** tel. 051 408 29 46, tickets: tel. 051 408 29 41.

**Bus: Greyhound,** terminal bij het Tourist Centre in Park Rd., tel. 051 4 47 15 58, www.greyhound.co.za, gaat naar Kaapstad (11 uur; dag. 21.45 uur), Durban (8 uur; dag. 0.15 uur), Kimberley (2 uur; di., do., zo. 16 uur), Knysna (11 uur; do., zo. 23.20 uur), Oudtshoorn (8 uur; do., zo. 23.20 uur), Port Elizabeth (10 uur; dag. 0.20 uur), Pretoria en Johannesburg (6 uur; dag. 5.15 uur). **Translux,** terminal op hetzelfde adres als Greyhound, tel. 051 4 08 32 42, 4 08 22 58, www.translux.co.za, gaat naar Beaufort West (6 uur; dag. 23.40 uur), Kaapstad (12,5 uur; dag. 23.40 uur), Johannesburg en Pretoria (6,5 uur; dag. 6.30 uur), Knysna (11 uur; ma., za. 22.10 uur), Port Elizabeth (8,5 uur; di., zo. 22 uur).

# Van Bloemfontein naar het hart van de Karoo

Op deze route komen zowel natuur- als cultuurliefhebbers aan hun trekken. Allereerst zijn er de zeldzame bergzebra's in het speciaal voor hen ingerichte Mountain Zebra National Park, en daarna de voor deze streek kenmerkende historische koepelhuizen, die de eerste blanke kolonisten door het gebrek aan andere materialen van natuursteen naar het principe van iglo's bouwden.

## Uitstapje: Tiffindell Ski Resort ▶ 1, S 15/16

**Kaart:** blz. 268

Vanuit Bloemfontein rijdt u over de N 6 vlotjes in zuidelijke richting. Na 207 km op de N 6 arriveert u in **Aliwal North**. Wie tijd en zin heeft, kan vanhier een uitstapje van een paar dagen naar het oosten maken. Deze 'omweg' loopt door een ver buiten de toeristische routes gelegen streek in de zuidelijke Drakensberge en biedt drie hoogtepunten: **Naudesnek**, de hoogste bergpas van Zuid-Afrika die nog met een gewone personenauto (bij goed weer) te berijden is, het kleine skigebied **Tiffindell**, met liften tot boven de 3000 m, dat echter zelfs in de zomer uitsluitend met terreinauto's te bereiken is, en het romantische plaatsje **Rhodes**.

**Rhodes** 1 is het uitgangspunt voor de twee bovengenoemde bestemmingen en bovendien een soort mekka voor vliegvissers in Zuid-Afrika. Het gemoedelijke, victoriaanse Rhodes Hotel ziet er nog net zo uit als 100 jaar geleden, toen het werd gebouwd. De rijk gedecoreerde pub is op zich al een bezoek waard. Vroeger, toen het nog Rossville heette, was het gebruikelijk de Horseshoe Pub te paard te bezoeken en vanuit het zadel een drankje te bestellen.

Eigenlijk hadden de inwoners verwacht dat, als ze hun dorp Rhodes zouden noemen, de beroemde naamgever hen uit dankbaarheid wel een geldbedrag zou schenken. Maar Cecil Rhodes stuurde alleen maar een zak vol naaldboomzaden – op zich geen slecht idee. De bomen die daaruit zijn gegroeid, deden het uitstekend, hun nakomelingen zorgen tegenwoordig nog voor schaduw in de Main Street.

**Tiffindell** 2 verkoopt zichzelf weliswaar als Little Switzerland, maar de ene skihelling, inclusief lift, is eerder een grap dan een werkelijk skioord. In Zuid-Afrika telt après-ski toch al veel zwaarder dan het skiën zelf, wat de ondersteboven aan het plafond gespijkerde ski's in de landelijke berghut duidelijk laten zien. Hier worden de drankjes, met het hoofd omlaag, in de binding hangend achterover geslagen.

Met uit Oostenrijk geïmporteerde sneeuwkanonnen wordt de natuurlijke sneeuw aangevuld. U kunt hier per dag een skiuitrusting huren. Het seizoen duurt van 30 mei tot 31 augustus. 's Zomers is het voor terreinautobestuurders de moeite waard om eens omhoog te rijden – u wordt beloond met een woest berglandschap en een fantastisch uitzicht.

De ruim 2500 m hoge **Naudesnek Pass** 3 verbindt Rhodes met Maclear en voert in adembenemende haarspeldbochten omhoog. Bovenop staat de hoogste openbare telefoon van Zuid-Afrika in een golfplaten

*Sothodorp aan de voet van de Naudesnek Pass*

# Van Bloemfontein naar het hart van de Karoo

*Bergzebra's in het naar hen genoemde nationaal park*

hutje, waar vaak schapen beschutting zoeken tegen regen en wind.

## Mountain Zebra National Park ▶ 1, O 18

**Kaart:** blz. 268

Van Aliwal North rijdt u over de R 58 naar het in 1856 gestichte Burgersdorp, dan neemt u de R 391/R 56 naar Steynsburg en de R 390 via Hofmeyr naar Cradock (in totaal 238 km).

**Cradock** 4 vormt de toegangspoort tot het 25 km verderop gelegen **Mountain Zebra National Park** 5. Dit reservaat is weliswaar niet zo groot en biedt geen Big Five-ervaring, maar u kunt hier wel prachtig antilopen en uiteraard bergzebra's observeren. Bovendien leven hier meer dan 200 soorten vogels. Zoals de naam al zegt, werd het reservaat in 1937 opgericht om de met uitsterven bedreigde bergzebra *(cape mountain zebra)* te redden. Halverwege de jaren dertig waren er minder dan 100 exemplaren in de hele wereld. Zes daarvan, een oude merrie en vijf hengsten, leefden op de farm Babylon's Toren, die later tot nationaal park zou worden uitgeroepen. De merrie stierf in 1938, na de geboorte van een veulen. Toen ook de hengsten waren overleden, schonk een naburige farmer in 1950 elf op zijn land levende inheemse bergzebra's. In 1964 telde het park al 25 dieren. In dat jaar werd het reservaat uitgebreid tot het huidige oppervlak van 65 km². Er kwamen nog eens 30 dieren bij van naburige farms. In 1980 leefden er meer dan 200 zebra's in het park, en begon het uitzetten van dieren

# Nieu-Bethesda en Owl House

in andere reservaten in Zuid-Afrika, met name in het De Hoop Nature Reserve, in het Addo Elephant National Park en in het Karoo National Park. Tegenwoordig leven er meer dan 300 bergzebra's in het park.

## Informatie

**Mountain Zebra National Park:** tussen Cradock (25 km vandaar) en Graaf-Reinet aan de R 61, tel. 048 8 81 24 27. De toegangspoort is het hele jaar door van zonsopgang tot zonsondergang geopend. Volw. 152 rand, kinderen 76 rand. Reservering van alle parkaccommodatie bij:

**South African National Parks** (SANParks) in Pretoria, 643 Leyds St., Muckleneuk, Pretoria, tel. 012 4 26 50 00, of online: www.sanparks.org, ma.–vr. 9–16.45 uur. Benzine en diesel zijn verkrijgbaar, er is een doorkiestelefoon, een wasserij en een postkantoor.

## Accommodatie

### ... in Cradock

Karoohuisjes – **Die Tuishuise:** Cradock, 36 Market St., tel. 048 881 13 22, www.tuishuise.co.za. Een complete straat met authentieke Karoohuisjes biedt onderdak aan gasten. Elk van de 29 huisjes is weer anders ingericht, met antiek en werktuigen uit de bouwtijd. Wie er logeert, waant zich in een openluchtmuseum. Dit is een van de bijzonderste overnachtingsmogelijkheden in Zuid-Afrika. Het ontbijt en het diner worden in het historische restaurant geserveerd. 2 pk met ontbijt vanaf 1000 rand.

### ... in Mountain Zebra National Park

Alle accommodatie in het park is voorzien van servies, beddengoed en handdoeken. Bezoekers kunnen hun verblijf vanaf 12 uur op de aankomstdag betrekken en moeten de kamer op de dag van vertrek om 9 uur ontruimd hebben. Openingstijden receptie 1 okt.–30 apr. 7–19, 1 mei–30 sept. 7.30–18 uur.

Victoriaanse flair – **Doornhoek Guest House**, bestaat uit drie slaapkamers, een badkamer en een volledig ingerichte keuken. Dit is een gerestaureerd victoriaans boerenhuis, dat onderdak biedt aan zes personen (980–2470 rand voor vier personen, een extra persoon 360 rand, max. zes personen). Er zijn ook 20 plaatsen voor tenten met aansluiting op elektriciteit, 230-275 rand voor twee personen, 72–76 rand voor een extra persoon, max. zes personen.

Gezinsvriendelijk – in het park staan 19 **family cottages** met elk twee tweepersoonskamers, een badkamer, woonkamer en keuken met koelkast en fornuis ter beschikking (930–1050 rand voor twee personen, een persoon extra 210 rand, max. vier personen).

## Eten, winkelen

Eten in het park – het **parkrestaurant** (met vergunning) serveert ook à-la-cartegerechten (1 okt.–30 apr. 7–19, 1 mei–30 sept. 7.30–18 uur), maar u kunt beter zelf iets klaar maken. Er is een **winkel** waar houdbare levensmiddelen, vers vlees voor de barbecue, brood, alcohol, films, brandhout en souvenirs worden verkocht (1 okt.– 30 apr., 7–19, 1 mei–30 sept. 7.30–18 uur).

## Actief

Safari – de dieren in het Mountain Zebra National Park kunt u overdag observeren vanuit uw eigen auto. Een wandeling over de **Mountain Zebra Hiking Trail** duurt drie dagen; er zijn twee hutten beschikbaar om in te overnachten. Op het pad worden maximaal twaalf wandelaars tegelijkertijd toegelaten. De wandeling moet daarom bij de receptie worden gereserveerd. Voor de andere natuurpaden in het park, waarvoor u een uur tot een dag nodig hebt, hoeft u echter niet te reserveren.

# Nieu-Bethesda en Owl House ▶ 1, N 17

**Kaart:** blz. 268

De R 61 verlaat Cradock in noordwestelijke richting. Na 88 km hebt u de kruising met de N 9 bereikt. Hier gaat u naar rechts en daarna direct weer naar links, de stoffige zandweg op (27 km door een geweldig Karoolandschap) naar **Nieu-Bethesda** [6], dat in 1875 midden

# Van Bloemfontein naar het hart van de Karoo

*De fantastische wereld van de kunstenares Helen Martins: Owl House in Nieu-Bethesda en de beeldentuin*

tussen de schitterende Sneeuwbergen *(Sneeuberge)* werd gesticht. De steil oprijzende **Compassberg** is met 2504 m de hoogste in de Eastern Cape Province. Het doodstil gelegen plaatsje ontleent zijn roem aan een vrouw met veel fantasie. Helen Martins (1897–1976) creëerde hier, samen met de kleurling en voormalige schaapscheerder Koos Malgas, het sinds 1989 onder monumentenzorg vallende **Owl House**, een wonderbaarlijk en mystiek meesterwerk, gemaakt van cement en kleurig glas (tel. 049 841 16 42, dag. 9–17 uur, toegang volwassenen en kinderen 50 rand).

Het Uilenhuis is zo ontstaan: op een nacht lag Helen Martins ziek in bed, de maan scheen door het raam naar binnen en het drong tot haar door hoe saai en grijs haar bestaan geworden was. Op dat moment besloot ze licht en kleur in haar leven te brengen. Het eenvoudige besluit haar omgeving te verfraaien groeide uit tot een obsessief verlangen haar diepste gevoelens, haar dromen en wensen uit te drukken. Daarbij onderzocht ze het samenspel van reflectie en ruimte, van licht en donker van bestaande kleurschakeringen. Muren en plafonds, die met kunstzinnig aangebrachte patronen van gemalen glas bedekt zijn, vormen de lichtgevende achtergrond voor zonnegezichten, uilen en andere afbeeldingen.

Toen Helen zelf nog in het huis woonde, brandden er vaak honderden kaarsen. In de eetkamer staan overal kleurige glazen bakken, versierd met gebroken en op kleur gesorteerd glas, dat Helen met veel moeite in een grote koffiemolen achter haar huis heeft fijngemalen.

Geïnspireerd door vooral bijbelteksten begon zij aan de werkzaamheden in de tuin. Binnen twaalf jaar schiepen zij en Koos Malgas, wiens talent Helen al snel zag, honderden aan hun fantasie ontsproten beelden en reliëfs, die de Camel Yard bevolken en de muren van het huis bedekken. Ze maakten voornamelijk gebruik van cement, ijzerdraad en glas en gaven op die manier dagelijkse voorwerpen een geheel ander aanzien.

In de tuin staan hun lievelingsdieren uitgestald, vooral uilen en kamelen, maar ook veel fantasiefiguren. Een grote poort naar de straat, die wordt bewaakt door een stoïcijns voor zich uit kijkende uil met twee gezichten, is afgesloten door een hoog stalen hek. Oorspronkelijk was deze poort bedoeld om bewonderende bezoekers in deze geheimzinnige en betoverende wereld welkom te heten. Het hek is echter een onomstotelijk bewijs voor de toenemende vervreemding van de kunstenares van de buitenwereld. Helen Martins pleegde op 78-jarige leeftijd zelfmoord door natronloog te slikken. Haar erfenis leeft voort. Tussen 1991 en 1996 speelde haar vroegere beeldhouwer Koos Malgas een beslissende rol in de restauratie van het Owl House en de Camel Yard. Hij overleed in 2000. Bezoekers moeten de tijd nemen om het huis op zich in te laten werken.

## Accommodatie, eten

Fossielenvindplaats en boerderij – **Ganora Guest Farm:** 7 km buiten Nieu-Bethesda, tel. 049 841 16 42, www.ganora.co.za. Rustieke accommodatie (vier tweepersoonskamers en één boerenhuis met drie kamers, zelf koken) op een schapenboerderij met een tentoonstelling van archeologische en fossiele vondsten die menige universiteit naar de kroon steekt – sommige dinosaurusfossielen zijn onbetaalbaar. Enthousiaste en vriendelijke eigenaren. Op verzoek: ontbijt 35 rand (koud), 60 rand (warm), diner 100 rand (drie gangen), 120 rand (vier gangen), licht diner 60 rand. 2 pk en cottage vanaf 790 rand.

Slapen in een watertoren – **The Water Tower:** Martin St., tel. 049 841 16 42. Unieke accommodatie in een voormalige watertoren die later een tijd lang dienstdeed als boedhhistische meditatietempel. Houten vloeren en wit gestucte wanden, even zonderling als de plaats zelf. 2 pk met ontbijt vanaf 500 rand.
Sprookjesachtig – **Bethesda Tower:** Bethesda Arts Centre, Muller St., tel. 073 028 88 87, www.bethesdatower.co.za. Deze uit drie verdiepingen bestaande toren ligt op slechts twee minuten lopen van Owl House. Op de bovenste verdieping staat een rond bed, de tweede verdieping bevat twee bedden. In het Arts Centre serveert het Tower Restaurant lekker eten. 2 pk met ontbijt vanaf 470 rand, halfpension vanaf 650 rand.

# Graaff-Reinet en omgeving ▶ 1, N 18

**Kaart:** blz. 268

De onverharde weg loopt door Nieu-Bethesda naar het zuiden en komt na 23 km weer uit op de N 9, waarover u na 31 km **Graaff-Reinet** 7 bereikt. Deze plaats heeft met zijn vele oude huizen een groot deel van zijn charme en landelijke sfeer uit de 19e eeuw weten te bewaren. De straten van deze op drie na oudste stad van Zuid-Afrika (na Kaapstad, Stellenbosch en Swellendam) worden geflankeerd door meer dan 240 beschermde huisjes, waarvan er enkele zijn ingericht als stijlvolle bed-and-breakfastaccommodatie.

## Camdeboo National Park

*www.sanparks.org, toegang volw. 70 rand, kinderen 35 rand*

Een landschappelijk hoogtepunt van de Karoo is de buiten deze historische plaats in het **Camdeboo National Park** gelegen **Valley of Desolation** 8 . De rit erheen is alleen al prachtig. Over een smal weggetje rijdt u almaar omhoog tot u bij het uitzichtpunt bent. Hier hebt u een prachtig uitzicht over de plaats en het weidse, roodbruine Karoo- landschap met zijn voor een deel ruim 120 m hoge rotsnaalden.

# Van Bloemfontein naar het hart van de Karoo

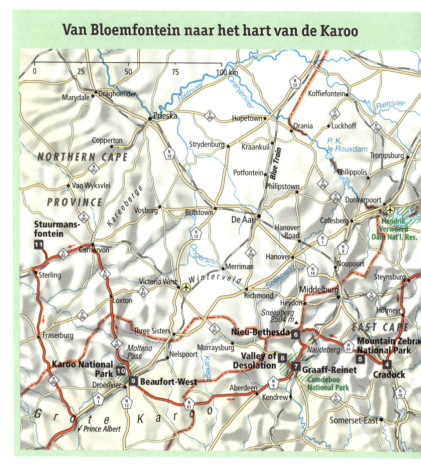

## Informatie

**Graaff-Reinet Publicity Association:** Church St., tel. 049 892 42 48, www.graaffreinet.co.za. Toeristenbureau met zeer vriendelijk personeel en goed advies over de vele bed and breakfasts en restaurants in de plaats.

## Accommodatie

Klein en gezellig – **Villa Reinet Guest Lodge:** 83 Somerset St., tel. 049 892 55 25, www.villareinet.co.za. Acht kamers in een beschermd historisch gebouw met aardige eigenaren. De gezellige kamers zijn aantrekkelijk ingericht, er is een dvd-ruimte. 2 pk met ontbijt vanaf 1080 rand.

Huisjes met historie – **Cypress Cottages:** 76 Donkin St., tel. 049 892 39 65, www.cypresscottage.co.za. Twee erg mooi gerestaureerde Karoohuisjes uit de jaren 1880, genaamd Cypress en Jacaranda Cottage, met elk drie kamers. 2 pk met ontbijt vanaf 1100 rand.

## Eten en drinken

Culinaire oase – **Gordon's Restaurant:** 100 Cradock St., tel. 049 892 45 75. Onverwacht modern restaurant, dat meer op zijn plaats is

# Karoo National Park

▶ 1, J – K 18

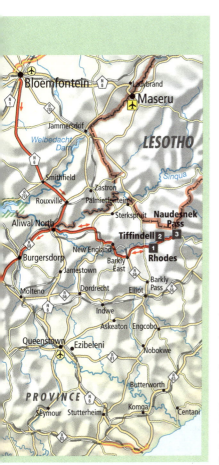

**Kaart:** links

De N 9 verlaat Graaff-Reinet in zuidwestelijke richting en bereikt na 55 km Aberdeen, vanwaar de R 61 naar **Beaufort- West** 9 voert (155 km). Het **Karoo National Park** 10 6 km ten westen van Beaufort-West, behoort ten onrechte tot de minder bekende natuurreservaten. Hier is de Karoo met fantastische rotsformaties bijzonder spectaculair en de accommodatie behoort tot de mooiste door de staat beheerde van het land.

Er zijn hier meer dan 7000 plantensoorten geregistreerd. Er leefden niet veel dieren voor het park werd opgericht, alleen een paar bergrietbokken, reebokantilopen, koedoes en klipspringers. Met het herintroductieprogramma werd in 1979 begonnen. Allereerst werden 26 springbokken en acht witstaartgnoes uit het Mountain Zebra National Park overgebracht. In het jaar daarop volgden hartenbeesten, gemsbokken en bergzebra's. In 1993 liet men drie puntlipneushoorns vrij in een 80 km² groot omheind gebied. Het eerste kalf kwam in augustus 1995 ter wereld.

Tegenwoordig telt het Karoo National Park 64 zoogdier- en 59 reptielsoorten. Behalve de bovengenoemde behoren daartoe grootoorvossen en Kaapse vossen, jakhalzen, bavianen en meerkatten. Voor een zo droog gebied is de lijst van vogelsoorten met 194 soorten verrassend, waaronder de inheemse zwartkintrap *(Karoo korhaan)*, de Karooprinia *(Karoo prinias)*, de roodoorprinia *(rufouseared warbler)*, de kopjeszanger *(cinnamonbreasted warbler)* en de oeverpieper *(rockpipit)*. De steile rotswanden bieden ideale omstandigheden voor de zwarte arend *(black eagle)*, waarvan 20 broedparen in het park leven.

Ook een al 'uitgestorven' dier moet ooit weer door het park draven. De quagga was een ondersoort van de zebra die ten zuiden van de Orange- en de Vaal River leefde. Deze dieren werden genadeloos afgeknald en de laatste merrie stierf op 12 augustus 1883 in Artis in Amsterdam, vóór ook maar iemand

in een grote stad. Gordon Wright bereidt in deze culinaire oase zijn slow Karoofood met finesse. De kaart wisselt dagelijks en houdt rekening met wat het seizoen te bieden heeft. Wrights biologische Karoolamsvlees en wildgerechten zijn legendarisch. Driegangenmenu 350 rand.

Eenvoudige Karookeuken – **Pioneers Restaurant:** tel. 049 892 60 59, www.pioneersrestaurant.co.za. Traditionele Zuid-Afrikaanse keuken met het accent op vleesgerechten. Hoofdgerecht 80 rand.

# Van Bloemfontein naar het hart van de Karoo

*Van lagen leisteen gebouwd: koepelhuizen in Stuurmansfontein*

had beseft dat zij de laatste van haar soort was.

Bij genetisch onderzoek van quaggaweefsel afkomstig van de huid van opgezette dieren, ontdekten wetenschappers in het begin van de jaren 80 dat de quagga nauwer aan de steppezebra verwant was dan eerder werd aangenomen.

Anders dan zebra's hadden de bruine quagga's geen strepen op hun hele lijf, maar alleen op hun kop, hals en schouders. Enkele in het wild gevangen steppezebra's lijken sterk op sommige quagga-exemplaren in musea, waaruit blijkt dat in de huidige zebrapopulaties nog altijd quaggagenen huizen.

Van de echte quagga bestaan op de hele wereld nog 23 exemplaren – allemaal opgezet, een ervan is een twee weken oud veulen dat in het South African Museum in Kaapstad is te bezichtigen. In samenwerking met SA National Parks is er nu een quaggafokprogramma met enkele tientallen dieren die allemaal kenmerken van het uitgestorven ras bezitten.

# Karoo National Park

Het eerste bruine veulen moet nog geboren worden, maar wanneer dat zal zijn kan niemand voorspellen.

SA National Parks heeft zich in ieder geval vast voorgenomen om de 19e-eeuwse uitroeiing zo mogelijk ongedaan te maken. In het Karoo National Park lopen al enkele veelbelovende exemplaren rond.

Behalve de offroadroutes liggen er in het park ook twee korte geasfalteerde autowegen. Als u in de vroege ochtend of in de schemering over de **Lammertjiesleegte** in het zuidoosten (13 km) rijdt, hebt u grote kans om springbokken, gemsbokken, hartenbeesten en bergzebra's te zien. De andere weg loopt van de vlakte naar het middenplateau en eindigt achter de **Klipspringer Pass**. Het mooie, 12 km lange tracé over de pas wordt gesteund door stapelmuren waarvoor in totaal 7800 m³ rots is verplaatst.

## Informatie

Karoo National Park het hele jaar 5–22 uur geopend. Reservering accommodatie via

## OVERNACHTING IN EEN HISTORISCH KOEPELHUIS

De stilte is overweldigend. De volle maan werpt haarscherpe schaduwen op de grond. De haast onwerkelijk heldere lucht ruikt kruidig en fris. Als een reusachtige bijenkorf staat een voor de Karoo kenmerkend koepelhuis midden in het landschap. Uit de kleine raampjes schijnt een warm licht, binnen flakkeren kaarsen. De reusachtige schapenboerderij is eigendom van Piet en Charmaine Botha. Dit sympathieke jonge echtpaar heeft zojuist ruim 20 hobbelige kilometers van hun boerderij vandaan een overvloedige maaltijd en een fles Cabernet Sauvignon geserveerd. Nadat ze de waren in de vooravond uit hun pick-up hebben geladen, laten ze hun gasten weer met rust.

De Engelse term voor koepelhuizen is *corbelled houses* (letterlijk: huizen met kraagstenen). Jarenlang stonden ze leeg en raakten in verval tot de twee jonge boeren op het idee kwamen een heel bijzondere bed and breakfast te realiseren. De koepels werden weer opgebouwd en opnieuw gestuct.

De bijenkorfachtige gebouwen zijn ontstaan toen de Trekboeren, de eerste blanke kolonisten, met hun ossenwagens de Karoo binnentrokken om daar schapen te fokken. Behalve de platte leistenen was er geen bouwmateriaal voorhanden. De stenen werden in een cirkel gelegd, daarop kwam een volgende met een iets kleinere omtrek tot de laatste cirkel aan toe, die het geheel afsloot. Hier en daar lieten de huizenbouwers een stuk leisteen uitsteken om tijdens de bouw houvast voor hun voeten te hebben. De vensters waren klein en in een hoek aangelegd om de bewoners te beschermen tegen de pijlen van de San, eigenaren van het land waarin ze waren binnengedrongen. De meeste van deze huizen werden tussen 1851 en 1872 gebouwd, soms in groepjes van twee of drie en later verbonden met rechthoekige boerenhuizen.

De volgende dag nodigt Piet zijn gasten uit in zijn terreinauto om hen een deel van zijn boerderij te laten zien. Het terrein is onvoorstelbaar groot. Behalve schapen heeft de boer in de afgelopen jaren steeds meer antilopen uitgezet, die hier vroeger in grote aantallen voorkwamen. Zo'n 30 gemsbokken duiken uit het stof op als de auto dichterbij komt. Langs de verdere weg naar Williston en Fraserburg strekken zich steeds weer de karakteristieke koepels van de *corbelled houses* naar de blauwe hemel uit.

### Accommodatie

Magische plek – **Stuurmansfontein Corbelled House:** Charmaine & Piet Botha, tel. 053 382 60 97, 082 221 75 00, 072 352 80 70, stuurmansfontein@lantic.net. Het hele huisje voor maximaal twee volwassenen en twee kinderen kost 1100 rand per nacht. Op verzoek wordt er gezorgd voor ontbijt en/of diner.

---

**SA National Parks** in Pretoria, 643 Leyds St., Muckleneuk, tel. 012 426 50 00 of www.sanparks.org, ma.–vr. 9–16.45 uur, volw. 152 rand, kinderen 76 rand.

### Accommodatie

Gezinscottages en chalets – overnachten in acht **family cottages** (1500–1755 Rand voor 4 pers. inclusief ontbijt, een persoon extra 310 rand, max. zes personen) en tien **cottages** (1100–1380 rand voor twee personen, inclusief ontbijt, een persoon extra 290 rand, max. drie personen), verder 20 rietgedekte **chalets** (1000–1270 rand voor twee personen, inclusief ontbijt, een kind extra 135 rand, max. drie personen). Voor een nationaal park is de accommodatie buitengewoon comfortabel. Sympathiek restaurant, winkel, zwembad. Er is een **kampeerterrein** met 24 staanplaatsen, 205–275 rand voor twee personen, een persoon extra 72–76 rand, max. zes personen per staanplaats.

### Actief

Wandelen – u kunt verschillende korte wandelingen maken (kaarten bij de receptie). De drie dagen durende **Springbok Hiking Trail** slingert zich vanaf de vlakte omhoog tegen de Nuweberg en biedt daarbij een grandioos uitzicht op de bergen.

Terreinwagentochten – er zijn enkele **4 x 4 EcoTrails** voor terreinwagens in het park: de routes naar de **Nuweveld EcoTrail** (90 km) en de **Afsaal EcoTrail** (13 km) takken af van de Potlekkertjie Loop, aan het berijden ervan zijn geen extra kosten verbonden. Ongeveer 50 km van de Nuweveld Trail zijn gemakkelijk, met enkele steile, rotsachtige stukken en een paar over te steken, droge en zandige rivierbeddingen. De **Embizweni Cottage** is er voor bezoekers die langs de Nuweveld Trail willen overnachten. Deze compleet ingerichte cottage (gashaard, koelkast, lampen en een boiler op zonne-energie) biedt plaats aan 6 personen (920 rand voor 4 pers., iedere extra volw. 222 rand, kinderen 112 rand. Reserveren bij de parkreceptie: tel. 023 415 28 28). De **Kookfontein Loop** (7 km) en de **Sandrivier Loop** (7 km) takken af van de Nuweveld en Afsaal Loop en bieden meer offroadplezier.

## Mountain View ▶ 1, K 18

**Kaart:** blz. 268
Bij het verlaten van **Beaufort West** in noordelijke richting slaat de R 381 linksaf. Eerst is hij geasfalteerd en loopt over de **Molteno Pass** direct naar de bergketen de **Nuwefeld Mountains**. Daarna wordt hij stoffiger. Aan de rand van het plateau ligt **Mountain View**, een *camp* voor mensen die zelf koken buiten het Karoo National Park. De sleutel van het hek is bij de parkreceptie verkrijgbaar. Het uitzicht is hier adembenemend, vooral aan het eind van de middag als de rotsen in gloed staan. Wie boven overnacht, wordt beloond met een weergaloze sterrenhemel.

## Stuurmansfontein
▶ 1, H 16

**Kaart:** blz. 268
Op de N 1 is het 114 km van Beaufort West naar Prince Albert Road, waar de R 407 naar links afbuigt naar Prince Albert. Wie de Karoo in zijn ware eenzaamheid wil ervaren en in een van de bijzonderste accommodaties van het land wil verblijven, rijdt echter via Loxton, Carnarvon, Williston en Fraserburg, een afstand van 530(!) km, grotendeels onverhard en stoffig.

Over de fascinatie voor de Karoo is veel geschreven. In **Stuurmansfontein** 11 ten westen van **Carnarvon**, in *the middle of nowhere*, ziet u wat Zuid-Afrikanen bedoelen wanneer ze trots zijn op 'hun' Karoo. Hier vindt u een van de meest romantische verblijven van het land in een van de gerestaureerde historische koepelhuizen, zie Tip blz. 272.

### Informatie
**Tourist Information:** Hanau St., tel. 053 382 30 12, www.carnarvon.co.za. inlichtingen over bed and breakfasts, naast een klein museum met een nagemaakt *corbelled house* (koepelhuis).

### Accommodatie
Voordelig – **Meerkat Manor:** Visser St., tel. 053 382 32 71. Prettig hotel in de plaats zelf, dat ook in zijn geheel (met complete keuken en grill) kan worden gehuurd als u zelf wilt koken. 2 pk zonder ontbijt vanaf 600 rand.

# Door de Kleine Karoo

**Prince Albert is een van de mooiste dorpen van Zuid-Afrika. In de schilderachtige, liefdevol gerestaureerde huisjes wonen nu gepensioneerden uit binnen- en buitenland. De mooiste bergovergang van het land, de Swartberg Pass, leidt van Prince Albert naar de struisvogelmetropool Oudtshoorn.**

Na zoveel Karoorust brengt een van de belangrijkste verkeersaders van het land, de N 1, u met een schok terug in de werkelijkheid, zodra de eerste reusachtige Amerikaanse Macktruck met veel geraas voorbijdendert. Slechts 39 km verderop echter wijst een bord naar links u de weg naar Prince Albert, dat u na nog eens 45 km bereikt. De meestal verlaten rechte weg loopt direct op de Swartberge af en doet aan Amerikaanse *roadmovies* denken. Af en toe schiet een van de enorme varanen *(monitor lizards)* over het glimmende asfalt.

## Prince Albert ▶ 1, J 20

**Kaart:** blz. 275
**Prince Albert 1** is een gezellig, pittoresk Karoodorp uit de 19e eeuw met de charme van de oude wereld. Liefdevol gerestaureerde huisjes in Kaaps-Hollandse, victoriaanse en Karoostijl staan langs de hoofdstraat naast elkaar. Ze zijn vooral bij mensen die rust zoeken in trek. De prijzen van huizen en grond zijn sinds de millenniumwisseling vertienvoudigd in Prince Albert. Een interessant architectonisch kenmerk van deze huizen zijn de gevels die tussen 1840 en 1860 zijn gebouwd. De oude watermolen stamt uit 1850.

### Informatie
**Prince Albert Tourism Bureau:** Church St., tel. 023 541 13 66, www.patourism.co.za. Goede tips voor excursies, accommodatie en restaurants. Maar natuurlijk ook over lokale evenementen, zoals het beroemde oktoberfeest en het olijvenfestival.

### Accommodatie
Beste keus in de plaats – **De Bergkant Lodge & Cottages:** 5 Church St., tel. 023 541 10 88, www.debergkant.co.za. Prachtig gerestaureerd historisch gebouw aan de hoofdstraat van Prince Albert, een heel mooie tuin met zwembad, vijf ruim bemeten kamers met weldadig grote badkamers in het hoofdgebouw en nog vier elegante kamers in cottagestijl met bamboeplafonds in een dependance. Bovendien zijn er een ruim bemeten honeymoonsuite, twee heel grote zwembaden, een stoombad en een sauna. De eigenaar, Charles Roux, bekommert zich doorgaans persoonlijk om zijn gasten. 2 pk met ontbijt vanaf 2000 rand.

Historisch – **Onse Rus:** 47 Church St., tel. 023 541 13 80, www.onserus.co.za. In 1852 gebouwd historisch hotel met vijf mooi ingerichte kamers. Het ontbijt is bijzonder overvloedig met allerlei zelfgemaakte lekkernijen. 2 pk met ontbijt vanaf 950 rand.

Oud dorpshotel – **Swartberg Hotel:** 77 Church St., tel. 023 541 12 32, www.swartberg.co.za. De nieuwe eigenaren hebben dit oude, met veel antiek ingerichte, victoriaanse dorpshotel grondig gerenoveerd. Het resultaat is een mooi café, dertien kamers en vijf ronde hutten (rondavels) voor gezinnen in de tuin. 2 pk met ontbijt vanaf 850 rand.

### Eten en drinken
Tip voor fijnproevers – **The Olive Branch:** Mark St., tel. 023 541 18 21. De enthousiaste hobbykok Bokkie, die grappig genoeg sprekend lijkt op colonel Sanders, de oprichter van Kentucky Fried Chicken, kookt als hij tijd en

# Prince Albert

## Kleine Karoo

zin heeft. Het vaste menu is mediterraan beïnvloed en zijn woonhuis annex restaurant zit dan mudvol. De zaak is meestal twee dagen per week open. Pensions in het dorp reserveren van tevoren bij Bokkie voor hun gasten. Creditcards worden niet geaccepteerd. Menu 195 rand p.p.

Excentriek – **Karoo-Kombuis:** 18 Deurdrift St., tel. 023 541 11 10, ma.–za. van 19 uur tot 's avonds laat. Al ruim tien jaar lang hetzelfde menu? Dat is nu juist wat deze plek zo speciaal maakt. Drie oud-werknemers van South African Airlines leiden dit mini-restaurant met zes tafels in hun felkleurig gedecoreerde woonhuis. Geen acloholvergunning, maar u kunt drank naar wens meenemen. Traditionele gerechten als Karoolamsvlees en *chicken pie*. Geen creditcards en geen kinderen jonger dan 10 jaar. Hoofdgerecht vanaf 90 rand.

Erg lekker – **The Gallery Café:** 57 Church St., Seven Arches, eerste verdieping, tel. 023 541 11 97, www.princealbertgallery.co.za, dag. vanaf 18.30 uur. Een in een galerie gevestigd restaurant, waar in een vriendelijke, elegante sfeer dagverse lokale producten op tafel komen. Het menu wisselt dagelijks. Hoofdgerecht rond 100 rand.

Voedzaam – **The Swartberg Arms Steak House:** 77 Church St., tel. 023 541 13 32, www.swartberg.co.za. Hier komt de lokale bevolking om iets te drinken en voor een flink stuk vlees. Typische hotelkroeg met smakelijke maaltijden. Hoofdgerecht 75 rand.

Authentiek – **The Bush Pub:** Pastorie St., 600 m van de hoofdstraat, tel. 071 5 75 66 46, ma.–vr. 10–23, za., zo. 10–0 uur. Traditionele gerechten, meestal van de reusachtige braai. Deze pub is een bezienswaardigheid op zich: hout, riet en veel roestig metaal werd fantasievol gecombineerd – de origineelste kroeg in Prince Albert. Hoofdgerecht 60 rand.

Relaxed – **Lah-di-dah:** 6 a Church St., tel. 023 541 18 46. Dagelijks versgebakken brood. Dit kleine restaurant is ideaal voor kleine gerechten. De eigenaren verhuren ook een gezellige tweepersoonscottage met ontbijt voor 800 rand. Kleine gerechten rond 60 rand.

Lunch en tweedehandsspullen – **Prince Albert Country Store:** 46 Church St., tel. 023 541 10 77, ma., di., wo. 8–18, za. 8–15.30, zo.

Door de Kleine Karoo

## THE SHOWROOM THEATRE

Een voormalige showroom voor auto's midden in de Karoo werd getransformeerd tot een theater van wereldklasse. Het art-decogebouw werd stijlvol gerestaureerd en zou het in iedere grote stad goed doen. Nu is het een parel in Prince Albert. Probeer beslist een voorstelling te gaan zien; ook al zijn ze in het Afrikaans, ze zijn de entree dubbel en dwars waard. Tickets kunnen worden geregeld via de uitbaters van de accommodaties in de plaats. Contactgegevens: 43 Church Street, Prince Albert, tel. 053 541 15 63, www.showroomtheatre.co.za, Facebook: The Showroom Theatre.

9–15.30 uur. Colleen Penfolds quiches en in de oude Engelse Agaoven gebakken brood zijn net zo goed een bezoek waard als de dagverse salades en natuurlijk alle spullen die ze samen met haar man in haar winkel met tweedehandsspullen verkoopt. Alleen ontbijt en lunch, mooie tuin. Geen alcoholvergunning, wel zelfgemaakt appel- en gembersap. Kleine gerechten rond 50 rand.

## Gamkaskloof/Die Hel

▶ 1, H/J 20

**Kaart:** blz. 275
Ten zuiden van Prince Albert ligt een nauwe kloof, het begin van de **Swartberg Pass**. Door nauwe haarspeldbochten gaat het langs netjes gestapelde natuurstenen muurtjes omhoog. Om de zoveel tijd kunt u in een parkeerhaven even stoppen. Het bord dat naar rechts de richting aangeeft naar **Gamkaskloof** 2, waarschuwt voor de slechte toestand van de onverharde weg en het feit dat het eindpunt van deze omweg 50 km verderop ligt. Die moet u, als u niet in het dal overnacht, ook weer helemaal terugrijden.

Wie naar Die Hel wil, moet verduiveld goed kunnen autorijden. Dat geldt vooral voor de laatste 4 van de 37 km lange route naar **Die Hel**. De steile bochten in de weg die zich zonder vangrail naar het 1000 m lager gelegen dal stort, vragen enige moed en stuurmanskunst.

De officiële naam van het dal is Gamkaskloof, naar de rivier die daar stroomt. Waar de naam Die Hel vandaan komt, is niet helemaal duidelijk. Velen brengen hem in verband met de hitte die hier 's zomers heerst, al is het hier gemiddeld rond 2°C koeler dan in Oudtshoorn. De geïsoleerde ligging en de moeite die het kost om het dal binnen te komen, zijn een andere mogelijke verklaring van de naam. De eerste bewoners van het dal waren San, die op enkele rotsen hun kunstzinnige trancetekeningen hebben achtergelaten. Na hen kwamen de Trekboeren, die op hun zoektocht naar afgedwaald vee toevallig in het afgelegen dal terechtkwamen. Sinds 1830 volgden boeren, die afkwamen op de vruchtbare grond en de Gamka River die het dal doorsnijdt en het hele jaar water voert. Zo ontstond voor ongeveer honderd mensen een klein paradijs – waarvoor ze keihard moesten werken. Hun tijd werd volledig in beslag genomen met het voorzien in hun eigen behoeften. De enige buitenstaander die af toe over een steil pad, dat de 'ladder' werd genoemd, in het dal moest afdalen, was de vee-inspecteur, voor wie de in dierenhuiden geklede mensen halve wilden waren. Het was voor deze kleine gemeenschap een probleem om geschikte huwelijkspartners te vinden. Stamboomonderzoek weersprak weliswaar de steeds weer aangevoerde inteelttheorie, maar neven en nichten die trouwen, zijn wel nauw met elkaar verwant.

De dichtstbijzijnde stad was Prince Albert, en daar trokken de dalbewoners met hun ezels naartoe om hun rozijnen, sinaasappels, gedroogde vruchten en vijgen te verkopen of tegen meel, suiker en zout te ruilen. Ze waren niet erg geliefd vanwege hun wilde uiterlijk, dat steeds meer aan legendevorming bijdroeg. In de vroege jaren 60 werd de weg aangelegd. Enkele boeren waren blij met hun nieuwe mobiliteit, anderen verlangden terug naar de dagen van isolement. De weg betekende op den duur het eind van de gemeenschap. Jonge mensen trokken naar de steden, oude mensen stierven. In 1991 verliet de laatste bewoner het dal. De meeste van de achtergebleven, ruim 20 huisjes zijn nu onbewoond. Enkele zijn gerestaureerd door het bestuur van de natuurbescherming, dat een groot deel van het land gekocht heeft en tot reservaat heeft uitgeroepen om cultuur en natuur in deze regio te beschermen.

Een anekdote tot besluit. Op een dag vroeg een groep toeristen de boer van het eerste huis bij de ingang van het dal of dit de weg naar Die Hel was. Hij antwoordde: 'Mister, mijn Bijbel vertelt me dat de weg naar de hel breed en vlak is en dat er veel mensen overheen trekken; de weg naar de hemel is daarentegen smal en rotsig. Wel, de weg die voor jullie ligt, is smal en rotsig.'

# ✽ Swartberg Pass

▶ 1, J 20

**Kaart:** blz. 275

Als u terug bent op de weg naar de pas, begint het spectaculairste deel van de **Swartberg Pass**. De in 1888 geopende bergovergang behoort tot de mooiste van Zuid-Afrika. Hij is onverhard, maar kan als het droog is, goed met een personenauto worden bereden. De beroemde Zuid-Afrikaanse passenbouwer Thomas Bain heeft de 24 km lange weg, die zich tot 1585 m omhoogslingert, met inzet van 220 dwangarbeiders aangelegd. Ongeveer 6 km na de afsplitsing naar Gamkaskloof/Die Hel slingert de weg zich langs de hellingen van het dal dat de Dorps River in de rotsen heeft uitgesleten. Steeds weer komen de indrukwekkende stapelmuren die Bains heeft laten bouwen in het zicht.

In de laatste scherpe bocht ligt **Droewaterval**, een waterval die, zoals de naam al zegt, meestal droog staat, maar in de regentijd des te heftiger tekeergaat. In de nabijheid liggen de ruïnes van de vroegere gevangenis,

*Voor een tocht naar Die Hel is goede stuurmanskunst vereist*

## EEN NACHT IN DE HEL (DIE HEL)

Wie een reis naar de hel wil maken, kan er ook overnachten. In Gamkaskloof vindt u gerestaureerde, historische boerenhuizen voor mensen die zelf koken, naast een mooi kampeerterrein bij de ingang van het dal. De huisjes zijn genoemd naar hun vroegere eigenaren. U kunt reserveren via Swartberg Nature Reserve, George Reservation Office, tel. 044 802 53 10, www.capenature.co.za, toegang *(conservation fee)* volwassene 40 rand, kind 20 rand.

**Snyman se huis:** deze gerestaureerde, traditionele cottage, waar ooit Martiens en Sannie Snyman woonden, is van alle gemakken voorzien. Het staat aan de Gamka River en biedt een spectaculair uitzicht op de kloof. Het huis, dat oorspronkelijk uit slechts één kamer bestond, werd in de jaren 1880 door Sannie's vader Piet van baksteen gebouwd en later uitgebreid. Er zijn drie slaapkamers, waarin maximaal zes personen onderdak vinden. De badkamer heeft warm water, een wastafel, douche en toilet, de keuken een gasfornuis, een houtbrander en een spoelbak met warm water. Kosten: 950 rand (een tot vier personen, 240 rand voor een extra persoon, maximaal zes personen); in het hoogseizoen: 1425 rand voor een tot zes personen.

**Koort Kordier:** deze compleet ingerichte en gerestaureerde historische cottage was vroeger van Koort en Hettie Kordier en is het 'nieuwste' huis in het dal. Het werd in 1962 gebouwd na aanleg van de weg, toen het gemakkelijker was om bouwmateriaal, zoals stalen ramen en golfplaat, naar de kloof te vervoeren. Kosten: vanaf 800 rand (een tot vier personen, vanaf 200 rand voor iedere extra persoon, maximaal zes personen).

**Sankie Marais House:** deze cottage met vier kamers voor zes tot acht personen is ook volledig ingericht. Sankie, wier meisjesnaam Pretorius was, kwam als onderwijzeres naar het dal en ontmoette er haar latere man Andries. Het oorspronkelijk als school gebruikte gebouw werd na de bruiloft uitgebreid. Kosten: vanaf 800 rand (een tot vier personen, vanaf 200 rand voor iedere extra persoon, maximaal acht personen).

**Freek & Martha:** deze volledig ingerichte cottage ligt naast een kunstmatige dam waar gasten heerlijk kunnen zwemmen. Het huis bestaat uit twee samengevoegde appartementen. Jan Marais bouwde het kleinste deel eind 19e eeuw, later breidde hij het uit. Toen zijn zoon Piet met echtgenote Bellie in het kleinste deel trok, werd het huis zo verbouwd dat beide gezinnen een eigen keuken en woonkamer hadden. Piets zoon Freek en diens vrouw Martha waren de laatste bewoners, voordat het huis in de jaren negentig aan de Cape Nature Conservation werd verkocht. De trapgevel maakte geen deel uit van het originele gebouw, maar werd later, net als het golfplaten dak, door Freek toegevoegd, nadat een brand in de jaren 1960 het strodak had verwoest. Kosten: vanaf 800 rand (een tot vier personen).

**Skool Meester Huis:** deze volledig ingerichte cottage voor mensen die zelf willen koken, staat naast de oude school. Het werd in 1938 gebouwd en fungeerde als schoolmeestershuis tot de school in 1980 zijn deuren sloot. Beide gebouwen werden in 2001 gerestaureerd. Voor de aanleg van de weg in 1962 werd normaal gebruik gemaakt van houten luiken

## Schoemanspoort en omgeving

in plaats van vensterglas, omdat glas zeer moeilijk aan te voeren was. Voor dit huis hebben de dalbewoners echter glazen ruiten over alle obstakels gedragen. Hier kunnen een tot maximaal drie personen slapen. Het huis kost het hele jaar door vanaf 650 rand.
**Piet & Bellie:** deze volledig ingerichte, gerestaureerde cottage is onderdeel van het Trappiesgewelcomplex, naast het huis van Freek en Martha. Hier kunnen een tot maximaal drie personen slapen. Ook deze cottage kost het hele jaar door vanaf 650 rand.
**Bush Shelter:** De in 2003 gerenoveerde 'boshut' ligt aan het eind van het dal en is gebouwd van rietgras en hout. Met grill op de binnenplaats en twaalf bedden in een soort slaapzaal, ideaal voor groepen. Kosten: vanaf 300 rand (een tot vier personen, vanaf 80 rand voor iedere extra persoon, maximaal twaalf personen).

waarin de dwangarbeiders 's nachts werden opgesloten.

De reusachtige rotsformaties van de Cape Folded Mountains, de Kaapse Gevouwen Bergen, zijn ongeveer 400 tot 500 miljoen jaar geleden ontstaan. Eerst zette zich de ene na de andere sedimentlaag af in een groot bekken, wat een geweldige druk op de aardkorst tot gevolg had, waardoor deze uiteindelijk brak. De enorme vrijgekomen energie kantelde de horizontale zandsteenlagen voor een deel en deed bizarre bogen ontstaan. Om passanten de gelegenheid te geven deze geologie en de fynbosvegetatie in alle rust te bekijken, werden langs de weg enkele picknickplaatsen en uitzichtpunten aangelegd. Boven op de pas kijkt u ver uit over de Kleine Karoo tot aan de Outeniquabergen, waarachter de Garden Route en de zee schuilgaan.

# Schoemanspoort en omgeving ▶ 1, J 20

**Kaart:** blz. 275
Na een stoffig begin gaat de steenslag over in asfalt en loopt de weg vol bochten verder door het met steile rotswanden omgeven dal van de **Schoemanspoort**.

## Cango Caves
*29 km ten noorden van Oudtshoorn, tel. 044 272 74 10, www.cango-caves.co.za, dag. geopend, beslist vooraf aanmelden, standaardrondleiding (60 min.) ieder uur 9–16 uur, volw. 85 rand, kinderen 50 rand; avontuurlijke rondleiding (90 min.) ieder uur 9.30–15.30 uur, volw. 105 rand, kinderen 65 rand*

De **Cango Caves 3** worden door kenners tot de mooiste druipsteengrotten ter wereld gerekend. Vooral de avontuurlijke rondleiding (niet voor mensen die last hebben van claustrofobie) brengt bezoekers in vervoering. Het is nauwelijks te geloven dat de grotten wegens mismanagement een tijd lang gesloten zijn geweest. Vandaag de dag zijn ze weer een belangrijke bezienswaardigheid en de gerenoveerde toeristische infrastructuur bij de grotten is nu van internationaal niveau. Er worden rondleidingen gegeven in diverse talen.

## Cango Wildlife Ranch
*Aan de R 328, 3 km ten noordoosten van Oudtshoorn, tel. 044 272 55 93, www.cango.co.za, volw. 140 rand, kinderen van 4–13 jaar 90 rand; jachtluipaarden aaien volw. 180 rand, kinderen 120 rand, vanuit een kooi krokodillen observeren 350 rand, voor kinderen vanaf 10 jaar; slangen vasthouden volw. 180 rand kinderen 120 rand*

Niet minder interessant is ook de vlak voor Oudtshoorn aan uw rechterhand gelegen **Cango Wildlife Ranch 4** met jachtluipaarden die u mag aaien en luipaarden, leeuwen, krokodillen en andere Afrikaanse en Aziatische roofdieren in riant aangelegde buitenverblijven. Een speciale attractie zijn de witte Bengaalse tijgers. Als er jachtluipaardjes zijn geboren, mogen ook kinderen (vanaf 10 jaar) bij ze in hun kooi. In de **Valley of Ancients**

# OP DE MOUNTAINBIKE OVER DE SWARTBERG PASS EN DE DIE HEL PASS

## Informatie
**Begin:** Prince Albert of Oudtshoorn
**Lengte:** 57 km heen of terug (Prince Albert naar Die Hel); **Duur:** 1 of meer dagen
**Moeilijkheidsgraad:** gemiddeld tot zeer zwaar.
**Aanbieder:** Dennehof Tours (tel. 082 456 88 48, www.dennehof.co.za); Eden Mountainbiking (tel. 082 800 64 56, http://edenmountainbiking.co.za; Mountain Biking Africa (tel. 082 783 83 92, www.mountainbikingafrica.co.za)
**Belangrijk, kosten:** extreme hitte in de zomer en extreme kou in de winter. De rit bergaf van de Swartberg Pass kost 350 rand p.p (inclusief mountainbike, handschoenen, helm, bidon, transport naar boven); huur mountainbike 200 rand per dag.
**Kaart:** blz. 275

De hier geschetste mountainbiketochten behoren tot het type waarbij de 'mountain' inderdaad een hoofdrol speelt. In het Karoodorp **Prince Albert** 1 gaat u van start – eerst over glad asfalt. Ongeveer 3 km buiten het plaatsje wijst een bord naar rechts, naar de **Swartberg Pass**. Vanaf dit punt ligt er alleen nog steenslag en gaat het bergop, steil bergop, genadeloos – zo'n 18 zware kilometers lang! Hierna wordt de weg steeds vlakker. De route voert naar een soort plateau tot de afsplitsing naar **Gamkaskloof (Die Hel)** 2 . Wie hier rechts afslaat, moet wel weten dat dit deel van de tocht naar de 'hel' alleen geschikt is voor goed getrainde mountainbikers.

Na zo'n 50 km over deels slechte steenslagwegen, onbarmhartige hellingen omhoog en steile haarspeldbochten naar beneden, knalt de weg tot slot recht omlaag het dal in. Extreem weer en hellingen van bij elkaar ongeveer 3600 m heen en terug maken deze tocht tot een krachtproef. Bij het toeristenbureau, enkele guest houses en Dennehof Tours in Prince Albert kunt u wel van tevoren regelen dat uw fiets wordt opgehaald uit Die Hel, zodat u de lijdensweg maar één keer hoeft te ondergaan. Wie wel heen en terug wil fietsen, blijft in Die Hel overnachten.

Er is een nog zwaarder alternatief voor mountainbikers om in Die Hel te komen. Deze route gaat over de 4x4 Eco-Trail. Meer informatie daarover is te krijgen bij Cape Nature Conservation (www.capenature.co.za). Weer een ander tracé vanuit Prince Albert is snel en tamelijk vlak, het loopt van het dorp naar de **Gamkapoort Dam**. Deze aangename tocht voert langs de voet van de Aasvoëlberge en steekt daarna de Gamka River over, waar de ondergrond zanderiger wordt. U rijdt door de poorten van enkele boerenbedrijven naar het natuurreservaat dat rond het stuwmeer ligt. Deze tocht van 40 km (heen of terug) valt in de categorie middelzwaar.

Wie alleen plezier zoekt, boekt een downhill trip bij organisatoren die deze aanbieden (zie boven). In dat geval worden de mountainbikes helemaal naar boven de Swartberg Pass opgevoerd en doet bij de afdaling de fiets het werk voor u. Vroeger maakten fietsers grote takken aan hun rijwiel vast om hun vaart te temperen, tegenwoordig razen ze veilig met hun helm in een stofwolk naar beneden. De Prince Albertvariant, dus vandaar naar boven en weer terug, is landschappelijk gezien veruit de aantrekkelijkste.

Elk jaar in november vindt de **mountainbikerace 'To Hell and back'** plaats. Deze begint bij het De Hoek Holiday Resort bij de **Cango Caves** 3 (zie blz. 279 en 284) en eindigt in Gamkaskloof (Die Hel). Het is een race met overnachting – 60 km heen of terug, met maximaal 400 deelnemers. Wel moet u voor deze race uw eigen fiets meenemen. Veel vliegmaatschappijen vervoeren fietsen voor een voordelig vrachttarief (www.tohellandback.co.za).

kunt u zelfs duiken met 4 m lange krokodillen – een van de nieuwste activiteiten voor adrenalineverslaafden in Zuid-Afrika. Omdat krokodillen mensen van nature als eten zien, worden bezoekers onder water door een kooi tegen hun aanvallen beschermd.

## Rond de Swartberg Pass ▶ 1, J 20 – K 20

**Kaart:** blz. 275

Soms is de onverharde Swartberg Pass vanwege sterke regen- of zelfs sneeuwval enige tijd afgesloten. In dat geval raden we aan de volgende, geasfalteerde alternatieve route te nemen, die eveneens door een prachtig landschap voert, alleen wat minder avontuurlijk is dan de pas zelf.

Komend van Prince Albert, laat u de zandweg die zich naar de Swartberg Pass afsplitst, rechts liggen en volgt u de R 407 verder naar het oosten, waar deze na 42 km de N 12 bereikt. Hij loopt door de indrukwekkende **Meiringspoortkloof** 5 naar het plaatsje De Rust (33 km). In de nauwe canyon, met zijn rode rotsen, vindt u om de zoveel tijd mooie parkeerhavens met toiletten, zoals ze verder alleen in luxe *lodges* voorkomen. **De Rust** 6 is weer zo'n karakteristiek rustig Karooplaatsje dat nog maar onlangs door het toerisme is ontdekt. Vanhier is het over de N 12 nog een gemakkelijk te rijden afstand van 35 km naar Oudtshoorn.

### Accommodatie

Rustiek en gezellig – **Die Gat:** Middleplaas, R 341, 7 km ten oosten van De Rust, tel. 044 241 24 06, www.diegat.co.za. Rustig gelegen Karoofarm uit het begin van de 19e eeuw, al vier generaties lang in het bezit van de familie Schoeman. U overnacht in vier gezellige, met antiek ingerichte kamers of in een verbouwde, originele ossenwagen, precies zoals de Boeren hem gebruikten toen ze het binnenland in trokken. Mooi rotszwembad, zelfgemaakte, traditionele gerechten. 2 pk met ontbijt vanaf 900 rand.

## Oudtshoorn
▶ 1, J 20/21

**Kaart:** blz. 275

Al aan het eind van de 19e eeuw was Oudtshoorn een centrum van de struisvogelfokkerij en nog altijd zijn er overal in de omgeving struisvogelfarms te vinden. De reusachtige loopvogel (hij kan niet vliegen) heeft de Karoostad **Oudtshoorn** 7 roem en rijkdom gebracht. In een tijd waarin struisveren zeer kostbaar waren, kwam deze plaats tot ontwikkeling en ontstonden de prachtige struisvogelpaleizen, die een afspiegeling waren van het grote geld dat kwam binnenrollen (voor meer over struisvogels zie blz. 34).

In het **C.P. Nel Museum**, genoemd naar zijn oprichter Charles Paul Nel, in wiens oude school het is ondergebracht – komen geïnteresseerde bezoekers meer te weten over het verleden van de stad (hoek Voortrekker Rd./3 Baron van Rheede St., tel. 044 272 73 06, www.cpnelmuseum.co.za, ma.–vr. 8–17, za. 9–13 uur, zo. op afspraak).

# Oudtshoorn

## Informatie

**Oudtshoorn Tourism Bureau:** Baron van Rheede St., rechts naast het C.P. Nel Museum, tel. 044 2 79 25 32, www.oudtshoorn.com. Reserveren van B&B's en hotels en informatie over struisvogelfarms in de omgeving.

## Accommodatie

Rozentuin – **Rosenhof Country House:** 264 Baron van Rheede St., tel. 044 272 22 32, www.rosenhof.co.za. Dit stijlvol gerenoveerde, victoriaanse landhuis met zijn kostbare geelhouten vloer en balken werd in 1852 gebouwd. De antieke meubels versterken het historische karakter en het huis doet zijn naam eer aan: de rozentuin is werkelijk heel mooi. Twaalf kamers, twee suites, kinderen vanaf twaalf jaar. Goede keuken, wellnesscentrum. 2 pk met ontbijt vanaf 2500 rand.

Stijlvol – **Altes Landhaus Country Lodge:** ongeveer 15 km buiten de stad, richting Cango Caves, tel. 044 272 61 12, www.altesland haus.co.za. Nog een bijzonder stijlvolle mogelijkheid om in de struisvogelmetropool te overnachten. De eigenaars bieden luxueuze kamers aan (inclusief een Honeymoon Suite), een zwembad en diner op verzoek. Pool-, Patio-, Garden-, Executive en Honeymoon Suites 3100 rand; de twee luxesuites in een apart gebouw kosten vanaf 2200 rand.

Het safarigevoel – **Buffelsdrift Game Lodge:** rechts van de R 328 richting Cango Caves, 7 km buiten Oudtshoorn, tel. 044 272 00 00, www.buffelsdrift.com. Zo dicht bij Oudtshoorn is Buffelsdrift een verrassend professionele (en in deze omgeving natuurlijk malariavrije) wildbelevenis tijdens een tocht in een open landrover met een deskundige ranger. Als u een van de luxetenten bij het stuwmeer boekt, die in de zomer veel koeler zijn dan die erachter, kunt u de nijlpaarden beter zien. De olifantenshow mag u niet missen, waarbij drie babyolifantjes voetballen en in het water poedelen. 2 pk met ontbijt vanaf 1960 rand.

Keurig stadshotel – **Queen's Hotel:** Baron van Rheede St., tel. 044 272 21 01, www.queenshotel.co.za. Mooi gerestaureerd, helaas vaak door reisgezelschappen gebruikt, 40 kamers. 2 pk met ontbijt vanaf 1000 rand.

Afrikaanse ambiance – **Shades of Africa:** 238 Jan van Riebeeck Rd., tel. 044 272 64 30. Sympathieke B&B met Afrikaanse ambiance, vijf kamers. 2 pk met ontbijt vanaf 900 rand.

Historisch pand – **Adley House Bed & Breakfast:** 209 Jan van Riebeeck Rd., tel. 044 272 45 33, www.adleyhouse.co.za. Gezellige, midden in de stad gelegen B&B met een zeer vriendelijke eigenares, overvloedig ontbijt. 2 pk met ontbijt vanaf 1430 rand.

Fraaie ligging – **Montana Guest Farm:** aan de R 328 naar Schoemanshoek, 14 km van Oudtshoorn, tel. 044 272 77 74, www.monta naguestfarm.co.za. Gerenoveerde 18e-eeuwse boerenhoeve; de Duitse eigenaren bieden onderdak aan in een van de vijf suites, die elk een eigen ingang hebben. In drie suites is een open haard aanwezig; zwembad, kinderen welkom, zeer goede prijs-kwaliteitverhouding. 2 pk met ontbijt vanaf 860 rand.

Oud paleis – **Foster's Manor:** Voortrekker Rd., tel. 044 279 26 77, www.fostersmanor.co.za. Ruim honderd jaar oud struisvogelpaleis met enorm grote kamers, waarin het soms schijnt te spoken. 2 pk met ontbijt vanaf 700 rand, in de winter vanaf 550 rand.

Chalets en camping – **Kleinplaas Holiday Resort:** 171 Baron Van Rheede St., tel. 044 272 58 11, www.kleinplaas.co.za. Buiten Oudtshoorn, richting Cango Caves gelegen kampeerterrein met chalets waarin u zelf kunt koken. Chalets 450–950 rand, caravan- of tentplaats vanaf 300 rand.

**Calitzdorp Spa:** halverwege tussen Oudtshoorn en Calitzdorp gelegen, tel. 044 213 33 71, www.calitzdorpspa.co.za. Overnachten op een kampeerterrein met 36 staanplaatsen voor tenten of caravans of in chalets bij de **geneeskrachtige warmwaterbronnen**, die een zwembad voeden. Chalets voor mensen die zelf willen koken vanaf 500 rand, caravanplaats op de camping 155–285 rand.

*Adembenemend landschap:*
*de Meiringspoortkloof*

# GROTWANDELING DOOR DE CANGO CAVES

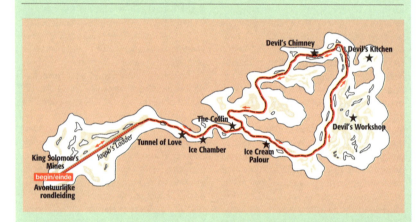

## Informatie
**Begin:** Cango Caves, ten noorden van **Oudtshoorn** 7
**Beste tijd:** hele jaar, dag. 9.30–15.30 uur, tochten elk uur op het halve uur
**Duur:** 90 minuten

**Reservering:** Cango Caves, Oudtshoorn, tel. 044 272 74 10, www.cangocaves.co.za
**Kosten:** volw.100 rand, kinderen 60 rand
**Belangrijk:** vanwege de populariteit van deze tochten beslist op tijd reserveren, liefst thuis al via internet voordat u op reis gaat.
**Kaart:** boven en blz. 275

De **Cango Caves** 3 zijn de enige druipsteengrotten in Afrika, die behalve standaardrondleidingen ook zogenoemde Adventure Tours, avontuurlijke tochten aanbieden. Ervaren grotgidsen, desgewenst ook Nederlandstalig, begeleiden de kleine groep. De Adventure Tour heeft hetzelfde beginpunt als de standaardrondleiding, maar dringt dieper in het grotsysteem door. Aan het einde van de standaardrondleiding kunnen bezoekers een avontuurlijke afdaling maken van een half uur, die in geen geval geschikt is voor mensen met claustrofobie (of een flinke bierbuik). Want de doorgangen zijn smal, zeer smal.
Eerst neemt u de **Jacobs-Leiter** met ruim 200 treden naar de Grand Hall, vandaar gaat u door de 'Avenue' en de **Lumbago Alley**, wat heel toepasselijk Rugpijnstraat betekent. Aan het einde van de Grand Hall komen bezoekers langs **Lot's Chamber**, waar een verzameling stalagmieten symbool staan voor de Bijbelse Lot met zijn beide dochters en zijn vrouw, die omkeek en in een zoutpilaar veranderde. Naast het uitzichtsplatform staat de holle stalagmiet **King Arthur's Thron**.

Oudtshoorn

Aan het andere einde van de Avenue begint de al genoemde Rugpijnstraat. De lengte ervan is 85 m, het plafond is zeer laag, over een stuk van 28 m niet hoger dan 1,2 m. Zodra u de tunnel hebt verlaten, ziet u draadvormige kristallen aan het plafond en in de kleinere grotten. Het plafond van het **Crystal Palace** is opgesierd met hangende kristalformaties, die eruitzien alsof ze van ijs gemaakt zijn. Dankzij een schijnsel aan uw linkerhand kunt u een doorzichtige kristalgang onderscheiden. In de volgende grot passeren de deelnemers een nog altijd aangroeiende druipkaarsachtige zuil in zachte goudtinten. Traptreden leiden vervolgens naar de kelderachtige ruimtes van de **King Solomon's Mines**. Deze grot wordt zo genoemd vanwege een formatie aan het plafond, die lijkt op een corpulente koning met baard die een kroon van kristal draagt. Zijn troon staat op een omgekeerde protea, de nationale bloem van Zuid-Afrika. Naast de troon hangt, tot groot plezier van alle kinderen, een reusachtige hoorn met ijs. Een ijzeren ladder leidt naar boven naar het unieke grotavontuur van de **Devil's Chimney** (Schoorsteen van de Duivel). Maar eerst moet u door de **Tunnel of Love** (Tunnel van de Liefde) kruipen, een lage, slechts 74 cm hoge passage, die aan het eind ook maar 30 cm breed is, waardoor u in een 'liefdevolle omarming' belandt, vooral als het ontbijt wat overdadig is uitgevallen. Deze tunnel leidt naar de **Ice Chamber** (IJskamer) en meteen daarna naar de **The Coffin** (De Doodskist), een zeshoekig gevormde opening in het gesteente, die toegang geeft tot de **Ice Cream Parlour** (IJssalon) en de veelkleurige schoonheid van het **Devil's Workshop** (Atelier van de Duivel).

Het vervolg van de weg leidt over een steile bult naar de **Devil's Kitchen** (Duivelskeuken). De gids wijst naar een smalle spleet in de wand. Maakt hij een grapje? Nee, hier gaat u inderdaad doorheen. Achter de opening zit een steile schacht van zo'n 45 cm doorsnee, die ongeveer 3,5 m naar boven leidt. Boven is licht te zien. Mopperend, kreunend en overdreven giechelend baant de een na de ander zich een weg naar boven naar een grotkamer. Gehaald. Maar nog niet helemaal, want de hiernavolgende opening is nog weer smaller, slechts 27 cm – en de enige weg naar buiten.

Sommige gidsen adviseren eerst uw hoofd door de smalle doorgang te persen, een soort wedergeboorte-ervaring, als u aan het einde van de smalle spleet weer het licht ziet. Het alternatief is eerst de voeten door de spleet te steken en u daarna langzaam naar beneden te laten glijden naar de plaats die het verst van het begin van de tocht verwijderd is.

Een korte klimpartij leidt terug naar de Coffin, daarna door de Ice Chamber en de Tunnel of Love, de ijzeren trap af naar de King Solomon's Mines en de route terug naar de ingang en het welkome licht aan het einde van de tunnel.

## Eten en drinken

Malse steaks – **The Colony at the Queen's Hotel:** Queen's Hotel, tel. 044 279 24 14, www.queenshotel.co.za. Diner 18–23 uur. Stijlvol en goed, uitgebreide wijnkaart, malse steaks en natuurlijk het kruidige Karoolam. Hoofdgerecht 75–140 rand.

Goede landelijke keuken – **Jemima's:** 94 Baron van Rheede St., tel. 044 272 08 08, www.jemimas.com, 11–17 uur en 18 uur tot laat. Landelijke Karookeuken in stijlvol ingericht restaurant met tuin. Hoofdgerechten 120–190 rand.

## Actief, winkelen

Kameelrijden – **Camelrides at Wilgewandel:** 2 km voor de Cango Caves, tel. 044 272 08 78, www.wilgewandel.co.za. Heel geschikt voor reizigers met kinderen die hier een kinderboerderij en sprookjebos aantreffen. De kameelritten zijn ook voor volwassenen bedoeld. Volw. 50 rand, kinderen 30 rand. Grote **souvenirwinkel**, die niet alleen rommel verkoopt, het restaurant is minder aan te bevelen, de geboden struisvogelvleesgerechten, ook de *ostrich burger*, vallen tegen.

## Door de Kleine Karoo

Een struisvogelfarm bezoeken – **Highgate Ostrich Show Farm:** Oudtshoorn, tel. 044 272 71 15, www.highgate.co.za; **Safari Ostrich Farm:** Oudtshoorn, tel. 044 272 73 12, www.safariostrich.co.za. Van de na de rondleiding aangeboden struisvogelritten kunt u beter afzien, het is dierenmishandeling. Souvenirwinkels met producten van struisvogelleer en -eieren.

## Agenda

**Klein Karoo National Arts Festival:** eind mrt./begin apr.. Zeer populair, jaarlijks georganiseerd kunstfestival in Oudtshoorn. Tel. 044 203 86 00, Informatie en programma op www.kknk.co.za.

## Vervoer

**Trein:** de wekelijks rijdende Southern Cross, tussen Kaapstad en Port Elizabeth, stopt in Oudtshoorn.
**Bus: Translux** (www.translux.co.za) verbindt Oudtshoorn via de zogeheten Mountain Route 3x per week met Kaapstad, Montagu (alleen standby), Knysna (alleen standby) en Port Elizabeth. **Intercape** (www.intercape.co.za), **Greyhound** (www.greyhound.co.za) en **Translux** stoppen in Oudtshoorn op hun route tussen Knysna (Intercape gaat tot Plettenberg Bay) en Johannesburg–Tshwane (Pretoria). Tussenstops in Bloemfontein en Kimberley.

*Struisvogels hebben Oudtshoorn welvaart gebracht*

## Calitzdorp en Amalienstein ▶ 1, J/H 20

**Kaart:** blz. 275

In **Calitzdorp** 8 ziet u de eerste wijngoederen al: de Kaap is nu niet ver meer. Natuurlijk groeien hier door de vaak verzengende hitte geen prijzen winnende Chardonnay's, maar de plaatselijke witte port is zeker niet te versmaden. De Duitse missionarissen die het missiestadje **Amalienstein** 9 met de gelijknamige kerk stichtten, waren een godsgeschenk. En wie geluk heeft treft er de pastoor aan, die de kerk opendoet. Maar het gebouw is ook van buiten heel mooi en uiterst fotogeniek.

## Matjiesfontein en omgeving

### Accommodatie

In de rode bergen – **Red Mountain Private Nature Reserve:** tussen Calitzdorp en Oudtshoorn, aan de R 62, afrit Kruisrivier, 6 km goede wegen, tel. 044 213 36 15, www.redmountain.co.za. Spectaculair gelegen tussen de rode rotsen; ruime, smaakvol in countrystijl ingerichte kamers met grote badkamers met victoriaanse badkuip en dubbele douche; grote tuin en het langste privézwembad van Zuid-Afrika; een droomhotel. 2 pk met ontbijt 1200–2000 rand.

Rustige ligging – **The Retreat at Groenfontein:** 20 km (onverharde weg) ten oosten van Calitzdorp, tel. 044 213 38 80, www.groenfontein.com. Grant en Marie Burton hebben deze oude, afgelegen farm en het victoriaanse herenhuis prachtig verbouwd. De gasten kunnen kiezen uit vijf fraaie kamers en twee luxekamers in het weversshuisje met open haard en eigen terras – een van de rustigste en meest romantische overnachtingsmogelijkheden (inclusief diner) in Zuid-Afrika. Vier luxueuze kamers in cottages bezijden het hoofdgebouw. De wandelingen door de ongerepte natuur aan het eind van Groenfontein Valley zijn overweldigend. 2 pk met ontbijt 1220–2080 rand.

Historisch huis – **The Port Wine Guest House:** Calitzdorp, 7 Queen St., tel. 044 213 31 31, www.portwine.net. B&B in een pand uit 1830, in het restaurant (diner alleen op afspraak) wordt een Karoomenu geserveerd met specialiteiten uit de streek. 2 pk met ontbijt vanaf 850 rand.

## Matjiesfontein en omgeving ▶ 1, G 20

**Kaart:** blz. 275

Vanuit Amalienstein kunt u uit twee verschillende routes naar Montagu kiezen: of via het Engelse gehucht Matjiesfontein, met een uitstapje naar de grootste sterrenwacht van het zuidelijk halfrond in Sutherland of over de meest Amerikaanse *highway* van Zuid-Afrika, Route 62 (zie blz. 290).

Door de indrukwekkende kloof van **Seweweekspoort Pass** 10 rijdt u over een stoffige

*Door de Kleine Karoo*

zandweg langs spectaculair geplooide lagen rood gesteente. De in 1862 aangelegde weg was ooit de eerste die door boeren gebruikt werd om de Swartberge over te steken. Halverwege de kloof vindt u een mooie picknickplaats. Vlak na de **Rooinek Pass** komt u in **Laingsburg** weer op de N 1, die naar het gehucht **Matjiesfontein** 11 gaat, een typisch Engels kleinood midden in de woestijn met slechts een handjevol inwoners, een victoriaans station en museum, een oldtimermuseum, een originele pub en het inmiddels wat bejaard geworden, maar wel heel bijzondere Lord Milner Hotel (zie Accommodatie). Matjiesfontein speelde een voortrekkersrol in Zuid-Afrika: hier beschikte men als eerste over elektrisch licht en spoeltoiletten.

### Accommodatie

Mr.-Beansfeer – **Lord Milner Hotel:** tel. 023 551 30 11, www.matjiesfontein.com. Prachtig victoriaans pand, de kamers met balkon en uitzicht op het station zijn groter en mooier. Aangrenzend vindt u de Lairds Arms Victorian Country Pub met bier van de tap. 2 pk met ontbijt vanaf 900 rand.

## Sutherland en SALT-sterrenwacht

▶ 1, G 18/19

**Kaart:** blz. 275
Van Matjiesfontein gaat de R 354 naar het noorden en 129 km rechtdoor naar **Sutherland** 12. Het is een prachtige weg, met vloeiende bochten, en vooral in de vroege ochtend of late middag, als het warme zonlicht over het Karoolandschap valt, een genot. Hier zijn vaak Europese autofabrikanten te vinden die een nog geheim model komen testen of eerste foto's en films van hun gecamoufleerde testwagens laten maken.

### SALT

*South African Astronomical Observatory, tel. 023 447 00 25, www.saao.ac.za, www.salt.ac.*

## STADSRONDRIT IN EEN DUBBELDEKSBUS

Een bijzondere belevenis is de 'stads'-rondrit door het kleine Matjiesfontein. Nadat u een kaartje hebt gekocht bij de conducteur, maakt u in een echte, rode dubbeldeksbus uit Londen een nauwelijks tien minuten durende en uiterst amusante tocht door het gehucht.

*za. Nachtrondleiding reserveren bij de Observatory in Kaapstad: tel. 021 447 00 25. Rondleidingen overdag ma.–vr. om 10.30 en 14.30 uur behalve di.-ochtend, za. om 11.30 uur, volw. vanaf 40 rand, kinderen vanaf 20 rand, voor de rondleidingen overdag kunt u reserveren bij Alistair van het Sutherland Tourism Bureau*
Sutherland komt meteen met twee superlatieven: allereerst is de kleine, gezellige (of liever: ingedutte) plaats de koudste van Zuid-Afrika; de wintertemperaturen liggen rond −15°C. Bovendien ligt 18 km ten oosten van het stadje een sterrenwacht met een elf-metertelescoop, de grootste van het zuidelijk halfrond. **SALT** wordt hij genoemd, Southern African Large Telescope, en hij zou in staat zijn een kaarsvlam op de maan te zien. SALT is een gemeenschappelijk project van de landen Zuid-Afrika, Duitsland, Polen, de Verenigde Staten, Groot-Brittannië en Nieuw-Zeeland. De reusachtige spiegel vangt zoveel sterrenlicht op dat astronomen heel ver in het heelal kunnen kijken, met een scherpte waaraan geen andere telescoop kan tippen. SALT-astronomen kunnen zo gebeurtenissen waarnemen die zich ruim 12 miljard jaar geleden hebben afgespeeld.

De kale en door de wind geteisterde heuvels werden speciaal voor de sterrenwacht uitgezocht, omdat het hier meestal droog en helder is, de locatie 1800 m hoog ligt en er geen kunstlicht is. De sterrenwacht kan bezichtigd worden: nachtrondleidingen worden in de meeste nachten van zaterdag op zondag gehouden. Reserveren is noodzakelijk. Nadat de bezoekers de interactieve opstellingen in het bezoekerscentrum hebben bekeken, mogen ze SALT bezichtigen en met de kleinere telescopen een beetje sterrenkijken.

## Informatie
**Sutherland Tourism Website:** www.discoversutherland.co.za. Reserveringen voor het South African Astronomical Observatory.
Er is een **tankstation** dat tot 18 uur geopend is, op zo. enkel een halfuur 's ochtends.

## Accommodatie
Romantisch – **Kambrokind B&B:** 19 Piet Retief St., tel. 023 571 14 05, www.wheretostay.co.za/kambrokind. Acht zeer fraaie kamers in een historisch gebouw met vriendelijke eigenaren. Telescoop aanwezig, diner bij kaarslicht. 2 pk met ontbijt vanaf 840 rand.
Gezellig – **Primrose Cottage:** 1 Primrose St., tel. 023 571 10 87, www.wheretostay.co.za/primrosecottage. Slechts drie kamers, zeer voorkomende gastheren die op verzoek ook maaltijden bereiden, een gezellige accommodatie, telescoop aanwezig. 2 pk met ontbijt 600 rand.
Victoriaans – **The Galaxy:** 7 Theron St., tel. 023 571 12 41, www.openafrica.org/participant/The-Galaxy. Fraai gerestaureerd victoriaans pand van plaatselijk zandsteen met plafonds van douglassparrenhout. Diner op verzoek, bijzonder hartelijke eigenaren. 2 pk met ontbijt 650 rand.

## Eten en drinken
Pub grub – **Jupiter Bistro & Pub:** tel. 023 571 13 40. Steaks en kip, geserveerd in een Big-Fivedecor. Hoofdgerecht 85 rand.
Lunch en koffie – **Halley se kom eet Coffee Shop:** tel. 023 571 14 05, 11–15 uur. Lichte lunchgerechten rond 60 rand.

# Aquila Private Game Reserve ▶ 1, F 20

**Kaart:** blz. 275
Als u op de N 1 bent teruggekeerd, rijdt u naar **Touws River**. Na 10 km gaat de R 46 rechtsaf en na nog eens 2 km ligt links de ingang van het dichtst bij Kaapstad gelegen grootwildreservaat. Met de auto hebt u via de N 1 maar ongeveer 90 minuten nodig om in het 45 km$^2$ grote **Aquila Private Game Reserve** 13 in het hoogland van de Zuid-Karoo te komen. Met uitzondering van olifanten komen de Big Five hier alle voor. Er zijn dus neushoorns, buffels, luipaarden en leeuwen. Nadat stropers in 2011 het reservaat waren binnengedrongen en daar een van de Aquila-neushoorns van zijn hoorn hadden beroofd, wat kort daarna de dood van het dier tot gevolg had, was er in 2015/2016 verheugend nieuws: vier sensationele neushoorngeboorten – twee in oktober, een op nieuwjaarsdag 2016 en nog een op 13 januari (zie voor updates over de neushoornbaby's de website van Aquila).

Weer terug op de N 1 rijdt u na 13 km links de R 318 op en vervolgt dan uw weg via de bochtige **Rooihoogte** en **Burgers Pass** naar Montagu.

## Accommodatie, actief
Exclusieve lodge en safari's – **Aquila Game Lodge:** Touwsrivier, reserveren: tel. 021 405 45 13/021 422 46 11, www.aquilasafari.com. De 'luxeueze' accommodaties zijn werkelijk goed uitgevoerd en rustig gelegen, maar de exclusieve lodgesfeer – waarvoor veel geld moet worden betaald – wordt door de massa's dagjesmensen toch wat tenietgedaan. De kwaliteit van het eten is ook niet zo bijzonder. De leeuwen lopen niet vrij rond, ze leven binnen het reservaat in een omheind verblijf waar u in een open terreinauto met een ranger aan het stuur toegang toe hebt. Vooral kinderen vinden het geweldig de jonge leeuwen te aaien. 2 pk met volpension en alle activiteiten vanaf 3790 rand. Dagsafari vanaf 1295 rand p.p.

Door de Kleine Karoo

# Route 62

## Van Calitzdorp naar Montagu

**Kaart:** blz. 275

Wie niet de omweg naar de sterrenwacht in Sutherland maakt, kan ook over de Route 62 naar Montagu rijden, de meest Amerikaanse *highway* van Zuid-Afrika. Het mooiste deel van Route 62 loopt van Oudtshoorn, via **Calitzdorp** en **Barrydale** door een halfwoestijnachtig berglandschap naar Montagu. De weg heeft veel overeenkomsten met de Amerikaanse Mother Road, Route 66. Beide zijn belangrijke oost-westverbindingen die kleine plaatsjes aansluiten op een grote doorgaande weg. Route 66 verbindt Chicago met Los Angeles, Route 62 Kaapstad met Port Elizabeth. En allebei werden ze door nationale *highways* vervangen. De Interstate I 40 maakte een eind aan de Route 66 in Amerika, de N 2 bracht Route 62 in Zuid-Afrika de doodsteek toe.

Gelukkig liggen de dorpen langs de Afrikaanse Route 62 in relatief rijke boerengemeenten. Ook al lieten de jakkeraars over de N 2 ze de afgelopen veertig jaar meestal gewoon links liggen, toch zijn ze geen spooksteden geworden, maar heel mooi bewaard gebleven.

## Ladismith ▶ 1, H 20

Aan de voet van de Toorkop ligt **Ladismith** **14**. Dit is weer zo'n Karooplaats, waar je haast zou geloven dat er flinke hoeveelheden valium aan het drinkwater wordt toegevoegd. Het tankstation komt als geroepen, want er zijn er niet zoveel langs de Route 62, en de boerenwinkel in het centrum is verbazend goed gesorteerd.

Aan de horizon duiken de beide pieken van de **Toorkop** op, de betoverde berg. Volgens een legende zou hier een heks voorbijgekomen zijn die zich zo ergerde aan de berg die haar de weg versperde, dat ze hem met haar toverstaf in tweeën spleet.

## Barrydale en omgeving ▶ 1, G 21

Wat Meyer Joubert produceert, staat niet bij Ronnie in de schappen (zie 'Tip' rechts). De aanbevelenswaardige merlot-cabernet-sauvignon van het wijngoed **Joubert Tradauw** (www.joubert-tradauw.co.za) even buiten Barrydale is genoemd naar de weg die de plaats doorsnijdt.

**Barrydale** **15** is klein en rustig, en dat is de reden dat dit aantrekkelijke Karoostadje de afgelopen jaren tientallen rustzoekenden uit binnen- en buitenland heeft aangetrokken. En ze komen niet voor niets: voor de droge, zuivere lucht, het mooie berglandschap en de voelbare spirituele energie van de plaats. Mensen komen – en blijven gewoon. Veel verlaten en half vervallen huizen en boerengebouwen werden gerenoveerd en zien er nu beter uit dan ooit tevoren. De nieuwe 'kolonisten' creëren met hun kunstnijverheidsbedrijven en jamfabriekjes steeds meer arbeidsplaatsen en betrekken zo de plaatselijke bevolking bij hun goed lopende zaken.

## Accommodatie

**Weelderig** – **Karoo Art Hotel:** 30 van Riebeeck St., tel. 028 572 12 26, www.karooarthotel.co.za, Facebook: Karoo Art Hotel. Maf ingericht dorpshotel met weelderige decoratie. De voormalige, voorheen conservatieve herberg heeft in de loop der jaren diverse transformaties meegemaakt. Nu is het hotel een bezienswaardigheid en supercool. Net als Diesel & Crème roept het dat typische Barrydalegevoel op. 2 pk met ontbijt vanaf 890 rand.

**American style** – **Karoo Moon Hotel:** 2 Tennant St., tel. 028 572 10 08, www.dieselandcreme.co.za, Facebook: Diesel & Crème. Zuid-Afrika's coolste *diner* bezit sinds 2014 ook een motel in vintagestijl. Wie van oude rommel houdt, komt hier volledig aan zijn trekken. De kamers zijn erg gezellig en stijlvol gedecoreerd met gevonden voorwerpen. 2 pk met ontbijt vanaf 600 rand.

**Het boerenleven** – **Lentelus B&B:** aan Route 62, 11 km van Barrydale richting Montagu, tel. 028 572 16 36, www.lentelus.co.za. Een kamer

## AMERIKAANSE ROADMOVIE

Een hoogtepunt in Barrydale is sinds 2014 **Diesel & Crème,** een diner/roadhouse in Amerikaanse stijl. De coole ober zet twee hamburgers als uit een plaatjesboek neer op het verweerde houten tafeltje waaraan een samenraapsel van stoelen staat. Eigenaar Arthur Pharo beleeft er duidelijk veel plezier aan het gebouw aan te kleden met antieke benzinepompen en reclameborden en onderdelen van roestige oldtimers. Als hij de landelijke regionen van Zuid-Afrika doorkruist, stuit hij op schatten uit vervlogen dagen. Binnen vormen oude, kleurig versierde kerkvensters een contrast met nostalgische emaille borden en gedeukte jerrycans. De sfeer en het eten zijn allebei even fantastisch: de burgers worden gevolgd door gigantische milkshakes. Diesel & Crème is een geniale mix van een traditionele Amerikaanse diner en veel Zuid-Afrikaanse couleur locale. Als het kleine, bij het roadhouse horende **Karoo Moon Hotel** volgeboekt zou zijn, is het voormalige dorpshotel, tegenwoordig het **Karoo Art Hotel** (zie voor beide onder Accommodatie), om de hoek van Diesel & Crème een waardig alternatief.

en twee garden suites die allebei bijzonder smaakvol zijn ingericht; vriendelijke eigenaar. Kinderen zijn van harte welkom. Groot zwembad. Farm- en wijnexcursies, wijn proeven en fruit plukken (in het seizoen). Maaltijden op verzoek – voor drie gangen 90 rand. 2 pk met ontbijt vanaf 900 rand.

### Eten en drinken

Diner met couleur locale – **Diesel & Crème:** zie voor adress en contactgegevens het Karoo Moon Hotel onder Accommodatie, dag. 8–17 uur, hoofdgerecht rond 60 rand.

### Ronnies Sex Shop

*25 km voor Barrydale, richting Montagu, links van Route 62, tel. 028 572 11 53, Facebook: Ronnies Sex Shop & Roadkill Cafe, zo., di.–do. 10–21, vr., za. 9–23 uur*

Wie niet oppast, rijdt het kleine, witte gebouwtje dat hier in een niemandsland lijkt te liggen zomaar voorbij. **Ronnies Sex Shop** 16 staat er in grote rode letters op de witgekalkte muren. Sex in the country? Wie hier jarretels in plaats van struisvogels en dildo's in plaats van koeien verwacht, komt bedrogen uit. In het halfduister binnen het kleine gebouwtje staat een lange bar, met daarachter een overvloedig met flessen gevulde kast, verschillende koelkasten met veel bier en ook wat frisdrank. Achter de toog staat een bebaard type met lange, blonde haren, waar een paar grijze strepen door lopen. Ronnie. En hoe zit het dan met die seks?

'Ik wilde een zaak langs de weg openen', zegt Ronnie. 'Vers fruit en zo van mijn boerderij verkopen.' En dus begon hij het voormalige arbeiderswoninkje te renoveren en daar met rode letters 'Ronnies Shop' op te schilderen. Toen waren zijn vrienden aan de beurt. 'Op een nacht kwam ik thuis en toen stond er opeens "sex" achter "Ronnie". Geweldig grappig. Ik was pisnijdig, maar heb het gewoon laten staan en ben verdergegaan met opknappen.' Er stopten steeds meer mensen. Ronnie schonk bier. Af en toe legde hij een paar worstjes op de grill. En op een dag zei iemand tegen hem: 'Zeg Ronnie, waarom begin je eigenlijk geen kroeg?'

Sindsdien is Ronnies Sex Shop niet meer weg te denken van Route 62 en is het een van de bekendste en populairste kroegen in Zuid-Afrika. En het is ook een welkome 'waterplaats' op het droogste en het meest op Texas lijkende deel van de weg. De muren in Ronnie's café zijn volgeschreven met commentaar van aangeschoten gasten en met hun visitekaartjes volgehangen. Het enige wat een beetje aan seks herinnert, is het enigszins verstofte, zwarte damesondergoed dat aan het plafond hangt.

### Sanbona Wildlife Reserve
▶ 1, G 21

Tussen Barrydale en Montagu aan Route 62 vindt u nog een verrassing. Aan de voet van de Warmwaterberg ligt het malariavrije **Sanbona Wildlife Reserve** 17, waar niet alleen de 'gewone' Big Five, dus neushoorn, olifant, buffel, luipaard en leeuw voorkomen, maar ook de zeldzamere puntlipneushoorn en iets heel bijzonders, namelijk witte leeuwen. Dat zijn geen albino's, maar dieren met een lichtere vachtkleur, die net als bij witte tijgers wordt veroorzaakt door een recessief gen en zeer zeldzaam is. De laatste witte leeuwen leven in het wild in het Timbavatigebied in het Krugerpark, in Sanbona leven de witte leeuwen samen met hun gewonere soortgenoten. Naast de Big Five zijn er ook nog jachtluipaarden, nijlpaarden en verscheidene antilopesoorten.

### Accommodatie

**De Big Five malariavrij – Sanbona Wildlife Reserve:** 40 km ten oosten van Montagu aan Route 62, afrit Die Vlakte; reserveren: tel. 041 407 10 00, www.sanbona.com. Overnachten in drie verschillende lodges, Tilney Manor, Gondwana Lodge of Dwyka Tented Lodge. Deze exclusieve lodges liggen op grote afstand van elkaar. Gondwana is speciaal gebouwd voor gezinnen met kinderen. 2 pk met alle activiteiten en maaltijden vanaf 11.800 rand.

## Montagu ▶ 1, F 21

**Kaart:** blz. 275; **plattegrond:** blz. 293

De opdracht voor de aanleg van de tunnel en de weg die het huidige **Montagu** 18 met de rest van de Cape Province verbindt, werd gegeven door een zekere John Montagu, volgens zijn ondertekening Brits secretaris van de Kaapkolonie met standplaats Kaapstad. Het 'sir', dat in veel publicaties zijn naam siert, is echter overdreven. Hij is nooit in de adelstand verheven, al had hij het zeker verdiend. Hij was de eerste die de grote mogelijkheden van de Kaapkolonie onder ogen zag en erkende dat de ontwikkeling ervan alleen door aanleg van verkeerswegen op gang kon worden gebracht. Met hulp van dwangarbeiders en begenadigde wegenbouwers en steenhouwers legde hij de vele belangrijke passen en verbindingswegen in de Cape Province aan. Door zijn inzet ontwikkelde het land zich zowel in de agrarische als de industriële sector. Ondanks zijn zeer slechte gezondheid slaagde John Montagu erin om in 1851 nog aanwezig te zijn bij de doop van dit kleine Karooplaatsje dat voortaan zijn naam zou dragen. Kort daarop reisde hij terug naar Engeland, waar hij in 1853 in Brighton stierf.

## Rondwandeling door Montagu

'Zijn' plaats leeft verder. Montagu straalt nog altijd een prettig landelijke rust uit, wat vooral te danken is aan de schilderachtige, voor een groot deel prachtig gerestaureerde huizen. U zou minstens twee nachten moeten uittrekken om alles te zien wat Montagu te bieden heeft. Hier hebt u helemaal niet het gevoel in Afrika te zijn. In de Bath Street waarschuwen borden voor overstekende huiskatten – iets wat de plaats nog sympathieker maakt, want elders lopen hier deze muizenvangende kleine roofdieren aanmerkelijk meer risico.

### Nederlands-Hervormde kerk

Als om dit te onderstrepen strekt zich net een prachtig gestreept exemplaar uit in de tuin

# Montagu

### Bezienswaardig
1. Nederlands-Hervormde kerk
2. Pastorie
3. Joubert House
4. Stadsmuseum
5. Eerste Pos
6. Montagu Springs

### Overnachten
1. Montagu Country Inn
2. Mimosa Lodge
3. Avalon Springs Hotel
4. Les Hauts de Montagu

### Eten en drinken
1. Jessica's Restaurant
2. Simply Delicious
3. Ye Olde Tavern

### Actief
1. Lover's Walk
2. Cogmanskloof Hiking Trail
3. Bloupunt Hiking Trail

---

van de in 1862 in neogotische stijl gebouwde **Nederlands-Hervormde kerk**, waarna hij op zijn dooie akkertje wegwandelt. Deze kerk heeft pas onlangs zijn crèmekleurige buitenkant gekregen, nadat omwonenden geklaagd hadden over de witte muren die hen bij zonneschijn (komt hier nu eenmaal vaak voor) verblindden.

## Pastorie 2
*Rose St., hoek Long St. en Kohler St.*
Historisch bijzonder interessant is de oude, indrukwekkende **pastorie** in de Rose Street. Hij werd in 1911 voor predikant Daniel François Malan gebouwd, die in 1948 premier van Zuid-Afrika werd en in de daaropvolgende jaren een groot deel van de onmenselijke apartheidswetten uitvaardigde. De hal van het laatvictoriaanse gebouw is meer dan 30 m lang. Vier eiken gaven het in 1860 gebouwde huisje met strodak op de hoek van Long Street en Kohler Street zijn naam. Daarvan staat er echter nog maar één overeind.

## Joubert House 3 en Stadsmuseum 4
*Joubert House: 25 Long St., tel. 023 614 19 50, ma.–vr. 9.30–13, 14–17, za., zo. 10–12 uur; stadsmuseum/missiekerk: 41 Long St., tel. 023 614 19 50, ma.–vr. 9–13, 14–17, za., zo. 10.30–12.30 uur*

In Bath Street en Long Street vindt u de historische schatten van Montagu, 23 ervan zijn nationaal monument. Het in 1853 gebouwde **Joubert House** zou het oudste gebouw van het stadje zijn. Het werd in 1983 volgens de originele tekeningen gerestaureerd en is nu onderdeel van het **stadsmuseum**, waarvan de collectie grotendeels in de oude **missiekerk** is ondergebracht.

## Door de Kleine Karoo

In het Joubert House zijn de eind 19e eeuw in boerenhuizen gebruikelijke perzikpittenvloeren de moeite waard – de pitten werden naast elkaar, met een kleine afstand ertussen, in de vloer gedrukt – en een verzameling oude porseleinen poppen. De tuin is beroemd om zijn vele geneeskrachtige kruiden, die nu weer volgens eeuwenoude Sanrecepten worden gemengd en zelfs over de hele wereld worden verstuurd.

De beroemdste, zij het onvrijwillige gast van het huis was Boerenpresident Paul Kruger, die Montagu in 1880 met enkele leden van zijn kabinet bezocht en eigenlijk het Montagu Hotel had geboekt. De hoteleigenaar weigerde op het laatste moment hem te ontvangen, omdat hij het niet met Krugers beleid eens was.

### Eerste Pos [5]

In de Church Street is het **Eerste Pos** genoemde huisje erg mooi en interessant. Het eerste postkantoor werd door Esther Hofmeyer bewoond, die in 1941 als onderwijzeres naar Montagu kwam. Zij redde veel historische gebouwen voor het nageslacht doordat ze de bewoners overreedde van modernisering af te zien en hun huizen in originele staat te behouden. Het huidige aanzien van de Long Street is daarom grotendeels aan haar te danken. Tot slot is Montagu behalve om zijn historische gebouwen ook beroemd om zijn zoete, volle Muscadel, die naast andere kwaliteitsdruiven rondom de plaats gedijt.

### Montagu Springs [6]

*Te bereiken via de Bath Street. Ongeveer 3 km buiten de stad splitst zich de Uitvlucht Street naar links in de richting van de bronnen af. Te voet kunt u de Lover's Walk naar de bronnen nemen, zie 'Actief' blz. 297, Info: Avalon Springs Hotel, tel. 023 614 11 50, www.avalonsprings.co.za, dag. 8–17 uur, toegang weekdagen 50 rand p.p., weekend 70 rand p.p.*

*Last but not least* het derde hoogtepunt van dit Karooplaatsje: de 3 km buiten de plaats gelegen warme minerale bronnen **Montagu Springs**. Wie de radioactieve Hot Springs heeft ontdekt, is niet helemaal duidelijk. Uit oude aantekeningen blijkt dat de Voortrekkers, die met hun ossenwagens van de Kaap het onbekende binnenland in trokken, vaak rivierbeddingen volgden. Een onbekende pionier liep vast op de stenen van de Kleisie River. Bij een poging zijn wiel vrij te krijgen, raakte hij zo zwaar aan zijn hand gewond dat zijn groep op de plaats van het huidige Montagu hun kamp moest opslaan. Ze dronken het heldere, vreemd smakende water, vonden het heel verfrissend en volgden de rivier naar de bron, die ze in de Kloof ontdekten. De gewonde hand werd verscheidene malen in het lauwe water gedompeld en genas als door een wonder. Dit ging als een lopend vuurtje rond en algauw kwamen steeds meer zieken en gewonde mensen genezing zoeken.

Dat is tot op de dag van vandaag zo gebleven. Een ouderwets hotel en enkele appartementen voor mensen die zelf willen koken, nodigen uit om hier langer te blijven. De koude en warme baden zijn prachtig in de kloof geïntegreerd, ook al zien ze er intussen wat gedateerd uit. En 's avonds, wanneer de eerste sterren aan de hemel oplichten en het 43°C warme water het lichaam ontspant, is het niet verwonderlijk dat veel bezoekers beginnen te spinnen als een gelukkige Montagukat.

### Informatie

**Montagu Tourism Bureau:** 24 Bath St., tel. 023 614 24 71, www.montagu.org.za. Uitstekend aanlooppunt voor toeristen. Kleine wandelkaarten voor de omgeving en foto's van de plaatselijke overnachtingsmogelijkheden.

### Accommodatie, eten

Klassiek art-decohotel – **Montagu Country Inn** [1] **:** 27 Bath St., tel. 023 614 31 25, www.montagucountryhotel.co.za. Het oudste hotel van de plaats en naar het heet de enige art-decoaccommodatie in het land, 33 kamers, mooi zwembad, wellnessbehandelingen, aantrekkelijke pub van oud teakhout. 2 pk met ontbijt vanaf 1230 rand.

Lodge voor fijnproevers – **Mimosa Lodge** [2] **:** Church St., tel. 023 614 23 51, www.mimosa.co.za. Overnachten in een stijlvol, met enkele art-decoaccenten gerestau-

# Montagu

*'Radioactief' baden in Montagu Springs*

reerd, historisch hotel; hoogtepunt zijn toch de nieuwe Garden Suites, die eerder aan een exclusief boetiekhotel in de grote stad doen denken. Geweldige keuken van de Zwitserse chef-kok en eigenaar Bernhard Hess (diner 19.30 uur tot 's avonds laat, viergangengourmetdiner 290 rand, met wijnarrangement 425 rand). 2 pk met ontbijt vanaf 1130 rand, met diner vanaf 1830 rand.

Warmwaterbronnen – **Avalon Springs Hotel** 3 : Hot Springs, tel. 023 614 11 50, www.avalonsprings.co.za. Hotel met gevarieerd kameraanbod, van de Mountain Suite tot een gewone 2 pk voor mensen die zelf willen koken. Geweldige ligging, direct bij de warmwaterbronnen. Nieuwste attractie voor grote en kleine kinderen: de Boomslang, een 60 m lange waterglijbaan. Dagticket weekdagen 50 rand p.p., weekend 70 rand p.p., ma.–vr. 10–18, za., zo. 10–13, 15–21 uur. 2 pk met ontbijt 600–2000 rand.

Frans – **Les Hauts de Montagu** 4 : aan Route 62, 3 km buiten Montagu, richting Barrydale, tel. 023 614 25 14, www.leshauts demontagu.co.za. Tegen de hellingen van de Langberge ligt heel schilderachtig de schitterende, 600 ha grote boerderij Les Hauts de Montagu uit 1865. De eigenaren hebben de gebouwen met gevoel voor stijl gerestaureerd. Niet meer dan 5 kamers en een honeymoonsuite. 2 pk met ontbijt vanaf 1500 rand.

## Eten en drinken

Victoriaans woonhuis – **Jessica's Restaurant** 1 : 47 Bath St., tel. 023 614 18 05, ma.–za. diner vanaf 18.30 uur. Met veel antiek ingerichte eetgelegenheid, waar romantische diners bij kaarslicht worden opgediend. De carpaccio van wrattenzwijn is een nogal ongewoon, maar bijzonder smakelijk voorgerecht. Op zwoele avonden kunt u in de lommerijke tuin van uw diner genieten. Een echte aanrader hier is springbok met zelfgemaakte spätzle (een soort pasta). Hoofdgerechten 98–135 rand.

Tussen historische muren – **Simply Delicious:** 2 : Four Oaks, 46 Long St., tel. 023 614 34 83, www.four-oaks.co.za, ma. wo. en zo.

Door de Kleine Karoo

12–15, dag. 18.30–21.30 uur. Dit restaurant is ondergebracht in een rietgedekt gebouw uit 1855 met monumentenstatus. De gerechten worden bereid met dagverse ingrediënten uit organisch-biologische teelt. De *chicken pie* en de *double burger* zijn prima. Hoofdgerecht 100–140 rand.

Gezinsvriendelijk – **Ye Olde Tavern** 3 : 22 Church St., tel. 023 614 23 98, dag. 18–21.30 uur. Het restaurant is gevestigd in een historisch gebouw tegenover de Mimosa Lodge. Er staan goede pizza's en steaks op de kaart. Net zo populair bij de plaatselijke bevolking als bij toeristen. Hoofdgerecht 90 rand.

### Actief

Wandelen – er zijn drie interessante wandelingen: de **Lover's Walk** 1 (2,2 km, duur ca. 40 min.) voert van de stad door de Bath's Kloof naar de warme bronnen. De **Cogmanskloof Hiking Trail** 2 (12,1 km, 4–5 uur) is aangegeven met gele tekens in de vorm van een voetafdruk. De **Bloupunt Hiking Trail** 3 (15,6 km, 6–9 uur), met witte voetafdrukken aangegeven, is bij de beklimming van de Bloupunttop tamelijk zwaar. Bij alle wandelingen beslist voldoende drinkwater meenemen. Wandelkaarten zijn verkrijgbaar bij het Montagu Tourism Bureau.

# Verder naar het westen

▶ 1, F 21

**Kaart:** blz. 275

Op weg naar het westen, in de richting van Robertson, waar zeer goede wijnen worden geproduceerd, komt de reiziger het imposante massief van de Langberge tegen. De rode, vreemd geplooide steenlagen doen denken aan een reusachtige lasagne en stapelen zich tot dicht bij het bochtige weggetje op. Waar de Kleisie River stroomt, is de vegetatie weelderig groen.

In de 19e eeuw was dit de enige weg van het westen naar de plaats die toen nog niet Montagu, maar Agter Cogman's Kloof heette, dus de plaats voorbij de rotskloof van Cogman. Vroeger liep de weg door acht doorwaadbare plaatsen, maar nu gaat het gemakkelijk over bruggen, dankzij de beroemde Zuid-Afrikaanse passen- en wegenbouwer Thomas Bain, die in 1877 de tunnel aanlegde. Waar vroeger paarden en ossen de grootste moeite hadden om karren en koetsen door de kloof te trekken en daarbij regelmatig bezweken, zoeven moderne reizigers tegenwoordig met inzet van grote hoeveelheden mechanische paardenkracht zonder enig probleem door de kloof.

### Robertson ▶ 1, F 21

Robertson 19 heeft de laatste jaren een enorme ontwikkeling doorgemaakt. De vroeger nogal saaie plaats is tegenwoordig even trendy als Kaapstad. De nieuwe wijngoederen, waarvan er veel aan de rivier liggen, zijn verfrissend innovatief, bottelen excellente wijnen en serveren heerlijk eten in bistroachtige restaurants. Het door de **Langeberg Mountains** omzoomde dal is een van de mooiste van het land. Er kunnen boottochten op de **Breede River** worden gemaakt en er zijn enkele wijnfeesten met amusement verspreid over het jaar. Naast druiven worden er in het aangename klimaat ook olijven geteeld, en in boerderijwinkels zijn verse producten als kaas, brood, marmelades en houdbare waren als gedroogde vruchten en conserven te koop.

Robertson ligt op ongeveer anderhalf uur rijden van Kaapstad en is over de N 1 via Paarl en vanuit Worcester over de R 60 te bereiken. Zowel wat betreft de wijnen als de accommodatie en restaurants is Robertson een volwaardig alternatief voor de traditionele wijnsteden Stellenbosch, Franschhoek en Paarl (zie blz. 196, 204 en 208).

### Informatie

**Robertson Tourism:** 2 Reitz St., tel. 023 626 44 37, www.robertsonr62.com. Hier is de overzichtelijke gratis kaart *The Robertson Wine Valley* met alle wijngoederen, restaurants en accommodatie in de streek verkrijgbaar. Aan de wijnen van Robertson is de website www.robertsonwinevalley.com gewijd.

Verder naar het westen

## Accommodatie, eten
Historische wijnboerderij – **Fraai Uitzicht 1798:** tussen Montagu en Robertson aan de R 60, Klaas Voogds East, tel. 023 626 61 56, www.fraaiuitzicht.com. Op afstand van de doorgaande weg aan de voet van de Langeberg Mountains gelegen wijnboerderij met uitstekend restaurant. De gezellige gastenhuisjes hebben allemaal een open haard, barbecue en veranda. Er is een zwembad, een bamboebos en natuurlijk een wijnkelder (uit 1798). Op Fraai Uitzicht worden eigen wijndruiven verbouwd, maar alle andere wijnen uit Robertson staan ook op de kaart in het restaurant. Zeer vriendelijke, Duitse eigenaren. 2 pk met ontbijt vanaf 1200–2140 rand.

Absolute topklasse – **The Robertson Small Hotel:** 58 Van Reenen St., tel. 023 626 72 00, www.therobertsonsmallhotel.com. Een droom van een boetiekhotel. Hier klopt gewoon alles, tot het kleinste detail. Van de keuze in hoofdkussens tot de excellente service, van de binnenhuisarchitectuur, die doeltreffend modern combineert met historisch (het hotel werd in 1909 gebouwd), tot het eersteklas restaurant **Reuben's at the Robertson Small Hotel** (hoofdgerecht 120 rand), een dependance van het restaurant van de prominente kok Reuben Riffel in Franschhoek (www.reubens.co.za). Alleen al de bij de *sundowner* geserveerde snacks zijn overheerlijk en geven een voorproefje van de lekkernijen die het diner zal bieden. 2 pk met ontbijt vanaf 2100 rand.

In de cactustuin – **Mo & Rose at Soekerhof:** 7 km voorbij Robertson richting Ashton, links van de R 60, afslag Klaasvogds West, tel. 023 626 41 34, www.moandrose.co.za. Dit kleine, aantrekkelijke boetiekguesthouse annex wijnbistro wordt uitgebaat door een Duits stel en ligt in een fraaie cactustuin die niet onderdoet voor menige botanische tuin. De kamers zijn modern ingericht. De bistro serveert heerlijke gerechten met een Europese touch. 2 pk met ontbijt vanaf 1100 rand.

## Winkelen
Unieke schorten – **Funky Aprons:** tel. 023 626 58 87, www.funkyaprons.co.za. Nadine Kelly uit Robertson ontwerpt originele en prachtige schorten en verkoopt ze tijdens het wijnfestival in Robertson en in enkele geselecteerde winkels in de streek. Ze kunnen ook via haar website worden besteld of worden desgewenst naar eigen aanwijzingen ontworpen of beschreven.

## Actief
Wijngoederen bezoeken – het is bepaald geen sinecure om uit de ruim 50 wijngoederen in Robertson de beste te kiezen. Hier een selectie van vijf estates, waar u gewoon moet proeven wat het best bij uw smaak past: **Springfield Estate** (tel. 023 626 36 61, www.springfieldestate.com, ma.–vr. 8– 17, za., feestdagen 9–16 uur), **Bon Courage** (tel. 023 626 41 78, www.boncourage.co.za, ma.–vr. 8–17, za 9–15 uur), **Viljoensdrift** (tel. 023 615 19 01, www.viljoensdrift.co.za, ma.–vr. 9–17, za., zo. 10–16 uur, in het seizoen), **Van Loveren** (tel. 023 615 15 05, www.vanloveren.co.za, ma.–vr. 8.30–17, za. 9.30–13 uur) en **Weltevrede** (tel. 023 616 21 41, www.weltevrede.co.za, ma.–vr. 8–17, za. 9–15.30 uur) – met een goede bistro, waar onder andere smakelijke gourmetburgers worden geserveerd.

## Agenda
**Hands on Harvest:** eind feb. Hier kunnen bezoekers in de Zuid-Afrikaanse herfst eigenhandig druiven plukken. Informatie: www.handsonharvest.com.

**Wacky Wine Weekend:** begin juni. Het grootste wijnfeest van Zuid-Afrika vindt op alle wijngoederen in en rond Robertson plaats. Informatie: www.wackywineweekend.com.

**Robertson Slow:** begin/midden aug. Een heel apart wijn- en lifestylefestival, waarbij kleine groepen wijn proeven samen met de wijnboeren, in hun huizen traditionele gerechten bereiden en er ook dineren. Op zondag wordt het weekend afgesloten met een grote regionale eetmarkt. Informatie: www.robertsonslow.com.

**Wine on the River:** midden/eind okt. De favoriet van de auteur – openluchtfestival op de oever van de Breede River met meer dan 300 wijnen van 42 verschillende wijngoederen. Er staan ook eet- en marktkraampjes.

# Hoofdstuk 5

# Walviskust, Garden Route en Game Parks

Uitgestrekte stranden, een weelderige natuur en de grootste en gevaarlijkste vertegenwoordigers van het Zuid-Afrikaanse dierenrijk: olifanten, walvissen, leeuwen en witte haaien. Dat kunnen reizigers verwachten langs de Walviskust en de Garden Route.

Tussen Gordon's Bay, dat met zijn pittoreske jachthaven doet denken aan de Franse Rivièra, en Betty's Bay vindt u fraaie, uit natuursteen opgetrokken stopplaatsen van waaruit u in alle rust de grote zoogdieren kunt gadeslaan.

Hermanus beroemt zich erop dé plek in Zuid-Afrika te zijn om walvissen te observeren. Dat wordt ieder jaar gevierd met een groot walvisfestival. De kustplaatsjes De Kelders en Gansbaai zijn bekend om hun opwindende duiktochten naar witte haaien. Het natuurgebied De Hoop Nature Reserve ligt aan de oostkant van Afrika's zuidelijkste punt, Cape Agulhas.

De Garden Route is volledig op het toerisme ingesteld. Naast veel natuur zijn er fraaie routes naar historische passen, stille wandelpaden en vogel-, apen- en olifantenparken. En wie het aandurft, kan vanaf de 216 m hoge Bloukransbrug de hoogste bungeejump ter wereld maken.

In het malariavrije Eastern Cape, tussen Port Elizabeth en Grahamstown, werden in de afgelopen jaren tientallen onrendabele landerijen getransformeerd tot natuurreservaat. Hier hebt u alle gelegenheid de Big Five te zien

*Indrukwekkend: door de natuurlijke rotspoort 'The Heads'*
*vullen de golven van de Indische Oceaan de Knysnalagune*

# In een oogopslag: Walviskust, Garden Route en Game Parks

## Hoogtepunten

❋ **Hermanus:** deze plaats geldt als een van de beste walvisobservatiepunten ter wereld. Van juli tot oktober dartelen zuidkapers en bultruggen langs de kust, bij Hermanus komen deze zeereuzen tot 10 m van het land (zie blz. 303).

❋ **Addo Elephant National Park:** het meest gevarieerde nationale park van Zuid-Afrika, waar u behalve de Big Five ook walvissen en witten haaien kunt zien. Het natuurgebied ligt in een malariavrije streek (zie blz. 329).

---

## Fraaie routes

**Van Gordon's Bay naar de Steenbras Dam:** tussen Gordon's Bay en Kleinmond krijgt u fraaie panorama's te zien. Ook de onbewegwijzerde omweg van Gordon's Bay naar de Steenbras Dam is de moeite waard (zie blz. 302).

**Montagu Pass:** fabelachtig mooie, historische bergpas, die van George naar de Kleine Karoo leidt – parallel aan de goed aangelegde Outeniqua Pass (zie blz. 315).

**Seven Passes Road:** historische, deels onverharde berg- en dalroute tussen George en Knysna parallel aan de Garden Route (zie blz. 315).

**Baviaanskloof Wilderness Area:** een van de mooiste en stilste offroadroutes van het land voert tussen Patensie en Willowmore in de Eastern Cape Province door een weergaloze natuur – het avontuurlijke alternatief voor de Garden Route (zie blz. 325).

---

## Tips

**Comfortabel overnachten in De Hoop:** de accommodaties in De Hoop Nature Reserve zijn geprivatiseerd en ingrijpend gerenoveerd (zie blz. 310).

**Knysna Elephant Park:** de kans is klein dat u hier een van de laatste wilde olifanten van Knysna zult zien, maar er zijn wel tamme dieren die zich zelfs laten aaien (zie blz. 318).

**Monkeyland en Birds of Eden:** het enorme omheinde apenterrein kan met een gids worden verkend. De indrukwekkende volière Birds of Eden is wereldwijd de grootste in zijn soort (zie blz. 320).

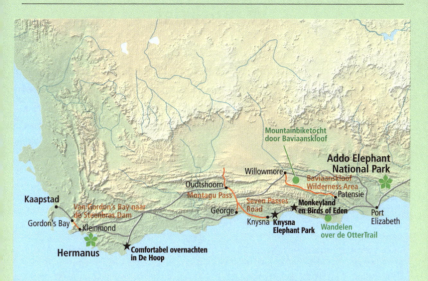

*De Hoop Nature Reserve*

**Wandelen over de Otter Trail:** een van de beroemdste en spectaculairste wandelingen in het land leidt in vijf dagen van Storm's River Mouth in het Tsitsikamma-deel van het Garden Route National Park naar de Nature's Valley (zie blz. 322).

**Mountainbiketocht door Baviaanskloof:** voor deze avontuurlijke tocht door een van de ongereptste streken van het land is conditie vereist (zie blz. 327).

# Walviskust

**Tussen Kaapstad en Kleinmond is de kustweg buitengewoon mooi aangelegd, met ruime bochten, fraaie muren van natuursteen en stopplaatsen voor het kijken naar walvissen. Hermanus geldt als de hoofdstad van deze zeereuzen. Minder opwindend is de meest zuidelijke punt van Afrika, Cape Agulhas.**

Achter de begroeide duinenrij die parallel loopt aan de R 310 tussen **Muizenberg** (zie blz. 173) en Macassar in het noorden kunt u zich nauwelijks voorstellen dat de townships van de Cape Flats zo dichtbij zijn. In het zuiden beukt de Atlantische Oceaan op het kilometerslange zandstrand van False Bay. Vissers in lieslaarzen en met lange hengels staan in de branding. Hun *bakkies*, pickups, staan achter ze op het strand geparkeerd.

## Gordon's Bay ▶ 1, E 22

**Kaart:** blz. 304
Op 14 km ten oosten van Somerset-West (zie blz. 201) ligt rechts van de N 2 een afslag naar **Gordon's Bay** 1. Op deze route waar de bergen in zee lijken door te lopen, slingert zich een prachtige weg, de R 44 ofwel Clarence Drive, vlak langs de kust tot aan Kleinmond. Op plaatsen met een mooi uitzicht zijn parkeerplaatsen met muren van natuursteen aangelegd. Tussen juli en december hebt u hier een goede kans om walvissen te zien.

Aan het uiteinde van Gordon's Bay leidt een goed berijdbare privéweg (zonder wegwijzer) linksaf naar de **Steenbras Dam** 2. Deze prachtige weg doet aan de Zuid-Franse Corniche de Crêtes denken. De parkeerplaats ligt links voor het hek naar de dam, waar alleen personeel doorheen mag. Het uitzicht op de False Bay is schitterend. Bij goed weer kunt u ook het hele Kaapschiereiland zien liggen.

### Accommodatie

**Direct aan het strand** – **Gecko House:** Pringle Bay, tel. 083 250 87 87 (Cindi), www.capestay.co.za/geckohouse. Met smaak modern ingericht strandhuis voor mensen die zelf willen koken in de zeer rustig gelegen Pringle Bay aan de kustweg R 44, tussen Gordon's Bay en Betty's Bay. vier tweepersoonskamers en drie badkamers op twee verdiepingen. Vanaf de eerste verdieping kunt u bij het ontbijt walvissen en dolfijnen in de baai zien zwemmen. Afhankelijk van het seizoen vanaf 1500 rand voor het hele huis.

## Betty's Bay ▶ 1, E 22

**Kaart:** blz. 304
Het plaatsje **Pringle Bay** 3 ligt aan de voet van de 454 m hoge rotsformatie Hangklip, die de eerste zeevaarders vaak aanzagen voor Kaap de Goede Hoop, zodat ze de verkeerde baai (False Bay) binnenvoeren.

In **Betty's Bay** 4 staan veel vakantiehuisjes van *Capetonians*, die de grote stad een tijdje willen ontvluchten. Heel dichtbij, bij Stoney Point, kunt u behalve de resten van een oud walvisstation een kolonie zwartvoetpinguïns zien, echter niet in zo'n schilderachtige omgeving als bij Boulders Beach (zie blz. 178).

Wie Kirstenbosch bij Kaapstad niet heeft bezocht, krijgt in de **Harold Porter National Botanical Garden** 5 een tweede kans om langs de kust en in de bergen het fynbos te bewonderen. Bovendien zijn hier al 70 verschillende vogelsoorten geteld. De botanische tuin maakt deel uit van het Kogelberg

Biosphere Reserve, dat zich van Gordon's Bay tot Kleinmond uitstrekt. De beste tijd voor een bezoek is tussen september en november (tel. 028 272 93 11, www.sanbi.org/gardens/harold-porter, ma.–vr. 8–16.30, za., zo. 8–17 uur, aan de R 44, Betty's Bay, ten westen van Kleinmond, toegang volw. 20 rand, kinderen 10 rand).

## Kleinmond ▶ 1, E 22

**Kaart:** blz. 304

**Kleinmond** 6 is nog nauwelijks door toeristen ontdekt, maar met zijn mooie stranden en de machtige Kogelberg Mountains op de achtergrond zal dit niet zo lang meer duren. Enkele kilometers verder, op de plaats waar de **Bot River** in zee uitmondt, bevindt zich een groot moerasgebied, een paradijs voor vogelliefhebbers. Hier komen de volgende vogels voor: de lepelaar *(spoonbill)*, reiger *(heron)*, pelikaan *(pelican)*, meeuw *(gull)*, stern *(tern)*, ijsvogel *(kingfisher)* en wilde ganzen *(goose)*.

### Accommodatie
Grandioze ligging, golf en wellness – **The Western Cape Hotel & Spa:** Bot River Lagoon, tel. 028 284 00 00, www.africanpride hotels.com. Op het terrein van de Arabella Country Estate met een golfbaan van wereldklasse, vanaf Hermanus richting Kaapstad, aan de prachtige lagune van de Bot River, met 145 kamers en een altira spa-wellnesscentrum. Verfijnd restaurant, met een lounge, cocktail- en poolbar. Bij de bouw van dit complex werd samengewerktmet natuurbeheer om de lagune en het Kaapse bushland zoveel mogelijk te ontzien. 2 pk met ontbijt vanaf 2550 rand (check voor seizoengerelateerde aanbiedingen de website).

##  Hermanus ▶ 1, E 22

**Kaart:** blz. 304

**Hermanus** heeft de laatste jaren een enorme ontwikkeling doorgemaakt. Er zijn talloze nieuwe hotels, bed and breakfasts en restaurants. Deze plaats is beroemd omdat u hier een grote kans hebt om walvissen te zien. Volgens het Wereld Natuur Fonds hoort Walker Bay tot de twaalf beste walvisobservatiepunten ter wereld. Het 12 km lange betonnen wandelpad over de kliffen volgt de kustlijn. En de enige professionele **walvisroeper** *(whale-crier:* mobiel 079 8 54 06 84, Facebook: Hermanus Whale Crier, tussen juni en november) ter wereld, Wilson Salukazana,

*Wie geluk heeft, kan aan de Zuidkaap een walvis zien opspringen*

Walviskust

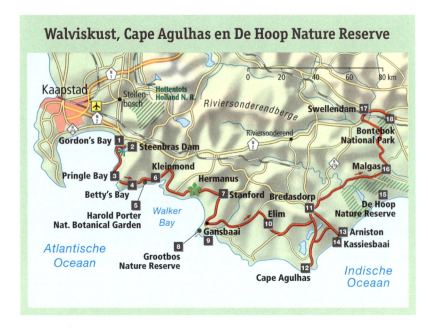

## Walviskust, Cape Agulhas en De Hoop Nature Reserve

zorgt met een zeewierhoorn en een aantekenbord dat bezoekers in het walvisseizoen snel te weten komen waar walvissen opgedoken zijn. De oceaanreuzen komen hier tot op 10 m van de kust.

**Old Harbour**, de oude haven, is bijzonder fotogeniek. In een van de gerestaureerde vissershuisjes is een interessant museum gevestigd. Hier staat een zender die verbonden is met een in de baai geplaatste boei waarin een onderwatermicrofoon walvisgeluiden registreert. Als er geen geluiden te horen zijn, dan wordt een geluidsband afgespeeld.

## Accommodatie

Duur maar schitterend – **Birkenhead House:** 7th Ave., Voelklip, tel. 028 314 80 00, www.birkenheadhouse.com. Birkenhead House is een van de mooiste accommodaties in deze gids, maar helaas prijzig. Het boetiekhotel beschikt over negen chic ingerichte kamers, waarin decoratieve etnische elementen in een luchtig strandinterieur zijn verwerkt. De pastelkleuren zijn uitnodigend en warm, dit hotel straalt perfecte luxe uit, van de kwaliteitsbedden en linnengoed tot de fantastische badkamers en de gourmetmenu's. Beter kan bijna niet. Fitnessruimte, wellnessbehandelingen, zwembad op twee verdiepingen; dit alles inclusief maaltijden, lokale drankjes, thee, koffie en wasservice. 2 pk met ontbijt vanaf 6600 rand.

Hotel met traditie – **The Marine:** Marine Dr., tel. 028 313 10 00, www.marine-hermanus.co.za. Oudste hotel van de plaats, het behoort tot de hotelketen Relais & Chateaux. 2 pk met ontbijt vanaf 3850 rand..

Direct aan zee – **Schulphoek Guest House and Restaurant:** 181 Piet Retief St., tel. 028 316 26 26, www.schulphoek.co.za. Mooi uitzicht op zee, althans vanuit de kamers op de eerste verdieping. Goede overnachtingsplek tijdens het walvisseizoen, met een restaurant voor hotelgasten. 2 pk met ontbijt en diner vanaf 2000 rand. Voordeliger bij een langer verblijf.

Franse sfeer – **Auberge Burgundy:** 16 Harbour Rd., tel. 028 3 13 12 01, www.auberge.co.za. Zoals de naam al zegt, is dit een stukje Frankrijk aan de Walviskust. Mooie binnen-

# Hermanus

tuin met betegeld terras. De 17 kamers zijn allemaal even ruim en bieden een bijzonder fraai uitzicht op de zee en de bergen. 2 pk met ontbijt vanaf 1180 rand, penthouse vanaf 1600 rand.

## Eten en drinken

Uitstekende vis – **Seafood at the Marine:** Marine Dr., tel. 028 313 10 00. Dit informele restaurant aan Marine Drive is ook voor niet-gasten van het hotel geopend. Bezoekers mogen toekijken terwijl de kok de heerlijke visgerechten bereidt; een van de beste visrestaurants in Zuid-Afrika. Twee- en driegangenmenu's 215/255 rand.

In een grot – **Bientangs Cave:** onder Marine Dr., tel. 028 3 12 34 54, www.bientangscave.com, ontbijt 9–11 uur, lunch dag. 11.30–16 uur, diner alleen op afspraak. Via een tamelijk steile trap bereikt u dit rustieke, in een grot tussen de kliffen gebouwde visrestaurant. In het walvisseizoen ziet u hier tijdens de maaltijd van ongelooflijk korte afstand de oceaanreuzen passeren; niemand komt hier alleen voor de culinaire kwaliteiten. Het uitzicht is echt geweldig. Hoofdgerecht 70–210 rand.

Met zicht op de walvissen – **The Burgundy Restaurant:** Market Square, tel. 0 28 312 28 00, www.burgundyrestaurant.co.za. Lichte maaltijden en lunch, ma.–za. ook diner. Vooral in de zomer aantrekkelijk, omdat u buiten kunt eten en de walvissen kunt zien; op de kaart staan zeebanket en traditionele Zuid-Afrikaanse gerechten. Hoofdgerecht vanaf 70 rand.

## Actief

Wie geen zin meer heeft om zittend op de rotsen naar walvissen te kijken, kan een van de in Hermanus en Gansbaai aangeboden **boottochten** boeken. Gecertificeerde tourboten mogen de walvissen tot 50 m naderen. Privéboten moeten 300 m afstand houden.

Walvissen kijken en boottochten – **Hermanus Whale Cruises:** New Harbour, tel. 028 313 27 22/082 562 23 55, www.hermanus-whalecruises.co.za, tochten dag. (afhankelijk van het weer) volw. 700 rand, kinderen 300 rand, creditcards worden geaccepteerd; in een authentieke vissersboot. **Southern Right Charters:** New Harbour, tel. 082 353 05 50, www.southernrightcharters.co.za. Tochten dag. om 9, 12, 15 uur (afhankelijk van het weer), volw. 700 rand, kinderen 300 rand, creditcards worden geaccepteerd, in een moderne speedboot.

*Geweldig uizicht: het visrestaurant Bientangs Cave, direct aan zee*

# Stanford en Gansbaai

▶ 1, E 22

**Kaart:** blz. 304

De volgende plaats aan Walker Bay is **Stanford** 7, een sympathiek, slaperig dorpje met enkele overnachtingsmogelijkheden en verrassend goede restaurants (www.stanfordinfo.co.za).

Kort voor Die Kelders is er een afslag naar het **Grootbos Nature Reserve** 8. Na het samengaan van enkele voormalige farms en de verwijdering van alle niet-inheemse vegetatie heeft zich hier een schitterend fynbosnatuurgebied ontwikkeld. De Grootbos Lodge met Duitse eigenaren behoort tot de meest comfortabele accommodaties aan de Walviskust. De volgende plaats, **Gansbaai** 9, is het belangrijkste centrum van het kooiduiken. Goed beschermd kunnen duikers hier de *killer* van de zeeën, de witte haai, van dichtbij bekijken (www.gansbaaiinfo.com).

## Accommodatie

Lodges in privénatuurreservaat – **Grootbos Private Nature Reserve:** 13 km voorbij Stanford in de richting van Gansbaai langs de R 43, tel. 028 3 84 80 08, www.grootbos.com. Overnachten op een grote fynbosfarm in twee lodges met uitzicht op Walker Bay. De **Forest Lodge** is gebouwd in minimalistische Afrikaanse stijl met rieten dak, glas en staal en lijkt wel een boetiekhotel uit de grote stad, al staat het in een melkhoutbos van 1000 jaar oud. Ieder huisje heeft een eigen houten terras, een grote badkamer en uiteraard prachtig uitzicht. De **Garden Lodge** werd onlangs gerenoveerd en de rustieke Afrikaanse inrichting moest wijken voor een nieuw elegant interieur. De accommodatie is fraai in de natuur ingepast. Bij de overnachtingsprijs zijn alle activiteiten inbegrepen, zoals wandelingen met een gids en paardrijden met dieren uit eigen stal. De lodge heeft Duitse eigenaren. Er kan een proteawandeltocht van anderhalf uur door het fynbos worden gemaakt. De keuken in beide lodges is erg goed. In het seizoen worden er walvis- en witte haaitrips georganiseerd. Kinderen zijn welkom in de Garden Lodge. 2 pk met volpension en alle activiteiten vanaf 4460 rand (minimaal twee nachten). Met hun Grootbos Foundation zijn de lodge-eigenaars actief in de lokale gemeenschap. Ze ondersteunen en leiden jongeren op in natuurbescherming, tuinbouw en veeteelt. Alle afgestudeerden van de Grootbosopleiding hebben tot nu toe banen gevonden.

Fantastisch uitzicht over zee – **Crayfish Lodge:** Die Kelders, 2–4 Kilarney St., tel. 028 384 18 98, www.crayfishlodge.co.za. Een Duits stel heeft hier zijn Afrikaanse droom vervuld en een lodge pal op de bergkam hoog boven Die Kelders gebouwd – het uitzicht is weergaloos. Ideaal voor walvisobservatie. Voordelige lastminuteaanbiedingen. 2 pk met ontbijt vanaf 2400 rand.

Walvisgezang horen – **Whalesong Lodge:** 83 Cliff St., tel. 028 384 18 65, www.whalesonglodge.co.za. Zo dicht bij de zee kunt u in het seizoen de walvissen in de baai inderdaad horen zingen: een onovertroffen slaapliedje. Slechts vier kamers en een suite. Voordelige prijzen bij langer verblijf. Diner op afspraak; de eigenaren zijn enthousiaste koks en bereiden af en toe een diner voor hun gasten. 2 pk met ontbijt vanaf 1700 rand.

Gemoedelijk – **Bellavista Country Place:** tussen Stanford en Gansbaai aan de linkerkant van de R 43, tel. 082 901 76 50, www.bella.co.za. Rustig gelegen pension met prachtig uitzicht op de bergen en de Walker Bay. Zwitserse eigenaar, zeer kindvriendelijk, met groot zwembad. U heeft de keuze tussen twee suites, een juniorsuite en een cottage. Er is een restaurant met panoramisch uitzicht en een goede keuken, ook niet-gasten zijn hier welkom (na reservering). Op het fynboslandgoed kunnen wandelingen worden gemaakt. 2 pk met ontbijt vanaf 2200 rand.

## Eten en drinken

Huisgemaakt – **Mariana's Home Deli & Bistro:** 12 Du Toit St., tel. 028 341 02 72, www.stanfordvillage.co.za/marianas, do.–zo. 12–14 uur, half juli–half aug. gesloten. Heerlijke ge-

*Kerk in het slaperige Stanford*

*Bij Cape Agulhas ontmoeten de Atlantische en de Indische Oceaan elkaar*

rechten met verse ingrediënten uit eigen tuin voor goede prijzen. Bijna altijd volgeboekt, op tijd reserveren! Hoofdgerecht 135 rand.
Vriendelijke bediening, aparte gerechten – **Restaurant Paprika:** 30 Shortmarket St., tel. 028 341 06 62, www.paprika.co.za, do.–za. 19 uur tot laat. Verrassend trendy restaurant, dat eerder in de City van Kaapstad op zijn plaats zou zijn. Lekkere, deels excentrieke gerechten. Hoofdgerecht 65 rand.
Microbrouwerij – **Birkenhead Brewery:** aan de R 326 naar Bredasdorp, tel. 028 341 00 13, www.walkerbayestate.com, wo.–zo. 8–17 uur, brouwerijrondleidingen wo.–vr. 11 en 15 uur. Kleine brouwerij met restaurant en mooie biertuin. Ingericht als een typisch Zuid-Afrikaans wijngoed. Hoofdgerecht 80 rand. Brouwerijrondleiding met bierproeverij 50 rand.

## Actief

Duiken naar haaien – **Marine Dynamics Meeting Point:** 5 Geelbek St., Kleinbaai, tel. 079 930 96 ,94, www.dive.co.za. Voor het duiken naar haaien in een kooi is geen duikervaring vereist. Volw. 1600 rand, kinderen 950 rand, creditcards worden geaccepteerd.
**Shark Diving Unlimited:** hoek Loop/TomSt., Franskraal, tel. 028 384 27 87/082 441 45 55, www.sharkdivingunlimited.com. Dubbeldeksboot, duiken naar haaien in een kooi, geen duikervaring vereist. Volw. 1350 rand, kinderen 675 rand, creditcards worden geaccepteerd.

# Elim ▶ 1, F 22

**Kaart:** blz. 304
In **Elim** 10, dat over de inmiddels verharde weg vanaf Pearly Beach bereikt kan worden, lijkt het of de tijd stil is blijven staan. Het missiestadje, dat tegenwoordig in zijn geheel monumentenstatus heeft, werd in 1824 door Duitsers voor de plaatselijke *coloureds*-gemeenschap gesticht. Rechts en links van de hoofdstraat staan schilderachtige, witgekalkte huisjes met strodaken. De naam komt uit de Bijbel: Elim was de rustplaats van de Israelieten, nadat ze door de Rode Zee waren getrokken. Tot op de dag van vandaag is het zo dat iedereen die in Elim wil wonen lid moet zijn van de plaatselijke kerkgemeenschap en ook zijn levensonderhoud in de landbouw moet verdienen. De gerestaureerde **watermolen** van het stadje heeft een waterrad van teakhout uit Myanmar en werd in 1990 opnieuw in bedrijf genomen om volkorenmeel te ma-

Arniston en Kassiesbaai

len. De oude **missiekerk** uit 1834 heeft nog altijd een rieten dak.

# Bredasdorp ▶ 1, F 22

**Kaart:** blz. 304

*Museum: 6 Independent St., tel. 028 424 12 40, ma.–vr. 9–16.45, za. 9–14.45, zo. 10.30–12.30 uur, toegang volw. 20 rand, kinderen 10 rand*

Bredasdorp 11 staat bekend om zijn **Shipwreck Museum** dat in een oude kerk is gevestigd. Wrakstukken, kaarten en documenten herinneren aan de bijna 250 scheepsrampen die aan de zuidkust hebben plaatsgevonden.

# Cape Agulhas ▶ 1, F 23

**Kaart:** blz. 304

De meeste toeristen die de zuidelijkste punt van Afrika bezoeken, **Cape Agulhas** 12, zijn teleurgesteld. De vlakke rotskust waar de Atlantische Oceaan en de Indische Oceaan samenkomen, doet geen recht aan deze bijzondere geografische ontmoeting. Geen wonder dat veel gidsen en inwoners van Kaapstad simpelweg beweren dat de veel indrukwekkendere Kaap de Goede Hoop het ontmoetingspunt van beide oceanen is.

## Cape Agulhas Lighthouse Museum

*Tel. 028 435 62 22, di.–za. 9.30–16.45, zo. 10.30–13.30 uur*

Het interessante **Cape Agulhas Lighthouse Museum** is echter beslist een bezoek waard. Hier komt u veel te weten over vuurtorens, maar gek genoeg nauwelijks iets over die van Zuid-Afrika. In het gezellige café kunt u thee met scones bestellen.

## Accommodatie, eten

Met fantastisch uitzicht op zee – **Agulhas Country Lodge:** tel. 028 435 76 50, www.agulhas countrylodge.com. Dit uit natuursteen opgetrokken hotel met acht kamers biedt fraai uitzicht op zee en een goed restaurant met vooral visgerechten. De kamers zijn voorzien van balkons of terrassen, twee hebben een whirlpool. Er is een bar. Kinderen welkom. 2 pk met ontbijt vanaf 1450 rand.

Voordelig en klein – **Pebble Beach B&B:** 137 Vlei Ave., tel. 028 435 72 70, www.pebble-beach.co.za. Slechts 2 kamers, een beneden en een boven. Geweldig uitzicht op zee, op maar 5 km afstand van de Kaap. De bovenkamer met de oude badkuip en het balkon is de beste keuze. 2 pk met ontbijt vanaf 1150 rand.

# Arniston en Kassiesbaai ▶ 1, G 22/23

**Kaart:** blz. 304

De volgende stad heeft twee namen: Waenhuiskrans in **Arniston** 13 (www.arniston.co.za). Het Arniston Hotel organiseert uitstapjes naar het direct ernaast gelegen vissersdorp **Kassiesbaai** 14, waar witgepleisterde huisjes met rieten daken staan van meer dan 200 jaar oud. Bezoekers mogen deze historische huizen, die nog steeds door vissers worden bewoond, ook vanbinnen bekijken. Een kopje thee op de kunstnijverheidsmarkt of een aubade van het kerkkoor staat ook op het programma. Gasten van het Arniston Hotel kunnen aan het **Kassiesbaai Traditional Dinner** deelnemen. Bij kaarslicht bereiden de vrouwen van de vissers de maaltijd in hun witgepleisterde huisjes. Het restaurant van het hotel heeft vismaaltijden en Kaapmaleisische gerechten op het menu en uitzicht op de Indische Oceaan. Het Arniston Hotel organiseert ook privédinnerparty's voor minstens tien personen in de gezellige, met kaarsen verlichte wijnkelder.

**Waenhuiskrans Cave,** een reusachtige grot langs het strand aan de westkant van het plaatsje, kunt u bij eb bezoeken. Het beginpunt van de wandelroute kunt u alleen per terreinwagen of te voet bereiken. Op loopafstand van het hotel bevindt zich een prachtig zandstrand, waar het wandelpad begint dat naar deze grote grotten aan zee leidt.

## COMFORTABEL OVERNACHTEN IN DE HOOP

Enige tijd geleden zijn de accommodaties in De Hoop Nature Reserve geprivatiseerd en ingrijpend gerenoveerd. De voormalige boerderijen, waar in de tijd van de apartheid politici (onder wie oud-president De Klerk) hun vakantie doorbrachten, zijn nu voorzien van zeer comfortabele bedden voor wie wil overnachten in de wildernis. De mooiste zijn **Melkkamer Foremans Cottage** (drie 2 pk, badkamer, keuken, vanaf 2070 rand), **Melkkamer Vlei Cottage** (vier 2 pk, twee badkamers, keuken, vanaf 2760 rand) en **Melkkamer Manor House** (vier 2 pk met eigen badkamer, eet- en zitkamer, vanaf 8500 rand). Reservering van alle accommodaties bij De Hoop Collection: tel. 028 542 12 53, www.dehoopcollection.co.za, Facebook: De Hoop Collection Nature Reserve

## Accommodatie

Vriendelijke sfeer – **Arniston Spa Hotel:** tel. 028 445 90 00, www.arnistonhotel.com. Dit hotel doet aan de Zuid-Franse of Californische kust denken. Het heeft een lichte, vrolijke uitstraling, met zes fraaie suites die naar verschillende scheepswrakken zijn genoemd, met prachtig uitzicht op de zee en het haventje. Het restaurant en de spa-afdeling zijn niet helemaal van het niveau dat van zo'n mooi hotel verwacht zou mogen worden, beter opgeleid personeel zou een uitkomst zijn. 2 pk met ontbijt 1200–4000 rand.
Voordelig – **Arniston Lodge:** 23 Main Rd., tel. 028 445 91 75, www.arnistonlodge.co.za. B&B in een rietgedekt pand van twee verdiepingen, met zwembad, vier kamers; 2 pk met ontbijt 590–1190 rand.

# De Hoop Nature Reserve ▶ 1, G 22

**Kaart:** blz. 304
Van Bredasdorp zijn er twee mogelijkheden om naar Swellendam te komen: snel via de goed geasfalteerde R 319, of avontuurlijk en stoffig via Malgas met de enige op spierkracht bediende veerpont van Zuid-Afrika. Wie voor de onverharde weg kiest, rijdt langs een van de mooiste wildreservaten van de westelijke Cape Province, het 360 km² grote **De Hoop Nature Reserve** 15. Hier ziet u prachtige witte zandduinen aan zee of getijdepoelen, met glashelder door de zon opgewarmd water. Er zijn verbazingwekkend veel dieren, onder andere elandantilopen, bontebokken en springbokken, zebra's en bavianen.

## Accommodatie

Cottages en camping – **De Hoop Nature Reserve:** in het door de Cape Nature Conservation beheerde De Hoop Nature Reserve zijn verschillende soorten accommodatie beschikbaar in gerenoveerde oude boerderijgebouwen. De reservering van de huisjes verloopt via De Hoop Collection. Op de website staat van elke overnachtingsmogelijkheid een gedetailleerde beschrijving met foto. De prijzen beginnen vanaf 790 rand voor een kleine cottage voor twee personen in het Opstal Manor House, cottages met alle voorzieningen voor vier personen kosten 1650 rand en het Opstal House voor zes personen 2600 rand. Camping 295 rand voor vier personen. Voor reservering van alle accommodatie zie de Tip linksboven

# Malgas ▶ 1, G 22

**Kaart:** blz. 304
De enige veerpont in Zuid-Afrika steekt in **Malgas** 16 de weidse Breede River over. De

# Swellendam

*Een van de mooiste wildreservaten van de Westkaap: De Hoop Nature Reserve*

oversteek alleen al is een avontuur. Zoals in vroegere tijden wordt de pont door twee sterke mannen op spierkracht over de rivier getrokken. Aan de overkant moet er nog eens 38 km over een onverharde weg worden afgelegd (langzaam rijden, omdat de scherpe stenen op de weg gemakkelijk een lekke band veroorzaken). Over de N 2 bereikt u dan na 10 km Swellendam.

## Accommodatie
Aan de rivier – **Malagas Hotel:** Main Rd., tel. 028 542 10 49, www.malagashotel.co.za. Met 45 kamers (en 6 hutten op de woonboot Breede River Queen) is dit een verrassend groot hotel voor deze moeilijk te bereiken plaats; direct aan de oever van de Breede River, zwembad, restaurant en bar. 2 pk met ontbijt en avondmaaltijd vanaf 900 rand.

# Swellendam ▶ 1, G 21

**Kaart:** blz. 304
Het in 1743 gestichte **Swellendam** 17 ligt aan de voet van de Langeberge en is de op twee na oudste stad van het land, na Kaapstad en Stellenbosch. Veel van de Kaaps-Hollandse huisjes in de stad zijn bewaard gebleven, enkele zijn fraai gerestaureerd. De meeste daarvan zijn tot stijlvolle bed and breakfasts verbouwd.

Het mooiste bouwwerk in de stad is de in 1747 gebouwde residentie van de gouverneur van het district: het **Drostdy Museum Complex** is tegenwoordig een openluchtmuseum met een fraaie victoriaanse tuin (18 Swellengrebel St., tel. 028 514 11 38, www.drostdymuseum.com, ma.–za. 8–13, 14–17 uur).

## Informatie
**Swellendam Tourism Bureau:** 22 Swellengrebel St., tel. 028 514 27 70, www.swellendamtourism.co.za. Informatie over accommodatie en restaurants, de folder *Swellendam Treasures* bevat uitvoerige beschrijvingen van alle historische gebouwen in de plaats.

## Accommodatie
Schilderachtig landhuis – **Schoone Oordt Country House:** 1 Swellengrebel St., tel. 028

Walviskust

514 12 48, www.schoondeoordt.co.za. Mooi historisch pand uit 1853. Gasten slapen in kleine huisjes in een grote tuin. Favoriet bij veel bezoekers van Swellendam. Uitstekend ontbijt. 2 pk met ontbijt vanaf 1750 rand.

Gerestaureerde boerderij – **Jan Harmsgat Country House:** tussen Swellendam en Ashton aan de R 60, tel. 023 616 34 07, www.janharmsgat.com. Tien kamers in een mooi gerestaureerde boerderij, een cottage (ideaal voor gezinnen) en daarnaast nog een ander, ook gerestaureerd bijgebouw. Babysitservice. Zeer goede keuken en wijnkeuze. 2 pk met ontbijt vanaf 1070 rand.

Gezellige ambiance – **Rothman Manor:** 268 Voortreker St., tel. 028 514 27 71, www.rothmanmanor.co.za. B&B in twee historische Kaaps-Hollandse huizen uit 1834; de eigenaren zijn een vriendelijk Duits echtpaar. Vier knusse kamers, overvloedig ontbijt en een grote tuin met verwarmd zwembad. 2 pk met ontbijt vanaf 1300 rand.

Victoriaanse B&B – **Roosje van de Kaap:** 5 Drostdy St., tel. 028 514 30 01, www.roosjevandekaap.com. Kleine B&B met 13 kamers en een zeer goed restaurant in een oergezellig, victoriaans pand. 2 pk met ontbijt vanaf 895 rand.

### Eten en drinken

Romantisch en met uitstekende kwaliteit – **Herberg Roosje van de Kaap:** 5 Drostdy St., tel. 028 514 30 01, www.roosjevandekaap.com, ontbijt van 8–9.30, diner 19 uur tot laat, ma. gesloten. Bijzonder sfeervol is de eetzaal, een voormalige stal, met zijn lage rieten plafonds en de vele brandende kaarsen. Sinds jaar en dag van uitstekende kwaliteit. Grote keuze, uitgebreide wijnkaart. Hoofdgerecht 100–155 rand.

Lichte mediterrane keuken – **Old Gaol on Church Square:** 8 A Voortrek St., tel. 028 514 38 47, www.oldgaolrestaurant.co.za. In de vroegere gevangenis van Swellendam worden gerechten naar traditionele recepten geserveerd, bij mooi weer ook buiten. Bijzonder lekker is de springbokcarpaccio. Hoofdgerecht 65 rand.

# Bontebok National Park

▶ 1, G 21/22

**Kaart:** blz. 304

Op 7 km buiten de stad ligt het **Bontebok National Park 18** . Dit ongeveer 30 km$^2$ grote, beschermde natuurgebied is een van de succesverhalen in de strijd om de instandhouding van bedreigde diersoorten in Zuid-Afrika. In 1961 was het park speciaal gericht op de bontebok, die in het begin van de 20e eeuw bijna uitgestorven was. Tegenwoordig bestaat de kudde uit meer dan 200 dieren. Behalve deze prachtige dieren kunt u hier reebokantilopen, hartenbeesten, grijsbokken, steenbokken, bergzebra's en duikers zien. Er leven verder 192 vogelsoorten, waaronder de Denhams trap *(Stanley's bustard)*, de Afrikaanse zeearend *(fish eagle)*, de paradijskraanvogel *(blue crane)*, de secretarisvogel *(secretary bird)*, de spoorwiekgans *(spur-winged goose)* en talloze honingzuigers *(sunbirds)*.

### Informatie

Reserveren van accommodatie en dagkaarten: **SA National Parks** (SANP), 643 Leyds St., Muckleneuk, Tshwane (Pretoria), tel. 0124 26 50 00 of online via www.sanparks.org, ma.–vr. 9–16.45 uur, of in de filialen van **Cape Town Tourism** aan het Waterfront en in de City van Kaapstad (zie blz. 134). In beide is een kantoor van het nationaal park gevestigd. **Contact in het park:** tel. 028 514 27 35, mei–sept. dag. 8–18 uur, okt.–april dag. 8–19 uur. Toegang volw. 84 rand, kinderen 42 rand.

### Accommodatie

Chalets en camping – **10 chalets:** 900–1190 rand voor 2 pers., extra volw. 210–220 rand, kind 105–110 rand. Er zijn bovendien in totaal **164 kampeerplaatsen** in de nabijheid van de Breede River. Prijs: tussen 180 en 290 rand voor 6 pers., extra volw. 76 rand, kind 38 rand.

# Garden Route en Baviaanskloof

Veel bezoekers zijn verrast omdat de Garden Route, de bekendste toeristische route van Zuid-Afrika, er zo keurig aangelegd uitziet. Op korte afstand ligt echter een weelderig groen natuurgebied met betoverende bossen, geheimzinnige meren en historische bergpassen. Voor avontuurlijke reizigers is hier een alternatieve weg via de Baviaanskloof.

## Mossel Bay ▶ 1, J 22

**Kaart:** blz. 314

Bij het vervolg van de N 2 is **Mossel Bay**  pas weer een plaats die een bezoek waard is. Op deze plek begint in feite de Garden Route. Hier landde Bartolomeu Dias als eerste Europeaan op de Zuid-Afrikaanse kust. Mossel Bay heeft een prachtig strand met strandpaviljoen.

### Bartolomeu Dias Museum

*Tel. 044 691 10 67, www.diasmuseum.co.za, ma.–vr. 9–16.45, za., zo. 9–15.45 uur, toegang gratis*

In het **Bartolomeu Dias Museum** is de authentieke replica van het schip van Dias te zien; deze boot zeilde ter ere van de 500e verjaardag van de landing van Dias van Portugal naar Mossel Bay.

### Informatie

**Mossel Bay Tourism Bureau:** hoek Market St./Church St., tel. 044 691 22 02, www.mosselbay.co.za of www.visitmosselbay.co.za. Inlichtingen over accommodatie en boottochten in de Mosselbaai.

*Het Bartolomeu Dias Museum is gewijd aan de middeleeuwse zeevaart*

# Garden Route en Baviaanskloof

## Accommodatie

Voormalig pakhuis – **Mossel Bay Protea Hotel:** Old Post Tree Inn, hoek Church/Market St., tel. 044 691 37 38, www.proteahotels.com. Een in 1846 gebouwd pakhuis werd omgetoverd tot een stijlvol hotelcomplex met restaurants en een winkelcentrum aan het strand. 2 pk met ontbijt vanaf 840 rand (let op speciale aanbiedingen op de website).

## Accommodatie, actief

De Big Five aan de Garden Route – **Gondwana Private Game Reserve:** tel. 044 697 70 77, www.agondwanagr.co.za, ook te vinden op Facebook en Twitter. In het midden van de Garden Route, 25 min. landinwaarts vanuit Mossel Bay, ligt dit privéwildreservaat, waar de Big Five – olifant, leeuw, luipaard (met veel geluk), neushoorn en buffel – in een prachtig fynbosberg- en heuvellandschap kunnen worden geobserveerd. Het bijzondere aan het malariavrije, 110 km² metende Gondwana Private Game Reserve is, dat kinderen van alle leeftijden er samen met hun ouders welkom zijn. Voor de kids is er bovendien een junior-rangerprogramma (vanaf 4 jaar), waarmee ze op een speelse manier vertrouwd worden gemaakt met natuur, fauna en flora. Gezinnen kunnen overnachten in **Private Bush Villas** (speciale prijzen voor kinderen jonger dan 12 jaar, kinderen tot 4 jaar gratis). Voor stellen zonder kinderen zijn er de rustigere en meer romantische alternatieven **Kwena Lodge** of **Fynbos Villa.** Totaalpakket inclusief alle maaltijden, overnachting, *game drives* en activiteiten vanaf 3400 rand p.p.

## Eten en drinken

Traditionele keuken – **Jazzbury's:** 11 Marsh St., tel. 044 691 19 23, diner 18–23 uur. De historische gevel is misleidend, want het restau-

rant heeft een modern interieur. U kunt op het terras eten: klassieke gerechten zijn in een nieuw jasje gestoken, bijvoorbeeld struisvogelvlees van de grill met zoete aardappels, een mediterraan inktvispotje of verse zeetong. Hoofdgerecht 100 rand.
Reuzenbuffet – **Admiral's Buffet Restaurant:** Garden Route Casino, 1 Pinnacle Rd., tel. 044 693 39 00, www.mosselbaydining.co.za, dag. 12–16, 17–23 uur. Van vis tot vlees, zeer smakelijk bereid, in een moderne ambiance, ca. 95–145 rand.

# Klein Brakrivier ▶ 1, J 21

**Kaart:** blz. 314
Er komen steeds meer wildreservaten langs de Garden Route waar toeristen wilde dieren kunnen kijken. In tegenstelling tot sommige andere parken is de presentatie in het **Botlierskop Private Game Reserve** 2 goed. Het nadeel is dat de *lodge* met restaurant ook geopend is voor niet-gasten die een dagtripje maken, waardoor het de betalende hotelgasten ontbreekt aan de rust en de stilte die normaal gesproken in een particulier reservaat te verwachten zijn. Maar het wildpark ligt dan ook slechts op 8 km van de N 2, aan de Klein Brakrivier, precies tussen Mossel Bay en George. Het prettigst zijn de afgelegen en om die reden rustige safaritenten aan de bruisende rivier, waar de gasten met boten naartoe gebracht worden.

## Accommodatie
Het safarigevoel – **Botlierskop Private Game Reserve** 2 **:** Little Brak River, tel. 044 696 60 55, www.botlierskop.co.za, overnachting in acht romantische, rustig gelegen luxetenten, met hemelbedden waar uiteraard een muskietennet overheen hangt, een groot ligbad, en een prachtig uitzicht. De tenten zijn voorzien van een minibar en telefoon, met een persoonlijke parkwachterservice. In het restaurant met de open haard, dat u via loopbruggen kunt bereiken, is een als buffet gepresenteerd ontbijt, middagen avondmaaltijd verkrijgbaar, helaas van tamelijk middelmatige kwaliteit in verhouding tot de prijzen. Luxetent voor twee personen, inclusief welkomstdrankje, *high tea*, ontbijt, avondmaaltijd, *wild tour*, natuurwandeling met gids vanaf 1300 rand (let op speciale aanbiedingen op de website).

# George en omgeving ▶ 1, K 21

**Kaart:** blz. 314
Bij de naam **George** 3 (Outeniqua) beginnen de ogen van alle golfliefhebbers te glinsteren. Hier ligt een golfbaan van wereldklasse. Wie van historische en onverharde wegen houdt, kan vanaf George twee routes volgen: de **Montagu Pass** 4 over de Outeniquaberge ziet er nog net zo uit als bij de opening in 1847. Bij droog weer is deze route ook met een gewone personenauto te doen – een fraai uitstapje met prachtige uitzichten, in een landschap dat sterk aan de Pyreneeën doet denken. Een soort Jungle Book vinden reizigers op de route naar de oude **Seven Passes Road** 5 , een afwisselend geasfalteerde en onverharde weg tussen George en Knysna, die parallel aan de Garden Route door de heuvels loopt.

## Informatie
**George Information Bureau:** 124 York St., tel. 044 801 92 95, www.george.co.za, www.visitgeorge.co.za. Bijzonder vriendelijk personeel, gratis informatie over accommodatie en restaurants in George en Wilderness.

## Eten en drinken
Turkse specialiteiten – **Kafé Serefé:** 60 Courtenay St., tel. 044 884 10 12, www.kafeserefe.co.za, ma.-vr. 11.30–22.30, za. vanaf 18 uur. Klassieke Turkse keuken met mezzeschotels, veel lamsvlees en Turkse achtergrondmuziek. Op vrijdag treden er meestal buikdanseressen op, elke dag waterpijp. Hoofdgerecht 100 rand.
Huiselijk – **Margot's Bistro:** 63 Albert St., tel. 044 874 29 50, di.–za. 8.30–17, wo.–za. 19

## Garden Route en Baviaanskloof

uur tot laat. Stijlvol tot restaurant verbouwd woonhuis. Kleine kaart maar met smakelijke gerechten, overdag in bistrostijl met hamburgers, sandwiches, salades en pasta, 's avonds uitgebreider, met voorgerechten als peren met gorgonzolavulling in een jasje van spek. Hoofdgerecht 95 rand.

Steak en vis – **The Conservatory at Meade House:** 91 Meade St., tel. 044 873 38 50, ma.– vr. 7.30–16 uur, za. 8–15 uur. Populaire ontbijt- en lunchplek voor de lokale bevolking. De eigenaar was vroeger chef-kok in het Fancourt Hotel. Hoofdgerecht 50 rand.

# Victoria Bay ▶ 1, K 21

**Kaart:** blz. 314

Op maar een paar kilometer van George ligt het kleine **Victoria Bay** 6 direct aan zee. De overnachtingsmogelijkheden hier zijn een goed alternatief voor George, waar de accommodatie door de golfbaan nogal prijzig is. Vic Bay heeft een mooi klein zandstrand, waar u beschut kunt zonnebaden. Vroeger reed hoog boven de baai de beroemde Outeniqua Tjoo Tjoostoomtrein voorbij. Doordat er telkens gesteente neerviel, rijdt deze trein nu niet meer.

## Accommodatie

Opvallende ligging – **Lands End:** The Point, tel. 044 889 01 23, www.vicbay.com. Het laatste hotel in Victoria Bay voordat de zee begint; bezoekers moeten voor de slagboom parkeren, binnen de sleutel ophalen, de slagboom openen en dan naar hun kamer rijden. Door de beperkte parkeerruimte mogen alleen aanwonenden en bed-andbreakfastgasten in Victoria Bay parkeren. 2 pk met ontbijt vanaf 950 rand.

Voor selfcateraars – **Seabreeze Cabanas:** Beach Rd., 044 889 00 98/37, www.seabreezecabanas.co.za. Diverse vakantiehuizen in privéwoningen aan Beach Road. Ze zijn allemaal verschillend ingericht. Aangezien de eigenaars ook zelf gebruikmaken van hun appartementen, verkeren deze altijd in goede staat. De afzonderlijke woningen voor vier tot tien gasten kunnen op de website worden bekeken. Prijzen afhankelijk van grootte en seizoen 515–2150 rand.

# Wilderness ▶ 1, K 21

**Kaart:** blz. 314

In **Wilderness** 7 wijst een bord naar het uitzichtpunt Map of Africa. Vanuit zuidelijke richting lijken de meanders van de Kaaimans River inderdaad op de omtrekken van Afrika. Vanaf de andere kant hebt u een prachtig uitzicht over de zee, het stadje Wilderness en de Garden Route. Bij gunstige wind is dit het vertrekpunt van deltavliegers en hanggliders, die later op het strand landen.

**Wilderness** is een deel van het **Garden Route National Park** 8 een gebied van ruim 100 km². Afhankelijk van het seizoen leven hier tussen 5000 en 24.500 watervogels. Tot dusver werden 230 verschillende vogelsoorten geteld. Wie dat wil, kan hier in rustieke houten hutten overnachten.

## Informatie

**Wilderness Tourism Bureau:** Leila's Ln., tel. 044 877 00 45, www.wildernesstourism.co.za. Informatie over en reservering van accommodatie, restaurants, huurauto's en de verschillende wandelmogelijkheden in de omgeving.

## Accommodatie

Aan de lagune – **Moontide:** Southside Rd., tel. 044 877 03 61, www.moontide-wilderness.co.za. Kleine B&B direct aan de lagune met acht apart ingerichte stenen huisjes, elk met een eigen ingang, in een grote, weelderige en rustige tuin. 2 pk met ontbijt vanaf 1560 rand.

Table d'hôte – **Serendipity Guest House & Restaurant:** Freesia Av., tel. 044 877 04 33, www.serendipitywilderness.com. Zoals heel gebruikelijk is in Frankrijk, overnachten gasten hier vanwege het excellente restaurant, waar echter ook niet-gasten welkom zijn. Er kan gekozen worden uit vier kamers, het hotel ligt direct aan de lagune. 2 pk met ontbijt vanaf 1160 rand.

# Knysna

*De Knysna Lagune is heel geschikt voor watersportactiviteiten*

In de duinen – **The Dune Guest Lodge:** Die Duin 31, tel. 044 877 02 98, www.thedune.co.za. Fabelachtige ligging aan Wilderness Beach, slechts vier mooie, lichte kamers; overdadig ontbijt. In het seizoen kunnen gasten vanaf het privéterras walvissen observeren. 2 pk met ontbijt vanaf 900 rand.

## Eten en drinken

Italiaans – **Pomodoro:** George St., tel. 044 877 14 03, dag. 7.30–22.30 uur. Goed Italiaans restaurant in de dorpskern van Wilderness, waar vooral heerlijke pizza's worden geserveerd. Hoofdgerecht 120 rand.

# Knysna ▶ 1, L 21

**Kaart:** blz. 314
**Knysna** 9 is net als Plettenberg Bay door de fraaie ligging aan zee een geliefd reisdoel, ook bij Zuid-Afrikaanse vakantiegangers. De 18 km² grote Knysnalagune is de parel van de Garden Route. De Indische Oceaan vult de baai tweemaal per dag met zeewater, terwijl ook het regenwater uit de Outeniquaberge hier in de lagune stroomt.

## Informatie

**Knysna Tourism Bureau:** 40 Main St., tel. 044 382 55 10, www.knysna-info.co.za. Informatie over overnachtingsmogelijkheden in en rond Knysna en tevens telefonische bemiddeling.

## Accommodatie

In het bos en in de bomen – **Phantom Forest Eco-Reserve:** Phantom Pass Rd., tel. 044 386 00 46, www.phantomforest.com. Hoog op de rotsen in een bos gelegen Afrikaanse lodge, met uitzicht op de Knysnalagune. De gasten slapen in 'boomhutten'. Wellnessbehandelingen en een kuurresort in de vrije natuur. Boma-restaurant (zwart Afrikaans). Be-

## Garden Route en Baviaanskloof

zoekers parkeren onder de steile heuvel die naar het resort leidt en worden met een terreinwagen opgehaald. Geen kinderen jonger dan 12 jaar. 2 pk met ontbijt vanaf 3600 rand.

Voormalige krachtcentrale – **The Turbine Boutique Hotel & Spa:** Thesen Island, tel. 044 302 57 45/302 57 47, www.turbinehotel.co.za. Fantastisch boetiekhotel in een oude krachtcentrale. Buizen, pompen, boilers, instrumenten en aggregaten zijn architectonisch slim en fraai in het interieur verwerkt. Zeer goed restaurant (Island Café Bar), tapas bar en wellnesscentrum. Er zijn zeventien kamers, zes suites en een honeymoon-suite. Het meest bijzondere hotel in Knysna. 2 pk met ontbijt vanaf 1940 rand.

Van gast tot eigenaar – **Candlewood Lodge:** 8 Stinkwood Crescent, tel. 044 382 51 04, www.candlewood.co.za. Dit kleine vijfsterrenhotel met zes kamers en een familiesuite ligt op een heuvel met uitzicht op Thesen Island en The Heads. Het reislustige Duitse stel Ines en Andreas is niet alleen in Zuid-Afrika getrouwd, maar kocht ook het hotel waarin ze ooit hadden overnacht. Zeer persoonlijke benadering. *Afternoon tea*, *sundowner* en *braai* op verzoek, zwembad en whirlpool. Ines biedt haar gasten ook yoga aan. 2 pk met ontbijt 990–1700 rand.

Historische cottages – **Belvidere Manor:** Belvidere Estate, 169 Duthie Dr, tel. 044 387 10 55, www.belvidere.co.za. Idyllisch aan het westelijke uiteinde van de lagune gelegen hotel. De gasten overnachten in hun eigen cottage, waarvan er in totaal dertig zijn. Diner en ontbijt worden geserveerd in het herenhuis dat dateert van 1834. 2 pk met ontbijt vanaf 1940 rand.

## KNYSNA ELEPHANT PARK

Tussen Knysna en Plettenberg Bay staat langs de weg een bord 'Pas op: Olifanten'. Dat is geen grap; Knysnaolifanten bestaan echt. In de 19e eeuw leefden in het Knysna Forest en de aangrenzende gebieden nog 500 van deze dieren. Door de meedogenloze jacht liep dit aantal terug tot 40 à 50 exemplaren aan het begin van de 20e eeuw. Er schijnen nu nog drie van deze schuwe dieren in het enorme **Knysna Forest** te leven. Dat zijn dan de zuidelijkst levende olifanten van Afrika en de enige die zich aan de leefomstandigheden in het bos hebben aangepast.

In het **Knysna Elephant Park** 10 komen weliswaar geen wilde Knysnaolifanten voor, maar het park is toch de moeite waard. Met uitzondering van Thandi, die hier op 16 oktober 2003 geboren werd, zijn de tien olifanten die op de fynbosboerderij leven afkomstig uit het Kruger National Park. Daar hadden ze wegens overpopulatie afgeschoten moeten worden. U kunt deze dieren in het park opzoeken en ze aaien en voeren. Vooral kinderen vinden dat geweldig. In het kleine **museum** kunt u veel over de Knysnaolifanten leren (tel. 044 532 77 32, www.knysnaelephantpark.co.za, rondleidingen van 45 tot 60 minuten dag. elk half uur tussen 8.30 en 16.30 uur, toegang volw. 260 rand, kinderen 6–12 jaar 120 rand, een emmer fruit en groente om te voeren 40 rand, ritje van anderhalf uur op een olifant dag. 7 en 16.30 uur, volw. 925 rand, kinderen 425 rand).

Uitzicht op de lagune – **Falcons View Manor:** 2 Thesen Hill, tel. 044 382 67 67, www.falconsview.com. Hoog boven Knysna met prachtig uitzicht op de lagune. Dit in 1899 gebouwde hotel biedt zes kamers met victoriaanse badkuip en vier garden-suites in elegante Afrikaanse stijl. Uitstekend diner, vooraf bestellen. 2 pk met ontbijt vanaf 1130 rand.

Rustieke blokhutten – **Knysna River Club:** Sun Valley Dr., tel. 044 382 64 83, www.knysnariverclub.co.za. Verblijf in rustieke blokhutten met compleet ingerichte keuken, direct aan de lagune, voor mensen die zelf hun maaltijden verzorgen. Huisjes voor een tot vier personen, vanaf 900 rand.

Western style – **Southern Comfort Western Horse Ranch:** halverwege tussen Knysna en Plettenberg Bay, bij de afrit Fisanthoek op de N 2 links afslaan, tel. 044 5 32 78 85, www.schranch.co.za. Paardenranch in Amerikaanse stijl. Verschillende overnachtingsmogelijkheden, zoals in wigwams, houten hutten en boomhutten. Ideaal voor gezinnen. Terreinwagenparcours op de farm. 2 pk met ontbijt vanaf 650 rand.

### Eten en drinken

Vismarktrestaurant – **34 Degrees South:** Knysna Quays, Waterfront Dr., tel. 044 382 73 31, www.34-south.com, dag. 8.30–22 uur. Hier is het in het seizoen erg druk, trendy interieur, zeer goed zeebanket, ook oesters, enkele mediterrane specialiteiten. Hoofdgerecht 120 rand.

Oesters slurpen – **Knysna Oyster Company:** Thesen Island, tel. 044 382 69 42, dag. 10–21 (zomer), 10–17 uur, in het hoogseizoen dag. 10 uur tot 's avonds laat. Knysna staat bekend om zijn specialiteit: oesters. Deze moet u beslist proberen. Bij de Knysna Oyster Company bent u daarvoor aan het juiste adres. Ontspannen eetgelegenheid, direct aan de lagune. Hoofdgerecht 100 rand.

Curry's – **Firefly Eating House:** 152a Old Cape Road, tel. 044 382 14 90, www.fireflyeatinghouse.co.za, di.–zo. 18–22 uur. Feerieke eetomgeving in een intieme, eclectische ambiance met lichtsnoeren, kaarsen en een portret van Frida Kahlo boven de open haard. Het eten laat even op zich wachten, maar dat leidt wel tot lange, gezellige avonden. Specialiteit zijn de curry's die in verschillende variaties te krijgen zijn, van hels heet tot mild. Het welkomstdrankje is lassi en na het hoofdgerecht krijgt u kokossorbet ter verkoeling. Hoofdgerecht 110 rand.

Portugees – **Casa da Galinha:** 21 Rawson St., tel. 044 382 48 43, ma.–za. 10–22 uur. Traditioneel Portugees restaurant, waar typische vleesgerechten als *espetada* en kippiripiri, maar ook vis en garnalen met rode peper en knoflook worden geserveerd. Als de zon schijnt, wordt de lunch u op de binnenplaats onder grote parasols geserveerd. Hoofdgerecht 95 rand.

Broodspecialiteiten en meer – **Île de Pain Bread & Café:** 10 The Boatshed, Thesen Island, tel. 044 302 57 07, www.iledepain.co.za, di.–za. 8–15, zo. 9–13.30 uur. Een paradijs voor liefhebbers van brood – alleen al de geur van vers gebakken brood en koffie maakt een bezoek aan dit eetcafé tot een genoegen. De lekkerste ontbijten en lunchgerechten van Knysna. Hoofdgerecht 80 rand.

# Plettenberg Bay

▶ 1, L 21

**Kaart:** blz. 314

**Plettenberg Bay** 11 is door zijn uitgestrekte zandstranden een van de populairste badplaatsen langs de Garden Route. Tussen november en januari kan het hier bijzonder druk zijn. In de rest van het jaar lijkt het eerder op een ingeslapen dorp, veel van de vakantiehuisjes staan dan leeg. De meest aan te raden stranden zijn **Lookout Beach** en **Central Beach**, en bovendien de stranden in de lagune.

Het officieuze wapen van 'Plett' is de *pansy shell*, het fijne, ronde skelet van een uiterst zeldzame zee-egel, die alleen aan de kust tussen Mossel Bay en Plettenberg Bay voorkomt. Het patroon op de rug van het skelet lijkt op een viooltje *(pansy)*. De beschermde *pansy shells* zijn tegen hoge prijzen te koop.

# Garden Route en Baviaanskloof

## MONKEYLAND EN BIRDS OF EDEN

Apen uit alle werelddelen en de grootste volière op aarde: dit kunt u vinden in het **Monkeyland Primate Sanctuary** en **Birds of Eden** 12. Op 16 km ten oosten van Plettenberg Bay ligt de afslag naar het park, 2 km verder bereikt u beide beschermde natuurgebieden. Apen uit alle delen van de wereld hebben in Monkeyland nieuw onderdak gevonden. De inheemse groene meerkatten *(vervet monkey)* raakten al snel vertrouwd met de 'buitenlanders' en lieten hen zelfs zien hoe en waar ze in de kustbossen voedsel konden vinden. Een parkwachter leidt de interessante natuurwandeling. Pal ernaast ligt de adelaarspost **Raptors of Eden**, waar deze roofvogels hun vliegkunst demonstreren.

**Birds of Eden** is met 23.000 m² de grootste volière ter wereld. Bezoekers lopen over lange loopbruggen op palen over het terrein. Boven hun hoofd strekt zich een gigantisch dak uit met een licht- en regendoorlatend raamwerk, dat alleen al 80 ton weegt. Hier ondergaat u een kunstmatig tropisch onweer met regen, bliksem en donderslag. Omdat het onweer van tevoren aangekondigd wordt, is er genoeg tijd om een van de schuilplaatsen op te zoeken (tel. 044 534 89 06, www.monkeyland.co.za en www.birdsofeden.co.za; dag. 8–18 uur, toegang Monkeyland en Birds of Eden volwassene 175 rand, kind 88 rand, combinatieticket voor beide parken: volwassene 280 rand, kind 140 rand).

## Informatie

**Plettenberg Bay Tourism Centre:** Kloof St., tel. 044 533 40 65, Informatie over overnachtings- en watersportmogelijkheden.

## Accommodatie

Boomlodge – **Tsala Tree Lodge:** 10 km van Plettenberg Bay langs de N 2 richting Knysna, reservering tel. 044 501 11 00, http://tsala.hunterhotels.com/home. De Afrikaans ingerichte boomlodges zijn een fraaie mengeling van natuursteen, hout, glas en water, met een fantastisch uitzicht over het dal van de Piesang River en het Tsitsikamma Forest. De zwembaden liggen zes meter boven de grond. Via houten loopbruggen zijn de boomhutten onderling met elkaar verbonden, de bosgrond blijft onaangeroerd. Uitstekend restaurant. 2 pk met ontbijt vanaf 6200 rand.

Spectaculaire uitzichten – **The Plettenberg:** 40 Church St., tel. 044 533 20 30, www.plettenberg.com. Het hotel is op een vooruitstekende rotswand gebouwd en biedt daardoor een spectaculair uitzicht over de Indische Oceaan. Fraai landgoed met uitstekende keuken, veertig kamers, onderdeel van Relais & Château. 2 pk met ontbijt vanaf 3850 rand.

Onderdak in privénatuurreservaat – **Hog Hollow Country Lodge:** 18 km ten oosten van Plettenberg Bay, tel. 044 5 34 88 79, www.hog-hollow.com. In een particulier reservaat gelegen accommodatie met grandioos uitzicht op het Tsitsikamma Forest, vijftien kamers. Driegangendiner bij kaarslicht, boeking van allerlei activiteiten rond Plettenberg Bay. 2 pk met ontbijt vanaf 3484 rand.

Direct aan zee – **Southern Cross Beach House:** 1 Capricorn Ln., Solar Beach, tel. 044 533 38 68, www.southerncrossbeach.co.za.

# Het Tsitsikammadeel van Garden Route National Park

Gezellige B&B dicht bij zee, waar u over houten loopbruggen naartoe kunt lopen, kindvriendelijk, vijf kamers. 2 pk met ontbijt vanaf 1090 rand.

## Eten en drinken

*Italiaan met uitzicht* – **Ristorante Enrico:** 269 Main St., Keurboomstrand (afrit van de N 2), tel. 044 535 98 18, www.enricorestaurant.co.za, dag. 11.30–22.30 uur. Goed Italiaans restaurant met fraaie ligging aan het Keurboomstrand, enkele kilometers buiten Plettenberg Bay. Cappuccino en bier van 't vat. Uitstekende wijnkaart, met daarop ook Italiaanse wijnen. Hoofdgerecht 120 rand.

*Pizzaparadijs* – **Cornuti Al Mare Restaurant & Bar:** 1 Perestrella St., tel. 044 533 12 77, www.cornuti.co.za, dag. 12–23 uur. Prima Italiaans restaurant met uitzicht op zee. Uitstekende pizza's. Hoofdgerecht 80 rand.

# Van Groot River naar de Bloukrans Pass ▶ 1, L 21

**Kaart:** blz. 314

Bijna 20 km ten oosten van Plettenberg Bay kunt u de afslag naar rechts vanaf de N 2 naar de oude National Route R 102 nemen – een droom van een weg. De smalle bergweg slingert langs de **Groot River Pass** omlaag naar **Nature's Valley** 13, een rustig plaatsje aan zee. Ook dit is het werk van Thomas Bain, die deze weg in de jaren tachtig van de 19e eeuw met hulp van honderden gevangenen heeft aangelegd. Binnen 3 km gaat u dan 200 m omlaag. Voorbij de **Groot River Lagoon** loopt de weg meteen weer steil omhoog. De kruinen van de reusachtige bomen zijn tegen elkaar gegroeid en vormen een groene tunnel waar de keffende geluiden van de bavianen doorheen klinken. Dan wordt het bos lichter en biedt een **uitkijkpunt** zicht op het achterliggende gebied.

De weg loopt verder over het kustplateau door fynbos, naaldboomplantages en oerbos, tot hij na 6 km weer steil omlaaggaat. Ook de tweede pas die Bains op dit traject liet aanleggen, de **Bloukrans Pass**, is echt een botanische droom met dikke *yellowwoods* (geelhoutbomen) die vol baardmos hangen, dat er net zo uitziet als de Engelse naam ervoor: *old man's beard*. De route leidt langs een betoverend fraai ravijn, met aan de rechterkant uitzicht op de gigantische, 216 m hoge **Bloukrans Bridge**, een mekka voor adrenalinezoekers. Lange tijd was de 111 m hoge Victoria Falls Bridge in Zimbabwe de hoogste bungeejumpbrug ter wereld; bij Bloukrans kunnen waaghalzen zich nog eens 100 m dieper laten vallen, wat natuurlijk adrenalineverslaafden uit de hele wereld aantrekt.

# Het Tsitsikammadeel van Garden Route N. P.
▶ 1, L 21

**Kaart:** blz. 314

Kort daarna krijgt de R 102 de naam N 2 en 7 km verder ligt de afslag naar het Tsitsikamma National Park. Het park strekt zich over 65 km langs de kust uit, van Nature's Valley tot aan de Grootrivier. Oorspronkelijk waren het Tsitsikamma Coastal National Park en het Tsitsikamma Forest National Park van elkaar gescheiden. Sinds 1987 horen beide parken bij het **Tsitsikammadeel van het Garden Route National Park** 14. Zo'n 40 van de 220 vogelsoorten in het park zijn watervogels. In de zomer zijn er zwermen sterns *(common tern)*, aalscholvers *(cormorant)* en kelpmeeuwen *(kelp gull)*. In het bos leven kroonarenden *(crowned eagle)*, Kaapse bergbuizerds *(forest buzzard)*, loofbuulbuls *(terrestrial bulbul)*, paradijsmonarchen *(paradise flycatcher)*, knysnaspechten *(Knysna woodpecker)* en choristerlawaaimakers *(chorister robin)*.

Zoogdieren die u langs de bospaden kunt zien, zijn: klipdassen, vooral in Storms River Rest Camp, duikers, bavianen en meerkatten. Er leven ook bosbokken en wilde zwijnen, maar die laten zich zelden zien. Ook moeilijk te ontdekken is de groototter *(cape clawless otter)*, waarnaar de bekende wandelroute in

Garden Route en Baviaanskloof

## WANDELEN OVER DE OTTER TRAIL

### Informatie
**Begin:** Garden Route National Park (Tsitsikamma, , zie blz. 321)
**Lengte:** 42,5 km
**Duur:** 5 dagen (4 nachten)
**Deelnemers:** 12 wandelaars per dag
**Kosten:** 1075 rand p.p.
**Reservering:** South African National Parks, tel. 012 426 51 11, www.sanparks.org (bij voorkeur 12 maanden tevoren reserveren, de trail is erg populair). Belangrijk: Voor de wandeling is een permit van het beheer van de South African National Parks vereist. Wandelaars ouder dan 65 jaar moeten een medisch attest kunnen tonen dat hun conditie goed is. Onderweg zijn er enkele beken en bronnen waarvan het water drinkbaar is. Desinfecteringstabletten moet u gebruiken waar de beek door woongebieden heeft gestroomd, zoals de Coldstream/Witels River (3,6 km, 4e dag) en Lottering River (7,5 km, , 4e dag). De regenwaterreservoirs bij de hutten zijn niet altijd gevuld.
**Kaart:** zie ook blz. 314

De 42,5 km lange **Otter Trail** is een van de populairste wandeltochten van Zuid-Afrika. Vroeger was het merendeel van de wandelaars Zuid-Afrikaan, maar tegenwoordig komen er steeds meer bezoekers uit de hele wereld. De knalgele markeringen van het pad zijn overal te zien op rotsen en stenen: een gestileerde voetafdruk van een klauwloze groototter, het dier waarnaar de trail vernoemd is.

# Wandelen over de Otter Trail

Vijf dagen en vier nachten duurt de voettocht langs de rotsachtige kust. De wandeling mag maar in één richting worden gemaakt, van het **Storms River Rest Camp** naar **Nature's Valley** 13. Telkens weer beklimt u rotsen tot 150 m, en daalt ze vervolgens weer af. U overnacht na iedere dagmars in eenvoudige houten hutten met stapelbedden.

Meteen na aankomst in het Storms River Restcamp moeten potentiële wandelaars zich melden bij de parkreceptie aan de ingang. U schrijft zich hier in en u betaalt de dagtoegangsprijs voor het park (volwassene/kind 108/55 rand p.p.) bovenop de 755 rand p. p. voor de eigenlijke wandeling, die u van tevoren bij de trailreservering heeft voldaan. Vervolgens kunt u naar een videofilm over de trail kijken. In een kleine winkel kunt u boodschappen doen.

**Dag 1 – Storms River Mouth naar de Ngubu Huts (4,8 km = 2–3 uur):** de trail begint bij het Storms River Restcamp. Dit deel van de wandeling behelst enkele flinke rotsen waar u overheen moet klimmen. Met een volle rugzak is dat bepaald geen gemakkelijke klus. Na een poosje bereikt u een grot, waar u een korte pauze kunt nemen. Op het vervolg van de route, vlak na de 3 km-markering, komen wandelaars bij een majestueuze waterval. Na hevige regenval kan de oversteekplaats onderaan de waterval de eerste hindernis vormen. Dagwandelaars keren hier om. Vanaf dit punt is het niet ver meer naar de Ngubu Huts.

**Dag 2 – Ngubu Huts naar de Scott Huts (7,9 km = 4–5,5 uur):** de tweede dag is wellicht de meest afwisselende en fraaiste etappe van de hele trail. De tocht begint met een steile klim vanuit Ngubu en leidt daarna door een prachtig oerwoud. Na een poosje bereikt u het kwartsiet-rotsmassief van Skilderkrans. Dat is hét moment voor een pauze. Vanaf het geweldige uitzichtpunt hier kunnen vaak walvissen en dolfijnen in de oceaan waargenomen worden. Na Skilderkrans voert de route weer naar beneden, waarna u de Kleinbos River kunt oversteken. Een klein stuk stroomopwaarts liggen natuurlijke waterbassins in de rotsen, waar u heerlijk kunt zwemmen. Na de oversteek over de rivier komt u op de zanderige oever van de Blue Bay – een ideale plek om te lunchen. Maar de volgende klim dient zich al aan. Wel komen daarna al gauw de Scott Huts aan de monding van de Geelhoutbos River in zicht.

Garden Route en Baviaanskloof

**Dag 3 – Scott Huts naar de Oakhurst Huts (7,7 km = 4–6 uur):** de derde dag van de trail begint met de oversteek door de Geelhoutbos River, die pal naast de hutten stroomt. Het pad volgt de rotsachtige kust tot aan de Elandsbos River, waar u een eerste pauze kunt inlassen. Dit is een goede plek om te zwemmen in het bruine water of in de zee. De route leidt verder langs de kust door een prachtige fynbosvegetatie naar de Lottering River. De afdaling naar de rivier is tamelijk steil, de oversteek ervan is gemakkelijk, tenminste als de stroming niet toevallig erg sterk is. Op de oever aan de overkant van de rivier staan de Oakhurst Huts..

**Dag 4 – Oakhurst Huts naar de Andre Huts (13,8 km = 6–7 uur):** de vierde is tevens de langste dag van de wandeling. Het gaat erom de brede Bloukrans River bij eb over te steken; bij vloed is dat niet mogelijk. Bij de planning van de dag moet u er dus rekening mee houden dat u voor zonsopkomst op pad gaat, om op tijd bij de 10 km verderop gelegen **Bloukrans River** te komen. Een half uur te laat en een eigenlijk gemakkelijke oversteek wordt een zwemoefening met aansluitende klimpartij over de rotsen op de andere oever. Wie door de rivier zwemt, moet zorgen een waterdichte zak bij zich te hebben om de rugzak in te stoppen. Ook dient u de rugzak niet op uw rug te dragen, omdat door zijn gewicht uw hoofd onder water geduwd kan worden. Na de oversteek door de rivier, op welke manier dan ook, hebben wandelaars zeker een pauze verdiend, voordat zij weer op pad gaan om de laatste kilometers naar de Andre Huts af te leggen.

**Dag 5 – Andre Huts naar Nature's Valley (6,8 km = 2–3 uur):** het laatste stuk van de Otter Trail vormt een relatief gemakkelijke afronding van deze geweldige wandeling. Eerst loopt u over enkele rotsblokken en door de Klip River, daarna over een steil pad omhoog de klippen op. Vanhier gaat u steeds langs de kliprand door fynbosvegetatie, voordat u weer afdaalt naar de Helpmekaar River. Al gauw komt daarna Nature's Valley in zicht. Na nog een steile afdaling en een stuk over een zandstrand is de wandeling voorbij.
**Hikers Haven**, een Guest House in Nature's Valley, biedt een vervoersdienst aan, waarmee wandelaars terug kunnen naar het begin van de trail, waar de auto veilig geparkeerd staat (tel. 044 531 68 05, www.hikershaven.co.za, voor de actuele tarieven). Deze kunt u reserveren bij: www.otterhiking.com.

het gebied, de, **Otter Trail**, vernoemd is. Op de **Snorkel Trail** kan iedereen die geen waterangst heeft de kleurrijke 'onderwaterwereld' van het park bewonderen: zeesterren, sponzen en algen (toegang volw. 168 rand, kinderen 84 rand).

### Accommodatie, eten

Vlak aan zee zijn verschillende soorten accommodatie te vinden; u kunt ze boeken via **South African National Parks** (SANP): 643 Leyds St., Muckleneuk, Tshwane (Pretoria), tel. 0124 26 50 00, of online op www.sanparks.org, ma.–vr. 9–16.45 uur.

Cottages en camping – 1 **guest cottage:** 2565–2880 rand (1–2 pers., max. 8 pers.), extra pers. 340 rand; 15 **family cottages:** 1220–1590 rand (1–4 Pers.), extra pers. 210–220 rand; 2 **grote oceanettes** 1480–1650 rand (1–4 pers.), extra pers. 200–220 rand; 5 **honeymoon cottages:** 1155 rand (2 pers.); 16 **chalets:** 830–920 rand (1–2 pers., extra pers. 220 rand; 15 **oceanettes:** 830–950 rand (1–2 pers; max. 3 pers.), extra pers. 220 rand; **tenten caravanplaatsen:** elk voor 6 pers., tussen 170 en 365 rand.

Er is bovendien een **restaurant** waar ontbijt, lunch en diner wordt geserveerd, en een winkel waar u levensmiddelen kunt kopen.

## Avontuurlijke route: Baviaanskloof

▶ 1, L/O 20/21

**Kaart:** blz. 314

Wie de Garden Route al kent of een avontuurlijke route verkiest, kan tussen Knysna en Port Elizabeth een alternatieve 'ruige' omweg maken. Kort voorbij Knysna is er op de N 2 een afslag naar links, voorbij een rastadorp, over de R 339 door het dichtbegroeide Knysna Forest en steeds maar verder over de onverharde **Prince Alfred's Pass**. Via Avontuur loopt de weg naar **Uniondale** 15 en vandaar in noordelijke richting over de N 9 tot **Willowmore** 16 .

## Dal van de bavianen

De 200 km lange route tussen Willowmore en Patensie door de **Baviaanskloof** 17 , het dal van de bavianen, is bij droog weer in een auto met hoge wielassen goed te doen. Maar het is beslist plezieriger om deze route met een terreinwagen of een endurotruck te rijden. Dit traject door het bijna onaangetaste berglandschap behoort tot de droomwegen van Zuid-Afrika. De **Baviaanskloof Wilderness Area** is na het Kalahari-, Kruger- en Addo Elephant National Park het grootste beschermde natuurgebied van Zuid-Afrika.

De eerste Hollandse kolonisten vernoemden het dal naar de talloze bavianen die hier leefden en waarmee ze overigens korte metten maakten. De resten van een leerfabriek vormen een stille getuigenis hiervan. De onverharde weg tussen Willowmore en Patensie werd tussen 1880 en 1890 door de beroemde Zuid-Afrikaanse wegenbouwer Thomas Bain gebouwd. Samen met zijn vader Andrew Geddes, die in 1816 uit Schotland emigreerde, werkte hij aan 32 van de belangrijkste wegenprojecten in de Kaapprovincie.

Direct voorbij Willowmore begint de onverharde weg. Allereerst moet u het smalle en door rode rotswanden geflankeerde ravijn **Nuwekloof** oversteken, waarachter de ongerepte natuur begint. Vanaf de hoge **Grass-neck Pass** hebt u uitzicht tot ver in de Karoo. Achter de bergkloof nodigt de rivier uit tot een verfrissend bad. Enkele tientallen kilometers verder heeft de **Kruisrivier** in een bocht een natuurlijk bekken met een spierwit zandstrand uitgeschuurd. Ook hier kunt u een heerlijke duik nemen, terwijl hoog boven u het gekrijs van de zeearenden klinkt. *Rooihoek* (Rode Hoek) heet deze plaats in het Afrikaans, omdat de ondergaande zon het monumentale rotslandschap in een vurig rood licht zet. Deze kampeerplek is echt schitterend.

Slechts 5 km verderop ligt nog een kampeerplaats van het Cape Nature Conservation, maar deze is een beetje griezelig. Volgens een legende is hier de **Doodsklip**, een aantal mensen op mysterieuze wijze om het leven gekomen. Met deze rots op de achtergrond

## Garden Route en Baviaanskloof

zult u zich toch wat onbehaaglijk gaan voelen als een horde bavianen krijsend in het kreupelhout verdwijnt en hun gele ogen u vanuit het schemerdonker aanstaren. De laatste bergweg loopt door een natuurgebied naar de **Combrink's Mountain Pass**. Dit traject lijkt wel een achtbaan. Rechts en links passeert u de weelderige Kaapse flora met schitterende protea's, die in vele kleuren bloeien en exotische geuren verspreiden.

Op de top hebt u een fantastisch panorama op het eerder doorkruiste dal en aan de andere kant op het uitgestrekte Bergplaasplateau, waar lange gouden grashalmen zachtjes in de wind wiegen. De bergzebra's die hier een aantal jaren geleden in de vrije natuur zijn uitgezet, hebben hun bijna uitgestorven soort weer tot een inheemse kudde laten uitgroeien. De enige andere verkeersdeelnemers zijn de reuzenschildpadden *(mountain tortoise)*, zo groot als vrachtwagenbanden, die in alle rust de weg oversteken en pas als u ze nadert met een verontwaardigd gesnuif de kop in hun schild terugtrekken. Hierna verheft zich links van de weg de Cockscomb, de Hanenkam, zoals deze door zijn vijf bergkammen treffend wordt genoemd, met bijna 1800 m de hoogste bergtop van dit gebied.

**Patensie** 18 is een centrum van de fruitteelt en de eerste mogelijkheid om buiten het reservaat de tank te laten vullen.

### Informatie

In **Baviaanskloof** zijn enkele B&B's en gastboerderijen gevestigd. Vele daarvan worden genoemd op de overzichtelijke websites www.baviaans.co.za en www.baviaans.net. In Willowmore is een Tourism Office, tel. 044 9 23 17 02. Het hulpvaardige personeel van de **Tolbos Country and Coffee Shop** (tel. 042 283 04 37, www.tolbos.co.za, dag. 8–17 uur) in Patensie is desgewenst graag bereid accommodatie in Baviaans kloof voor u te reserveren.

### Accommodatie

Mooiste accommodatie in Baviaanskloof – **Sederkloof Lodge:** vanuit Willowmore nog met een gewone personenauto te bereiken, tel. 049 839 11 22, www.sederkloof.co.za. De fraaiste overnachtingsmogelijkheid in Baviaanskloof en een van de aanraders uit de top tien van deze gids. Er staan zes comfortable en stijlvol ingerichte huisjes *(mountain chalets)* aan de rand van een bergrug met een geweldig uitzicht over de Kougaberge, zelfs vanuit de vrijstaande badkuip. Het alternatief is een overnachting in een van de twee luxetenten, die ook al vrijstaande badkuipen hebben. Wie dat graag wil, kan de avondmaaltijd – bij goed weer – in een Bosjesmannengrot geserveerd krijgen. 2 pk met volpension, niet-alcoholische drankjes en activiteiten 4640 rand.

Bijzonder – **The Old Jail:** Blignaut St., Willowmore, tel. 076 792 06 22, www.theoldjail.co.za. Karen en Oleg hebben de voormalige gevangenis van Willowmore grootscheeps gerestaureerd en in een schitterend en bijzonder bed and breakfast omgetoverd. Op het ogenblik zijn er drie kamers beschikbaar – Female Cell, Hospital Room en Awaiting Trial Room. 2 pk met ontbijt 2200–3000 rand.

Stijlvol – **The Willow Historical Guest House:** 70 Wehmeyer St., Willowmore, tel. 044 923 15 74, www.willowguesthouse.co.za. Dit historische pension is gehuisvest in het vroegere domineeshuis van de Nederlands-Hervormde kerk. 2 pk met ontbijt vanaf 900 rand.

Voordelig – **Cedar Guest House:** tel. 044 923 17 51, www.baviaan.co.za, Facebook: Baviaanskloof Accomodation at Cedar Tourism. Mooie, oude boerderij voor mensen die zelf koken of met volpension; waterval met zwembad in de rotsen pal achter het huis, jonge eigenaren die actief zijn in de natuurbescherming. 2 pk vanaf 600 rand.

Chalets en camping – voor het rijden door Baviaanskloof en het kamperen bij **Doodsklip** of **Rooihoek** (elk met vijf kampeerplaatsen) is een permit van de Cape Nature Conservation noodzakelijk, informatie: tel. 043 701 96 00/043 742 44 50, http://bookonline.ecpta.co.za, 300 rand per kampeerplaats (max. 6 personen), actuele toestand van de weg: 042 2 83 08 82.

Avontuurlijke route: Baviaanskloof

# MOUNTAINBIKETOCHT DOOR BAVIAANSKLOOF

## Informatie
**Begin:** Willowmore (zie blz. 325)
**Lengte:** 345 km
**Duur:** 4–5 dagen
**Aanbieder:** Baviaans Mega Mountainbike Tour, tel. 044 533 03 87, www.mountainbikingsouthafrica.com
**Kosten:** vijfdaagse tocht 'Baviaans Mega' met bagagetransport in een begeleidend voertuig, gids op een fiets, overnachtingen en alle maaltijden 6500 rand p. p.

**Belangrijk:** alleen geschikt voor fitte fietsers. U kunt uw eigen mountainbike meenemen of er een bij een organisator huren. Er moet altijd een begeleidend voertuig meerijden, tochten op eigen houtje zijn sinds een aanval door buffels in 2011 verboden. Een groep bestaat uit 6 personen. Terwijl u bij een tocht door Baviaanskloof haast nooit op de daar levende neushoorns stuit, nemen confrontaties met buffels door de groeiende populatie toe.
**Kaart:** blz. 314

Dit is een van de avontuurlijkste, meest afgelegen en langste mountainbiketochten in het land. Door het ongerepte Dal van de Bavianen, dat op de Werelderfgoedlijst van de UNESCO staat, leidt de onverharde, vaak diep uitgesleten rijbaan van de R 332, ingeklemd tussen Kouga en de bergen van Baviaanskloof, van Willowmore in het westen naar Patensie in het oosten. Deze tocht moet sinds 2011 in een georganiseerde groep worden gemaakt (zie links). Zo kunt u zich tenminste goed concentreren op het fietsen en het remmen, en vooruit, ook een beetje op het unieke landschap. De aanbieder zorgt voor accommodatie, maaltijden, medische hulp en fietsreparatie.

Op 37 km ten zuiden van **Willowmore** 16 leidt de eerste klim over de **Nuwekloof Pass**. De route gaat omhoog en omlaag en de onverharde weg slingert zich nog 40 km voort tot **Studtis**, waarna nog eens 25 ruige kilometers met tal van oversteken door rivieren volgen tot **Sandvlakte** en de **Coleske Farm**. Daarna wordt het niet gemakkelijker, want richting **Smitskraal** en **Kouga-Damm** moet u een schier eindeloze bergpas beklimmen. Met hachelijke haarspeldbochten daalt de weg dan weer af het dal in, over een aantal bruggen over laag water door de parkpoort en naar **Patensie** 18 (zie ook blz. 326).

## Eten en drinken, winkelen
Vers van de boerderij – **Padlangs Country Restaurant & Shop:** 7 km buiten Patensie aan de R 331, tel. 042 283 07 98, www.padlangs.net. Rustiek en gezellig restaurant, bij mooi weer gebruikt u de maaltijd buiten. Bovendien worden hier souvenirs en verse boerderijproducten verkocht. Hoofdgerecht 60 rand.

# Game Reserves in Eastern Cape

Port Elizabeth is de toegangspoort tot het Addo Elephant National Park en het malariavrije particuliere reservaat van de Eastern Cape Province. In de afgelopen jaren is het aantal exclusieve Big Fivereservaten duidelijk toegenomen. U kunt een safari zo duur maken als u zelf wilt, met een eigen parkwachter, hemelbed en diner bij kaarslicht.

## Port Elizabeth ▶ 1, O 11

**Kaart:** blz. 330

Al enige tijd probeert **Port Elizabeth** 1 (dat met de steden Despatch en Uitenhage deel uitmaakt van de **Nelson Mandela Bay Municipality**) zijn imago van grijze industriestad van zich af te schudden. Maar dit lukt slechts ten dele. Er zijn wel enkele goede restaurants, maar langer dan een nacht hoeft u hier niet te blijven. Dat is voldoende om de fraaie stadskern met zijn historische huizen te bekijken en een wandeling door het nieuwe **Boardwalkcomplex** aan de Beach Road te maken.

Een van de mooiste gebouwen is de **City Hall**. Dit prachtige stadhuis werd tussen 1858 en 1862 gebouwd, terwijl de klokkentoren in 1883 is toegevoegd. Er is ook een kopie van het kruisbeeld van Dias uit 1488 te zien. In de **Donkin Street** staat een rij mooie victoriaanse huizen van twee verdiepingen, die monumentenstatus hebben.

Het goed bewaard gebleven en in edwardiaanse stijl gebouwde **Edward Hotel** is een symbool van de stad, in het hart van de historische wijk van Port Elizabeth. De oude hotellift is een bezienswaardigheid en doet het nog steeds. Het in 1827 gebouwde **No. 7 Castle Hill** is een van de oudste gebouwen van de stad en doet nu dienst als museum. De **Campanile** werd in 1923 gebouwd. De 52 m hoge toren herinnert aan de komst van de Britse kolonisten in 1620. Een wenteltrap leidt naar een hoog uitzichtpunt.

### Informatie

**Tourism Port Elizabeth:** tel. 041 585 88 84, www.ibhayi.com. Telefonisch of via de website tips over bezienswaardigheden, excursies, accommodatie en restaurants.

### Accommodatie

Disneylandgevoel – **The Boardwalk Hotel:** Beach Rd., Summerstrand, tel. 041 507 77 77, centrale reservering via Sun International, tel. 011 780 78 10, www.suninternational.com/boardwalk. Het nieuwe stadssymbool op de goudkust van Port Elizabeth is het eind 2012 geopende Boardwalk Hotel, Convention Centre and Spa, in het gelijknamige amusementscomplex aan het strand. Alle 140 kamers hebben schitterend uitzicht op de Indische Oceaan. 2 pk met ontbijt vanaf 3500 rand.

Dicht bij het strand – **The Beach Hotel:** Marine Dr., Summerstrand, tel. 041 502 30 50, www.thebeachhotel.co.za. Gerestaureerd historisch gebouw aan het strand, pal naast het nieuwe complex van Boardwalk Casino & Entertainment World; 58 grote en leuk ingerichte kamers. 2 pk met ontbijt vanaf 1870 rand.

### Eten en drinken

Oostenrijks – **Old Austria:** 24 Westbourne Rd., tel. 041 373 02 99, www.oldaustria.co.za, ma.–vr. lunch vanaf 12, ma.–za. diner 18.30–22 uur. Een plaatselijk instituut, zeer goed eten voor voordelige prijzen. Tip: de gegrilde calamari of de klassiekers wienerschnitzel en cordon bleu van het kalf. Ook *liver wiblin*, kalfslever, gestoofd met ui, sherry en

# Addo Elephant National Park

knoflook en geserveerd met rösti is populair. Dessert: de donkere, Franse chocoladetaart. Hoofdgerecht 120–160 rand.

Seafoodtempel – **34º South:** Boardwalk Casino & Entertainment Complex, tel. 041 583 10 85, www.34-south.com, dag. ontbijt, lunch, diner 10–22 uur. Net als zijn grote broer in Knysna is dit een echte seafoodtempel; de combinatie van delicatessenzaak en restaurant is een groot succes. Ook wie op zoek is naar souvenirs komt hier aan zijn trekken. Behalve eetwaren en dranken wordt hier lokaal vervaardigde kunstnijverheid verkocht. Hoofdgerecht 120 rand.

Thais – **Natti's Thai Kitchen:** 5 Park Ln., Mill Park, tel. 041 373 27 63, di.–za. 17 uur tot laat. Het enige authentieke Thaise restaurant in de Eastern Cape; lange bereidingstijden, maar het wachten meer dan waard. Verfrissende citroengrasthee. Hoofdgerecht 100 rand.

Indiaas – **Royal Delhi:** 10 Burgess St., tel. 041 373 82 16, ma.–vr. lunch en diner 12–23, za. 16–24 uur. Hier worden de beste curry's van de stad gemaakt. Tip: indien verkrijgbaar de heerlijke krabcurry bestellen (Bombay Avenue Crab Curry, 130 rand) en het geklieder bij het eten op de koop toenemen. Hoofdgerecht 115 rand.

## ✽ Addo Elephant National Park

▶ 1, O/P 20/21

**Kaart:** blz. 330

Ondoordringbaar struikgewas en een hel voor jagers, zo beschrijven de eerste wetenschappers en spoorzoekers de natuur in het achterland van Algoa Bay, het huidige Port Elizabeth, aan de kust van Eastern Cape. Op de eerste landkaarten staat een dal met een rivier die in de zee uitmondt en die later de naam Sundays River zou krijgen. Op oude kaarten staat ook vermeld dat het hier wemelde van de olifanten. Een deel van het dal werd *Addo Bush* genoemd, waarschijnlijk door het Sanwoord *!Ga-dao*, dat 'rivier met giftige struiken' betekent. Toen de kolonisten zich in Algoa Bay vestigden, werd er zoveel gejaagd op de gevarieerde wildstand dat veel diersoorten bijna volledig uitstierven. Vooral de olifanten moesten het ontgelden, met name omdat boeren klaagden dat olifanten en buffels hun velden verwoestten.

De jacht was erg winstgevend. In 1837 meldde de Kaap-Almanak dat 7,6 ton

*Twee van de ruim vierhonderd olifanten in het Addo Elephant National Park*

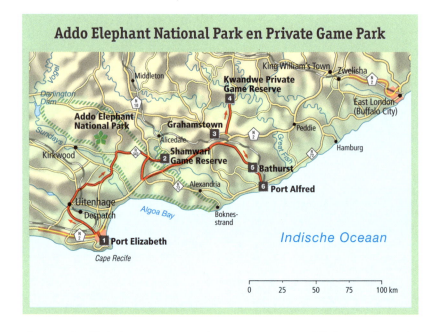

## Addo Elephant National Park en Private Game Park

ivoor naar Port Elizabeth was getransporteerd. In 1849 werd de laatste leeuw in deze omgeving gedood en in 1853 de laatste neushoorn. Maar de olifanten werden niet uitgeroeid. In 1870 waren er nog 300 dieren overgebleven. Een deel van het dal werd tot natuurreservaat uitgeroepen, maar de boeren bleven protesteren. In 1918 werd een oplossing gevonden: majoor Phillip Pretorius. Hij was een uitstekend spoorzoeker, die geholpen had de Duitse kruiser Königsberg te vinden in de Rufijirivierdelta aan de Oost-Afrikaanse kust, nadat deze het Britse oorlogsschip Pegasus tot zinken had gebracht. Hij ging vol enthousisme aan het werk en had de populatie weldra uitgedund tot slechts 16 olifanten.

## Oprichting van het Addo Elephant Park

Pas in 1931, toen er nog maar elf dieren over waren, klonk er protest uit de bevolking. Om de rest van Afrika's zuidelijkste kudde olifanten te beschermen, werd het Addo Elephant National Park opgericht. Tegenwoordig zijn er weer ongeveer 420 dieren en het park is een geliefde toeristenattractie. Over een wegennetwerk van bijna 70 km kunnen bezoekers de dieren vanuit hun eigen auto gadeslaan.

## Dierenpopulatie

Behalve olifanten zijn er ook 450 mond-en-klauwzeervrije buffels *(buffalo)*. De zwarte neushoorns *(black rhino)* werden in het begin van de jaren 1960 uit Kenia geïmporteerd en vormen nu een populatie van 35 exemplaren. Andere zoogdieren die hier leven zijn de elandantilope *(eland)* en het Kaapse hartenbeest *(red hartebeest)*, verder veel koedoes, bosbokken *(bushbuck)*, grijsbokken *(grysbok)*, duikers *(common duiker)* en wrattenzwijnen *(warthog)*.

Een van de grappigste parkbewoners is de pillendraaier *(flightless dung beetle)*, een mestkever van dezelfde grootte als het Europese vliegend hert, die vaak te zien is als hij uitwerpselen zo groot als een tennisbal en tweemaal zijn eigen omvang over de grond

# Addo Elephant National Park

wegrolt. Deze kevers komen alleen in Eastern Cape voor. De grootste populatie bevindt zich in het Addo Park. Ze zorgen ervoor dat mest van olifanten, neushoorns en buffels wordt opgeruimd. Dat scheelt ook vliegen en parasieten. De mannetjes begraven de uitwerpselen en de wijfjes leggen hierin een ei. Als de larve uitkomt, voedt deze zich met de mest. Deze kevers leven ongeveer drie jaar.

Er komen 185 vogelsoorten in het park voor, onder andere de struisvogel *(ostrich)*, secretarisvogel *(secretary bird)*, zwarte trap *(black korhaan)* en kardinaalspecht *(cardinal woodpecker)*.

## Greater Addo Elephant National Park

*Toegangspoort dag. geopend van 7–19 uur., toegang volw. 216 rand, kinderen 108 rand*

In 1998 werd besloten om het park uit te breiden: tot Wolwefontein ten westen van de Darlingtondam en in het oosten bijna tot Kenton, een gebied van 200 km, met een grootte van 3980 km². Daarmee is het park het op drie na grootste beschermde natuurgebied na het Kruger National Park en het Kgalagadi Transfrontier Park. In de toekomst bestaat het uit: het huidige Addo Park, het Woody Cape- en Tootabie Reserve, de prachtige duinkust van Alexandra, de Bird- en St.-Croixeilanden, 570 km² marien gebied, en uitgestrekte landbouwgebieden die nog moeten worden aangekocht. Het is intussen duidelijk dat natuurbehoud op lange termijn veel meer opbrengt dan de agrarische sector, vooral door de sterk gedaalde wol- en mohair-prijzen en de door El Niño veroorzaakte droogte.

Het **Greater Addo Elephant National Park** is daarmee als geomorfologische biotoop rijker aan afwisseling dan alle andere natuurgebieden in het land. Behalve olifanten en neushoorns leven in dit gebied ook leeuwen, jachtluipaarden en hyena's. Op de eilanden voor de kust broeden de grootste kolonies zwartvoetpinguïns *(African penguins)* en jan-van-gents *(gannets)* ter wereld. De nijlpaarden hebben het sinds jaren naar hun zin bij en in de Darlingtondam.

## Informatie

Reservering van accommodatie in het park bij: **SA National Parks (SANP):** 643 Leyds St., Muckleneuk, Pretoria (Tshwane), tel. 012 426 50 00 of online via www.sanparks.org, ma.–vr. 9–16.45 uur.

**Cape Town Tourism** (zie Kaapstad blz. 134): in de filialen aan het Waterfront en in de City is een kantoor van de nationale parken gevestigd.

## Accommodatie

Landhuisstijl – **Riverbend Lodge:** tel. 042 233 80 00, www.riverbendlodge.co.za. Een verrassing in deze 'wildernis': een lodge met de ambiance van een elegant, stedelijk boetiekhotel, stijlvol ingericht, met een eersteklaskeuken, kindvriendelijk, babysitservice en speelruimte voor kinderen, een oase van rust. Dit hotel ligt sinds 2002 na verwijdering van alle afrastering binnen het Greater Addo Elephant National Park. 2 pk met volpension en twee wildtours vanaf 11.000 rand, kinderen jonger dan drie jaar gratis.

Luxetentenkamp in het park – **Gorah Elephant Camp:** particuliere accommodatie midden in het Addo Elephant National Park, tel. 044 532 78 18, http://gorah.hunterhotels.com. Een duidelijk teken dat de Eastern Cape Province een geduchte concurrent is geworden van het Krugerpark als populairste safaripark; de elegante lodge kan het tegen alle klassieke accommodaties bij het Krugerpark opnemen en heeft het voordeel dat het in een malariavrij gebied ligt. Het hoofdhuis is in 19e eeuwse stijl gerestaureerd; gasten verblijven in tien luxetenten, voorzien van alle comfort; diner bij kaarslicht. 2 pk met volpension en twee wildtours, prijs afhankelijk van het seizoen vanaf 5800 rand, kinderen vanaf 1500 rand (websiteaanbiedingen bij lastminuteboekingen).

Safari in jaren 20 stijl – **Camp Figtree:** Zuurberg Pass Rd., tel. 082 611 36 03, www.campfigtree.com. Zeer exclusieve lodge in de koloniale stijl van rond 1920, heerlijk rustig en hoog in de Zuurbergen gelegen. Er zijn slechts vijf suites, maar elk met een eigen veranda en fraai uitzicht. Wild kijken in open terreinwagens (490 rand p.p.) of safari's te paard,

## Game Reserves in Eastern Cape

picknicks, boswandelingen, en ritjes op een olifant. Deze activiteiten worden vanuit de lodge georganiseerd. 2 pk met ontbijt vanaf 2700 rand.

Afrolook – **Elephant House:** aan de R 335 naar Addo, tel. 042 233 24 62, www.elephanthouse.co.za, Facebook: Elephant House, Addo. Prachtige Afrikaanse lodge, helaas iets te dicht bij de weg, met acht in chique Afrikaanse stijl ingerichte kamers, een echte *Out of Africa*-sfeer. 2 pk met ontbijt vanaf 1800 rand.

Oud postkoetsstation – **Zuurberg Mountain Village:** noordelijke grens van het Addo Park, tel. 042 2 33 83 00, www.addo.co.za. Engelse countrypub in een in 1861 gebouwd postkoetsstation; lunch en diner kunt u in de tuin of binnen gebruiken. 2 pk met ontbijt vanaf 1460 rand.

Cottages en camping in het park – **Main Rest Camp:** er zijn meer dan 60 verschillende accommodaties in dit grootste nationaal-parkcamp. Foto's en een gedetailleerde beschrijving vindt u op de website van het SANP, www.sanparks.org, en bij www.addoelephantpark.com: De twee **guest houses** Hapoor en Dornkrag staan bij de 's avonds verlichte waterplas, beide voor vier personen 1730–4000 rand, elke persoon extra 220–380 rand, voor maximaal zes personen; een **gezinshuisje** voor vier personen 1600–1730 rand; dertien **cottages** voor twee personen 1300–1410 rand; 28 **chalets** voor twee personen 925–1410 rand; zes **rondavels** (ronde hutten met strodak) voor twee personen 1300–1410 rand; vijf **safaritenten** voor twee personen 700–755 rand. Bovendien is er een klein **kampeerterrein** op een grasveld met twaalf kampeerplaatsen, 260–305 rand voor twee personen, elke persoon extra 72–76 rand, voor maximaal vier personen.

### Vervoer

Na regenval zijn de wegen in het park vaak onbegaanbaar. Inlichtingen over de toestand van de wegen (in totaal 45 km) via tel. 042 233 86 00, www.addoelephantpark.com. Let er bij het rijden in het park op dat u geen pillenkevers overrijdt die op de weg mestbolletjes aan het rollen zijn.

# Shamwari Game Reserve ▶ 1, P 20

**Kaart:** blz. 330

De staat ijvert er al jaren voor om van onrendabel agrarisch gebied beschermd natuurgebied te maken. Enkele privé-eigenaars hebben dat lang geleden al gedaan. Een van de eerste was het malariavrije, 140 km$^2$ grote **Shamwari Game Reserve** [2], het zuidelijkste privéreservaat van het land. Het ligt slechts enkele kilometers van het Addo Elephant National Park, 72 km noordoostelijk van Port Elizabeth en 65 km van Grahamstown. De meeste historische gebouwen die op het vroegere farmland staan, werden gerenoveerd en als luxeaccommodaties ingericht. Pronkstuk is het in 1910 gebouwde edwardiaanse herenhuis **Long Lee Manor**. In het noorden van het reservaat ligt de meer Afrikaans ingerichte **Lobengula Lodge**. Aan de oever van de **Bushmans River** staat de gelijknamige *lodge*. Het Engelse koloniale huis uit 1820 is ook stijlvol 'Afrikaans' gemaakt.

Behalve de gebouwen was het vooral van groot belang om de natuur in de oude staat terug te brengen. Onderzoek wees uit dat Eastern Cape ooit een van de rijkste wildgebieden van Afrika is geweest. Hier komen vijf ecosystemen bij elkaar: kust en bos in een gematigd zeeklimaat, grasland, karoo, fynbos en savanne. In deze gevarieerde natuur leven leeuwen, luipaarden, olifanten, witte en zwarte neushoorns, buffels, nijlpaarden, giraffen, zebra's en gnoes en zestien andere antilopesoorten naast elkaar. Dieren die al honderd jaar uit Eastern Cape verdwenen waren, trekken nu weer door de gras- en struiksavanne. Toeristen zien ze vanuit open terreinwagens en ter zake kundige rangers beantwoorden vragen. Shamwari heeft wel wat van Disneyland, ook door de vele Amerikaanse all-in-reizigers. Exclusiviteit, waarvoor veel geld is betaald, wordt zo een relatief begrip.

### Accommodatie

Afro-Disneyland – **Shamwari Game Reserve:** reservering tel. 042 203 11 11, www.

# Grahamstown

*In het Shamwari Game Reserve*

shamwari.com. Op Shamwari vindt u zes verschillende mogelijkheden om te overnachten; de maaltijden, dranken en wildtours zijn in deze accommodatie bij de prijs inbegrepen. **Eagles Cragg:** negen kamers, 2 pk vanaf 12.150 rand. **Sarili Lodge:** vijf kamers en een exclusieve stamhoofdsuite vanaf 9500 rand. **Bayethe Tented Lodge:** negen luxetenten, 2 pk vanaf 10.800 rand. **Long Lee Manor:** negentien kamers, 2 pk vanaf 9500 rand. **Riverdene:** negen kamers, 2 pk vanaf 10.120 rand.

## Actief

Op safari – wildtours in een open landrover door malariavrij gebied. Aan de safari's kan alleen worden deelgenomen door gasten van de verschillende Shamwari-lodges.

## Grahamstown  ▶ 1, Q 20

**Kaart:** blz. 330
De volgende grote stad in oostelijke richting vanaf Port Elizabeth is Grahamstown. Ondanks het hevige verzet van de oorspronkelijke bewoners van het Xhosavolk, vestigden de Engelse kolonisten zich op deze plaats aan de visrijke Great Fish River. Dit leidde tot enkele bloedige 'grensoorlogen'. Dankzij hun superieure wapens kregen de Europeanen geleidelijk de overhand. De Xhosa werden teruggedrongen naar de latere thuislanden, aan deze (Ciskei) en de andere (Transkei) kant van de Kei River.

Het victoriaanse **Grahamstown** 3, gesticht in 1812, is de grootste stad van het zogeheten Settler's Country. Dit wordt vaak de 'stad der heiligen' genoemd. Dat is niet zo gek, want er staan meer dan veertig kerken in de stad, met als opvallendste gebouw de oudste **anglicaanse kathedraal** van Zuid-Afrika, met een 53 m hoge toren. De bouw begon in 1824 en duurde 128 jaar. Het verleden wordt zichtbaar in het **1820 Settler's Memorial Museum**, dat voor Engelstalige Zuid-Afrikanen net zo belanrijk is als het Voortrekker Monument voor de Boeren (het gedenkteken voor de Engelse kolonisten staat op Gunfire Hill, hoog boven de stad, Lucas St., ma.–vr. 9.30–13, 14–17 uur).

Bij mooi weer kunt u in het **Observatory Museum** (Bathhurst St., tel. 046 622 23 12, ma.–vr. 9.30–13, 14–17 uur) naar Grahamstown kijken met een in 1882 gebouwde camera obscura.

## Informatie
**Tourism Grahamstown:** 63 High St., tel. 046 622 32 41, www.grahamstown.co.za. Zeer goede informatie wordt gegeven door ter zake kundig personeel; hotelgids *Grahamstown and the Eastern Cape*.

## Accommodatie
Voormalig kolonistenhuis – **Elizabeth House:** 6 Worcester St., tel. 046 636 13 68, www.elizabethhouse.co.za. Historisch Engels kolonistenhuis, dat in 1862 werd gebouwd en enige tijd geleden werd gerestaureerd; tv, zwembad en in de namiddag doedelzakmuziek. 2 pk met ontbijt vanaf 1750 rand.

Engels – **The Cockhouse:** 10 Market St., tel. 046 636 12 87/046 636 12 95, www.cockhouse.co.za. Nog een Engels kolonistenhuis, uit 1820, zeven gezellige kamers, pub en restaurant ma.–za., zeer goede keuken. 2 pk met ontbijt vanaf 1020 rand.

Rustig gelegen – **The Hermitage:** 14 Henry St., tel. 046 636 15 03. Rustig gelegen Engelse villa uit 1820, twee kamers met badkamer. 2 pk met ontbijt vanaf 650 rand.

## Agenda
**National Arts Festival:** juli, tien dagen lang. Op dit in heel Zuid-Afrika beroemde en grootste culturele festival van het land wordt in het verder vooral kalme Grahamstown elk jaar weer muziek, dans, literatuur, cabaret, film en theater gepresenteerd. Inlichtingen over het actuele programma via tel. 046 6 22 43 41 en op de website www.na fest.co.za.

# Kwandwe Private Game Reserve ▶ 1, Q 20

**Kaart:** blz. 330

Het **Kwandwe Private Game Reserve** 4 ligt aan de Great Fish River, op 20 minuten rijden ten noorden van Grahamstown. De naam betekent in het Xhosa 'plaats van de para-

*Victoriaanse huizen in Grahamstown*

dijskraanvogel'. Het 160 km² grote Big Fivereservaat staat op het gebied van vijf vroegere farms. Er werd 14.000 km hekwerk neergehaald, alle boerderijen werden afgebroken en elk spoor van de vroegere akkerbouw is gewist. Inheemse planten werden teruggeplaatst en daarna kwamen de dieren: witte en zwarte neushoorns, buffels, giraffen, eland-antilopen, waterbokken en zebra's, olifanten, apen en hyena's werden uitgezet.

## Accommodatie

Exclusief en prijzig – **Kwandwe Private Game Reserve:** tel. 046 603 34 00, www.kwandwe.com. Overnachten in vier verschillende lodges in voormalige, luxueus gerestaureerde boerderijgebouwen, deels met Afrikaanse inrichting en uitzicht op de Great Fish River, kinderen zijn welkom. 2 pk vanaf 9700 rand, all-in.

# Bathurst en Port Alfred ▶ 1, Q 20

**Kaart:** blz. 330

In de omgeving van de Engels aandoende stad **Bathurst** 5 liggen uitgestrekte ananasplantages (www.bathurst.co.za). Op de **Summerhill Farm** komen bezoekers alles te weten over deze lekkere vrucht. Een koel glas ananassap smaakt heerlijk in de warmte. In de Giant Pineapple is een auditorium voor vijftig bezoekers ingericht. Daar wordt een 12 minuten durende videofilm over de *pineapple production* getoond. U vindt hier verder een kinderboerderij, een minifarm, een 60 minuten durende farmrondleiding met een tractor en aanhangwagen, het Barn & Homestead Restaurant en de Packshed Pub (tel. 046 622 24 24).

Van Bathurst loopt de weg verder naar het zuiden. In **Port Alfred** 6 bereikt u weer de zee. De kleine kustweg R 72 loopt vanhier naar East London (zie blz. 340).

## Informatie

**Port Alfred Tourist Information Centre:** Cause Way, tel. 046 624 12 35, www.sunshinecoasttourism.co.za. Informatie over Port Alfred en omgeving.

## Accommodatie

Aan de Marina – **Halyards Hotel & Spa:** Royal Alfred Marina, Albany Rd., tel. 046 604 33 00. Het elegantste hotel van Port Alfred ligt op bijna 15 minuten van East Beach en het centrum van de stad. 2 pk met ontbijt vanaf 860 rand.

Schotse ambiance – **Royal St. Andrews Lodge:** 19 St. Andrews Rd., tel. 046 624 13 79, www.royalstandrewshotel.co.za. Hotel met Schotse ambiance. 2 pk met ontbijt vanaf 780 rand.

Mediterrane villa – **Villa De Mer Guest House:** 22 West Beach Dr., tel. 046 624 23 15, www.villademer.co.za. Moderne, mediterrane villa pal aan het zandstrand gelegen, vier ruim bemeten, zonnige kamers. 2 pk met ontbijt vanaf 900 rand.

Gezellige B&B – **The Residency:** 11 Vroom Rd., tel. 046 624 53 82. Gezellige B&B met slechts vier kamers in een historisch huis uit 1898, de eigenaars zijn bijzonder vriendelijk. 2 pk met ontbijt vanaf 700 rand.

## Eten en drinken

Goed seafood – **Butler's Riverside Restaurant:** 25 Van der Riet St., Kowie River, tel. 046 624 34 64, di.–zo. vanaf 11 uur, lunch en diner. Port Alfreds chichste restaurant, met fraaie ligging aan de rivier; goede visgerechten en traditionele pubgerechten. Hoofdgerecht 95 rand.

Aan het surfstrand – **Guido's on the Beach:** Main Beach, Kowie River, tel. 046 624 52 64 www.guidos.co.za; dag. geopend. Vooral de pizza's zijn bij dit Italiaanse restaurant erg gewild. Jong, trendy publiek, terras op de eerste verdieping. De bediening is niet geweldig. Hoofdgerecht 90 rand.

Aan zee – **Water's Edge Restaurant:** Anchorage Centre, tel. 046 624 57 78. Populair restaurant aan zee met vlees- en visgerechten, maar ook enkele vegetarische schotels. Hoofdgerecht 85 rand.

Oud station – **Trainspotting:** tel. 046 624 58 69. Zoals de naam al doet vermoeden, in een vroeger station gehuisvest. Hoofdgerecht 60 rand.

## Hoofdstuk 6

# Wild Coast, Durban en de Drakensberge

Van de meest 'Afrikaanse' regio van Zuid-Afrika, de door het Xhosavolk bewoonde Wild Coast, reizen we naar de 'Indiase' metropool Durban aan de warme Indische Oceaan en over het Engels aandoende, lieflijk-groene heuvellandschap van de Midlands naar het indrukwekkende rotslandschap van de steil oprijzende Drakensberge.

In de landelijke gebieden van het voormalige thuisland Transkei ziet het er tegenwoordig exact zo uit als honderd jaar geleden. De kust doet zijn naam eer aan, want deze is nog altijd ruig en bijna onaangetast. Gelukkig maar. Plannen voor een Wild Coast Highway zijn tot dusver telkens weer gestrand op hevig verzet van natuurbeschermers. En zo leiden slechts enkele doodlopende, veelal onverharde wegen naar zee, waar bezoekers in Coffee Bay en St. Johns fraaie accommodatie kunnen vinden.

De kust van Natal ziet er weer heel anders uit. Deze is volledig voor het toerisme ontsloten en dat kunt u vooral zien in het 'Miami Beach' van Zuid-Afrika, de subtropische metropool Durban. Hier wonen bijna alle uit India afkomstige bewoners van Zuid-Afrika. Een curry eten staat dus bijna verplicht op het programma. De nieuwste attractie hier is het uShaka Marine Land, een fraai aangelegd pretpark met het mooiste aquarium van het land en het voor het WK voetbal 2010 gebouwde Moses Mabhida Stadium.

Door de Engels aandoende Midlands met restaurants waar *high tea* en *pub lunches* worden geserveerd voert de reis noordwaarts, naar de plek waar Zuid-Afrika het hoogst is, de majestueus oprijzende Drakensberge. Zowel Cathedral Peak als het Royal Natal National Park met zijn Amfitheater bieden paradijselijke mogelijkheden voor wandelliefhebbers.

*Doe-het-zelf: mandenvlechten in KwaZulu-Natal*

# In een oogopslag: Wild Coast, Durban en de Drakensberge

## Hoogtepunten

 **Wild Coast:** een van de avontuurlijkste reisbestemmingen van Zuid-Afrika. De verlaten zandstranden zijn legendarisch (zie blz. 340).

 **uShaka Marine World:** pretpark in het Point Waterfront van Durban, met aquarium, dolfinarium, waterglijbanen, shopping mall en diverse restaurants (zie blz. 349).

 **Noordelijke Drakensberge:** een wandelparadijs in een hoog berglandschap. De beklimming van het Amfitheater in het Royal Natal National Park is een hoogtepunt van een actieve vakantie in Zuid-Afrika (zie blz. 363).

## Fraaie routes

**Sani Pass:** de hoogstgelegen bergweg van het land en een van de spectaculairste routes in Zuid-Afrika leidt naar een hoogte van 2865 m (zie blz. 359).

**Midlands Meander:** een rondrit langs talloze winkels, restaurants en andere attracties (zie blz. 360).

**Sentinel Mountain Drive:** nog een weg door de bergen; bij goed weer ook met een gewone personenauto goed te doen. Hij slingert zich door een gebied dat de waterscheiding vormt tussen Free State en KwaZulu-Natal (zie blz. 364).

## Tips

**Hole in the Wall:** een twee uur durende strandwandeling voert van Coffee Bay naar de Hole in the Wall, een uit zee oprijzende rotsformatie met een reusachtig gat (zie blz. 344).

**Victoria Market:** de kleurrijke markthal in Durban met kramen vol currykruiden, waar bezoekers het gevoel krijgen ergens midden in India te zijn beland. In een andere hal zijn vis en vlees te koop – van schapenkoppen tot haaienvlees (zie blz. 348).

**Sani Mountain Lodge:** accommodatie in de Drakensberge, aan het einde van de onverharde Sani Pass op het grondgebied van het bergkoninkrijk Lesotho (zie blz. 360).

**Microbrouwerij:** de Nottingham Road Brewing Company produceert biersoorten met eigenzinnige namen en etiketten (zie blz. 363).

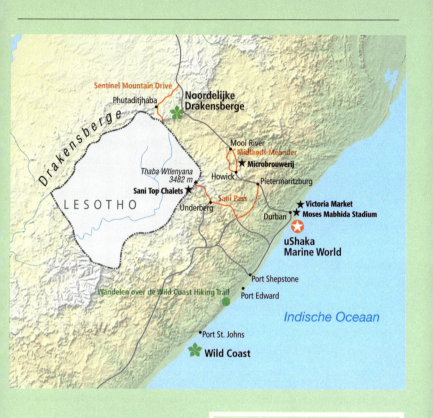

*Op de Victoria Market in Durban*

**Wandelen over de Wild Coast Hiking Trail:** de misschien wel zwaarste, maar ook meest bijzondere wandelroute in Zuid-Afrika leidt over een afstand van 280 km steeds langs de kust. Voor de hele route zou u 25 dagen moeten uittrekken. Maar de trail is in vijf drie- tot zesdaagse etappes (al naar conditie) opgedeeld (zie blz. 342).

#  Wild Coast

Tussen East London en Durban is de Wild Coast het meest 'Afrikaanse' gebied van Zuid-Afrika. Groene heuvels met ronde hutten van de Xhosa sieren dit achterland. De kust is een van de minder drukbezochte landschappelijke hoogtepunten van het land. Er leiden onverharde, doodlopende wegen naar zee, waar bij Coffee Bay nog een droomstrand ligt.

## East London (Buffalo City) ▶ 1, S 19/20

**Kaart:** blz. 341
**East London** 1 (Buffalo City) is de toegangspoort tot de Wild Coast. Dit is de enige havenstad van Zuid-Afrika aan een rivier. Tussen Gonubie en East London liggen 150 scheepswrakken langs de kust.

Voor de **City Hall** van East London staat een levensgroot standbeeld van Steve Biko. Het bronzen standbeeld op zijn 7 ton wegende marmeren sokkel werd op 12 september 1997 door Nelson Mandela onthuld. Tegelijkertijd werd de naar de apartheidspresident John Vorster vernoemde brug over de Buffalo River omgedoopt in de Steve Biko Bridge. Biko werd in 1977 op het politiebureau van Cambridge verhoord, terwijl hij in Fort Glamorgan gevangen werd gehouden. De rit tussen beide gebouwen ging altijd over deze brug. Twee dagen voor de onthulling van het standbeeld legden de politiebeambten die de antiapartheidsstrijder Steve Biko hadden vermoord een bekentenis af voor de Waarheids- en Verzoeningscommissie in Port Elizabeth om voor de amnestieregeling in aanmerking te komen.

Het standbeeld kostte 200.000 rand en werd gefinancierd door de acteurs Denzel Washington en Kevin Kline, regisseur Richard Attenborough, rockzanger Peter Gabriel en Virginbaas Richard Branson. In Attenboroughs aangrijpende bioscoopfilm *Cry freedom* (1987; op dvd verkrijgbaar) speelde Washington Steve Biko en Kline de journalist Donald Woods, die met Biko bevriend was en in een biografie zijn levensverhaal vastlegde. Peter Gabriels bij Virgin uitgebrachte, internationale hitsong *Biko* zorgde ervoor dat de moord op de leider van de Black Consciousness Movement wereldwijd bekendheid kreeg. Peter Gabriel zong het lied pas vele jaren later live in Zuid-Afrika, op het 46664 Nelson Mandela Aids Benefietconcert in november 2003, in het Green Point Stadium in Kaapstad.

De eerste vrouwengevangenis in Zuid-Afrika, de **Lock Street Gaol**, staat in Fleet Street. Hier werd Winnie Madikizela-Mandela tijdens de apartheid opgesloten. Tegenwoordig vindt u achter deze muren midden in het centrum een veelbezochte **kunstnijverheidsmarkt**.

### East London Museum
*Hoek Upper Oxford St./Dawson Rd.,*
*tel. 043 743 06 86, www.elmuseum.za.org,*
*ma.– do. 9.30–16.30, vr. 9.30– 16 uur*
Bij East London werd in 1938 een door wetenschappers al lang voor uitgestorven gehouden coelacant levend in een net gevangen. In het **East London Museum** kunt u behalve een opgezet exemplaar van deze kwastvinnige ook een tentoonstelling over de cultuur van het Xhosavolk bezichtigen.

### Informatie
**Tourism East London:** Shop 1 & 2, King's Entertainment Centre, Esplanade, tel. 043 722 60 15; Eastern Cape Tourism Board, 1 Aquarium Rd., Quigney, tel. 043 722 88. 63. Informatie over de stad en omgeving en ook over de Wild Coast.

# East London (Buffalo City)

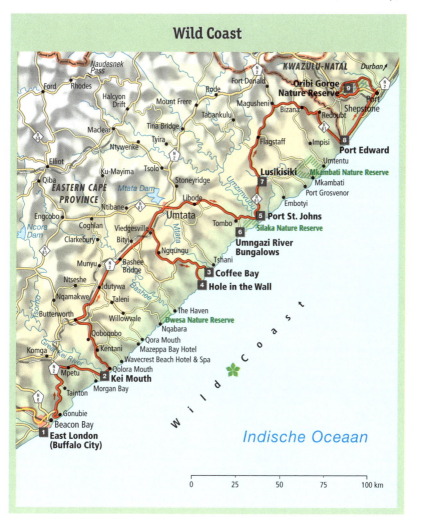

## Accommodatie

**Fantastisch gelegen – Kob Inn:** Quigney, tel. 047 499 00 11, www.kobinn.co.za. Fantastische ligging pal aan zee, ruime kamers, zwembad, zeer goed voorziene bar, restaurant, vriendelijk personeel. 2 pk met ontbijt vanaf 1380 rand.

**Comfortabel in een steengroeve – Quarry Lake Inn:** Quarzite Dr., zijstraat van Pearce St., Selborne, tel. 043 707 54 00, www.quarrylakeinn.co.za. Comfortabel guesthouse met zestien kamers in een verlaten, met planten begroeide steengroeve die uitkijkt op een idyllisch meer. Het terrein is een vogelparadijs. Iedere kamer heeft een eigen ingang, balkon met zeezicht tuin en zwembad, kinderen zijn welkom. 2 pk met ontbijt vanaf 1576 rand.

**Rustig bij het golfterrein – Bunkers Inn:** 23 The Dr., Bunkers Hill, tel. 043 735 46 42, www.

## WANDELEN OVER DE WILD COAST HIKING TRAIL

### Informatie
**Begin:** Port Edward
**Lengte:** 280 km
**Duur:** 25 dagen
**Deelnemers per groep:** 12 personen
**Belangrijk:** het zwaarste, maar zonder meer ook het mooiste doorlopende wandelpad van Zuid-Afrika, dat desgewenst in afzonderlijke, kortere dagetappes – georganiseerd in een kleine groep of op eigen houtje – gelopen kan worden. Er zijn in totaal vijf verschillende drie- tot zesdaagse wandelingen uitgezet.

**Permit:** 60 rand per dag, tel. 043 740 40 68, edwina.oates@deaet.ecape.gov.za. De trail permit en een getijdenoverzicht moet u bij u hebben – bovendien hebt u drinkwater nodig omdat het water uit de rivieren en lagunes alleen gedronken mag worden nadat het eerst is gekookt. Georganiseerde tochten vanaf ca. 3000 rand p. p. (inclusief overnachting en maaltijden). Informatie via: www.wildcoast.co.za, www.wildcoasthikes.com, www.wildcoastholidays.co.za.
**Kaart:** blz. 341

Onderweg langs de *trail* zijn er hutten om in te overnachten, die 12 wandelaars onderdak kunnen bieden, voorzien van water, bedden met matras, tafels en banken en haarden. Niet ver van de *trail* liggen echter ook hotels en pensions met aanmerkelijk meer comfort; bovendien bieden verschillende kleine natuurreservaten overnachtingsmogelijkheden aan en komt u onderweg ook langs dorpen met kleine winkels.

De **Wild Coast** is de meest indrukwekkende en fraaiste kust van Zuid-Afrika, met zand- en rotsstranden, grotten, lagunes, rotsen, rotsformaties in zee, mangrovemoerassen en een zeer gevarieerde vogelwereld. Alle wandelingen beginnen bij een aangewezen trailhead en leiden vervolgens naar het zuiden. De Wild Coast is bezaaid met goed ingelopen paden. 'Wild' wil hier niet zeggen dat de streek afgelegen en door mensen verlaten is, het tegendeel is waar. Aan de voet van praktisch elke heuvel langs de kust van **Port St. Johns** naar het zuiden zult u een Xhosadorp aantreffen. De 'wilde' reputatie heeft te maken met de vele scheepswrakken, die op deze gevaarlijke kust liggen.

De drukstbezochte wandeletappes van de de Wild Coast liggen tussen de **Umtamvuna River** (Port Edward) en de **Great Kei River**, met als populairste stukken dat tussen **Port Edward 8** en **Port St. Johns 5** (ca. 110 km) en dat van Port St. Johns naar **Hole in the Wall 4** (ca. 170 km). Het eerste stuk is de dunbevolkte Pondoland Wild Coast, een ruig verweerde streek met voor een deel spectaculaire rotsformaties en diep in het landschap ingesneden rivierkloven. Het stuk *trail* tot Hole in the Wall daarentegen is vlakker en steeds weer doorsneden met mangrovemoerassen, bovendien zijn er meer dorpen.

De vijfdaagse etappe van **Port St. Johns 5** naar **Coffee Bay 3** is zo'n 100 km lang. Langs de route ligt om de 12 km een *camp*, in het Silaka Nature Reserve, in Mngazana, Mpande, Hluleka Nature Reserve, Ngcibe en Coffee Bay. Het volgende stuk leidt van Coffee Bay naar het **Cwebe**

**Nature Reserve** aan de monding van de Mbashe River, met overnachtingshutten in Coffee Bay, Mhlahlane, Manzimnyama (Mbiza), Xora en de monding van de Mbashe River. Dit tweede deel neemt circa vier dagen in beslag.
Andere etappes zijn: de driedaagse wandeling van **Mtamvuna** bij Port Edward naar de **Msikaba River**, met camps in Mtentu en Msikaba; een zesdaagse tocht van de Msikaba River naar **Agate Terrace** (Port St. Johns) met camps in Port Grosvenor, Lupatana en Mbotyi en een vijfdaagse trip van het zuidelijke uiteinde van het **Dwesa Nature Reserve** tot **Qolora Mouth**.
Let op: Wie van het juiste pad afdwaalt, moet altijd in de buurt van de kust blijven en lokale bewoners de weg vragen. Zij helpen u graag en zullen u de juiste richting wijzen in het soms verwarrende doolhof van drukbelopen paden.

bunkersinn.co.za. Rustig gelegen, mooi ingerichte B&B met vijf kamers, weelderige tuin met groot zwembad, op loopafstand van het golfterrein. 2 pk met ontbijt vanaf 1460 rand.
In het bos – **The Loerie Hide:** 2 B Sheerness Rd., zijstraat van Beach Rd., Bonnie Doon, tel. 043 735 32 06, www.loeriehide.co.za. Gezellige B&B met vier kamers, die door de rustige ligging wordt beschouwd als een vogelkijkparadijs. 2 pk met ontbijt vanaf 800 rand.

### Eten en drinken
Goede Italiaan – **Grazia:** Upper Esplanade Beachfront Rd., tel. 043 722 20 09, www.graziafinefood.co.za, di.–za. 12–22.30, zo., ma. 12–22 uur. Uitgebreide menukaart met lekkere gerechten – van vis en vlees tot de klassieke pizza. Prima wijnassortiment. Hoofdgerecht rond 100 rand.
Frans – **Le Petit Restaurant:** 54 Beach Rd., Nahoon, tel. 043 735 36 85, ma.–za. 12–14.30, 18–22.30 uur, za. geen lunch. Keuken met Franse inslag en dag. wisselend menu. Chef-kok Llewellyn Thatcher leidt dit restaurant al sinds 1977, vandaar ook de steakhousestijl die in de jaren 70 in de mode was. Hoofdgerecht 150 rand.
Prima kwaliteit – **Michaela's at Cintsa Restaurant:** 1252 Steenbras Dr., Cintsa East, tel. 043 738 51 39, wo.–vr. 16 uur tot laat, za., zo. 11 uur tot laat. Goed restaurant met schitterend uitzicht op de Indische Oceaan; gasten voor wie de steile trappen te zwaar zijn, kunnen de tandradbaan nemen. Hoofdgerecht 120 rand.
Portugees – **Casa Verde @ Sprouts:** 11 Beach Rd., Bonnie Doon, tel. 043 735 38 41, ma.–za. 9–16, di.–za. 18.30–22.30 uur. Smakelijke Portugese gerechten met vlees en vis, maar ook vegetarisch, alles wordt steeds met verse ingrediënten bereid. Hoofdgerecht 130 rand.
Prima pub – **Quarterdeck Pub & Restaurant:** Orient Pavillon, Esplanade, tel. 043 743 53 12, ma.–vr. 12–14.30, ma.–za. 18–23 uur. Voortreffelijke pub met een goed menu, di., vr., za. 's avonds livemuziek, uitzicht op zee. Hoofdgerecht 85 rand.

# Van Kei Mouth langs de Wild Coast

**Kaart:** blz. 341
De Wild Coast is een van de meest oorspronkelijke en indrukwekkendste landschappen van Zuid-Afrika. Nadat het lange tijd door toeristen gemeden werd omdat het vroegere thuisland Transkei te gevaarlijk was, wordt het in toenemende mate door reizigers ontdekt. Het grote aantal Xhosadorpen met traditionele ronde hutten, de geitenkuddes en de zorgvuldig omheinde maisvelden bieden een echt 'Afrikagevoel'.

Vanaf de N 2 leiden regelmatig onverharde wegen naar zee, waarvan de meeste vooral geschikt zijn voor op avontuur beluste bestuurders van terreinwagens. Er zijn weinig wegwijzers en als het regent komen op de modderige hellingen zelfs auto's met vierwielaandrijving in de problemen. In **Kei Mouth** 2 vaart een gemotoriseerde veerboot over de Great Kei River.

# Wild Coast

## Informatie
**Veerboten:** 1 mei–31 aug. 7–17.30 uur, 1 sept.–30 apr. 7–18 uur, 70 rand.

## Accommodatie
Direct aan zee – **Morgan Bay Hotel:** Beach Rd., Morgan Bay, tel. 043 841 10 62, www.morganbayhotel.co.za. Prachtige ligging, met zandstrand. Zeer eenvoudige kamers, reserveer er beslist een met zeezicht en terras (nr. 1, 2, 3, 4, 5, 30, 31 of 32). Inpandig restaurant, pub met verbazingwekkend goed assortiment wijnen en andere alcoholische dranken. 2 pk met volpension vanaf 1430 rand.

Aan de lagune – **Wavecrest Beach Hotel & Spa:** tel. 083 306 30 43, www.wavecrest.co.za. Dit eenvoudige hotel met zijn rietgedekte ronde huisjes ligt aan een fraaie, door mangroven geflankeerde lagune met zandstrand. In het seizoen kunnen hier in zee tientallen walvissen worden waargenomen. 2 pk met ontbijt vanaf 1390 rand.

Droomstrand – **Mazeppa Bay Hotel:** tel. 047 498 00 33, www.mazeppabay.co.za. Relaxt driesterrenhotel met eenvoudige kamers en een beschut droomstrand, dat via een pad vanaf het hotel bereikbaar is. 2 pk met ontbijt vanaf 1340 rand.

## Coffee Bay en Hole in the Wall ▶ 1, T/U 18

**Kaart:** blz. 341

**Coffee Bay** 3 is de enige kustplaats aan de Wild Coast die over een geasfalteerde weg bereikbaar is. De onverharde bergweg vanhier naar **Hole in the Wall** 4 is echter ook voor gewone personenauto's goed te doen (zie 'Tip').

Aan de oever van de Umzimvubu River ligt **Port St. Johns** 5, een van de bekendste vakantieresorts aan de Wild Coast. Niet ver van deze plaats liggen de **Umngazi River Bungalows** 6, een van de comfortabelste mogelijkheden om aan deze kust te overnachten.

Via **Lusikisiki** 7 rijdt u terug naar de N 2, die bij **Port Edward** 8 de vroegere grens van Transkei passeert. Hier begint de nogal volgebouwde zuidkust van KwaZulu-Natal.

## Informatie
**Port St. Johns Tourism Office:** tel. 047 564 11 87, www.portstjohns.org.za. Goed adres voor informatie over accommodatie, restaurants en activiteiten in de omgeving. Er is een website met aanvullende informatie over accommodatie.

**Wild Coast Holiday Reservations:** tel. 043 743 61 81, www.wildcoastholidays.co.za. Aanbevelenswaardig en goed geïnformeerd reisbureau, gespecialiseerd in de Wild Coast voor de reservering van accommodatie en de organisatie van tochten. De website geeft een goed overzicht van de mogelijkheden in het gebied.

## Accommodatie
Strogedekte huisjes – **Umngazi River Bungalows:** Port St. Johns, tel. 047 564 11 15,

*Het natuurparadijs Hole in the Wall*

---

## HOLE IN THE WALL

Het ongeveer 1 km lange, witte zandstrand van **Coffee Bay** 3 hoort zonder meer thuis in de categorie droomstranden. De naam is te herleiden op de lading van een in 1863 in de baai aan de grond gelopen schip. De lading koffiebonen spoelde aan land en begon hier te ontkiemen.

Van Coffee Bay loopt u in ongeveer twee uur over het strand naar **Hole in the Wall** 4. Het gaat hier om een indrukwekkende, 200 m lange en 34 m hoge rotsformatie die midden in de branding staat. Wat deze rots zo bijzonder maakt, is een enorm, door erosie uitgesleten gat.

# Wild Coast

*De Wild Coast – een weinig bezocht, grandioos landschap in het zuidoosten*

www.umngazi.co.za. Geweldige ligging aan rivier en zee, hengelsportparadijs met uitstekende faciliteiten, populair bij beoefenaars van die sport, elke za. zeebanketbuffet, lekker eten, mooi complex met strogedekte huisjes 2 pk met volpension vanaf 2090 rand; tip: de Fish-Eaglekamers nr. 1–5 en 48 (2 pk met volpension vanaf 2600 rand).

Zeezicht en activiteiten – **Ocean View Hotel:** Coffee Bay, vlak aan zee, 19 km ten noorden van de afrit Mthatha linksaf, daarna 78 km asfaltweg, tel. 047 575 20 05/6, www.oceanview.co.za. Dit comfortabele hotel is het gemakkelijkst bereikbare hotel aan de Wild Coast; van Mthatha (Umtata) rijdt u over asfaltwegen. De meeste van de gezellige kamers hebben fantastisch uitzicht op zee. 2 pk met ontbijt en diner vanaf 1100 rand. Rechtstreeks vanuit het hotel kunt u verschillende **activiteiten** ondernemen zoals een quadbiketrip (1 uur 300 rand, 2 uur 400 rand); huur boogie board (35 rand, 6 uur), surfboard (75 rand, 6 uur), 4x4-trip (350 rand p.p.), of een bezoek aan een Xhosadorp (150 rand p.p.).

Rustieke cottages – **Cremorne Estate:** aan de Umzimvubu River, bijna 5 km buiten Port St. Johns, tel. 047 5 64 11 10, www.cremorne.co.za. Keurig verzorgde blokhutten met ontbijt, ook cottages voor mensen die zelf voor hun maaltijden zorgen. Caravan- en kampeerplaatsen. Het terrein is bewaakt en zeer veilig; restaurant The Captain's Cabin. 2 pk met ontbijt vanaf 950 rand; cottages voor vier personen vanaf 1400 rand, voor twee personen vanaf 850 rand; caravan/kampeerplaats tussen 80 en 120 rand.

Vlak bij het strand – **Geckos B & B:** Coffee Bay, Stand No. 5, tel. 047 575 20 10, http://ge-

# Oribi Gorge Nature Reserve

ckosguesthouse.weebly.com. Eenvoudige kamers met (overdadig) ontbijt of voor mensen die zelf voor hun maaltijden willen zorgen. Op loopafstand van het strand, korte rit naar Hole in the Wall. Fraaie tuin, eigenaren Roger en Leonie zijn graag bereid tips te geven voor het verkennen van de omgeving. 2 pk met ontbijt 500 rand.

## Eten en drinken

Grote keus – **The Captain's Cabin:** Cremorne Estate, Port St. Johns, tel. 047 564 11 10. Grote keus aan goed smakende gerechten, met steak, vis of vegetarisch. Hoofdgerecht 80 rand.

De beste burgers – **Delicious Monster:** Second Beach, Port St. Johns, tel. 083 997 98 56, www.deliciousmonsterpsj.co.za. Kaapse langoest, mezzeschotels en excellente hamburgers; het restaurant heeft ook een kleine **souvenirshop**, waar uit afval gemaakte kunstnijverheid te koop is; vr.-avond livemuziek met lokale bands. Hoofdgerecht 80 rand.

### Actief

Watersport – **Ocean View Hotel:** zie blz. 346. Diverse activiteiten en excursies en verhuur van surfboards en quadbikes.

## Oribi Gorge Nature Reserve ▶ 1, V 16

**Kaart:** blz. 341

Op weg naar Durban kunt u een uitstapje maken naar een van de hoogtepunten van dit landschap. Tot een van Zuid-Afrika's tamelijk onbekende attracties hoort de 24 km lange, spectaculaire kloof, die de Mzimkhulwana River door de Oribi Flats heeft uitgesleten. Een deel van dit gebied werd ingericht als het **Oribi Gorge Nature Reserve** 9, met een oppervlakte van 18,37 km². De kloof is 5 km breed en 500 m diep. De mooiste uitzichtpunten liggen op het particulier terrein **Fairacres Estate**, dat u na aankoop van het entreebewijs kunt bezoeken (toegang 10 rand).

Er lopen verschillende routes naar de rand van de kloof. Het spectaculairste uitzicht hebt u vanaf de Horseshoe Bend. De mooiste foto's van **Lehr's Waterfall** kunt u maken vanaf het uitzichtpunt bij **Overhanging Rock**. In het ravijn lopen diverse wandelroutes en staan hutten, die door de organisatie KZN Wildlife worden beheerd.

### Accommodatie

Hutten en camping – één **hut** met zeven bedden, vier volwassenen 840 rand, kind 85 rand; zes **tweepersoonshutten**, twee volwassenen 360 rand, kind 40 rand; alle volledig ingericht met keuken, het eten kan door een kok worden bereid. 5 **camping sites**, drie volwassenen 70 rand, kind 35 rand.
**Informatie en reservering:** KZN Wildlife, tel. 033 845 10 00, www.kznwildlife.com.

# Durban (eThekwini)

▶ 1, W 14

De 'Indiase' metropool Durban heeft een tropisch klimaat met jaarlijks 320 dagen zon, een weelderige vegetatie en een Afrikaanse uitstraling. De stad houdt zich buiten de voortdurende rivaliteit tussen Kaapstad en Johannesburg om de nummer één van Zuid-Afrika te zijn. De inwoners van Durban houden van hun stad maar hebben niet de behoefte dat altijd en overal rond te bazuinen.

## Tip

### VICTORIA MARKT

Op Durbans drukke **Victoria Market** 1 hebben bezoekers het gevoel midden in India beland te zijn. Op de kramen van de kerrieverkopers liggen de kruiden in veelkleurige hopen opgetast. Een verkoper rent met een lepeltje heen en weer om klanten te laten ruiken of proeven. In de hal ertegenover wordt vis en vlees te koop aangeboden. Elke kraam heeft een eigen marktschreeuwer in dienst, die telkens de voordelen van de aangeboden waar luidkeels aanprijst. Buiten voor de ingang bieden Zoeloehomeopaten, de *inyangas*, hun soms wonderlijk aandoende *muthi*, oftewel medicijnen, te koop aan. Op het wegdek liggen struisvogelpoten, wortels, gedroogde planten, hoorns en kadavers van dieren, en verder staan er tientallen potjes en flesjes met alle mogelijke substanties en drankjes. Het consult is kort, de kwalen zijn veelzijdig, maar altijd te genezen. Er zijn poedertjes en druppels voor werkelijk elke kwaal te krijgen, van hoofdpijn tot liefdesverdriet en impotentie (ma.–za. 6–17, zo. 10–15 uur).

Durban, het 'Miami Beach' van Zuid-Afrika, is na Johannesburg en Kaapstad de grootste stad van het land met de belangrijkste haven. Durban is dichtbevolkt, tot voorbij de eerste heuvelrug, **Berea** genaamd, waar tot halverwege de 18e eeuw zelfs nog olifanten voorkwamen. De City, tussen de woonflats en de oceaan, is altijd heel druk. Bijna alle van de 1 miljoen Zuid-Afrikaanse Indiërs wonen in Durban. Ze vormen ongeveer 15% van de bevolking van KwaZulu-Natal. 10% is blank, de rest bestaat uit Zoeloes. Rond 1860 verlieten 150.000 Indiërs hun vaderland om in Natal als goedkope arbeidskrachten op de suikerrietplantages van de Engelsen te gaan werken. Na hen volgden ondernemende handelaren. In 1893 kwam een later beroemd geworden Indiase advocaat onder de naam Mohandas Gandhi in Durban aan (zie blz. 353). De Indiërs openden winkels rond het voormalige Fort Port Natal. *Natal* is Portugees en betekent 'geboorte' of 'Kerstmis'. Net rond deze tijd ontdekte de zeevaarder Vasco da Gama in 1497 deze baai. De naam Durban werd in 1835 bij de stichting van de stad ingevoerd, toen sir Benjamin D'Urban gouverneur van de Kaapprovincie was. De Zulunaam eThekwini ('in de baai', maar letterlijk 'hij met slechts één testikel' is omstreden (zie blz. 65).

## Beachfront

**Plattegrond:** blz. 350/351
Durban is vooral bekend vanwege zijn fraaie **Beachfront** 2 . Jarenlang werden de gebou-

wen verwaarloosd, maar nu wordt alles in een hoog tempo gerenoveerd. Haaiennetten beschermen de stranden. Vlaggen geven aan waar de reddingsbrigade zich bevindt. Op de **Marine Parade** 3 staat het ene hotel naast het andere, sommige worden in originele stijl gerestaureerd. Ieder jaar begin december bouwen volgelingen van hare krishna hun tempeltent op het strand, delen gratis vegetarisch voedsel uit en proberen vleeseters te bekeren. Het feest wordt afgesloten met een prachtig vuurwerk. Wie vroeger of later in het jaar komt, kan hun schitterende **Temple of Understanding** 4 in de noordelijke buitenwijk Chatsworth bekijken (50 Bhaktivedanta Swami Circle, Unit 5, Chatsworth, tel. 031 403 33 28, dag. vanaf 10 uur). Het is de grootste hare-krishnatempel van het zuidelijk halfrond, met in de kelder een voortreffelijk vegetarisch restaurant.

### Mini Town 5

*114 Snell Parade, North Beach,*
*tel. 031 337 78 92, di.–za. 9–18, zo. 9.30–16 uur,*
*toegang volw. 15 rand, kinderen 10 rand*
Direct aan de Marine Parade ligt Durban op Madurodamformaat. Veel bezienswaardigheden van de stad kunt u zo op beperkte schaal bekijken zonder er geld aan uit te geven. Het in 1969 gebouwde **Mini Town**, op schaal 1:25, begon ooit met honderd modellen, breidt zich nog steeds uit en meet inmiddels 10.000 m².

## Musea

### KwaMuhle Museum 6

*130 Braam Fischer St., tel. 031 311 22 37,*
*ma.–za. 8.30–16, zo. 11–16 uur*
In dit uitstekende museum, dat in het voormalige gebouw van het Bantoebestuur is ondergebracht, wordt het apartheidsverleden van Durban aanschouwelijk gemaakt. Op oude foto's kunt u cafés voor zwarten zien en tegelijk hoort u geluidsopnames; bij foto's van demonstraties klinken protestkreten en politiesirenes. Er zijn typische huisjes uit de townships nagebouwd, die u kunt binnengaan.

### Natural Science Museum 7

*City Hall, tel. 031 311 22 56, dag. 9–15 uur,*
*toegang gratis*
Het museum is een onderdeel van het stadhuiscomplex. Het indrukwekkende gebouw werd in 1910 gebouwd, identiek aan het stadhuis van het Noord-Ierse Belfast. Met het levensgrote beeld van een *Tyrannosaurus rex* in het museum wordt door de lokale bevolking de spot gedreven. Een van de drie in Zuid-Afrika tentoongestelde Egyptische mummies, in elk geval 2300 jaar oud, is veel interessanter.

## Greyville en Point Waterfront

De stadsdelen **Greyville** en **Morningside** worden steeds populairder. Langs de **Florida Road** 8 en de **Lilian Ngoyi Road** (vroeger Windermere Road) vindt u tegenwoordig een groot aantal verzorgde hotels, restaurants, clubs en winkels.

Een wedergeboorte heeft ook **Point Waterfront** 9 in Durban beleefd. Net als in het Waterfront in Kaapstad jaren geleden gebeurde, worden tegenwoordig ook hier de oude, vervallen havengebouwen in stijl gerenoveerd. Er worden luxeappartementen, restaurants en winkels gebouwd.

## ✪ uShaka Marine World

*1 King Shaka St., tel. 031 328 80 00, www.usha kamarineworld.co.za; Sea World: volw. 139 rand, kinderen vanaf 3 jaar 105 rand; Wet 'n' Wild: volw. 139 rand, kinderen vanaf 3 jaar 105 rand, voordeligere combitickets. Wie de rijen bij de kassa wil omzeilen, kan vooraf met creditcard tickets online bestellen.*
De grootste attractie van Durban is het pretpark **uShaka Marine World** 10. Hier vindt u onder andere een gloednieuw aquarium, dat met een inhoud van 17.500 m3 het grootste van Afrika is. Dit **uShaka Sea World** overtreft het al heel goed ontworpen Two Oceans Aquarium in Kaapstad. Het in 2004 geopende complex is in het ruim van een oud

vrachtschip gebouwd. Bezoekers hebben het gevoel dat ze door het wrak van een stoomschip lopen. Het scheepswrakthema wordt consequent en zonder concessies aan de stijl volgehouden. De vloeren lopen scheef, alles is roestig, het knarst en kraakt uit verschillende verborgen luidsprekers. De Titanic is er niets bij. Door het dikke vensterglas kijkt u direct naar buiten naar de 'zee'. Er is een Nemobassin met diverse figuren uit de bioscoophit, alleen Bruce de Haai is ergens anders ondergebracht. Het complex is onderverdeeld in zeven reusachtige **aquariumtanks**. De haaienpopulatie die hier is gehuisvest, is de grootste van het zuidelijk halfrond. Als u het wrak verlaat, zijn er nog andere attracties: het **Dolphin Stadium** met 1200 zitplaatsen (daarmee het grootste in Afrika: alweer een superlatief), een zeehondenstadion en een **pinguïnpaviljoen**.

Naast uShaka Sea World bevindt zich nog een ander festijn voor kleine, grote en heel grote kinderen: het **Wet'n Wild**, een wildwaterbaan met steile afdalingen in bochtige buizen. Vooral als het echt warm en drukkend is, is dit een genot. Het complex heeft ook een bewaakt en niet algemeen toegankelijk **eigen strand**. Behalve zonnebaden, zwemmen en zandkastelen bouwen lokken andere activiteiten, zoals windsurfen, kajakken, strandvolleybal en kitesurfen. Wie van winkelen houdt, komt in de uShaka Village Walk helemaal aan zijn trekken. Behalve mooie en

# Durban (eThekwini)

## Bezienswaardig
1. Victoria Market
2. Beachfront
3. Marine Parade
4. Temple of Understanding
5. Mini Town
6. KwaMuhle Museum
7. Natural Science Museum
8. Florida Road
9. Point Waterfront
10. uShaka Marine World
11. Moses Mabhida Stadium

## Overnachten
1. Quarters on Avondale
2. Quarters on Florida
3. La Bordello
4. The Benjamin
5. The Balmoral

## Eten en drinken
1. The Grill Jichana
2. Hemingway's Bistro & Cafe
3. Gateway to India
4. Vintage India
5. Butcher Boys
6. Cargo Hold
7. Palki
8. Primi Station 4
9. La Bella Trattoria
10. Freedom Café

## Winkelen
1. African Art Centre
2. Natal Society of Arts Gallery
3. The BAT Centre
4. South Plaza Market
5. The Stables
6. Dr Yusuf Dadoo St. (Grey St.)
7. The Workshop

## Uitgaan
1. Bat Café
2. Billy the BUM's
3. Origin
4. Cool Runnings
5. Joe Cool's

## Actief
1. Sugar Terminal
2. The Natal Sharks Board

---

interessante **winkels** vindt u hier ook een groot aantal restaurants en fastfoodzaken. Kortom, in uShaka kunt u een dag doorbrengen met het hele gezin.

# Moses Mabhida Stadium

*www.mosesmabhidastadium.co.za; Adventure Walk, 90 rand, za., zo. 10, 13, 16 uur; Skycar, dag. 9–18 uur, volw. 60 rand, kinderen 30 rand; rondleiding van 90 minuten volw. 50 rand, kinderen 25 rand, tel. 031 582 82 42, di.–zo. 12–13.30, 14–15.30 uur, Big Swing zie blz. 355*
Het voor het WK voetbal 2010 gebouwde **Moses Mabhida Stadium** 11 is een toeristische attractie. Het ontwerp van dit architectonische meesterwerk, dat 3,4 miljard rand heeft gekost, is geïnspireerd op de Zuid-Afrikaanse vlag en domineert de skyline van de stad. De 105 m hoge en 350 m lange centrale boog is er niet alleen voor de sier; u kunt er ook zelf naar toe, te voet over de **Adventure Walk** of met een door een staalkabel omhooggetrokken *skycar*. Het uitzicht boven is werkelijk adembenemend. Nog meer adrenaline zal de **big swing** opwekken.

## Informatie
**Tourism Authority:** Tourist Junction, Old Station Building, 160 Monty Naicker Rd., tel. 031 304 49 34, www.durban.gov.za.

**Tourism KwaZulu-Natal:** Station Building, Suite 303, 160 Monty Naicker Rd., tel. 031 366 75 00, www.zulu.org.za. Informatie over accommodatie en over activiteiten in Durban en KwaZulu-Natal. Hier kunt u de elke twee maanden geactualiseerde, gratis gids *What's on in Durban and KwaZulu-Natal* verkrijgen.

## Accommodatie
Edwardiaans – **Quarters on Avondale** 1 : hoek M17/Sindile Thusi (vroeger Argyle Rd.) & Avondale Rd., tel. 031 3 03 52 46, www.quarters.co.za. Na het succes van hun hotel aan Florida Street heeft Quarters het concept opnieuw toegepast en nog een historisch pand, deze keer uit de edwardiaanse periode, verbouwd tot een fraai hotel met zeven kamers. In het inpandige restaurant Jam wordt behalve ontbijt ook lunch en diner geserveerd. 2 pk met ontbijt vanaf 2000 rand.

## Durban (eThekwini)

Victoriaans – **Quarters on Florida** 2 : 101 Florida Rd., tel. 031 303 52 46, www.quarters.co.za. Het eerste Quarters Hotel aan Florida Road is het victoriaanse alternatief voor dat aan Avondale Road en een andere stijlvolle mogelijkheid om in Durban te overnachten. Vier victoriaanse panden werden gemoderniseerd en tot een hotelkomplex samengevoegd. In de bistro worden ontbijt, lunch en lichte avondmaaltijden geserveerd. De rustigste kamers zijn de nummers 6, 7, 10, 11, 12, 14, 22, 23 en 24. 2 pk met ontbijt vanaf 2000 rand.

Marokkaanse stijl – **La Bordello** 3 : 47 Campbell Rd., zijstraat van Lilian Ngoyi Rd., Greyville, tel. 031 309 60 19. Zeven kamers in een – de naam zegt het inderdaad al – vroeger bordeel in de trendy en chique wijk Greyville die als 'Boho' bekend staat. Veelkleurige muren en een hippe inrichting met Marokkaanse stijlelementen scheppen een heel eigen sfeer, maar er zijn ook voorzieningen als airco en wifi. 2 pk met ontbijt vanaf 1450 rand.

Stijlvol en trendy – **The Benjamin** 4 : 141 Florida Rd., Morningside, tel. 031 303 42 33, www.benjamin.co.za. Stijlvol klein boetiekhotel in Durbans trendy stadsdeel Morningside met 45 kamers tussen historische muren, zwembad, bewaakte parkeerplaats, verschillende goede restaurants op loopafstand. 2 pk met ontbijt van af 1080 rand.

Golden Mile – **The Balmoral** 5 : 125 OR Tambo Parade, tel. 031 368 59 40, www.raya-hotels.com. Stijlvol klein boetiekhotel in Durbans trendy stadsdeel Morningside met 45 kamers tussen historische muren, zwembad, bewaakte parkeerplaats, diverse goede restaurants op loopafstand. 2 pk met ontbijt vanaf 1200 rand.

## Eten en drinken

Elegant-minimalistisch – **The Grill Jichana** 1 : 63 Snell Parade, tel. 031 362 13 00, ma.–za. 18–22 uur. *Jichana* is een uitdrukking in het Swahili die 'goed eten' betekent. Het restaurant is gevestigd in het in 2013 volledig verbouwde hotelcomplex Elangeni & Maharani. Elegant-minimalistische inrichting. De steaks zijn uitstekend. Hoofdgerecht 90–150 rand.

Afro-latino-ambiance – **Hemingway's Bistro & Cafe** 2 : 131 Helen Joseph (Davenport) Rd., Glenwood, tel. 031 202 49 06, ma.–vr. 10–22, za. 9–22, zo. 9–14.30 uur. In een voormalig woonhuis in de wijk Glenwood. De inrichting is in Afro-latinostijl. Alle ingrediënten vers van de markt, en verder onder andere zelfgemaakte pasta. Hoofdgerecht vanaf 90 rand.

Noord-Indiaas – **Gateway to India** 3 : Shop G337, 1 Palm Blvd., Gateway Theatre of Shopping, Umhlanga, tel. 031 566 57 11, dag. 11–22 uur. Kosten noch moeite werden gespaard om een maharadja-ambiance in dit Indiase restaurant te creëren, met een groot zandstenen beeld van de stier van Shiva en twee imposante zuilen als omlijsting van de toegangsdeur. Goede Noord-Indiase keuken met een grote keuze aan gerechten, alleen al zestien vegetarische hoofdgerechten. Hoofdgerecht 120 rand.

Verfijnd Indiaas – **Vintage India** 4 : 20 Lilian Ngoyi Rd., Greyville, tel. 031 309 13 28, dag. lunch 12–15, diner 18–22.30 uur. Populair Indiaas restaurant in oud pand aan de drukke, vroegere en inmiddels omgedoopte Windermere Road. Smakelijke butter chicken, grote schaal met hapjes voor meer personen; ideaal om zo veel mogelijk gerechten te kunnen proeven. Hoofdgerecht 120 rand.

Steakhouse – **Butcher Boys** 5 : 170 Florida Rd., Morningside, tel. 031 312 82 48, zo.–vr. lunch, dag. diner. Absoluut niet voor vegetariërs. Al ruim 15 jaar serveert dit restaurant een constante en uitstekende kwaliteit vlees. Mannelijke ambiance. Grote vensters kijken uit op Florida Road. Doordeweeks voordelige lunchspecials. Hoofdgerecht 140 rand.

Scheepswraksfeer – **Cargo Hold** 6 : The Phantom Ship, 1 King Shaka Av., uShaka Marine World, Point Waterfront, tel. 031 328 80 65, dag. lunch 12–15, diner 18–22 uur. Populair scheepswrakthemarestaurant op drie verdiepingen in uShaka Marine World, met aan de ene kant de zee en aan de andere een haaienbassin. Veel vis, maar ook vleesgerechten. Hoofdgerecht 100 rand.

Traditioneel Indiaas – **Palki** 7 : 225 Musgrave Rd., Berea, tel. 031 201 00 19, lunch 11–15,

# Waar Gandhi's vrijheidsstrijd begon

Mohandas Karamchand Gandhi, geboren op 2 oktober 1869 in India, studeerde rechten in Engeland en werkte daana twee jaar als advocaat in India. In 1893 voer hij in opdracht van een Indiaas bedrijf naar Zuid-Afrika. Zijn geplande korte uitzending liep uit tot een verblijf van 21 jaar.

Gandhi-monument in Durban

Al bijna 150 jaar woont er een grote Indiase gemeenschap in Durban, ooit geworven als contractarbeiders voor de Engelse suikerrietplantages. De advocaat Gandhi zou tijdens zijn verblijf in Zuid-Afrika een belangrijk voorvechter van hun rechten worden.

Wat de apartheidspolitiek in Zuid-Afrika voor niet-blanken inhield, ook intellectuelen, zou hij al snel aan den lijve ondervinden. Blanke conducteurs sommeerden hem bij Pietermaritzburg uit een coupé te vertrekken die alleen voor blanken was gereserveerd. En toen hij later zijn familie uit India afhaalde, raakte hij bij rassenrellen betrokken en werd hij door een woedende menigte in elkaar geslagen.

In 1894 richtte Gandhi het Natal Indian Congress op, dat streed voor de rechten van Indiërs in Zuid-Afrika. In 1907 nam de regering de Asiatic Registration Act aan, waarbij Indiërs zich niet meer in Transvaal mochten vestigen. Gandhi protesteerde eerst nog in gematigde vorm, maar later ook door het organiseren van massademonstraties. Duizenden arbeiders gingen in staking en veel aanhangers van Ghandi kwamen in de toch al overvolle gevangenissen terecht. Tenslotte trad de toenmalige president Smuts met Gandhi in overleg. In 1914 kwamen ze tot een compromis, waarbij voor de Indiërs speciale rechten werden opgesteld.

Gandhi verliet Zuid-Afrika in juli 1914 – hij had het gevoel dat zijn vaderland hem in de strijd tegen de Engelsen meer nodig had. In India werd hij leider van het Indiase National Congress en maakte hij gebruik van zijn al in Zuid-Afrika beproefde tactiek van passieve tegenstand tegen de Britse overheersers: het afzien van regeringsdeelname (non-cooperation) en burgerlijke ongehoorzaamheid. In 1948 werd Gandhi door een extremistische Hindoe in New Delhi vermoord.

Als persoon is Gandhi bij zwarte vrijheidsstrijders omstreden, omdat hij in zijn strijd tegen de onderdrukking alleen voor zijn eigen bevolkingsgroep streed en niet voor de net zo slecht behandelde en rechteloze zwarte bevolking van Zuid-Afrika.

Nelson Mandela had aanvankelijk grote waardering voor Gandhi's geweldloze protest. Maar door de omstandigheden in Zuid-Afrika kwam hij tot de conclusie dat hij met deze politiek niet ver zou komen. Daarom riep Mandela toch op tot gewapende strijd tegen het apartheidsregime. Na het einde van de apartheid noemde Mandela Mahatma Gandhi een van de 'historische wegbereiders van de Zuid-Afrikaanse democratie'.

# Durban (eThekwini)

*Victoria Market: alles voor de Indiase keuken*

diner 18–22.30 uur, ma. geen lunch. Enigszins verborgen Indiaas restaurant op de eerste verdieping met uitzicht op de drukke Musgrave Road met voordelig dinerbuffet op zo. Hoofdgerecht 80–120 rand.

Bijzonder ketenrestaurant – **Primi Station 4 8 :** Shop G 34/35, Gateway Shoppertainment, Umhlanga Rocks Drive, Umhlanga, tel. 031 566 51 02, www.primi-world.com, dag. 9–22 uur. Constante kwaliteit, attente bediening en een ontspannen sfeer. Station 4 is genoemd naar een Italiaanse brandweerkazerne en zelf in een brandweerkazerne gehuisvest. Gerechten met Italiaanse inslag rond 80 rand.

Goede Italiaan – **La Bella Trattoria 9 :** 199 Stephen Dlamini (Essenwood) Rd., Musgrave, tel. 031 201 91 76, wwwlabellacafe.co.za, dag. 7 uur tot laat. Restaurant, bar en biertuin, eveneens ondergebracht in een vroegere brandweerkazerne. Hoofdgerecht 75 rand.

Trendy – **Freedom Café 10 :** 37–43 St. Mary's Av., Greyville, tel. 031 309 44 34, www.tasvrijheid.co.za, ontbijt en lunch za., zo., diner vr., za. In het coole Greyville staat dit restaurant, dat lichte en smakelijke, Aziatisch beïnvloede gerechten serveert, binnen en buiten op een in felle kleuren gedecoreerde binnenplaats. Goede wijnkaart en vriendelijke bediening. Hoofdgerecht 65 rand.

## Winkelen

Afrikaanse kunst – **African Art Centre 1 :** 94 Florida Rd., Morningside, tel. 031 312 38 04, www.afriart.org.za, ma.–vr. 8.30–17, za. 9–13 uur. Grote keus aan kwalitatief goede kunstnijverheid. **Natal Society of Arts Gallery 2 :** 166 Bulwer Rd., Glenwood, tel. 031 277 17 05, di.–vr. 9–17, za. 9–16, zo. 10–14 uur. Hier vindt u niet alleen veel interessante kunstvoorwerpen, maar ook uitstekende cappuccino in de coffeeshop ernaast. **The BAT Centre 3 :** Durban Harbour, tel. 031 3 32 99 51, www.batcentre.co.za, ma.–vr. 9–16.30, za., zo. 10–16 uur. De Bartel Art Trust is een in 1995 opgerichte stichting ter bevordering van de kunst: het belangrijkste centrum voor eigentijdse en traditionele Zuid-Afrikaanse kunst, er worden ook tentoonstellingen georganiseerd.

Markten – **South Plaza Market 4 :** 11 Walnut St., tel. 031 301 99 00, ma.–vr. 8–16.30, zo. 7.30–17 uur. Vlooienmarkt met meer dan 500 stalletjes. **The Stables 5 :** Jacko Jackson Dr., tel. 031 3 12 37 52, ma., vr. 18–22 uur, zo., feestdagen 11–17 uur. Avondmarkt waar oude stallen tot winkels zijn verbouwd, aardewerk, kunst, textiel, boeken en antiek.

Winkelstraat – **Dr Yusuf Dadoo St. 6 :** Durban City, levendige mix van Afrika, India en Europa – een mekka voor kooplustigen.

Winkelcentrum – **The Workshop** 7 : 99 Samora Machel St., tel. 031 304 98 94, www.theworkshopcentre.co.za, ma.–vr. 8.30–17, za. 9–17, zo. 10–16 uur. Dit winkelcentrum is ondergebracht in een gerestaureerd oud gebouwencomplex.

## Uitgaan

Afrolook – **Bat Café** 1 : BAT Centre, Durban Harbour, tel. 031 332 20 79, www.batcentre.co.za. Afrikaans georiënteerd café met schitterend uitzicht op de haven; iedere week spelen hier lokale bands en treden dj's op, di.-avond zijn er trommelsessies voor als u zich wilt afreageren, jazz bij zonsondergang.

Cocktails – **Billy the BUM's** 2 : 504 Lilian Ngoyi Rd., Morningside, tel. 031 303 19 88, www.billythebums.co.za, ma.–za. vanaf 12 uur tot laat. De waarschijnlijk beste cocktails in de stad worden geserveerd door dubbelgangers van Tom Cruise, di. populaire *ladies night*.

Topclub – **Origin** 3 : The Old Winston Hotel, 9 Clark Rd., Lower Glenwood, tel. 031 337 71 72, www.theorigin.co.za, vr. 20.30–4, za. 20.30–6 uur. Een van de topclubs in Zuid-Afrika, met verschillende dansvloeren met dj's, die house en stevige deep house groove draaien.

Cool reggae – **Cool Runnings** 4 : 49 Milne St., tel. 084 701 69 12, Facebook: Cool Runnings Durban, dag. 12–4 uur. Reggae om bij te chillen, soms live, beslist de *banana spliff shooters* proberen!

Een must – **Joe Cool's** 5 : 137 Lower North Beach, Beachfront, tel. 031 368 28 58, Facebook: Joe Cools – Durban Main Page. Durbans populairste café-restaurant aan het strand.

## Actief

Havenrondleidingen – **Sugar Terminal** 1 : 57 Maydon Rd., tel. 031 365 81 00, dag. 8.30, 10, 11.30 en 14 uur, langs de enorme suikersilo's in de haven – de grootste ter wereld. Hier kunnen schepen geladen worden met wel 1000 ton suiker per uur.

Haaienmuseum – **The Natal Sharks Board** 2 : 1 A Herrwood Dr., Umhlanga, tel. 031 566 04 00, www.shark.co.za, ma.–vr. 8–16 uur. Volledig aan haaien gewijd museum. Van di. tot do. tussen 9 en 14 en op elke eerste zo. in de maand om 13 uur hebt u gelegenheid het ontleden van dode dieren bij te wonen. Volw. 45 rand, kinderen 25 rand.

Slingeren door het stadion – **Big Swing: Moses Mabhida Stadium** 11 , zie ook blz. 351, tel. 031 312 94 35, www.bigrush.co.za, dag. 10–16 uur. Op een hoogte van 106 m springt u van de centrale boog in de diepte en slingert u aan een lange kabel door het stadion, dat met zijn architectonisch unieke dakconstructie deze in de hele wereld ongeëvenaarde attractie mogelijk maakt. 695 rand p.p.

## Vervoer

**Vliegtuig:** binnenlandse vluchten met **SAA**, tel. 031 305 64 91 naar Bloemfontein (1 uur, 15 min., 2x dag.), Kaapstad (2 uur, ma.–vr. 4x dag., za. 1x direct, 5x via Port Elizabeth, zo. 5x) East London (1 uur, 15 min., ma.–vr. 4x dag., za. 2x, zo. 3x), George (2 uur), Johannesburg (1 uur, 89x per week). Andere bestemmingen: Pietermaritzburg, Port Elizabeth, Ulundi en Umtata. Binnenlandse vluchten ook met **Kulala** (www.kulala.com), **SA Airlink** en **Comair**. Er bestaat een Airport Bus Service tussen het vliegveld en de City.

**Trein: Durban Station,** tel. 031 3 61 76 52, 6–18 uur, reservering tel. 031 3 61 76 21. De Trans-Natal rijdt dag. naar Johannesburg (18.30 uur, 13 uur) via Pietermaritzburg en Ladysmith; de Trans-Oranje rijdt wo. 17.30 uur naar Kaapstad, via Ladysmith, Bloemfontein, Kimberley, Beaufort West en Worcester.

**Bus: Greyhound/Citiliner,** tel. 031 309 78 30, www.greyhound.co.za. Naar Kaapstad via Umtata, East London, Port Elizabeth, Knysna en Swellendam (dag. 8.25 uur, 24 uur); naar Kaapstad via Bethlehem, Bloemfontein en Beaufort West (dag. 21.00 uur, 21 uur); naar Tshwane en Johannesburg (dag. 8, 8.45, 10, 15, 23 uur; 8,5 uur). **Skyliner:** tel. 031 3 01 15 50, dag. naar Bloemfontein, Kaapstad, East London, Johannesburg en naar de Wild Coast. **Translux:** tel. 031 3 08 81 11, www.translux.co.za. Kaapstad via Bethlehem en Bloemfontein (dag. 12 uur, 20 uur); Johannesburg en Pretoria (dag. 8, 22.30 uur, 9 uur); Port Elizabeth via Umtata, East London en Grahamstown (6.30 uur, 13 uur). **Baz-Bus:** tel. 031 306 65 85, www.bazbus.co.za.

# Omgangsvormen in een Zoeloedorp

De Zoeloes behoren tot het grootste volk van het land en de provincie KwaZulu-Natal is hun oorspronkelijke woongebied. Ten noorden van Durban bij Eshowe liggen twee Zoeloemodeldorpen, waar bezoekers ook kunnen overnachten. Bij politieke manifestaties tooien Zoeloebestuurders zich, zelfs als ze in het westen gestudeerd hebben, in de traditionele dracht, compleet met luipaardenvel en speer.

In het Zoeloedorp **Simunye** (tel. 035 460 09 12, www.shakaland.com/simunye) vindt een cultureel programma plaats. Te paard of op een ossenwagen gaan bezoekers vanaf het verzamelpunt omlaag naar het dal. Wie minder avontuurlijk is, kan meerijden per terreinwagen met fourwheeldrive, waarin de bagage wordt meegenomen. Vlak voor het dorp brandt een houtvuur. Een Zoeloevrouw grilt vlees ter verwelkoming van de gasten. Deze kunnen overnachten in de ronde hutten van het Zoeloedorp, of in de kleine rotswoningen bij de berg, waar bamboe rolluiken worden gebruikt in plaats van vensterglas, en waar de uit natuursteen gehakte 'badkuipen' met emmers warm water worden gevuld.

Het naastgelegen **Shakaland** (tel. 035 460 09 12, fax 460 08 24, www.shakaland.com) werd in 1984 als decor gebruikt voor de succesvolle, ook in Europese landen uitgezonden televisieserie Shaka Zulu. Hierin wordt, net als in Simunye, het leven van de Zoeloes nagespeeld. Hier overnachten de gasten in nagebouwde kraalhutten, drinken het zurige gierstbier Utshwala en kijken naar de uitbundige Zoeloedansen, waarbij zo hard wordt gestampt dat de aarde lijkt te trillen. Het modeldorp laat een geïdealiseerde werkelijkheid zien, maar op het platteland van KwaZulu/Natal leven traditionele Zoeloes nog vaak volgens de oude leefregels.

De Zoeloes die het grootste volk in Zuid-Afrika vormen, zijn trots op hun tradities en Zoeloe is de belangrijkste moedertaal van het land. Koning Goodwill Zweletheni is een directe afstammeling van Shaka.

### Etiquette – gedragsregels

**Begroeting:** De hoogstgeplaatste persoon groet als eerste. De sociaal ondergeschikte zegt niets totdat hij aangesproken wordt, zodat hij geen belangrijke gesprekken kan onderbreken. *Sawubona* (uitgesproken als: sauboona) betekent 'Ik zie je.' Het antwoord luidt: *Yebo, sawubon* ('Ja, ik zie je ook.').

**Handdruk:** De traditionele handdruk bestaat uit drie bewegingen. Eerst geven mensen elkaar, net als in Europa, gewoon de (rechter)hand. Daarna wordt deze rond die van de ander gedraaid en grijpen mensen elkaar bij de duim net als bij een partijtje armdrukken, om daarna weer in de uitgangspositie terug te keren. Al naar gelang de hartelijkheid wordt deze handeling enkele keren herhaald. De linkerhandpalm wordt ondertussen onder de rechteronderarm gehouden.

**Oogcontact:** Uit respect mogen meisjes hun mannelijke gesprekspartners slechts kort aankijken, om daarna weer bedeesd opzij te kijken.

*Dansdemonstratie bij de Zoeloes*

**Bier drinken:** Een stevige pint bier neemt in het sociale leven van Zoeloes een belangrijke plaats in. Als u dit aangeboden krijgt, kunt u het niet afslaan, omdat dit een belediging van de gastheer zou betekenen. U houdt de drinkbeker in de rechter-, de onderzetter in de linkerhand. Drinken doet u gehurkt of zittend. Mannen zetten hun hoofddeksels af. Hardop een boer laten (alleen toegestaan voor mannen!), op de buik kletsen of met de voet op de grond stampen wordt als een compliment voor de bierbrouwster beschouwd.

**Geven en nemen:** Uitsluitend met de rechterhand, de linkerhandpalm wordt onder de rechteronderarm gehouden om te laten zien dat iemand niets te verbergen heeft.

**Rangorde van zitplaatsen:** Iedereen zit waar hij of zij hoort. De criteria daarvoor zijn geslacht, leeftijd en status. Mannen zitten altijd rechts van de ingang van de hut, de oudste of hoogste in rangorde het verst van de ingang verwijderd. Vrouwen en kinderen zitten links van de ingang, volgens dezelfde indeling.

**Manier van zitten:** Mensen zitten niet op de kale grond, maar op een schild, een dierenvel of een matje van gevlochten gras. Mannen zitten met gekruiste benen, vrouwen houden de benen gestrekt of zijdelings opgetrokken.

**Dragen van lasten:** Mannen dragen alleen hun wapens, vrouwen de rest.

**Lopen:** Vrouwen lopen op korte afstand achter hun mannen. Als twee mannen elkaar ontmoeten, lopen ze elkaar links voorbij, zodat ze een blik op elkaars gewapende hand kunnen werpen.

**Volgorde van bediening:** Eerst de mannen, dan de vrouwen, de kinderen het laatst, met voorrang voor de jongens.

# Midlands en de Drakensberge

Deze tocht voert door het Engels aandoende, lieflijke groene heuvelland van de Midlands naar het imposante rotslandschap van de steil oprijzende Drakensberge, door de Zuid-Afrikanen kortweg 'berg' genoemd. Behalve de tocht naar de Sani Pass kunt u met een terreinwagen ook de spectaculairste gebieden van het bergmassief bezoeken.

## Pietermaritzburg (Musunduzi) ▶ 1, V/W 14

**Kaart:** blz. 361

De toegangspoort tot de Midlands van Natal is de in 1838 gestichte, fraaie victoriaanse stad **Pietermaritzburg** 1 (Musunduzi) met zijn indrukwekkende, van baksteen opgetrokken stadhuis, de **City Hall**. Pal ertegenover vindt u de **Tatham Art Gallery**, eveneens in een bakstenen gebouw. Hier kunt u talloze schilderijen, drukwerken, beeldhouwwerken en ook keramiek zien. De collectie bestaat uit Engelse en Franse schilderijen uit de 19e en 20e eeuw, een beeldhouwwerk van Henry Moore, porselein en glaswerk. Beroemd is de speelklok Ormolu, waarop middeleeuwse figuren op ieder half en heel uur de klokken luiden. Nog een reden om erheen te gaan: het kleine restaurant op de eerste verdieping, met smakelijke, lichte maaltijden.

### Informatie

**Pietermaritzburg Tourism:** 177 Commercial Rd., tel. 033 345 13 48, www.pmbtourism.co.za. Gratis Informatie over restaurants en hotels.

### Accommodatie

Topwellnesscenter – **Karkloof Spa, Lodge & Wildlife Retreat:** Ihlanze Ranch, Otto's Bluff Rd., tel. 033 569 13 21, www.karkloofsafarispa.com. Vermoedelijk het beste wellnesscenter in het land. Dat geldt voor de ligging, de accommodatie (in 16 afzonderlijk vormgegeven villa's), de restaurants (biologische producten) en ook voor de heerlijke behandelingen – een droomverblijf in het oerwoud. De 17 behandelruimtes zijn slim in de natuurlijke omgeving ingebed. Er is een lange lijst met ten dele exotische wellnesstoepassingen. 2 pk vanaf 10.900 rand, inclusief onbeperkt spabehandelingen, wildtours en volpension. Inchecken is om 8 uur 's ochtends en uitchecken is de volgende dag om 20 uur, wat dus inhoudt dat u per overnachting daadwerkelijk gedurende 22 uur wellnessbehandelingen kunt krijgen.

### Eten en drinken

Perfecte steaks – **The Butchery:** 101 Roberts Rd., Clarendon, tel. 033 342 52 39, dag. 12 uur tot laat. Groot houten terras, met uitzicht over een park, in de winter gesloten. Hier wordt uiteraard vlees geserveerd, en wel perfect bereid. Hoofdgerecht 120 rand.

Goed – **Le Gourmet:** 80 Roberts Rd., Clarendon, tel. 033 342 32 80, lunch 11.30–14.30, diner 18.30 uur tot laat, za. geen lunch, zo. gesloten. Goed restaurant met Franse inslag in de groene buitenwijk Clarendon, smakelijke gerechten, prima wijnkaart – een gastronomische verrassing in Pietermaritzburg. Hoofdgerecht 100 rand.

In de galerie – **Gallery Coffee Shop:** Tatham Art Gallery, Chief Albert Luthuli Rd., tel. 033 342 83 27, www.tatham.org.za, Facebook: Cafe Tatham, di.-vr. 10–16.30, za. 10–15 uur, toegang tot de kunstgalerie gratis. Goede plek om in de stad te lunchen: de koffiecorner van het museum biedt een kaart met lichte gerechten. Er staan tafeltjes binnen of op het balkon. Hoofdgerecht 60 rand.

*Felgekleurde proteabloem op 2000 m hoogte bij de Sani Pass*

# Sani Pass ▶ 1, U 14

**Kaart:** blz. 361

Het vertrekpunt van de bergrit naar de Sani Pass bereikt u het snelst vanuit Pietermaritzburg over de R 617, via **Underberg** en **Himeville** (120 km). Direct voorbij de Zuid-Afrikaanse grensovergang naar **Lesotho**, wordt het steil. Verder rijden is alleen toegestaan voor terreinwagens, motoren en mountainbikes. Wie niet over een dergelijk voertuig beschikt of geen ervaring met terreinwagens heeft, kan met een georganiseerde reis vanuit Himeville meegaan. Al in 1913 werd de bergpas regelmatig door pakezels gebruikt. Handelaren brachten hun goederen met ezels of andere lastdieren over de Drakensberge naar het toenmalige Basutoland. In 1948 werd door een groep werklieden de eerste auto, een in de oorlog gebruikte Willys Jeep, over de bergpas gereden. Een historisch moment.

De in 1955 geopende **Sani Pass** 2 is de enige 'weg' tussen KwaZulu-Natal en het verder naar het westen gelegen Lesotho. Deze hoogste bergweg van het land, door een van de spectaculairste gebieden van Zuid-Afrika, bereikt een hoogte van 2876 m.

Tijdens de laatste 6 km overbrugt de weg een hoogteverschil van duizend meter. Op de top is het koud, soms heel koud. Maar het uitzicht is onbeschrijflijk mooi. In het café van de Sani Mountain Lodge kunt u als beloning het 'hoogste' biertje van Zuid-Afrika drinken.

De Sani Pass geldt als de moeder van alle Zuid-Afrikaanse bergpassen en als een van de laatste avontuurlijke autotrajecten in het land. Op de website www.mountainpassessouthafrica.co.za zijn twee schitterende filmpjes over de pas te zien. Er is ook een fanpage op Facebook: Mountain Passes South Africa.

In 2014 werd besloten de onverharde weg te asfalteren, wat leidde tot een golf van protesten van excursie-organisatoren en aanwonenden. Ze vonden dat de pas net zo behouden moest blijven als de onverharde, onder monumentenzorg vallende Swartberg Pass in de Western Cape Province. Echter in 2015 begonnen de werkzaamheden.

Wie de Sani Pass wil rijden, heeft nog steeds een terreinwagen nodig – en een geldig pas-

# Midlands en de Drakensberge

## SANI MOUNTAIN LODGE

In het **café van de Sani Mountain Lodge** (www.sanimountain.co.za, zie blz. 361) brandt bijna altijd de knusse open haard. Wie hier het hoogst getapte biertje van Zuid-Afrika (2874 m) wil drinken of een overnachting wenst, moet de grens van Lesotho passeren (een geldig paspoort volstaat). Het café ligt direct achter de grenspost. Tussen de Zuid-Afrikaanse grenspost (8–16 uur) en die van Lesotho (7–17 uur) ligt 8 km niemandsland. Vanuit Himeville worden **dagtochten georganiseerd** met terreinwagens (begin 9.30, einde 15.30 uur). Wandelen, paard- of ponyrijden en het vissen op forellen behoort tot de mogelijkheden. Niet vergeten: een T-shirt met de opdruk Sani Pass als souvenir kopen!

poort, want boven gekomen passeert u de grens met het koninkrijk Lesotho. De pasweg is dikwijls versperd, in de winter door sneeuw, in de zomer vanwege hevig onweer. Het niet geringe aantal autowrakken tegen de steile hellingen verhoogt de hoeveelheid adrenaline die vrijkomt tijdens de klim naar boven. Tip: een overnachting in de Sani Mountain Lodge en een biertje in Zuid-Afrika's hoogste café (zie hierboven), voordat u de volgende dag weer afdaalt.

## Midlands ▶ 1, U 13/14

**Kaart:** blz. 361
De N 3 gaat van Pietermaritzburg in noordwestelijke richting door de Midlands. Dit landschap met zijn glooiende heuvels, klaterende beekjes en vreedzaam in het malse gras grazende koeien doet sterk aan het Engelse platteland denken.

Op een regelmatig geactualiseerde, grootschalige landkaart staan alle adressen van de zogenaamde **Midlands Meander** vermeld, met meer dan 100 gezellige bed and breakfasts, kunstnijverheidswinkels, restaurants, bistro's en antiekwinkels (www.midlandsmeander.co.za).

Onderweg passeert u **Howick** 3 langs de R 103, richting Lions River. Daar staat het Mandela Monument ter herinnering aan de arrestatie van Nelson Mandela. Verkleed als chauffeur van een blanke anti-apartheidsactivist kwam hij hier op 5 augustus 1962 in een politiecontrole terecht. De tip was afkomstig van een Amerikaanse CIA-agent, die de vrijheidsstrijder kort tevoren had herkend. De Amerikaanse regering vond de vrijheidsstrijd van het ANC te 'communistisch'. Voor Mandela betekende dit het begin van 27 jaar gevangenisstraf.

In de **Nottingham Road Brewing Company** 4 worden vier verschillende, lekkere soorten bier gebrouwen (Tidley Toad Light Larger, Whistling Weasel Pale Ale, Pickled Pig Porter en Pye-eyed Possum, www.nottsbrewery.co.za).

### Informatie
**Midland Meander Committee:** Howick, tel. 033 330 81 95, www.midlandsmeander.co.za. Hier kunt u gratis de grote en informatieve kaart *Midlands Meander* afhalen.

### Accommodatie
Engelse landhuisstijl – **Rawdons Hotel:** Nottingham Road, tel. 033 266 60 44, www.rawdons.co.za. In 1956 gebouwd landhotel in typisch Engelse stijl. 2 pk met ontbijt vanaf 2750 rand.

Gezellig – **Granny Mouse Country House & Spa:** Balgowan, Midlands, tel. 033 234 40 71, www.grannymouse.co.za. Ontzettend gezellig en heel erg Engels aandoend landhuis in het heuvellandschap van de Natal Midlands; met een zeer goede keuken. Accommodatie in zeven huisjes en zes suites, die alle van een open haard zijn voorzien. 2 pk met ontbijt vanaf 2045 rand (voor de suites).

Midlands

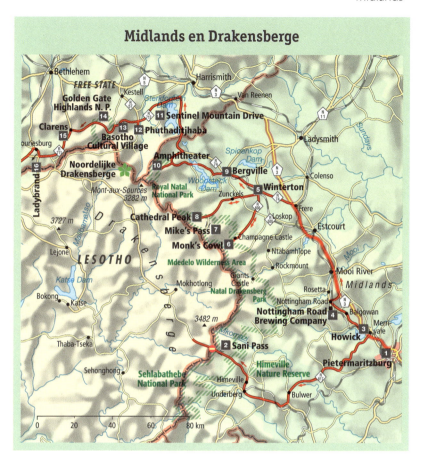

## Midlands en Drakensberge

**B&B met rivierzicht** – **Hawklee Country House:** Nottingham Road, tel. 033 266 62 09, www.hawklee.co.za. Prachtig gelegen B&B met 6 kamers; vriendelijke eigenaars en goed eten, alle huisjes hebben een whirlpool met uitzicht over de Lion's River. 2 pk met ontbijt vanaf 1460 rand.

**Authentiek** – **Cranford Country Lodge:** 77 Old Main Rd., Curry's Post, ca. 26 km ten noordwesten van Howick, tel. 082 556 67 48, www.cranfordcountrylodge.co.za. Originele lodge, eigen café. 2 pk met ontbijt vanaf 1240 rand.

**Slapen op 2874 m hoogte** – **Sani Mountain Lodge:** Sani Pass, tel. 078 634 74 96, www.sanimountain.co.za, 2 pk met volpension vanaf 1970 rand (zie Tip links), rugzaktoeristen 325 rand met ontbijt, op verzoek ook diner voor 425 rand p.p.

**Landelijke luxe** – **Old Halliwell Country Inn:** Howick, tel. 033 330 26 02, www.oldhalliwell.co.za. Luxueus *country house* met ontspannen sfeer en zeer goede keuken. 2 pk met ontbijt vanaf 1100 rand.

## Eten en drinken

**Fine dining** – **Skye Bistro:** Fordoun Hotel, Nottingham Road, tel. 033 266 62 17, www.fordoun.com, dag. lunch en diner voor hotelgasten, voor overige gasten: do.–zo. lunch

# Midlands en de Drakensberge

*Uitzicht op het spectaculairste deel van de Drakensberge, het Amfitheater*

12–14.30 uur. Gerechten met mediterrane, Afrikaanse en Thaise invloeden, bijna alle ingrediënten zijn afkomstig uit biologisch-dynamische teelt. Mooie veranda. Hoofdgerecht 120 rand.

Regionale producten – **Yellowwood Café:** 1 Shafton Rd., Howick, tel. 033 330 24 61, www.yellowwood.co.za, di.–za. 9.30–22.30, zo. 8.30–16.30 uur. Dit aantrekkelijke, in 1874 uit natuursteen en geelhout gebouwde huis staat aan de rand van Howick. De menukaart wordt aan het seizoen aangepast en de meeste ingrediënten komen uit de naaste omgeving: camembert in bladerdeeg met kaas uit Curry's Post, varkensvlees uit het Dargiledal en paddenstoelen van de boerderij om de hoek. Bij zonnig weer kunt u buiten eten, met uitzicht op de watervallen van Howick. Hoofdgerecht 60–127 rand.

Culinair opwindend – **The Corner Post:** 124 Main Rd., Howick, tel. 033 330 76 36, www.cornerpost.co.za, ma.–za. 12–14.30, 18–21 uur, zo. 12–15 uur. Dit restaurant heeft een landelijke uitstraling, maar blijkt een culinaire verrassing. Op het menu staan loempia met eendenvlees, gebakken camembert en heerlijk knapperige eend. Hoofdgerecht 100 rand.

Oostenrijks – **The Bierfassl:** Nottingham Road, tel. 033 266 63 20, dag. 9–22 uur. Bij het vers gebrouwen Nottingham Roadbier (vier soorten) of Pilsener Urquell uit het vat past natuurlijk hartige kost. Hier krijgt u alle traditionele gerechten, van varkenskluif tot *Tiroler Gröstl* (65 rand) en *jägerschnitzel* (75 rand).

Voor fijnproevers – **Granny Mouse Restaurant:** Old Main Rd., Lidgetton, ca. 16 km ten noordwesten van Howick, tel. 033 234 40 71, www.grannymouse.co.za, ontbijt 7.30–10, lunch 12–14.30, diner 18.30–21 uur. De beste ingrediënten uit de streek worden gecombineerd met uit Europa ingevlogen specialiteiten, de 'specialiteit van de dag' was nog nooit(!) twee keer dezelfde. Wijnkelder met ruim 4000 flessen. Hoofdgerecht vanaf 80 rand.

Noordelijke Drakensberge

### Actief, winkelen

Brouwerijbezichtiging – **Nottingham Road Brewing Company:** R 103, Nottingham Rd., tel. 033 266 67 28, www.nottsbrewery.co.za, dag. 8–17, di.–zo. 8–17 uur. Lekkere biersoorten van de meest succesvolle microbrouwerij van Zuid-Afrika, met fantasierijke etiketten, die u bijvoorbeeld ook als afdruk op T-shirts kunt kopen.

## ✿ Noordelijke Drakensberge

**Kaart:** blz. 361

### Van Winterton naar het zuidwesten ▶ 1, U 12/13

Over de N 3 rijdt u in noordelijke richting de Midlands uit. Vanhier leidt de R 74 naar **Winterton** , een ideaal vertrekpunt voor de bergrit naar de Drakensberge, of u nu de richting Monk's Cowl of de richting Cathedral Peak neemt.

**Monk's Cowl** 6 ligt in de Mdedelelo Wilderness Area, tussen Cathedral Peak en het Giant's Castle Game Reserve.

De beste mogelijkheid om dicht bij de Drakensberge te komen, is via de 10,5 km lange bergroute voor terreinwagens, die naar **Mike's Pass** 7 en de top van **Little Berg** leidt. De bergweg werd tussen 1947 en 1949 door een Italiaanse ingenieur aangelegd. Deze weg klimt vanaf het vertrekpunt meer dan 500 meter omhoog en eindigt bij de **Arendsigpoort** op een hoogte van 1640 m. Hier ligt het beginpunt van de wandelroutes naar de Ndedema Gorge, de Organ Pipes en de aangrenzende Drakensberge. Vanaf Little Berg hebt u vaak een schitterend uitzicht over de omliggende bergen.

De ruige bergtoppen, heldere beekjes en prachtige Sanrotstekeningen maken de **Cathedral Peak** 8 tot het populairste wandelgebied in de Drakensberge. De Ndedema Gorge is wereldberoemd door de bijna 4000 Sanrotstekeningen op 17 beschutte, overhangende zandsteenrotsen en in grotten. Hier vindt u ook het grootste oerbos in dit gebied.

### Royal Natal National Park en omgeving ▶ 1, T/U 12

Het **Royal Natal National Park** werd in 1916 opgericht; de koninklijke titel kreeg het in 1947 toen de Britse koninklijke familie hier vakantie vierde. Het park bestaat hoofdzakelijk uit grasland, in wisselende kleuren, afhankelijk van het jaargetijde: goudkleurig in oktober, intens groen in de zomer. In de lente explodeert het bruine winterkleed in een bont kleurenpalet, als alle bloemen in bloei staan.

Onderweg van Winterton naar **Bergville** 9 kunt u het spectaculairste deel van de Drakensberge bezoeken, het **Amfitheater** 10 in het Royal Natal National Park: een 500 m hoge, loodrechte rotswand die zich over een lengte van 5 km uitstrekt tussen

## NAAR DE TOP VAN DE SENTINEL MOUNTAIN

De **Sentinel Mountain Drive** (zie blz. 364) eindigt 2540 m boven zeeniveau op een parkeerterrein aan de voet van de Sentinel, waar de gelijknamige, drukbezochte **wandelroute** (een van de 30) begint. Na drie vrij gemakkelijk te overbruggen kilometers moeten twee 30 m hoge kettingladders beklommen worden om de top van het Amfitheater te bereiken. Het is onmogelijk om het uitzicht op het Royal National Park te omschrijven zonder in superlatieven te vervallen: Eastern Buttress, Devil's Tooth en Inner Tower liggen zo'n 1500 m lager aan uw voeten.

# Midlands en de Drakensberge

de Sentinel en Eastern Buttress. Hier stort de Tugela River in vijf onderbroken watervallen 850 m diep omlaag in het lieflijke gelijknamige dal, voordat de rivier aan zijn 330 km lange reis naar de Indische Oceaan begint. De hoogste top van het rotsplateau is de 3282 m hoge **Mont-aux-Sources**. Twee Franse missionarissen die in 1837 tot de rand van deze steile rotswand gewandeld waren, gaven de naam aan deze berg waar acht riviertjes ontspringen.

## Sentinel Mountain Drive en Phutaditjhaba ▶ 1, T/U12

Een hoogtepunt voor autorijders is een van de hoogste bergwegen van het land, de **Sentinel Mountain Drive** 11, die zich langs de waterscheiding tussen Free State en KwaZulu-Natal slingert. De weg gaat eerst over de **Oliviershoek Pass**, vervolgens langs de **Sterkfontein Dam**, en daarna via de R 712 in westelijke richting naar Phutaditjhaba. De route loopt hierna over de Witsieshoek Pass en daarna verder via de Mountain Road. Voor het informatiecentrum in **Phutaditjhaba** 12 neemt u de afslag naar links in de richting van Mount-aux-Sources en na 20 km bereikt u het Mountain Roadtolkantoor. Nog 2 km verder loopt de weg onder een indrukwekkend grote rotsoverhang door.

Kort daarna bereikt u de splitsing naar het 2200 m hoge **Witsieshoek Mountain Resort**, een van de hoogste in het land. Tijdens de laatste 5,5 km klimt de weg nog eens ruim 300 meter omhoog en biedt een grandioos uitzicht op het Malutigebergte.

## Informatie

**Drakensberg Information Centre:** Thokozisa Lifestyle Centre, hoek R 600/R 10 Loskop Rd., tel. 036 488 12 07, www.cdic.co.za of www.kzn.org.za. Gratis informatie over accommodatie, wandelingen en andere activiteiten in de Drakensberge.
**Royal Natal National Park:** geopend okt.–mrt. 5–19, apr.–sept. 6–20 uur. Contact: Royal Natal National Park, Bergville, tel. 036 438 63 03. Toegang volw. 30 rand, kinderen 20 rand, 50 rand per auto.

## Accommodatie, eten

**Informatie en onlinereservering** van accommodatie in het park bij: **KZN Wildlife**, tel. 033 845 10 00, www.kznwildlife.com.

### ... in Monks Cowl

Camping – **Kampeerterrein**, volwassene 90–100 rand, kind 50–55 rand, minimum 210 rand. Informatie en onlinereservering van accommodatie in het park bij **KZN Wildlife**, tel. 036 468 11 03, www.kznwildlife.com.

### ... in Cathedral Peak

In de bergen – **Cathedral Peak Hotel:** tel. 036 488 18 88, www.cathedralpeak.co.za, aan het einde van de weg naar Winterton, richting Cathedral Peak. Diner, B&B, 90 rustig gelegen kamers. Er is een eigen helikopter beschikbaar om rondvluchten te maken boven de Drakensberge. 2 pk met volpension vanaf 2630 rand.
In het nationaal park – **Didima Camp:** chalets vanaf 1000 rand. **Cathedral Camping:** volw. 90 rand, kinderen 45 rand, minimaal 180 rand.

### ... in Bergville

Grandioos landschap – **Montusi Mountain Lodge:** Bergville, tel. 036 438 62 43, www.montusi.co.za. Rustige plek met fantastisch uitzicht op het Amfitheater in de noordelijke Drakensberge. Vriendelijke, persoonlijke service, fraai zwembad, diverse wandelingen en ritten te paard naar de bergen, vogelobservatie en vliegvissen bij de dammen en in de rivier, *adventure centre* met trapeze en bungeejumpen, 's avonds *candlelight dinner*. 2 pk met volpension vanaf 3150 rand.

Berglucht opsnuiven – **The Cavern Berg Resort:** tel. 036 438 62 70, www.cavern.co.za. Vlak voor de Oliviershoek Pass linksaf, 16 km (waarvan 10 km bergweg). Rustige accommodatie, riant gelegen, met ouderwets interieur. Alcoholische dranken zelf meenemen. 2 pk met volpension vanaf 1760 rand.

Klassieker in de bergen – **The Nest:** tel. 036 468 10 68, www.thenest.co.za, aan de R 600 naar Central Berg. 53 kamers rondavels (ronde hutten) met strodak en bungalows; mooie ligging, vraag een kamer met uitzicht op de

# Basotho Cultural Village

*Basotho's woonachtig in het grensgebied van Lesotho op de Sani Pass*

bergen. Georganiseerde wandelingen naar de Drakensberge. 2 pk met volpension vanaf 2080 rand.

**... in het Royal Natal National Park**
Lodge – **Thendele Lodge:** Zespersoonslodge met drie kamers, eigen bad, barbecue (3800 rand). Het eten wordt door de kok bereid.
Chalets – **Thendele Hutted Camp:** twee zespersoonscottages (2450 rand); zeven vierpersoonschalets (1690 rand); vijf vierpersoons chalets (1490 rand); veertien tweepersoonschalets (770–870 rand); het eten wordt door goede koks klaargemaakt.
Camping – **Mahai & Rugged Glen Camp Site:** volw. 95–105, kind 50–55 rand, minimaal 180–300 rand, warm water uit de kraan en **winkel** met elementaire voedingsmiddelen. Reservering via KZN Wildlife, www.kznwildlife.com.

## Actief
Bergwandelen – **Sentinel Mountain Trail:** zie Tip blz. 363.

## Basotho Cultural Village ▶ 1, T 12

**Kaart:** blz. 361
Terug op de R 712 slaat u links af, richting Golden Gate Highlands National Park. Kort daarna ligt aan de linkerkant het **Basotho Cultural Village** 13. Hier kunt u kennismaken met de geschiedenis, cultuur en de levensstijl van dit uit Lesotho afkomstige bergvolk. Bezoekers kunnen bij een rondleiding traditionele hutten zien, in bouwstijlen zoals deze vanaf de 16e eeuw werden ontwikkeld. U bezoekt een *sangooma*, die weggeworpen botjes kan 'lezen' en u kunt het lokale, stroperige sorghumbier proeven. Het Basotho Cultural Village is officieel opgenomen in het Golden Gate Highlands National Park. Bezoekers kunnen er ook overnachten, 2 pk in ronde hut 700–810 rand voor twee personen, elke persoon extra 210–220 rand, maximaal vier personen, reserveren via www.sanparks.org, tel. 058 255 10 00, dag. 9–16.30, weekend tot 17 uur.

# Golden Gate Highlands National Park ▶ 1, T 12

**Kaart:** blz. 361

De R 712 loopt dwars door het 116 km² grote **Golden Gate Highlands National Park** [14], dat vooral om de spectaculaire zandsteenformaties bekend staat. De weg door het park is 24 uur per dag geopend. Hier leven kuddes blesbokken, gnoes, steppenzebra's en springbokken, die op de berghellingen of vlaktes grazen. Er zijn ook twee wildobservatieroutes, de 4,5 km lange Oribi Loop in het oosten en de 7 km lange blesbokroute, die langs de onderste berghelling van Generaalskop loopt. De parkwachten organiseren ook tochten om naar dieren te kijken die uitsluitend 's nachts actief zijn.

Sinds eind 2015 bestaat ook de mogelijkheid in het kader van een georganiseerde offroadtour in tot nu toe ontoegankelijke delen van het park door te dringen. Omdat daar zeer veel dieren leven, spreekt men schertsend wel van 'mini-Serengeti'.

## Informatie
**Contakt in het park:** tel. 058 255 10 00, volw. 152, kinderen 76 rand.

## Accommodatie
Overnachting in het National Park in het gerenoveerde **Glen Reenen Rest Camp** met ronde hutten en chalets (tussen 760 en 1310 rand). Er zijn bovendien 160 kampeerplaatsen (165–200 rand voor maximaal twee personen, elke persoon extra 62–68 rand), parkrestaurant, souvenirwinkel, bar, tankstation. Reserveringen via **SA National Parks** (SANP), 643 Leyds St., Muckleneuk, Pretoria, tel. 012 4 26 50 00, www.sanparks.org, ma.–vr. 9–16.45 uur, of bij de twee filialen van **Cape Town Tourism** (zie blz. 134) aan het Waterfront en in de City van Kaapstad. In beide is een balie van het nationaal park aanwezig.

*Onderweg in de Drakensbergen*

# Clarens en Ladybrand ▶ 1, T 12; 1, R 13

**Kaart:** blz. 361

De volgende grote stad aan de westkant van het Park is **Clarens** [15], genoemd naar het Zwitserse stadje aan het Meer van Genève, waar de Boerenpresident Paul Kruger in 1904 in ballingschap stierf. Vanwege de schitterende omgeving hebben veel kunstenaars zich hier gevestigd en bieden hun werk te koop aan in kunstwinkels en galeries (www.clarens.co.za).

Langs de grens met Lesotho loopt de R 26 verder tot **Ladybrand** [16], dat alleen al vanwege de prachtig gerestaureerde Cranberry Cottages en de uitstekende diners die hier worden geserveerd, vermeld dient te worden.

## Accommodatie
Sprookjeskasteel – **Castle in Clarens:** tel. 083 268 04 97, www.castleinclarens.com. Een echt sprookjeskasteel (zie website) voor vier personen, een geweldige overnachtingsplek voor een gezin met kinderen met een rijke fantasie die hier 's nachts de mooiste dromen zullen hebben. In weekends en op feestdagen kost het hele huis 2600 rand voor twee personen, 3300 rand voor drie personen, 4000 rand voor vier personen; op werkdagen 1200/1650/2000 rand voor twee, drie of vier personen. Op afspraak ontbijt 100 rand p.p., diner 120 rand p.p.

Koloniale stijl – **Cranberry Cottage:** 37 Beeton St., Ladybrand, tel. 051 923 15 00, www.cranberrycottage.co.za. Uit zandsteen gebouwd huis van rond 1900. De eigenaren hebben nog enkele historische gebouwen in de omgeving gekocht en kunnen nu al 34 kamers aanbieden. Ontbijt en *candlelight dinner* zijn geweldig; kleine **souvenirwinkel**. 2 pk met ontbijt vanaf 1350 rand.

Fraai gelegen in de bergen – **Maluti Mountain Lodge:** Steil St., Clarens, tel. 058 256 14 22, www.malutimountainlodge.co.za. In het Malutigebergte gelegen, gezellig landhotel. 2 pk met ontbijt en diner vanaf 840 rand.

# Hoofdstuk 7
# Het noordoosten

Gauteng, de kleinste provincie van Zuid-Afrika, vormt met de metropolen Johannesburg en Tshwane (Pretoria) de economische slagader van het land. Het grondoppervlak van Gauteng is slechts 1,4% van het totaal, maar toch is deze provincie verantwoordelijk voor meer dan een derde van het bruto binnenlands product en levert zij 10% van de totale economisch opbrengst van het hele Afrikaanse continent.

In Johannesburg draait sinds de ontdekking van de eerste goudaders alles om geld. De mijnbouw waaraan de stad zijn bestaan dankt, is op sterven na dood, maar men doet er alles aan om de enigszins vervallen stad opnieuw tot bloei te brengen. Pretoria, de hoofdstad van Zuid-Afrika, die sinds april 2005 officieel Tshwane heet, ontwikkelde zich in vergelijking tot zijn zusterstad Johannesburg veel trager en deze bedaarde, van oorsprong agrarische gemeenschap maakt nog steeds een wat ingeslapen indruk.

Er zijn aantrekkelijke excursies dicht bij beide metropolen, bijvoorbeeld de Cradle of Humankind, waar de oudste menselijke botten gevonden zijn, of het beroemde gokparadijs Sun City. Iets verder weg liggen de natuurreservaten Madikwe en Waterberg. Maar Johannesburg en Tshwane (Pretoria) zijn vooral een goed vertrekpunt voor een uitstapje naar het Krugerpark, een van de hoogtepunten van een bezoek aan Zuid-Afrika. Hier vindt u bovendien veel particuliere wildreservaten en – vooral ook bij de overgang van het Lowveld naar het duidelijk hoger gelegen Highveld – weergaloze landschappen en vergezichten.

Ten slotte is een uitstapje naar de Indische Oceaan de moeite waard, waar u behalve ongerepte zandstranden nog weer andere natuurreservaten zult vinden.

*De impala's in het Kruger Park zijn populair als snack bij katachtige roofdieren*

# In een oogopslag: het noordoosten

## Hoogtepunten

**Apartheid Museum in Johannesburg**: een indrukwekkende gedenkplaats van de mensonterende apartheidspolitiek. Ook wie verder niet in politiek geïnteresseerd is, zou hier enige tijd moeten doorbrengen om het huidige Zuid-Afrika beter te begrijpen (zie blz. 380).

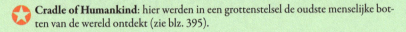**Cradle of Humankind**: hier werden in een grottenstelsel de oudste menselijke botten van de wereld ontdekt (zie blz. 395).

**Kruger National Park**: dit park moet u bezocht hebben, het is wereldberoemd. Op safari gaan met een eigen auto of met een parkwachter in een open terreinwagen, om de Big Five op het spoor te komen (zie blz. 409).

**iSimangaliso Wetland Park**: geweldig kustreservaat met een fantastische accommodatie, de Makakatana Lodge – een droom aan zee (zie blz. 427).

## Fraaie routes

**Over de Magoebaskloof Pass**: de route over de pas in het noordelijke deel van de Drakensberge slingert omlaag over de berghellingen tussen Haenertsburg en Tzaneen (zie blz. 404).

**Langs de Blyde River Canyon**: de weg gaat met talloze haarspeldbochten heel enerverend tussen rode rotshellingen steil omhoog, waarbij tussen Hoedspruit en Graskop ongeveer 1400 m hoogteverschil wordt overbrugd (zie blz. 421).

**Over de Long Tom Pass**: de pas, die tussen Lydenburg en Sabie 46 km door de Drakensberge voert, is niet alleen een landschappelijk hoogtepunt maar ook historisch interessant (zie blz. 423).

## Tips

**Carlton Centre**: vanaf het hoogste gebouw van Zuid-Afrika is het uitzicht over Johannesburg en omgeving weergaloos. Een lift brengt gasten naar de 50e verdieping (zie blz. 375).

**Palace of the Lost City**: een bijzondere ervaring is een overnachting in dit sentimenteel en fantasierijk ingerichte sprookjeshotel, dat wordt beschouwd als een van de prettigste en beste hotels van de hele wereld (zie blz. 396).

**De beste Private Game Reserves**: het Krugerpark gaat bijna naadloos over in enkele particuliere wildreservaten die bezoekers een heel bijzonder programma bieden (zie blz. 418).

*Joburgs mooiste muurschilderingen zijn te vinden in Newtown*

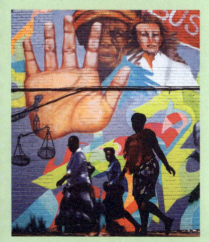

## Actief

**Soweto Township Tour:** een rondleiding per minibus door dit bekende en beruchte Zuid-Afrikaanse township laat de andere kant zien van de miljoenenmetropool Johannesburg (zie blz. 386).

**Wandelsafari's in het Kruger National Park:** in een kleine groep het Afrikaanse oerwoud van dichtbij meemaken, te voet en met deskundige (en bewapende) parkwachters als gids. Het is verbazingwekkend, hoe veel groter de dieren lijken voor wie niet in een Landrover zit (zie blz. 412).

# Johannesburg

▶ 2, S 8

**Johannesburg is sinds het WK voetbal in 2010 het imago van gevaarlijke metropool van de misdaad kwijt geraakt. 'Jozi' is nu een opwindende en ruige stad, die bezoekers in eerste instantie lijkt af te wijzen. Het is een stad die ontdekt en veroverd moet worden. Als Kaapstad het San Francisco van Zuid-Afrika is, dan is Jozi het New York City ervan.**

Johannesburg vormt tegenwoordig het bewijs dat mensen met verschillende huidskleuren en culturen inderdaad kunnen samenleven. Drie decennia geleden was dat nog niet het geval. De stad onderging toen zijn meest radicale verandering. De zwarte bevolking, die eerst nog in voorsteden als Soweto, ver buiten het centrum woonde, hoefde na een aanpassing van de apartheidswetten plotseling niet meer in de buitenwijken te blijven. Nadat de rassenscheiding geheel was opgeheven, stroomden vele armen en werklozen de City binnen.

Toen deze mensen het centrum binnentrokken, vertrokken de meeste bedrijven van blanken naar noordelijke voorsteden als Sandton of Midrand, die daardoor zelf tot stadscentra uitgroeiden. Daar schoten glazen paleizen en winkelcentra op het Highveld als paddenstoelen uit de grond, terwijl de City van Johannesburg in verval raakte.

Intussen is enkele jaren geleden een fascinerende renovatie van voorheen volledig vervallen stadswijken begonnen. Het vooroordeel dat Johannesburg louter zou bestaan uit

*Living Art bij het Apartheid Museum*

# Geschiedenis

lelijke, stilgelegde mijnen en industrieruïnes is volslagen onterecht. De natuurlijke vegetatie in en rond de op meer dan 1600 m hoogte gelegen metropool is grasland. Na de stichting van de stad ruim 125 jaar geleden hebben de mensen die zich hier vestigden echter ook bomen aangeplant – in totaal meer dan 10 miljoen stuks! Zo werden de noordelijke stadsdelen van Johannesburg het grootste door mensenhand aangelegde subtropische bos ter wereld. In de aanloop naar het WK werden alleen al in Soweto nog eens ruim 200.000 bomen geplant. Stadsdelen als Parkhurst, Craighall Park, Parkview, Melville, Parktown North, Linden, Vilakazi Street, Greenside, Norwood en Kensington lijken met hun cafés, restaurants, hotels en winkels eerder kleine, zelfstandige dorpen dan delen van een grootstedelijke conglomeratie. Newton wordt door de moderne Nelson Mandela Bridge verbonden met Braamfontein en is uitgegroeid tot een nieuw, bruisend stadscentrum met theaters, restaurants en winkels.

De stad heeft ook nieuwe impulsen gekregen door aanleg van de snelle treinverbinding tussen de luchthaven van Johannesburg en de hoofdstad Tshwane (Pretoria). De in 2010 in gebruik genomen 'Gautrain' is het grootste samenwerkingsproject van de staat en de particuliere sector in Afrika.

De heropleving is vooral goed te zien in de stadsdelen Craighall Park, Melville, Milpark, Rosebank en Melrose Arch.

## Geschiedenis

Wie vroeger het kantoor van het mijnbouwbedrijf Anglo American bezocht en naar de bovenste verdieping ging, kon daar van grote hoogte neerkijken op het economische hart van Johannesburg. In de verte waren dan de afvalbergen van de goudmijnen aan de rand van de stad te zien. Intussen zijn deze markante, kegelvormige heuvels bijna helemaal afgegraven.

In 1886 groef de Australische gouddelver George Harrison enkele stukjes goud op in Witwatersrand. De arme kerel besefte niet dat hij de grootste goudader in de wereld had aangeboord en verkocht zijn claim voor tien Engelse ponden. Daarna veranderde de vreedzame Transvaalstreek in een waar gekkenhuis. Gelukzoekers uit alle windstreken stroomden het land binnen. Binnen korte tijd ontstond er een reusachtige tentenstad en de Boerenregering in Pretoria was genoodzaakt om maatregelen te nemen. Een stuk niet-gepacht land werd gekozen om er een nieuwe stad te laten verrijzen. De landmeter Johan Rissik noemde het gebied Johannesburg, waarbij het onduidelijk is of hij daarmee zichzelf, de mijnbouwchef Christiaan Johannes Joubert, of de Boerenpresident Paul Johannes Kruger (zie blz. 56) wilde vereeuwigen.

De mijnbouwmagnaten Cecil Rhodes (zie blz. 56) en Barney Barnato hadden door hun diamantmijn in Kimberley voldoende geld om deze grootste vindplaats van goud ter wereld te exploiteren. Hun in 1889 opgerichte Chamber of Mines zorgde voor structuur in de ongecontroleerde gouddelverij.

In 1895 telde Johannesburg al meer dan 100.000 inwoners. Indiase en zwarte arbeiders

# Johannesburg

hadden geen kiesrecht en mochten alleen als ze werk hadden in de stad komen. Buiten de stad ontstonden enorme nederzettingen van golfplaten hutjes. In 1900 kwam Johannesburg in Engelse handen. De hoge commissaris sir Alfred Milner liet een aantal jonge, intelligente mannen uit Oxford en Cambridge overkomen om de stad te moderniseren. Ze vestigden zich in Parktown, nu de duurste wijk van Johannesburg, en namen de beroemdste architect van Zuid-Afrika in dienst om hun huizen te bouwen: de in 1862 in het Engelse graafschap Kent geboren sir Herbert Baker. Deze ontwierp onder andere de St. George's Cathedral in Kaapstad en de Union Buildings in Pretoria (Tshwane).

Tegelijkertijd ontstonden steeds meer zwarte townships. Sophiatown werd in 1903 in een oud waterzuiveringsgebied gebouwd, Alexandra volgde twee jaar later. In de jaren dertig van de twintigste eeuw werd Orlando gebouwd voor 80.000 zwarten in het zuidwesten van de stad. Daaruit kwamen later de SOuth WEstern TOwnships (= Soweto) voort. In 1945 woonden 400.000 zwarten in en rond Johannesburg, een bevolkingstoename van 100% binnen tien jaar.

Tegenwoordig wordt het aantal inwoners van Johannesburg geschat op ongeveer 4 miljoen. Nauwkeurige cijfers zijn door de talrijke illegale immigranten nauwelijks te geven. Zeker is echter dat Johannesburg verreweg de grootste metropool is van het land. Het is eveneens de grootste stad van het Afrikaanse continent ten zuiden van Lagos, de hoofdstad van Nigeria.

# Noordelijke stadsdelen

**Plattegrond:** blz. 376

## Craighall Park

*CNR Café: hoek Buckingham/Rothesay Av., tel. 011 880 22 44, www.cnrcafe.co.za*
Het landelijkste stadsdeel van Johannesburg, waar je het gevoel krijgt in een dorp terecht gekomen te zijn, is **Craighall Park**. Dat geldt vooral als je in het **CNR Café** zit, dat net zo goed ergens in de Natal Midlands of in de Karoo zou kunnen staan. Deze bistro is zo populair dat ondanks de recente uitbreiding reserveren dringend aan te bevelen is. De met mozaïek beklede pizzaoven is een kunstwerk op zich. Als de eigenaar Greig op zijn Vespa komt aangestormd, met verse groente onder zijn arm, is het dreigende, gevaarlijke Johannesburg heel erg ver weg.

## Melville

Deze buitenwijk ligt op een bergrug met het beste uitzicht over de stad. Melville met 7th Street en 4th Avenue was het eerste stedelijke dorp van Johannesburg en is inmiddels aanmerkelijk commerciëler geworden, maar nog altijd een bezoek waard.

### Eten en drinken

*Cafés en restaurant in Melville –* **Ant Cafe:** 11 7th St., tel. 076 476 56 71, Facebook: The Ant Cafe, ma. 13–24, di.–zo. 11–24 uur. Een klassieker: aan de tafeltjes buiten kunt u het levensgevoel van Melville bijzonder goed ervaren. **Love & Revolution:** Shop 10, 7th St., tel. 011 482 10 37, Facebook: Love and Revolution, di.–zo. 9.30–19 uur. De politiek links van het midden georiënteerde eigenaar baat dit café zelf uit. Het voelt hier een beetje als in een gezellig buurthuis: er wordt gediscussieerd over de toekomst van Zuid-Afrika en de wereld. Voor veel insiders is dit een van Johannesburgs vriendelijkste cafés. Hier ontmoeten de 'coolste linkse mensen en politiek en party' elkaar. Althans dat zegt – of hoopt – de eigenaar. **Lucky Bean:** aan het onderste uiteinde van 7th Street, tel. 011 482 55 72, www.luckybeantree.co.za. Hier vindt u een grote keus aan wijnen en uitstekend eten met fantasierijke gerechten. **Xai Xai Lounge:** aan de overkant van 7th Street, tel. 011 482 69 90. Trendy cocktailbar, die is genoemd naar de gelijknamige Mozambiquaanse kustplaats en die wordt vermeld op www.worldsbestbars.com – geen wonder, want in het weekend gaat hier iedereen uit zijn dak.

## Milpark

Achter de industriële façade van het huizenblok op **44 Stanley Avenue** 3 (www.44stanley.co.za) liggen enkele verborgen schatten van Jozi: designwinkels en -ateliers en ook fijne restaurants, bijvoorbeeld met tafeltjes op een idyllische, met olijfbomen omzoomde binnenplaats. Hier komen de trendsetters van Joburg in designkleding om espresso te drinken, lekker te eten en te winkelen.

### Eten en drinken

Verscheidenheid aan 44 Stanley Avenue – **Il Giardino degli Ulivi:** tel. 011 482 49 78, www.ilgiardino.co.za, ma.–za. 12–21 uur, zo. alleen lunch. De 'Olijventuin' serveert klassieke Italiaanse gerechten met op zondag livemuziek. **Salvationcafe:** tel. 011 482 77 95, www.salvationcafe.co.za, di.–zo. 8–16 uur. Ook hier kunt u lekker eten. **Vovo Telo:** tel. 011 482 41 39, www.vovotelo.co.za, di.–za. 7.30–16, zo. 7.30–14 uur. Wie van vers brood en gebak houdt, zal in deze boetiekbakkerij zeker iets zoets of hartigs van zijn gading kunnen vinden. **Saigon Pho:** tel. 071 511 38 58, ma.–za. 10.30–16 uur. Serveert eersteklas Vietnamese gerechten.

## Rosebank

Met zijn straatcafés, bioscopen en hotels is Rosebank een geweldig kosmopolitisch stadsdeel, waar altijd al de nieuwste trends te vinden waren. De eerste arthousecinema van het land (Cinema Nouveau) werd hier geopend en al gauw volgden er meer in heel Zuid-Afrika. Met de Gautrain (zie blz. 385) is er sinds 2011 een directe verbinding tussen de luchthaven en Rosebank. Hier ligt alles dicht bij elkaar (restaurants, bioscopen, clubs) en de verschillende locaties zijn gemakkelijk te voet te bereiken. Favoriet in deze wijk is de **Rosebank Rooftop Market** 4 (www.themallofrosebank.co.za), de grootste zondagsmarkt van de stad. De nieuwe shoppingmall 'The Zone at Rosebank' is een hypermodern gebouw.

## Melrose Arch

De elegantste plek in Johannesburg is Melrose Arch. Dit stadsdeel zou in elke andere metropool van de wereld op zijn plaats zijn. Het hier gelegen **Melrose Arch Hotel** 2 en het Afrikaans restaurant **Moyo** 4 (zie blz. 382) zijn trendy locaties (www.melrosearch.co.za).

# In de City

**Plattegrond:** blz. 376

## Carlton Centre

*Top of Africa, 150 Commissioner St., tel. 011 308 13 31, ma.–vr. 9–18, za. 9–17, zo. 9–14 uur, toegang volw. 15 rand, kinderen 10 rand*

Wie meedoet aan een van de stadsbezichtigingen per minibus, die door tal van organisatoren worden aangeboden, zal eerst naar het in 1972 opgeleverde **Carlton Centre** 1 in het stadscentrum worden gebracht - vroeger een glimmend kantoor- en hotelcomplex met uitzichtplatform op de 50e verdieping. Terwijl dit met 223 m hoogste gebouw van Afrika door de exodus van huurders en toeristen in 1997 leegliep en twee jaar later extreem goedkoop verkocht werd, zijn er nu weer 125 zaken in gevestigd. Dat is het gevolg van de lage huren en de intensieve misdaadbestrijding. Het Carlton Panorama bevindt zich op de 50e verdieping en is met de lift te bereiken. Hier hebt u een 360-graden uitzicht over de hele metropool en de omgeving. In het zuiden, waar vroeger goud werd gedolven, staan geen wolkenkrabbers. De bouw ervan op deze plek zou te gevaarlijk zijn door alle mijngangen en uitgravingen.

## Maboneng Precinct

*286 Fox St., tel. 072 880 95 83, www.mabonengprecinct.com, Facebook: The Maboneng Precinct*

De kern van de stadsvernieuwing in het oostelijk gelegen Maboneng Precinct is het com-

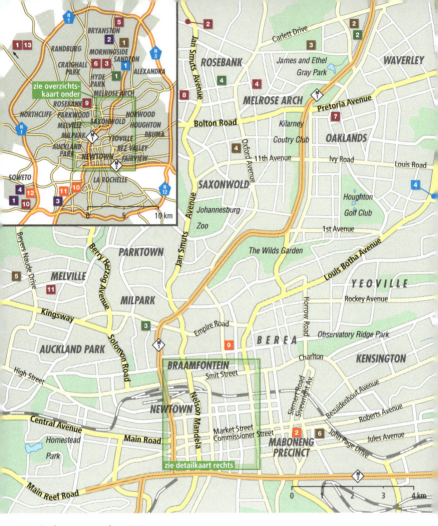

# Johannesburg

## Bezienswaardig

1. Carlton Centre
2. Art on Main
3. Rand Club
4. Muthi Shop
5. Market Theatre
6. Museumcomplex
7. Newtown Cultural Precinct
8. Nelson Mandela Bridge
9. Constitution Hill
10. Gold Reef City
11. Apartheid Museum
12. Soweto

## Overnachten

1. Fairlawns Boutique Hotel & Spa
2. Melrose Arch Hotel
3. The Peech Hotel
4. The Parkwood
5. A Room With A View & A Hundred Angels
6. 12 Decades Johannesburg Art Hotel

## Eten en drinken

1. Carnivore
2. DW Eleven-13
3. Butcher Shop & Grill
4. Moyo

| 5 | Saigon |
| 6 | Ami Restaurant and Champagne Bar |
| 7 | Tortellino d'Oro |
| 8 | The Local Grill |
| 9 | Fino Bar & Restaurant |
| 10 | Wandie's Place |
| 11 | Café Picobella Trattoria |
| 12 | Kapitan's Restaurant |
| 13 | Culinary Table |

## Winkelen
1. Nelson Mandela Square Shopping Centre
2. Melrose Arch
3. 44 Stanley Avenue
4. Rosebank Rooftop Market

## Uitgaan
1. The Blue's Room
2. Kippies Jazz International
3. The Guildhall
4. The Radium Beerhall

## Actief
1. Vhupo Tours
2. Soweto Tours
3. Big Six Tours Safaris
4. Soweto Guided Tours

# Johannesburg

*Museum Africa met skyline*

plex **Art on Main** 2 . Ooit uitgewoonde gebouwen werd nieuw leven ingeblazen en ze bieden nu onderdak aan gave appartementen, chique boetiekhotels en coole restaurants. Iedere zondag wordt hier van 10–15 uur een etenswaren- en designermarkt, **Market on Main,** gehouden (http://marketonmain.co.za).

## Rand Club

*Hoek Commissioner/Loveday Street,*
*www.randclub.co.za*
Vijf blokken ten westen van het Carlton Centre staat de in 1904 gebouwde, protserige **Rand Club** 3 , die u vanuit de auto kunt bewonderen. Het is het vierde gebouw op deze plek, omdat elke nieuwe club een afspiegeling moest zijn van de toegenomen rijkdom van de eigenaar. De club is zo oud als Johannesburg zelf en werd in 1887 geopend, een jaar na de ontdekking van de goudaders bij Witwatersrand. In de Rand Club komen mijnbouwmagnaten bijeen ter ontspanning. Oorspronkelijk hadden alleen witte, rijke mannen toegang tot de club, tegenwoordig zijn alle etniciteiten en ook vrouwen welkom.

De club is nog steeds een van de belangrijkste netwerkcentra van de stad. Het ledenaantal stijgt weer, zelfs met een jaarlijkse contributie van om en nabij de €900. In ruil daarvoor worden er *powerlunches* gegeven en hebben leden toegang tot de omvangrijke clubbibliotheek met meer dan 10.000 banden. De bar heeft de langste toog van Afrika. De Rand Club is een van de weinige bewaard gebleven koloniale gebouwen in de binnenstad. Veel andere zijn afgebroken en werden vervangen door de weinig opwindende wolkenkrabbers uit de tijd van de apartheid.

## Diagonal Street

Diagonal Street is een van de boeiendste straten van de City. Vlak voor het spiegelglas van de toenmalige Johannesburg Stock Exchange zijn talloze straathandelaren en winkeltjes te vinden, waaronder de beroemde, met gedroogde hagedissen, apen en paardenschedels versierde **Muthi Shop** 4 (14 A Diagonal St.). Welk probleem u ook hebt, er is altijd wel een remedie voor te vinden met behulp van de ontelbare poedertjes uit wortels en kruiden.

In de City

Meteen om de hoek ligt een van de bekendste restaurants van de City: **Kapitan's** 12 (zie blz. 383). Het is alleen 's middags geopend en lijkt volledig verwaarloosd, maar er worden heerlijke curry's geserveerd. Dit restaurant is vooral bekend geworden omdat hier in de jaren 50 twee jonge advocaten, met hun kantoor direct om de hoek, vaak kwamen lunchen: Oliver Tambo en Nelson Mandela.

## De musea bij het Market Theatre

*56 Margaret Mcingana/Wolhuter St., Newtown, tel. 011 832 16 41, www.markettheatre.co.za*
De volgende stop is het **Market Theatre** 5 . De vroegere fruit- en groentemarkt van Johannesburg, in 1913 gebouwd en later in verval geraakt, werd tot een **museumcomplex** 6 verbouwd, waarin het Museum Africa en het Bensusan Museum zijn ondergebracht.

### Museum Africa

*Voor beide musea: Old Market Building, 121 Bree St., Newtown, di.–zo. 9–17 uur, toegang gratis*
Het **Museum Africa** is bijna geheel gewijd aan de geschiedenis van Johannesburg. Vooral de moeite waard zijn de werkelijkheidsgetrouw nagebouwde hutjes van golfplaten uit de townships. Zo krijgen bezoekers een realistisch beeld van het leven in deze getto's.

### Bensuan Photography Museum

*Adres en openingstijden zie Museum Africa*
Het **Bensusan Photography Museum** bezit een mooie collectie uit de begintijd van de fotografie. De expositie volgt de ontwikkeling vanaf het eerste begin tot in het digitale tijdperk. Hier is regelmatig werk te zien van bekende Zuid-Afrikaanse fotografen.

## Newtown Junction en Newtown Cultural Precinct

*Hoek Miriam Makeba/President St., http://newtownjunction.com*
In de directe nabijheid van het museumcomplex zijn jazzkroegen en restaurants te vinden.

Voor het museumgebouw strekt zich het grootste plein van Johannesburg uit, het Mary Fitzgerald Square, waar openluchtconcerten en manifestaties worden gehouden. Interessant zijn de verkeersbakens rondom het plein, waarop houten borstbeelden staan. Als u voor het gebouw van het Market Theatre staat, ziet u links daarvan in de zijstraat en in de tunnel onder de autosnelweg de beste graffiti van de stad. Daar en achter het Market Theatre is een hoogtepunt in Johannesburgs stedelijke vernieuwing verrezen, het 1,3 miljard rand kostende project **Newtown Junction** met winkels, kantoren en een boetiekhotel.

Het **Newtown Cultural Precinct** 7 is een van de coolste uitgaanswijken in Joburgs City. U kunt bij **Kaldi's Coffee** een opwekkende espresso uit Ethiopië, Kenia of Tanzania drinken of vanuit een van de trendy cafés de zon boven de Golden City zien ondergaan, een voorstelling of expositie bezoeken, en daarna in de clubs genieten van jazz of groove. Newtown biedt eindeloze mogelijkheden.

## Nelson Mandela Bridge

De grootste hangbrug van het zuidelijk halfrond, de **Nelson Mandela Bridge** 8 , was de blikvanger van het 300 miljoen rand kostende saneringsprogramma van de City. Deze van 4000 m³ beton en 1000 ton staal gebouwde brug bepaalt de skyline van Johannesburg en is het symbool van de stad. Hij verbindt het **Newtown Cultural Precinct** 7 met de **Constitution Hill** 9 in Braamfontein en overspant met een lengte van 284 m 42 dienstdoende treinsporen.

## Constitution Hill

*11 Kotze Street, Braamfontein, tel. 011 381 31 00, www.constitutionhill.org.za, Facebook: Constitution Hill (South Africa), ma., di. 9–17, wo. 9–14, do., vr. 9–17, za., zon- en feestdagen 10–15 uur, toegang (incl. rondleiding van 90 min.) volw. 50 rand, kinderen 20 rand*
De ruim 100 jaar oude Old Fort Prison (gebouwd in 1892) op **Constitution Hill** 9 biedt vandaag de dag onderdak aan

### Johannesburg

Zuid-Afrika's constitutionele hof en aan enkele musea met permanente en wisselende exposities. Er zijn verschillende rondleidingen mogelijk (zie de website). Constitution Hill staat symbool voor de Zuid-Afrikaanse democratie.

# Buiten de City

**Plattegrond:** blz. 376

### Gold Reef City 10
*Shaft 14, Northern Parkway, Ormonde, tel. 011 248 68 00, www.goldreefcity.co.za, ma.–zo. 9.30–17 uur, toegang volw. 175 rand, kinderen 110 rand, met Mine Tour 100 rand extra*

Dit grote historische themapark geeft een goed beeld van Johannesburg in de pionierstijd. Sinds de opening in 1987 behoort de 8 km ten zuiden van het centrum gelegen **Gold Reef City** tot de kenmerkende bezienswaardigheden van de stad. Het lijkt wel een straatfestival, compleet met dansers, zangers en muzikanten. Een echt hoogtepunt zijn de *gumboot dances* (de rubberlaarsdansen) van de mijnwerkers. Het pretpark ligt op het terrein van de in 1975 gesloten Crown Mines, de tot dan toe rijkste goudmijn ter wereld. Vanaf 1892 werd hier 1400 ton goud tot een diepte van meer dan 3000 m gedolven. Tijdens de 30 minuten lange **Underground Mine Tour** kunnen bezoekers in de 200 m diepe, vroegere mijnschacht nr. 14 afdalen en zich een mijnwerker wanen. Daarna kunt u getuige zijn van het gieten van een goudstaaf. **The Mint**, de oudste en nog steeds functionerende muntpers ter wereld, werd in 1892 door president Paul Kruger uit Duitsland geïmporteerd.

De **reconstructie van de stad** met leistenen daken op de victoriaanse huizen geeft een indruk hoe Johannesburg er honderd jaar geleden uitzag. Men vindt hier zelfs de oude *Star Newspaper*-redactie, de First National Bank met een teakhouten interieur, een apotheek en de Rosie O'Grady's Action Bar, een nachtclub in een uit hout en ijzer geprefabriceerd theater, dat in 1888 naar de Reef werd gebracht.

Het complex biedt onderdak aan **16 musea**, waarvan de meeste zijn gewijd aan het onderwerp goud.

### Apartheid Museum 11
*www.apartheidmuseum.org, di.–zo. 9–17 uur, toegang volw. 75 rand, kinderen 60 rand*

Vlakbij het pretpark Gold Reef City herinnert het **Apartheid Museum** op de hoek Northern Parkway/Gold Reef Road, Ormande, aan een donker hoofdstuk van de Zuid-Afrikaanse geschiedenis. Dit is beslist het belangrijkste en indrukwekkendste museum van het land, want het laat beter zien dan veel woorden kunnen uitdrukken wat de apartheidspolitiek heeft aangericht. De geschiedenis van de apartheid wordt met indrukwekkende interactieve tentoonstellingen, films en foto's getoond. Wie ook maar een beetje belangstelling heeft voor de geschiedenis van het land, mag dit museum in geen geval overslaan.

### Informatie
**Gauteng Tourism Authority:** Rosebank Mall, Upper Level, hoek Baker/Cradock St., tel. 011 327 70 00, www.gauteng.net en www.joburg.org.za, ma.–vr. 9–17 uur. Er is bovendien een toeristeninformatiekiosk in de hal van het Park Station en op de OR Tambo International Airport, tel. 011 327 20 00, 9–18 uur. Ook op internet is veel informatie over Johannesburg te vinden. De belangrijkste websites zijn: www.joburgplaces.com, www.jhblive.com, www.jcta.co.za, www.jozikids.co.za, www.mabonengprecinct.com, www.playbraamfontein.co.za, www.newtown.co.za en www.sandtoncentral.co.za.

### Accommodatie
Exclusief boetiekhotel – **Fairlawns Boutique Hotel & Spa 1 :** 1 Alma Rd. (zijstraat van Bowling Ave.), Morningside Manor, Sandton, tel. 011 804 25 40, www.fairlawns.co.za. Boetiekhotel met klassiek-chique uitstraling en uitmuntende service, dichtbij Sandton, maar desondanks verbazingwekkend rustig gelegen. 2 pk met ontbijt vanaf 2950 rand (website-aanbiedingen).

# Adressen

*De mooiste muurschilderingen zijn te vinden in Newtown*

Absoluut cool – **Melrose Arch Hotel 2 :** 1 Melrose Sq., Melrose Arch, tel. 011 214 66 66, www.marriott.com. Dit is een van de meest trendy hotels van de stad en een schoolvoorbeeld voor hightechminimalisme; de vloeren zijn verlicht en wisselen van kleur; er is een dag- en een nachtlift, de portiers (mannelijk en vrouwelijk) zijn over het algemeen werkloze modellen; alle 118 kamers zijn voorzien van flatscreens en surroundsound. Er is een gratis shuttlebus naar de Gautrain. 2 pk met ontbijt vanaf 1890 rand (let op websiteaanbiedingen).

Ecoboetiekhotel – **The Peech Hotel 3 :** 61 North St., Melrose, tel. 011 537 97 97, www.thepeech.co.za. Hip boetiekhotel met trendy inrichting, beddengoed van hoge kwaliteit (dit is geen vanzelfsprekendheid) en de bistro @The Peech, waar smakelijke gerechten worden geserveerd. Ook aanwezig: ipod-dockingstation, wifi en een Veuve Cliquotkelder. 2 pk of suites met ontbijt vanaf 2600 rand (onlinetarieven zijn voordeliger).

Fantastisch rustige ligging – **The Parkwood 4 :** 72 Worcester Rd., Parkwood, tel. 011 880 17 48, www.theparkwood.com. Vanaf het moment dat de poort achter de auto is dichtgegaan, bevindt de gast zich in een oase van rust. Er zijn twee zwembaden in een fraaie tuin. Gemakkelijk per auto te bereiken, 25 km van het vliegveld. 2 pk met ontbijt vanaf 1700 rand.

Comfortabel – **A Room With A View & A Hundred Angels 5 :** 1 Tolip St./hoek 4th Ave., Melville, tel. 011 482 54 35, www.aroomwithaview.co.za. Interessant ingericht en hoog boven de wijk Melville uittorenend, comfortabel *guest house*, met hoge kamers en ruime badkamers, elk met een groot ligbad. Het uitzicht vanuit alle kamers is grandioos. Bij deze accommodatie hoort ook een groot en stijlvol aangelegd zwembad. Uitgebreid ontbijt; tip: de gevulde omeletten. Kinderen vanaf 12 jaar. 2 pk met ontbijt vanaf 990 rand.

Architectuurgeschiedenis – **12 Decades Johannesburg Art Hotel 6 :** Maboneng Precinct, 286 Fox St., tel. 010 007 01 02, Facebook: 12 Decades Johannesburg Art Hotel. 125 jaar architectuurgeschiedenis worden weergegeven in de twaalf door ontwerpers ingerichte kamers. Een volkomen uniek hotel in Maboneng, een van de nieuwe trendy stadsdelen van de City. De prijzen zijn zeer voordelig. 2 pk zonder ontbijt vanaf 900 rand.

# Johannesburg

Meer **aantrekkelijke boetiekhotels** in Johannesburg zijn te vinden via: www.johannesburg collection.co.za.

## Eten en drinken

Niet voor vegetariërs – **Carnivore** 1 : Misty Hills Country Hotel, 69 Drift Blvd., Muldersdrift, tel. 011 950 60 00, www.carnivore.co.za, dag. geopend. Zoals de naam al zegt, draait hier alles om vlees. Voor een vaste prijs mag u in dit restaurant zoveel eten als u wilt. Zebra, springbok, struisvogel, koedoe, olifant, kip, krokodil, giraffe, enzovoort, alles wordt van reusachtige spitten op enorme grills afgesneden. Daarnaast kunt u allerlei bijgerechten bestellen. De reclameleus *Africa's biggest eating experience* is niet overdreven. Er wordt net zolang vlees aangedragen tot de gasten het opgeven en dit aangeven door het vlaggetje voor hun couvert plat te leggen. Vanaf 265 rand p.p.

Internationaal en stijlvol – **DW Eleven-13** 2 : Shop 11–13, Dunkeld Shopping Centre, Dunkeld West, tel. 011 341 06 63, www.dw11-13.co.za, lunch di.–za. 12–14.30, zo. 12–15 uur, diner di.–za. 18.30–22 uur. Fantastische keuken onder leiding van de internationaal ervaren chef-kok Marthinus Ferreira; stijlvolle, moderne inrichting en uitgelezen vis- en vleesgerechten. Hoofdgerecht 150–160 rand.

Steaks en wijn – **Butcher Shop & Grill** 3 : Shop 30, Nelson Mandela Square, onder het Michelangelo Hotel, Sandton, tel. 011 784 86 76, www.thebutchershop.co.za, dag. 12–22.30 uur. In heel Zuid-Afrika bekend vanwege de uitstekende kwaliteit van de steaks. Het vlees kan ook meegenomen worden om het op een picknickplek te barbecuen. Een buitengewoon goed gesorteerde rodewijnkelder (waarde: 1,5 miljoen rand!), veel oude wijnen verkrijgbaar. In de zomer kunt u buiten eten op Sandton Square. Hoofdgerecht vanaf 200 rand.

Gastronomische belevenis – **Moyo** 4 : Melrose Arch, Shop 5, The High Street, tel. 011 684 14 77, www.moyo.co.za, dag. 11–23 uur. Marokkaans-Afrikaanse keuken in een duizend-en-een-nachtambiance, een plaats om te kijken en gezien te worden. Ieder gerecht wordt in een kleine portie geserveerd, dus u kunt er verschillende proberen. Tip: calamari met pinda's en chili, scherp gekruide vistajine of sweet and sour lamsvlees dat met pruimen, honing en amandelen wordt klaargemaakt. Er is livemuziek op wo., za. en zo. 's avonds. Hoofdgerecht 150–200 rand. Er is nog een tweede Moyorestaurant in Johannesburg, bij het **Zoo Lake** (Zoo Lake Park, 1 Prince of Wales Dr., Parkview, tel. 011 646 00 58).

Vietnamees – **Saigon** 5 : 1e etage, Rivonia Junction, hoek Rivonia/7th Ave., Rivonia, tel. 011 807 52 72, www.saigonrivonia.co.za, dag. lunch en diner. Heel goed, verfijnd Vietnamees restaurant, serveersters in traditionele kledij leggen gasten het menu uit. Tip: loempia's met kristalgarnalen (*crystal prawn spring rolls*) en de bijna niet te overtreffen Saigon wok beef, met mals, in de wok bereid rundvlees. Hoofdgerecht 140 rand.

Modern en elegant – **Ami Restaurant and Champagne Bar** 6 : 101 Lancaster Ave., Craighall Park, tel. 011 447 46 48, www.amirestaurant.co.za, lunch ma.–za. 11–16.30 uur; diner ma.–za. 16.30 tot laat. Afzonderlijke lunch- en dinerkaart, van smakelijke lamsburger tot gerechten met eend en zalm. Moderne, elegante inrichting. Hoofdgerecht rond 140 rand.

Italiaanse klassiekers – **Tortellino d'Oro** 7 : Shop 9, Oaklands Shopping Centre, Oaklands, tel. 011 483 12 49, www.tortellino.co.za, ma.–za. 9–22, zo. 9–15 uur. Sinds ruim 20 jaar worden hier klassieke Italiaanse gerechten van voortreffelijke kwaliteit geserveerd. Natuurlijk wordt alle pasta vers bereid. Het ijs is goddelijk. Bij mooi weer – en dat is het in Johannesburg bijna altijd – kunt u buiten zitten. Hoofdgerecht 130 rand.

Zuid-Afrika's beste steakhouse – **The Local Grill** 8 : hoek 7th/3rd Av., tel. 011 880 19 46, www.thelocalgrill.co.za, dag. lunch, ma.–za. diner. Gasten krijgen hier eerst een rondleiding door de koelcel, waar ze het vlees van met mais en gras gevoerde dieren kunnen zien. De steaks zijn hier perfect. Uitgebreide wijnkaart, maar aan de dure kant. Hoofdgerecht rond 132 rand.

# Adressen

**Olijventuin – Il Giardino degli Ulivi** 3 : 44 on Stanley, Milpark, tel. 011 482 49 78, www.ilgiardino.co.za, Facebook fanpage: Il Giardino & The Room at 44 Stanley, di.–zo. 11.45–21 uur. Dit familiebedrijf kan wel het meest Italiaanse restaurant van de stad genoemd worden. Van de ambiance tot de kwaliteit van het eten is alles perfect. Vaak met livemuziek. Prachtige olijfboomgaard, geknipt om bij mooi weer te zitten. Hoofdgerechten en gourmetpizza rond 105–185 rand.

**Mediterraan – Fino Bar & Restaurant** 9 : hoek 4th & 7th Av., Parktown North, tel. 011 447 46 08, lunch di.–za. 12–14.30, diner di.–za. 18.30–22.30 uur. Een van de beste Spaanse restaurants in de stad met heerlijke tapasmenu's. Deze worden in een ontspannen-hippe ambiance geserveerd. Hoofdgerecht rond 100 rand.

**Townshiplegende – Wandie's Place** 10 : 618 Makhalamele St., Dube, Soweto, tel. 011 982 27 96, www.wandies.co.za, dag. 10–14, 17–22 uur. Het eerste restaurant van Soweto heeft inmiddels legendarische bekendheid en loopt uitstekend. Het is een aanlooppunt van veel Sowetorondleidingen. Er werden inmiddels duizenden visitekaartjes aan de wanden geplakt. Het townshiprestaurant wisselt dagelijks van menu en de maaltijden horen thuis in de categorie excentrieke gastronomie. Nu eens staan er koeienpoot, schapenkop en maisbrij op het menu, dan weer een stoofgerecht met kip en rijst. Hoofdgerecht 70 rand.

**Bella Italia – Café Picobella Trattoria** 11 : Melville, tel. 011 482 43 09. Hier komen de pizza's – en veel andere smakelijke Italiaanse gerechten – in een bijna gewijde entourage op tafel, tussen madonnabeelden, kaarsen en bombastische kroonluchters. Pizza en andere hoofdgerechten rond 80–120 rand.

**Mandela's kroeg – Kapitan's Restaurant** 12 : 11a Kort St., City, tel. 011 834 80 48/011 832 17 30, dag. ma. –za. 12–15.30 uur, geen diner. Dit enigszins sjofele eetcafé is een bezoek waard vanwege de mengelmoes van kitsch en souvenirs, om de zeer pittig gekruide Madrascurry's, omdat dit het oudste restaurant van Zuid-Afrika is, door de grote keuze aan Cubaanse sigaren, omdat de eigenaar Kapitan vaak per vliegtuig door sjeiks wordt opgehaald om voor hen te koken, en natuurlijk omdat Nelson Mandela hier zijn eerste campari gedronken heeft. Een brief van deze beroemdste Zuid-Afrikaan hangt ergens aan de muur. De kroeg bestaat al 90 jaar. Hoofdgerecht 70 rand.

**Bier en worst – The Stanley Beer Yard** 3 : tel. 011 482 57 91, 44 on Stanley, Milpark, Facebook fanpage: Stanley Beer Yard, di.–do. 15–23, vr. 12–23, za. 11.30–23, zo. 11.30–17 uur. Eigenzinnig ingerichte, knusse bierbar met open haard, sofa's, fauteuils, houten tafels en banken. Buiten hangt een Vespa aan de muur, binnen allerlei opgezette, gehoornde dieren, als waren ze zo uit een reclamespot van Jägermeister gestapt. Er zijn diverse bieren van kleine Zuid-Afrikaanse brouwerijen verkrijgbaar maar ook verschillende geïmporteerde merken. Erbij kunt u snacks bestellen, zoals brood-

## Tip

### LIEVELINGSRESTAURANT

De omgeving kan haast niet slechter – een industriegebied vlak onder Johannesburgs steeds populairder wordende tweede internationale luchthaven Lanseria (www.lanseria.co.za). Wat ooit een keukenwinkel was die werkelijk alles verkocht waarin hobby- en professionele koks geïnteresseerd zijn, is nu restaurant **Culinary Table** 13 en een delicatessenwinkel geworden. Het smaakvuurwerk bij het eten zou iedere fijnproever in extase brengen. Alleen al Zuid-Afrika's lekkerste gegrilde scharrelkippetjes zijn een bezoek waard (Lanseria Centre, Pelindaba Road (R 512), Lanseria, tel. 011 701 22 00, www.culinary.co.za, hoofdgerecht rond 80 rand).

# Johannesburg

jes met braadworst of steak (rond 60 rand) bereid met de beste ingrediënten. Creditcards worden niet geaccepteerd.

## Winkelen

Winkelcentrum – **Nelson Mandela Square Shopping Centre** [1] : Sandton City, tel. 011 784 27 50, www.nelsonmandelasquare.com, ma.–vr. 10–18, za. 10–17, zo. en feestdagen 10–16 uur. Stijlvol complex, gebouwd als een Italiaanse *piazza* vol restaurants met terrassen en cafés, mediterrane sfeer. Hier zijn veel speciaalzaken van internationale en Zuid-Afrikaanse designers en modeontwerpers, kunstwinkels, eersteklas souvenirs.

Trendy buurt – **Melrose Arch** [2] : Melrose Blvd., tel. 011 684 00 02, www.melrosearch.co.za. In de meest trendy wijk van Joburg vindt u elegante winkels met alle soorten merkartikelen.

Designerwinkels – **44 Stanley Avenue** [3] : 44 Stanley Av., Milpark, tel. 011 482 44 44, www.44stanley.co.za.

Zondagsmarkt – **Rosebank Rooftop Market** [4] : hoek Cradock Av./Bakker St., zo. 9–17 uur. Textiel, keramiek, kunstnijverheid, en nog veel meer, www.themallofrosebank.co.za.

## Uitgaan

African beat – **The Blue's Room** [1] : Village Walk Mall, hoek Rivinia/Maude St., Sandown, tel. 011 784 55 27, di.–do. vanaf 21.30, vr. vanaf 22, za., zo. 15–21 uur, bands beginnen om 21 uur. In de Blues Room treden wereldberoemde muzikanten op. Een van de beste plekken in het land voor een opzwepende uitgaansnacht. Op zondag Afrikaanse muziek, die altijd live wordt uitgezonden op radiozender Khaya.

Jazz live – **Kippies Jazz International** [2] : Market Theatre, Margaret Mcingana St., Newtown, tel. 011 833 33 16, ma.–vr. vanaf 20.30, za. vanaf 21, zo. vanaf 15 uur. Geanimeerde stemming, relaxte sfeer, met standbeeld van de legendarische saxofoonspeler Kippie Moeketsi.

Oudste bar – **The Guildhall** [3] : hoek Market/Harrison St., tel. 011 833 17 70, za. livejazz. Bewaakt parkeren in de Harry Hofmeyr Garage ertegenover. Johannesburgs oudste bar werd in 1888 geopend op het oude marktplein van de stad om dorstige boeren en gouddelvers een verfrissing te bieden. The Guildhall was jarenlang gesloten en verkeerde in vervallen staat, maar is in oude stijl gerestaureerd. Opvallend zijn de fraaie houtbetimmering, het sierijzerwerk en het uitzicht op het herrijzende centrum van Johannesburg.

Nog een klassieker – **The Radium Beerhall** [4] : 282 Louis Botha Av., Orange Grove, tel. 011 728 38 66, www.theradium.co.za. Het oudste bar- en grilrestaurant van de stad werd in 1929 geopend. Het eten is van dezelfde hoge kwaliteit als de livejazz.

## Actief

Goudmijnbezichtiging – **Underground Mine Tour** [10] : zie blz. 380.

Townshiptours – de gidsen halen hun gasten af van het hotel. Sommige hotels bevelen eigen townshiptours aan. De rondleidingen duren een halve tot een hele dag en kosten ca. 550 rand p.p. Zie ook blz. 386.

**Vhupo Tours** [1] : 11748 Mampuru St., Orlando West Extension, Soweto, tel. 011 936 04 11, www.vhupo-tours.com. Rondleidingen van een hele of halve dag, of met overnachting in het township. **Soweto Tours** [2] : 3 Waybury Rd., Bryans ton, tel. 011 463 33 06, www.sowetotour.co.za. Diverse Sowetorondleidingen. **Big Six Tours Safaris** [3] : tel. 083 273 06 32, www.bigsixtoursafaris.com. Rondleidingen, ook naar Soweto. **Soweto Guided Tours** [4] : Southgate Mall, tel. 011 985 62 49, www.sowetoguidedtours.co.za. Gespecialiseerd in Sowetorondleidingen van een halve of hele dag. Ook de volgende websites bieden informatie over township tours naar Soweto: www.soweto.co.za, www.sowetotours.co.za.

## Vervoer

**Vliegtuig:** geregelde binnenlandse vluchten met de SAA, tel. 011 356 11 11, naar alle grote steden van Zuid-Afrika, onder andere Kaapstad (ma.–vr. 8x dag.) en Durban (4x dag.). De Magic Bus, tel. 011 8 84 39 57, rijdt tussen de luchthaven en de belangrijkste hotels in Sandton.

**Trein:** Johannesburg Station, voor informatie en reserveringen tel. 011 773 29 44. Er gaan

## Adressen

treinen naar alle stations in Zuid-Afrika en diverse bestemmingen in aangrenzende landen. **Gautrain** (www.gautrain.co.za): deze hypermoderne sneltrein rijdt tussen OR Tambo International Airport en Sandton, Rosebank, voordat hij doorrijdt naar Midrand, Centurion, Pretoria en Hatfield. Een Gautrainbusdienst rijdt van en naar de stations, maar niet in het weekend. De oplaadbare kaart is geldig in de treinen en de bussen van Gautrain. Wie een paar dagen in Johannesburg blijft, kan het best meteen op de luchthaven zo'n 200 tot 300 rand op de Gautrainkaart laden.
**Bus: Greyhound/Citiliner,** tel. 011 830 14 00, dag. naar Kaapstad (18.30 uur, 17 uur) via Bloemfontein. **Translux**, tel. 011 774 33 33, dag. Kaapstad (18.10 uur, 18 uur) via Bloemfontein en Beaufort West. **Baz Bus**, tel. 021 439 23 23, **Budgetbussen** naar veel bestemmingen in het land.

### Vervoer in de stad

**Rea Vaya snelbusdienst** (www.reavaya.org.za): in het centrum en naar Soweto rijden de betrouwbare bussen van Rea Vaya BRT (*Bus Rapid Transit*). Tickets kunt u alleen met contant geld kopen bij elke bushalte, ze kosten tussen 5,80 en 13,30 rand, afhankelijk van de bestemming, en worden net als bij de Gautrain op een kaart geladen. Gewoon opletten of u een van de futuristische, rode glas-en-staalconstructies midden op de rijbaan van de hoofdverkeersaders ziet. **Metrobus** (www.mbus.co.za): een stuk langzamer, want volgens een 'Afrikaanse' dienstregeling, gaan de bussen tussen de city-dorpen zoals Craighall Park en Parkhurst heen en weer. Ook deze bushaltes zijn niet gemakkelijk te herkennen. Tickets voor de Metrobus moeten vooraf worden gekocht bij Computicket (www.computicket.com).
**Taxi: SACAB**, tel. 086 117 22 22, www.sacab.co.za. Nieuwe, ruime en betrouwbare taxi's, de rit van OR Tambo Airport naar Sandton bijvoorbeeld kost ongeveer 450 rand. **Corporate Cabs** (www.corporatecabs.co.za), tel. 080 080 08 00. Reservering een dag van tevoren, tamelijk duur, de rit van Craighall naar Sandton kost 285 rand. **Rose Radio Taxi** (www.rosetaxis.com), tel. 083 255 09 33. Efficiënte service, maar ook niet goedkoop, de rit van Craighall naar Sandton kost hier 250 rand.

*Het is weer hip om in Downtown Jozie uit te gaan*

Johannesburg

## SOWETO TOWNSHIP TOUR

### Informatie
**Begin:** bij ieder groter hotel in de City
**Duur:** 6 uur–1 dag
**Aanbieders:** er zijn heel veel aanbieders, zie blz. 384.

**Reisadvies:** tochten door de townships van Soweto kunt u het best in een kleine groep met een plaatselijke gids maken.
**Kaart:** zie plattegrond blz. 376

Sinds de scholierenopstand in 1976 staat **Soweto** 12 synoniem voor het zwarte verzet tegen het onderdrukkingssysteem van de apartheid. Wie het echte leven in deze grootste stad van Afrika wil proeven, moet deelnemen aan een georganiseerde tour door de **South Western Townships**, waar tegenwoordig op 120 km² tussen de 2 en 4 miljoen mensen wonen.
De tocht begint met een bezoek aan het grootste ziekenhuis van de wereld. De uit Wales afkomstige boer John Albert Baragwanath had zijn land gratis ter beschikking gesteld voor de

## Soweto Township Tour

bouw van een ziekenhuis. In het in 1941 gebouwde **Chris Hani Baragwanath Hospital** werken 520 artsen. Er zijn 3205 bedden beschikbaar; jaarlijks worden hier 16.000 baby's geboren en 110.000 noodgevallen behandeld. Terwijl het ziekenhuis er zelf niet zo uitnodigend uitziet, zijn alle omringende muren voorzien van kleurrijke, fantasievolle schilderingen.

In de straten van Soweto krioelt het van de mensen, vooral jongeren. Bijna de helft van alle inwoners is 18 jaar of jonger. Veel straathandelaren hebben hun kramen opgebouwd en wachten op klandizie. In veel open kiosken hangen posters met de kapsels die men knipt, de 'uithangborden' van de straatkappers.

Op de plaats waar de 14-jarige scholier Hector Pieterson en andere kinderen in 1976 door politiekogels om het leven kwamen, staan nu een gedenkteken en een museum, het **Hector Pieterson Memorial and Museum**. De kinderen waren bezig vreedzaam te demonstreren tegen de invoering van het Afrikaans als spreektaal op school. Hectors zuster, Antoinette Sithole, toen 17 jaar oud, is tegenwoordig een van de museumgidsen. Het museum is in 2002 door Nelson Mandela geopend. De foto van Sam Nzima met de dode Hector Pieterson (zie blz. 61) ging de hele wereld over en werd een iconisch pamflet tegen apartheid. De gebeurtenis markeert het begin van het einde van de apartheid. Buiten het gedenkteken ligt een met hoog gras begroeide groene strook in de betonnen vloer – deze markeert de baan van de kogel, die Hector het leven gekost heeft. Het gedicht op de muur ertegenover is van de Afrikaanstalige dichteres Ingrid Jonker, die het in 1960, kort na het bloedbad van Sharpeville had geschreven. De titel van het gedicht is Die kind en het werd door Nelson Mandela in 1994 bij de opening van het eerste democratische parlement voorgelezen. Het gaat over de voorspelling, dat een kind zich tegen het geweld zal verzetten en het zal overwinnen. De dichteres kreeg dit visioen van de vrijheid van alle mensen in Zuid-Afrika al 34 jaar voor het einde van de apartheid. De vader van Ingrid was een stugge hardliner, die de apartheid verdedigde. Ingrid zag de wereld met andere ogen en liep in 1965 de zee in om een eind aan haar leven te maken. Zie ook de speelfilm *Black Butterflies* met Carice van Houten en Rutger Hauer.

De namen van alle studenten en scholieren die in 1976 stierven, zijn in verspreid liggende stenen gegraveerd. Op de plek waar Hector Pieterson overleed, staat een grafsteen met een waterwerk (8287 Khumalo St./hoek Pela St., Orlando West, tel. 011 536 06 11, ma.–vr. 10–17, za., zo. 10–16.30 uur, toegang volw. 30 rand, kinderen 10 rand).

Heel dichtbij ligt de **Vilakazi Street**, die toch wel een vermelding waard is. Dit is de enige straat ter wereld waar tegelijkertijd twee winnaars van de Nobelprijs voor de Vrede hebben gewoond: Desmond Tutu en Nelson Mandela.

**Mandela's huis** is nu een museum. In dit bescheiden huisje woonde hij vanaf 1946 met zijn eerste vrouw Evelyn, die in 1955 van hem scheidde. Daarna leefde hij hier met zijn tweede vrouw Winnie en zijn beide dochters. Het huis werd vaak door de politie beschoten en is in 1984 en 1988 in brand gestoken. De kogelgaten zijn vandaag de dag nog te zien, ook de door de soldaten stukgetrokken elektriciteitskabels. Wat toen in de pers niet bekend mocht worden gemaakt: tijdens de rellen schoten woedende zwarten vier soldaten van het Zuid-Afrikaanse leger dood (81 Ngakane/hoek Vilakazi St., Orlando West, tel. 011 936 77 54, www.mandelahouse.com, ma.–vr. 9–17, za., zo. 9.30–16.30 uur, toegang volw. 60 rand, kinderen 20 rand).

Op de typische 'lucifersdoosjeshuisjes' in Orlando-West, zoals dit deel van Soweto heet, moesten veel mensen twintig jaar wachten.

Elke Sowetotour eindigt met het bezoek aan een **shebeen**, een van de destijds illegale kroegen in het township. Hier maakt u een goede kans om tegen het einde van de tour een praatje met een lokale bewoner te kunnen maken.

# Pretoria (Tshwane)

▶ 2, S/T 7

**'Jacaranda-City', de hoofdstad van Zuid-Afrika: in tegenstelling tot de snelle ontwikkeling van Johannesburg is Tshwane (Pretoria) veel geleidelijker ontstaan. Het oogt daardoor veel vriendelijker. De stad was oorspronkelijk een dorpsgemeenschap van lokale boeren, die zich op het vruchtbare land aan de Apies River hadden gevestigd.**

Pretoria had als hoofdstad van het land lange tijd de reputatie het centrum van de apartheid te zijn, maar tegenwoordig maakt het eerder een multiculturele en open indruk. In april 2005 kreeg de gemeente Pretoria met zijn 500.000 inwoners officieel zijn nieuwe naam: Tshwane. Dat betekent in de taal van het Sothovolk 'Wij zijn gelijk'. De naam Tshwane wordt overigens tot nu toe in de omgangstaal nog nauwelijks gebruikt.

In 1855 stichtte Martinus Wessel Pretorius de stad, die hij naar zijn vader Andries Pretorius vernoemde. Het eerste gebouw was de kerk op het huidige Church Square. In 1860 werd Pretoria de hoofdstad van de nieuwe Zuid-Afrikaanse Republiek (ZAR). De stad is er trots op dat de landbouwer en latere Boerenpresident Paul Kruger tot zijn inwoners behoorde. Toen de ZAR door de goudvondsten bij Witwatersrand grote voorspoed kende, werden rond Pretoria's Church Square nieuwe gebouwen neergezet. In 1910 werd Pretoria de administratieve hoofdstad van de nieuwe Zuid-Afrikaanse staat. Sir Herbert Baker liet in 1913 de indrukwekkende en hoog boven de stad uittorenende Union Buildings bouwen, waar tegenwoordig nog steeds de ministers en de president hun residentie hebben.

Bij het begin van de apartheidspolitiek werd Pretoria vanaf 1948 voor alle zwarten in Zuid-Afrika tot symbool van de haat: het opperste gerechtshof en de belangrijkste gevangenis stonden hier. In Pretoria werden de wetten gemaakt, die het merendeel van de Zuid-Afrikaanse bevolking zijn fundamentele rechten ontnamen. Pas toen Nelson Mandela in 1994 in de Union Buildings als eerste zwarte president beëdigd werd, legde Pretoria de ketenen van het verleden af. De stad is sindsdien veel kosmopolitischer geworden, er wonen duizenden studenten, er is een actieve kunstscene en een groeiende Afrikaanse homogemeenschap.

## Stadsbezichtiging

**Plattegrond:** blz. 390

### Church Square

In het hart van de stad bevindt zich Church Square, wat meer dan een eeuw het sociale en politieke centrum van Pretoria was. Tijdens de laatste 130 jaar deed dit plein afwisselend dienst als markt, veilingplaats, sportveld en treinstation, wat een weerspiegeling is van de turbulente geschiedenis van Pretoria, dat van een slaperige boerengemeenschap uitgroeide tot de regeringszetel van de rijke Boerenrepubliek en ten slotte tot een handelscentrum dat tegelijkertijd het administratieve centrum van Zuid-Afrika is. Op dit plein stond ooit alleen een simpel kerkje met lemen muren. Dit was iedere drie maanden de eindbestemming van de Boeren en hun gezinnen, die vaak honderden kilometers aflegden en hun ossenwagens op het stoffige plein neerzetten om hier gezamenlijk hun *nagmaal*, de kerkdienst, te vieren.

De indrukwekkendste gebouwen op het plein zijn het **Parlement** 1 , de vroegere

# Stadsbezichtiging

*raadsaal*, het **Paleis van Justitie** 2 en de oude **Staatsbank met Muntgebouw** 3. Het bronzen standbeeld van president Paul Kruger staat midden op het plein. De industriemagnaat Sammy Marks, een vriend en adviseur van Kruger, liet het door de beeldhouwer Anton van Wouw maken. Het beeld heeft heel wat omgezworven. Het werd in 1899 in Rome gegoten en per schip naar Delagoa Bay vervoerd, waar het twaalf jaar in een winkel onder het stof lag. De Boerenoorlog kwam ertussen, zodat het beeld niet op de reeds gebouwde sokkel op Church Square kon worden geplaatst. In 1913 werd het bronzen beeld van Kruger onder het stof vandaan gehaald en in Prince's Park neergezet, en nog twaalf jaar later, op de honderdste verjaardag van Paul Kruger, voor het station geplaatst. Pas in 1954 kwam het beeld op zijn huidige plek. Ook twee van de vier *burghers* die aan zijn voeten zitten, hebben een lange reis gemaakt. Lord Kitchener kreeg een van beide stelletjes na de Boerenoorlog cadeau. Deze werden op zijn Engelse landgoed herontdekt en teruggehaald.

## Kruger House Museum 4

*60 Church St., tel. 012 326 91 72, ma.–za. 8.30–16, zon- en feestdagen 11–16 uur, toegang volw. 50 rand, inderen 15 rand*

In Church Street staat het huis waarin Paul Kruger en zijn vrouw 17 jaar gewoond hebben. Vanaf de tijd dat de Boerenpresident de oorlog met het Britse Rijk beëindigde, is er nauwelijks iets veranderd. In het Kruger House Museum zijn veel persoonlijke voorwerpen van Kruger bewaard, zoals zijn pijp, het zakmes waarmee hij na een schietincident zelf zijn duim amputeerde, zijn zadel en geweer. Voor de residentie van een president was het huis een tamelijk bescheiden optrekje. Alleen de twee marmeren leeuwen

*De stad van de jacarandabomen, die in oktober in volle bloei staan*

# Pretoria (Tshwane)

## Bezienswaardig
1. Parlement
2. Paleis van Justitie
3. Staatsbank met Muntgebouw
4. Kruger House Museum
5. Ditsong National Museum of Natural History
6. Melrose House
7. Union Buildings
8. Pretoria Art Museum
9. Hatfield
10. Voortrekker Monument

## Overnachten
1. Illyria House

## Eten en drinken
1. Brasserie de Paris
2. Al Dente
3. Café Riche

## Winkelen
1. Menlyn Park Centre

## Uitgaan
1. Cool Runnings

## Actief
1. Pretoria Zoo

---

bij de ingang, een verjaardagscadeau van de mijnmagnaat Barney Barnato, laten iets van pronkzucht zien. Bij het bouwen van het huis schijnt overigens melk gebruikt te zijn voor het cement in plaats van water, omdat dit een betere hechting zou geven.

In het huis zijn enkele opvallende victoriaanse voorwerpen te zien, zoals de oude messing lichtschakelaars, een harmonium, de messing kwispedoors en de smeedijzeren haard in Krugers officiële ontvangstruimte. In de westelijke hal staat een oude ossenwagen, gemaakt uit het inmiddels zeldzame en kostbare stinkhout, evenals de staatsiekoets van de president. In de achtertuin kunt u zijn privétreinwagon bewonderen. Een ruimte in het huis werd ingericht als kopie van de sterfkamer in het Zwitserse Clarens, waar de verbannen Kruger in 1904 stierf.

### Ditsong National Museum of Natural History 5
*Paul Kruger St., tel. 012 322 76 32, dag. 8–16 uur, toegang 30 rand*
Het vroegere **Transvaal Museum** bevat hoofdzakelijk natuurhistorische museumstukken, waaronder veel geologische en archeologische vondsten. Voor vogelliefhebbers is de Austin Roberts Bird Hall interessant, waar bijna alle Zuid-Afrikaanse vogels te zien zijn. In de voortuin van het museum staat het skelet van een walvis.

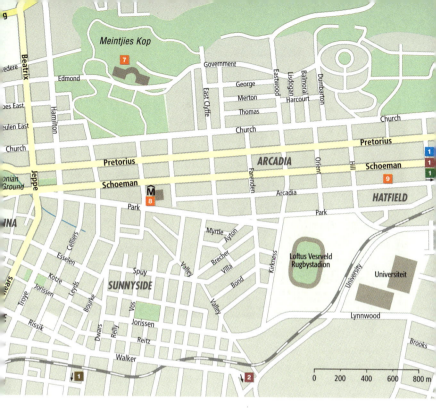

## Melrose House 6

*275 Jacob Maré St., tel. 012 322 28 05, di.–za. 10–17, zo. 14–17 uur, volw. 8 rand, kinderen 5 rand*

Het mooiste voorbeeld van een victoriaans gebouw in Pretoria is het in 1866 gebouwde **Melrose House**, waar op 31 maart 1902 de Vrede van Vereeniging tussen de Britten en de Boeren werd ondertekend. Marmeren pilaren, mozaïekvloeren en ramen met glas in lood weerspiegelen de rijkdom van de toenmalige bewoners. Binnen zijn enkele voorwerpen te zien die krijgsgevangen Boeren op St. Helena gemaakt hebben.

## Union Buildings 7

De in een halve cirkel gebouwde **Union Buildings** werden in 1913 door de beroemde Zuid-Afrikaanse architect sir Herbert Baker in rood zandsteen op de hellingen van Meintjies Kop gebouwd. In dit gebouw bevinden zich de kantoren van de president en de ministeries. Een bezichtiging is niet mogelijk, maar u mag wel de tuin bezoeken waar u een fraai uitzicht hebt over de stad.

## Pretoria Art Museum

*Arcadia Park, hoek Wessels/Schoeman St., tel. 012 344 18 07, di.–zo. 10–17 uur, 22 rand*

Niet veel verder ligt het **Pretoria Art Museum** 8 met schilderijen van Zuid-Afrikaanse kunstenaars als Jacobus Hendrik Pierneef, Frans Oerder, Pieter Wenning, Walter Batiss, Maud Sumner en Judith Mason, evenals een collectie Hollandse meesters uit de 17e eeuw. De 3000 museumstukken omvatten ook beeldhouwwerken, wandkleden, foto's, grafische en keramische kunst, van onder andere Anton van Wouw die het Voortrekker Monument ontwierp.

Als u in oostelijke richting de Schoeman Street volgt, komt u bij de diplomatenwijk

Pretoria (Tshwane)

*Union Buildings: de residentie van de president van Zuid-Afrika*

**Hatfield** 9 . Deze is tegenwoordig erg trendy met een hele reeks sfeervolle cafés, restaurants en antiekwinkels.

## Voortrekker Monument

**Plattegrond:** blz. 390/391
*6 km ten zuiden van Pretoria, Eeifees Rd., Groenkloof, Voortrekker Monument Museum, tel. 012 326 83 74, www.vtm.org.za, mei–aug. dag. 8–17, sept.–apr. 8–18 uur, volw. 60 rand, kinderen 30 rand*

In het zuiden van de stad verheft zich het belangrijkste monument van de Afrikaans sprekende blanke bevolking: het **Voortrekker Monument** 10 . Na elf bouwjaren werd het in 1949 door de beeldhouwer Anton van Wouw, volgens de tekeningen van de lokale architect Gerard Moerdijk, gebouwd. De granieten steenklomp is 40 m lang, breed en hoog. Het monument herinnert aan de Grote Trek van de Boeren in de jaren dertig van de 19e eeuw en natuurlijk aan de belangrijkste veldslag van de Boeren, die de Zoeloes op 16 december 1838 vernietigend versloegen (zie blz. 53). Door een kleine nis in het dak valt ieder jaar op 16 december een zonnestraal op de inscriptie op het altaar: 'Ons Vir Jou, Suid Afrika' ('Wij voor jou, Zuid-Afrika').

In de hal toont een 92 m lange fries met 27 granieten reliëfs allerlei taferelen van de Grote Trek. Buiten worden de 64 ossenwagens van het kamp aan Blood River gesymboliseerd. Op de vier hoeken van het monument staan de borstbeelden van de aanvoerders van de Trek Hendrik Potgieter, Andries Pretorius en Piet Retief, en een beeld van de Onbekende Voortrekker. Het **museum** onder het monument bevat talrijke foto's en museumstukken over het leven van de Voortrekkers.

### Informatie

**Tshwane Tourism Information Centre:** Old Nederlandsche Bank Building, Church Sq., tel. 012 337 44 30, www.tshwanetourism.com. Hier kunt u reserveren voor accommodatie, autoverhuur, tours en evenementen. Gratis brochure en kaart met de drie jaracandaroutes.

# Adressen

## Accommodatie

Vorstelijk – **Illyria House** 1 : 327 Bourke St., Muckleneuk, tel. 012 344 60 35, www.illyria.co.za. Dit koloniale landhuis op een heuvel is een van de fraaiste guesthouses in de hoofdstad. Wellnessbehandelingen in de idyllische tuin, *candlelight dinners* en het attente personeel hebben natuurlijk ook hun prijs. 2 pk met ontbijt vanaf 3000 rand (let op internetspecials).

## Eten en drinken

Verfijnd Frans – **Brasserie de Paris** 1 : 381 Aries St., tel. 012 460 35 83, ma.–vr. 12–14.30, 19–21, ma.–za. 18.30–21.30 uur. Zeer verfijnd Frans restaurant, waar uitsluitend verse ingrediënten worden gebruikt; eenvoudige gerechten geraffineerd bereid. Elke maand een nieuwe kaart. Hoofdgerecht 200–220 rand.

Geraffineerd Italiaans – **Al Dente** 2 : 103 Club Ave., Waterkloof Heights, tel. 012 460 96 86, di.–zo. 12.30–15, di.–za. 18.30–22 uur. Italiaans restaurant waar klassieke gerechten met een finishing touch worden geserveerd, zoals gorgonzola met pecannoten in spinaziesaus of fusilli met tomatensaus, gegarneerd met mozzarella, olijven, ansjovis en olijfolie. Tip: het knapperige focacciabrood van de chef uit de houtoven met carpaccio van rundvlees. Hoofdgerecht 100 rand.

Pretoria's oudste café – **Café Riche** 3 : 2 Church Sq., tel. 012 328 31 73, Facebook: Cafe Riche, dag. 6–24 uur. In een van de oudste gebouwen van de stad, waar ooit een bakkerij in was gevestigd en waar u nu cappuccino's en lichte maaltijden kunt krijgen. Hoofdgerecht 40–90 rand.

## Winkelen

Winkelcentrum – **Menlyn Park Centre** 1 : hoek Atterbury Rd./Lois Av., Menlo Park, tel. 012 471 06 00, www.menlynpark.co.za, ma.–do. 9–19, vr. 9–21, za. 9–19, zo. 9–17 uur. Grote moderne shopping mall met veel winkels en restaurants en een openluchtbioscoop op het dak.

## Uitgaan

Reggae – **Cool Runnings** 1 : 1071 Burnett St., Hatfield, tel. 012 362 01 00, dag. 9–2 uur. Deze zaak doet denken aan een Hawaiifilmdecor en is echt iets voor reggaefans. De buitenmuren zijn in bijpassende kleuren beschilderd. Caribisch geïnspireerde cocktails als *banana split* en *tequila sunrise*.

## Actief

Dierentuin – **Pretoria Zoo** 1 : 232 Boom St., tel. 012 339 27 00, dag. 8.30–17.30 uur, toegang volw. 85, kinderen 55 rand. Pretoria Zoo is de grootste van het land en geldt als een van de beste ter wereld. De dierenverblijven zijn groot en slim in het landschap ingepast.

## Vervoer

**Vliegtuig:** zie Johannesburg blz. 384. Behalve de Gautreinbus rijdt er ook een airportbus tussen de luchthaven Johannesburg International en het Tshwane Tourism Information Centre, informatie: tel. 012 3 23 14 29, www.tshwane.gov.za.

**Trein:** Tshwane Station, tel. 012 3 15 21 11. Verbindingen via Johannesburg met vrijwel alle treinstations in Zuid-Afrika. Gautrain (www.gautrain.co.za): De futuristische sneltrein verbindt Pretoria met Johannesburg en de OR Tambo International Airport. **Rovos Rail:** reizen met de meest luxe trein van Afrika tussen Kaapstad en Tshwane (Pretoria) is een nostalgische trip naar het verleden, waarbij vast en zeker herinneringen zullen opkomen aan de beroemde detectivefilm Murder in the Orient Express. De tweedaagse, radio- en televisieloze vijfsterrentreinrit met overnachting in een Pullmanwagon, eersteklas service en voortreffelijk eten kost vanaf 16.230 rand per persoon. Informatie en andere trajecten: Rovos Rail Head Office, tel. 012 3 15 82 42, of Rovos Rail Cape Town, Waterfront, tel. 021 4 21 40 20, www.rovos.co.za. **Bus:** langeafstandsbussen verbinden Pretoria met alle grote Zuid-Afrikaanse steden. **Greyhound/Citiliner,** tel. 012 3 28 40 40, www.greyhound.co.za. **Translux,** tel. 012 3 15 21 11, www.translux.co.za. Elwierda, tel. 012 6 64 58 80, www.elwierda.com.

**Taxis:** via het Tourist Rendezvous Travel Centre, tel. 012 3 37 44 30. Anders: Pretoria Taxi, www.infotaxi.org.

# Uitstapjes vanuit de provincie Gauteng

De bewoners van de agglomeratie Johannesburg gaan in een lang weekend graag naar de Hartbeespoort Dam in de Magaliesberge, picknicken bij Cradle of Humankind, gokken in Sun City, een bezoek brengen aan het Pilanesberge National Park of, iets verder weg, op safari gaan in het Madikwe Game Reserve.

## Magaliesberge
▶ 2, R/S 7

**Kaart:** blz. 399
Tussen Tshwane (Pretoria) en Rustenburg liggen de Magaliesberge, een vlakke bergrug van kwartshoudend zandsteen. De Voortrekkers vernoemden het gebied naar een plaatselijk stamhoofd met de naam Mohale, wiens naam echter als Magalie werd gespeld. De bergketen is circa 160 km lang en meet op zijn hoogste punt 1852 m, een hoogteverschil van slechts 400 m met de nabije omgeving. Door dit verschil valt er wel veel meer neerslag en de Magaliesberge vormen daarom een belangrijke waterscheiding. Er zijn enkele bossen behouden gebleven en het landschap doet weelderig groen aan. Ooit leefden hier veel wilde dieren, maar die zijn al lang geleden uitgeroeid.

De Magaliesberge vormen een recreatiegebied voor de omringende stedelingen. In de bossen aan de voet van het gebergte ligt het **Lesedi Cultural Village** 1, met vier typische dorpen van de Zuid-Afrikaanse volken Zoeloe, Xhosa, Pedi en Sotho. Dit zijn modeldorpen, vergelijkbaar met Shakaland, Simunye en Basotho Village. De excursie naar deze attractie is bijzonder interessant, vooral met het Zoeloestamhoofd Mvelasi als gids, een grappige en sympathieke man.

Wie niet in het Lesedi Cultural Village wil overnachten, kan ook alleen boeken voor de Monati Lunch Experience (dag. 11.30–14 uur) of de Boma Evening Experience (dag. 16.30–21.30 uur). De eerste begint met een wandeling door twee verschillende kralen, met traditionele dans, *boma*-dansen en een uiterst smakelijk Afrikaans buffet. 's Avonds staat een wandeling door de vier 'dorpen' op het programma en wordt er volop gezongen en gedanst. Het avondmaal bij het grote kampvuur onder de fonkelende sterrenhemel is een geweldige afsluiting van deze excursie (diner, bed and breakfast met show, vanaf 1010 rand p. p.).

Gautengers die dit recreatiegebied in de Magaliesberge bezoeken, gaan graag naar de **Hartbeespoort Dam** 2, een van de drukstbezochte gebieden in heel Zuid-Afrika. De bezoekers zijn bijna uitsluitend Afrikanen. De meeste mensen komen in de eerste plaats om te wandelen, maar paragliden of paardrijden is ook mogelijk.

### Informatie
**Magaliesberg Information:** Shop 2, Rustenburg Rd., Magaliesberg, tel. 014 577 17 33, www.magaliesberg.co.za, www.magaliesmeander.co.za. Informatie over het gebied.

### Accommodatie
Afrikaans openluchtmuseum – **Lesedi African Lodge:** Lesedi Cultural Village, tel. 012 205 13 94, www.lesedi.com. 30 kamers met bad, ingericht in traditionele Ndebele-, Ba-, Sotho-

# Cradle of Humankind

of Zoeloestijl. Het all-inarrangement in Lesedi Cultural Village kan inclusief overnachting, de Boma Evening Experience, dans, muziek en een uitgebreide Afrikaanse maaltijd geboekt worden. 2 pk met ontbijt vanaf 1850 rand.

## Vervoer
**Route:** R 556, vanaf Sandton (Johannesburg) ongeveer drie kwartier rijden.

## Cradle of Humankind  ▶ 2, T 7

**Kaart:** blz. 399
*Kromdraai Road, voorbij Lanseria, tel. 011 957 01 06, www.cradleofhumankind.co.za, www.maropeng.co.za, www.sterkfontein. co.za, di.–za. 8.30–16, zo. 9–16 uur*

Precies op de plaats waar men in Sterkfontein het skelet van Little Foot vond, het tot dusver oudste menselijke fossiel ter wereld, werd in september 2005 **The Cradle of Humankind Visitor Centre** in Sterkfontein geopend. Deze bezienswaardigheid staat op de Werelderfgoedlijst van de UNESCO. In dit grote gebied (470 km²), 40 km ten westen van Johannesburg, liggen bijna 40 archeologische opgravingen, waar enkele van de beroemdste en belangrijkste fossielen ter wereld werden ontdekt. Mevrouw Ples (van wie men intussen denkt dat het meneer Ples is) is 2,5 miljoen jaar oud en Little Foot, een bijna compleet mensaapskelet, is naar schatting bijna 4 miljoen jaar oud.

## Eten en drinken
Uiterst stijlvol – **Le Sel at the Cradle:** Cradle of Humankind, Kromdraai Rd., zijweg van de R 512, tussen Lanseria en Krugersdorp, tel. 011

*Cradle of Humankind: hier zijn enkele van de belangrijkste fossielen ter wereld te zien*

## PALACE OF THE LOST CITY

In 1992 opende Sun City met het grandioze Afrikaanse **Palace of the Lost City** 4 zijn deuren voor het publiek. De grootte en inrichting van dit sprookjespaleis zijn adembenemend. Het Palace geldt terecht als een van de mooiste en beste hotels ter wereld. Het atrium met zijn plafondschilderingen is zes verdiepingen hoog en met marmer bekleed. Er staan enorme beeldhouwwerken en in de koepels van de torens branden 's nachts enorme vuren. In de tropische jungle die uit 1,6 miljoen aangeplante planten, bomen en struiken bestaat en die wordt doorsneden door waterlopen, klinken bedrieglijk echte geluiden van wilde dieren. De apenbroodbomen komen uit de omgeving van Messina, in het noordoosten van Zuid-Afrika, waar deze voor een wegenproject moesten wijken. Het transport van deze 11 tot 20 ton wegende bomen tot in de krater van de dode vulkaan

*Droompaleis, sprookjeskasteel, gigantisme – dit hotel heeft van alles wat*

# Sun City

was een van de vele schijnbaar 'onmogelijke' opgaven.
Om het paleis te bouwen, werden in totaal 300.000 m³ rots opgeblazen, 1,75 miljoen m³ aarde verplaatst, 85.000 m³ beton in bekistingen gegoten, 30 miljoen stenen gemetseld en 150 km leidingen aangelegd. Het project kostte bijna $300 miljoen. Het is een belevenis om een keertje in dit wereldberoemde kitscherige sprookjeshotel met zijn ongelooflijke aandacht voor details te overnachten.
**Palace of the Lost City:** Sun City Resort, 73 km over de R 556, na de afrit van de N 4, tel. 014 780 78 00, www.suninternational.com, 338 kamers en 4 gigantische suites, restaurants, 2 pk met ontbijt vanaf 4049 rand (zie ook hieronder onder Eten en drinken).

659 16 22, www.thecradle.co.za, vr., za. 18–22, zo. 12.30–15.30, do., vr., za. 12–14.30, za., zo. 8–10.30 uur. Een van de stijlvolste restaurants in het land heeft een schitterend, weids uitzicht. Het gebouw van fraaie natuursteen, glas en staal biedt naar drie kanten vergezichten over het ongerepte Afrikaanse landschap. Het lijkt zo uit een trendy architectuurtijdschrift te zijn overgenomen en is alleen om die reden al een bezoek waard. Viergangenmenu 245 rand, hoofdgerecht 85–155 rand.

# Sun City  ▶ 2, R 7

**Kaart:** blz. 399
Het contrast kan bijna niet groter zijn. Als een fata morgana duikt uit de woeste dorheid van het Afrikaanse savannegebied plotseling een gigantische oase op: **Sun City** 3. Het is ongetwijfeld een van de merkwaardigste plekken op aarde, deze bijna ongelooflijke fantasiewereld met Afrikaanse ambiance, waar ieder jaar bijna 2 miljoen bezoekers naartoe gaan. De 'bouwer' van Sun City heet Sol Kerzner, een van de rijkste mensen in Zuid-Afrika. Toen deze succesvolle hoteleigenaar zijn plannen ontvouwde om in het volledig verarmde, toenmalige thuisland Bophuthatswana een luxehotel, een casino, een golfbaan, een kunstmatig meer en een amusementscomplex te bouwen, verklaarden de meeste mensen hem voor gek. Hij had het echter goed gezien, het succes van Sun City overtrof alle verwachtingen en het groeide uit tot het Las Vegas van Zuid-Afrika.

De ontstaansgeschiedenis van het in de jaren tachtig van de vorige eeuw gebouwde complex is intussen volledig achterhaald. Het werd toentertijd door artiesten geboycot, maar tegenwoordig treden er grootheden op als Johnny Clegg, Hugh Masekela en Mango Groove.

In de **Valley of the Waves** (60 rand toegang voor dagjesmensen) ligt het 6500 m² grote zwembad van de Roaring Lagoon, een kunstmatige lagune met turquoise water en een parelwit zandstrand. De golfslag is volledig computergestuurd. Elke 90 seconden komt er een *king surf*, een twee meter hoge golf: hydraulische kleppen worden opengezet en drukpompen persen enkele duizenden liters water uit het waterreservoir van vijf miljoen liter water naar een bovenliggende opslag, waaruit de watermassa in het bad golft. In deze droge omgeving maakt vooral het water veel indruk. Deze 'eenzame' stad heeft 10 miljoen liter water per dag nodig om te kunnen functioneren.

## Accommodatie

Een van 's werelds beste hotels – **Palace of the Lost City** 4 : zie Tip blz. 396.

## Eten en drinken

Verfijnde ambiance – **Villa del Palazzo**: The Palace, Sun City, Rustenberg, tel. 012 557 43 01, ma.–za. 6.30–22.30 uur. Topklasse Italiaans restaurant. Hoofdgerecht 180 rand.
Internationaal met Afrikaanse touch – **Crystal Court:** in het **Palace of the Lost City** 4 (zie blz. 396), tel. 012 557 31 11, dag. 6.30–11, 18.30–22.30 uur. Californisch geïnspireerde keuken, ontbijt, lunch, uitgebreide *five o'clock tea* en diner. Hoofdgerecht 150 rand.

## Uitstapjes vanuit de provincie Gauteng

### Vervoer
**Route:** van Johannesburg over de R 556 (160 km) of van Pretoria over de N 4/R 556 (140 km).

# Pilanesberg National Park ▶ 2, R 7

**Kaart:** rechts

Het malariavrije **Pilanesberg National Park** 5 ligt vlak bij Sun City, op een plek die aanzienlijk aan de populariteit ervan heeft bijgedragen. Als u in dit rustige savannelandschap staat, is het nauwelijks voorstelbaar dat miljoenen jaren geleden op deze plek een vulkaan, nog hoger dan de Kilimanjaro, tot uitbarsting kwam. De bijzondere omgeving is werkelijk ideaal voor het opzetten van een beschermd natuurgebied. Door de vele kloven en spleten en de afwisselde topografie ontstond een grote diversiteit in de vegetatie, die een rijke fauna voedt.

Binnen tien jaar werd deze regio, in het overgangsgebied tussen de droge westelijke Kalahariwoestijn en het vochtige Eastern Lowveld, van een overbegraasd agrarisch landschap tot een van de mooiste beschermde wildparken van Zuid-Afrika. Na de opening van het 580 km² grote park vond in 1979 de operatie Genesis plaats, waarin 7000 dieren naar Pilanesberg werden verhuisd.

Tegenwoordig komen er meer dan 35 grote zoogdiersoorten en 50 kleinere diersoorten voor. Hier leeft de op drie na grootste populatie witte neushoorns, en een gezonde populatie zwarte neushoorns. Andere grote wildsoorten die u hier kunt zien, zijn nijlpaarden die in het Mankwemeer voorkomen, olifanten, buffels en giraffen. In totaal lopen er 19 antilopesoorten in het Pilanesberg National Park rond, waaronder de impala, koedoe en waterbok, en verder ook de gemsbok of spiesbok, het Kaaps hartenbeest, de basterdgemsbok, de lierantilope, de duiker, de klipspringer en de steenbokantilope. Ook de roofdieren zijn vertegenwoordigd, zoals leeuwen, luipaarden, gevlekte hyena's, civetkatten, grootoorvossen, zadeljakhalzen en woestijnlynxen. De beste tijd om wild te kijken zijn de maanden april tot september.

Er zijn in totaal vijf verscholen vogelobservatieposten waar vogelvrienden hun geliefde studieobjecten van dichtbij kunnen bekijken. Er loopt een 180 m lange onderaardse tun-

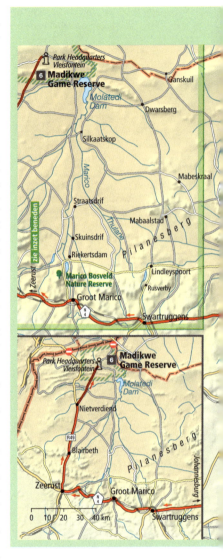

# Pilanesberg National Park

## De omgeving van Johannesburg en Pretoria (Tshwane)

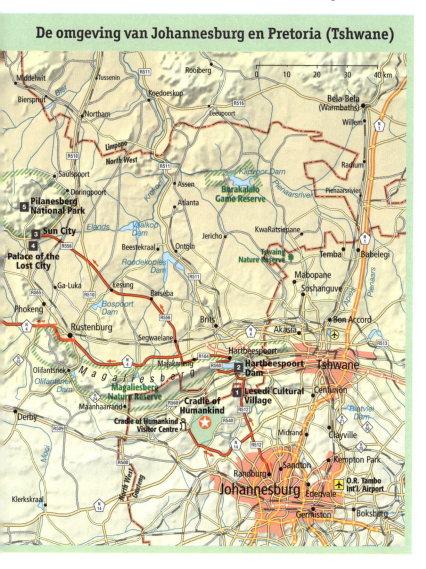

nel van **Kwa Maritane** (zie blz. 400) naar een schuilhut bij een drinkplaats. Er werden tot dusver ongeveer 350 verschillende vogelsoorten in het park geteld. U kunt met een gewone personenauto over het goede wegennet van onverharde landwegen door het park rijden. De *lodges* in het park organiseren wildobservatietours met open Landrovers, ook 's nachts, evenals ballonvaarten boven het nationale park.

## Informatie

**Pilanesberg National Park:** tel. 014 555 16 00, www.pilanesberg-game-reserve.co.za, volw.

## Uitstapjes vanuit de provincie Gauteng

65 rand, kinderen 20 rand, auto 20 rand, mrt.–apr. 6–18.30, mei–sept. 6.30–18, sept.–okt. 6–18.30, nov.–feb. 5.30–19 uur.

### Accommodatie, eten

Bij Manyane Gate, in de buurt van de hoofd- ingang, ligt **Camp Manyane** met een aantal chalets en een camping. Er is ook een restaurant, een kleine winkel en een tankstation. Ook bij het **Bakgatla Restcamp** kunt u chalets boeken. Het park heeft nog drie andere restcamps met safaritenten (Mankwe, Kololo en Metswedi). Reserveren van de accommodatie bij: **Pilanesberg National Park,** tel. 014 5 55 16 00, www.pilanesbergnational park. org.

Dicht bij de natuur – **Ivory Tree Lodge:** Bakgatla Gate, Pilanesberg National Park, tel. 014 556 81 00, www.ivorytreegamelodge.com. Stenen badkuipen en buitendouches roepen een intens oerwoudgevoel op. Er zijn 59 kamers en 4 suites met hemelbedden in deze rietgedekte lodge met houten vloeren. 2 pk met ontbijt vanaf 4845 rand.

Luxueus – **Kwa Maritane Lodge:** Motwase Rd., Pilanesberg National Park, tel. 014 552 51 00, www.kwamaritane.co.za. Luxueuze hotelkamers en chalets voor mensen die zelf koken, op slechts enkele kilometers afstand van de toegangspoort van het Pilanesberg Park. In het goede restaurant zijn ook niet-gasten welkom. Er worden Zuid-Afrikaanse gerechten geserveerd en ook wild (carpaccio van springbok!). Bij de hoofdlodge is een zwembad en een rotsklimwand. 2 pk met diner, logies met ontbijt vanaf 2900 rand (website-aanbiedingen).

Geweldig uitzicht – **Bakubung Bush Lodge:** Bakubung Gate, Pilanesberg National Park, tel. 014 552 60 00, www.bakubung.co.za. Luxe midden in de jungle. De kamers zijn Afrikaans ingericht en hebben prachtig uitzicht over het reservaat. Er zijn een restaurant, een natuurlijk rotszwembad en sportterreinen; safari's in een open terreinauto met een parkwachter. 2 pk met ontbijt vanaf 3045 rand.

### Vervoer

Het Pilanesberg National Park heeft drie ingangen. De zuidelijke ingang, **Bakubung,** ligt op 175 km van Johannesburg en is over de R 565 via Sun City te bereiken. De **Bakgatla Gate** bereikt u vanaf Northam en Thabazimbi. De hoofdingang is **Manyane Gate** in Mogwase en is bereikbaar vanaf de hoofdweg tussen Rustenburg en Thabazimbi.

## Madikwe Game Reserve ▶ 2, P/Q 5/6

**Kaart:** blz. 399
*www.madikwe-game-reserve.co.za*
Nordwestelijk van Pilanesberg en eveneens in de Northwest Province ligt pal tegen de grens met Botswana het in 1991 gestichte, malariavrije **Madikwe Game Reserve** 6 . Met een oppervlakte van 750 km² is het het op drie na grootste natuurreservaat van het land: de olifantendichtheid is alleen in het Kruger Park groter.

### Accommodatie

Chique safari – **Jaci's Lodges:** Madikwe Game Reserve, vanaf Zeerust over de R 505, tel. 018 778 99 00, www.madikwe.com. Aan de westelijke grens van het wildreservaat Madikwe, op ongeveer 4 uur rijden van Johannesburg, liggen **Jaci's Safari Lodge** en **Jaci's Tree Lodge** met hun prachtig Afrikaans ingerichte kamers. Behalve de Big Five zijn hier ook jachtluipaarden en wilde honden te zien. Voor kinderen zijn er aparte safariprogramma's. 2 pk met volpension en *wild tours* vanaf 3295 rand.

Rustiek – **Mosetha Bush Camp:** reserveren via tel. 011 444 93 45, www.thebushcamp.com. Alternatieve accommodatie voor de chique Jaci's Lodges. 2 pk met volpension en *wild tours* vanaf 3500 rand.

Voordelig – **Madikwe Farmhouse:** reserveren via tel. 011 805 99 95, www.madikwecollection.com. De voordeligste mogelijkheid om in het Madikwe Game Reserve de nacht door te brengen. 2 pk voor mensen die zelf voor hun maaltijden zorgen vanaf 1750 rand, inclusief *wild tours*.

*Witte neushoorns in het Madikwe Game Reserve*

# Door Limpopo naar het Krugerpark

**Het Krugerpark, een van de beroemdste natuurreservaten van Afrika, is bijna synoniem aan Zuid-Afrika. U kunt er met een huurauto doorheen rijden of op safari gaan. Een andere mogelijkheid voor een intense wildlife-belevenis vindt u in de Private Game Reserves (particuliere wildreservaten) rond het Krugerpark. Bovendien kunt u in deze omgeving genieten van de prachtige natuur.**

Wanneer u over de N 1 in noordelijke richting Johannesburg en Tshwane (Pretoria) verlaat, rijdt u al snel het verstedelijkte gebied van Gauteng uit. De provincie Limpopo ten noorden van Gauteng is duidelijk minder dichtbevolkt. De drukke en goed onderhouden N 1 die in noordoostelijke richting naar het buurland Zimbabwe loopt, is de belangrijkste verkeersader van Zuid-Afrika.

## Waterberge ▶ 2, S 4/5

**Kaart:** blz. 404/405

In de loop van de jaren zijn veel rundveeboerderijen in de in het westen gelegen **Waterberggestreek** 1 tot *wild farms* en wildreservaten getransformeerd. Dit 15.000 km$^2$ grote gebied wordt geflankeerd door een imposante, steil oprijzende bergketen. Het verlaten savannelandschap is toeristisch nog nauwelijks ontsloten, in de regentijd hebben de rivieren vaak hoog water en zijn veel wegen onbegaanbaar. De belangrijkste attractie zijn safari's in het *bushveld* met zijn gevarieerde fauna.

### Accommodatie, eten

Heerlijk rustig – **Ant's Hill & Ant's Nest:** Waterberg (routebeschrijving op de website), tel. 014 7 55 42 70, www.waterberg.net. Twee uiterst rustig gelegen, Afrikaanse lodges. Voortreffelijk eten. Ant's Collection is beroemd om zijn uitstekende safari's te paard. 2 pk met alle activiteiten en maaltijden vanaf 7500 rand.

## Over de Magoebaskloof Pass naar het Krugerpark

**Kaart:** blz. 404/405

## Polokwane ▶ 2, V 4

**Polokwane** 2 (vroeger Pietersburg) is de hoofdstad van de provincie Limpopo (voorheen Northern Province of Noord-Transvaal). Deze stad ligt in de conservatiefste streek van Zuid-Afrika. Toen Frederik de Klerk bij het beroemde referendum in maart 1992 de vraag stelde of hij zijn liberale politiek moest voortzetten, stemde de bevolking unaniem tegen. De noordelijke provincie is de bakermat van de AWB, de Afrikaner Weerstandsbeweging, een Boerenvereniging die als herkenningsteken hakenkruisachtige symbolen op hun kakikleurige hemden dragen. De AWB is sinds de verkiezingen in 1994 niet meer in het openbaar opgetreden, maar de partij bestaat nog steeds. Polokwane heeft een provinciaal imago, maar probeert aantrekkelijk te zijn voor toeristen.

### The Irish House Museum

*Hoek Thabo Mbeki/Market St.,*
*tel. 015 290 21 82, ma.–vr. 9–16, za. 9–12 uur,*
*toegang gratis*

Het **Irish House** met foto's en museumstukken over de geschiedenis van Zuid-Afrika van

Over de Magoebaskloof Pass naar het Krugerpark

*Theeplukken in de plantages bij Tzaneen*

het stenen tijdperk tot heden, is een bezoek waard. De naam is misleidend, omdat het huis door de Duitser August Julius Möschke in geprefabriceerde bouwelementen uit Duitsland werd geïmporteerd nadat zijn winkel was afgebrand in 1906. Het is een klassiek, laatvictoriaans gebouw, met typische smeedijzeren versierselen. Daarnaast heeft het een ranke klokkentoren en een weerhaan.

In de Eerste Wereldoorlog werd Möschke, zoals alle Duitsers in Zuid-Afrika, geïnterneerd. Toen hij mocht terugkeren, was zijn zaak failliet en moest hij zijn mooie huis verkopen. De nieuwe eigenaar James Jones herdoopte het in Irish House.

### Hugh Exton Photographic Museum
*Tel. 015 290 21 86, 9–15.30 uur*
Tegenover het Irish House ontstond aan het begin van de 20e eeuw, dankzij de plaatselijke fotograaf Hugh Exton, het beste historische fotoarchief van een kleine Zuid-Afrikaanse gemeenschap. Hij legde vanaf de stichting in 1886 de eerste 50 jaar van Pietersburg vast. 23.000 van zijn glasnegatieven zijn hier opgeslagen, van de mooiste zijn zwartwitafdrukken te bewonderen in het museum.

### Informatie
**Polokwane Marketing Company:** hoek Landdros Maré/Bodenstein St., tel. 015 295 20 11, www.polokwane.info, informatie over de provincie Limpopo.

## Door Lebowa ▶ 2, V/W 4

De weg naar het Krugerpark loopt vanaf Polokwane naar het oosten. Over de R 71 rijdt u met een personenauto bijna rechtstreeks naar de ingang bij Phalaborwa. Op het traject van Polokwane naar de subtropische, groene heuvels vindt u het 'echte' Afrika: geen verkeersbord duidt aan waar het vroegere thuisland **Lebowa** is, maar het is direct duidelijk waar 'blank' gebied ophoudt en 'zwart' gebied begint. Zonnestralen dansen door het stof, dat opwervelt door de vele mensen en het vrij rondlopende vee.

## Magoebaskloof ▶ 2, V 4

Onverwachts draait de weg met enkele haarspeldbochten omhoog, de warme lucht koelt af en het landschap wisselt van kleur als een kameleon. Na enkele kilometers is het ongelooflijk groen. Vanaf **Haenertsburg** lopen

# Waterberge en het noordelijke Kruger National Park

twee wegen naar Tzaneen en de beslissing welke u moet volgen, is niet gemakkelijk. Wie de tijd heeft, moet beslist de hele ronde van in totaal slechts 60 km rijden.

## Over de Magoebaskloof Pass

Naar links loopt de weg via de Forest Drive naar een pas: behalve de **Magoebaskloof Pass 3** ligt in het noordelijkste deel van de Drakensberge een van de mooiste bergpassen van Zuid-Afrika. Langs de geërodeerde hellingen tussen Haenertsburg en Tzaneen gaat deze omlaag en daalt daarbij 600 m in 5,5 km.

Direct achter het oude De Hoek Forest Station, waar de wandelpaden naar de Magoebaskloof beginnen, loopt de weg naar links naar de **Debegeni Falls 4**. Een vertakking van de Politsi River stort daar 24 m omlaag in een bassin waar uitstekend gezwommen kan worden. Het is geen goed idee om de gladde rotsen als glijbaan te gebruiken, want bij dit schijnbaar ongevaarlijke spelletje zijn al enkele mensen om het leven gekomen. Terug op de hoofdweg richting Tzaneen strekken zich theeplantages uit. Uit de verte lijkt de bonte kledij van de pluksters wel uitgestrooide confetti op een groen tapijt.

## Door de Letaba Valley

Een alternatieve route gaat vanaf Haenertsburg naar rechts, via de George's Valley Road door het **Letabadal** naar Tzaneen. In de Letaba Valley loopt de weg door uitgestrekte bananen-, mango- en citrusplantages. De rijpe vruchten worden langs de kant van de weg in fruitstalletjes, *farmstalls*, tegen lage prijzen aangeboden. Langs de hellingen in het dal staan eindeloze rijen naaldbomen. De Forest Drive loopt 20 km lang door dichte naaldboombossen en het Grootbos Forest, het grootste inheemse bos ten noorden van de Vaal River. Er komt hier een groot aantal boomsoorten voor: geelhout- *(yellowwood)*, stinkhout- *(stinkwood)*, citroenhout- *(lemonwood)*, ijzerhoutbomen *(ironwood)* en vaderlandswilgen *(bushwillows)*. In de bossen leven dieren als samangoapen *(samango monkeys)*, rode duikers *(red duiker)*, bosbokken *(bushbuck)*, luipaarden *(leopard)* en een populatie boszwijnen *(bushpig)*. Het bos is met de tot dusver 300 waargenomen vogelsoorten een

## Over de Magoebaskloof Pass naar het Krugerpark

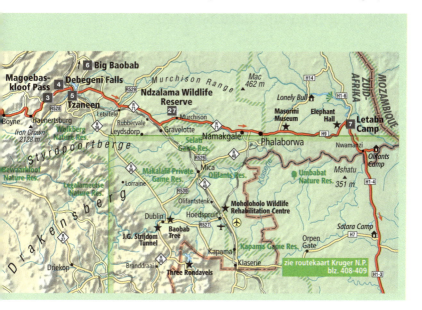

paradijs voor vogelliefhebbers. De belangrijkste soorten zijn de kroonarend *(crowned eagle)*, de Afrikaanse havik *(African goshawk)*, de toerako *(knysna lourie)*, de bruine en gestreepte loofbuulbuul *(terrestrial* en *yellowstreaked bulbul)*, de Rands lawaaimaker en het sterrenpaapje *(chorister* en *starred robin)*, de Afrikaanse paradijsmonarch *(paradise flycatcher)* en de bosklauwier *(blackfronted bushshrike)*.

### Tzaneen en Big Baobab

*Big Baobab: Sunland Farm, 14 km van Tzaneen over de de R 71 tot Modjadjiskloof, vervolgens 6 km over de Leeudraai Rd, tel. 015 3 09 90 39, www.bigbaobab.co.za, dag. 7–17 uur, toegang 20 rand. Hier worden ook quadbiketochten aangeboden (250 rand per uur).*

**Tzaneen** 5 ligt in een aantrekkelijke omgeving, maar de plaats zelf is niet interessant genoeg voor een langer verblijf. In plaats daarvan kunt u beter naar het noorden doorrijden, naar de grootste apenbroodboom ter wereld, de **Big Baobab** 6 . Deze enorme boom is naar schatting 1700 jaar oud. In de boom is een Engelse pub gebouwd met alles erop en eraan. De eigenaars van de Sunland Farm verhuren hun hoeve ook voor bruiloften. Wie wil dat nu niet: trouwen in Zuid-Afrika's grootste apenbroodboom? Vlak bij de boom zijn ook enkele chalets om in te overnachten.

### Informatie

**Tzaneen Tourist Information:** Agatha St., tel. 083 309 69 01, www.tzaneeninfo.com. Informatie over accommodatie en vrijetijdsbesteding in de provincie Limpopo.

### Accommodatie

Historisch koetsstation – **Coach House & Agatha Spa:** aan Old Coach Road, Agatha, tel. 015 306 80 00, www.coachhousehotel-limpopo.com. Schitterend gelegen, luxueus landhotel op 15 km ten zuiden van Tzaneen. Vanuit alle 41 kamers – en vanuit het zwembad – hebt u een geweldig uitzicht op de Drakensberge. Alle kamers hebben een open haard om aan te steken op koele, nevelige avonden, die in de Limpopo Province zelfs in de zomer regelmatig voorkomen. 2 pk met ontbijt vanaf 1599 rand.

Grande dame – **Magoebaskloof Hotel:** aan de R 71 tussen Polokwane en Tzaneen, tel. 015

# Paul Kruger en zijn nationaal park

Tegen het einde van de 19e eeuw, in een tijd zonder groene partijen of Greenpeace, maakten sommige Afrikanen zich zorgen omdat het aantal wilde dieren door de jacht drastisch afgenomen was. De boeren zagen antilopen als lastige voedselconcurrenten voor hun rundvee, en roofdieren als leeuwen, luipaarden en cheeta's werden door velen als levensgevaarlijk beschouwd.

De Volksraad van de Zuid-Afrikaanse republiek werd door de bevolking onder druk gezet en diende een wetsvoorstel in om een deel van het oude Transvaal Lowveld tot beschermd gebied te verklaren. Op 26 maart 1898 was het zover. De Volksraad nam een wet aan waarbij het gebied tussen de Crocodile River en de Sabie River tot beschermd natuurgebied werd verklaard onder de naam Sabie Game Reserve. De basis voor het latere Kruger National Park was gelegd.

Maar de man wiens naam het park draagt, de Boerenpresident en onbekommerde jager op groot wild Paul Kruger, had niets op met natuurbescherming. Wilde dieren interesseerden hem alleen in de vorm van *biltong*-vlees, dus gedroogd en pittig gekruid. Om sympathie te winnen, drong de eerste parkwachter, James Stevenson-Hamilton, aan op de naam Kruger bij de oprichting van het bij Afrikaanse jachtliefhebbers weinig populaire beschermde natuurgebied.

Uit dit bescheiden begin, met één parkwachter en een paar wildhutten, is in honderd jaar een bedrijf met bijna 600 werknemers ontstaan. In een gebied zo groot als België was een goed wildmanagement en natuurbeheer noodzakelijk: door het gecontroleerde afschieten van bepaalde diersoorten *(culling)*, het afbranden van stukken bos, het aanleggen van kunstmatige drinkplaatsen, en met maatregelen tegen het stropen *(anti-poaching)*. Nieuwe inzichten op ecologisch gebied zorgden voor een andere benadering van het probleem. Zo wordt tegenwoordig alleen ingegrepen om de menselijke invloeden ongedaan te maken, wat wordt aangeduid als een 'natuurlijke' ingreep.

Het afbranden van bosgebieden werd in de afgelopen honderd jaar vooral toegepast om de structuur van de vegetatie en het woongebied van dieren te beïnvloeden. In eerste instantie werd alles platgebrand wat branden wilde, vooral in de herfstmaanden. Later kwam hier een roterend brandprogramma voor in de plaats. Tegenwoordig laten de beheerders natuurlijke, door blikseminslag veroorzaakte branden uitwoeden en worden alleen de door mensen veroorzaakte branden geblust. Bezoekers die door het park rijden, zien overal het resultaat: een lappendeken van afgebrande en niet afgebrande stukken bos. Hierdoor wordt de soortenrijkheid van de flora positief beïnvloed.

Kunstmatige drinkplaatsen worden tegenwoordig alleen ingericht waar de natuur de meeste tijd van het jaar voor de watertoevoer zorgt. Waterpoelen bij beekjes en natuurlijke bronnen krijgen daarom in het droge seizoen extra water door het aanleggen van boorputten met windmolens.

Een heel belangrijk en voor buitenstaanders vaak onbegrepen middel voor wildbeheer is het gecontroleerde afschieten van dieren *(culling)*. Allereerst worden roofdieren afgeschoten, om daarmee het bestand prooidieren zoals antilopen, zebra's en giraffen weer op peil te laten

*Op safari in het Kruger National Park*

komen. Dat leidt onvermijdelijk tot een bevolkingsexplosie onder de graseters, die op hun beurt moeten worden afgeschoten. Uit onderzoek is gebleken dat in een gebied ter grootte van het Krugerpark de wildpopulatie zich aanpast aan de natuurlijke omstandigheden. Alleen bij olifanten, die bij een dreigend voedselgebrek door overpopulatie naar afgelegen gebieden afdwalen – wat door de hekken rond het gebied verhinderd wordt – geldt dit niet. Zij zijn de enige diersoort in het park waarvan het bestand moet worden gecontroleerd door het weinig populaire *culling*, met andere woorden afschieten, of door het overplaatsen naar andere beschermde wildgebieden. Zo worden hele olifantenfamilies met behulp van diepladers of vliegtuigen naar andere reservaten getransporteerd.

Sinds de oprichting van het park zijn al maatregelen van kracht om het stropen tegen te gaan. Vroeger vond de stroperij uitsluitend plaats vanwege de behoefte aan vlees. Toen kwamen er modernere wapens en efficiëntere jachtmethodes. Bij de commerciële stroperij gaat het om de hoorns van neushoorns en om het ivoor van de slagtanden van olifanten. Daarom zien bezoekers soms parkwachters op motoren, met semiautomatische wapens op schoot. Dat verhoogt hun mobiliteit bij het achtervolgen van stropers. Bovendien infiltreren parkwachters in stroperskringen buiten de beschermde wildgebieden en voorkomen daarmee dat deze het park binnendringen. Desondanks doodden stropers in 2015 1175 neushoorns in Zuid-Afrika, waarvan de meeste in het Kruger Park. Hoewel vanuit Mozambique binnendringende stropers keer op keer door leeuwen worden verscheurd, keren ze door de exorbitante bedragen die voor de hoorns worden neergeteld steeds weer terug. Rangers maken er inmiddels korte metten mee en schieten ze neer in de hoop dat het zo ophoudt.

Door Limpopo naar het Krugerpark

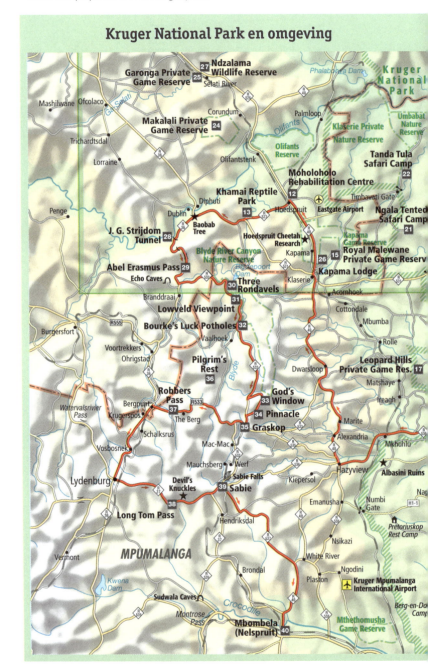

# Kruger National Park

276 54 00. Na een brand enkele jaren geleden kreeg het voorheen verwaarloosde hotel nieuw leven ingeblazen, met geweldig uitzicht op de bergen, een groot zwembad en een goed restaurant. 2 pk met ontbijt vanaf 1590 rand.

## Kruger National Park
▶ 2, X/Y 1–7

**Kaart:** links; blz. 404

Het goede wegennet van het park en de vele *camps* maken een tocht op eigen gelegenheid door het Krugerpark eenvoudig. Bezoekers moeten echter geen wildreservaat in de betekenis van een safaripark verwachten. In dit uitgestrekte gebied lijken de dieren enigszins 'verloren' rond te lopen. In plaats van in één stuk door te rijden en het hele park in korte tijd te bekijken, is een langer verblijf in een *camp* met een aantal dagtochten aan te raden. Met behulp van de in alle boekwinkels en parkshops verkrijgbare landkaart van het Krugerpark kunt u alle drinkpoelen en plekken aan de weinig voorkomende riviertjes bezoeken waar het de moeite loont om een tijdje te wachten.

Het Krugerpark laat zich grofweg in drie delen opsplitsen. In het zuiden is het meeste wild, maar ook in het centrale deel zijn wilde dieren te zien. Bovendien liggen hier twee van de fraaiste *parkcamps*, Olifants en Letaba. In het noorden zijn duidelijk minder dieren en daardoor ook bijna geen toeristen, dus een goed gebied voor natuurliefhebbers. Het zuiden, schertsend ook wel het circus genoemd, is het drukst bezochte deel.

Als u aan een parkwachter of aan een goed geïnformeerde Zuid-Afrikaan vraagt waar de beste plekken in het Krugerpark zijn om wild te observeren, dan zal het antwoord in de meeste gevallen '**H 4 tussen Lower Sabie en Skukuza**' luiden. Dit gebied ligt in het zuidelijke deel van het park. Dit overal met acacia's begroeide, vochtige savannegebied is het vruchtbaarste deel van het hele park. Wie hier een tijdje blijft, moet wel erg veel pech

## Door Limpopo naar het Krugerpark

hebben om geen olifanten, witte neushoorns, giraffen, buffels, nijlpaarden, koedoes, bosbokken, impala's, gnoes, zebra's, luipaarden, hyena's of hyenahonden te zien. Minder veel voorkomend, maar wel regelmatig te zien, zijn zwarte neushoorns en jachtluipaarden.

In het Krugerpark mogen bezoekers zelf rondrijden en, uitsluitend overdag, op fotojacht. U kunt met een eigen personenwagen de fauna en flora bekijken. Daarnaast bestaat een andere mogelijkheid om wild te kijken: in het westelijke en centrale deel van het Krugerpark liggen de particuliere wildreservaten *(private game reserves)* waar wildobservatietochten *(game drives)* met parkwachters en spoorzoeken in open Landrovers worden aangeboden.

Het is aan te raden om een trip naar het Krugerpark te combineren met een bezoek aan een aangrenzend particulier reservaat. Deze waren tot 1994 door hekken van het Kruger National Park afgescheiden, maar inmiddels zijn deze allemaal verwijderd om een groot samenhangend natuurgebied te creëren. De *camps* zijn weliswaar erg prijzig, maar voor een of twee nachten zou u zich dit *lodge*-safarigevoel – als het enigszins mogelijk is – tijdens uw reis door Zuid-Afrika eigenlijk moeten gunnen.

## Op safari in het Kruger Park

De hier beschreven tour gaat eerst door het Lowveld van het Kruger National Park en vervolgens het park uit naar het Highveld. De R 71 vanuit Polokwane (waar de R 40 in zuidelijke richting afbuigt naar enkele particuliere wildreservaten die in de omgeving van het park liggen, zie blz. 418), leidt direct naar de ingang Phalaborwa van het nationaal park, waar bezoekers entree moeten betalen en een gedetailleerde landkaart kunnen kopen waarop alle drinkwaterpoelen en niet geasfalteerde landwegen en zijpaden staan aangegeven.

Vanaf het hek bij Phalaborwa leidt de H 9 naar het **Letaba Camp** 7 een van de mooiste van het hele park. De in een halve cirkel gebouwde chalets kijken vanuit de hoogte neer op de Letaba River. Zuidelijk van

Letaba begint het centrale deel van het park, door het open grasland een ideaal jachtgebied voor de grote katten. De helft van alle leeuwen woont in dit gebied, wat niet verwonderlijk is, want hier grazen in de winter grote kudden impala's, zebra's, gnoes, buffels en giraffen.

Vanaf het aantrekkelijke **Olifants Camp** 8 hebt u een fantastisch uitzicht op de bre-

# Kruger National Park

*Makalali Game Reserve: een lodge met een opvallende architectuur*

de watervlakte van de gelijknamige rivier. In de talrijke natuurlijke poelen die door de wateraanvoer van de Olifants River zijn ontstaan, vinden luid grommende nijlpaarden afkoeling, terwijl op de rotsen ernaast krokodillen een zonnebad nemen. In dit vochtige gebied leven grote kudden olifanten. Ook leeuwen, antilopen en buffels zijn vaak in de omgeving van de Olifants River te zien.

Dan gaat de trip verder zuidwaarts. **Satara** 9, het op een na grootste *camp* in het park, ligt eveneens in een goed 'leeuwengebied'. De steenslagweg die langs de rivieren Timbavati, Nuanetsi en Sweni loopt, biedt goede mogelijkheden om naar het wild te kijken.

**Tshokwane** 10 is een van de picknickplaatsen in het Krugerpark waar toeristen

Door Limpopo naar het Krugerpark

# WANDELSAFARI'S IN HET KRUGER NATIONAL PARK

## Informatie

**Begin:** *Restcamps* in het Kruger National Park
**Duur:** elk 2 dagen (3 nachten)
**Lengte:** circa 20 km per dag
**Deelnemers per groep:** max. 8 personen
**Kosten:** vanaf 4100 rand p. p. (inclusief door een kok bereide maaltijden
**Leeftijd:** geen kinderen jonger dan 12 jaar
**Belangrijk:** de *wilderness trails* lopen door zeer afgelegen gebied. Wie aan een van de wandelsafari's deelneemt, wil de bewoonde wereld inderdaad achter zich laten. Daarom zijn er geen mobiele telefoons, radio's, mp3-spelers of generatoren toegestaan. Alcoholische drank dient u zelf mee te nemen. Een antimalariamiddel wordt aanbevolen. De aanwijzingen van de begeleidende parkwachter moet u beslist opvolgen. *Wilderness trails* beginnen altijd op zo. en wo. om 15.30 uur bij de hoofd-*camps*. **Informatie** vindt u op de **website** www.krugerpark.co.za/Specialist_Safari_Tours-travel/wilderness-trails-kruger.html.

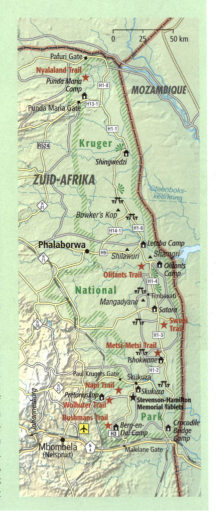

Op dit moment zijn er zeven zogenoemde *wilderness camps* in het Kruger National Park. Het *camp* bij de eerste trail, **Wolhuter**, werd al in juli 1978 in het zuidwestelijk deel van het park gebouwd. Het was van meet af aan zo populair, dat er twee andere werden geopend: **Olifants**, aan de oostzijde van de Olifants River, en **Nyalaland** tussen Punda Maria en Pafuri in het noorden van het park. Hierna volgden **Bushmans**, **Metsi Metsi**, **Sweni** en **Napi**. Stuk voor stuk zijn ze rustiek en spartaans ingericht en beschikken ze niet

# Wandelsafari's in het Kruger National Park

over electriciteit. Elk *camp* bestaat uit vier hutten voor telkens twee personen. Voor beddengoed en handdoeken wordt gezorgd.

**Bushmans Trail:** in het zuidwesten van het park gelegen, wordt deze *trail* gekenmerkt door diepe, stille dalen en hoge rotsformaties met spectaculaire vergezichten. De afgelegen dalen bieden de bezoeker ongerepte natuur. Vanaf de uitzichtpunten kijkt de groep 's ochtends uit naar wilde dieren. Het rotsachtige landschap is ideaal om grote dieren van tamelijk nabij te kunnen zien. Olifanten en neushoorns hebben prachtige paden gemaakt, waarover het heerlijk lopen is. De antilopensoorten die u hier kunt tegenkomen zijn koedoe, klipspringer en bergrietbok. Een ander belangrijk hoogtepunt zijn de rotstekeningen, die u tijdens de wandeling kunt bezichtigen. De trail begint bij het **Berg-en-Dal Restcamp**.

**Metsi-Metsi Trail:** in het oostelijk deel van het park gelegen, niet ver van de **picknickplaats Tshokwane**. De *trail* begint bij het *camp* **Skukuza**. De Lindandavlaktes staan bekend om hun grote kuddes dieren. Hier voelt u zich een beetje als de eerste mensen die naar dit gebied kwamen. In dit deel van het park leven veel punt- en breedlipneushoorns, en verder ook jachtluipaarden en leeuwen, wat regelmatig tot flinke botsingen kan leiden. Vanaf de vlaktes voert de *trail* verder naar de Nwaswitsontso River, waar vooral in de droge tijd talloze dieren komen drinken.

**Napi Trail:** deze *trail* loopt door het granietlandschap tussen de *restcamps* **Pretoriuskop** en **Skukuza**. Door dit gebied stromen de Mbyamithi River en de Napi River. Langs de oevers van beide rivieren liggen aantrekkelijke wandelpaden met fantastisch grote bomen. De kans om in dit deel van het park grootwild tegen te komen (ook neushoorns!) is heel erg groot. Het *camp* staat bekend om de geweldige concerten van dierengeluiden die er 's nachts te horen zijn en ligt aan de samenloop van de Mbyamithi en de Napi, er zijn mogelijkheden om te overnachten in tenten met een eigen toilet en douche.

**Nyalaland Trail:** het meest afgelegen *camp* van allemaal ligt in het noordwesten van het park tussen **Punda Maria** en **Pafuri** met de spectaculaire kloven Lanner Gorge en Levhuvhu Gorge. Het *camp* ligt verscholen bij de Madzaringwe River – met op de achtergrond de hoog opdoemende toppen van de Soutpansberge. Voor vogelobservatie is deze streek de geschikste van het hele land. Er staan ook veel eeuwenoude apenbroodbomen. In combinatie met de grote kans om de Big Five hier tegen te komen, springt dit *camp* er echt uit.

**Olifants Trail:** gelegen op de oever van de Olifants River, is deze *trail* populair vanwege zijn afgelegen dalen en kloven, waar de rivier door de Lebombo Mountains stroomt. De Olifants River en Letaba River zijn de belangrijkste hoogtepunten. Hier leven veel nijlpaarden en krokodillen. Het voor Afrika kenmerkende gekrijs van de visarend is dicht bij het water telkens weer te horen.

**Sweni Trail:** de grootste attractie is de **Sweni River** die door een doornbossavanne stroomt. Naar de oevers van deze rivier komen grote kuddes dieren, wat natuurlijk ook de roofdieren aantrekt – een hoogtepunt van de *trail*. Het gebrul van de leeuwen is 's nachts op kilometers afstand te horen en is een onvergetelijke gewaarwording. De nachtelijke sterrenhemel is hier niet minder indrukwekkend.

**Wolhuter Trail:** deze *trail* in het zuidwesten van het park is vernoemd naar Harry Wolhuter en zijn zoon Henry, twee van de eerste parkwachters. Met de hoge granietrotsformaties, diepe dalen en vlakke, lichtelijk glooiende gedeelten is dit een spectaculair landschap. Het is ook het gebied van de legendarische Jock of the Bushveld en de beroemde, imiddels ook verfilmde roman *Jock of the Bushveld* speelt zich hier af. De kans om neushoorns te zien is uiterst groot, ook zijn er olifanten en buffels. De in 1978 uitgezette Wolhuter Trail is het oudste wandelpad in het Kruger National Park.

*Door Limpopo naar het Krugerpark*

hun auto mogen verlaten. Hier is een kiosk waar drankjes en snacks worden verkocht. Een prettige plaats voor het ontbijt of de lunch.

**Skukuza** 11 , aan de naar rechts buigende H 4, lijkt in vergelijking hiermee op een lawaaierig kermisterrein. Dit *camp*, waar wel 1000(!) gasten een accommodatie kunnen vinden, lijkt bijna op een drukke stad, inclusief een landingsbaan, een tankstation en een aantal winkels, waar u onder andere het Zuid-Afrikaanse gedroogde *biltong*-vlees kunt kopen. Als het werkelijk aan Paul Kruger had gelegen, dan waren waarschijnlijk alle dieren in 'zijn' park zo aan hun einde gekomen. Skukuza ligt in het centrum van het beste gebied om dieren te kijken.

Ten noorden van Skukuza gaat het nationale park sinds 1994 zonder hekwerk over in een particulier reservaat met luxueuze accommodatie. In het **Sabie-Sand-Komplex** liggen de bekendste hiervan: Mala Mala, Londolozi en Sabie. Hier is het zien van de Big Five – de leeuw, de luipaard, de neushoorn, de olifant en de buffel – bijna gegarandeerd. De parkwachters die onderling radiocontact onderhouden, rijden met de toeristen in open terreinwagens rond. Niet ver van Skukuza, bij de Paul Kruger Gate, eindigt de reis door het Kruger National Park.

# Bezienswaardige dierparken

## Moholoholo Rehabilitation Centre
*Tel. 015 795 52 36, www.moholoholo.co.za*
In Hoedspruit aan de R 40, ten westen van Klaserie, ligt het **Moholoholo Rehabilitation Centre** 12 . Gewonde en door boeren vergiftigde wilde dieren worden hier opgenomen en behandeld tot ze weer helemaal gezond zijn. In Moholoholo lukte het voor het eerst om de in 'gevangenschap' levende en met uitsterven bedreigde kroonarend te laten broeden. Als het mogelijk is worden vogels en andere dieren die genezen zijn in de vrije natuur teruggezet. Het Moholoholo Wildlife Rehabilitation Centre is ook een scholingsinstituut, waar lessen over de Afrikaanse fauna worden gegeven aan groepen kinderen.

## Khamai Reptile Park
*Tel. 015 283 52 03, www.khamai.co.za, dag. 8–17 uur*
Ten westen van Hoedspruit rijdt u naar het **Khamai Reptile Park** 13 . Slangen, spinnen, leguanen, schorpioenen, schildpadden en krokodillen leven hier in terraria, die zo veel mogelijk op hun natuurlijke omgeving lijken. De uiterst giftige zwarte mamba's hebben zelfs hun eigen kleine waterval. Er zijn regelmatig demonstraties voor schoolkinderen, om te laten zien wat ze het best kunnen doen als ze in de buurt van een slang komen.

## Accommodatie
In het Kruger Park zijn de volgende **staatscamps** beschikbaar:

Staatscamps – **Berg-en-dal:** ligt het dichtst bij de S110. Zeer geschikt voor gezinnen met kinderen en voor gehandicapten. Uitzicht op het stuwmeer dat de Matjulu River reguleert; weinig wild. **Crocodile Bridge:** ligt het dichtst bij de H-4-2. In het zuidoosten van het park, vlak bij de grens met Mozambique. Uitzicht over de Crocodile River. Grote poel met nijlpaarden; Sanrotstekeningen aan het einde van de S 27; goede plek om wild te zien. **Letaba:** het dichtst bij de H-9. Dit door palmen en mahoniebomen omzoomde camp ligt in een bocht van de prachtige Letaba River, waar zich vaak nijlpaarden, waterbokken en luipaarden ophouden, meestal een goede plek om wild te kijken. **Lower Sabie:** langs de H-4-1. Aan de Sabie River, niet ver van de Mlondozi Dam en de Nhlanganzwani Dam. Door de savannen met marulabomen hebt u in deze omgeving een goede kans om nijlpaarden, leeuwen, sabelantilopen, knobbelzwijnen, neushoorns, jakhalzen, jachtluipaarden en andere dieren te zien. De nachtelijke tochten die hier door parkwachters worden georganiseerd, zijn zeker de moeite waard. Net als Letaba een bijzonder aan te bevelen camp. **Mopani:** Langs de H-1-6. Aan de Tsendze River, met schitterende vergezichten. Rijke ve-

# Kruger National Park

## STAATSCAMPS

In totaal 4000 bedden, die vooral in vakantieperiodes helaas vaak volgeboekt zijn. Vroeg reserveren is aan te raden, indien mogelijk een jaar van tevoren. De *camps* kunnen het gemakkelijkst en per direct online worden gereserveerd bij **South African National Parks**, www.sanparks.org. Bij het bezoek aan het park moet u een reserveringsbevestiging laten zien. Telefoon in het park: 013 735 56 11, Toegang volw. 264 rand, kinderen 132 rand.

**Wilderness camps:** deze kampen zijn kleiner en meestal iets eenvoudiger dan de staatskampen en beschikken over de volgende overnachtingsmogelijkheden (kosten zijn aangegeven per nacht; actuele prijzen op www.sanparks.org).
**Camping:** zowel voor tenten als campers. De meeste plaatsen hebben stroomaansluiting. Vanaf 220 rand per plaats voor twee personen, maximaal zes personen.
**Bungalows:** met een woon- en een badkamer, sommige voorzien van een gedeelde keuken, andere met een eigen keukenblok, vanaf 1100 rand. Twee tot zes bedden per bungalow.
**Family Cottage:** slaap-, woon- en badkamer, keuken, vanaf 1700 rand. Vier tot zes bedden per cottage.
**Guest House:** slaap-, woon- en badkamer, bar, vanaf 3200 rand. Zes tot 12 bedden per guest house.
**Safari Tent:** constructies van hout en tentdoek, met badkamer, sommige met een gedeelde keuken, andere compleet ingericht en vrij comfortabel, vanaf 850 rand. Twee tot vier bedden per tent.
**Guest Cottage:** slaapkamer met tenminste twee badkamers en een compleet ingerichte keuken, vanaf 1650 rand. Vier tot zes bedden per cottage.
**Bushveld Camp Cottage:** slaap-, woon- en badkamer, keuken, vanaf 1200 rand. Per cottage zijn er twee bedden en twee ligbanken.

getatie van mopanebos en zoete grassoorten. Goede kans om hier olifanten, buffels, steenbokken, jachtluipaarden en leeuwen te zien. **Olifants:** langs de H-8. Veel bezoekers vinden dit het mooiste camp in het park, vooral door het fantastische uitzicht over de Olifants River. Het camp ligt hoog op de rotswand, de rivier stroomt door het dal eronder. In de natuurlijke waterpoelen zijn bijna altijd wel nijlpaarden te zien. **Orpen:** langs de H-7, een tamelijk klein camp bij de parkingang Orpen Gate. Veel planten en boomsoorten, zoals marulabomen en acacia's, minder goede mogelijkheden om wilde dieren te observeren. **Pretoriuskop:** langs de H-1-1 en H-2-2. Het oudste camp in het Krugerpark. Hier is de kans groot om de met uitsterven bedreigde hyenahond te zien. **Punda Maria:** langs de H-13-2. Dit noordelijkste camp van het Kruger National Park heeft een aangenaam tropisch klimaat. Over de ringweg S 99 kunt u het best in de vroege ochtenduren of tijdens de schemering een rit door de omgeving van het camp maken, als veel dieren zich bij de waterpoelen van Witsand, Matukwale en Coetzer ophouden. **Satara:** langs de H-1-4, in het centrum van het park in het zogenoemde Cat Country. Vanaf het restau-

## Door Limpopo naar het Krugerpark

rant kijkt u uit over een drinkwaterpoel. Behalve leeuwen en andere roofdieren kunt u hier ook vaak impala's, koedoes, buffels, zebra's en waterbokken zien. **Shingwedzi:** langs de S 135, aan de Shingwedzi River met veel vogels. Een fraaie bergweg loopt door de Lebomboberge langs de grens met Mozambique. Het vogelobservatiepunt in de ondergrondse schuilplaats bij de Kanniedood Dam is de moeite waard. **Skukuza:** het hoofdkamp met de parkadministratie en een vliegveld. Omdat er accommodatie voor 1000 gasten is, kan het hier luidruchtig zijn.

Staatswilderniscamps – een indicatie van de kosten is te vinden in het Tipkader op blz. 415. **Bateleur:** aan de oever van de Shingwedzi River, met een geringe kans om wild te zien. **Biyamiti:** langs de S139, aan de Biyamiti River. Twee waterpoelen in de nabijheid van het camp, een goede plaats om wild te kijken. **Boulders:** langs de S136. Het camp ligt tussen enorme rotsen en heeft geen hek. Paalhutten met strodaken zorgen voor een echt safarigevoel. Fraai uitzicht op de Ngodzi- en Tsaleberge. **Jakkalsbessie:** langs de H-4-1, in de omgeving van de Sabie River en het Skukuzacamp. Goede plek voor wildobservatie. **Jock of the Bushveld:** langs de S 116. Hier staat het gedenkteken voor de beroemde hond Jock. Veel groene meerkatten en knaagdieren. **Malelane:** langs de S 110, gelegen in bergachtig bosgebied. Veel plantensoorten en antilopen. **N'wanetsi:** langs de H-6, aan de N'wanetsi River, vlak bij de grens met Mozambique, kleine huisjes. **Roodewal:** langs de S39, aan de oever van de Timbavati River. Bij de drinkwaterpoelen Rodewal en Goedgegun vindt u een goede plek om wild te kijken. **Shimuwini:** langs de S141. Uitzicht op de Himuwini Dam en de Letabe River. Goede plaats voor koedoes, giraffen, olifanten, gnoes, leeuwen en hyena's. **Sirheni:** langs de S 56. Aan de oever van de Mphongolo River in het westelijke deel van het park, goede mogelijkheden voor wildobservatie. **Talamati:** langs de S145. Aan de oever van de Nwa switsontso River en omringd door drinkwaterpoelen, zoals Mahlabyanini, Fairfield en Mondzwen, dus veel wild te zien.

**Private Game Reserves**
Van superexclusief tot zeer comfortabel – **Lion Sands Game Reserve** 14 : 14, Sabi Sands, reserveren via tel. 011 880 99 92, www.lionsands.co.za. **Ivory Lodge** (2 pk vanaf 26.360 rand, all-in, **Narina Lodge** (2 pk vanaf 16.560 rand), **River Lodge** (2 pk vanaf 16.920 rand, all-in). Tussen deze accommodaties liggen werelden van verschil, wat u al aan de overnachtingsprijzen kunt zien; de ene bezoeker kiest voor de traditioneel Afrikaanse River Lodge, de ander heeft een voorkeur voor de elegante Ivory Lodge, een soort boetiekhotel dat vaak voor korte periodes door sjeiks wordt afgehuurd. De Narina Lodge is een uitstapje naar de wereld van *Out of Africa*. De safari's zijn zoals overal in Sabi Sands erg goed; vanuit beide lodges hebt u een schitterend uitzicht op de rivier, waarin vaak tientallen olifanten verkoeling zoeken

Koninklijk – **Royal Malewane Private Game Reserve** 15 : reserveren via tel. 015 793 01 50, www.royalmalewane.com. Een van de exclusiefste accommodaties in de Zuid-Afrikaanse natuur. Elke suite heeft een eigen zwembad met een houten terras om wild te kijken. Topkeuken. 2 pk vanaf 29.200 rand, all-in.

Bijzonder en exclusief – **Earth Lodge** 16 : tel. 013 735 52 61, hoort bij **Sabi Sabi** met vier lodges, adres voor reservering: 4 Jameson Av., Melrose Estate, Johannesburg, tel. 011 447 71 72, www.sabisabi.com. Buitengewone architectuur, heel anders dan de traditionele etnische safarisfeer, meer neigend naar nuchter minimalisme, maar wel in harmonie met de natuurlijke omgeving. De lodge is op het eerste oog nauwelijks te zien, zo zorgvuldig is hij in de omgeving ingepast, en vormt een eenheid met het landschap. Geïnspireerd door de bijzonderheden, de kleuren en de vormen van de natuur, beleeft u de wildernis hier van heel dichtbij. Een onderaardse gang leidt naar een andere wereld. Naast de Amber Suite zijn er in de lodge 12 suites, waarbij iedere accommodatie over een eigen butler beschikt en ingericht is met

# Kruger National Park

kunstvoorwerpen. Wasgelegenheid en douches in de buitenlucht. Een 'muur' van lianen vormt de afrastering van de *boma*. Het Earth Nature Wellnessresort biedt de gasten massages, natuurlijke therapieën en klassieke wellnessbehandelingen aan. Bibliotheek en kunstgalerie; de avondmaaltijd wordt in de wijnkelder opgediend. 2 pk vanaf 25.400 rand, all-in.

Luipaardgarantie – **Leopard Hills Private Game Reserve 17 :** 13, Sabi Sands, Game Lodge, tel. 013 735 51 42, www.leopardhills.com. Deze lodge heeft van de hier beschreven accommodaties de beste prijskwaliteitverhouding, vooral omdat hier tijdens de wildtours zoveel te zien is. Het Sabi Sandsgebied biedt verreweg de grootste kans op een succesvolle Big-Fivesafari. Kindvriendelijk, prachtige huisjes met elegante Afrikaanse inrichting, grote badkamers en een eigen zwembad. 2 pk vanaf 23.000 rand, all-in.

Romantisch – **Selati Camp 18 :** tel. 013 735 57 71, hoort bij **Sabi Sabi,** zie blz. 414. Dit romantische *camp* met acht rietgedekte suites past geheel in de natuur en is in Orient-Expressachtige stijl ingericht, met de originele platen met typeaanduiding en naam van stoomlocomotieven, seinen en andere collector's items in de kamers. Rangeerderslampen wijzen de gasten 's avonds de weg naar hun verblijven, die allemaal voorzien zijn van airco of ventilatoren. In het camp zelf branden overigens nog de oude romantische oliepitjes. De suites hebben ruime badkamers en douches buiten. Diner en lunch worden op houten vlonders, die boven de rivierbedding zijn aangelegd, in de boma of de boerderijkeuken geserveerd. 2 pk vanaf 19.400 rand, all-in.

Kindvriendelijk – **Bush Lodge 19 :** tel. 013 735 56 56, hoort bij **Sabi Sabi,** zie blz. 414. Hier kunnen ook gasten met kleine kinderen inchecken, bij de andere camps geldt een

*Met luipaardgarantie – het Lion Sands Game Reserve*

## WILD LIVE – DE BESTE PRIVATE GAME RESERVES

De Private Game Reserves zorgen door de afgelegen omgeving en het kleine aantal bezoekers die erheen gaan voor een authentiek Afrikagevoel. Zij liggen langs de hele rand van het park. Dagelijks worden vroeg in de morgen en laat in de middag twee *wild tours* in een open terreinwagen georganiseerd, die telkens twee tot drie uur duren. Een goed geïnformeerde parkwachter legt alles uit over de flora en fauna. De overnachtingen zijn tamelijk prijzig, maar inclusief alle extra's, voor gedetailleerde praktische informatie zie vanaf blz. 416. Enkele kilometers van het park en (nog) niet eraan verbonden, liggen enkele prachtige reservaten die u kunt bezoeken. In het nog redelijk betaalbare **Ndzalama Wildlife Reserve** 27 (zie kaart blz. 408) leggen de parkwachters een heleboel wetenswaardigheden uit: George, de spoorzoeker van de Shangaanstam, laat bijvoorbeeld zien hoe je in de jungle een wond kunt verzorgen en zelfs 'hechten'. Hij brengt bezoekers bij een termietenheuvel, boort een gat in het geharde leem aan de buitenkant van de heuvel en port er net zolang met een stokje in rond tot de grote, agressieve soldatentermieten naar buiten komen. Hij pakt een van de dieren vast en houdt deze omgekeerd boven de imaginaire wond. Ogenblikkelijk stoot de termiet zijn twee scherpe tanden in de huid van de man. George draait de kop eraf en zie: die 'wond' is gehecht. En het wordt nog beter: de rest van de termiet stopt hij in zijn mond en eet hij op, een eiwitrijk hapje in de wildernis. Niet alle gasten gaan in op zijn uitnodiging om het hem na te doen.

Iets verder zuidelijk, aan de rechterkant van de R 40, ligt het **Makalali Private Game Reserve** 24. Wat de architectuur betreft is dit een van de meest excentrieke accommodaties van Zuid-Afrika. De architect Sylvio Reich heeft etnische invloeden uit heel Afrika bij de bouw verwerkt. Het duurt een poosje voordat de gasten alle details hebben opgemerkt. Kegelvormige strodaken leunen tegen eeuwenoude bomen en aardkleurige, met leem aangesmeerde muren stralen warmte en geborgenheid uit. Overal hangen maskers of dierenschedels met hoorns, afgewisseld met ijzeren ornamenten, lampen en kroonluchters. Of het nu kaarsenhouders, scharnieren of kranen zijn, Makalali een 'Afrikaanse fantasie'. De gasten verblijven in huisjes met strodaken en een open haard, een buitendouche, een vrijstaande badkuip en een houten overdekt terras als uitkijkpunt. Zes van zulke huisjes vormen telkens een *camp*, met een gemeenschappelijk, in de natuur ingepast zwembad, een restaurant en een *boma*. Op deze plaats met open kampvuur, omzoomd door een hoge haag van stro, wordt de avondmaaltijd opgediend. Er zijn vier van zulke *camps* in het 100 km$^2$ grote Makalali Private Game Reserve. Om de exclusiviteit te waarborgen, liggen ze telkens enkele kilometers uit elkaar. Wie van zijn huisje naar het zwembad of het restaurant wil lopen, krijgt begeleiding van de staf, omdat er geen hekken zijn en de fauna ook wel groter kan uitvallen dan de grivetapen die op de rustieke tafels springen om de citroenschijfjes uit de ice tea te stelen. De afkomst van de architect kun je zien aan de blinkende verchroomde Electra-espressomachine met de adelaar er bovenop. Sylvio Reich komt oorspronkelijk uit Italië en begint pas te

# Kruger National Park

werken als hij een paar sterke kopjes espresso heeft gehad. De Afrikaanse lunch die op de veranda wordt geserveerd is voortreffelijk.

Makalali, ooit een boerenbedrijf met veel rundvee, moet met het beschermde natuurgebied van het Krugerpark verbonden worden. In dit gebied zijn veel witte neushoorns, impala's, koedoes en waterbokken, en in de naaste omgeving kunt u ook een kleine kudde olifanten zien. In juli zijn de nachten tamelijk fris en daardoor muskietenvrij. Als de gasten na het avondeten hun Afrikaanse huisje binnenkomen, knettert daar al houtvuur in de open haard, terwijl het bed door het enorme muskietennet in een hemelbed is veranderd. In het Timbavatigebied, dat direct aan het Kruger National Park grenst, ligt het tentenkamp **Tanda Tula** 22 . Het traject daarheen is avontuurlijk, maar ook als u langzaam rijdt, kunt u bandenpech krijgen. De sfeer in Tanda Tula is heel rustig en ontspannen. De parkwachters vertellen tijdens de safaritochten spannende dingen over het dierenleven. 'Weet u waarom giraffen altijd maar kort bij een boom blijven en dan bijna 30 m verder lopen om nieuwe bladeren te zoeken? De boom 'voelt' de aanwezigheid van de giraffe en reageert daarop door het afscheiden van een bitter taninezuur in de bladeren, wat bij de gevlekte langnekken ogenblikkelijk de eetlust bederft. De bomen ernaast 'bespeuren' het gevaar en produceren ook deze bittere stof, zodat de giraffe verderop naar nietsvermoedende bomen loopt. En weet u hoe u mannetjes- en vrouwtjeszebra's kunt onderscheiden? Heel eenvoudig, de mannetjes zijn wit en hebben zwarte strepen, terwijl de vrouwelijke …

In het *camp* zijn luxetenten met bad. Aan de kast hangt een fluitje en een toeter. Het fluitje is voor de room-, respectievelijk tentservice. Op de toeter mag u alleen bij gevaar blazen, dan komt er onmiddellijk een parkwachter. Door de dunne tentwand voelt en hoort u de nabijheid van de natuur. Als het spookuur heeft geslagen, kraakt er ineens hout en worden bomen omvergetrokken: er zijn olifanten in de buurt. Het malen van hun kaken klinkt wel heel dichtbij en dat is ook zo. Om half zes maakt de parkwachter u wakker door *knock knock* te roepen, omdat kloppen op de tentwand niet veel effect heeft, en brengt biscuitjes naar uw tent.

Regelmatig begint de dag zoals hij opgehouden is, namelijk avontuurlijk, zodat enige improvisatie van pas komt: 'Sorry, er is geen koffie, een olifant blokkeert de keukeningang en is bezig de tomatenplanten op te vreten.' Behalve olifanten zijn er ook altijd buffels rond de drinkwaterpoel bij het kamp te vinden, vaak wel zo'n 200 exemplaren. En als u laat in de nacht een geluid hoort dat op het zagen van hout lijkt, kan dat hier maar een ding betekenen: er zijn luipaarden in de buurt.

Dat de tentenkampen elkaar in luxe kunnen overtreffen, bewijst het **Ngala Tented Safari Camp** 21 , dat beslist de voorkeur heeft boven het ouderwetse Ngala Main Camp. De inrichting achter het tentdoek lijkt uit een luxueus boetiekhotel te zijn overgenomen. Het eten is er voortreffelijk. En de parkwachters van Conservation Corporation Africa dat Ngala beheert, zijn de best opgeleide in heel Zuid-Afrika.

De volgende bestemming, de **Kapama Lodge** 26 , ligt in een 120 km$^2$ groot wildreservaat. Hier liet een van de rijkste Zuid-Afrikanen een droom in vervulling gaan: ongebreidelde luxe, midden in de wildernis. De vormgeving van de *lodge* doet denken aan **Palace of the Lost City** (zie Tip blz. 396). Niet alleen de bediening, maar ook het eten is uitstekend. U kunt krokodil bestellen (zeker proberen!), impala en struisvogel, met heerlijke groenten en salades. Het avondmaal wordt opgediend in de enorme dinerzaal met strodak, of een eetplek in de bush die door tientallen petroleumlampen wordt verlicht.

Nog een overtreffende trap tot slot. Zoals de naam al aangeeft, staat **Royal Malewane** 15 garant voor een koninklijk verblijf in de wildernis. De zes suites zijn alle harmonieus in het landschap ingevoegd. Er zijn bovendien ruimbemeten houten terrassen rond het kleine privézwembad dat bij ieder chalet hoort.

## Door Limpopo naar het Krugerpark

leeftijdsgrens vanaf 12 jaar. Er worden speciale safari's voor kinderen georganiseerd. Amani-spacentrum. 25 suites/chalets. 2 pk 19.400 rand, all-in.

Zicht op de rivier – **Little Bush Camp** [20] : tel. 013 735 50 80, hoort bij **Sabi Sabi,** zie blz. 416. Zeer intiem camp met slechts zes suites elk met een whirlpool op het terras. 2 pk vanaf 13.800 rand, all-in.

Luxetenten – **Ngala Tented Safari Camp** [21] : reservieren via &Beyond, tel. 011 809 43 00, www.andbeyond.com. Luxueus en exclusief *tented camp* in het dierenrijke Timbavatigebied. Uitstekende keuken, en 'kamers' opgetrokken uit tentdoek en hout, in erg mooie inheemse stijl ingericht. Het zwembad is een droom, eten en service zijn voortreffelijk. Dit camp hoort tot de exclusieve groep van Small Luxury Hotels of the World. 2 pk vanaf 18.150 rand, all-in.

Safarigevoel van dichtbij – **Tanda Tula Safari Camp** [22] : tel. 015 793 31 91, www.tandatula.co.za. Voor het echte safarigevoel, 8 luxetenten voor 2 personen, prijs inclusief *game drives* in open Toyota Landcruisers, alle maaltijden, kinderen vanaf 12 jaar. 2 pk 15.000 rand, all-in.

Safaritenten – **Honeyguide Tented Safari Camp** [23] : 15, Lodges of Manyeleti, tel. 011 341 02 82, www.honeyguidecamp.com. Honeyguide Tented Safari Camp bestaat uit twee los van elkaar gelegen camps: **Mantobeni** (2 pk vanaf 6820 rand, all-in) en **Khoka Moya** (2 pk vanaf 6820 rand, all-in). Ieder camp bestaat uit 12 tenten met twee eenpersoonsbedden of een tweepersoonsbed, en een eigen badkamer, douche en toilet. Iedere tent biedt uitzicht op de natuur of de rivier. Het voor alle gasten toegankelijke Khoka Moya heeft een comfortabele, moderne ambiance. Mantobeni is de koloniale tegenhanger, met een typische safarisfeer. Khoka Moya biedt speciale kinderprogramma's aan. Beide tentenkampen liggen in het verhoudingsgewijs onbekende, 230 km$^2$ grote Manyeleti Game Reserve, aan de oostgrens van het Krugerpark, tussen de Timbavati en Sabi Sands, op 2 km afstand van Orpen Gate.

Afro-Crazy – **Makalali Private Game Reserve** [24] : ten westen van de Kugerparkingang Phalaborwa, tussen de R 36 en de R 40, de borden vanaf de R 36 volgen. Lodge: tel. 015 7 93 93 00; reservering: tel. 011 6 76 31 23, www.makalali.co.za. 24 kamers voor twee personen, overweldigende architectuur, kinderen zijn welkom, prijs inclusief maaltijden, high tea en sundowner plus twee wild tours per dag in een open Landrover. Vanaf 5545 rand per kamer, all-in.

Olifanten in de rivier – **Garonga Private Game Reserve** [25] : tel. 087 806 20 80, www.garonga.com. Particulier *tented camp* met Afrikaanse architectuur in de Makalali Conservancy. Er zijn 6 zeer stijlvolle luxetenten en een zwembad met uitzicht op een drooggevallen rivierbed, waar regelmatig olifanten doorheen lopen. 2 pk met ontbijt vanaf 7240 rand.

Afrika puur – **Kapama Lodge** [26] : 30 km ten zuidoosten van Hoedspruit, aan Guernsey Road, tel. 015 793 10 38, centrale reservering via: tel. 012 368 06 00, www.kapama.co.za. 20 kamers voor twee personen in de comfortabele hoofdlodge, in het Kapama Buffalo Camp, dat op palen tussen hoge bomen staat, of in de Kapama River Lodge, die een koloniaal Afrikagevoel oproept; in Kapama Karula zijn bovendien luxueuze safaritenten beschikbaar, geen kinderen jonger dan 12 jaar, prijs inclusief ontbijt, middag- en avond-wildtours, en natuurwandeling met gids. 2 pk all-in vanaf 6500 rand.

In de natuur – **Ndzalama Wildlife Reserve** [27] : Letsitele, tel. 015 307 30 65. Ten noordwesten van Phalaborwa gelegen, zeer goede wild tours met uitvoerige toelichting op fauna en flora. Gasten kunnen kiezen tussen drie lodges: de comfortabele Rock Lodge met prachtige, strogedekte huisjes, Leopard Rock, die aan de voet van een heuvel midden in de natuur ligt en waar de avondmaaltijd in de openlucht wordt opgediend, en Shanatsi, een eenvoudiger accommodatie in Shangaanstijl (in de kenmerkende ronde hutten van deze streek). Chalet vanaf 1950 rand.

*Luxe in de wildernis: Kapama Lodge*

## Van het Kruger Park naar de Drakensberge

▶ 2, W–Y 2–7

**Kaart:** blz. 408

Langs de grens van het Lowveld, waarin het Krugerpark ligt, rijzen de Drakensberge met hun erosierand *(escarpment)* omhoog. Beneden is het drukkend warm, boven heerst een aangename temperatuur. De route vanaf Hoedspruit langs het Blyde River Nature Reserve biedt een aantal spectaculaire vergezichten. Via de **J. G. Strijdom-Tunnel** 28 en de **Abel Erasmus Pass** 29 rijdt u door een indrukwekkend landschap en overwint u een hoogteverschil van 1400 m. In smalle bochten rijdt u steil omhoog langs de rode steenlagen. Dit heet niet voor niets de Panoramaroute.

## Blyde River Canyon Nature Reserve

▶ 2, X 5/6

**Kaart:** blz. 408

Het **Blyde River Canyon Nature Reserve** biedt fraaie uitzichten, steeds op enkele minuten van de parkeerplaats. Uw blik reikt hier meer dan 1000 m omlaag en ver over het Lowveld en het Krugerpark, helemaal tot in Mozambique.

Het eerste uitzichtpunt is **Three Rondavels** 30. De imposante rotsformaties in de canyon doen onwillekeurig aan de Afrikaanse ronde hutten denken. Vanaf **Lowveld Viewpoint** 31, dat direct aan de rand van de canyon ligt, hebt u een fantastisch uitzicht. Waar de Treur River en de Blyde River samenkomen,

Door Limpopo naar het Krugerpark

*Typisch bushbuffet in het Lowveld*

heeft de eroderende kracht van slijtmateriaal als zand en kiezelstenen opvallende cilindrische gaten in het gele dolomietgesteente uitgesleten, **Bourke's Luck Potholes** 32 genaamd. Vanaf een kleine brug kunt u in de kolkgaten kijken.

Bij het zogeheten **God's Window** 33 is het uitzicht inderdaad goddelijk. Hier storten de kliffen ruim 700 m loodrecht omlaag naar het Lowveld. Vanaf de parkeerplaats leidt een pad naar het regenwoud op de 1730 m hoge Quartzkop, begroeid met varens en dichte geelhoutbossen, waarvan de bomen vaak versierd zijn met baardmos, *old man's beard* genaamd. Op 2,6 km ten noorden van Graskop, niet ver van de Panoramaroute, staat de **Pinnacle** 34, een 30 m hoge, verweerde kwartsietzuil.

De aardige, kleine plaats **Graskop** 35 is vernoemd naar de met gras begroeide heuvel waarop de mijnbouwkolonie in de jaren 1980 werd gevestigd.

### Eten en drinken

Volop pannenkoeken − **Harrie's Pancake House:** hoek Louis Trichardt/Kerk St., Graskop, tel. 013 767 12 73, www.harriespancakes.com, dag. 9−17 uur. dag. 9−17 uur. Het mekka voor liefhebbers van pannenkoeken. U hebt de keuze tussen hartige en zoete vulling. *Smoked trout* en *black cherries with liquor & ice cream* zijn al klassiekers. Hoofdgerecht 70 rand.

## Pilgrim's Rest ▶ 2, X 6

**Kaart:** blz. 408

Net voorbij Graskop buigt de weg naar rechts, richting Pilgrim's Rest. De smalle, bochtige weg gaat hier door een oud goudzoekersgebied. De historische plaats **Pilgrim's Rest** 36 herinnert aan deze tijd. In 1873 ontdekte de goudgraver William Trafford het gele edelmetaal en veroorzaakte een goudkoorts. In een mum van tijd ontstond hier een nederzetting van tenten en barakken. Een jaar later waren er 1500 gouddelvers aan het werk en werd dit de eerste grote goudmijnstad, met 18 cafés, 21 winkels, drie bakkerijen en twee banken. Aanvankelijk werd het goud uit het rivierwater gezeefd. Vanaf 1881 begon de ontginning op grote schaal.

De belangrijkste bezienswaardigheid van dit goed bewaard gebleven oord is het **Ro-**

yal Hotel met zijn historische bar. Dit gebouw was de rooms-katholieke kerk van Maputo, voordat het in 1893 afgebroken werd en in losse onderdelen op ossenwagens naar Pilgrim's Rest werd getransporteerd.

### Informatie
**Pilgrim's Rest Tourist Information Office:** Main St., tel. 013 768 10 60, www.pilgrimsrest.org.za, dag. 9–12.45, 13.15–16.30 uur. Een door een gids geleide rondleiding is alleen mogelijk als u deze tevoren aanvraagt. Tickets voor de musea zijn ook hier verkrijgbaar.

### Accommodatie
Historisch gouddelvershotel – **Royal Hotel:** Main St., Pilgrim's Rest, tel. 013 768 11 00, www.royal-hotel.co.za. Het getrouw naar het origineel gerestaureerde victoriaanse Royal Hotel is meer dan 100 jaar oud, 50 kamers met nagemaakte meubels uit de tijd van de goudkoorts en andere antiquiteiten, de hotelbar, een voormalige kapel(!) werd per ossenwagen van Mozambique naar Pilgrim's Rest overgebracht. Twee restaurants. 2 pk met ontbijt vanaf 1000 rand.

# Van Robbers Pass naar Mbombela ▶ 2, W/X 6/7

**Kaart:** blz. 408
Tussen Pilgrim's Rest en **Robbers Pass** [37] klimt de R 533 in slechts 9 km 650 meter omhoog. De naam van de bergpas herinnert aan de roofovervallen die hier vroeger vaak plaatsvonden. Tweemaal per week werd het goud met een koets van Pilgrim's Rest naar Lydenburg vervoerd. De pas vormde een ideale hinderlaag voor overvallers om toe te slaan.

De **Long Tom Pass** [38], die tussen Lydenburg en Sabie 46 km door de Drakensberge loopt, vormt niet alleen een landschappelijk hoogtepunt, maar is ook van historisch belang. De oude pas die in 1870 gebouwd werd om Lydenburg met Delagoa Bay, het huidige Maputo in Mozambique, te verbinden, is soms naast het nieuwe tracé te zien. Onder de naam Old Harbour Road volgde deze weg ooit een gevaarlijke route over de Mauchsberg, de hoogste berg van dit gebied, en daarna via enkele haarspeldbochten steil omhoog over de Devil's Knuckles en langs de Staircase weer omlaag. De naam Long Tom herinnert aan een van de laatste veldslagen in de Tweede Boerenoorlog, toen de terugtrekkende strijdkrachten van de Boeren in september 1900 twee stuks 155 mm-Creusot-artilleriegeschut in stelling brachten om het achtervolgende Engelse leger tegen te houden. De Engelse soldaten gaven aan deze kanonnen de benaming Long Tom. Een replica van een van deze kanonnen staat 3,4 km ten oosten van de 2150 m hoge Long Tom Pass.

Tussen deze pas en Sabie gaat de bochtige weg in 8 km 1100 m omlaag. Van **Sabie** [39] loopt de R 40 naar **Mbombela** [40], waar u de N 4, de verbindingsweg van Johannesburg naar Maputo (in Mozambique), bereikt. De lengte van de terugreis naar Johannesburg vanaf deze plaats is zo'n 350 km.

## Mbombela (Nelspruit)

Mbombela, het vroegere Nelspruit, is de aan de Crocodile River gelegen hoofdstad van de provincie Mpumalanga en de toegangspoort tot de *Big-Five-Country* van het Kruger National Park. Hier groeien in een subtropisch klimaat mango's, avocado's, sinaasappels, limoenen, lychees en bananen. In de lente zijn de bloeiende sinaasappelbomen niet alleen mooi om te fotograferen, ze ruiken ook nog eens heerlijk.

In Mbombela's *shopping malls* is alles te krijgen wat het hart begeert. Voor dierenvrienden zijn de **Krokodillenfarm** en de **Elephant Sanctuary** opwindend. En in de **Lowveld National Botanical Garden** (www.sanbi.org/gardens/lowveld) groeien meer dan 500 inheemse planten, en bovendien een door mensen geschapen regenwoud en een veelvoud aan varens. Aan de rand van de stad, op een afstand van 15 km, ligt **Chimp Eden**, het enige revalidatiecentrum voor chimpansees in Zuid-Afrika (www.chimpeden.com).

# De wildreservaten aan de Indische Oceaan

Het is de moeite waard om van Mbombela naar het mooie stadje Barberton te rijden en in het koninkrijk Swaziland de wildreservaten en nationale parken aan de Indische Oceaan te bezoeken.

## Van Barberton naar de Indische Oceaan

**Kaart:** blz. 426

## Barberton  ▶ 2, X 7

**Barberton** 1, alweer een plaats met een 'gouden' verleden, is vanaf Mbombela bereikbaar via de R 40. Het schilderachtige stadje is vernoemd naar Graham Barber, die in 1884 in een beek ten zuidoosten van de huidige stad goud vond. De gevel van de in 1887 gebouwde eerste goudbeurs van Zuid-Afrika vormt een herinnering aan de tijd van de goudkoorts. Het Lewis and Marksgebouw was destijds het eerste huis met twee verdiepingen in Transvaal. De historische gebouwen van Barberton liggen allemaal op loopafstand van Market Square. Het in 1904 gebouwde **Belhaven Museum** (Lee Rd.), een groot edwardiaans herenhuis, geeft een goede indruk van de levensstandaard van een blank middenklassegezin aan het begin van de 20e eeuw. Het in 1890 gebouwde **Fernlea House** (Lee Rd.) is opgetrokken uit ijzer- en houtwerk dat helemaal uit Engeland is aangevoerd. Het **Blockhouse** (hoek Lee Rd./Judge St.) is een klein fort gebouwd van hout en golfplaat en stamt uit de tijd van de Boerenoorlog.

## Informatie
**Barberton Tourism Organisation:** Market Square, tel. 013 712 21 21. Informatie over accommodatie, restaurants en activiteiten in Barberton en het hele Lowveld.

## Accommodatie
Paradijs voor vliegvissers – **Dawsons Game and Trout Lodge:** tussen Barberton en Badplaas, tel. 083 5 76 42 15, www.dawsonslodge.co.za. Stijlvolle accommodatie op een grote boerderij, heel rustig, een paradijs voor vliegvissers. Hier kunt u antilopen, zebra's en giraffen zien. 2 pk met volpension en activiteiten op de boerderij vanaf 2550 rand.

Ontworpen door Herbert Baker – **Barberton Manor Guest House:** 81 Sheba Rd., tel. 013 712 48 26, www.barbertonmanor.com. In 1927 gebouwd voor de directeur van de goudmijn, naar een ontwerp van de beroemde Britse architect sir Herbert Baker. 2 pk met ontbijt vanaf 890 rand.

Gouddelversambiance – **Digger's Retreat Hotel:** 14 km buiten Barberton aan de R 38 richting Kaapmuiden, tel. 013 719 96 81, Facebook: Diggers Retreat Winery. Overnachting in het hotel en in rondavels (ronde hutten met strodak), zwembad. U kunt met een georganiseerde tour meegaan om het goudwassen te zien. 2 pk vanaf 500 rand, ontbijt 75 rand p.p.

## Actief
Excursie naar de goudmijn – **Eureka City Ghost Town Tours:** ten noorden van Barberton, in het Mountainlands Game Reserve, aanmelden via tel. 013 712 50 55. De voormalige mijnkolonie Eureka City is tegenwoordig een spookstad. Bezoekers kunnen er in het kader van een georganiseerde terreinwagentocht naartoe. Behalve het 'stadje' staan ook de oude drafbaan, het vroegere victoriaanse

## Van Barberton naar de Indische Oceaan

hotel, de Edwin Braytunnel en de voormalige ossenwagenroute op het sightseeingprogramma. Hoogtepunt van de rondleiding is een bezoek aan de destijds rijkste goudmijn ter wereld, de Golden Quarry, een gigantische, met blote handen gegraven mijn.

## Omweg naar Swaziland
▶ 2, X 8

Als u verder zuidwaarts reist, loont het de moeite om vanuit Zuid-Afrika een korte omweg door Swaziland te maken. Een geldig paspoort volstaat om dit land binnen te mogen. Normaal gesproken kunt u met een huurauto de grens passeren (dit vooraf aan de verhuurder vragen).

Vanaf Barberton loopt de R 40 via de Saddleback Pass naar **Bulembu** 2, in het bergachtige koninkrijk Swaziland. Deze route gaat grotendeels over een slechte onverharde weg, maar het uitzicht over de bergen en dalen van het omringende landschap vergoedt alles. Wie in Swaziland accommodatie zoekt, kan terecht in het Royal Swazi Sun in de hoofdstad **Mbabane** 3.

### Informatie
Informatie over Swaziland is te vinden op www.swazi.com.

### Accommodatie
Comfort in Swaziland – **Royal Swazi Spa Valley:** Main Rd., tel. 092 68 610 01, 614 50, www.suninternational.com/royal-swazi. Luxueus hotel, het beste in Swaziland, met een uiterst smaakvol fitness- en gezondheidscentrum. Voor wie door Swaziland rijdt en er wil overnachten, is dit een uitstekende accommodatie. 2 pk met ontbijt vanaf 3290 rand.

## Blood River Monument en Ncome Museum ▶ 2, W 11

In **Piet Retief** 4 bent u alweer op Zuid-Afrikaans grondgebied. Langs suikerrietplantages en korenvelden loopt deze weg naar **Vryheid** 5. 50 km ten zuidwesten van deze stad vond aan de Blood River de beroemdste gelijknamige veldslag van Zuid-Afrika plaats (zie blz. 53).

*De vroegere 'goudstad' Barberton*

De wildreservatenaan de Indische Oceaan

## Van Barberton naar de Indische Oceaan

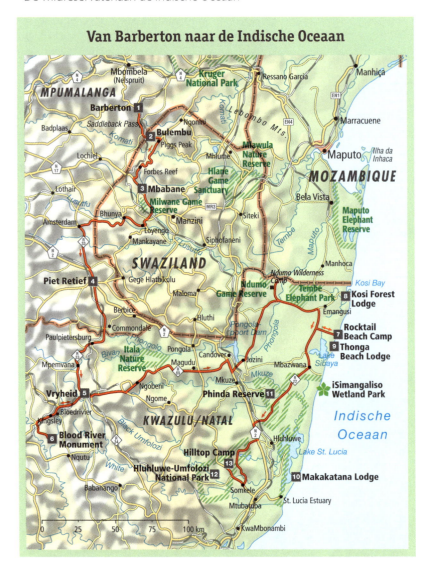

Voor nationalistische Boeren is het op het slagveld gelegen **Blood River Monument** 6 (dag. 8–17 uur) naast het Voortrekker Monument in Tshwane (Pretoria), de belangrijkste gedenkplaats van het land. Aan de bouw van het monument werd in 1947 begonnen. De stenen ossenwagens werden gemaakt door Coert Steynberg. Het voormalige kampement van de in een vierkant opgestelde wagens van de Voortrekkers is naar een ontwerp van Kobus Esterhuizen in brons nagebouwd en in 1971 onthuld: 64 huifkarren op originele grootte staan op de plek waar op 16 december 1838 de zwaar bewapende Boeren een enorm Zoeloeleger verpletterend versloegen. Omdat het water van de rivier rood kleurde van het bloed van de gesneuvelde krijgers kreeg ze de naam Blood River.

Het **Ncome Museum** ligt aan de overzijde van de rivier (www.ncomemuseum.org.za, dag. 8–16.30 uur). In architectonisch opzicht springt het opvallende ontwerp van het gebouw onmiddellijk in het oog, omdat het fundament ervan doet denken aan de kenmerkende hoornvormige opstellingen van de Zoeloekrijgers. Dit museum heeft zich tot taak gesteld de veldslag te documenteren vanuit het perspectief van de Zoeloe's. Daarmee is de slag bij de Blood River waarschijnlijk de enige veldslag ter wereld waaraan twee musea zijn gewijd, elk met een volslagen andere zienswijze op de vroegere gebeurtenissen.

Vanaf Vryheid loopt de R 69 in oostelijke richting verder, waar dieren en landschappen de gedachten aan slachtvelden doen vergeten.

# Wilderness camps en reservaten

**Kaart:** blz. 426

## Rocktail Bay ▶ 2, Z 10

Dit *camp* ligt direct aan zee tussen Kosi en Sodwana Bay. Alleen een terreinwagen is geschikt voor het laatste stuk van de route naar het **Rocktail Beach Camp 7**. Dit door verlaten stranden omgeven *camp* roept het ultieme Robinson-Crusoegevoel op. Vanaf de huisjes met strodaken in de *lodge* loopt een houten plankier over een hoog duin rechtstreeks naar de Indische Oceaan. Hier wacht een onbetreden zandstrand met warm zeewater, waarin u urenlang tussen veelkleurige vissen kunt snorkelen; duikbril en zwemvliezen worden gratis ter beschikking gesteld bij de *lodge*.

Tussen november en het einde van februari worden **nachtelijke schildpaddentours** georganiseerd. De stranden van Maputoland zijn de belangrijkste broedplaats van de lederschildpad *(leatherback turtle)* in het zuidelijke deel van de Indische Oceaan. De grote dieren kunnen wel 2 m lang en 650 kg zwaar worden. De wijfjes leggen meer dan duizend eieren per seizoen, die na zo'n twee maanden uitkomen. Slechts twee van de duizend redden het om tot een volwassen schildpad uit te groeien. Rocktail Beach Camp is een paradijs voor duikers – en voor gezinnen die met hun kinderen een vakantie aan zee willen doorbrengen. De riffen zijn legendarisch.

### Accommodatie

Onderwaterparadijs – **Rocktail Beach Camp 7 :** reserveren via Wilderness Safaris, tel. 011 807 18 00, www.wilderness-safaris.com. Een verblijf in de natuur biedt de **Rocktail Bay Lodge** (2 pk met ontbijt vanaf 5000 rand), waar gasten door de ligging vlak bij het strand een heerlijk Robinson-Crusoegevoel aan de Indische Oceaan krijgen.

In het bos – **Kosi Forest Lodge 8 :** Kosi Bay Nature Reserve, reserveren via tel. 011 467 18 86, www.zulunet.co.za. Prachtige accommodatie in de vrije natuur, de 8 suites liggen erg mooi ingepast in het bosgebied, kinderen zijn welkom. 2 pk met ontbijt en alle activiteiten vanaf 3560 rand.

Perfect – **Thonga Beach Lodge 9 :** reserveren via Isibindi Africa Lodges, tel. 035 474 14 73, www.isibindiafrica.co.za. Een plek waar alles klopt; mooie, lichte architectuur in een heerlijk rustig gebied, pal aan zee, voortreffelijke maaltijden, zeer goede service, geweldige duikmogelijkheden. 2 pk met ontbijt en alle activiteiten vanaf 7700 rand.

## ✤ iSimangaliso Wetland Park ▶ 2, Z 9/12

*www.isimangaliso.com*

Het **iSimangaliso Wetland Park** werd vanwege de overweldigende schoonheid en de mondiale betekenis ervan in 1999 als eerste World Heritage Site in Zuid-Afrika tot Werelderfgoed van de UNESCO met de hoogste internationale beschermde status uitgeroepen. Het park is 3320 km$^2$ groot en heeft drie hoofdmerenstelsels, acht met elkaar in verbinding staande ecosystemen, een 700 jaar oude visserijtraditie, de grootste hoeveelheid nog intacte moerasbosgebieden van Zuid-Afrika, het grootste riviermondingsstelsel van Afrika, 526 verschillende vogelsoorten, 25.000 jaar oude duinen, die tot de hoogste van de wereld behoren, en 220 km zandstranden. De Zoeloenaam *iSimangaliso* betekent dus heel toepasselijk 'wonder'.

## Accommodatie, actief

Een droom aan zee – **Makakatana Lodge** 10 **:** iSimangaliso Wetland Park, tel. 035 550 41 89, www.makakatana.co.za. Deze lodge midden in het **iSimangaliso Wetland Park** (zie blz. 427) beschikt over de enige particuliere vergunning in het park. Er zijn slechts zes bungalows voor maximaal twaalf gasten. De voorouders van de huidige eigenaren, de familie Morrison, dreven aan Makakatana Bay sinds 1948 een kruideniersswinkel annex bazaar en hadden bovendien land gekocht; dit bezit ging uiteindelijk op in het nationaal park en daardoor hebben de bezoekers van het park het voorrecht om in dit fascinerende gebied te overnachten; het **activiteitenprogramma** van de Makakatana Lodge omvat een bijpassend veelzijdig spectrum en reikt van bootochten op de getijdenwateren tot safariwandelingen en van *wild tours* tot picknicks of zwemmen en vissen in de oceaan. 2 pk met onbijt en alle activiteiten vanaf 7500 rand.

## Phinda Private Game Reserve ▶ 2, Z 11

Verder naar het zuiden en via de kortste route alleen over een vrij slechte weg bereikbaar, ligt het **Phinda Private Game Reserve** 11, dat eigendom is van &Beyond, een onderneming die in heel zuidelijk Afrika ongewone en luxueuze accommodatie bezit en beheert.

De architectuur van de Phinda Forest Lodge in lichte houtkleur doet een beetje Japans aan: door de glaswanden hebben bezoekers het gevoel midden in de wildernis te logeren. De Vlei Lodge is meer Afrikaans ingericht. De badkamers zijn net zo groot als de overige kamers, met enorme muskietennetten rondom de bedden. Ieder huisje heeft zijn eigen whirlpool.

## Accommodatie

Big Five – **Phinda Private Game Reserve:** &Beyond, tel. 011 809 43 00, www.phinda.com. Er zijn verschillende, in architectonisch opzicht interessante overnachtingsmogelijkheden in dit particuliere wildreservaat, met een uitstekende keuken en goede wild tours, geleid door zwarte parkwachters. **Rock Lodge:** 2 pk vanaf 14.340 rand, all-in; **Vlei Lodge:** 2 pk vanaf 14.340 rand, all-in; **Mountain Lodge:** 2 pk vanaf 11.000 rand, all-in; **Forest Lodge:** 2 pk vanaf 12.000 rand, all-in; **Zuka Lodge:** 2 pk vanaf 11.780 rand, all-in.

## Hluhluwe-Umfolozi National Park ▶ 2, Y 11/12

Het in 1895 geopende **Hluhluwe-Umfolozi National Park** 12 behoort tot de oudste

## Wilderness camps en reservaten

natuurgebieden van Afrika. De twee oorspronkelijke gebieden waren door een onbegraasde zone van elkaar gescheiden om de verbreiding van besmettelijke ziektes via het rundvee van lokale stammen te voorkomen. In 1989 werd ook deze onbegraasde zone tot beschermd natuurgebied verklaard en werden de twee gebieden samengevoegd.

Het **Hilltop Camp** 13 in de Hluhluwesector van het park is een comfortabele staats-*lodge*. Het uitzicht is geweldig en ook de ochtendwandeling met de parkwachter die bijna altijd kans ziet om dicht bij de neushoorns te komen. De witte neushoorn *(white rhino)* werd ooit als het sterkste dier ter wereld beschouwd. De redding van deze diersoort is een van de grootste succesverhalen van het Zuid-Afrikaanse natuurbeheer. Toen Umfolozi in 1895 beschermd natuurgebied werd, was de witte neushoorn bijna uitgestorven. Op de hele wereld waren er niet meer dan 50 dieren over. Door de beschermde status in Umfolozi groeide de populatie in 1929 tot 120, in 1960 leefden er al 700 in het park en konden enkele dieren worden verhuisd om overpopulatie te voorkomen.

In 1961 werd met Operation Rhino de eerste neushoorn naar een ander gebied overgeplaatst, maar door het optreden van stress bij dit dier overleefde het de verhuizing niet. De parkwachters lieten zich door de eerste mislukte pogingen echter niet afschrikken, zetten door en verbeterden hun vangmethoden. Sinds die tijd zwerven er ruim 4000 neushoorns rond in andere natuurgebieden in het zuiden en oosten van Afrika.

### Accommodatie

Helemaal top – **Hilltop Camp** 13 : Hluhluwe-Umfolozi National Park, informatie en reserveren ook online via: **KZN Wildlife,** tel. 033 845 10 00, www.kznwildlife.com. Een van de mooiste staatscamps in Zuid-Afrika, geweldige ligging met schitterend uitzicht, restaurant. Overnachting voor twee personen met diner, ontbijt en *wild tour* 1140–4460 rand.

*Ontbijt met uitzicht op zee: Thonga Beach Lodge aan de Indische Oceaan*

# Culinair lexicon

## Worst, vlees en struisvogel

| | |
|---|---|
| biltong | gedroogd vlees, onder andere afkomstig van rund, springbok of struisvogel. Lijkt op het Amerikaanse jerky, maar is veel lekkerder |
| bobotie | soort gehaktbrood met een eierkoek erover en geserveerd met gele rijst |
| boerewors | boerenworst; zeer pittige, spiraalvormig opgerolde braadworstjes die er bij een Zuid-Afrikaanse barbecue gewoon bij horen |
| braaivleis | barbecuevlees |
| frikkadel | frikandel |
| ostrich | struisvogel |
| pofadder | worst van orgaanvlees van wild |
| sosatie | gemarineerd lamsvlees met gedroogde vruchten, aan houten spiezen geregen en gegrild |
| venison | wild |

## Vis en zeebanket

| | |
|---|---|
| crayfish | Kaapse langoest |
| hake | Kaapse heek |
| kingklip | Kaapse koningsklip, naaldvisfamilie |
| kob | kabeljauw |
| oysters | oesters |
| perlemon | abalone of zeeoor |
| snoek | snoekmakreel (géén snoek) |
| yellowtail | grote geelstaart; een soort horsmakreel die veel bij barbecues wordt gegeten |

## Fruit, groente en salade

| | |
|---|---|
| brinjal | aubergine |
| Cape gooseberry | naar tomaten en aardbeien smakende kleine, gele kruisbes |
| grenadilla | passievrucht |
| mealie | maiskolf |
| slaphakskeentjes | uien in een zure saus van gefruite uitjes, suiker, azijn, mosterd en room |
| sousboontjes | rode bonen in een vinaigrette van sherry en mosterd |
| waterblommetjie | een soort waterlelie; wordt in het voorjaar geoogst en gebruikt voor soep of bredies |

## Eenpansgerechten

| | |
|---|---|
| bredie | langzaam gaar- gestoofd eenpans- gerecht met schapenvlees, aardappels, uien en groenten |
| breyani | gerecht met vis, vlees en gevogelte, rijst en linzen |
| pie | eenpansgerecht, met een laagje deeg afgedekt en in een vuurvaste schaal in de oven gebakken |
| samoosa | driehoekig, gefrituurd deeg- envelopje met een vulling van groenten of vlees |

## Sauzen en bijgerechten

| | |
|---|---|
| atjar | Maleise versie van de chutney, met gesneden groente, vruchten in het zuur |
| blatjang | fruitig-scherpe saus met stukjes vrucht, |

| | |
|---|---|
| chakalaka | knoflook en rode peper, bij vleesgerechten scherp-kruidige saus bij mealie pap |
| chips | patat, slechts eenmaal gefrituurd en daarom nogal vet |
| chutney | groenten-/vruchtenmengsel om curry's te 'verzachten' |
| geelrys | rijst met rozijnen, bijgerecht bij verschillende schotels |
| ingera | Afrikaans plat, rond brood |
| mealie bread | maisbrood |
| mealie pap | maisbrij, basisvoedsel van de zwarte bevolking van het land |
| pickles | in azijn ingelegde groenten |
| welbebloontjes | 'stokbrood'; uitgerold deeg wordt om een pas gesnoeide tak gewikkeld en boven de barbecue gebakken; als bijgerecht of met honing en suiker als nagerecht bij de braai |

## Zoete gerechten

| | |
|---|---|
| koeksisters | een kleverig, zoet, zeer populair gevlochten gebak |
| melktart | Boerencheesecake in bladerdeeg, met kaneel bestrooid |
| rusk | keihard gebak, alleen geweekt te eten; wordt vaak bij het ontbijt gegeten |
| vetkoek | traditioneel gerecht van de Afrikaners; in hete olie gebakken deeg met een zoete vulling van honing of stroop, maar ook hartig, met gehakt |

## Kruidenmengsels

| | |
|---|---|
| garam masala | Indiaas kruidenmengsel, meestal met venkelzaad, kummel, koriander en kardemom |
| peri-peri | piripiri; gemalen rode pepers, in olijfolie geconserveerd; zeer scherp! |
| sambal | fijngehakt fruit en groenten, ingelegd met azijn en rode peper; bij Kaap-Maleise gerechten |

## Overig

| | |
|---|---|
| bottle store | winkel voor alcoholhoudende dranken |
| braai | barbecue |
| diner | klassieke, Amerikaanse hamburgertent in jarenvijftigstijl met veel chroom en neon |
| dumpie | kleine bierfles |
| farmstall | winkel waarin aan de straat verse boerenproducten worden verkocht |
| potjie | gietijzeren pan op drie poten die in de gloeiende kooltjes wordt gezet |
| rooibos | theesoort uit de Cederberge |

# Woordenlijst

## Afrikaanse talen
De elf officiële talen van Zuid-Afrika worden in de volgende percentages door de bevolking als eerste taal gesproken: Zoeloe 22,4%, Xhosa 17,5%, Afrikaans 15,1%, Pedi 9,8%, Engels 9,1%, Setswana 7,2%, Northern Sotho 6,9%, Tsonga 4,2%, Swazi 2,6%, Tshivenda 1,7%, Ndebele 1,5%, andere 2%.

## Engels en Afrikaans
In de meeste landstreken wordt Engels gesproken, alleen in landelijke gebieden, vooral in de Kaapprovincie, overheerst het Afrikaans. Het **Zuid-Afrikaanse Engels** kent een aantal eigenaardigheden. Belangrijk om te weten: er wordt zoveel mogelijk afgekort en er worden Afrikaanse woorden doorheen gestrooid. *Lekker* staat algemeen voor goed, prima, mooi, aangenaam, enzovoort en kan zowel op heerlijk voedsel als op mooie mensen van toepassing zijn *(lekker food, lekker boy/girl)*. Bij het afscheid zegt niemand *goodbye*, maar iedereen *cheers* of *cheers for now*. Kleine vrachtwagens met een open laadbak zijn *bakkies*. Een stoplicht is een *robot*.

**Enkele veelgebruikte afkortingen:**
Johannesburg heet *Joburg* of *Joey*, de mensen die er wonen zijn *Gauties* (van Gauteng Province) of *Vaalies*, omdat de provincie vroeger bij Transvaal hoorde. Bloemfontein heet *Bloem*, een Cabernet Sauvignon *Cab*, de township Guguletu bij Kaapstad *Gugs*, enzovoort.

## Typische uitdrukkingen

| | |
|---|---|
| babbalas | kater na een nacht doorzakken |
| bonsella | cadeautje, fooi |
| bosberaad | vergadering in de bush |
| bottle store | slijterij |
| dagga | hasj |
| donga | drooggevallen rivier |
| dop | een jeneverglas vol |
| dorp | kleine plaats op het platteland, dorp |
| fanagalo | mix van Engels, Afrikaans en Zoeloe |
| fundi | expert |
| hamba kahle | het beste |
| howzit | hoe gaat het? = universele begroeting |
| indaba | stamconferentie |
| induna | hoofdman |
| ja-nee | misschien |
| jol | feest |
| just now | straks |
| konfyt | marmelade |
| kreef | langoest |
| kwela | Afrikaanse jazz |
| muthi | medicijn |
| now now | straks, sneller dan 'just now' |
| now now now | nu |
| oke | maat, vriend |
| padkos | picknick of een hapje eten in de auto |
| pondok | hut, hokje |
| rondavel | ronde hut |
| rooinek | Afrikaans voor Engelsman ('Redneck') |
| sies/sis | uitroep van ontzetting, van afschuw |
| shame | algemeen woord waarmee spijt, medeleven of een warm gevoel wordt uitgedrukt |
| shebeen | bar in township |
| slegs | slechts |
| spruit | waterloop |
| stoep | veranda |
| tokoloshe | duivelse geest |
| toyi toyi | protest- of feestelijke dans |
| tula | stil maar |
| umfaan | jongen |
| vasbyt | houd vol |
| voetsak | wegwezen! |

| | |
|---|---|
| wag 'n bietjie | wacht even |
| winkel | winkel |

## Algemeen

| | |
|---|---|
| hallo, dag | hello |
| goedemorgen | good morning |
| goedenavond | good evening |
| goedenacht | good night |
| alstublieft/dankuwel | please/thank you |
| ja/nee | yes/no |
| hoe heet u? | What is your name? |
| ik heet … | My name is … |

## Onderweg

| | |
|---|---|
| Vluchthaven | airport |
| vertrek | departure |
| herbevestigen | reconfirm |
| bagage | luggage |
| trein-/busstation | train/bus station |
| terreinauto | four-wheel drive |
| kleine bus | minivan |
| camper | camper |
| benzine | petrol, fuel |
| benzinestation | petrol station |
| links | left/links |
| rechts | right |
| rechtuit | straight on |
| hoofdweg | main road/hoofweg |

## Accommodatie

| | |
|---|---|
| twee-/eenpersoonskamer | double/single room |
| … met bad | … with private bath |
| douche | shower |
| toilet | toilet |
| airconditioning | air condition |

## Noodgeval/gezondheid

| | |
|---|---|
| noodgeval | emergency |
| ongeluk | accident |
| politie | police |
| ambulance | ambulance |
| ziekenhuis | hospital |
| huisarts | general practitioner |
| tandarts | dentist |
| apotheek | pharmacy, chemist, apteek |
| pijn | pain/ache |
| pijnstiller | painkiller |
| koorts | fever, temperature |

## *De belangrijkste zinnen*

### *Algemeen*

| | |
|---|---|
| *Neem me niet kwalijk* | *Excuse me!* |
| *Het spijt me* | *I am sorry.* |
| *Hartelijk dank* | *Thank you very much/Baie dankie* |
| *Ik begrijp het niet* | *I don't understand* |
| *Ik spreek geen Engels* | *I don't speak English* |
| *Spreekt u Nederlands* | *Do you speak Dutch* |
| *Hoe maakt u het?* | *How are you doing?* |
| *Goed, en u?* | *Fine, and how are you?* |
| *Hoeveel kost dat?* | *How much does it cost?* |
| *Tot ziens* | *Cheers/Totsiens* |

### *In het restaurant*

| | |
|---|---|
| *Eet smakelijk* | *Enjoy your meal* |
| *De kaart, alstublieft* | *The menu, please* |
| *Ik wil graag …* | *I would like to have …* |
| *Hoeveel kost …* | *How much does … cost?* |
| *De rekening, a.u.b.* | *The bill/check, please* |
| *Waar zijn de toiletten?* | *Where are the toilets?* |

### *Op straat*

| | |
|---|---|
| *Ik wil naar …* | *I want to go to …* |
| *Waar kan ik … kopen* | *Where can I buy…?* |
| *Waar is …?* | *Where is …?* |
| *Welke bus/trein gaat naar …?* | *Which bus/train goes to …?* |

### *In het hotel*

| | |
|---|---|
| *Hebt u een kamer?* | *Do you have vacancies?* |
| *Ik heb een kamer gereserveerd* | *I have booked a room* |

# Register

**a**ardwolf 31
Abel Erasmus Pass 421
abseilen 93
Addo Elephant Park 929
African National Congress (ANC) 23, 44, 59, 60, 65
Afrikaanse wilde kat 29
Afrikaner Weerstandsbeweging (AWB) 65
Afsaal EcoTrail 273
aids 45
alcohol 99
Alexander Bay 228
Aliwal North 262
Almeida, Francesco de 46
Amalienstein 287
ambassades en consulaten 99
Amfitheater 363
Andre Huts 324
antilopen 35
apartheid 59
apen 33
Aquila Private Game Reserve 289
Arendsigpoort 363
Arniston 309
Askham 241
auto huren 84, 85
autorijden 86
Avondale 209

**B**aines, Thomas 70
Bakoven 191
Barberton 424
Barnato, Barney 373
Barrydale 290
Basotho Cultural Village 365
Bathurst 335
baviaan 33
Baviaanskloof 313, 325
Baviaanskloof Wilderness Area 325
Beaufort-West 269
bed and breakfast 88
Bergville 363
Betty's Bay 302
bevolking 23
Bezuidenhout, Evita 71, 107
Big Baobab 405
Big Five 26

Big Hole 250
Biko, Steve 340
Bird Island Nature Reserve 217
Birds of Eden 320
Bitterpan 244
blesbok 36
Bloemfontein (Mangaung) 258
Blood River Monument 425, 426
Bloubergstrand 214
Bloukrans Bridge 93, 321
Bloukrans Pass 321
Bloukrans River 324
Blouprint Hiking Trail 296
Blyde River Canyon Nature Reserve 421
Boeren 53, 58, 69
Boerenoorlog 55, 57
Bon Courage 297
Bond, James 136
bontebok 36
boomslang 38
Boschendal 207
boseekhoorn 30
Botha, Pieter Willem 62
Botlierskop Private Game Reserve 315
Boulders Beach 177
Bourke's Luck Potholes 422
Boyes Drive 174
Bredasdorp 309
Breede River 296
Breytenbach, Breyten 75
Brink, André 75
Broederbond 58
Broughton, Michael 199
bruine hyena 30
buffel 27
Buffelsfontein Visitor Centre 180
bungeejumpen 93
Burgers Pass 289
Bushman Paintings 221
Bushmans Trail 413
Buthelezi, Mangosuthu 63, 65

**C**alitzdorp 287, 290
Calvinia 222
Camps Bay 191
Cango Caves 279, 281, 284

Cango Wildlife Ranch 279
Cape Agulhas 309
Cape Columbine Nature Reserve 216
Cape of Good Hope Hiking Trail 180
Cape of Good Hope Nature Reserve 178, 180
Cape Point 181
Cape Point Ostrich Farm 183
Cape Point Shipwreck Trail 180
Carnarvon 273
Cathedral Peak 363
Cederberge 218
Centenary Tree Canopy Walk 168
Chapman's Peak 185
Chapman's Peak Drive 184, 186
Chimp Eden 423
Citadel Route 221
Citrusdal 218
Clanwilliam 220
Clarens 367
Clifton 191
Coetzee, J.M. 75
Coffee Bay 342, 344
Cogmanskloof Hiking Trail 296
Coleske Farm 327
Combrink's Mountain Pass 326
Compassberg 266
Constantia 168
Constantia Glen 171
Coon Carnival (Bo-Kaap) 131
Cradle of Humankind 395
Cradock 264
Cwebe Nature Reserve 342

**D**ebegeni Falls 404
De Hoop Nature Reserve 310
deltavliegen 93
De Rust 281
Diamantkust 228
Dias, Bartolomeu 46
Die Hel 276, 278, 280
Doodsklip 325
Do's and Don'ts 100
Drakensberge 337, 363
Droewaterval 277
drugs 101
duiken 93

duikerbok 38
Duiker Island 191
Dumas, Marlene 70
Durban (eThekwini) 337, 348
– uShaka Marine World 349
– Victoria Market 348
Dwesa Nature Reserve 343

**E**astern Cape 25
Eastern Cape Province 44
East London (Buffalo City) 340
economie 23, 42
Eco Wine Safari 209
elandantilope 37
Eland's Bay 216
elektriciteit 101
Elgindal 203
Elim 308
ellipswaterbok 37
eten en drinken 89

**F**aircres Estate 347
False Bay 172, 173
feestdagen 101
feesten en evenementen 97
fietsen 124
fooien 102
fotograferen 102
Franschhoek 195, 204
Franschhoek Pass 204
Free State 44

**G**ama, Vasco da 348
Gamkapoort Dam 280
Gamkaskloof 276, 280
Gandhi, Mahatma 348, 353
Gansbaai 307
Garden Route 313
Garies 223, 225
Gauteng 44, 394
geld 102
gemsbok 37
geografie 22
George 315
geschiedenis 23
gestreepte jakhals 32
gevlekte hyena 30
gezondheid 103
giraffe 33
gnoe 36

God's Window 422
Goegap Nature Reserve 227
Gordimer, Nadine 75
Gordon's Bay 302
Graaff-Reinet 267
Grabouw 203
Grahamstown 333
Graskop 422
Grassneck Pass 325
Great Kei River 342
groene meerkat 33
Grootbos Nature Reserve 307
Groot Constantia 171
Grootkolk 244
grootoorvos 32
Groot River Lagoon 321
Groot River Pass 321
grote koedoe 37
Grote Trek 51
guest houses 88

**h**aaiduiken 93, 172, 308
hagedis 38
Harold Porter National Botanical Garden 302
Hartbeespoort Dam 394
Hazendal 195
helikoptervluchten 145
Hermanus 303
Hester Malan Wild Flower Garden 227
Highveld 25
Hilltop Camp 429
Himeville 359
Hoerikwaggo Trail 152
Hole in the Wall 342, 344
homoscene 104
Hotazel 249
Hout Bay 185, 186
Howick 360

**i**mpala 35
Inkatha Freedom Party 63, 65
internet 104
iSimangaliso Wetland Park 41, 427

**j**achtluipaard 28
Johannesburg 372
– Apartheid Museum 380
– City 375
– Carlton Centre 375
– Constitution Hill 379
– Diagonal Street 378
– Maboneng Precinct 375
– Market Theatre 379
– Nelson Mandela Bridge 379
– Newtown Cultural Precinct 379
– Newtown Junction 379
– Craighall Park 374
– Gold Reef City 380
– Melrose Arch 375
– Melville 374
– Milpark 375
– Rosebank 375
Joubert Tradauw 290

**K**aapschiereiland 163
Kaapse cobra 38
Kaapse grondeekhoorn 29
Kaapse hartenbeest 36
Kaapse pelsrob 38
Kaapstad 119
– Bo-Kaap 128, 130
– Cape Town International Convention Centre 122
– Cape Town Stadium 79, 129
– Castle of Good Hope 125
– City 122
– Company's Garden 123
– District Six Museum 125
– Green Point 129
– Heerengracht Street 122
– Heritage Square 123
– Houses of Parliament 125
– Long Street 123
– Roggebaai Canal 122, 133
– Slave Lodge 125
– South African Jewish Museum 125
– South African Museum 123
– South African National Gallery 123
– Strand Street 122
– Two Oceans Aquarium 133
– Victoria & Alfred Waterfront 129
– Waterfront Marina 133
kaarten 104

# Register

Kakamas 239
Kalahari 211, 235
Kalahari Tented Camp 244
Kalk Bay 174
Kamieskroon 226
kamperen 88
kanoën 230
Kapama Lodge 419
Karoo 255, 262
Kassiesbaai 309
Keimoes 239
Kei Mouth 343
Khamai Reptile Park 414
Khoikhoi 46
Kimberley 250
Kirstenbosch Botanical Gardens 166
Klein Brakrivier 315
Kleine Karoo 274
Kleine Zalze Wine Estate 199
Kleinmond 303
Klerk, Frederik Willem de 62
klimaat 105
klipdas 30
klipspringer 38
Klipspringer Hiking Trail 238
Klipspringer Pass 271
Kloofnek 192
Knysna 317
Knysna Elephant Park 318
Knysna Forest 318
Kommetjie 183
Kookfontein Loop 273
kranten 109
krokodil 38
Kruger, Paul 55, 56, 406
Kruisrivier 325
kunst 70
Kuruman 249
Kwa Maritane 399
Kwandwe Private Game Reserve 334
KwaZulu-Natal 25, 44

Ladismith 290
Ladybrand 367
Ladysmith Black Mambazo 75
Laingsburg 288
Lambert's Bay 216
Lammertjiesleegte 271
Langebaan 215
Langeberg Mountains 296
Lebowa 403
leeuw 27
Lehr's Waterfall 347
Lesedi Cultural Village 394
Lesotho 359
Letaba Camp 410
Letaba Valley 404
Limpopo 44
links en apps 106
Lion's Head 155
Little Berg 363
Llandudno 191
lodges 88
Long Tom Pass 423
Lover's Walk 296
Lowveld 25
Lowveld National Botanical Garden 423
Lowveld Viewpoint 421
luipaard 27
Lusikisiki 344

Mabuasehube Wilderness 4 x 4 Trail (Botswana) 242
Madam & Eve 72, 107
Madikwe Game Reserve 400
Magaliesberge 394
Magoebaskloof 403
Magoebaskloof Pass 404
Maimane, Mmusi 44
Makalali Private Game Reserve 418
Malgas 310
Mancoba, Ernest 70
Mandela, Nelson 23, 44, 59, 61, 63, 65, 156, 157
mangoesten 29
Martins, Helen 266
Masekela, Hugh 75
Mata Mata 244
Matjiesfontein 287
Mbabane (Swaziland) 425
Mbeki, Thabo 23
Mbombela (Nelspruit) 423
media 109
Meiringspoortkloof 281
Metsi-Metsi Trail 413
Midlands 25, 360

Midlands Meander 360
Mike's Pass 363
Moholoholo Rehabilitation Centre 414
Molteno Pass 273
Monkeyland Primate Sanctuary 320
Monk's Cowl 363
Montagu 292
Montagu Pass 315
Montagu Springs 294
Mont-aux-Sources 364
Mossel Bay 313
motorrijden 170
Mouille Point 192
mountainbiken 280, 327
Mountain View 273
Mountain Zebra Hiking Trail 265
Mpumalanga 44
Msikaba River 343
Mtamvuna 343
Muizenberg 173, 302

Namaqualand 24, 222, 224
Namibië 232
Napi Trail 413
nationale parken
– Addo Elephant N. P. 40, 329
– Agulhas N. P. 40
– |Ai-|Ais/Richtersveld Transfrontier N. P. 229, 231
– Augrabies Falls N. P. 40, 235
– Bontebok N. P. 40, 302
– Camdeboo N. P. 40, 267
– Garden Route N. P. 40, 316
– Golden Gate Highlands N. P. 40, 367
– Greater Addo Elephant N. P. 331
– Hluhluwe-Umfolozi N. P. 41, 428
– |Ai-|Ais/Richtersveld Transfrontier N. P. 40
– Ithala Game Reserve 41
– Karoo N. P. 40, 269
– Kgalagadi Transfrontier Park 40, 243
– Kruger N. P. 40, 409
– Mapungubwe N. P. 41

- Marakele N. P. 41
- Mokala N. P. 41
- Mountain Zebra N. P. 41, 264
- Namaqua N. P. 41, 226
- Pilanesberg N. P. 398
- Royal Natal N. P. 41, 363
- Table Mountain N. P. 41
- Tankwa Karoo N. P. 41
- Tsitsikamma N. P. 321
- uMkuze KZN Park 41
- West Coast N. P. 41, 214
Nature's Valley 321, 323, 324
Naudé, Hugo 70
Naudesnek 262
Naudesnek Pass 262
Ncome Museum 425
Ndzalama Wildlife Reserve 418
Nelson Mandela Bay Municipality 328
Nelspruit (Mbombela) 423
Nene, Nhlanhla 23
neushoorn 26
Ngala Tented Safari Camp 419
Ngubu Huts 323
Nieu-Bethesda 265
Noordelijke Drakensberge 363
Noordhoek 183
Northern Cape 44
North West 44
Nossob 242, 244
Nossob 4x4 Eco Trail 242
Nottingham Road Brewing Company 360
Nuwefeld Mountains 273
Nuwekloof 325
Nuwekloof Pass 327
Nuweveld EcoTrail 273
Nyalaland Trail 413

**O**akhurst Huts 324
olifant 26
Olifantsbos 180
Olifants Camp 410
Olifants Trail 413
Oliviershoek Pass 364
omgangsvormen 100
openingstijden 110
Orange River 230
Orchard Elgin Country Market 203

Oribi Gorge Nature Reserve 347
Otter Trail 325
Oudtshoorn 281
Overhanging Rock 347
Owl House 266

**p**aardantilope 37
paardrijden 95, 200
Paarl 208
Pakhuis Pass 221
Palace of the Lost City 396, 419
Pan African Congress (PAC) 60
parachutespringen 95
paragliding 93
Patensie 326, 327
Paternoster 215
Paton, Alan 74
Pella 235
Pemba, George 70
penseelzwijn 32
Phinda Private Game Reserve 428
Phutaditjhaba 364
Pierneef, J.H. 70
Pietermaritzburg (Musunduzi) 358
Piet Retief 425
Pilgrim's Rest 422
Pinnacle 422
Plettenberg Bay 319
pofadder 38
Polentswa (Botswana) 242
Polokwane 402
Port Alfred 335
Port Edward 342, 344
Port Elizabeth 328
Port Nolloth 228
Port St. Johns 342, 344
post 110
Postberg 224
Pretoria (Tshwane) 388
prijsniveau 110
Prince Albert 274, 280
Prince Alfred's Pass 325
Pringle Bay 302
provincies 43

**Q**olora Mouth 343

**r**adio 109

rafting 230
Raptors of Eden 320
reisdocumenten en douanebepalingen 82
reizen met een handicap 111
reizen met kinderen 111
religie 23
restaurants 90
Retief, Piet 52
Rhodes 262
Rhodes, Cecil 55, 56, 373
Riebeeck, Jan van 47, 50
Robben Island 155
Robbers Pass 423
Robertson 296
Rocktail Bay 427
Rondevlei Nature Reserve 173
Ronnies Sex Shop 291
Rooihoogte Pass 289
Rooinek Pass 288
Rosyntjiebos 243
Route 62 290
Royal Malewane 419

**s**abelantilope 37
Sabie 423
SALT-sterrenwacht 288
San 23, 46, 68, 246
Sanbona Wildlife Reserve 292
Sandrivier Loop 273
Sandvlakte 327
Sani Mountain Lodge 360
Sani Pass 359
Satara 411
Scarborough 183
Schoemanspoort 279
Scott Huts 323
Seal Island 172
secretarisvogel 39
Sekoto, Gerard 70
Sendelingsdrift 232
Sentinel Mountain Drive 363, 364
serval 29
Seven Passes Road 315
Seweweekspoort Pass 287
Shakaland 356
Shaka Zoeloe 52
Shamwari Game Reserve 332
Sharpeville 60

# Register

Showroom Theatre 276
Signal Hill 155
Simon, Paul 75
Simon's Town 172, 175
Simunye 356
Skukuza 414
Slag bij de Bloedrivier 53
Slangkop Point Lighthouse 183, 185
Smith, Roger 76
Smitswinkel Bay 178
Smuts, Jan 59
Snake Park 183
Somerset-West 201
South African Native National Congress 58
souvenirs 114
Soweto 386
Spier Wine Estate 197
springbok 36
Springbok 225, 226, 235
Springbok Hiking Trail 273
Springfield Estate 297
springhaas 30
staat en politiek 23
Stanford 307
Steenberg Farm 168
Steenbras Dam 302
stekelvarken 33
Stellenbosch 196
Stellenbosch Wine Route 194
Sterkfontein Dam 364
St. Helena Bay 216
St. James 174
stokstaartje 29
struisvogel 34
Stuurmansfontein 273
Stuurmansfontein Corbelled House 272
Sun City 397
surfen 96
Sutherland 288
Swartbas 243
Swartberg Pass 277, 280
Swaziland 425
Swellendam 311
Sweni Trail 413

**T**able View 214
Tafelberg 148
Tafelberg Road 149
Tanda Tula 419
telefoneren 111
televisie 109
Terre'Blanche, Eugène 65
Terroir (Kleine Zalze Wine Estate) 199
Three Rondavels 421
Tiffindell 262
toerisme 23
Toorkop 290
Touws River 289
township art 71, 115
Townships (Kaapstad) 157
township tour 158
Tra-Tra Trail 221
Truth and Reconciliation Commission (TRC) 64
Tshokwane 411
Tswalu Private Desert Reserve 248
Tutu, Desmond 64
Tweede Wereldoorlog 59
Twee Rivieren 241, 242, 244
Tzaneen 405

**U**mtamvuna River 342
Underberg 359
Upington 239, 241
Uys, Pieter-Dirk 71

**V**alley of Desolation 267
Valley of the Waves 397
Van Loveren 297
Van Zylsrus 248
vegetarisch eten 92
veiligheid 113
Vereenigde Oostindische Compagnie (VOC) 47
Vergelegen Wine Estate 201
verkeersbureaus 113
Verwoerd, Hendrik Frensch 59
Victoria Bay 316
Viljoensdrift 297
vissen 96
Voortrekker Monument 392
Voortrekkers 51, 52
Vryheid 425

**W**aenhuiskrans Cave 309
walvis 38
Walviskust 302
walvisobservatie 305
wandelen 96, 180, 185, 238, 273, 296, 322, 342, 412
Waterberge 402
wellness 114
Weltevrede 297
West Coast 24, 214
West Coast National Park 224
Western Cape Province 44
Wijnland 163, 194
Wijnland Auto Museum 195
Wild Card 110
Wild Coast 337, 340, 342
Wild Coast Hiking Trail 342
wilde of hyenahond 31
Wilderness 316
wilderness camps 427
Willowmore 325, 327
winkelen 114
wintersport 96
Winterton 363
Witdraai 241
Witgat 242
Witsieshoek Mountain Resort 364
woestijnlynx (caracal) 28
Wolhuter Trail 413
World of Birds (Hout Bay) 187
Wouw, Anton van 70
wrattenzwijn 32
Wupperthal 221
Wupperthal 4 x 4 Route 221

**X**hosa 23, 68

**Y**zerfontein 214

**z**adeljakhals 31
zebra 35
Zevenwacht Wine Estate 194
Zoeloes 23, 54, 68, 356
Zuma, Jacob 23, 44
zwartvoetpinguïn 39, 178
zwemmen 96, 115

Notities

# Colofon

**Hulp gevraagd!**
De informatie in deze reisgids is aan verandering onderhevig. Het kan dus wel eens gebeuren dat u ter plaatse een andere situatie aantreft dan de auteur. Is de tekst niet meer helemaal correct, laat ons dat dan even weten: anwbmedia@anwb.nl of ANWB Media, Postbus 93200, 2509 BA Den Haag

**Omslagfoto's:** Voorzijde omslag: Camps Bay (iStockphoto); achterzijde omslag en rug: wrattenzwijnen in het Kgalagadi Transfrontier Park (Botswana Tourism Organisation, Lewis)

**Fotoverantwoording:**
Botswana Tourism Organisation, Berlijn: blz. 27 r., 31 rb., 31ro., 35 ro. (de la Harpe); 29 r. (Luck); 26 r., 28 l., 29 lo. (Mazunga); 37 r.; Corbis, Berlijn: blz. 213, 226/227 (Lanting); 244/245 (Lewis); 230 (van der Waal); DuMont Bildarchiv, Ostfildern: blz. 162, 336, 359; 362, 365, 26 l., 27 l., 28 rb., 30 (3x), 32 ro.; 33 lo., 34, 35 rb., 35 l., 36 l., 37 l., 63, 81 o., 108 o., 112, 368 (Tom Schulze); Glow Images, München: blz. 33 r. (FLPA/Tom en Pam Gardner/); 32 lb. (FLPA/Schuyl); 28 ro. (Guffanti); 31 lb. (Heinrich); 32 lo. (Hutter); 31 lo. (Lacz); 36 r. (Niemi); 29 lb. (Schäfer); 33 lb. (J. en C. Sohns); 32 lb. (Staebler); 38 l. (Toft); Huber-Images, Garmisch-Partenkirchen: blz. 372/373 (Hallberg); 378 (Picture Finder); 254 (Simeone); iStockphoto, Calgary (Canada): blz. 345 (Apsey); laif, Keulen: blz. 121, 131 (Emmler); 91 b., 118, 146/147, 150/151 (Gumm); 53 (Heeb); 91 lm.; (hemis.fr/Rieger); 154 (Meyer); 240/241 (Vaisse); Dieter Losskarn, Kaapstad: blz. 9, 11, 21, 25, 38 r., 43, 44, 47, 77, 79, 81 b., 81 m., 83, 87, 91 rm., 94, 108 lb., 117, 129 ,134/135, 138/139, 158, 161, 165, 167, 170, 175, 179, 182, 187, 190/191, 199, 202/203, 205, 208, 210, 218/219, 233, 236/237, 247, 251, 257, 260, 263, 264, 266, 270/271, 277, 282, 286/287, 295, 298, 301, 303, 305, 308, 311, 313, 317, 324, 329, 333, 339, 346/347, 354, 357, 366, 386, 389, 392, 396, 403, 407, 410/411, 421, 422, 425, 428/429; Mauritius Images, Mittenwald: blz. 229 (age); 64, 96, 108 rb., 143, 253, 306, 334, 353, 371, 381, 385, 395, 401 (Alamy); 91 o. (Firstlight); 101 (imagebroker/Doering); 39 lo., 234 (imagebroker/J. en C. Sohns); 114 (imagebroker/White Star/Ryogo i Kubo); 39 lb. (McPhoto); 17 (Minden Pictures/Herder); 56 (United Archives); 417 (Warburton-Lee); 39 r. (Wisniewski); The Star, Johannesburg: blz. 61
Cartoons »Madam & Eve« op blz. 73 © Stephen Francis, Harry Dugmore & Rico Schacherl, Johannesburg, Zuid-Afrika

Productie: ANWB Media
Coördinatie: Els Andriesse
Tekst: Dieter Losskarn
Vertaling: *de Redactie*, Amsterdam: Annette Förster.
Herziening: Geert van Leeuwen, Massa Martana, Italië
Eindredactie: Wiljan Broeders, Terheijden
Opmaak: Hubert Bredt, Amsterdam
Grafisch concept: Groschwitz, Hamburg
Omslag: Yu Zhao Design, Den Haag
Cartografie: © DuMont Reisekartografie, Fürstenfeldbruck

© 2016 DuMont Reiseverlag, Ostfildern
© 2016 ANWB bv, Den Haag
Vierde, herziene druk
ISBN: 978 90 18 04010 9

Alle rechten voorbehouden
Deze uitgave werd met de meeste zorg samengesteld. De juistheid van de gegevens is mede afhankelijk van informatie die ons werd verstrekt door derden. Indien de informatie onjuistheden bevat, kan de ANWB daarvoor geen aansprakelijkheid aanvaarden.
www.anwb.nl.